Die Auflösung von Interessenkonflikten infolge von Doppelmandaten im Aufsichtsrat einer Aktiengesellschaft unter Berücksichtigung der Rechtslage in Großbritannien

Europäische Hochschulschriften

Publications Universitaires Européennes
European University Studies

Reihe II
Rechtswissenschaft

Série II Series II
Droit
Law

Bd./Vol. 3978

PETER LANG
Frankfurt am Main · Berlin · Bern · Bruxelles · New York · Oxford · Wien

Mark K. Oulds

Die Auflösung von Interessenkonflikten infolge von Doppelmandaten im Aufsichtsrat einer Aktiengesellschaft unter Berücksichtigung der Rechtslage in Großbritannien

Ein Beitrag zum Anwendungsbereich ungeschriebener Inkompatibilitätsvorschriften

PETER LANG
Europäischer Verlag der Wissenschaften

Bibliografische Information Der Deutschen Bibliothek
Die Deutsche Bibliothek verzeichnet diese Publikation in der Deutschen Nationalbibliografie; detaillierte bibliografische Daten sind im Internet über <http://dnb.ddb.de> abrufbar.

Zugl.: Frankfurt (Main), Univ., Diss., 2003

D 30
ISSN 0531-7312
ISBN 3-631-52036-0

www.peterlang.de

Vorwort

Die vorliegende Ausarbeitung ist vom Fachbereich Rechtswissenschaft der Johann-Wolfgang-Goethe-Universität in Frankfurt am Main im Sommersemester 2003 als Dissertation angenommen worden. Richtlinien- und Gesetzesvorhaben sind bis zum Dezember des selben Jahres berücksichtigt.

Ich danke recht herzlich Herrn Prof. Dr. Eckard Rehbinder für die Betreuung der Arbeit und die permanente Diskussionsbereitschaft. Zum großen Dank bin ich auch Herrn Prof. Dr. Helmut Kohl für die äußerst zügige Anfertigung des Zweitgutachtens verpflichtet. Erwähnen möchte ich an dieser Stelle schließlich die freundliche Übernahme des Vorsitzes im Prüfungsausschuss durch Herrn Prof. Dr. Gunther Teubner.

Besonderer Dank gilt aber meinen Eltern, die mir mit ihrer moralischen und finanziellen Unterstützung diese lange Ausbildung erst ermöglicht haben. Ihnen ist diese Arbeit daher gewidmet. Außerdem habe ich mich über zahlreiche Diskussionen mit meinem Vater Patrick Oulds und über Anregungen von ihm sehr gefreut. Ich danke auch Herrn Frederick Schönig für das Korrekturlesen eines Teils der Arbeit. Schließlich wäre die Fertigstellung dieser Ausarbeitung nicht ohne das Zureden und das Verständnis für die langen Stunden am Schreibtisch seitens meiner Lebensgefährtin Alexandra Schütz möglich gewesen.

Frankfurt/Main, im Dezember 2003

Mark K. Oulds

Inhaltsverzeichnis

Abkürzungsverzeichnis

A.C.	Appeal Cases (ab 1891)
AcP	Archiv für die civilistische Praxis (Zeitschrift)
AG	Die Aktiengesellschaft (Zeitschrift)
AktG	Aktiengesetz
All E.R.	All England Law Reports (ab 1936)
AuslInvestmG	Auslandsinvestmentgesetz
BB	Der Betriebs-Berater (Zeitschrift)
B.C.L.C.	Butterworths Company Law Cases
BGB	Bürgerliches Gesetzbuch
BKR	Bank- und Kapitalmarktrecht (Zeitschrift)
Ch.	Chancery (ab 1891)
Ch. D.	Chancery Division (1875-1890)
DB	Der Betrieb (Zeitschrift)
DBW	Die Betriebswirtschaft (Zeitschrift)
D.L.R.	Dominion Law Reports (Kanada)
DÖV	Die Öffentliche Verwaltung (Zeitschrift)
DStR	Deutsches Steuerrecht (Zeitschrift)
DZWiR	Deutsche Zeitschrift für Wirtschaftsrecht
EWS	Europäisches Wirtschafts- und Steuerrecht (Zeitschrift)
FB	Finanzbetrieb (Zeitschrift)
FG	Festgabe
FS	Festschrift
GKG	Gerichtskostengesetz
GmbHR	GmbH-Rundschau (Zeitschrift)
H.L.	House of Lords
IStR	Internationales Steuerrecht (Zeitschrift)
J.B.L.	Journal of Business Law
JZ	Juristenzeitung
KAGG	Gesetz über Kapitalanlagegesellschaften
KWG	Kreditwesengesetz
LZ	Leipziger Zeitschrift für Handels-, Konkurs- und Versicherungsrecht
M&A	Mergers and Acquisitions Review (Zeitschrift)
Macq.	Macqueen's Scotch Appeals (1849-1865)
M.L.R.	Modern Law Review
NJW	Neue Juristische Wochenschrift
N.S.W.L.R	New South Wales Law Reports
NVwZ	Neue Zeitschrift für Verwaltungsrecht
NZA	Neue Zeitschrift für Arbeitsrecht
NZG	Neue Zeitschrift für Gesellschaftsrecht
N.Z.L.R.	New Zealand Law Reports (ab 1883)
P.C.	Privy Council

Q.B.	Queen's Bench
Q.B.D.	Queen's Bench Division (1875-1890)
RdA	Recht der Arbeit (Zeitschrift)
RIW	Recht der Internationalen Wirtschaft (Zeitschrift)
SAG	Die schweizerische Aktiengesellschaft (Zeitschrift)
S.C.	Session Cases (ab 1906)
VerkProspG	Verkaufsprospektgesetz
VO	Verordnung
W.L.R.	Weekly Law Reports (ab 1953)
WM	Wertpapier-Mitteilungen (Zeitschrift)
W.N.	Law Reports, Weekly Notes (1866-1952)
WPg	Die Wirtschaftsprüfung (Zeitschrift)
WpHG	Wertpapierhandelsgesetz
WpÜG	Wertpapiererwerbs- und Übernahmegesetz
WuW	Wirtschaft und Wettbewerb
ZBB	Zeitschrift für Bankrecht und Bankwirtschaft
ZBH	Zentralblatt für Handelsrecht (Zeitschrift)
ZfB	Zeitschrift für Betriebswirtschaft
ZGR	Zeitschrift für Unternehmens- und Gesellschaftsrecht
ZgS	Zeitschrift für die gesamte Staatswissenschaft
ZHR	Zeitschrift für das gesamte Handelsrecht und Wirtschaftsrecht
ZIP	Zeitschrift für Wirtschaftsrecht
ZRP	Zeitschrift für Rechtspolitik

Alle sonstigen Abkürzungen entsprechen denen nach *Hildebert Kirchner* „Abkürzungen für Juristen“, 2. Aufl. 1993 Berlin.

1. Abschnitt: Einleitung und Gang der Untersuchung

Aufgrund zahlreicher Unternehmenskrisen wie die von *Balsam/ Procedo*, der *Metallgesellschaft* oder von *Philipp Holzmann* ist die Funktionsfähigkeit des Überwachungssystems in Deutschland zunehmend in Frage gestellt worden. Zum Teil wird zwar bereits wegen der Kompetenzverteilung innerhalb der Aktiengesellschaft an einer Verantwortlichkeit des Aufsichtsrats für solche Unternehmenskrisen gezweifelt, ja sogar behauptet, die Überwachung habe in zahlreichen Krisen funktioniert. Für ein mögliches Versagen dagegen werden zahlreiche Gründe angeführt. Im Wesentlichen werden diese in der zunehmenden Komplexität der unternehmerischen Betätigung und der personellen Besetzung der Organe gesehen.

In jüngster Vergangenheit hat sich dies jedoch nicht als ein rein deutsches Phänomen entpuppt. Auch in anderen vermeintlich vorbildlichen Marktwirtschaften hat das Überwachungssystem versagt und spektakuläre Insolvenzen hervorgerufen. So hatten der Verwaltungsrat, die Wirtschaftsprüfer und die Analysten an der Wall Street offenbar im Falle *Enron Corp.* nicht bemerkt, dass die Schulden jahrelang mit zweifelhaften Methoden aus der Bilanz gerechnet und die Gewinne künstlich aufgeblasen worden waren. Im Januar 2002 musste der einst größte Energiehändler und das zu den zehn größten amerikanischen Konzernen gehörende Unternehmen *Enron Corp.* schließlich Konkurs anmelden.[1] Diesem ersten Fall folgten weitere spektakuläre Insolvenzen wie die von *WorldCom* oder *Global Crossing*, die in die Pflicht zur Testierung des Jahresabschlusses durch die jeweiligen Chief executive officers der umsatzstärksten in den Vereinigten Staaten tätigen Unternehmen mündeten („*Sarbanes-Oxley Act*“).[2]

Entscheidend für eine in Deutschland kritisierte Unternehmensüberwachung kann damit weniger die unternehmerische Tätigkeit in einer globalen Weltwirtschaft sein, sondern möglicherweise die spezifischen Individualitäten der sogenannten „Deutschland AG“, die sich dadurch auszeichnet, dass zahlreiche Unternehmen personell miteinander verflochten sind. Kritiker befürchten bei dieser Konstellation zum einen eine gegenseitige Abhängigkeit der jeweiligen Organmitglieder, die sich mal als Aufsichtsrats- und Vorstandsmitglied, mal im gleichen Unternehmensorgan gegenüberstehen sehen. Zum anderen steigt aber mit dieser personellen Verflechtung die Wahrscheinlichkeit, dass eine Person Mandate in zwei in Konkurrenz (im weiteren Sinne) stehenden Gesellschaften bekleidet. Daher wird eine Reduzierung der zulässigen Höchstanzahl von Mandaten seit jeher heftig diskutiert und führte bereits zu der bestehenden maximalen Anzahl von zehn Mandaten („*Lex Abs*“). Dies kann indes nur ein erster Schritt in Richtung

[1] Vgl. dazu FAZ Nr. 18 vom 22.01.2002, S. 13.

[2] Zur Einführung dazu zum Beispiel www.sec.gov; zu den Auswirkungen für eine deutsche Corporate Governance: *Schiessl* AG 2002, 593ff..

einer Lösung der in dieser Arbeit zu diskutierenden Konfliktpotentiale, wie sie bei Doppelmandaten in Konkurrenzunternehmen und im Rahmen von feindlichen Übernahmen sowie bei Behördenvertretern in Aufsichtsräten bestehen, darstellen und soll demnach auch nicht weiter vertieft werden.

Nicht überzeugen kann hier zunächst die Behauptung mancher Vertreter in der Literatur, dass solche Verflechtungen wie die Doppelmandate in Konkurrenzunternehmen selten seien,[3] womit diese letztlich zu suggerieren versuchen, eine Lösung sei durch die Praxis nicht gefordert und damit nicht erforderlich. Diese Ansicht kann bereits mit der Liberalisierung des Strommarktes und dem Fall der Monopole widerlegt werden. So besaßen zum Beispiel der Aufsichtsratsvorsitzende der MVV Energie AG, Mannheim, und der stellvertretende Vorstandsvorsitzende der Neckarwerke Stuttgart AG als Mitglieder im Aufsichtsrat der Energie Baden Württemberg AG, Karlsruhe, ein Mandat in einem Konkurrenzunternehmen.[4] Aber auch unabhängig von diesen Reformen sind Mehrfachmandatsträger in konkurrierenden Unternehmen in der deutschen Unternehmenslandschaft auffallend häufig anzutreffen. Allein in den 100 größten Unternehmen der deutschen Wirtschaft trat eine solche Personalverbindung im Jahre 2000 vierunddreißig Mal auf.[5] Im Bereich Erdgas ist *Gerhard Cromme* als Vorstandsvorsitzende von Thyssen Krupp im Aufsichtsrat der E.ON AG und der Ruhrgas AG zu nennen, wobei in letzterer Gesellschaft auch noch durch den Geschäftsführer der Deutschen Shell GmbH *Peter Berkhout* und dem Vorstandsvorsitzenden der Deutschen BP AG *Uwe Franke* weitere Konkurrentenvertreter im Aufsichtsrat zu verzeichnen waren.[6] Im Bereich der Baustoffe kam es durch die Aufsichtsratsmandate von *Bernhard Walter* und *Hans Bauer* jeweils bei Bilfinger + Berger AG und gleichzeitig bei der Heidelberger Zement AG ebenfalls zu Doppelmandaten in Konkurrenzunternehmen.[7] In der pharmazeutischen Industrie kam es zu solchen durch die Aufsichtsratsmandate von *Martin Kohlhaussen* bei Bayer und Schering[8] und im Bereich der Nahrungsmittelindustrie durch die personelle Verflechtung der Nestlé Deutschland AG und der Südzucker AG über die jeweiligen Aufsichtsratsmandate von *Jörg Lindner* und *Franz-Josef Möllenberg*.[9] Zu nennen sind auch die jeweiligen Aufsichtsratsmandate von *Albrecht Schmidt* und *Alfons Friedrich Titzrath* in den Überwachungsorganen der Versicherungen Allianz AG und Münchner Rück AG. Schließlich führt das Doppelmandat von *Andre Leysen* bei Bayer und E.ON

---

[3] *Baums* ZIP 1995, 11 (17); *Niederleithinger* ZIP 1995, 597 (602); *Werner* ZHR 145 (1981), 252 (254); *Decher* ZIP 1990, 277 (287); *Marsch-Barner* in Feddersen/Hommelhoff/Schneider S. 124.

[4] Vgl. zu diesem Fall: *SdK* Stellungnahme in www.sdk.org.

[5] Vgl. *Liedtke* „Wem gehört die Republik?" passim; dazu auch *Krebs* „Interessenkonflikte" S. 17ff..

[6] *Liedtke* „Wem gehört die Republik?" S. 155ff., 164ff., 204ff., 399ff..

[7] *Liedtke* a.a.O. S. 96ff., 239ff..

[8] *Liedtke* a.a.O. S. 58ff., 422ff..

[9] *Liedtke* a.a.O. S. 345ff., 459ff..

im Bereich der Chemischen Industrie und Kunststoffe[10] und die Vertretung von *Bernd W. Voss* in den Aufsichtsräten der Karstadt Quelle AG und der Preussag AG im Bereich der Touristik[11] zu einem Beispiel für eine solche Konstellation. Die Mandate von *Henning Schulte-Noelle* von der Allianz AG bei BASF und E.ON bzw. bei Linde/MAN/Thyssen Krupp führen gleich zu einem ganzen Bündel von Konkurrenzmandaten in verschiedenen Industriesparten.[12] Aufsehen erregt hatte auch vor einigen Jahren die Annahme der Wahl in den Aufsichtsrat der Volkswagen AG durch den Vorsitzenden der IG Metall *Franz Steinkühler*, obwohl dieser im gleichen Organ der Daimler-Benz AG bereits vertreten war.[13] Bei dieser Aufzählung sind dabei nicht einmal die Mandate in konkurrierenden Konzernunternehmen oder auch die Mandate von Vorstandsmitgliedern im Aufsichtsrat eines Konkurrenten berücksichtigt.[14]

Ähnlich praktische Relevanz haben auch die Behördenvertreter in den Aufsichtsräten der deutschen Gesellschaften. Aufmerksamkeit hatte die Mitgliedschaft des für Energie zuständigen Ministers des Landes Schleswig-Holstein *Jansen* bei den Hamburgischen Elektrizitäts-Werke AG erlangt.[15] Zu nennen in diesem Zusammenhang sind aber auch die Mandate des Oberbürgermeisters der Stadt Essen *Reuschenbach* als überzeugter Kernkraftgegner im Aufsichtsrat der RWE AG[16] und des Staatssekretärs im schleswig-holsteinischen Energieministerium *Möller* in den Aufsichtsgremien der Preussen Elektra AG und der Schleswag AG.[17] Weitgehende Bedeutung für die Entscheidungspolitik der heutigen Bundesregierung auch im Rahmen der Pläne zu einer Dreizehnten EU-Richtlinie betreffend die Regelung von Übernahmeangeboten wird schließlich der Verbindung von *Gerhard Schröder* mit der Volkswagen AG zugesprochen, der als Ministerpräsident von Niedersachsen im dortigen Aufsichtsrat saß. Im gleichen Organ verfügte aber auch der damalige stellvertretende Ministerpräsident und Innenminister von Niedersachsen *Gerhard Glogowski* über ein Aufsichtsratmandat.[18] Berücksichtigt werden muss auch das Mandat des Amtschefs der Bayerischen Staatskanzlei *Rudolf Hanisch* bei der VIAG AG[19] oder das des Staatssekretärs im Bundesministerium für Arbeit und Sozialordnung *Werner Tegtmeier* bei der Mannesmann AG. Im Aufsichtsrat des letzteren Unternehmens war mit dem ehemaligen Bundesminister *Heinz Riesenhu-*

---

[10] *Liedtke* a.a.O. S.58ff., 204ff..
[11] *Liedtke* a.a.O. S. 274ff., 372ff..
[12] *Liedtke* a.a.O. S.58ff., 204ff..
[13] Vgl. statt vieler Wirtschaftswoche Nr. 41 vom 6.10.1989, S. 83.
[14] *F. Piech* von der Volkswagen AG war z. B. im Jahre 2000 auch im Aufsichtsrat der Porsche AG vertreten; *H. Schulte-Noelle* in dem der Münchener Rück AG als Konzerntochter der Allianz AG; vgl. *Liedtke* a.a.O..
[15] Dazu OLG Hamburg ZIP 1990, 311ff. und die Vorinstanz LG Hamburg ZIP 1990, 102ff..
[16] Wirtschaftswoche Nr. 8 vom 19.02.1988.
[17] Wirtschaftswoche Nr. 45 vom 4.11.1988, S. 68 und 72.
[18] *Liedtke* a.a.O. (1998) S. 538ff..
[19] *Liedtke* a.a.O. (1998) S. 530ff..

ber zudem ein Mitglied des Bundestages im Überwachungsorgan vertreten.[20] Auch im Aufsichtsrat der Deutschen Telekom AG war mit *Paul Krüger* ein Mitglied des Bundestages vorhanden. Dort fanden sich aber auch der Parlamentarische Staatssekretär im Bundesjustizministerium *Rainer Funke* und der Staatssekretär im gleichen Ministerium *Jürgen Stark* als Behördenvertreter.[21] Solche Mandate blieben dem Bund bzw. den Ländern auch nach der Privatisierung der Deutschen Post AG erhalten, in deren Aufsichtsrat der Staatsekretär des Bundesfinanzministeriums *Manfred Overhaus* und der Wirtschaftssenator der Hansestadt Bremen *Josef Hattig* (als Aufsichtsratsvorsitzender) vertreten waren.[22] Mehrere Mandate von Bund und Ländern bestehen zudem bei der Lufthansa AG; dort fanden sich *Hans-Jochen Henke* vom Bundesverkehrsministerium und der bereits genannte *Manfred Overhaus* vom Bundesfinanzministerium sowie der damalige Ministerpräsident des Landes Nordrhein-Westfalen *Johannes Rau* im Aufsichtsrat des Unternehmens. Hinzuweisen ist in diesem Zusammenhang auch auf das Mandat des ehemaligen Bundesministers *Friedrich Zimmermann.*[23]

Weniger Erfahrungen sind allerdings hinsichtlich der Doppelmandate im Rahmen von feindlichen Übernahmen in Deutschland zu verzeichnen. Im Lichte des *„Wertpapiererwerbs- und Übernahmegesetzes (WpÜG)"*, das am 01.01.2002 schließlich in Kraft trat, nachdem lange und heftige Auseinandersetzungen insbesondere über die sogenannte Neutralitätspflicht der Verwaltung der Zielgesellschaft und des verbleibenden Handlungsspielraums geführt worden waren, hatten die Gerichte noch keine Gelegenheit, Stellung zu diesem Konfliktpotential zu beziehen. Aber auch unabhängig von einer gesetzlichen Regelung galten feindliche Übernahmen in Deutschland offenbar als sozial inadäquat und waren weit seltener anzutreffen als im anglo-amerikanischen Rechtsraum. Großes öffentliches Interesse entwickelte sich bei der dramatischen Abwehrschlacht des Managements der Mannesmann AG gegen das feindliche Übernahmeangebot der Vodafone plc.[24] Das Landgericht Düsseldorf hatte hier schließlich über die Zulässigkeit der vorgenommenen Werbemaßnahmen zu entscheiden.[25] Im Zusammenhang der personellen Verflechtung kann lediglich der Fall von *Ulrich Cartellieri* angeführt werden, der als Vorstandsmitglied der Deutschen Bank AG im Aufsichtsrat der offerierenden Krupp Hoesch AG und in dem der Zielgesellschaft Thyssen AG eine Mitgliedschaft besaß, obgleich sein Institut die feindliche Übernahme finanzieren sollte. Der Fall hatte große Aufmerksamkeit in der Öffentlichkeit auf sich gelenkt, da

---

[20] *Liedtke* a.a.O. (1998) S. 312ff..

[21] *Liedtke* a.a.O. (1998) S. 175ff..

[22] Vgl. auf der Website der Deutschen Post AG unter www.investorrelations.dpwn.de/deutsch/fakten.

[23] Vgl. *Liedtke* a.a.O. (1998) S. 301ff.; das Land Nordrhein-Westfalen verfügt jedoch interessanterweise nur über eine Beteiligung von 1,7%.

[24] Der Fall wirkt angesichts der an den Vorstandsvorsitzenden der Mannesmann AG *Klaus Esser* gezahlten Abfindung in Höhe von DM 60 Millionen immer noch nach, da die Staatsanwaltschaft derzeit eine Strafbarkeit nachprüft.

[25] Die Entscheidung ist abgedruckt unter AG 2000, 233 = WM 2000, 528 = BB 2000, 114.

man gemeinhin davon ausging, dass *Cartellieri* seine Aufgaben insbesondere im Aufsichtsrat der Zielgesellschaft nicht optimal erfüllen können würde.[26]

Es muss an dieser Stelle auf den ersten Blick Verwunderung auslösen, dass die Rechtsprechung zu den zuerst genannten Konstellationen bis auf wenige Ausnahmen keine Stellung beziehen musste. Zunächst ist aber zu berücksichtigen, dass für die Geltendmachung von Pflichtverletzungen des Aufsichtsrats im Sinne der §§ 116, 93 AktG der Vorstand der Gesellschaft gemäß § 78 AktG verantwortlich ist. Dieser wird selten dazu motiviert sein, gegen ein Mitglied des Organs, das ihn wiederbestellen soll und die Konditionen seines Anstellungsvertrages bestimmt, entsprechenden Schadensersatz geltend zu machen.[27] Eine Rolle können hierbei auch die bereits erwähnten persönlichen Verbindungen und vermeintlichen Abhängigkeiten der einzelnen Mandatsträger in anderen Unternehmen spielen. Problematisch könnte auch sein, dass für eine gerichtliche Geltendmachung etwaiger Pflichtverletzungen des Aufsichtsrats der Vorstand eventuell auch eigene Fehler seiner Unternehmensführung aufdecken müsste, die der Aufsichtsrat vermeintlich pflichtwidrig durchgehen ließ.[28] Der Vorstand wird daher selten in dieser Richtung aktiv werden wollen.[29]

Die Verantwortung zur Geltendmachung könnte damit in den Händen der Aktionäre liegen. Bei der Geltendmachung von Schadensersatzansprüchen durch die Hauptversammlung der AG ist allerdings nach § 147 Abs. 1 AktG eine Minderheit erforderlich, die zehn Prozent des Grundkapitals erreicht. Die Erreichung dieser Schwelle wird in der Regel nur schwerlich möglich sein. Ohnehin ist zu befürchten, dass ein Großaktionär mit eigenem Mandat im Aufsichtsrat eine solche Beschlussfassung verhindern könnte und wollte. Um die Geltendmachung von Schadensersatzansprüchen durch die Hauptversammlung zu erleichtern, wurde mit dem *„Gesetz zur Kontrolle und Transparenz im Unternehmensbereich (KonTraG)"* in § 147 Abs. 3 AktG einer Minderheit, deren Anteile fünf Prozent des Grundkapitals oder den anteiligen Betrag von € 500.000 erreichen, ein Antragsrecht zugebilligt. Die Ausgestaltung wird jedoch zu Recht verbreitet kritisch betrachtet.[30] So ist ein Vorgehen gegen vermeintliche Pflichtverletzungen der Aufsichtsratsmitglieder nur bei „dringendem, durch Tatsachen gestützten Verdacht" und bei „grobem Ver-

---

[26] Statt vieler Handelsblatt Nr. 55 vom 19.03.1997 S. 1, 2, 11, 12, 13; Handelsblatt Nr. 56 vom 20.03.1997 S. 1, 2, 11, 12, 13; Handelsblatt Nr. 62 vom 1.04.1997 S. 1, 3, 13.

[27] Dies war auch Gegenstand der Überlegungen zum *„Gesetz zur Kontrolle und Transparenz im Unternehmensbereich* („KonTraG")": dazu BT-Drucks. 13/9712, S. 11, 21 = ZIP 1997, 2059 (2065); *Adams* S. 9 (10); *Baums* S. 26 (27f.); *Götz* S. 38f.; *Hopt* S. 42 (43); *Kübler* S. 48 (49); *Lutter* S. 52 (55) alle in AG 1997 Sonderheft; *Baums* ZIP 1995, 11 (13); *Kallmeyer* AG 1997, 107 (108).

[28] Darauf weisen *Peltzer* WM 1981, 346 (348); *Trescher* DB 1995, 661; *Potthoff/Trescher* „Das Aufsichtsratsmitglied" S. 348; *Krebs* „Interessenkonflikte" S. 82 hin.

[29] So auch die Einschätzung von: *Lutter* NJW 1995, 1133 (1134); *Ulmer* ZHR 163 (1999), 290 (295); *Trescher* DB 1995, 661; *Krebs* „Interessenkonflikte" S. 82.

schulden" möglich – also abweichend von den Voraussetzungen der §§ 116, 93 Abs. 2 AktG. Erschwerend hinzu kommt die Notwendigkeit der gerichtlichen Bestellung eines „neutralen besonderen Vertreters", der diese Ansprüche für die Antragsteller geltend machen soll. Die Aktionäre haben darüber hinaus nach § 147 Abs. 4 AktG die Kosten des Rechtsstreits zu tragen, obwohl diese bei der Bestellung des Vertreters kein Vorschlagsrecht besitzen und der Vertreter vollkommen autonom ohne Rechtsschutz der Aktionäre über eine Klageerhebung entscheiden kann.[31] Letztlich werden damit erhebliche Hürden für eine Geltendmachung geschaffen, die offenbar vor dem Hintergrund der Angst des Gesetzgebers vor missbräuchlichen Anfechtungsklagen zu sehen ist.[32] Für die Praxis ist zu befürchten, dass die Geltendmachung von Pflichtverletzungen durch die Aktionäre nur äußerst selten eine Rolle spielen wird.

Demnach könnte lediglich die Geltendmachung durch den Insolvenzverwalter praktisch von Bedeutung sein, wie dies in jüngerer Vergangenheit auch in den Fällen „*Balsam AG*" und „*ASS AG*" geschehen war.[33] Aber auch hierbei sind Bedenken angebracht, da der Insolvenzverwalter zum einen häufig sehr viel Zeit für die Informationsbeschaffung aufwenden werden muss und zum anderen die in der Natur der Sache liegende begrenzte finanzielle Ausstattung des Schuldners zu eingeschränkten Realisierungsmöglichkeiten des Begehrens führt.[34]

Es lässt sich demnach festhalten, dass auf die Geltendmachung von Schadensersatzansprüchen gegen Aufsichtsratsmitglieder im Falle einer Pflichtverletzung nur wenig Hoffnung gesetzt werden kann. Vielmehr muss eine Lösung im Zweifel bereits zeitlich vorher eingreifen und wenn möglich den Eintritt eines Schadens von vorn herein zu verhindern versuchen. Auf welchen Wegen dieses Ziel bei den genannten Fallgruppen erreicht werden kann, ist Gegenstand dieser Arbeit. Dabei wird den Inkompatibilitätsvorschriften und der Tatsache, dass die Legislative sich nur sehr rudimentär für die Einrichtung eines Bestellungshindernisses entschieden hat, besondere Aufmerksamkeit geschenkt. Hiernach besteht bisher keine allgemeine Inkompatibilität bei potentiellen Interessenkonflikten, vielmehr sind die vom Gesetzgeber vorgesehenen Fallkonstellationen enumerativ reglementiert. So kann nach der Regelung in § 100 Abs. 1 AktG lediglich eine natürliche, unbeschränkt geschäftsfähige Person ein Aufsichtsratsmandat bekleiden. Diese Person darf nach § 100 Abs. 2 Satz 1 Nr. 1 AktG allerdings nur maximal zehn Mandate besitzen, wobei bis zu fünf Mandate in Konzernunternehmen nicht angerechnet

---

[30] *Baums* Gutachten 63. DJT S. F 247f., 248ff., 253ff; *Ulmer* ZHR 163 (1999), 290 (334ff.); *Krieger* ZHR 163 (1999), 343 (351); *Krebs* „Interessenkonflikte" S. 82f..

[31] Vgl. *Ulmer* ZHR 163 (1999), 290 (334ff. mwN).

[32] Dazu Begründung des Regierungsentwurf BT-Drucks. 13/9712 zu § 147; *Seibert* WM 1997, 1 (4f.).

[33] Vgl. dazu LG Bielefeld AG 2000, 136ff. = ZIP 2000, 20ff. mit Anm. *Westermann* = BB 1999, 2630ff. mit Anm. *Thümmel* = www.rws-verlag.de mit Anm. *Westermann*; LG Stuttgart AG 2000, 237 = DB 1999, 2462.

[34] Vgl. *Ulmer* ZHR 163 (1999), 290 (295f. in Fn 19).

werden müssen. Dieses Konzernprivileg findet auch dadurch Ausdruck, dass – ausgenommen derjenigen in Konzernunternehmen – Aufsichtsratsvorsitze gemäß § 100 Abs. 2 Satz 3 AktG grundsätzlich bei der Berechnung der Mandatsanzahl aufgrund des erhöhten Arbeitsaufwands doppelt anzurechnen sind. Ein weiteres Bestellungshindernis besteht nach § 100 Abs. 2 Satz 1 Nr. 2 AktG dahingehend, dass eine Person, die gesetzlicher Vertreter einer abhängigen Gesellschaft ist, nicht in den Aufsichtsrat der Muttergesellschaft gewählt werden kann. Zudem sieht die gesetzliche Regelung in § 100 Abs. 2 Satz 1 Nr. 3 AktG das Verbot von sogenannten Überkreuzverflechtungen vor, so dass derjenige, der gesetzlicher Vertreter einer anderen Gesellschaft ist, bei der ein Vorstandsmitglied der ersten Gesellschaft bereits Aufsichtsratsmitglied ist, nicht das Aufsichtsratsmandat in dieser ersten Gesellschaft übernehmen darf. Schließlich ist das Verbot in § 105 Abs. 1 AktG zu erwähnen, nach dem ein Vorstandsmitglied, Prokurist oder Generalbevollmächtigter nicht Mitglied des Aufsichtsrats werden kann. Aufgrund hierdurch im Einzelnen noch zu untersuchenden eventuellen Regelungslücken wird in der Literatur vielfach die Annahme ungeschriebener Inkompatibilitäten befürwortet. Es wird daher auszuführen sein, ob die Annahme einer ungeschriebenen Inkompatibilität in den Konstellationen der Doppelmandate in Konkurrenzunternehmen und denen im Rahmen von feindlichen Übernahmen sowie bei den Behördenvertretern in Aufsichtsräten tatsächlich zur Lösung des Konflikts herangezogen werden sollte oder ob de lege lata oder de lege ferenda andere Lösungswege als vorzugswürdig anzusehen sind.

Im folgenden Abschnitt der Ausarbeitung wird zunächst das Entstehen von Interessenkonflikten kurz erörtert werden, um dann die einzelnen Konfliktauflösungs- und -vermeidungsalternativen aufzuzeigen. Anschließend werden die Inkompatibilitätsvorschriften herausgegriffen und die Frage erörtert, ob ungeschriebene Inkompatibilitätsvorschriften überhaupt zulässig sind und wie diese dogmatisch hergeleitet werden können. Sodann werden die Doppelmandate in den bereits genannten Konstellationen als diejenigen Fallgruppen untersucht werden, bei denen die Möglichkeit einer Lösung über ein solches ungeschriebenes Bestellungshindernis denkbar erscheint. Die zunehmende Globalisierung und die europäische Integration zwingen dabei, auch die Regelungen anderer Rechtsordnungen bei der Beurteilung der Problemstellungen heranzuziehen. Hierfür wird an geeigneten Stellen die britische Rechtslage kurz dargestellt werden.

2. Abschnitt: Die Problematik der Interessenkonflikte

A. Entstehung von Interessenkonflikten

Geht man davon aus, dass der Mandatsträger in seiner Amtsausführung für eine wirksame Tätigkeit frei sein muss, wäre es denkbar, mögliches Konfliktpotential der Sache wegen hinzunehmen. Ein solcher Interessenkonflikt kann sich zum einen durch die Kollision der persönlichen Interessen des Amtsträgers mit denen der Gesellschaft ergeben, zum anderen aus einer Verpflichtung des Mandatsträgers gegenüber einer anderen Gesellschaft.

Als eine Problemursache wird die Tatsache angesehen, dass die Aufsichtsratsmitglieder lediglich nach § 100 Abs. 2 Satz 1 Nr. 1 AktG auf zehn Mandate beschränkt sind und daher zwangsläufig anderen Interessensphären ausgesetzt sein könnten, wodurch zusätzliches Konfliktpotential entstehen kann. Auch deshalb – neben einer potentiellen zeitlichen Überlastung – war eine Limitierung auf fünf Mandate im Zuge der Diskussionen zum *„KonTraG“* insbesondere im SPD-Entwurf erwogen worden.

I. Kollision von verschiedenen Interessensphären

1. Gesetzliche Ausgestaltung des Aufsichtsratsamtes

Grundsätzlich sind Aufsichtsratsmitglieder nach der gesetzlichen Ausgestaltung unabhängig und keinerlei Weisungen unterworfen. So ist das Amt zum Beispiel höchstpersönlich auszuüben. Dies ergibt sich unmittelbar aus § 111 Abs. 5 AktG, wonach das Aufsichtsratsmitglied die Aufgaben nicht durch andere wahrnehmen lassen darf und mittelbar aus der Vorschrift in § 101 Abs. 3 AktG, die eine Stellvertretung grundsätzlich unmöglich macht. Lediglich in Ausnahmefällen dürfen Dritte als Sachverständige herangezogen werden, §§ 109 Abs. 1 Satz 2, 111 Abs. 2 Satz 2 AktG.

Um die Unabhängigkeit von einer anderen Gesellschaft zu unterstreichen, ist nach § 100 Abs. 1 AktG eine juristische Person nicht dazu befugt, ein Aufsichtsratsamt zu bekleiden. Dieses Verbot ergab sich nicht etwa aus der Bestrebung, die Wahrnehmung des Amtes durch mehrere verschiedene vertretungsberechtigte Personen der juristischen Person zu vermeiden,[35] sondern aus der Überlegung heraus, dass ein solches Überwachungsamt moralische Qualitäten voraussetze und daher

[35] So aber *Koenen* „Zurechnung“ S. 99; *Mestmäcker* „Verwaltung und Konzerngewalt“ S. 262; *Ulmer* in FS Stimpel S. 705 (718); dieses Problem wurde vielmehr bereits früh erkannt, vgl. *Bokelmann* „Personelle Verflechtungen“ S. 31f. m.w.N. Siehe auch Art 5 II der EG-Strukturrichtlinie und Art 69 des Verordnungsvorschlags über das Statut der Europäischen Aktiengesellschaft, die eine Bestellung eines ständigen Vertreters -falls erforderlich- vorsehen, abgedruckt in *Lutter* „Europäisches Unternehmensrecht“ S. 176ff., 724ff..

eine juristische Person aufgrund ihrer „ethischen Blindheit" für die Amtsausübung unbrauchbar sei.[36] Es erscheint jedoch auch grundsätzlich als zweifelhaft, dass ein Aufsichtsratsmitglied vollkommen ungebunden entscheiden kann, wenn es seine Position faktisch einer anderen Gesellschaft verdankt bzw. aufgrund einer dortigen Funktion in das Überwachungsorgan „entsandt" wurde.

2. Bestehen von weiteren Interessensphären

Auf die in der Literatur zum Teil vorgenommene Differenzierung zwischen schlichten Interessen- und echten Pflichtenkollisionen soll hier verzichtet werden, da eine Bindung des Organmitglieds an das Unternehmensinteresse ohnehin unstreitig besteht.[37] Daher könnte der Amtsinhaber zum Beispiel einem Konflikt mit den gegenläufigen Interessen einer anderen Gesellschaft ausgesetzt sein, für die er ebenfalls tätig ist. Die prinzipielle Möglichkeit einer weiteren Tätigkeit wurde vom Gesetzgeber durch die Ausgestaltung des Aufsichtsratsamts als sogenanntes Nebenamt vorausgesetzt.[38] Dies wird an Regelungen wie §§ 100 Abs. 2 Nr. 1, 110 Abs. 3, 113 Abs. 1 AktG deutlich.

Nach § 100 Abs. 2 Nr. 1 AktG darf eine Person nicht mehr als zehn Aufsichtsmandate bekleiden; auch § 110 Abs. 3 AktG spricht nicht für eine hauptberufliche Tätigkeit mit lediglich einem Mandat, wenn dort die Sitzungseinberufung mit einer Häufigkeit von mindestens einmal bzw. bei börsennotierten Gesellschaften zweimal pro Kalenderhalbjahr festgesetzt ist. Schließlich wird eine vermutete Nebentätigkeit der Amtsträger auch dadurch verdeutlicht, dass eine Vergütung nicht zwingend vorausgesetzt wird, sondern gemäß § 113 Abs. 1 AktG im Ermessen des Satzungsgebers liegt und dabei angemessen im Verhältnis zur Aufgabe des Aufsichtsratsmitglieds stehen sollte.[39]

Zudem kann das zu verfolgende Unternehmensinteresse auch mit persönlichen Interessen des Amtsinhabers kollidieren. Darunter fallen die zahlreichen Über-

---

[36] Vgl. *Kropff* „Begr RegE AktG" S. 135; kritisch dazu bereits: *Simon* LZ 1908, 1 (10ff.).

[37] Dazu *Lutter* ZHR 145 (1981), 224 (231); *Werner* ZHR 145 (1981), 252 (257); *Dreher* JZ 1990, 896 (900); *Deckert* DZWiR 1996, 406 (408).

[38] Vgl. nur *Hoffmann-Becking* in Münch Hdb § 33 Rn 48; *Deckert* DZWiR 1996, 406 (409); *Ulmer* NJW 1980, 1603 (1604); *Matthiessen* „Stimmrecht und Interessenkollision" S. 5; *Fleck* in FS Heinsius S. 89ff.; *Werner* ZHR 145 (1981), 252 (257); *Raiser* „MitbestG" § 25 Rn 118.

[39] Darin wird zum Teil auch ein Ansatzpunkt für die Steigerung der Effektivität der Aufsichtsratstätigkeit gesehen. Man geht dabei davon aus, dass mangels attraktiver Bezahlung zum einen möglicherweise nicht die geeigneten Amtsträger rekrutiert werden können, zum anderen, dass die gewonnenen Mitglieder nicht ausreichend motiviert sein könnten. Für eine professionelle Wahrnehmung der Überwachungsaufgabe müsste danach unter anderem die Gehaltssituation der Mandatsträger wesentlich verbessert werden. Vgl. dazu *Ruigrek/Wagner* in FAZ vom 15.3.2000, S. W1; *Bremeier* in FAZ Nr. 290 vom 13.12.1999, S. 33; FAZ Nr. 211 vom 11.9.2000, S. 28; KK-*Mertens* § 113 Rn 12; *Hoffmann-Becking* in FS Havermann S. 229 (245f.); *ders.* in Münch Hdb § 33 Rn 15; *Feddersen* AG 2000, 385 (389f.); zuletzt *Peltzer* NZG 2002, 10 (16); immer noch aktuell *Lutter* AG 1979, 85ff..

kreuzverflechtungen, die teilweise dazu führen, dass sich verschiedene Personen immer in anderen Funktionen wiedersehen. Dadurch ist zu befürchten, dass die einzelnen Beteiligten jeweils die Tätigkeit der anderen in dem stillschweigenden Übereinkommen unreflektiert billigen, dass bei einer umgekehrten Konstellation in einer anderen Gesellschaft auf die gleiche Art und Weise verfahren wird.[40] Persönliche Interessen können im Zusammenhang mit der Tätigkeit aber auch dann betroffen sein, wenn dem Amtsinhaber ein günstiges Rechtsgeschäft angeboten wird, das er auch gerne als Privatmann eingehen würde. Auch dann besteht ein Konfliktpotential, das einer Auflösung bedarf. Hierunter sind nicht nur Geschäftschancen zu verstehen, die sich dem Mandatsträger ad hoc bieten, sondern auch persönliche Interessen, die aus einer bestehenden Geschäftsverbindung (etwa als Kreditgeber, Lieferant oder Kunde) resultieren.[41]

Für Arbeitnehmervertreter können sich zudem Interessen- und Pflichtenkollisionen insbesondere bei Arbeitskämpfen ergeben. Wird die Teilnahme an Tarifverhandlungen auf der Seite der Gewerkschaften noch als zulässig angesehen,[42] ist eine solche an rechtswidrigen Streiks nach nahezu einhelliger Auffassung unzulässig.[43] Bei rechtmäßigen Streiks nimmt die herrschende Ansicht ein Recht auf Arbeitsniederlegung an, verneint jedoch die Zulässigkeit einer aktiven Teilnahme an einem Streik.[44]

Einen weiteren Sonderfall der entgegenstehenden Interessen stellt schließlich das Gemeinwohl dar. Eine vormals bestehende, generelle Privilegierung des Gemeinwohls ist dabei mittlerweile entfallen.[45] Inwieweit das von der öffentlichen

---

[40] Vgl. dazu z.B. *Bremeier* in FAZ Nr. 290 vom 13.12.1999, S. 33.

[41] So auch der Corporate Governance Kodex der Kodexkommission unter Vorsitz von *Gerhard Cromme* – Aufsichtsratsvorsitzender der Thyssen Krupp AG –, der auch solche Interessenkonflikte offengelegt wissen möchte, vgl. Klausel 5.5.2 des Kodexes; FAZ Nr. 258 vom 06.11.2001, S. 25.

[42] *Hanau* in Hanau/Ulmer „MitbestG" § 26 Rn 20f.; *Raiser* „MitbestG" § 25 Rn 140; *Hoffmann-Becking* in Münch Hdb § 33 Rn 50; vgl. auch BVerfGE 50, 290 (369ff., 377) *„Mitbestimmungsurteil"*. Es scheiden auch Stimmverbote bei in praxi allerdings wenig relevanten Abstimmungen aus, die Bezug zu Tarifverhandlungen besitzen, vgl. *Raiser* „MitbestG" § 25 Rn 140; *Fitting/Wlotzke/Wißmann* „MitbestG" § 25 Rn 114; *Hanau* in Hanau/Ulmer „MitbestG" § 26 Rn 19f.; *Martens* ZGR 1977, 422 (424); *Wiedemann* „Gesellschaftsrecht " S. 634; anders *Reuter* AcP 179 (1979), 509 (560).

[43] KK-*Mertens* Anh § 117 B §25 MitbestG Rn 14; *Kittner/Köstler/Zachert* „Aufsichtsratspraxis" Rn 631f.; *Raiser* „MitbestG" § 25 Rn 141; a. A. *Hanau* in Hanau/Ulmer „MitbestG" § 26 Rn 24.

[44] So KK-*Mertens* Anh § 117 B §25 Rn 13; *ders.* AG 1977, 317; *Meyer-Landrut* in Großkomm § 96 Anm 1; Geßler/Hefermehl/Eckardt/Kropff-*Geßler* § 96 Rn 63; *Lutter/Krieger* „Aufsichtsrat" Rn 305; *Hoffmann/Lehmann/Weinmann* „MitbestG" § 25 Rn 134; a. A., d.h. ein aktives Teilnahmerecht befürwortend: *Kittner/Köstler/Zachert* „Aufsichtsratspraxis" Rn 634; *Raiser* „MitbestG" § 25 Rn 141; *Fitting/Wlotzke/Wißmann* „MitbestG" § 25 Rn 119; GK-*Naendrup* „MitbestG" § 25 Rn 216; *Hanau* in Hanau/Ulmer „MitbestG" § 26 Rn 23; *Hanau* ZGR 1977, 397 (405ff.); *Martens* ZGR 1977, 422 (429).

[45] KK-*Mertens* § 76 Rn 16; *Rittner* in FS Geßler, S. 139 (142); *ders.* AG 1973, 113ff.; Geßler/Hefermehl/Eckardt/Kropff- *Hefermehl* § 76 Rn 20 mwN.

Hand entsandte Aufsichtsratsmitglied im Falle einer Interessenkollision die öffentlichen Interessen des Gemeinwohls berücksichtigen kann oder muss, wird noch gesondert zu untersuchen sein.[46]

Angesichts der zahlreichen anderweitigen Interessensphären wird sogar teilweise vertreten, dass der Aufsichtsrat weniger der Kontrolle des Vorstands zu dienen bestimmt ist, sondern vielmehr durch die Repräsentanz von Geschäftspartnern wie Banken und Lieferanten oder auch Konkurrenten zur Pflege der Geschäftsverbindungen besteht.[47]

II. Definition des Unternehmensinteresses

Rechtlich relevante Interessenkonflikte entstehen dadurch, dass das Organmitglied – d.h. sowohl das Vorstands- als auch das Aufsichtsratsmitglied – tatsächlich anderen Interessensphären ausgesetzt sein kann und rein rechtlich lediglich dem Unternehmensinteresse unterworfen ist.[48] Ist dies noch unstreitig, herrscht Uneinigkeit darüber, welche Interessen im Rahmen des Unternehmensinteresses im einzelnen berücksichtigt werden dürfen.

1. Stand der Diskussion

Nach einer monistischen Auffassung soll allein das Aktionärsinteresse bei der Amtsausübung von Bedeutung sein.[49] Die Einbindung verschiedener Interessen über den Aufsichtsrat ist nach dieser Theorie daher nicht möglich, vielmehr stehe die alleinige Gewinnmaximierung im Vordergrund. Die Nutzung des Anlegerkapitals sei nicht etwa der Öffentlichkeit geschuldet,[50] sondern eben den Aktionären des jeweiligen Unternehmens.[51]

Dagegen wollen pluralistische Konzepte sämtliche relevante Einzel- und Gruppeninteressen bei der Bestimmung des Unternehmensinteresses berücksichtigen. Innerhalb dieser Ansätze bleibt es jedoch uneinheitlich, welche Interessen miteingebracht werden können, wenngleich Aktionärs- und Arbeitnehmerinteres-

---

[46] Vgl. die Ausführungen unter 5. Abschnitt B II, S. 148ff..

[47] *Ulmer* NJW 1980, 1603 (1604); *Herkenroth* AG 2001, 33 (34); *Koenen* „Zurechnung" S. 61; vgl. *Matthiessen* „Stimmrecht und Interessenkollision" S. 5 mwN.

[48] Statt vieler BVerfGE 34, 112; 50, 290 (350) „*Mitbestimmungsurteil*"; BGHZ 62, 193 (199) „*Seitz*"; 64, 329 (330f.); 83, 106 (120); 83, 144 (149); 106, 54 (65); BGH NJW 1989, 979 zu 2; *Semler* „Leitung und Überwachung" Rn 49ff., 182; KK-*Mertens* Vor § 95 Rn 9; *Lutter/Krieger* „Aufsichtsrat" Rn 303; *Scheffler* in FS Havermann, S. 651 (659).

[49] *Wiedemann* „Organverantwortung" S. 32; *ders.* ZGR 1975, 385 (423ff.); *Mülbert* ZGR 1997, 129 (147ff.); eingeschränkt *Kübler* in FS Zöllner, S. 321 (323ff., 334f.).

[50] So aber *Junge* in FS Caemmerer S. 547.

[51] Vgl. *Kübler* in Hopt/Teubner „Corporate Governance" S. 429 (439).

sen gemeinhin als wesentlich eingestuft werden.[52] Unter verschiedenen Variationen werden zusätzlich noch die Interessen der Allgemeinheit sowie der einzelnen Stakeholder miteinbezogen. Diese Interessen können nicht notwendigerweise durch einen eigenen Interessenvertreter im Organ ein, sondern jedes einzelne Aufsichtsratsmitglied sollte nach den Vertretern dieser Auffassung im Rahmen des Entscheidungsprozesses eine Abwägung der relevanten Interessen selbst vornehmen.[53]

Zu einer anderen Definition des Unternehmensinteresses gelangt eine prozedurale Interpretation.[54] Danach entsteht das Unternehmensinteresse erst als Resultat des Entscheidungsprozesses im Aufsichtsrat durch die Einbringung der einzelnen Interessengruppen. Dem Unternehmensinteresse komme daher nicht die Bedeutung zu, die Organmitglieder in ihrer Interessenwahrnehmung einzuschränken, da das Unternehmensinteresse erst durch die Einbringung der einzelnen Interessen ermittelt werde. Hieraus resultiere als Grenze für die Interessenvertretung allein die pflichtgemäße Teilnahme am Entscheidungsprozess.[55] Danach sei der Organträger beispielsweise dazu verpflichtet, „unvoreingenommen, zwanglos und nichtpersuasiv“ um Einverständnis bemüht zu sein.[56] Die Aufsichtsratsmitglieder seien demnach gleichzeitig unternehmensrechtlicher Funktionsträger und Interessenvertreter.[57]

Geringere Anforderungen stellt *Matthießen* mit seinem Ansatz, dass ohne Differenzierung der einzelnen Interessengruppen jedes spezifische Gruppeninteresse wahrgenommen werden könne, wenn nur die Überwachungsaufgabe des Aufsichtsrats gewahrt bleibe, sich das einzelne Organmitglied trotz eigenen Interesses um einen Konsens bemühe und eine auch andere miteinzubeziehende Interessen berücksichtigende Entscheidung akzeptiere.[58]

2. Stellungnahme

Gegen eine monistische Definition des Unternehmensinteresses spricht schon die gesetzliche Ausgestaltung des Aufsichtsrats als pluralistisches Organ, in dem eine Entscheidung insbesondere über die Einbringung verschiedenartiger Interes-

---

[52] *Hüffer* „AktG“ § 76 Rn 12; KK-*Mertens* § 76 Rn 16, aber auch Rn 18; *Fitting/Wlotzke/Wißmann* „MitbestG“ § 25 Rn 95f.; *Kübler* „Gesellschaftsrecht“ § 32 III 4, S. 413f.; *Raiser* „Kapitalgesellschaften“ § 6 Rn 15.
[53] Vgl. dazu *Bleicher/Leberl/Paul* „Unternehmungsverfassung“ S. 43.
[54] *Brinkmann* „Unternehmensinteresse“ passim; *Laske* ZGR 1979, 173 (196ff.); vgl. auch *Kübler* in Hopt/Teubner „Corporate Governance“ S. 429 (440); kritisch *Teubner* ZHR 149 (1985), 470 (485).
[55] *Kübler* in Hopt/Teubner „Corporate Governance“ S. 429 (440); vgl. *Laske* ZGR 1979, 173 (199).
[56] Vgl. *Laske* ZGR 1979, 173 (200); *Brinkmann* „Unternehmensinteresse“ S. 271f..
[57] *Brinkmann* „Unternehmensinteresse“ S. 269f.; *Raiser* ZGR 1978, 391 (396).
[58] In „Stimmrecht und Interessenkollision“ S. 414.

sengruppen gefällt werden soll. Hierdurch soll ein Problemkreis adäquat reflektiert durchleuchtet werden, um so zu einer für die Gesellschaft im Zweifel optimalen Lösung zu gelangen.

Gegen eine prozedurale Bestimmung lässt sich einwenden, dass es damit zu einer „diffusen Interessenvergemeinschaftung" bzw. zu einem „orientierungslosen Interessenpluralismus" kommen würde.[59] Daneben bleibt auch bei dieser Konzeption die Frage offen, welche Interessen mit in den Entscheidungsprozess eingebracht werden dürfen. Orientiert man sich dabei an der Legitimationsgrundlage der einzelnen Aufsichtsratsmitglieder und ordnet diese als Repräsentanten ihrer Wählerschaft ein,[60] so gelangt man zu lediglich zwei vertretbaren Interessengruppen innerhalb der Anteilseignerseite: die der Aktionäre und die der Entsendungsberechtigten im Sinne des § 101 Abs. 2 AktG. Faktisch entsandte Organmitglieder würden dadurch zu Interessenvertretern der Aktionäre,[61] wodurch sich *Raiser* zu einer Einschränkung dergestalt veranlasst fühlt, dass diese Interessen dann mit eingebracht werden können, wenn diese mit dem Unternehmensinteresse und dem Interesse der Aktionäre in Einklang zu bringen sind.[62] Dadurch wird die Grundaussage des prozeduralen Modells, nämlich dass das Unternehmensinteresse sich aus der Interesseneinbringung entfaltet, unterminiert. Im Ergebnis vermag dieses Konzept daher nicht alle gewünschten Interessen zu berücksichtigen, ohne sich selbst in Frage zu stellen.

Die geringen Anforderungen nach der Auffassung *Matthießens* überzeugen ebenso wenig. Die Anforderung einer Konsensbemühung ohne weitergehende Beschränkung bei der Wahrnehmung der eigenen Interessen erscheint als zu gering, um die Erhaltung des Unternehmensinteresses durch den Gesamtaufsichtsrat zu gewährleisten.[63]

Der Organträger ist somit nach herrschender Meinung bei der Wahrnehmung seiner Amtsaufgaben nicht den Individualinteressen seiner Wähler unterworfen, sondern dem Interesse an einem erfolgreichen Betreiben der Aktiengesellschaft,[64] den Interessen der Arbeitnehmer der Gesellschaft, den Aktionären und dem öffent-

---

[59] *Teubner* ZHR 149 (1985), 470 (481); *Bokelmann* „Personelle Verflechtungen" S. 52.

[60] *Raiser* ZGR 1978, 391 (396); *Klinkhammer/Rancke* „Verschwiegenheitspflicht" S. 2; vgl. auch einschränkend *Claussen* AG 1996, 481 (484).

[61] *Raiser* ZGR 1978, 391 (398); *Bleicher/Leberl/Paul* „Unternehmensverfassung" S. 89.

[62] *Raiser* ZGR 1978, 391 (398); auch *Brinkmann* „Unternehmensinteresse" S. 273 hält es für notwendig, dass das betreffende Aufsichtsratsmitglied die Drittinteressen vom Unternehmensinteresse abgrenzt, statuiert jedoch im Falle einer Interessenkollision eine Stimmenthaltung.

[63] So auch *Bokelmann* „Personelle Verflechtungen" S. 52.

[64] Für die in der juristischen Person in Form der Aktiengesellschaft inkorporierten, sozialen und wirtschaftlichen Zweck- und Wirkungseinheit lassen sich die Terminologien „Unternehmen" und „Gesellschaft" synonym verwenden, sogenannte Lehre vom Aktienunternehmen; begründet von *Flume* in FS Wieacker, S. 340ff.; *ders.* in FS Beitzke, S. 43ff.; zustimmend *Schilling* ZHR 144 (1980), 136; *Raiser* ZHR 144 (1980), 206 (230f.); im wesentlichen auch KK-*Mertens* § 76 Rn 6ff..

lichen Interesse an einer Einfügung der Gesellschaft in die nationale und internationale Gesellschaftsordnung verpflichtet.[65] Dies gilt wegen des Prinzips der Gleichbehandlung der Organmitglieder für alle Organträger, unabhängig von der Art ihrer Bestellung. Alle Mitglieder sind daher dem Unternehmen gleich stark verpflichtet, so dass es auch keine Unterscheidung zwischen Arbeitnehmer- und Anteilseignervertretern im Aufsichtsrat gibt. Auch im Sonderfall der Vertreter der Gebietskörperschaften hat das Unternehmensinteresse Vorrang vor den öffentlich-rechtlichen Pflichten.[66]

Für die Zulässigkeit einer Einbringung des Allgemeinwohls zum Beispiel als nicht explizit institutionalisierte Interessengruppe spricht die Entstehungsgeschichte des § 76 AktG.[67] Denn die Allgemeinwohlklausel wurde im Rahmen der Aktienrechtsreform von 1965 gestrichen, da die Berücksichtigung sich von selbst verstehe und daher nicht ausdrücklich genannt werden müsse.[68] Auch andere nicht institutionalisierte Interessengruppen wie die der Geschäftspartner lassen sich unter Ableitung aus dem institutionalisierten Interesse der Aktionäre berücksichtigen, da zum Beispiel das Bestehen von guten Geschäftsbeziehungen im Interesse der Aktionäre stehen dürfte.[69]

Zu beachten ist aber, dass der Inhalt des Unternehmensinteresses sich stets wandelt und von daher ständig aktualisiert werden muss, wobei als oberster Grundsatz das Interesse an Bestand und Erfolg des Unternehmens dienen können wird.[70] Lediglich unter dieser Grundvoraussetzung erscheint es überhaupt möglich, die einzelnen Interessengruppen zu verfolgen.[71] Dabei steht dem Mandatsträger ein pflichtgemäßes Ermessen zu, auf welche Weise er die eventuell entgegenstehenden Interessen zum Ausgleich bringt, wobei auf langfristige Sicht von einer

---

[65] KK-*Mertens* § 76 Rn 16; vgl. auch BVerfGE 50, 290 (374) „*Mitbestimmungsurteil*"; BGHZ 36, 296 (306, 310) „*HEW*"; BGH NJW 1979, 1823 (1826); *Lutter/Krieger* „Aufsichtsrat" Rn 303; *Brinkmann* „Unternehmensinteresse" S. 75ff.; *Jürgenmeyer* „Unternehmensinteresse" S. 60ff.; *Teubner* ZHR 149 (1985), 470ff..

[66] KK-*Mertens* Vor § 95 Rn 9; Geßler/Hefermehl/Eckardt/Kropff- *Kropff* §§ 394, 395 Rn 15ff., 27ff.; *Hoffmann/Lehmann/Weinmann* „MitbestG" § 25 Rn 129; *Schmidt-Aßmann/Ulmer* BB 1988 Beil. 13 S. 1 (4); *Hüffer* „AktG" § 76 Rn 12ff.; § 394 Rn 3, 27ff.; siehe auch BGHZ 69, 334 (346f.) = NJW 1978, 104 = AG 1978, 50 „*VEBA/Gelsenberg*"; BGH WM 1997, 967 (969f.) „*Volkswagen*"; a. A. *Mülbert* ZGR 1997, 129ff.; vgl. dazu 5. Abschnitt B II, S. 148ff..

[67] *Raisch* in FS Hefermehl, S. 347 (351); *Bokelmann* „Personelle Verflechtungen" S. 56; vgl. auch *Steinbeck* „Überwachungspflicht" S. 75ff..

[68] *Kropff* „Begr RegE AktG" S. 97.

[69] Vgl. zu dieser Überlegung *Bokelmann* „Personelle Verflechtungen" S. 56.

[70] Für eine Erhaltung des Unternehmens als Untergrenze des Rentabilitätsziels u.a. *Hüffer* „AktG" § 76 Rn 13; *Clemm* in FS Ritter S. 675 (679); *Klinkhammer/Rancke* „Verschwiegenheitspflicht" S. 35; *Mertens* ZGR 1977, 270 (276ff.); *Raisch* in FS Hefermehl, S. 347 (349, 361); *Raiser* in FS R. Schmidt, S. 101 (109); einschränkend *Bokelmann* „Personelle Verflechtungen" S. 57 (in Fußnote 243); kritisch *Kübler* in Hopt/Teubner „Corporate governance" S. 429 (440).

[71] KK-*Mertens* Vor § 95 Rn 10; vgl. *Brinkmann* „Unternehmensinteresse" S. 199ff.; *Jürgenmeyer* „Das Unternehmensinteresse" S. 200ff.; *Hopt* ZGR 1993, 534 (535f.); *Teubner* ZHR 149 (1985), 470 (485ff.); *Raiser* in FS Potthoff S. 31 (43f.); *Potthoff/Trescher* „Das Aufsichtsratsmitglied" S. 23; *Scheffler* in FS Havermann, S. 651 (659).

praktischen Konkordanz der verschiedenen Verantwortungsrichtungen auszugehen ist.[72] Das grundsätzliche Bestehen eines solchen Entscheidungsspielraums ist unstreitig.[73] Offen kann hier bleiben, ob es sich dabei um einen Beurteilungsspielraum im Erkenntnisbereich oder um einen Ermessensspielraum im Handlungsbereich handelt.[74] Man wird insgesamt aber von einem Vorrang der Anteilseignerinteressen ausgehen können, da die Interessen der Arbeitnehmer und der übrigen Gläubiger primär durch andere Rechtsmaterien geschützt werden sollen.[75]

B. Behandlung von Interessenkonflikten

Für die Behandlung von Interessenkonflikten gibt es zahlreiche Handlungsalternativen; differenziert werden kann zwischen einer Konfliktauflösung bei bereits existierenden Interessenkonflikten und einer Konfliktvermeidung.

I. Konfliktauflösung

1. Stimmverbote

a) Stimmverbot aus §§ 34 BGB, 136 AktG, 47 Abs. 4 GmbHG und § 43 Abs. 6 GenG

Insbesondere für punktuelle Interessenkonflikte kommt ein Stimmrechtsausschluss in Betracht. Ein solcher Ausschluss ist gesetzlich in §§ 34 BGB, 136 AktG, 47 Abs. 4 GmbHG, 43 Abs. 6 GenG für Mitglieder statuiert, für Entscheidungen im Aufsichtsrat fehlt es an einer solchen Vorschrift. Den § 34 BGB und § 47 Abs. 4 GmbHG wird jedoch der allgemeine Rechtsgedanke des „Verbots der Entscheidung in eigener Sache" entnommen. Für den Aufsichtsrat gelten diese dann entsprechend bei Beschlüssen über eine Vertragszustimmung, die gesetzlich

[72] Hierzu sind verschiedene Modelle entwickelt worden, deren detaillierte Erörterung hier unterbleiben kann. Ein sogenanntes Integrationsmodell vertreten BGHZ 64, 325 (330f.) = AG 1975, 219 (220) = WM 1975, 678 „*Bayer*"; BGHZ 83, 106ff. = AG 1982, 218ff.; BGHZ 83, 144ff. = AG 1982, 221ff.; BGHZ 83, 151ff. = AG 1982, 223ff.; *Götz Hueck* „Gesellschaftsrecht" S. 224f.; *Hoffmann/ Lehmann/ Weinmann* § 25 Rn 132; *Raiser* „MitbestG" § 25 Rn 109ff.; *Ulmer* in Hanau/Ulmer „MitbestG" § 25 Rn 93ff.; *Koch* „Das Unternehmensinteresse" S. 1ff.. Ein Konfliktmodell mit Maßgeblichkeit der Gruppeninteressen wird dagegen von GK-*Naendrup* „MitbestG" § 25 Rn 190; *Kittner/Köstler/Zachert* Rn 439, 480ff. vermutet; vgl. dazu auch *Ensch* „Institutionelle Mitbestimmung" S. 31ff., 48ff..

[73] BGHZ 135, 244 = ZIP 1997, 883 (886) „*ARAG*" bei Wahrnehmung unternehmerischer Aufgaben; vgl. auch die Vorinstanzen OLG Düsseldorf BB 1996, 230 und LG Düsseldorf ZIP 1994, 628; dazu auch *Fischer* BB 1996, 225ff.; *Nirk* in FS Boujong, S. 393ff.; *Raiser* NJW 1996, 552ff.; allgemein KK-*Mertens* § 76 Rn 10ff., 16ff..

[74] Vgl. zu dieser Differenzierung BGHZ 135, 244 = ZIP 1997, 883 (886) „*ARAG*"; für einen Beurteilungsspielraum *Fischer* BB 1996, 225 (226f.); *Bokelmann* „Personelle Verflechtungen" S. 53.

[75] KK-*Mertens* § 76 Rn 24; *Mülbert* ZGR 1997, 129 (155f.); *Kirchner* WM 2000, 1821 (1822); *ders.* AG 1999, 481 (485); *Schilling* BB 1997, 1909 (1910); a. A. *W. Müller* in FS Semler S. 195 (209); *Kittner/Köstler/Zachert* „Aufsichtsratspraxis" Rn 439.

nach §§ 114, 115 AktG bei Beraterverträgen bzw. Kreditverträgen oder nach der Satzung gemäß § 111 Abs. 4 Satz 2 AktG erforderlich sind, und bei Entscheidungen über die Vornahme von Rechtsgeschäften bzw. Einleitung oder Erledigung eines Rechtsstreits zwischen Organmitglied und der Aktiengesellschaft.[76] Etwas anderes gilt aber bei sogenannten „körperschaftlichen Sozialakten".[77] Danach unterliegt der Betroffene keinem Stimmverbot, wenn er zum Beispiel organintern zum Vorsitzenden des Aufsichtsrats oder zum Mitglied eines Ausschusses gewählt werden soll[78] und auch dann nicht, wenn seine Wahl zum Vorstandsmitglied zur Entscheidung steht.[79]

Problematisch bei den gesetzlich statuierten Stimmverboten ist, dass diese auf die Befangenheit von Mitgliedern zugeschnitten sind, nicht aber auf die von Amtsträgern, so dass die vorhandenen Vorschriften als zu eng angesehen werden könnten.[80] Daher ist nach ganz herrschender Meinung bei allgemeinen Interessenkonflikten kein Stimmrechtsausschluss anzunehmen.[81] Vielmehr kann dem Mandatsträger aus Gründen des Anstands bei unvermeidlichen Konfliktlagen eine Stimm-

---

[76] *Lutter/Krieger* „Aufsichtsrat" Rn 248, 308; *Hüffer* „AktG" § 108 Rn 9; Geßler/Hefermehl/Eckardt/Kropff- *Geßler* § 108 Rn 29; KK-*Mertens* § 108 Rn 49; *Baumbach/Hueck* „AktG" § 108 Rn 4; *Ulmer* in Hanau/Ulmer „MitbestG" § 25 Rn 27; *ders.* NJW 1982, 2288 (2289); *Raiser* „MitbestG" § 25 Rn 37; *Fitting/Wlotzke/Wißmann* „MitbestG" § 25 Rn 33; *Hoffmann/Lehmann/Weinmann* „MitbestG" § 29 Rn 19; *Dreher* JZ 1990, 896 (900f.); *Fleck* in FS Heinsius, S. 89 (95); *Hoffmann-Becking* in Münch Hdb § 31 Rn 59; a.A. *Matthießen* „Stimmrecht und Interessenkollision" S. 51ff., 228ff., 282ff., der Stimmverbote nur eingeschränkt befürwortet; jegliche Stimmverbote für Aufsichtsratsmitglieder grundsätzlich ablehnend *Behr* AG 1984, 281 (284ff.).

[77] Vgl. dazu statt vieler KK-*Mertens* § 108 Rn 50; *Mertens* ZGR 1983, 189 (203ff.); *Wilhelm* NJW 1983, 912 (915); Hachenburg/*Raiser* „GmbHG" § 52 Rn 78; *Krebs* „Interessenkonflikte" S. 145ff..

[78] *Hüffer* „AktG" § 108 Rn 9; *Lutter/Krieger* „Aufsichtsrat" Rn 248; Geßler/Hefermehl/Eckardt/Kropff- *Geßler* § 108 Rn 29; KK-*Mertens* § 108 Rn 50; *Hoffmann-Becking* in Münch Hdb § 31 Rn 59.

[79] *Lutter/Krieger* „Aufsichtsrat" Rn 128, 308; *Fitting/Wlotzke/Wißmann* „MitbestG" § 31 Rn 14; *Raiser* „MitbestG" § 31 Rn 13; KK-*Mertens* § 108 Rn 50; Geßler/Hefermehl/Eckardt/Kropff-*Hefermehl* § 84 Rn 12; Hachenburg/*Raiser* „GmbHG" § 52 Rn 78; *Mertens* ZGR 1983, 189 (203ff.); *Hoffmann-Becking* in Münch Hdb § 31 Rn 59; *Wilhelm* NJW 1983, 912 (915); *Behr* AG 1984, 281 (284ff.); im Ergebnis auch *Matthießen* „Stimmrecht und Interessenkollision" S. 228ff., 238ff.; a.A. aber *Ulmer* in Hanau/Ulmer „MitbestG" § 31 Rn 18a; *Ulmer* NJW 1982, 2288 (2290ff.); *ders.* NJW 1980, 1603 (1605); *Hüffer* „AktG" § 108 Rn 9; *ders.* in FS Heinsius S. 337 (341ff.); *Giesen* „Organhandeln" S. 119f.; *Wiesner* in Münch Hdb § 20 Rn 20; für die Bestellung zum Geschäftsführer in einer GmbH Baumbach/Hueck-*Zöllner* „GmbHG" § 52 Rn 52; *Scholz/Schneider* „GmbHG" § 52 Rn 295.

[80] *Wiedemann* ZIP 1997, 1565 (1567); *Engfer* „Ausschluss des organschaftlichen Stimmrechts" S. 112f.; *Meyer-Landrut* in Großkomm § 108 Anm 5.

[81] *U. H. Schneider* ZHR 150 (1986), 609 (613); *Hoffmann-Becking* ZHR 150 (1986), 570 (580 mwN); *ders.* in Münch Hdb § 31 Rn 59; *Lutter/Krieger* „Aufsichtsrat" Rn 248; KK-*Mertens* § 108 Rn 49; *ders.* ZGR 1983, 189 (203f.); *Ulmer* in Hanau/Ulmer „MitbestG" § 25 Rn 27; *Ulmer* NJW 1980, 1603 (1605); *ders.* NJW 1982, 2288 (2289); *Fitting/Wlotzke/Wissmann* „MitbestG" § 25 Rn 34; *Dreher* JZ 1990, 896 (900f.); *Werner* ZHR 145 (1981), 253 (266); vgl. auch die Rechtsprechung BGHZ 56, 47 (53); 68, 107 (109); 80, 69 (71); 97, 28 (30ff.) = NJW 1986, 2051 = WM 1986, 456; a.A. *Meyer-Landrut* in Großkomm § 108 Anm 5; *Hoffmann* „Der Auf-

enthaltung lediglich nahegelegt werden.[82] Eine Stimmenthaltung wird dabei als zulässige Form der Beteiligung an der Bildung des Gesamtwillens des Aufsichtsrats angesehen, gilt aber nicht als Stimmabgabe.[83]

Die Konstellation eines Doppelmandats könnte zwar einer Vornahme eines Rechtsgeschäfts entsprechen und damit doch unter § 34 BGB subsumiert werden können. Dieses Rechtsgeschäft müsste das Organmitglied aber unmittelbar tangieren. Daran könnte es bereits scheitern, wenn das Mitglied nicht an der anderen Gesellschaft beteiligt ist; die Unmittelbarkeit kann jedenfalls nach zutreffender Ansicht dann bejaht werden, wenn das betroffene Organmitglied die juristische Person beherrscht oder mit ihr wirtschaftlich identisch ist.[84] Daran wird es jedoch bei Doppelmandaten insbesondere bei Publikumsgesellschaften regelmäßig fehlen, so dass ein Stimmverbot aus § 34 BGB analog zunächst nicht begründbar ist.[85]

Ein weiteres Problem kann bestehen, wenn das Stimmverbot zu einer Beschlussunfähigkeit des Organs führen würde. Insbesondere Aufsichtsräte mit drei Mitgliedern könnten dann nicht gegen ein mit einem solchen Stimmverbot belegten Mitglied vorgehen, § 108 Abs. 2 Satz 3 AktG. Daher ist in diesen Fallkonstellationen davon auszugehen, dass der Betroffene sein Recht auf Teilnahme nicht verliert, aber zu einer Stimmenthaltung *verpflichtet* ist.[86] Im Falle einer Weigerung kann er sich aufgrund seiner Mitwirkungspflicht schadensersatzpflichtig machen.

b) Ausweitung des § 34 BGB auf allgemeine Interessenkonflikte

Zum Teil wird in der Literatur eine ausdehnende Anwendbarkeit des § 34 BGB bei Interessenkonflikten angenommen.[87] *Hoffmann-Becking* beschränkt die ausdehnende Anwendbarkeit dabei auf Konzernsachverhalte, bei denen es zu einer Kollision mit den persönlichen Interessen des Doppelbänders kommt, oder bei

---

sichtsrat" Rn 501; *Giesen* „Organhandeln" S. 112f.; *R. Fischer* „Gesammelte Schriften" S. 323 (333).

[82] *Wiedemann* ZIP 1997, 1565 (1566); *Meyer-Landrut* in Großkomm § 111 Anm 5; *Fleck* in FS Heinsius S. 89; vgl. *R. Fischer* „Gesammelte Schriften" S. 323 (333).

[83] KK-*Mertens* § 108 Rn 49; vgl. auch zur Stimmenthaltung BGHZ 83, 35 (36f.) = NJW 1982, 1585 zu § 32 BGB; *Ulmer* ZHR 141 (1977), 490 (507 in Fußnote 74); *ders.* in Hanau/Ulmer „MitbestG" § 29 Rn 6; *Säcker/Theisen* AG 1980, 29 (37); Geßler/Hefermehl/Eckardt/Kropff-*Geßler* § 108 Rn 26; KK-*Mertens* § 108 Rn 43f.; *Meyer-Landrut* in Großkomm § 108 Anm 3.

[84] BGHZ 56, 47 (53); 68, 107 (110); Palandt-*Heinrichs* § 34 Rn 3; Soergel-*Hadding* § 34 Rn 8; KK-*Mertens* § 108 Rn 51; *Giesen* „Organhandeln" S. 116; vgl. *Krebs* „Interessenkonflikte" S. 141f..

[85] Zu einer Ausdehnung des Anwendungsbereichs sogleich.

[86] So auch KK-*Mertens* § 108 Rn 49.

[87] *Giesen* „Organhandeln" S. 116; *Hoffmann-Becking* ZHR 150 (1986), 570 (580); *Meyer-Landrut* in Großkomm § 108 Anm 5, § 111 Anm 5; *R. Fischer* „Gesammelte Schriften" S. 323 (333); Scholz/*Schneider* „GmbHG" § 52 Rn 295; *ders.* BB 1995, 365 (370); vgl. auch *Ulmer* NJW 1980, 1603 (1605); *Engfer* „Ausschluss des Stimmrechts" S. 112f.; *Lindermann* AG 1987, 225 (230).

denen es um Entscheidungen über konzernleitende Einflussnahmen auf die Tochter geht.[88] Gegen diese Ansicht spricht bereits, dass nach zutreffender Auffassung die Implementierung eines Doppelmandats gerade der Durchsetzung der Konzerninteressen dient und eine entsprechende Einflussnahme auch nach den konzernrechtlichen Vorschriften (§ 308 AktG beim Vertragskonzern und § 311 AktG beim faktischen Konzern) grundsätzlich als zulässig anzusehen ist.[89] Insbesondere *Hommelhoff* geht sogar von einer *Pflicht* der herrschenden Gesellschaft zur Konzernleitung aus.[90]

Giesen begründet eine ausdehnende Anwendbarkeit des § 34 BGB dagegen damit, dass im Falle des Handelns für die andere Gesellschaft der gleiche Konflikt entstünde, wie wenn der Vertreter selbst der Vertragspartner wäre.[91] Die Ausführungen haben indessen gezeigt, dass der Vertreter unmittelbar betroffen sein müsste, von einer Beherrschung oder einer sonstigen wirtschaftlichen Identität aber in aller Regel nicht ausgegangen werden kann. Es wird auch noch auszuführen sein, dass der Vertreter grundsätzlich nicht der „entsendenden" Gesellschaft gleichgesetzt werden kann und deswegen zum Beispiel keine Haftung der Gesellschaft für Pflichtverletzungen des Doppelmandatars im Organ der anderen Gesellschaft in Betracht kommt.[92] Schließlich erscheint es anhand des Wortlauts des § 34 BGB geboten, eine entsprechende Anwendbarkeit auf Rechtsgeschäfte und Rechtsstreitigkeiten zu beschränken, da sonst ein „vergleichbarer Sachverhalt" im Sinne der Grundsätze zur Analogiebildung angezweifelt werden könnte.[93] *Werner* führt gegen die Ausweitung von Stimmrechtsverboten zudem an, dass das Zusammenspiel zwischen Vorstand und Aufsichtsrat gestört würde und ein Verbot bei Annahme einer „Interessenberührung" bei zahlreichen Beschlüssen zu bejahen wäre. Hinsichtlich der Wirksamkeit der gefassten Beschlüsse käme es in solchen Fällen zu einer vermeidbaren Rechtsunsicherheit.[94]

---

[88] *Hoffmann-Becking* ZHR 150 (1986), 570 (580).

[89] Mit der entsprechenden Verlustausgleichspflicht gemäß § 302 Abs. 1 AktG bzw. der Nachteilsausgleichspflicht nach § 311 AktG.

[90] In „Konzernleitungspflicht" S. 43ff. jedoch nur gegenüber der herrschenden Gesellschaft; so auch: *Semler* „Leitung und Überwachung" Rn 270ff.; *Kropff* ZGR 1984, 112 (115f., 127ff.); *Scheffler* in FS Goerdeler S. 469 (471); *Rittner* AcP 183 (1983), 295 (301f.); *Krieger* in Münch Hdb. § 69 Rn 21. Zu den Anforderungen: *Rehbinder* ZHR 147 (1983), 464 (467f.) und die obengenannten Autoren, weitergehend aber *Hommelhoff* „Konzernleitungspflicht" S. 424, der von einer intensiven Verpflichtung ausgeht. Anders zum Ganzen nur *U.H. Schneider* BB 1981, 249 (256ff.), der eine Konzernleitungspflicht gegenüber der abhängigen Gesellschaft befürwortet.

[91] *Giesen* a.a.O..

[92] Vgl. die Ausführungen sogleich unter 2. Abschnitt B I 6, S. 28ff..

[93] Vgl. *Hüffer* „AktG" § 77 Rn 8; *Aschenbeck* NZG 2000, 1015 (1022); Soergel-*Hadding* § 34 Rn 2.

[94] In ZHR 145 (1981), 252 (267) mit Hinweis auf Art 10 Abs. 1 des Vorschlags für eine 5. EG-Richtlinie; ähnlich auch *Dreher* JZ 1990, 896 (901); *Deckert* DZWiR 1996, 406 (409).

Ein Stimmrechtsverbot im Falle von Interessenkonflikten begegnet auch hinsichtlich mitbestimmungsrechtlicher Fragen erheblichen Bedenken. Denn ein solches Stimmverbot beträfe in der Regel lediglich die Vertreter der Anteilseigner und nicht die Arbeitnehmervertreter, deren Interessenkonflikte ja gerade nach dem Mitbestimmungsgesetz toleriert werden. Würde man daher die Anteilseignervertreter einem Stimmverbot unterwerfen, so würde das zumindest nach dem Mitbestimmungsgesetz 1976 anvisierte „leichte Übergewicht" der Anteilseignerseite verfehlt.[95] Im Ergebnis ist mithin eine Ausdehnung der Anwendbarkeit des § 34 BGB auf die Fälle der allgemeinen Interessenkonflikte abzulehnen.[96]

c) Stimmverbot aus § 181 BGB

Von dem Grundsatz ausgehend, dass Stimmverbote aus dem „Verbot des Richtens in eigenen Sachen" und dem Verbot des Insichgeschäfts abzuleiten sind, wäre die Herleitung eines Stimmverbots auch aus § 181 BGB denkbar. Eine Anwendbarkeit scheitert indessen daran, dass es an einem Rechtsgeschäft zwischen dem Vertreter und dem Vertretenen mangelt.[97] Bei Doppelmandaten ist das fragliche Organmitglied lediglich Organ einer anderen juristischen Person, so dass eine Zurechnung im weiteren Sinne nur dann erfolgen könnte, wenn das Mitglied die andere Gesellschaft beherrscht oder mit ihr wirtschaftlich identisch ist.[98] Daran wird es im Regelfall, wie bereits ausgeführt, fehlen.

2. Sitzungsausschluss

Aufsichtsratsmitglieder besitzen ein grundsätzlich unentziehbares Recht auf Teilnahme an den Sitzungen des Gesamtaufsichtsrats.[99] Das Recht auf Teilnahme entfällt nach zutreffender Ansicht nicht einmal dann, wenn das betreffende Aufsichtsratsmitglied einem Stimmverbot unterliegen würde.[100] Dies liegt unter ande-

---

[95] Vgl. zu dieser Argumentation *Dreher* JZ 1990, 896 (901); *Ulmer* NJW 1982, 2288 (2292); *Wilhelm* NJW 1983, 912 (915).

[96] Im Ergebnis auch BGHZ 36, 296 (307) = NJW 1962, 866 „*HEW*"; *Dreher* JZ 1990, 896 (900f.); *Deckert* DZWiR 1996, 406 (409); *Werner* ZHR 145 (1981), 252 (267); siehe auch LG Düsseldorf AG 1999, 94f. „*W. Rau Neusser Öl und Fett AG*".

[97] *Krebs* „Interessenkonflikte" S. 132f.; anders aber *Wilhelm* NJW 1983, 912 (913f.); *Hübner* „Interessenkonflikt" S. 282f., 288f.; vgl. auch *Ulmer* NJW 1982, 2288 (2292f.).

[98] BGHZ 56, 47 (53); 68, 107 (110); Palandt-*Heinrichs* § 34 Rn 3; Soergel-*Hadding* § 34 Rn 8; *Giesen* „Organhandeln" S. 116.

[99] Vgl. statt vieler *Kindl* „Teilnahme" S. 5f.; *Behr* AG 1984, 281 (282); *Hüffer* „AktG" § 109 Rn 2; KK-*Mertens* § 109 Rn 8. Dies ergibt sich als argumentum e contrario aus § 109 Abs. 2 AktG.

[100] RGZ 112, 109 (111); BGH NJW 1971, 2225; BGH WM 1985, 567f.; BGHZ 14, 264 (270f.); Staudinger/*Weick* „BGB" § 34 Rn 18; Soergel/*Hadding* § 34 Rn 9; *Kindl* „Teilnahme" S. 117ff.; *Engfer* „Ausschluss des organschaftlichen Stimmrechts" S. 123f.; *Quack* in FS Ritter S. 745 (748); *Dreher* JZ 1990, 896 (903); *Matthießen* „Stimmrecht und Interessenkollision" S. 348ff.; *Giesen* „Organhandeln" S. 127; *Zöllner* „Stimmrechtsmacht" S. 187; *Ulmer* in Hanau/Ulmer „MitbestG" § 25 Rn 19; a. A. *Baumbach/Hueck* „AktG" § 109 Rn 4; Geß-

rem daran, dass das Stimmverbot – wie soeben gezeigt – nicht zur Beschlussunfähigkeit des Organs führen darf.[101] Des weiteren muss das fragliche Aufsichtsratsmitglied seine Konfliktlage den übrigen Organmitgliedern darstellen, damit diese überhaupt davon Kenntnis nehmen können.[102]

Danach kann der Aufsichtsratsvorsitzende lediglich in Einzelfällen ein Mitglied des Aufsichtsrats von der Teilnahme ausschließen: so zum Beispiel, wenn dies für einen störungsfreien Ablauf der Sitzung erforderlich sein sollte[103] oder wichtige Belange der Gesellschaft andernfalls konkret gefährdet würden.[104] Selbst bei diesen Fällen muss das fragliche Aufsichtsratsmitglied zur Sitzung geladen werden und die Möglichkeit der Äußerung erhalten.

3. Zustimmungspflichtigkeit der Tätigkeit oder des Rechtsgeschäfts

Zusätzlichen Ausdruck findet der Gedanke des „Richtens in eigener Sache" auch in den Regelungen in §§ 114, 115 AktG, nach denen der Aufsichtsrat bei Beratungs- bzw. Kreditverträgen mit einzelnen Aufsichtsratsmitgliedern seine Zustimmung abgeben muss, um ungerechtfertigte Sonderleistungen der Gesellschaft verhindern zu können. Die detaillierten Zulässigkeitsfragen solcher Vereinbarungen können hier offen bleiben,[105] jedenfalls führen die entsprechenden Abstimmungen im Plenum zu einem – oben bereits angesprochenen – Stimmverbot für das betroffene Aufsichtsratsmitglied mit den dazugehörigen genannten Folgeprob-

---

ler/Hefermehl/Eckardt/Kropff-*Geßler* § 109 Rn 9; *Fitting/Wlotzke/Wissmann* „MitbestG" § 29 Rn 19; GK-*Naendrup* § 25 Rn 60.

101 Zur weiteren Begründung siehe *Matthießen* „Stimmrecht und Interessenkollision" S. 350f..

102 Vgl. dazu die Ausführungen bei *Matthießen* „Stimmrecht und Interessenkollision" S. 350 mwN; siehe auch BGH NJW 1971, 2225.

103 *Kindl* „Teilnahme" S. 88f.; *Säcker* NJW 1979, 1521 (1522); *Hüffer* „AktG" § 109 Rn 2; *Lutter/Krieger* „Aufsichtsrat" Rn 234; einschränkend *Behr* AG 1984, 281 (284).

104 *Matthießen* „Stimmrecht und Interessenkollision" S. 351; *Baumbach/Hueck* „AktG" § 109 Rn 4; *Hoffmann/Lehmann/Weinmann* „MitbestG" § 25 Rn 57; *Ulmer* in Hanau/Ulmer „MitbestG" § 25 Rn 19; *Hüffer* „AktG" § 109 Rn 2; *Lutter/Krieger* „Aufsichtsrat" Rn 234; *Raiser* „MitbestG" § 25 Rn 31; KK-*Mertens* § 109 Rn 8; *Säcker* NJW 1979, 1521 (1522); anders aber *Behr* AG 1984, 281 (283f.); *Dreher* JZ 1990, 896 (901); *Kindl* „Teilnahme" S. 159ff.; *Fitting/Wlotzke/Wißmann* „MitbestG" § 25 Rn 19; Geßler/Hefermehl/Eckardt/Kropff-*Geßler* § 109 Rn 9.

105 Vgl. dazu BGHZ 126, 340 = AG 1994, 508; BGHZ 114, 127 = ZIP 1991, 653 = NJW 1991, 183 = DB 1991, 1212 mit Anmerkung *Theisen* = AG 1991, 312 mit Anmerkung *Wolf*, *„Deutscher Herold"*; OLG Köln AG 1995, 90 = ZIP 1994, 1773; KG AG 1997, 42 (43f.); LG Stuttgart ZIP 1998, 1275; *Semler* „Leitung und Überwachung" § 8 VI, S. 153ff.; *Mertens* in FS Steindorff, S. 173ff.; *Boujong* AG 1995, 203ff.; *Hoffmann-Becking* in Münch Hdb § 33 Rn 25ff.; *Lutter/Krieger* „Aufsichtsrat" Rn 295ff.; *Lutter/Kremer* ZGR 1992, 87; KK-*Mertens* § 114 Rn 4ff., § 115 Rn 3ff.; *Hoffmann/Kirchhoff* WPg 1991, 592ff.; *Beater* ZHR 157 (1993), 420ff.; entscheidend ist dabei, ob sich die vertragliche Beratungstätigkeit mit der Organpflicht deckt.

lernen.[106] Darüber hinausgehende Impulse für die Lösung von Interessenkonflikten eröffnen diese Zustimmungsvorbehalte dagegen nicht.

4. Abberufung bzw. Amtsniederlegung

Denkbar zur Auflösung von Interessenkonflikten ist auch eine Entfernung aus dem Amt, die entweder durch eine Abberufung nach § 103 AktG oder über eine Amtsniederlegung durch den Amtsträger selbst erfolgen kann.

a) Abberufung

Bei der Abberufung von Aufsichtsratsmitgliedern der Anteilseignerseite[107] ist zum einen zwischen derjenigen nach § 103 Abs. 1 AktG für die von der Hauptversammlung ohne Wahlvorschlag Gewählten, zum zweiten der Abberufung gemäß § 103 Abs. 2 AktG der entsandten Organmitglieder und schließlich einer Abberufung durch ein Gericht nach § 103 Abs. 3 AktG zu differenzieren.

Bei einer Abberufung gemäß § 103 Abs. 1 und Abs. 2 AktG ist dabei auch nicht eine Angabe eines wichtigen Grundes erforderlich. Anders ist es dagegen im Rahmen von § 103 Abs. 3 AktG. Grundsätzlich war ein solcher „wichtiger Grund" nach der Rechtsprechung früher dann anzunehmen, wenn „krass gesellschaftswidriges Verhalten" vorlag und das Mitglied „schlechthin als untragbar" erscheinen musste.[108] Heute reicht indessen aus, dass das Verbleiben des Aufsichtsratsmitglieds in seinem Amt für die Gesellschaft unzumutbar sein würde.[109] Angesichts der Gefahr, dies für eine Entfernung unliebsamer Mitglieder auszunutzen, sollten hieran hohe Anforderungen gestellt werden. Ein „wichtiger Grund" wäre daher in Anlehnung an § 84 Abs. 3 Satz 2 AktG dann anzunehmen, wenn eine grobe Pflichtverletzung zur Last gelegt werden kann, das entsprechende Mitglied die Organarbeit behindert, eine weitere Tätigkeit eine Gefahr für die Gesellschaft hervorrufen könnte oder wenn das Mitglied in einem Interessenkonflikt steht, der zu einer Unfähigkeit zur ordnungsgemäßen Amtsausübung führt.[110] Im letzteren Fall

---

[106] Dazu auch KK-*Mertens* § 114 Rn 12, § 115 Rn 5; *Hoffmann* „Aufsichtsrat" Rn 330; *Dreher* JZ 1990, 896 (897, 901 in Fußnote 57).

[107] Für die Arbeitnehmervertreter richtet sich eine Abberufung gemäß § 103 Abs. 4 AktG nach den mitbestimmungsrechtlichen Vorschriften in Verbindung mit § 103 Abs. 3 AktG.

[108] BGHZ 39, 116 (123); AG München WM 1986, 974 = ZIP 1986, 1139; *Kropff* „Begr RegE AktG" S. 142f.; zustimmend *Raiser* „MitbestG" § 6 Rn 37.

[109] LG Frankfurt NJW 1987, 505 = AG 1987, 160; OLG Hamburg WM 1990, 311 (314) „*HEW/Jansen*"; *Hüffer* „AktG" § 103 Rn 10; KK-*Mertens* § 103 Rn 32; *Lutter/Krieger* „Aufsichtsrat" Rn 316; *Hoffmann/Kirchhoff* in FS Beusch, S. 377 (381ff.); *Hoffmann-Becking* in Münch Hdb § 30 Rn 56; Geßler/Hefermehl/Eckardt/Kropff-*Geßler* § 103 Rn 36.

[110] Vgl. statt vieler OLG Hamburg AG 1990, 218ff. = ZIP 1990, 311ff. „*HEW/Jansen*" (Vorinstanz LG Hamburg ZIP 1990, 102f.); LG Frankfurt NJW 1987, 505; OLG Zweibrücken AG 1991, 70 = EWiR § 103 AktG 3/90, 631 mit Anmerkung *Altmeppen*; KK-*Mertens* § 103 Rn

könnte dann auch eine Pflicht zu einer Amtsniederlegung durch den Organträger selbst festzustellen sein.[111]

Bei Vorliegen eines „wichtigen Grundes“ im Sinne des § 103 Abs. 3 AktG könnte auch im Rahmen des § 103 Abs. 2 AktG der Entsendungsberechtigte gegenüber der Gesellschaft dazu verpflichtet sein, den Entsandten abzuberufen. Die Gesellschaft kann dies allerdings nicht klageweise geltend machen, da die Klageerhebung durch den Vorstand der Gesellschaft erhoben werden müsste. Dieser darf jedoch wegen der vorgesehenen Kontrolle durch den Aufsichtsrat keine Einwirkungsmöglichkeit auf die Personalstruktur des Überwachungsorgans besitzen; Raum bliebe daher lediglich für Schadensersatzansprüche.[112]

b) Amtsniederlegung

Daneben kommt eine Amtsniederlegung durch den Amtsträger selbst in Betracht.[113] Obwohl dies neben dem Ausscheiden wegen Todes des Mandatars der häufigste vorzeitige Beendigungsgrund des Amtes darstellt,[114] fehlt eine gesetzliche Regelung, so dass Detailfragen weitgehend umstritten sind.

aa) Amtsniederlegung als Recht oder Pflicht ?

Zunächst ist zu untersuchen, ob es sich bei der Amtsniederlegung um eine Pflicht oder lediglich um eine Option handelt. Die Tatsache der Nichtregelung könnte dabei bereits für das Fehlen einer Rechtspflicht sprechen. *Singhof*[115] argumentiert, dass es keine Pflicht zur Niederlegung geben kann, wenn es an einer Sanktion für die Nichterfüllung fehlt. Eine Schadensersatzpflicht des Amtsträgers bei einem scheinbar unauflösbaren Pflichtenkonflikt könne nicht angenommen werden, da sonst nicht ein Pflichtenverstoß bei der Aufsichtsratstätigkeit, sondern das „Gefährdungspotential für die Gesellschaft“ sanktioniert würde.[116] Eine individuelle Schadensersatzpflicht komme lediglich dann in Betracht, wenn das Aufsichtsratsmitglied es unterlässt, anderweitig erworbene Kenntnisse im Organ weiterzuleiten, obwohl es damit Schaden abwenden könnte. Doch dabei wäre nicht die unterlassene Amtsniederlegung, sondern die unterlassene Informationsweitergabe

---

32; *Hoffmann-Becking* in Münch Hdb § 30 Rn 56; *Ulmer* in Hanau/Ulmer „MitbestG“ § 6 Rn 71.

[111] Vgl. nur KK-*Mertens* § 103 Rn 34; § 116 Rn 32 für das Doppelmandat in Konkurrenzunternehmen.

[112] *Hoffmann-Becking* in Münch Hdb § 30 Rn 53; KK-*Mertens* § 103 Rn 23.

[113] In der Praxis könnte indes zumindest im Neuen Markt-Segment der Eindruck entstehen, dass eine Niederlegung lediglich im Falle eines Konkurses in Betracht kommt; trotzdem gibt es offenbar mittlerweile Beispiele für eine solche, vgl. dazu FAZ Nr. 19 vom 23.01.2001, S. 28.

[114] KK-*Mertens* § 103 Rn 55; *Hoffmann-Becking* in Münch Hdb § 30 Rn 48.

[115] In AG 1998, 318 (324).

[116] *Singhof* AG 1998, 318 (324), bezugnehmend auf *Decher* ZIP 1990, 277 (282).

Anknüpfungspunkt für die Schadensersatzpflicht. Es käme somit keine Pflicht, sondern vielmehr ein Gebot der Amtsniederlegung in Betracht.[117]

Zudem ließe sich anführen, dass gerade bei Interessenantinomien die Niederlegungspflicht praktisch relevant werden dürfte. Angesichts der gesetzlichen Ausgangslage vor allem in §§ 100, 105 AktG, die eine gewisse Akzeptanz solcher Interessenkonflikte verdeutlichen, könne jedoch eine generelle Pflicht zur Amtsniederlegung nicht angenommen werden.[118] Gegen eine Pflicht könne auch die dann erforderliche Rechtsfolge bei Unterlassen der Niederlegung sprechen. Nicht erstrebenswert ist es nach *Singhof*, die Rechtswirksamkeit der Aufsichtsratsbeschlüsse, an denen das betreffende Mitglied mitgewirkt hat, zu gefährden.[119]

Entgegen *Singhof* ist davon auszugehen, dass es in bestimmten Fallkonstellationen eine Pflicht zur Amtsniederlegung geben kann. Ein Bedürfnis für eine Amtsniederlegungspflicht wird nicht bereits durch die Existenz eines § 103 AktG beseitigt. Denn diese Abberufungsmöglichkeit erscheint nur dann als adäquat, wenn die widerstreitenden Pflichten offenliegen, versagt indes dann, wenn zum Beispiel das Aufsichtsratsmitglied infolge einer Verschwiegenheitspflicht gegenüber einer anderen Gesellschaft gewisse Informationen nicht weiterleitet und somit die innere Befangenheit des Organmitglieds verborgen bleibt.

Andererseits ergibt sich aus den organschaftlichen Treue- und Förderpflichten bei punktuellen Interessenkonflikten eine Pflicht zur loyalen Amtsausübung, so dass der Amtsträger sich nicht an der Sitzung oder an dem jeweiligen Beschluss beteiligen sollte.[120] Dies ist jedoch lediglich dann der Fall, wenn er durch seine Enthaltung den Beschluss des Aufsichtsrats nicht präjudiziert.[121] Etwas anderes muss gelten, wenn diese ordnungsgemäße Amtsausübung generell oder weitgehend unmöglich gemacht wird.[122] Durch die daraus resultierende Belastung der Aufsichtsratsarbeit insgesamt ist das Organmitglied dann zur Amtsniederlegung

---

[117] *Singhof* AG 1998, 318 (325); *Dreher* JZ 1990, 896 (902 in Fußnote 74); von einer Empfehlung einer Amtsniederlegung sprechen auch *Wiedemann* ZIP 1997, 1565 (1566); *Fleck* in FS Heinsius S. 89 (93); *Baumbach/Hueck* „AktG“ § 111 Anm 4; *Meyer-Landrut* in Großkomm § 102 Anm 6, §111 Anm 5; *Lutter* ZHR 145 (1981), 224 (246).

[118] Vgl. diesbezüglich nur *Singhof* AG 1998, 318 (323).

[119] *Singhof* AG 1998, 318 (324); so auch *Dreher* JZ 1990, 896 (901, 902).

[120] *Wardenbach* AG 1999, 74 (76); *Hüffer* „AktG“ § 108 Rn 9 mwN; KK-*Mertens* § 116 Rn 32; *Mestmäcker* „Verwaltung und Konzerngewalt“ S. 250; *Säcker* in FS Rebmann S. 781 (787); *Lutter* ZHR 145 (1981), 224 (247).

[121] Vgl. zu dieser Einschränkung *Ulmer* NJW 1980, 1603 (1605); KK-*Mertens* § 116 Rn 23.

[122] *Wardenbach* AG 1999, 74 (76); KK-*Mertens* § 116 Rn 32; *R. Fischer* „Gesammelte Schriften“ S. 323 (334); enger *Dreher* JZ 1990, 896 (902); *Deckert* DZWiR 1996, 406 (409), die eine Pflicht zur Niederlegung lediglich bei unauflösbaren Interessenkonflikten anerkennen; ohne weitergehende Begründung annehmend: *Potthoff/Trescher* „Das Aufsichtsratsmitglied“, S. 48; *Hoffmann* „Aufsichtsrat“, Rn 501; vgl. auch *Wardenbach* „Interessenkonflikte“ S. 325f.; *Fleck* in FS Heinsius S. 89 (96), die von einer freiwilligen Amtsniederlegung durch den Amtsträger schon deswegen ausgehen, um einer eventuell drohenden Abberufung entgehen zu können.

verpflichtet.[123] Gegen eine solche Verpflichtung spricht auch nicht die Gefahr der Rechtsunwirksamkeit der Beschlüsse, da unter Umständen eine Nichtigkeit dieser – insbesondere wenn der Beschluss aufgrund entgegengesetzter Interessen des Betroffenen zustande gekommen ist – durchaus im Interesse der Gesellschaft sein kann.

Das Bestehen einer Niederlegungspflicht wird auch von *Singhof* im Ergebnis nicht abgestritten, wobei dieser jedoch davon ausgeht, dass es sich lediglich um „extreme Ausnahmesituationen" handeln wird.[124] Mit dieser Einschränkung unterminiert er letztlich sein eigenes Argument, dass eine Pflicht zur Niederlegung nur dann in Betracht komme, wenn das Gesetz eine entsprechende Sanktion für eine Verletzung vorsieht. Ohnehin führt das Schweigen des Gesetzes zu keinem zwingenden Schluss auf den Gesetzgeberwillen. Im Einzelfall kann es mithin zu einer Pflicht zur Amtsniederlegung kommen.

bb) Notwendigkeit eines „wichtigen Grundes"

Problematisch erscheint auch die Frage, ob für die Amtsniederlegung durch den Mandatsträger ein wichtiger Grund hierfür gegeben sein muss; liegt ein solcher vor, ist eine Niederlegung unproblematisch zulässig. Ein wichtiger Grund könnte zum Beispiel eine schwere Krankheit oder eine öffentliche Diskussion über seine Person sein, die sich zum (Reputations-) Schaden für die Gesellschaft auswirken könnte.

Nach früher herrschender Auffassung musste bei Fehlen eines solchen Grundes zwischen entgeltlicher und unentgeltlicher Tätigkeit differenziert werden. Danach konnte das Mandat jederzeit ohne wichtigen Grund, nur nicht zur Unzeit, analog § 671 BGB niedergelegt werden, wenn für das Mandat keine feste Vergütung gewährt wurde. Bestand dagegen eine Festvergütung, sollte entsprechend der Unterscheidung in § 627 BGB eine Niederlegung nur dann möglich sein, wenn ein wichtiger Grund vorgetragen werden konnte[125] oder eine Genehmigung der Hauptversammlung vorlag.[126]

Diese Differenzierung wird mittlerweile einhellig abgelehnt, so dass eine Niederlegung auch im Falle einer festen Vergütung jederzeit ohne Vorliegen eines

---

[123] KK-*Mertens* § 116 Rn 32; *Lutter* ZHR 145 (1981), 224 (246); *Lutter/Krieger* „Aufsichtsrat" Rn 306; *Westhoff* „Bankenvertreter" S. 82; *Meyer-Landrut* in Großkomm § 111 Anm 5.

[124] In AG 1998, 318 (323f.).

[125] Das Aufsichtsratsamt konnte nur nach vorheriger Kündigung des Anstellungsvertrages beendet werden, so dass bei Unentgeltlichkeit eine solche nach § 671 BGB „jederzeit" möglich war, dagegen bei Vergütung gemäß § 626 BGB lediglich aus „wichtigem Grund". Vgl. *Zitelmann* ZHR 52 (1902), 31 (47ff.); *Natzel* RdA 1960, 256 (258) mwN; *Brox* NJW 1967, 801 (803); anders dagegen beim entsandten Aufsichtsratsmitglied, vgl. *Natzel* RdA 1960, 256 (260).

[126] Vgl. die Nachweise bei *Zitelmann* ZHR 52 (1902), 31 (57); *Natzel* RdA 1960, 256 (259).

wichtigen Grundes zulässig ist, es sei denn, sie erfolgt zur Unzeit.[127] Gleiches gilt auch für das entsandte Mitglied, auch wenn es sich im Innenverhältnis zum Entsendungsberechtigten pflichtwidrig verhalten sollte.[128] Hierfür spricht zunächst, dass die Niederlegung durch ein Aufsichtsratsmitglied nicht die Gefahr einer führungslosen Gesellschaft ohne Management birgt.[129] Wesentlich wird aber der Gedanke sein, dass dem Aufsichtsratsmitglied im Falle eines Konflikts mit den Aktionären bzw. den Arbeitnehmern die Möglichkeit gegeben sein muss, sein Amt niederzulegen, wenn es den Eindruck hat, das Vertrauen verloren zu haben. Auch wenn diese Störung des Vertrauensverhältnisses offenbar nicht zu einer Abberufung durch die Aktionäre bzw. Arbeitnehmer geführt hat, sollte das Aufsichtsratsmitglied aufgrund der evidenten Folgen für die Amtsausübung nicht gegen seinen Willen im Amt gehalten werden, nur weil es aus Sicht des Bestellungsorgans an einem wichtigen Grund fehlt.[130] Zudem spricht für dieses Ergebnis die Ausgestaltung des Aufsichtsratsamtes als Nebenamt, so dass eine Niederlegung durch eine Notwendigkeit einer verantwortungsvollen Fortführung des Hauptamtes legitimiert sein könnte.[131]

c) Ergebnis zu 4.

Für die Auflösung von Interessenkonflikten ist demnach auch die Abberufung bzw. Amtsniederlegung möglich. Bei der Abberufung wird der Fall des § 103 Abs. 3 AktG die größte praktische Bedeutung besitzen. Der dafür erforderliche „wichtige Grund" kann nach der Rechtsprechung auch in der Unfähigkeit zur ordnungsgemäßen Amtsausübung aufgrund eines Interessenkonflikts liegen.

---

[127] *Hüffer* „AktG" § 103 Rn 17; KK-*Mertens* § 103 Rn 56; Geßler/Hefermehl/Eckardt/Kropff-*Geßler* § 102 Rn 30; *Wardenbach* AG 1999, 74 (76); *Potthoff/Trescher* „Aufsichtsratsmitglied" S. 47; *Hommelhoff-Becking* in Münch Hdb § 30 Rn 48; Scholz/*Schneider* „GmbHG" § 52 Rn 210; a. A. *Schilling* in FS R. Fischer, S. 679 (691f.); vgl. auch *Lutter/Krieger* „Aufsichtsrat" Rn 13; *Singhof* AG 1998, 318 (323), die eine Niederlegung ohne „wichtigen Grund" auch zur Unzeit für wirksam halten.

[128] Geßler/Hefermehl/Eckardt/Kropff-*Geßler* § 102 Rn 32; *Meyer-Landrut* in Großkomm § 102 Anm 6; *Hoffmann-Becking* in Münch Hdb § 30 Rn 48.

[129] Auch beim Vorstand ist eine Niederlegung ohne wichtigen Grund zulässig und wirksam, kann jedoch zu einer Schadensersatzpflicht führen, wenn die Niederlegung unberechtigt gewesen ist, vgl. dazu LG Frankenthal GmbHR 1996, 939; KK-*Mertens* § 84 Rn 163; *Hoffmann-Becking* in Münch Hdb § 20 Rn 55; a. A. *Hüffer* „AktG" § 84 Rn 36; *Baumbach/Hueck* „AktG" § 84 Rn 19; *Meyer-Landrut* in Großkomm § 84 Anm 39; Geßler/Hefermehl/Eckardt/Kropff-*Hefermehl* § 84 Rn 103, die ein wichtigen Grund für erforderlich halten; offen gelassen bei BGH ZIP 1993, 430 (432). Die Niederlegung ist dabei analog § 84 Abs. 3 Satz 4 AktG sofort wirksam, vgl. BGHZ 78, 82 (88, 92) = NJW 1980, 2415 (2416); BGH NJW 1978, 1435 (1436); BGH AG 1984, 266; BGH WM 1984, 532 (533); BGH ZIP 1993, 430 (432); KK-*Mertens* § 84 Rn 163; *Hoffmann-Becking* in Münch Hdb § 20 Rn 55; a. A. Geßler/Hefermehl/Eckardt/Kropff-*Hefermehl* § 84 Rn 103.

[130] *Hüffer* „AktG" § 103 Rn 17; *Singhof* AG 1998, 318 (322).

[131] Scholz/ *Schneider* „GmbHG" § 52 Rn 210; *Zitelmann* ZHR 52 (1902), 31 (56); *Natzel* RdA 1960, 256; *Singhof* AG 1998, 318 (322).

Bei der Amtsniederlegung durch das Organmitglied selbst ist zu beachten, dass es hier zu einer Niederlegungspflicht als Ultima-ratio kommen kann, wenn die Amtsausübung durch einen bestehenden Konflikt nachhaltig und grundlegend gestört ist. Die Einzelheiten sind zwar umstritten, aber zumindest ist die Möglichkeit einer Pflicht hierzu generell anerkannt. Dabei ist auch nicht das Vorliegen eines „wichtigen Grundes" erforderlich, da zum einen bei einem Aufsichtsratsmitglied nicht die Gefahr einer führungslosen Gesellschaft besteht und es zum anderen sachdienlich erscheint, dass der Mandatsträger sich von seinem Amt lösen können muss, wenn er das Gefühl hat, das Vertrauen seiner Wählerschaft verloren zu haben. Die Niederlegung darf indes nicht „zur Unzeit" erfolgen.

5. Trennung der Pflichtbereiche

Denkbar wäre es außerdem, als Konfliktauflösung die beiden kollidierenden Pflichtbereiche zu trennen und einem der beiden generell den Vorrang einzuräumen.[132] Damit würde der Mandatsträger von seiner doppelten Interessenverpflichtung entbunden und könnte beide vollständig dadurch erfüllen, dass er die Interessen der Gesellschaft, für die er gerade unmittelbar tätig wird, den Vorrang einräumt. Dies ist nach *Werner* deshalb möglich, weil Pflichten in dem einen Bereich grundsätzlich unabhängig von denen im anderen sind, so dass im Rahmen von Handlungen für die eine Gesellschaft möglicherweise schädigende Auswirkungen für die andere außer Betracht bleiben müssten.[133] Die Notwendigkeit für eine solche Trennung sei anzunehmen, da sonst – bei vermuteter, weil üblicher Mehrorganschaft der Mandatsträger – die Amtsinhaber ihre Pflichten nicht unbeeinflusst wahrnehmen könnten und zu „Spielbällen" der Interessen anderer Gesellschaften würden, wodurch Organentscheidungen völlig unberechenbar seien.[134] Einschränkung finde dieser Grundsatz lediglich durch Treu und Glauben nach § 242 BGB, um absichtliche und willkürliche Schädigungen oder solche schädigende Einwirkungen, bei denen das geschädigte Unternehmen an der Schädigung selbst durch eine Handlung beteiligt ist, auszuschließen.[135]

[132] *Werner* ZHR 145 (1981), 252 (258f.); *Decher* ZIP 1990, 277 (279, 282); *Dreher* JZ 1990, 896 (900); *Kindl* „Teilnahme" S. 137 in Fn 76; *Singhof* AG 1998, 318 (323); eingeschränkt auch *Steinbeck* „Überwachungspflicht" S. 66f.; vgl. auch BGH NJW 1980, 1629 = AG 1980, 111 = WM 1980, 162 „*Schaffgotsch*"; OLG Köln ZIP 1993, 110 (114) „*Winterthur/Nordstern*"; *Ulmer* NJW 1980, 1603ff.; *Hoffmann-Becking* ZHR 150 (1986), 570 (578f.); *Lindermann* AG 1987, 225 (228ff.); *Krieger* in Münch Hdb § 69 Rn 25.

[133] In ZHR 145 (1981), 252 (258f.); zustimmend *Peltzer* JZ 1996, 842 (851); ähnlich *Raiser* „Kapitalgesellschaften" § 15 Rn 129; *R. Fischer* „Gesammelte Schriften" S. 323 (331f.); OLG Düsseldorf WM 1984, 586 (598); vgl. auch *Ulmer* NJW 1980, 1603 (1605ff.); *Ulmer* in Hanau/Ulmer „MitbestG" § 25 Rn 96; *Hoffmann/Lehmann/Weinmann* „MitbestG" § 25 Rn 131ff.; interessant insbesondere der Ansatz von *Kümpel* WM 1996, 653 (659), der bei unklarer Zuteilung die subjektive Funktionsvorstellung des Gesprächspartners des Doppelmandatars für entscheidend halten möchte.

[134] *Werner* ZHR 145 (1981), 252 (258f.). Er schließt daraus, dass ein in einem solchen Fall vorliegender Interessengegensatz damit nicht zu einem Pflichtenwiderstreit führen muss.

[135] *Werner* ZHR 145 (1981), 252 (261); vgl. auch *Ulmer* NJW 1980, 1603 (1606).

Gegen eine solche Lösung von Pflichtenkollisionen spricht, dass durch die Eliminierung des einen Pflichtenkreises nur rein theoretisch eine Lösung gefunden wurde, der Konflikt jedoch faktisch weiterhin besteht.[136] Plastisch darstellen, lässt sich dies anhand der in § 105 Abs. 1 AktG geregelten Situation, bei der der Mandatsträger seine für sein Vorstandsamt nachteiligen Entscheidungen als Aufsichtsrat und umgekehrt akzeptieren müsste. Gleiches gilt auch im Rahmen des „Richtens in eigener Sache" bei der Kollision von persönlichen Interessen mit Organpflichten. In beiden Situationen soll es gerade nicht zu einer Schädigung einer Interessensphäre kommen, sondern die jeweiligen Konstellationen sind durch ein entsprechendes Verbot gemäß § 105 Abs. 1 AktG bzw. durch Stimmrechtsausschluss in § 34 BGB vermieden worden.

Zudem geriert die Trennung von Verhalten und Wissen mit einer alleinigen Zuordnung zu einer bestimmten Organfunktion zu einer reinen Fiktion und ist praktisch nicht sinnvoll durchführbar.[137] Denn in der Regel ist die personelle Verflechtung nicht rein zufällig, sondern gerade für eine Funktionsvermengung gezielt anvisiert. Die einseitige Handlungszuordnung vermag mithin nicht das Entstehen von Interessenkollisionen vermeiden. In diesem Sinne ist es auch nach der *Schaffgotsch*-Rechtsprechung des Bundesgerichtshofes nicht möglich, bei konfligierenden Pflichtbereichen eine Aufspaltung der Interessensphären in eine aktive, akut verbindliche und in eine passive, akut unverbindliche vorzunehmen, wenn rein tatsächlich beide Interessensphären betroffen sind.[138] Darüber hinaus ist es in einer solchen Konfliktlage ebenfalls nicht möglich, die Pflichtverletzung auf der einen Seite mit einer Pflichterfüllung auf der anderen Seite zu legitimieren.[139] Denn im Aufsichtsrat der einen Gesellschaft kann der Doppelmandatar lediglich als Organmitglied dieser Gesellschaft und nicht als Organmitglied einer anderen Gesellschaft tätig werden.[140]

---

[136] *Wardenbach* „Interessenkonflikte" S. 17; *Lüderitz* in FS Steindorff, S. 113 (116).

[137] *Ulmer* NJW 1980, 1603 (1606); *Bokelmann* „Personelle Verflechtungen" S. 39; für den Konzernbereich betonend *Raiser* „Kapitalgesellschaften" § 53 Rn 12.

[138] BGH NJW 1980, 1629 (1630) *„Schaffgotsch"*; bestätigt durch BGHZ 90, 381 (398) = ZIP 1984, 572 *„BuM/WestLB"*; so auch *Dreher* JZ 1990, 896 (900); *Wardenbach* „Interessenkonflikte" S. 18f.; *Steinbeck* „Überwachungspflicht" S. 68; *Lüderitz* in FS Steindorff, S. 113 (116); *Giesen* „Organhandeln" S. 134ff.; in die gleiche Richtung auch OLG Hamburg ZIP 1990, 311 (313) *„HEW/Jansen"*.

[139] BGH NJW 1980, 1629f. *„Schaffgotsch"*; BGHZ 90, 381 (398) *„BuM/WestLB"*; zustimmend statt vieler *Ulmer* NJW 1980, 1603 (1605); *Lutter* ZHR 145 (1980), 224 (240); *R. Fischer* „Gesammelte Schriften" S. 323 (331f.); *Wiedemann* ZIP 1997, 1565 (1567); KK-*Mertens* § 93 Rn 22.

[140] BGHZ 36, 296 (306f.) *„HEW"*; vgl. *Werner* ZHR 145 (1981), 252 (262f.).

6. Gleichstellung des Doppelmandatars mit der „entsendenen" Gesellschaft

a) Gleichstellung über Haftungsregelungen

Verneint man die Möglichkeit einer Pflichtentrennung, wäre es möglich, die „entsendene" Aktiengesellschaft entgegen § 100 Abs. 1 AktG so zu behandeln, als sei sie selbst Aufsichtsratsmitglied.[141] Dies wäre deshalb denkbar, weil Organmitglieder häufig nur aufgrund ihrer Zugehörigkeit zu einem Organ der „entsendenen" Gesellschaft in den Aufsichtsrat einer anderen Gesellschaft bestellt werden, so dass nichts in der Verwaltung der „aufnehmenden" Gesellschaft geschehe, was nicht auch bei unmittelbarer Mitgliedschaft der „entsendenen" Gesellschaft geschehen würde. Daraus könnte letztlich ein faktisches Handeln mit entsprechender Haftungsverpflichtung resultieren.[142]

Der Ausschluss juristischer Personen aus der Verwaltung in § 100 Abs. 1 AktG erfolgte nicht, um die „entsendene" Gesellschaft von der Haftung ihrer Organträger freizustellen, sondern weil man davon ausging, dass die Organtätigkeit einer Pflichtenstellung bedarf, die eine persönliche und vor allem auch kontinuierliche Tätigkeit voraussetze.[143] Wegen des erwünschten präventiven Effekts von Haftungsregeln, die eine unabhängige Amtsausübung bewerkstelligen sollen,[144] wird für eine solche Gleichstellung auch angeführt, dass Einfluss auch entsprechende Haftung begründen sollte.[145] Die Gleichstellung soll dann nach den Vertretern dieser Auffassung dadurch erfolgen, dass die „entsendene" Gesellschaft für die Pflichtverletzungen der Organmitglieder nach §§ 116, 93 AktG iVm § 31 BGB haftet, wenn der „aufnehmenden" Gesellschaft ein Schaden zugefügt wurde.[146]

Dabei bleibt offen, wann eine Pflichtverletzung der „entsendenen" Gesellschaft zugerechnet werden kann. Geht man davon aus, dass die Besetzung des Aufsichtsrats teilweise aus reinen institutsbezogenen Erwägungen erfolgte und

---

141 Vgl. *Matthießen* „Stimmrecht und Interessenkollision" S. 372 (Fußnote 100); *Koenen* „Zurechnung" S. 81ff.; *Reiß* „Besetzung des Aufsichtsrats" S. 139; nur für den Konzernbereich anerkennend: *Rehbinder* „Konzernaußenrecht" S. 256; ablehnend aber *Lutter* ZHR 145 (1981), 224 (229); kritisch auch *Hopt* in Feddersen/Hommelhoff/Schneider S. 285 (307).

142 Vgl. *Mestmäcker* „Verwaltung und Konzerngewalt" S. 258ff., 262ff.; *Bokelmann* „Personelle Verflechtungen" S. 177ff.; *Westhoff* „Bankenvertreter" S. 107f.; *Koenen* „Zurechnung" S. 56.

143 *Mestmäcker* „Verwaltung und Konzerngewalt" S. 262; *Koenen* „Zurechnung" S. 100; zur Entstehungsgeschichte: *Kropff* „Begr RegE AktG" S. 135.

144 So *Koenen* „Zurechnung" S. 106; kritisch *Bokelmann* „Personelle Verflechtungen" S. 178 (FN 636).

145 *Koenen* „Zurechnung" S. 95; *Mestmäcker* „Verwaltung und Konzerngewalt" S. 260ff..

146 *Mestmäcker* „Verwaltung und Konzerngewalt" S. 258ff., 260ff.; *Koenen* „Zurechnung" passim; Geßler/Hefermehl/Eckardt/Kropff-*Geßler* § 101 Rn 108, § 117 Rn 19; *Reiß* „Besetzung des Aufsichtsrats" S. 120ff.; *Ulmer* in FS Stimpel, S. 705 (714f.); *Krebs* „Interessenkonflikte" S. 221ff.; *Westhoff* „Bankenvertreter" S. 106f.; *Werner* ZHR 145 (1981), 252 (262f.); im Ergebnis zustimmend: *Wiedemann* „Organverantwortung" S. 30; nur für den Konzernbereich: *Rehbinder* "Konzernaußenrecht" S. 252ff.; *Wäldle* DB 1972, 2289 (2290); eine Anwendbar-

von einer Mitgliedschaft der juristischen Person ausschließlich aufgrund des § 100 Abs. 1 AktG abgesehen wurde, liege es nahe, dass die „entsendene" Gesellschaft generell die Haftung übernehmen sollte.[147] Nach dem Gesetzgeberwillen setzt die Organtätigkeit indes gerade eine persönliche Tätigkeit voraus. Knüpft die Pflichtverletzung an einer persönlichen Verantwortung des Organmitglieds an, erscheint es ausgeschlossen, eine Zurechnung über § 31 BGB zu bejahen, auch wenn diese eine „Doppelhaftung" grundsätzlich nicht ausschließt, eine solche sich dann aber nach Sinn und Zweck der verletzten Norm richtet.[148] Nach der Rechtsprechung kann daher eine Person im Aufsichtsrat einer Gesellschaft nur als Organmitglied dieser Gesellschaft und nicht als Organmitglied einer anderen Gesellschaft tätig werden, so dass Handlungen nicht zugleich in Ausführung der Pflichten gegenüber der anderen Gesellschaft vorgenommen werden können.[149] Schließlich überzeugt der Einwand nicht, dass Einfluss und Verantwortung nicht auseinanderfallen sollten, da dies in der deutschen Rechtsordnung nicht weiter ungewöhnlich ist.[150]

b) Die „entsendene" Gesellschaft als „faktisches Organ"

Eine Gleichstellung könnte auch dadurch erfolgen, dass sich die „entsendene" Gesellschaft durch Einflussnahme auf die Aufsichtsratstätigkeit selbst faktisch zu einem Organmitglied macht. Allein die Intention bei der Bestellung des Aufsichtsratsmandats wäre für diesen Durchgriff somit nicht ausreichend. Bei einem solchen faktischen Organ[151] wäre dann durch teleologische Auslegung zu ermitteln, ob die entsprechende Norm so zu interpretieren ist, dass sie auch eine juristische Person erfasst, die sich faktisch Organbefugnisse anmaßt[152] Gegen einen solchen Durchgriff spricht, dass die Einflussnahme auf Organmitglieder von außerhalb der Gesellschaft abschließend von den Regelungen in § 117 AktG erfasst wird. Überlegungen zum faktischen Organ können daher lediglich im Rahmen der Auslegung

---

keit des § 31 BGB ablehnend aber BGHZ 36, 296 (309ff.) „*HEW*"; 90, 381 (398) „*BuM/West LB*"; OLG Düsseldorf AG 1983, 250 (255) und WM 1984, 587 (598).

[147] Vgl. dazu *Koenen* „Zurechnung" passim; *Westhoff* „Bankenvertreter" S. 108f.; *Ulmer* in FS Stimpel S. 705 (715ff.).

[148] *Rehbinder* „Konzernaußenrecht" S. 252f.; *Bokelmann* „Personelle Verflechtungen" S. 36f., 179.

[149] BGHZ 36, 296 (308ff.) „*HEW*"; 90, 381 (398) „*BuM/West LB*"; OLG Düsseldorf AG 1983, 250 (255) und WM 1984, 587 (598); zustimmend: *Hoffmann-Becking* ZHR 150 (1986), 570 (577); KK-*Mertens* § 76 Rn 82; *Schilling* in Großkomm § 93 Anm 7; Soergel-*Hadding* „BGB" § 31 Rn 13; Palandt-*Heinrichs* „BGB" § 31 Rn 11.

[150] Grundsätzlich haftet im Aussenverhältnis die Aktiengesellschaft als Pflichtenträger für das Fehlverhalten seines Vorstandsmitglieds, es sei denn es handelt sich um deliktische Handlungen.

[151] Vgl. zur Rechtsfigur statt vieler *K. Schmidt* „Gesellschaftsrecht" § 14 III 4, S. 425ff.; *Stein* „Das faktische Organ" S. 143ff.; kritisch *Reiner* „Gesellschaftsinteresse" S. 157ff..

[152] *Bokelmann* „Personelle Verflechtungen" S. 38; *K. Schmidt* „Gesellschaftsrecht" § 14 III 4, S. 425ff.; *Stein* „Das faktische Organ" S. 75.

des § 117 AktG Einfluss finden. Im Rahmen dessen ist abzuwägen, ob das Doppelmandat dazu geeignet ist, per se eine Einflussnahme zu ermöglichen.[153]

7. „Corporate opportunity doctrine"

Die „Corporate opportunity doctrine" (Geschäftschancenlehre) wird für die Auflösung von Konflikten zwischen persönlichen Interessen des Amtsinhabers und denen der Gesellschaft herangezogen. Ein solcher Konflikt entsteht insbesondere dann, wenn der Mandatsträger von einem Geschäft erfahren hat, das für ihn persönlich und für die Gesellschaft gleichermaßen von Nutzen sein könnte.

a) Vorliegen einer „Geschäftschance"

Nach der „Geschäftschancenlehre" ist der Mandatsträger dazu verpflichtet, ein entsprechendes Geschäft nicht selbst, sondern im Zweifel für die Gesellschaft zu nutzen.[154] Dabei besteht eine Geschäftschance im Sinne dieser Lehre für die Gesellschaft nicht erst dann, wenn diese ein entsprechendes Interesse bekundet hat,[155] bereits in Vertragsverhandlungen eingetreten ist[156] oder das Geschäft dem Organmitglied gerade wegen seiner Stellung angeboten wurde (formale Kriterien).[157] Es ist vielmehr ausreichend, dass das Geschäft im Bereich des tatsächlich verfolgten Unternehmensgegenstandes der Gesellschaft oder einer verbundenen Gesellschaft liegt oder ein konkretes Interesse sonstiger Art an dem Geschäft besteht, so dass das Geschäft der Gesellschaft zugeordnet werden könnte (materielle Abgrenzungskriterien).[158] Diese Abgrenzungskriterien stehen dabei in keinem Exklusivitätsverhältnis, sondern können wahlweise je nach Einzelfall auch kumulativ angewendet werden.[159]

Sollte eine Nichtwahrnehmung keinen Schaden für das Unternehmen befürchten lassen, kann der Aufsichtsrat allerdings in entsprechender Anwendung des

---

[153] Vgl. *Hüffer* „AktG" § 117 Rn 1; KK-*Mertens* § 117 Rn 11; *Bokelmann* „Personelle Verflechtungen" S. 38; vgl. auch dazu Geßler/Hefermehl/Eckardt/Kropff-*Kropff* § 117 Rn 4, 23; vgl. dazu auch 4. Abschnitt B I 8, S. 93f..

[154] *Timm* GmbHR 1981, 177ff.; *Kübler* FS Werner S. 437 (439); *Kübler/Waltermann* ZGR 1991, 162 (166); *Schiessl* GmbHR 1988, 53ff.; *Röhricht* WPg 1992, 766ff.; KK-*Mertens* § 93 Rn 67; BGH WM 1983, 498; BGH WM 1985, 1443.

[155] Vgl. dazu KK-*Mertens* § 93 Rn 67; Scholz/*U. H. Schneider* § 43 Rn 144; *Timm* GmbHR 1981, 177 (180); BGH WM 1976, 76 (77).

[156] BGH GmbHR 1968, 141 mit Anmerkung *Schaudwet*; BGH GmbHR 1977, 129.

[157] *Kübler* in FS Werner S. 437 (439); KK-*Mertens* § 93 Rn 67.

[158] BGH WM 1989, 1216ff. = NJW 1989, 2687f. = ZIP 1989, 986ff. = DB 1989, 1666ff. mit Anmerkung *Bergmann*; KK-*Mertens* § 93 Rn 67; Scholz/*Schneider* „GmbHG" § 43 Rn 144f.; *Merkt* ZHR 159 (1995), 423 (430); *Kübler/Waltermann* ZGR 1991, 162 (168ff.); *Weisser* „Corporate opportunities" S. 146ff., 164; *Schiessl* GmbHR 1988, 53 (54); anders *Salfeld* „Wettbewerbsverbote im Gesellschaftsrecht" S. 45f., der auf den satzungsmäßigen Unternehmensgegenstand abstellen will.

[159] Vgl. die oben angegebene Rechtsprechung; zustimmend *Merkt* ZHR 159 (1995), 423 (440).

§ 88 Abs. 1 AktG im Falle des handelnden Vorstandsmitglieds einen Abschluss im eigenen Namen oder durch eine nahestehende Person erlauben.[160] Geht es dagegen um eine Geschäftschance, die ein Aufsichtsratsmitglied wahrnehmen möchte, ist der Vorstand als das zuständige Gremium anzusehen. Damit würde sichergestellt, dass die Gesellschaft von der Geschäftschance Kenntnis erlangt und die Geschäftsführung eingehend ein Interesse der Gesellschaft überprüft hat.[161] Die Unmöglichkeit der Wahrnehmung durch die Gesellschaft – z.B. wegen fehlender finanzieller Mittel – ist grundsätzlich keine Rechtfertigung für die eigene Wahrnehmung der Geschäftschance durch das Organmitglied.[162] Denn zunächst muss der jeweilige Amtsinhaber versuchen, die Unmöglichkeit zu beseitigen, z.B. durch Erweiterung der Kapitalbasis. Erst wenn dieser Hinderungsgrund nicht beseitigt werden kann,[163] ist der Organträger dazu befugt, das entsprechende Geschäft für sich selbst zu nutzen.[164]

b) Das Aufsichtsratsmitglied als Verpflichteter

Dabei geht es nicht nur um eine Pflicht der Leitungsorgane wie des geschäftsführenden oHG-Gesellschafters,[165] des GmbH-Geschäftsführers[166] oder des Vorstandsmitglieds einer AG,[167] sondern es ist ebenso möglich, dass ein bloßer Mitgesellschafter durch Ausnutzung einer Geschäftschance seine Treuepflicht verletzt. Dies gilt jedoch nach der Rechtsprechung zur Kommanditgesellschaft nur dann,

---

[160] Bei Personengesellschaften und bei einer nicht mitbestimmten GmbH ist allerdings die Gesellschafterversammlung zuständig; *Schiessl* GmbHR 1988, 53 (55f.); vgl. *Kübler* in FS Werner S. 437 (447f.); *Weisser* „Corporate opportunities" S. 205ff.; zur Problematik, ob die Gesellschaft überhaupt auf einen Anspruch wirksam verzichten kann: *Merkt* ZHR 159 (1995), 423 (444ff.) mit positiven Ergebnis bei sachlicher Rechtfertigung, so auch *Kübler/Waltermann* ZGR 1991, 162 (172); a. A. *Timm* GmbHR 1981, 177 (182f.), der eine zusätzliche Wahrung des Verhältnismäßigkeitsgrundsatzes befürwortet (bezugnehmend auf BGHZ 80, 69 (74) „*Süssen*"; BGHZ 71, 40ff. „*Kali und Salz*").

[161] Vgl. *Weisser* „Corporate opportunities" S. 212ff., der darauf hinweist, dass bei einer Freigabeerklärung für ein Vorstandsmitglied der Gesamtvorstand aufgrund einer kaum möglichen objektiven Entscheidung in Anwesenheit des Betroffenen unzuständig sein muss. Die Hauptversammlung scheide bereits wegen mangelnder Kenntnisse und wohl auch zu unterstellendem Interesses aus, wohingegen bei der Befreiung eines Vorstandsmitglieds von einem Wettbewerbsverbot gemäß § 88 Abs. 1 AktG der Aufsichtsrat bereits zuständig ist. Da eine dem § 88 AktG entsprechende Regelung für den Aufsichtsrat fehlt, lassen sich gleiche Erwägungen für die Ermittlung der Zuständigkeit zumindest entsprechend anwenden.

[162] BGH GmbHR 1977, 129f.; BGH GmbHR 1981, 189ff.; *Kübler/Waltermann* ZGR 1991, 162 (170f.).

[163] Wie bei einem gesetzlichen Verbot z.B. einer Exportbeschränkung zulasten der Gesellschaft, der dritte Vertragspartner möchte nicht mit der Gesellschaft kontrahieren bzw. es bestehen kartellrechtliche Bedenken.

[164] Vgl. *Merkt* ZHR 159 (1995), 423 (442ff.); *Kübler/Waltermann* ZGR 1991, 162 (170f.).

[165] BGH NJW 1986, 584 = WM 1985, 1444f. = ZIP 1985, 1482ff. = DB 1985, 2602f. mit Anmerkung *Schneider*.

[166] BGH NJW 1986, 585 = WM 1985, 1443 = BB 1986, 90f. mit Anmerkung *Schneider*; *Lutter/Hommelhoff* „GmbHG" Anh § 6 Rn 20; Hachenburg/*Mertens* „GmbHG" § 43 Rn 38.

wenn dieser sich durch Einflussnahme oder Informationen den Interessenkonflikt zunutze machen könnte.[168]

Problematisch ist jedoch, ob auch ein Aufsichtsratsmitglied dieser Verpflichtung ausgesetzt ist. Es besteht zwar auch für diesen eine Treuepflicht, indes fehlt es an einem Wettbewerbsverbot wie in §§ 112, 113 HGB für Gesellschafter einer Personenhandelsgesellschaft oder einem solchen gemäß § 88 AktG für Vorstandsmitglieder einer Aktiengesellschaft. Dadurch erschwert sich die Bestimmung des Rahmens der Treuepflicht, denn das Aufsichtsratsmitglied ist weder leitungsbefugt noch ist es notwendigerweise persönlicher Mitgesellschafter, woraus sich zumindest eine entsprechende Anwendbarkeit der genannten Rechtsprechung zum einflussausübenden Kommanditisten als Mitgesellschafter herleiten ließe.[169]

Daraus ergibt sich, dass die Pflichtenbindung des Aufsichtsratsmitglieds prinzipiell geringer ausgestaltet sein sollte als die des Vorstands einer AG oder des Geschäftsführers einer GmbH. Nach obigen Ausführungen ist das Aufsichtsratsamt als Nebenamt ausgestaltet und wird dabei (oder wohl deshalb) nur begrenzt vergütet. Würde man im Rahmen einer Kollision mit anderweitigen Interessengruppen eine Gleichberechtigung annehmen, würde diese Nebentätigkeit für die Bestimmung des erlaubten Verhaltens unangemessen privilegiert. Deswegen wird in der Literatur zum Beispiel dem Aufsichtsratsmitglied, das zugleich Geschäftsführer/ Vorstandsmitglied des Zulieferers der Gesellschaft ist, die Verfolgung eigener unternehmerischer Interessen und eine Wettbewerbstätigkeit mit der Gesellschaft grundsätzlich zugebilligt.[170] Bezüglich der Einzelheiten ist aber zu unterscheiden.

aa) Treuepflicht außerhalb der Aufsichtsratsfunktion

Grundsätzlich lässt sich differenzieren zwischen Informationen, die das Aufsichtsratsmitglied innerhalb und ausserhalb seiner Tätigkeit erhalten hat. Außerhalb seiner Organfunktion ist es dem Aufsichtsratsmitglied unbenommen, Maßnahmen und Entscheidungen zu treffen, die das Wohl seiner Gesellschaft beeinträchtigen können. Das Organmitglied kann somit auch zum Nachteil der jeweili-

---

[167] BGH WM 1983, 498; BGH WM 1985, 1443; KK-*Mertens* § 93 Rn 67; *Kübler* in FS Werner, S. 437; *Schiessl* GmbHR 1988, 53; vgl. auch BGH BB 1986, 486.

[168] BGHZ 89, 162= JZ 1984, 576 mit Anmerkung *Immenga „Heumann/Ogilvy"*; BGH WM 1989, 1216ff. = NJW 1989, 2687f. = ZIP 1989, 986f. = BB 1989, 1430f. = DB 1989, 1666f. mit Anmerkung *Bergmann*; *Löffler* NJW 1986, 223ff.; *K. Schmidt* „Gesellschaftsrecht" § 20 V 3, S. 601; *Weisser* „Corporate opportunities" S. 181ff.; siehe auch *Baumbach/Hopt* „HGB" § 165 Rn 3; Schlegelberger/*Martens* „HGB" § 165 Rn 9ff..

[169] BGHZ 89, 162 = NJW 1984, 1351 = JZ 1984, 576 mit Anmerkung *Immenga* = GmbHR 1984, 203= WM 1984, 227 = ZIP 1984, 446 *„Heumann/Ogilvy"*.

[170] *Ulmer* NJW 1980, 1603 (1606f.); *Hopt* in Hopt/ Teubner S. 285 (301f.); *Fleck* in FS Heinsius S. 89 (91); *Tiedemann* in FS H. Tröndle, S. 319 (324, 333); *R. Fischer* „Gesammelte Schrif-

gen Gesellschaft seine eigenen Interessen oder die von Dritten verfolgen, ohne seine Treuepflicht zu verletzten.[171] Es ist allerdings dahingehend gebunden, dass bei Wahrnehmung berechtigter privater Zwecke oder anvertrauter Interessen Dritter die Interessen der Gesellschaft nicht ohne Not und nur so weit beeinträchtigt werden dürfen, wie dies für die berechtigte Interessenwahrnehmung unvermeidlich ist.[172] Das gilt auch dann, wenn das Aufsichtsratsmitglied gegenüber der Gesellschaft als eigener Vertragspartner auftritt. In einem solchen Fall kann dieser bezüglich der Vertragsbedingungen ebenfalls seinen persönlichen Vorteil suchen, unter der Prämisse, dass diese auch im Interesse der Gesellschaft noch sachlich vertretbar sind.[173]

Ist eine Geschäftschance daher nach obigen Kriterien noch nicht ausreichend zuzuordnen, kann der Gesellschafter bzw. Mandatar rein organschaftlich das fragliche Geschäft frei für sich persönlich nutzen.[174]

bb) Treuepflicht im Rahmen der Aufsichtsratstätigkeit

Etwas anderes muss jedoch gelten, wenn das Organmitglied im Rahmen seiner Tätigkeit mit einem Geschäft betraut wird oder lediglich aufgrund seiner Position im Aufsichtsrat von diesem erfahren hat.

---

ten" S. 323 (339); wohl zustimmend *Merkt* ZHR 159 (1995), 423 (432f.); vgl. aber RGZ 148, 357 (361).

[171] *Fleck* in FS Heinsius S. 89 (90ff.); *Ulmer* NJW 1980, 1603 (1606); *Werner* ZHR 145 (1981), 252 (261ff.); *Dreher* JZ 1990, 896 (900); *Merkt* ZHR 159 (1995), 423 (432ff.); KK-*Mertens* § 116 Rn 29; dies gilt auch für eine Aufnahme oder Fortsetzung einer Wettbewerbstätigkeit ohne Abstimmung mit der Gesellschaft, vgl. dazu § 105 Abs. 2 Satz 4 AktG, wenn die Eignung für das Aufsichtsratsamt nicht durch Art, Dauer und Intensität der Konkurrenztätigkeit in Frage gestellt wird.

[172] *Fleck* in FS Heinsius S. 89 (90f.); *R. Fischer* „Gesammelte Schriften" S. 323 (339); *Ulmer* NJW 1980, 1603 (1606); KK-*Mertens* § 116 Rn 29; Scholz/ *Schneider* „GmbHG" § 52 Anm 355; strenger indes *Wiedemann* „Organverantwortung" S. 25f..

[173] RGZ 148, 357 (361); *R. Fischer*„Gesammelte Schriften" S. 323 (339); *Ulmer* NJW 1980, 1603 (1606f.); *Tiedemann* in FS H. Tröndle, S. 319 (324, 333); *Fleck* in FS Heinsius S. 89 (91); *Lutter/Krieger* „Aufsichtsrat" Rn 301.

[174] Etwas anderes gilt dann, wenn eine dienstvertragliche Untersagung vorliegt, bei der es dann nicht mehr auf die eventuelle Zuordnung ankommt, da die Organpflicht jedenfalls verletzt ist; vgl. dazu *Merkt* ZHR 159 (1995), 423 (438f.). Interessant ist in diesem Zusammenhang zudem das Verhältnis zwischen den Vertrags- und Organpflichten, das im Zusammenhang der Verjährung von Bedeutung sein kann (z. B. § 43 Abs. 4 GmbHG im Vergleich zu § 195 BGB). Nach BGH NJW-RR 1989, 1255 (1256) „*Neue Heimat*" stellt die gesetzliche Haftungsregelung eine Spezialregelung mit weitergehendem Anwendungsbereich dar, die die vertragliche in sich mit aufnimmt, so dass letzterer keine eigenständige Bedeutung zukommt. Der erweiterte Anwendungsbereich bestehe darin, dass sie auch dann eingreife, wenn kein Anstellungsvertrag zustande gekommen sei; vgl. Baumbach/Hueck/*Zöllner* „GmbHG" § 43 Rn 7; *Baums* „Der Geschäftsleitervertrag" S. 212; *Reich* DB 1967, 1663 (1668ff.); a. A. *K. Schmidt* „Gesellschaftsrecht" § 36 II 4 a, S. 1078; Scholz/ *Schneider* „GmbHG" § 43 Rn 208, so auch noch BGHZ 75, 321 (322ff.).

Als Mitglied des Überwachungsorgans muss auch das Aufsichtsratsmitglied seine Handlungen am Unternehmensinteresse ausrichten. Dieses ist – wie oben dargestellt – ständigen Wandlungen ausgesetzt, so dass den Verwaltungsmitgliedern bei der Bestimmung dieses Interesses weiter Ermessensspielraum zukommt. Nach der gesetzlichen Wertung ist es dabei gewollt, dass Repräsentanten dissentierender Interessen ihre eigenen Vorstellungen auch einseitig in die Unternehmenspolitik mit einfließen lassen, wenn diese nur sachlich berücksichtigt werden dürfen. So können Arbeitnehmervertreter, die von der Belegschaft einer abhängigen Gesellschaft in das Überwachungsorgan der herrschenden Gesellschaft gewählt wurden, trotz der Bindung an das Unternehmenswohl der Obergesellschaft die Interessen der Untergesellschaft artikulieren.[175]

(1) Eigene Informationsverwendung innerhalb der Gesellschaft

Unstreitig ist, dass ein Aufsichtsratsmitglied sein Amt nicht geschäftlich für seine persönlichen Interessen ausnutzen darf.[176] Es ist als unzulässig anzusehen, wenn der Mandatsträger durch seine Einwirkung auf die Geschäftsführung einen Nachteil bei der Gesellschaft bewusst in Kauf nimmt. Er darf Informationen, die er im Rahmen seiner Organfunktion erhalten hat, nicht zu Lasten der Gesellschaft für einen persönlichen Nutzen verwenden. Dabei ist es bereits für eine Treupflichtverletzung ausreichend, dass die Ausnutzung der so erlangten Informationen ideelle Interessen der Gesellschaft wie das Ansehen in der Öffentlichkeit tangieren.[177]

Auch wenn es grundsätzlich die Aufgabe des Vorstands ist, die Interessen der Gesellschaft in Vertragsverhandlungen zu verfolgen,[178] sollte das Mitglied des Aufsichtsrats versuchen, einen „bösen Schein" der Ausnutzung seiner Organstellung zu vermeiden.[179] Die Anforderungen hieran sind um so größer, je stärker sein Einfluss auf den Vorstand ist, so dass im Einzelfall der Amtsträger auf eine Teilnahme an den Vertragsverhandlungen verzichten sollte.[180] Insbesondere darf die Einwirkung auf den Vorstand nicht die Form eines Eingriffs in die Entscheidungsfreiheit des Vorstands annehmen, wenn dieser aufgrund der Druckausübung ein Alternativangebot ablehnt, das er nach pflichtgemäßen Ermessen hätte annehmen

---

175 *Hoffmann-Becking* ZHR 159 (1995), 325 (327f.); KK-*Mertens* § 116 Rn 27.

176 Dazu gehören auch die Bereiche des durch das Wertpapierhandelsgesetz sanktionierten Insiderhandels oder der Vertragsvermittlung und (unzulässigen) Provisionsannahme des Aufsichtsratsmitglieds, die hier nicht weiter ausgeführt werden sollen; vgl. dazu nur Assmann-*Assmann/Cramer* „WpHG" § 14 Rn 49, 56; *Fleck* in FS Heinsius S. 89 (103ff.).

177 KK-*Mertens* § 116 Rn 29; *Fleck* in FS Heinsius S. 89 (99f.).

178 *R. Fischer* „Gesammelte Schriften" S. 323 (339); *Fleck* in FS Heinsius S. 89 (93); RG JW 1932, 2279 (2280).

179 *Ulmer* NJW 1980, 1603 (1607); vgl. dazu auch IV 6.1 des GCCG des Berliner Initiativkreises, abgedruckt in DB 2000, 1573 (1578); vgl. dazu auch *Peltzer/von Werder* AG 2001, 1ff..

180 *Fleck* in FS Heinsius S. 89 (93); *Ulmer* NJW 1980, 1603 (1607).

müssen.[181] Generell lässt sich in diesem Zusammenhang sagen, dass das Aufsichtsratsmitglied den Vorstand nicht zu einer Handlung veranlassen darf, die er im Rahmen seiner Überwachungstätigkeit hätte monieren müssen.[182]

Eine Ausnutzung seines Amtes ist jedoch auch dann möglich, wenn das fragliche Rechtsgeschäft der Zustimmung des Aufsichtsrats nach § 111 Abs. 4 Satz 2 AktG bedarf, und das Mitglied trotz der Befangenheit seine persönlichen Interessen bei der Abstimmung berücksichtigt. In Betracht kommen hierbei ein Stimmrechtsausschluss gemäß § 34 BGB analog oder unter bestimmten Voraussetzungen sogar ein Teilnahmeausschluss.[183]

Ein Verstoß gegen die Treuepflicht liegt somit erst dann vor, wenn die eingebrachten Interessen nicht mehr dem Unternehmenswohl der betreffenden Gesellschaft zugeordnet werden können und mithin eine Schädigung des Unternehmens bzw. eine nicht mehr vom Unternehmensinteresse gedeckte Schädigung der Aktionäre dieser Gesellschaft verursacht würde.

(2) Weitergabe der erlangten Informationen

Gleiches muss auch bei der Frage der Weiterleitung der Informationen an eine andere Gesellschaft oder Person gelten. Zu denken ist hierbei insbesondere an einen Doppelmandatsträger, der erlangte Informationen an seine zweite Gesellschaft weitergeben könnte. Sollte eine Information für beide Gesellschaften des Doppelmandatars von Interesse sein, darf dieser die Kenntnisse daher nur insoweit weiterleiten, wie er ein Eigengeschäft hätte vornehmen dürfen.[184] Auch in einer solchen Konstellation darf die Ausnutzung der Geschäftschance durch die zweite Gesellschaft nicht zu einem Schaden für die erste Gesellschaft führen, bei der der Mandatsträger ein Aufsichtsratsamt inne hat. Ein Verbot, wettbewerblich tätig zu sein, besteht zwar wie oben gezeigt grundsätzlich lediglich für Vorstandsmitglieder, doch folgt das Verbot der Weiterleitung der fraglichen Informationen für das Aufsichtsratsmitglied aus der Verschwiegenheitspflicht aus §§ 116, 93 Abs. 1 Satz 2 AktG.

---

[181] *Fleck* in FS Heinsius S. 89 (94); KK-*Mertens* § 111 Rn 33, 44; *Meyer-Landrut* in Großkomm § 111 Anm 3.

[182] BGH NJW 1980, 1629 „*Schaffgotsch*"; im Ergebnis ebenso KG AG 1997, 42; *Ulmer* NJW 1980, 1603; *Lutter* ZHR 145 (1981), 224 (240f.); *ders./Krieger* „Aufsichtsrat" Rn 301; *R. Fischer* „Gesammelte Schriften" S. 323 (339); *Bokelmann* „Personelle Verflechtungen" S. 169; *Fleck* in FS Heinsius S. 89 (94); *Matthießen* „Stimmrecht und Interessenkollision" S. 370.

[183] KK-*Mertens* § 109 Rn 8; wohl auch *Fleck* in FS Heinsius S. 89 (95); einschränkend Geßler/Hefermehl/Eckardt/Kropff- *Geßler* § 109 Anm 9; *Matthießen* „Stimmrecht und Interessenkollision" S. 15f., 348ff.; ablehnend *Dreher* JZ 1990, 896 (901), *Behr* AG 1984, 281 (283f.).

[184] *Weisser* „Corporate Opportunity" S. 188; *Bokelmann* „Personelle Verflechtungen" S. 127; vgl. auch KK-*Mertens* § 93 Rn 67; *Kübler* in FS Werner, S. 437 (447f.).

Gegen dieses Ergebnis spricht auch nicht, dass dem Aufsichtsrat eine Beratungsfunktion zukommt, im Rahmen dessen der Vorstand das Überwachungsorgan auch bei strategischen Weichenstellungen konsultiert. Aus dieser Beratungsfunktion ließe sich nur dann eine Mitteilungspflicht gegenüber der zweiten Gesellschaft ableiten, wenn eine „gerichtete Beratung" wie bei einem Vorstandsmitglied geschuldet würde. Diese „gerichtete Beratung" zeichnet sich durch die Wahrnehmung der klassischen Unternehmensberatung aus, bei der die gezielte Informationssuche oder die Entwicklung alternativer Problemlösungen für abgrenzbare Entscheidungsfelder geleistet wird.[185] Nach empirischen Untersuchungen ersetzt dagegen der Aufsichtsrat regelmäßig keine Unternehmensberater und stellt daher lediglich eine „ungerichtete Beratung" zur Verfügung,[186] d.h. er begleitet die Entscheidungsprozesse der Unternehmensleitung, um das allgemeine unternehmerische und fachliche Wissen sowie die Erfahrung der Aufsichtsratsmitglieder für die Entwicklung der Problemlösungen nutzbar zu machen.[187] Hieraus lässt sich jedoch keine Mitteilungspflicht begründen.[188]

cc) Dogmatische Begründung einer Differenzierung der Pflichtenbindung

Dieses Ergebnis bedarf noch einer dogmatischen Grundlage. Die Anführung der Treuepflicht derart, dass nicht geschäftsführungsbefugte Gesellschafter und Aufsichtsratsmitglieder lediglich in geringerem Maße einer Loyalitätspflicht ausgesetzt sind, sagt noch nichts über das Ausmaß einer Lockerung der Pflichtenbindung aus. Eine Differenzierung nach aktiven und passiven Förderpflichten[189] führt dabei zu keinem Ergebnis, da dem Aufsichtsratsmitglied zwar grundsätzlich keine aktive Förderpflicht zukommt, jedoch auf die Nutzung einer Geschäftschance bezogen lediglich ein Unterlassen der für die Gesellschaft schädlichen Handlungen – also eine passive Förderpflicht – in Betracht kommt. Von daher wäre keine Differenzierung zu der Treuepflicht eines Vorstandsmitglieds gewonnen.[190]

Nach *Merkt* [191] lässt sich die unterschiedliche Treuepflicht mit dem Umfang der zu fordernden Arbeitspflicht entwickeln. Beim Vergleich der Wettbewerbsverbote in § 112 HGB und § 88 AktG falle auf, dass § 112 HGB lediglich die Konkurrenz im Handelszweig der Gesellschaft untersagt, wohingegen § 88 AktG jegliche Konkurrenzaktivitäten auszuschließen versucht. Dies liege daran, dass die Gesellschaft vor einer Beeinträchtigung ihrer Interessen durch eine Konkurrenztätigkeit eines mit Insiderkenntnissen ausgestatteten Vorstandsmitglieds geschützt

---

[185] *Buth/Hermanns* DStR 1996, 597 (599); *Klaus* „Der Firmenbeirat" S. 76f. mwN.
[186] Vgl. für den Beirat in mittelständischen Unternehmen: *Klaus* „Der Firmenbeirat" S. 78f. und 85; *Richter/Freund* „Beiratstätigkeit" S. 34ff..
[187] *Buth/Hermanns* DStR 1996, 597 (599); *Bokelmann* "Personelle Verflechtungen" S. 127.
[188] *Weisser* „Corporate Opportunity" S. 185; *Bokelmann* „Personelle Verflechtungen" S. 128.
[189] Grundlegend *Lutter* AcP 180 (1980), 84 (108ff.).
[190] *Merkt* ZHR 159 (1995), 423 (433); *Weisser* „Corporate opportunities" S. 138.
[191] In ZHR 159 (1995), 423 (432ff.); a.A. aber *Kübler /Waltermann* ZGR 1991, 162 (168).

werden und ein Vorstandsmitglied seine volle Arbeitskraft der Gesellschaft widmen solle.[192] Aufgrund einer vergleichbaren Interessenlage bei der GmbH ist § 88 AktG analog auf den Geschäftsführer anwendbar,[193] so dass nach *Merkt* allein bei den Personenhandelsgesellschaften nicht die volle Arbeitskraft geschuldet ist.

Aus dem weniger strengen Wettbewerbsverbot in § 112 HGB schließt er sodann, dass eine Gesellschaft ohne Anspruch auf die volle Arbeitskraft nicht erwarten könne, dass der Mandatsträger ausnahmslos der Gesellschaft den Vortritt bei der Wahrnehmung von Geschäftschancen ließe. Mangels strikten Verbots kommt *Merkt* zu dem Ergebnis, dass nach dem Vorbild der im US-amerikanischen Recht entwickelten „Business-judgement-rule“[194] dem Organträger ein unternehmerisches Ermessen zukomme, so dass dieser seine Entscheidungen lediglich aufgrund vernünftiger ökonomischer Erwägungen fällen müsse.[195]

Dabei ist schwer nachzuvollziehen, aus welchem Grunde einem Aufsichtsratsmitglied bezüglich Geschäftschancen generell ein unternehmerisches Ermessen eingeräumt werden sollte, wenngleich dem Vorstandsmitglied als leitungsbefugtem Organmitglied dieses Ermessen nicht zukommt. Vielmehr könnte man danach differenzieren, inwieweit das Aufsichtsratsmitglied auf eine Wahrnehmung der Geschäftschance durch die Gesellschaft Einfluss nehmen kann. Ist seine Stellung im eigenen Organ bzw. gegenüber dem Vorstand so gering, dass seine eigene Stimme nur wenig Gewicht hat, so könnte eine geringere Treubindung mit einem unternehmerischen Ermessen zwar gerechtfertigt erscheinen. Jedoch ist es fragwürdig, auf welche Weise das Gewicht der Auffassung eines Mitglieds praktisch festgestellt werden soll, zumal man davon ausgehen sollte, dass die Stellungnahme des Überwachungsorgans stets von gewissem Gewicht für eine Entscheidung sein wird. Mithin ist nicht nur ein unternehmerisches Ermessen, sondern auch eine eventuelle Differenzierung abzulehnen.

Vielmehr entspringt das Verbot, bestimmte Geschäftschancen uneingeschränkt für sich oder einen Dritten zu nutzen, allein der Treuepflicht des Aufsichtsratsmitglieds. Dies wird evident, wenn das Organmitglied aufgrund seiner Persönlichkeit oder aufgrund seiner wirtschaftlichen Bedeutung für die Gesellschaft (Entsandter des Mehrheitsaktionärs o.ä.) regelmäßig die im Unternehmen gefällten Entscheidungen maßgeblich beeinflussen und in seinem Sinne lenken kann. Denn dann besitzt er nicht eine reine Überwachungsfunktion, sondern gestaltet die Geschicke der Gesellschaft, so dass er der Position eines Vorstandsmitglieds als „wesensglei-

---

[192] Ganz herrschende Meinung, statt vieler *Meyer-Landrut* in Großkomm § 88 Anm 4; Geßler/Hefermehl/Eckardt/Kropff-*Hefermehl* § 88 Rn 1; KK-*Mertens* § 88 Rn 2; vgl. auch *Kropff* „Begr RegE AktG“ S. 112.

[193] *Merkt* ZHR 159 (1995), 423 (434); *Lutter/Hommelhoff* „GmbHG“ Anh § 6 Rn 20; vgl. Scholz /*Schneider* „GmbHG“ § 43 Rn 155.

[194] Vgl. dazu nur *Merkt* „US-amerikanisches Gesellschaftsrecht“ Rn 682ff..

[195] *Merkt* ZHR 159 (1995), 423 (434f.).

ches Minus“ weitgehend angenähert ist. In einem solchen Falle entspricht der Umfang seiner Treuepflicht der eines Vorstandsmitglieds.[196] In sonstigen Fällen könnte ein gradueller Abstrich von der generellen Treuepflicht gemacht werden und es könnten damit die Anforderungen an einen Verstoß gegen die Grundsätze der „corporate opportunity doctrine“ entsprechend erhöht werden.

c) Rechtsfolgen der Eigenwahrnehmung

Die Nichtberücksichtigung der Gesellschaftsinteressen zugunsten der persönlichen Interessen stellt eine Pflichtverletzung dar, die insbesondere Schadensersatzansprüche der Gesellschaft auslösen kann. Dogmatisch hergeleitet werden diese zum einen aus positiver Vertragsverletzung,[197] zum anderen aus § 43 Abs. 2 GmbHG bzw. aus § 93 Abs. 2 AktG bei der Pflichtverletzung durch den Geschäftsführer/das Vorstandsmitglied oder §§ 116, 93 Abs. 2 AktG bei einer solchen des Aufsichtsratsmitglieds.[198] Nach den allgemeinen zivilrechtlichen Regelungen muss daher der Schädiger gemäß § 249 BGB das durch die Eigenwahrnehmung Erlangte herausgeben, allerdings nur unter Erstattung der aufgewendeten Kosten des pflichtwidrig Handelnden.[199] Teilweise wird darin ein faktisches Eintrittsrecht gesehen.[200] Problematisch wird dies bei der Anwendung des § 252 BGB, da der Teil des vom Schädiger erzielten Gewinns, der den entgangenen Gewinn der Gesellschaft übersteigt, nicht von § 252 BGB erfasst wird.[201] Daher wird zusätzlich ein zum Schadensersatz in einer sogenannten „elektiven Konkurrenz“ stehendes Eintrittsrecht erörtert,[202] das aus einer Analogie zu §§ 61 Abs. 1, 113 Abs. 1 HGB, § 88 Abs. 2 AktG hergeleitet wird.[203]

Daneben können auch Ansprüche aus angemaßter Geschäftsführung nach §§ 687 Abs. 2, 678, 681 Satz 2, 667 BGB in Erwägung gezogen werden. Eine angemaßte Geschäftsführung liegt aber nicht schon dann vor, wenn der Geschäftsführende aufgrund eines Vertragsverhältnisses gegenüber dem Berechtigten zur Geschäftsführung verpflichtet ist und hierbei diese Pflicht verletzt.[204] Denn aus der

---

196 Vgl. Beispiel aus der Rechtsprechung BGH WM 1989, 1216ff. = NJW 1989, 2687ff., bei der ein nicht geschäfts- und leitungsbefugter Kommanditist nach Ansicht des Senats seine Treuepflicht verletzt hatte, indem er jahrelang als Verhandlungspartner auftrat und die Geschäftschance letztendlich für sich persönlich nutzte.

197 *Kübler/Waltermann* ZGR 1991, 162 (172) mwN.

198 *Schiessl* GmbHR 1988, 53 (56); *Weisser* „Corporate opportunities“ S. 233ff..

199 *Merkt* 159 (1995), 423 (447); vgl. auch BGH WM 1989, 1216ff. bezüglich vorgenommenen Verwendungen auf den Geschäftsgegenstand.

200 So *Kübler/Waltermann* ZGR 1991, 162 (172f.).

201 *Merkt* ZHR 159 (1995), 423 (447); MK-*Grunsky* „BGB“ § 252 Rn 15; *Weisser* „Corporate opportunities“ S. 234 mwN.

202 *Weisser* „Corporate opportunities“ S. 236f. mwN.

203 Scholz/*Schneider* „GmbHG“ § 43 Rn 146; Hachenburg/*Mertens* „GmbHG“ § 43 Rn 41; *Kübler* in FS Werner, S. 437 (440); *Weisser* „Corporate opportunities“ S. 235.

204 BGH NJW–RR 1989, 1255 = WM 1989, 1335 „*Neue Heimat*“; Staudinger/ *Wittmann* „BGB“ § 687 Rn 7; MK-*Seiler* „BGB“ § 687 Rn 20; a. A. *Fleck* in FS Heinsius S. 89 (107ff.).

Überschreitung der Geschäftsführungsbefugnis kann keine Geschäftsführung ohne Auftrag im Sinne der §§ 677ff. BGB erwachsen, da zugleich die Pflicht verletzt ist, die vertraglich gezogene Handlungsgrenze zu beachten bzw. zu ermitteln.[205] Allerdings kommen solche Ansprüche aus angemaßter Geschäftsführung auch nicht bei nicht zur Geschäftsführung Befugten in Betracht. Diese scheitern an der fehlenden Fremdheit des Geschäfts, weil nach zutreffender Ansicht des Bundesgerichtshofes[206] bei der unberechtigten Wahrnehmung einer Geschäftschance der Gesellschaft die Fremdheit des Geschäfts nicht ausreichend nach außen hin manifestiert wird.

Schließlich kommt ein Anspruch auf Schadensersatz aus sittenwidriger Schädigung aus § 826 BGB in Betracht, wenn eine „grobe Missachtung des Mindestmaßes an Loyalität und Rücksichtnahme" konstatiert werden kann.[207] Nach der „*Neue Heimat*"-Entscheidung des Bundesgerichtshofes[208] ist dies zum Beispiel dann der Fall, wenn ein Geschäftsführer einer Gesellschaft den günstigen Erwerb eines Grundstücks einer anderen Gesellschaft, an der er beteiligt ist, vermittelt, damit diese das Objekt anschließend zu einem erhöhten Kaufpreis an die erste Gesellschaft veräußern kann.

Neben Schadensersatzansprüchen kommen bei einer Eigenwahrnehmung einer Geschäftschance auch Ansprüche auf Auskunft und Rechnungslegung, Unterlassung weiterer Pflichtverletzungen solcher Art und möglicherweise eine Trennung von dem Mitglied der Verwaltung bzw. des Gesellschafters in Betracht.

d) Ergebnis zu 7.

Die „corporate opportunity doctrine" ist für die Auflösung von Kollisionen zwischen den Interessen der Gesellschaft und den persönlichen Interessen des Mandatsträgers entwickelt worden. Bei der Feststellung einer relevanten Geschäftschance im Sinne dieser Lehre sind geringe Anforderungen anzusetzen; eine solche liegt bereits dann vor, wenn ein konkretes Interesse irgendeiner Art an dem Geschäft besteht, so dass das Geschäft der Gesellschaft oder einem verbundenen Unternehmen zugeordnet werden könnte. Die Unmöglichkeit der Wahrnehmung durch die Gesellschaft kann nicht ohne weiteres den Geschäftsabschluss durch den Mandatsträger rechtfertigen, da dieser zunächst die Unmöglichkeit der Gesellschaft zu beseitigen versuchen muss. Das Organmitglied kann jedenfalls zu einer

[205] BGH WM 1989, 1335 (1338) „*Neue Heimat*"; dabei können nach dem BGH die für die Geschäftsführung ohne Auftrag entwickelten Grundsätze unproblematisch auch auf die angemaßte Geschäftsführung übertragen werden, da letztere sich lediglich durch den fehlenden Fremdgeschäftsführungswillen auszeichnet.

[206] BGH WM 1989, 1335 (1339) „*Neue Heimat*"; zustimmend *Merkt* ZHR 159 (1995), 423 (450f.).

[207] BGH WM 1989, 1335 (1339) „*Neue Heimat*".

[208] BGH NJW–RR 1989, 1255 = WM 1989, 1335.

persönlichen Wahrnehmung ermächtigt werden. Bezüglich einer Geschäftschance für ein Vorstandsmitglied ist dafür der Aufsichtsrat zuständig, bei einer solchen für ein Aufsichtsratsmitglied wiederum der Vorstand.

Diese Lehre ist nicht nur auf Leitungsorgane von Gesellschaften anwendbar, sondern auch auf Gesellschafter mit entsprechendem Einfluss auf die Geschäftsführung sowie auf Aufsichtsratsmitglieder. Aufgrund eines fehlenden Wettbewerbsverbots für das Aufsichtsratsmitglied muss daher zwischen Informationen, die das Organmitglied im Rahmen seiner Tätigkeit und außerhalb dieser Tätigkeit erhalten hat, differenziert werden. Danach kann das Aufsichtsratsmitglied außerhalb seiner Organfunktion Entscheidungen und Maßnahmen treffen, die das Wohl der Gesellschaft beeinträchtigen könnten. Seine Entscheidungen dürfen dabei nur nicht ohne Not gefasst worden und müssen für die Verfolgung seiner eigenen, berechtigen Interessen unvermeidlich sein. Dies gilt auch, wenn dieser selbst als Vertragspartner gegenüber der Gesellschaft auftritt. Im Rahmen seiner Organtätigkeit ist er an das Unternehmensinteresse gebunden. Dabei ist es vom Gesetzgeber gewollt, dass im Aufsichtsrat konfligierende Interessensphären vorhanden sind, so dass die Entscheidung des Aufsichtsratsmitglieds lediglich von dem Unternehmensinteresse sachlich gedeckt sein muss.

Diese Pflichtenbindung bei sich bietenden Geschäftschancen wird aus der Treuepflicht des Aufsichtsratsmitglieds abgeleitet. Eine Verletzung dieser Verpflichtung zieht insbesondere Schadensersatzansprüche der Gesellschaft nach sich.

II. Konfliktvermeidung

1. Wettbewerbsverbote

Zur Konfliktvermeidung hält die Rechtsordnung zum Teil ein Wettbewerbsverbot bereit, so geschehen in § 88 AktG für Vorstandsmitglieder und in §§ 112, 113 HGB für oHG-Gesellschafter und KG-Komplementäre. Sonstige Wettbewerbsverbote kommen nach der Rechtsprechung nur in Ausnahmefällen oder durch entsprechende Satzungsbestimmungen in Betracht.[209] Ein Wettbewerbsverbot für den Geschäftsführer einer GmbH wird von der herrschenden Meinung aus seiner Treuepflicht abgeleitet.[210] Ob dagegen auch gleiches für das Aufsichtsrats-

[209] So für den Kommanditisten, der die Kommanditgesellschaft vertreten und maßgeblich beherrscht hat, vgl. BGHZ 89, 162 (165ff.) = NJW 1984, 1351 = JZ 1984, 576 (mit Anmerkung *Immenga*) *„Heumann/Ogilvy"*; *Löffler* NJW 1986, 223ff.; *Kübler* „Gesellschaftsrecht" § 8 II 1c), S. 100; *Baumbach/Hopt* „HGB" § 165 Rn 3; Schlegelberger/*Martens* „HGB" § 165 Rn 9ff.; aber auch BGH BB 1982, 267 (268) = DB 1982, 534 (535).

[210] BGHZ 49, 30 (31); BGH WM 1964, 1320 (1321); 1979, 1328 (1330); *Röhricht* WPg 1992, 766 (767f.); *Salfeld* „Wettbewerbsverbote" S. 182ff.; Scholz/*Schneider* „GmbHG" § 43 Rn 126ff.; Rowedder/*Koppensteiner* „GmbHG" § 43 Rn 18; *Armbrüster* ZIP 1997, 1269 (1276f.); *Polley* „Wettbewerbsverbot" S. 95f.; 125f.; anders Hachenburg-*Mertens* „GmbHG" § 43 Rn 41; *Lutter/Hommelhoff* „GmbHG" Anh § 6 Rn 20, die § 88 Abs. 1 AktG analog anwenden.

mitglied angenommen werden kann, wird später noch erläutert. Für eine generelle Konfliktvermeidung jedenfalls wird eine Analogie nicht geeignet sein; eine solche ist aber am ehesten für die Lösung des Problems der Doppelmandate in Konkurrenzunternehmen denkbar, so dass eine Darstellung in diesem Zusammenhang erfolgt.[211]

2. Offenlegung des Interessenkonflikts

Möglich wäre auch eine Konfliktvermeidung dergestalt, dass das potentielle Aufsichtsratsmitglied vor seiner Wahl die bestehenden anderen Ämter gegenüber der Hauptversammlung offen legen müsste. Dabei würden die Aktionäre mit einer Bestellung des Kandidaten zum Organmitglied konkludent zum Ausdruck bringen, dass der potentielle Konflikt toleriert würde.[212] Sollten im Einzelfall dann doch Pflichtenkollisionen zu konstatieren sein, könnte diesen dann vor allem über Stimmrechtsbeschränkungen Rechnung getragen werden.[213]

Eine solche Offenlegungspflicht ist mittlerweile in § 124 Abs. 3 Satz 3 AktG gesetzlich statuiert,[214] wurde indes bereits vorher befürwortet.[215] Problematisch dabei war lediglich, diese Forderung dogmatisch zu untermauern, so dass letztendlich auf die bereits vorvertraglich bestehende Treuepflicht abgestellt wurde,[216] die bei Vernachlässigung zu einer Anfechtbarkeit der Aufsichtsratswahl nach § 251 AktG möglicherweise hätte berechtigen können.[217] Heute besteht eine Anfechtbarkeit wegen fehlender ordnungsgemäßer Einberufung und Bekanntgabe der Tagesordnung gemäß § 243 Abs. 1 AktG und für nicht erschienene Aktionäre aus § 245

---

211 Vgl. dazu die Ausführungen 4. Abschnitt B III 2, S. 102ff..

212 So auch *Matthießen* „Stimmrecht und Interessenkollision" S. 203; Diskussionsbericht in ZHR 145 (1981), 271; *Häuser* „Interessenkonflikte" S. 92; *Steinbeck* „Überwachungspflicht" S. 68f., 72f.; vgl. aber auch *Wardenbach* „Interessenkonflikte" S. 300; *Dreher* JZ 1990, 896 (904 in Fußnote 95).

213 *Steinbeck* „Überwachungspflicht" S. 68f., 72f.; vgl. auch *Schneider* BB 1995, 365 (370).

214 Vgl. zur Begründung dieser Vorschrift den Regierungsentwurf zum „*KonTraG*", abgedruckt in BT-Drucks. 13/9712, S. 17; eine solche Regelung wurde im wesentlichen von den Gutachtern im Rahmen der Anhörung befürwortet, abgedruckt in „Verhandlungen des Rechtsausschusses" Sitzung Nr. 74 vom 29.1.1997: *Kübler* S. 13 (18); *Mülbert* S. 47 (49 These Nr. 18); *Deutscher Anwaltsverein* S. 273 (280); *Baums* S. 434 (446f., 453); *Hopt* S. 476 (478); kritisch dagegen *Gemeinsamer Arbeitsausschuss der Bundesverbände deutscher Industrie, deutscher Banken etc.*, S. 135 (145).

215 *Matthießen* „Stimmrecht und Interessenkollision" S. 203; *Häuser* „Interessenkonflikte" S. 91f.; *Steinbeck* „Überwachungspflicht" S. 68f., 72f.; für generelle Offenlegung bei Interessenkonflikten: *Giesen* „Organhandeln" S. 108; kritisch dagegen *Wardenbach* „Interessenkonflikte" S. 67, 70.

216 *Wiedemann* ZIP 1997, 1565 (1567); *Matthießen* „Stimmrecht und Interessenkollision" S. 203; vgl. KK-*Mertens* § 93 Rn 70; BGHZ 20, 246ff. = LM Nr. 10 zu § 75 AktG 1937 mit Anmerkung *Fischer*.

217 *Matthießen* „Stimmrecht und Interessenkollision" S. 203 in Fußnote 82 kommt zu diesem Schluss a maiore ad minus aus § 251 Abs. 1 Satz 3 iVm § 243 Abs. 4 AktG, da eine solcher Anfechtungsgrund bereits bei einer Auskunftsverweigerung gemäß § 131 AktG bestehe, vgl. dazu Geßler/Hefermehl/Eckardt/Kropff- *Hüffer* § 251 Rn 10; KK-*Zöllner* § 251 Rn 19.

Nr. 2 Fall 3 AktG, wenn der Verstoß für die Beschlussfassung ursächlich gewesen ist. Zu bedenken ist jedoch, dass die Vorschläge zur Wahl von Aufsichtsratsmitgliedern nach § 124 Abs. 3 Satz 3 AktG lediglich den Namen, tatsächlich ausgeübten Beruf und Wohnort des Kandidaten beinhalten müssen.[218] Hiermit sollen die individuelle Belastungssituation und eventuelle Interessenkonflikte, die aus einer Tätigkeit in anderen, konkurrierenden Unternehmen herrühren, zu Tage treten.[219]

Darunter fallen jedoch nicht notwendigerweise Aufsichtsratsmandate, denn solche sollen aus Kostengründen nicht in der Mitteilung nach § 124 Abs. 3 AktG, sondern lediglich bei börsennotierten Gesellschaften mit gesetzlich zu bildendem Aufsichtsrat in dem nach § 125 AktG zu erstellenden Wahlvorschlag an die Aktionäre enthalten sein.[220] Die Ausgestaltung als „Soll"-Vorschrift führt dazu, dass eine fehlerhafte Angabe sanktionslos bleibt und auch nicht in eine Anfechtung des Hauptversammlungsbeschlusses münden kann. Nach der Begründung des Regierungsentwurfs ist dies notwendig geworden, um eventuelle Abgrenzungsschwierigkeiten im Rahmen des § 125 Abs. 1 Satz 3 AktG vermeiden zu können. Denn nach dieser neu eingeführten Vorschrift ist die Angabepflicht nunmehr auch auf alle „vergleichbaren" Aufsichtsratsmandate in anderen Gesellschaften mit gesetzlichem Aufsichtsrat und Verwaltungsratsposten in öffentlich-rechtlichen Unternehmen ausgedehnt worden. Dies gilt sowohl für inländische als auch für Gremien ausländischer Unternehmen.[221]

3. Inkompatibilitäten

Interessenkonflikte können schließlich auch über die Einführung von Inkompatibilitätsvorschriften vermieden werden. Von den statuarischen Gestaltungsmöglichkeiten im Rahmen von § 100 Abs. 4 AktG soll an dieser Stelle vorerst abgesehen werden.[222] Der Gesetzgeber hat dagegen solche Bestellungshindernisse zumindest ebenso – wenn auch nur im geringen Ausmaße – vorgesehen. Zu nennen sind hierbei aus gesellschaftsrechtlicher Sicht insbesondere die Vorschriften in §§ 100 Abs. 1 und Abs. 2, 105 Abs. 1 AktG. Er hat darauf verzichtet, eine generelle Inkompatibilität bei Interessenkonflikten vorzuschreiben, sondern sich vielmehr auf eine enumerative Aufzählung beschränkt. Inwieweit darüber hinausgehende Inkompatibilitäten sinnvoll sein könnten, ist Gegenstand des Hauptteils dieser Ausarbeitung.

---

218 Die Angabe des „tatsächlich ausgeübten" Berufs wurde erst durch das „*KonTraG*" implementiert, nach alter Rechtslage war hingegen die Angabe des Berufs ausreichend.

219 Vgl. dazu Begründung zum Regierungsentwurf, BT-Drucks. 13/9712, S. 17.

220 Siehe dazu die Darstellung unter 4. Abschnitt B III 7, S. 125ff..

221 Zum Ganzen vgl. die Begründung des Regierungsentwurfs, BT-Drucks. 13/9712, S. 17; *Mülbert/Bux* WM 2000, 1665ff..

222 Dazu die Ausführungen unter 4. Abschnitt B III 7, S. 138ff..

3. Abschnitt: Inkompatibilitätsvorschriften

A. Bestehende gesetzliche Inkompatibilitätsvorschriften

Nicht relevant werden hier diejenigen Inkompatibilitäten, die sich aus der Berufszugehörigkeit ergeben, wie zum Beispiel die für Rechtsanwälte in §§ 7, 14 BRAO oder beamtenrechtliche Ausschließungsregelungen wie in §§ 59 BBG, 35 BRRG und entsprechenden Landesgesetzen. Bevor den oben erwähnten aktienrechtlichen Inkompatibilitätsvorschriften besonderes Augenmerk gewidmet werden soll, sei hier jedoch kurz auf solche im öffentlichen Recht mit gesellschaftsrechtlichem Bezug hingewiesen. Auf verfassungsrechtlicher Ebene sind dies die Artikel 55, 66 GG.[223] Nach Artikel 55 Abs. 2 GG darf der Bundespräsident weder der Leitung noch dem Aufsichtsrat eines auf Erwerb gerichteten Unternehmens angehören. Gleiches gilt nach Artikel 66 GG grundsätzlich auch für Bundeskanzler und Bundesminister, wobei diese mit entsprechender Zustimmung des Bundestages eine Mitgliedschaft zumindest im Aufsichtsrat wahrnehmen können. Hintergrund ist jeweils eine angestrebte unabhängige Amtsausübung ohne eventuelle Interessenkonflikte.[224]

Im Verwaltungsverfahren findet sich eine spezielle Inkompatibilitätsvorschrift in § 20 Abs. 1 Nr. 5 VwVfG,[225] nach der unter anderem ein Mitglied des Aufsichtsrats nicht gleichzeitig auf Seite der Behörde in einem Verwaltungsverfahren mit der Gesellschaft beteiligt sein darf. Auch hierbei sollen Gewissenskonflikte vermieden und eine sachlich und unvoreingenommene Aufgabenerfüllung seitens der Behörde gewährleistet sein.[226] Dabei muss sich die Interessenkollision nicht erst konkretisieren, sondern es wird eine unwiderlegliche gesetzliche Vermutung aufgestellt, die die entsprechende Person als potentiell befangen ausschließt. Ähnlich wie bei den Bestimmungen des Prozessrechts zum Zeugnisverweigerungsrecht objektiviert das Gesetz mithin das subjektiv nicht lösbare Problem.[227] Von besonderem Interesse wird diese Vorschrift im Rahmen der Diskussion zum öffentlich-rechtlichen Vertreter im Aufsichtsrat.[228]

---

[223] Daneben gibt es noch verfassungsrechtliche Inkompatibilitätsvorschriften in Artikel 94 Abs. 1 Satz 3 GG für Bundesverfassungsrichter und nach Artikel 137 GG für die Wählbarkeit von Angehörigen des öffentlichen Dienstes, die allerdings in keinerlei Verbindung mit dem Gesellschaftsrecht stehen; vgl. dazu *Meyer* in v. Münch/Kunig Art 94 Rn 15; *Versteyl* in v. Münch/Kunig Art 137 Rn 1ff..

[224] *Hemmrich* in v. Münch/Kunig Art 55 Rn 3f., 12f.; *Meyn* in v. Münch/Kunig Art 66 Rn 1, 11f..

[225] Vergleichbare Regelungen enthalten auch §§ 16 SGB X, 82 AO.

[226] Knack-*Clausen* „VwVfG" § 20 Rn 2; *Kopp/Ramsauer* „VwVfG" § 20 Rn 1, 6; *Obermayer* „VwVfG" § 20 Rn 3; vgl. auch *Bonk/Schmitz* in Stelkens/Bonk/Sachs § 20 Rn 1f.; *Scheuing* NVwZ 1982, 487 (488); VGH München NVwZ 1982, 508 und 510; BVerwG DÖD 1983, 220, die von einem Handlungsverbot auch ohne expliziter gesetzlicher Regelung ausgehen.

[227] Knack-*Clausen* „VwVfG" § 20 Rn 3; *Kopp/Ramsauer* „VwVfG" § 20 Rn 10; *Bonk/Schmitz* in Stelkens/Bonk/Sachs „VwVfG" § 20 Rn 10.

[228] Vgl. dazu die Darstellung unter 5. Abschnitt B II 3, S. 156ff..

Aktienrechtliche Inkompatibilitätsvorschriften finden sich in §§ 100, 105 AktG. Nach § 100 Abs. 1 AktG kann lediglich eine natürliche, unbeschränkt geschäftsfähige Person Mitglied des Aufsichtsrats werden.[229] Zusätzliche Voraussetzungen ergeben sich für die Vertreter der Arbeitnehmer und den „weiteren Mitgliedern" der Montanmitbestimmung aus den mitbestimmungsrechtlichen Vorschriften, auf die § 100 Abs. 3 AktG verweist. Daneben ist auch § 319 Abs. 2 Nr. 2 HGB zu erwähnen, wonach der Abschlussprüfer ebenso nicht Mitglied des Aufsichtsrat werden darf. Voraussetzung für eine Bestellung sind auch nicht bestimmte persönliche Eigenschaften wie „Zuverlässigkeit" im gewerberechtlichen Sinne oder die für Vorstandsmitglieder in § 76 Abs. 3 Satz 2 und 3 AktG geltenden Bestellungshindernisse. Diskutiert wird allerdings die Notwendigkeit einer gewissen Mindestqualifikation im Sinne einer besonderen Sachkunde als ungeschriebene Bestellungsvoraussetzung.[230]

§ 100 Abs. 2 Satz 1 Nr. 1 AktG bestimmt, dass eine Person lediglich zehn Mandate innehaben darf, um zum einen die erforderliche Sorgfalt bei der Amtsausübung zu gewährleisten, und zum anderen eine Konzentration der Aufsichtsratssitze bei einigen wenigen Personen zu verhindern.[231] Dabei sind nur Sitze in gesetzlich obligatorischen Aufsichtsräten von Handelsgesellschaften anrechenbar, nicht jedoch Mandate in Beiräten, fakultativen Aufsichtsräten oder in Überwachungsorganen ausländischer Gesellschaften.[232] Privilegiert sind auch bis zu fünf nicht anrechenbare Mandate in Aufsichtsräten von Konzernunternehmen gemäß § 100 Abs. 2 Satz 2 AktG, da diese Mandate zum üblichen Pflichtenbereich des Vorstands der herrschenden Gesellschaft gehören und nicht auf die nächste Führungsebene delegiert werden sollen.[233] Daher fallen unter dieses Konzernprivileg nur die Mandate der Vorstandsmitglieder oder Geschäftsführer, nicht die der Aufsichtsratsmitglieder.[234] Allerdings sind nach § 100 Abs. 2 Satz 3 AktG Vorsitzmandate bei der Berechnung der zulässigen Maximalzahl doppelt anzurechnen. Solche innerhalb eines Konzerns unterliegen keiner Doppelanrechnung.[235]

---

229 Zum Problem der Mitgliedschaft juristischer Personen vgl. oben 2. Abschnitt A I 1, S. 8f..

230 Dazu ausführlich *Wardenbach* „Interessenkonflikte" S. 262ff.; zustimmend *Bollweg* „Wahl des Aufsichtsrats" S. 111f.; vgl. aber BGHZ 85, 293 (295f.) = NJW 1983, 991 = AG 1983, 133 = WM 1983, 9 = ZIP 1983, 55 = DB 1983, 165 = BB 1983, 101 *„Hertie"*, wonach lediglich diejenigen Mindestkenntnisse verlangt werden, die für die selbständige Bewertung und Beurteilung der gewöhnlichen Geschäftsvorgänge notwendig sind; so auch *Hüffer* „AktG" § 100 Rn 2; *Götz* AG 1995, 337 (345); *Hoffmann-Becking* in Münch Hdb § 30 Rn 2; Geßler/Hefermehl/Eckardt/Kropff- *Geßler* § 100 Rn 10; siehe auch *Hommelhoff* ZGR 1983, 551ff..

231 Vgl. dazu *Kropff* „Begr RegE AktG" S. 136.

232 *Hüffer* „AktG" § 100 Rn 3; KK-*Mertens* § 100 Rn 14, 17; *Hoffmann-Becking* in Münch Hdb § 30 Rn 7; zu den Mandaten in ausländischen Gesellschaften *v. Caemmerer* in FS Geßler S. 81 (83ff.); a. A. *Schütze* AG 1967, 342.

233 Geßler/Hefermehl/Eckardt/Kropff- *Geßler* § 100 Rn 19; KK-*Mertens* § 100 Rn 18; *v. Godin/Wilhelmi* § 100 Anm 3; *Hoffmann-Becking* in Münch Hdb § 30 Rn 7.

234 Ganz herrschende Auffassung, vgl. statt vieler *Hüffer* „AktG" § 100 Rn 4; KK-*Mertens* § 100 Rn 26.

235 Vgl. Begr RegE zum KonTraG, abgedruckt BT-Drucks 13/9712, S. 16.

Nach § 100 Abs. 2 Satz 1 Nr. 2 AktG kann Aufsichtsratsmitglied außerdem nicht sein, wer gesetzlicher Vertreter einer abhängigen Gesellschaft ist, um innerhalb des Konzerns nicht das „natürliche Organisationsgefälle" zu gefährden.[236] In § 100 Abs. 2 Satz 1 Nr. 3 AktG ist zudem das Verbot von Überkreuzverflechtungen statuiert, nach dem derjenige, der gesetzlicher Vertreter in einer anderen Gesellschaft ist, bei der ein Vorstandsmitglied einen Sitz im Aufsichtsrat innehat, nicht in der fraglichen Gesellschaft Mitglied des Aufsichtsrats werden kann. Denn durch dieses gegenseitige Abhängigkeitsverhältnis wäre eine mangelnde Effektivität der Überwachungstätigkeit zu befürchten.[237]

Gemäß § 105 Abs. 1 AktG kann schließlich ein Vorstandsmitglied, Prokurist oder Generalbevollmächtigter der Gesellschaft nicht in dieser zusätzlich Mitglied des Aufsichtsrats werden. Hintergrund dieser Vorschrift ist das zweigliedrige Organisationsgefüge der Aktiengesellschaft.

B. Ungeschriebene Inkompatibilitätsvorschriften

Daneben sind auch ungeschriebene Inkompatibilitätsvorschriften denkbar, für die der Gesetzgeber keine Regelung geschaffen hat, die sich aber in Einzelfällen – wie *Lutter* meint – „geradezu aufdrängen" würden.

I. Zulässigkeit

Die Entwicklung von ungeschriebenen Inkompatibilitätsvorschriften müsste zunächst zulässig sein. Der Gesetzgeber hat nicht etwa eine allgemeine Regelung zur Behandlung von Interessenkonflikten verabschiedet, sondern lediglich bestimmte Fälle von Kollisionen geregelt. Es herrscht daher Uneinigkeit darüber, ob darüber hinaus gehende Inkompatibilitätsvorschriften mit den Wertungen des Aktiengesetzes vereinbar sind.

Die Rechtsprechung hat zu diesem Fragenkreis explizit noch keine Stellung bezogen. Der Fall „*HEW/Jansen*"[238] des Oberlandesgerichts Hamburg beschäftigt sich zwar mit dem rechtlich zulässigen Verbleib des Aufsichtsratsmitglieds *Jansen* im Überwachungsorgan der Hamburgischen Elektrizitäts-Werke AG, diskutierte dabei aber nicht die Frage von ungeschriebenen Inkompatibilitätsvorschriften. Das Oberlandesgericht bejahte vielmehr die Möglichkeit einer Abberufung nach § 103

[236] Vgl. *Kropff* „Begr RegE AktG" S. 136; problematisch ist mithin die Regelung in § 6 Abs. 2 Satz 2 MitbestG, nach der ein Prokurist der Obergesellschaft in deren Aufsichtsrat und der der Tochter ebenso in den Aufsichtsrat der Muttergesellschaft unter bestimmten Voraussetzungen gewählt werden kann, vgl. dazu *Martens* in FS Hilger/Stumpf S. 437 (464ff.); *Stein* AG 1983, 49.

[237] *Kropff* „Begr RegE AktG" S. 136.

Abs. 3 AktG und brauchte daher auf die Zulässigkeit von ungeschriebenen Inkompatibilitätsvorschriften nicht mehr einzugehen. Im Folgenden ist daher ausschließlich auf Stimmen aus der Literatur zurückzugreifen.

1. Vereinbarkeit mit dem Aktiengesetz

a) Stand der Diskussion

aa) Ablehnende Auffassung

Insbesondere *Dreher* geht davon aus, dass die Entwicklung von gesetzlich nicht geregelten Inkompatibilitätsvorschriften unzulässig und demnach mit dem Aktiengesetz für unvereinbar angesehen werden müsse.[239] Er begründet diese Ansicht hauptsächlich damit, dass der Gesetzgeber von einer Art Enumerationsprinzip ausgegangen sei und die regelungsbedürftigen Fälle explizit regeln wollte. Dies zeige sich durch das Fehlen einer Allgemeinvorschrift und durch die alleinige Berücksichtigung nur weniger Kollisionsfälle.[240] Sollte es daneben zu Schwierigkeiten mit einem Aufsichtsratsmitglied kommen, halte die gesetzliche Regelung mit § 103 Abs. 3 AktG ein Abberufungsverfahren bereit.

Würde man ungeschriebene Inkompatibilitäten für zulässig erachten, käme es nach *Dreher* zu einer Aufweichung des Tatbestandes von § 103 Abs. 3 AktG; ein für Einzelfälle entwickeltes Institut würde durch eine generelle Inkompatibilitätsregel ersetzt werden, obgleich die Entfernung aus dem Amt als ultima ratio nach der Rechtsprechung nur bei „krass gesellschaftswidrigen Verhalten" oder „schlechthin untragbarer Tätigkeit"[241] möglich sein soll.[242] Der Gesetzgeber habe nämlich gerade deshalb auf eine generelle Regelung verzichtet, weil er die Überwachung der Geschäftsführung durch den Aufsichtsrat dadurch gewährleistet sehe, dass die Organmitglieder vielfältige Interessen und Erfahrungen aufweisen.[243] Die Akzeptanz eines gewissen Konfliktpotentials habe der Gesetzgeber spätestens durch die Statuierung des Gewerkschaftsvertreters nach § 7 Abs. 2 MitbestG unter Beweis gestellt und damit den Glauben an das Überwiegen der Vorteile einer solchen Konstellation deutlich gemacht.[244]

---

[238] Vgl. OLG Hamburg ZIP 1990, 311 und die Vorinstanz LG Hamburg ZIP 1990, 102.
[239] In JZ 1990, 896 (897); *ders.* in FS Lorenz S. 175ff..
[240] *Dreher* JZ 1990, 896 (897f.); *Matthießen* „Stimmrecht und Interessenkollision" S. 202.
[241] Bezugnehmend auf BGHZ 39, 116 (123); vgl. auch OLG Hamburg ZIP 1990, 311 *„HEW/Jansen"*.
[242] *Dreher* JZ 1990, 896 (899).
[243] *Kropff* „Begr RegE AktG" S. 136; *Dreher* a.a.O..
[244] *Dreher* JZ 1990, 896 (899f.); zustimmend *U. H. Schneider* BB 1995, 365 (367); von einer Akzeptanz der Entstehung von Interessenkonflikten durch den Gesetzgeber gehen auch aus: *Steinbeck* „Überwachungspflicht" S. 66; *Heuking/Jasper* DStR 1992, 1438; *Raiser* „Kapitalgesellschaften" § 15 Rn 121; *Krebs* „Interessenkonflikte" S. 68f..

Zudem würde der Mehrheit im Aufsichtsrat das de lege lata zugesprochene Recht genommen, eine Abberufung im Sinne des § 103 Abs. 3 AktG initiieren zu können, wenn von vornherein eine Inkompatibilität anzunehmen sei.[245] Der Aufsichtsrat sei dann auch der Problematik ausgesetzt, dass bei fehlender Abberufung die gefassten Beschlüsse anfechtbar sein könnten und damit seine Handlungsfähigkeit eingeschränkt wäre.[246] Zusätzliche Rechtsunsicherheit entstünde zudem durch die problematische Anwendbarkeit des § 250 Abs. 1 Nr. 4 AktG.[247] Daher sieht *Dreher* lediglich Raum für ein Stimmrechtsverbot oder eine Amtsniederlegung bei bestimmten, unauflösbaren Interessenkonflikten.[248]

Schließlich sprechen nach *Dreher* auch die kartellrechtlichen Vorschriften in § 23 Abs. 2 Nr. 4 GWB a.F. (§ 37 Abs. 1 Nr. 2 GWB n. F.) für eine Zulässigkeit solcher personeller Verflechtungen, da ein Zusammenschluss lediglich durch Erreichen einer mindestens hälftigen Personengleichheit mit entsprechender Marktbeherrschung (oder dessen Verstärkung) untersagt werde. Darunter liegende Verflechtungen würden von der Rechtsordnung dagegen hingenommen; ansonsten könne es keinen Zusammenschluss nach dieser Vorschrift geben.[249]

Daneben sieht auch *Götz* in einer Inkompatibilitätsvorschrift nicht eine wirksame Konfliktbereinigung außerhalb der gesetzlichen Regelung und erwägt dafür andere, mildere Hilfsmittel.[250] Zum einen sei dies die Absenkung der Voraussetzungen für Schadensersatzansprüche gegen Aufsichtsratsmitglieder, um damit vor einer Übernahme konfliktträchtiger Mandate warnen zu können. Zum anderen schlägt er vor, Ausschüsse nach § 107 Abs. 3 AktG zu bilden, denen die betroffenen Organmitglieder nicht angehören würden.[251]

Auch *U. H. Schneider* erblickt in dem Bestehen von Interessenkonflikten offensichtlich keine „schlechthin untragbare Tätigkeit" im Sinne der oben genannten Rechtsprechung, wenn er solche Konflikte bei der Aufsichtsratstätigkeit als „nicht untypisch" einordnet.[252] Allerdings zieht er den Schluss, dass für eine effektive

---

245 *Dreher* JZ 1990, 896 (899).

246 *Dreher* JZ 1990, 896 (899); *Säcker* in FS Rebmann S. 781 (788ff).

247 *Dreher* JZ 1990, 896 (899 Fn 36).

248 *Dreher* JZ 1990, 896 (900); ebenso *Ulmer* NJW 1980, 1603 (1605).

249 *Dreher* in FS Lorenz S. 175 in Fn 1.

250 *Götz* AG 1995, 337 (346).

251 *Götz* AG 1995, 337 (346); ähnlich *Kindl* „Teilnahme" S. 153ff.; *Krebs* „Interessenkonflikte" S.163f.; *Siebel* in Semler AR-Hdb. Rn G48 und G54; KK-*Mertens* § 90 Rn 25; *ders.* AG 1980, 67 (73f.); *ders.* ZGR 1983, 189 (199f.); Scholz-*Schneider* „GmbHG" § 52 Rn 241; *Rellermeyer* „Aufsichtsratsausschüsse" S. 75; *Hoffmann* „Aufsichtsrat" Rn 153; *Lehmann* DB 1979, 2117 (2122f.); dieser Lösungsweg hat nach einem Erfahrungsbericht des langjährigen Aufsichtsratmitglieds *Kreifels* offenbar auch Einlass in die Praxis gefunden, vgl. dazu *Lutter* in FS Beusch S. 509 (510 in Fn 4).

252 *U. H. Schneider* BB 1995, 365 (367); zustimmend *Heermann* WM 1997, 1689 (1692); *Krebs* „Interessenkonflikte" S. 17ff., 269ff.; vgl. *Ulmer* NJW 1980, 1603 (1604); a. A. aber *Baums* ZIP 1995, 11 (17); *Niederleithinger* ZIP 1995, 597 (602); *Werner* ZHR 145 (1981), 252 (254);

Lösung nicht lediglich eine ungeschriebene Inkompatibilitätsvorschrift ausreichend sei, sondern – wenn überhaupt – ein allgemeines Wettbewerbsverbot für Aufsichtsratsmitglieder; nur so könnten auch Konflikte mit persönlichen Interessen des Organträgers erfasst werden. [253]

bb) Befürwortende Auffassung

Grundlegend hat sich *Lutter* für die Zulässigkeit ungeschriebener Inkompatibilitätsvorschriften ausgesprochen und geht davon aus, dass sich spezielle Inkompatibilitäten „geradezu aufdrängen".[254] Mit *Säcker* sieht dieser keine Notwendigkeit alle Inkompatibilitätsvorschriften gesetzlich zu regeln, vielmehr ergäben diese sich aus Sinn und Zweck des gesetzlichen Regelungszusammenhangs.[255] Der Gesetzgeber sei gar nicht in der Lage, alle Konfliktfälle gesetzlich zu statuieren, da verschiedene Konstellationen erst im Rahmen gesellschaftspolitischer Veränderungen zu Tage träten und entsprechende Überlegungen akut werden ließen. Problematisch sei dann lediglich die Reichweite dieser Inkompatibilitäten.[256]

Entscheidend für die Frage, ob ungeschriebene Inkompatibilitätsvorschriften zulässig seien, komme es darauf an, in welchen Konstellationen der Gesetzgeber von einer solchen Inkompatibilität ausgegangen sei. Nach den Regelungen in §§ 100 Abs. 2, 105 AktG sei dies dann der Fall, wenn die korrekte Amtsausübung per se, auf Dauer und von vornherein unmöglich sei.[257] Zu bejahen sei diese Unmöglichkeit zum Beispiel bei dem Mandatsträger in konkurrierenden Unternehmen, aber auch sonstige Fälle seien denkbar.[258]

Lutter geht daher davon aus, dass die dadurch entstandene Regelungslücke durch eine analoge Anwendung der bestehenden Vorschriften in §§ 100 Abs. 1

Marsch-Barner in Feddersen/Hommelhoff/Schneider S. 124, die von einem seltenen Fall ausgehen. Dazu Einleitung S. 2f..

253 *U. H. Schneider* BB 1995, 365 (366).

254 *Lutter* FS Beusch S. 509 (512); *ders.* ZHR 145 (1981), 224 (236ff.); *ders.* in „25 Jahre Aktiengesetz" S. 53 (63ff.); zustimmend *Säcker* in FS Rebmann S. 781 (793f.); *Westhoff* „Bankenvertreter" S. 81f.; *Scheffler* DB 1994, 793 (795); *Westermann* in „25 Jahre Aktiengesetz" S. 79 (114); wohl auch *Lüderitz* in FS Steindorff S. 113 (122).

255 *Säcker* in FS Rebmann S. 781 (782); zustimmend *Lutter* in FS Beusch S. 509 (513 in Fn 16).

256 *Säcker* in FS Rebmann S. 781 (782).

257 *Lutter* in FS Beusch S. 509 (515); *Säcker* in FS Rebmann S. 781; zustimmend bei Gesellschaften, die in einem sogenannten Kernbereich konkurrieren *Reichert/Schlitt* AG 1995, 241 (244ff.).

258 *Lutter* in FS Beusch S. 509 (516); ein solches Verbot sieht auch der *Berliner Initiativkreis* in seinem German Code of Corporate Governance (GCCG) vor, vgl. IV 4.4 des vorgelegten Codes, abgedruckt in DB 2000, 1573 (1578) und www.gccg.de; dazu auch *Peltzer/von Werder* AG 2001, 1ff.; a.A. *Dreher* JZ 1990, 896 (899); *Matthießen* „Stimmrecht und Interessenkollision" S. 202.

und Abs. 2, 105 Abs. 1, 250 Abs. 1 Nr. 4 AktG geschlossen werden muss.[259] Zudem sieht *Säcker* eine analoge Anwendung der bestehenden Normen darin gerechtfertigt, dass bestimmte Fragen möglicherweise mangels „praktischer Anschauung" vom Gesetzgeber nicht geregelt wurden, da es dem „guten Stil" und der „praktischen Vernunft" widersprach, derartige Konfliktfälle überhaupt aufkommen zu lassen.[260]

b) Entwicklung der eigenen Auffassung

Für die Bejahung einer Zulässigkeit einer ungeschriebenen Inkompatibilitätsvorschrift ist es zunächst erforderlich, den Rahmen für die in Betracht kommenden Interessenkonflikte abzustecken. Sodann wird auf eine dogmatische Herleitung solcher Bestellungshindernisse einzugehen sein.

aa) Zulässigkeit bei anderweitig unüberwindbaren Interessenkonflikten

Bei der Begründung von ungeschriebenen Inkompatibilitätsvorschriften ist es von wesentlicher Bedeutung, welche Art von Interessenkonflikten vorliegt. Unter Berücksichtigung des Ultima-ratio-Prinzips kommt eine solche Heranziehung nur dann in Betracht, wenn die Arbeits- und Funktionsfähigkeit des Organs andernfalls gestört bzw. beseitigt wäre.[261] So erscheint es nicht als sinnvoll, eine Inkompatibilität bei kurzfristigen und vorübergehenden Interessenkonflikten eines Organmitglieds anzunehmen. Bei derartigen Konflikten könnte ein Stimmrechtsausschluss oftmals für die entsprechende Entscheidung ausreichen. Ein solches Stimmrechtsverbot hat der Gesetzgeber auch in §§ 34 BGB, 136 AktG, 47 Abs. 4 GmbHG, 43 Abs. 6 GenG für Beschlussgegenstände von Gesellschafterversammlungen vorgesehen, bei denen der Betroffene als „Richter in eigener Sache" angesehen werden müsste. Daraus kann aber noch nicht gefolgert werden, dass eine ungeschriebene Inkompatibilität lediglich bei dauernden Interessenkonflikten in Betracht kommt.[262] Vielmehr entscheidend ist, dass der vorliegende Interessenkonflikt nicht anderweitig über bereits bestehende Instrumentarien auflösbar ist.

Aus der Natur von Bestellungshindernissen resultiert, dass auch eine ungeschriebene Inkompatibilität zunächst bei einem bei der Bestellung bestehenden Interessenkonflikt in Betracht kommt. Besteht die zu monierende Interessenkollision erst nach der Bestellung, ist eine Abberufung nach § 103 Abs. 3 AktG zu erwägen, bei welcher der „wichtige Grund" in der Inkompatibilität

---

259 *Lutter* in FS Beusch S. 509 (518); *Säcker* in FS Rebmann S. 781 (788ff.); zustimmend *Wardenbach* „Interessenkonflikte" S. 39 (46ff.); einschränkend bejahend zumindest für Doppelmandate in Konkurrenzunternehmen: *Reichert/Schlitt* AG 1995, 241 (244ff.).

260 *Säcker* in FS Rebmann S. 781 (788, 805); ähnlich auch *Koenen* „Zurechnung" S. 61.

261 Zu diesem Gedanken *Lutter* in FS Beusch S. 509 (517); ihm folgend *Wardenbach* „Interessenkonflikte" S. 77ff..

262 So aber *Lutter* in FS Beusch S. 509 (515f.); *Säcker* in FS Rebmann S. 781; vgl. auch *Reichert/Schlitt* AG 1995, 241 (244ff.).

wägen, bei welcher der „wichtige Grund" in der Inkompatibilität gesehen werden kann, die eine Bestellung bei bereits bestehender Konfliktlage verhindert hätte.[263] Ungeschriebene Inkompatibilitätsvorschriften kommen demnach bei von vornherein bestehenden und anderweitig unüberwindbaren Interessenkonflikten in Betracht.

bb) Interessenvielfalt als gesetzgeberisches Ziel

Gegen die Zulässigkeit von ungeschriebenen Inkompatibilitätsvorschriften wird angeführt, dass der Gesetzgeber gerade das Bestehen von verschiedenen Interessen unter den Aufsichtsratsmitgliedern herstellen wollte, damit diese zum Wohle des Unternehmens zusammengeführt werden können. Dies zeige sich insbesondere am Mitbestimmungsrecht, nach dem die Arbeitnehmervertreter und insbesondere die Gewerkschaftsvertreter im Sinne des § 7 Abs. 2 MitbestG, potentiell im Wesentlichen während Arbeitskämpfen starken Konflikten ausgesetzt sein können.[264] *Dreher* geht sogar davon aus, dass allein die Ausgestaltung des Aufsichtsratsamtes im Aktiengesetz die Grundlage für Interessenkonflikte bildet und diese damit möglicherweise „institutionalisiert und akzeptiert".[265]

Richtig daran ist sicherlich, dass das Aufsichtsratsamt in der Regel lediglich ein Nebenamt des Mandatsträgers darstellt. Durch die geringe Anzahl von Sitzungen gemäß § 110 Abs. 3 AktG und die Beschränkung auf 10 Aufsichtsratssitze pro Mandatsträger nach § 100 Abs. 2 Satz 1 Nr. 1 AktG ist das Aufsichtsratsmandat nicht als „fulltime-job" ausgestaltet. Das wird auch durch die Vergütungsregel in § 113 Abs. 1 AktG bestätigt, die nicht einmal eine Vergütung voraussetzt, sondern lediglich sicherstellen soll, dass eine eventuelle Bezahlung im angemessenen Verhältnis zu den Aufgaben eines Aufsichtsrates steht. Dadurch liegt es in der Tat nahe, dass der Mandatsträger anderen Interessen ausgesetzt ist, insbesondere aus einer Tätigkeit, die dieser als seine hauptberufliche ansieht. Das sich mithin abzeichnende Konfliktpotential sagt indes noch nichts darüber aus, ob der Gesetzgeber jegliche Interessenkonflikte toleriert. Fest steht vielmehr, dass das Aufsichtsratsmitglied sein Amt nicht für seine persönlichen Interessen oder die bestimmter Gruppen missbrauchen darf. Die sich ihm ergebenen Geschäftsmöglichkeiten hat er im Sinne des Unternehmens voranzutreiben (Lehre von der „corporate opportunity"), generell ist er nur an das Unternehmensinteresse gebunden und unterliegt

---

[263] Zur Behandlung von nachträglich auftretenden Konflikten, bei denen eine bestehende Inkompatibilität einen „wichtigen Grund" im Sinne des § 103 Abs. 3 AktG darstellen könnte, siehe unten 3. Abschnitt B II 3, S. 67f..

[264] *U. H. Schneider* BB 1995, 365 (367); vgl. auch zu den entsprechenden Problemen in diesem Zusammenhang *Hanau* in Hanau/Ulmer „MitbestG" § 7 Rn 48ff.; *Raiser* „MitbestG" § 7 Rn 15ff..

[265] *Dreher* JZ 1990, 896 (897).

keinerlei Weisungen.[266] Nach dem „*Schaffgotsch*"-Urteil des Bundesgerichtshofes kann der Mandatsträger auch eine Pflichtverletzung bezüglich des einen Unternehmens nicht mit einer Interessenwahrung für ein anderes Unternehmen rechtfertigen und macht sich mit diesem Fehlverhalten mithin schadensersatzpflichtig nach §§ 116, 93 AktG.[267] Die Begünstigung der Entstehung von Interessenkonflikten durch die Ausgestaltung des Mandats als Nebenamt kann mithin nicht zu dem Schluss führen, der Gesetzgeber habe jegliche Konflikte akzeptiert. Im Übrigen kann auch nicht konstatiert werden, dass die Verneinung einer Inkompatibilität aufgrund der Gewerkschaftsvertreter nach § 7 Abs. 2 MitbestG erfolgen muss. Vielmehr wird dieses spezielle Konfliktpotential mit den überragenden Zielen der Mitbestimmung gerechtfertigt.[268] Diskutiert wird jedoch als milderes Mittel ein Stimmrechtsausschluss zumindest für bestimmte Konstellationen.[269]

Der angestrebte Interessenpluralismus im Aufsichtsrat führt mithin nicht per se zu einer Unzulässigkeit von ungeschriebenen Inkompatibilitäten.

cc) Verbleibender Anwendungsbereich des § 103 Abs. 3 AktG

Die Ansicht, der Tatbestand des § 103 Abs. 3 AktG werde durch die Annahme ungeschriebener Inkompatibilitätsvorschriften aufgeweicht und aus dem angestrebten Anwendungsbereich verdrängt, vermag nicht vollends zu überzeugen. Denn der Tatbestand des § 103 Abs. 3 AktG umfasst nicht nur den hier einschlägigen Bereich der Interessenkonfliktbewältigung, sondern zum Beispiel auch die Sanktionierung von Verletzungen der Vertraulichkeitspflichten.[270] Ein Anwendungsbereich würde mithin immer noch verbleiben.

Daneben kommt § 103 Abs. 3 AktG nur dann in Betracht, wenn die Bestellung zum Aufsichtsratsmitglied ursprünglich rechtswirksam erfolgte. Kommt man zu

---

266 Das gilt auch für die nach § 101 Abs. 2 AktG entsandten Aufsichtsratsmitgliedern, auch wenn diese freilich gemäß § 103 Abs. 2 AktG vom Entsendungsberechtigten wieder abberufen werden können.

267 BGH NJW 1980, 1629 (1630) mit Anmerkung *Ulmer* NJW 1980, 1603; vgl. auch RGZ 165, 68 (82).

268 Vgl. BVerfGE 50, 290 (377ff.) „*Mitbestimmungsurteil*"; *Fitting/Wlotzke/Wißmann* § 25 Rn 34; *Ulmer* in Hanau/Ulmer „MitbestG" § 7 Rn 49ff.; *Rehbinder* ZGR 1979, 471ff.; zur Zielsetzung im allgemeinen *Ulmer* in Hanau/Ulmer „MitbestG" Einl. Rn 2ff..

269 Für arbeitskampf- oder tarifpolitische Entscheidungen im Aufsichtsrat ein Stimmrechtsausschluss bejahend: *Hanau* ZGR 1977, 397 (402ff.); *ders.* ZGR 1979, 524 (537f.); GK-*Schneider* § 29 Rn 25ff.; GK-*Naendrup* § 25 Rn 214; *Säcker* DB 1977, 1791 (1794); *Wiedemann* „Gesellschaftsrecht" S. 634; ebenso bei Fragen der betrieblichen Mitbestimmung nach dem BetrVG bejahend: GK-*Schneider* § 29 Rn 31f.; *Säcker* DB 1977, 1791 (1794); *Hanau* ZGR 1977, 397 (406f.); wohl auch GK-*Naendrup* § 25 Rn 75; Stimmrechtsschranken aus mitbestimmungsrechtlicher Sicht grundsätzlich zu Recht ablehnend: *Ulmer* in Hanau/Ulmer „MitbestG" § 25 Rn 27f.; *Fitting/Wlotzke/Wißmann* § 25 Rn 34; *Mertens* AG 1977, 306 (311); KK-*Mertens* § 108 Rn 53; *Martens* ZGR 1977, 422ff.; *ders.* DB 1980, 1381 (1383); *Raiser* „MitbestG" § 25 Rn 125; *Hoffmann/Lehmann/Weinmann* „MitbestG" § 29 Rn 19.

270 Vgl. *LG Frankfurt* NJW 1987, 505 (506); *Lutter/Krieger* „Aufsichtsrat" Rn 119, 314ff..

dem Ergebnis, dass eine gesetzlich nicht geregelte Inkompatibilitätsvorschrift vorliegt, ist der Anwendungsbereich dieser Norm von Anfang an verschlossen, da § 103 Abs. 3 AktG eine wirksame Bestellung voraussetzt.[271] Deswegen kann auch nicht ins Feld geführt werden, dass dem Aufsichtsrat vom Gesetz zugewiesene Kompetenzen entzogen würden, wenn dieser ohnehin nicht über die Abberufung des betroffenen Mitglieds entscheiden könnte.[272] Durch die Unwirksamkeit der Bestellung des Organmitglieds stellt sich die Frage gar nicht erst, wer über die Abberufung zu entscheiden hat.[273]

Zu erörtern bliebe weiterhin, ob nicht im Falle einer nachträglich eintretenden Inkompatibilität ein potentieller Anwendungsbereich für den § 103 Abs. 3 AktG verbleiben würde. Der „wichtige Grund" könnte dann in einer bestehenden Inkompatibilität gesehen werden.[274] Eine fehlende Aufweichung des Anwendungsbereichs des § 103 Abs. 3 AktG lässt sich zudem damit stützen, dass der durch diese Vorschrift gewährte Schutz als unerheblich eingestuft werden muss, da die Zusammensetzung des Organs der Aufsichtsratsmehrheit, und damit möglicherweise einem Mehrheitsaktionär, weiterhin obliegt.[275] Auch bleibt zu bedenken, dass die Annahme einer Inkompatibilität der Sachlage eher gerecht wird, da sonst ein Organmitglied zwar wirksam bestellt werden würde, aber unmittelbar nach der Wahl wieder im gerichtlichen Verfahren abberufen werden müsste.[276] Eine effektive Regelung könnte mithin in solchen Fällen bereits vorher bei der Bestellung einsetzen.

dd) Fehlender Eingriff in die Hauptversammlungsautonomie

Gegen die Zulässigkeit von ungeschriebenen Inkompatibilitätsvorschriften wird auch eingewendet, dass darin ein Eingriff in die Hauptversammlungskompetenzen zu sehen sei. Durch die Annahme einer gesetzlich nicht vorgesehenen Inkompatibilität wird das Recht der Aktionäre nach §§ 101 Abs. 1, 119 Abs. 1 Nr. 1 AktG die Anteilseignervertreter in den Aufsichtsrat zu wählen, beschnitten. Denn die Hauptversammlung ist nunmehr bezüglich einiger Kandidaten in ihrer Wahlfreiheit eingeschränkt. Dieser Widerspruch mit der gesetzlichen Wertung, dass die

---

[271] *Lutter* in FS Beusch S. 509 (513); *Reichert/Schlitt* AG 1995, 241 (246); *Wardenbach* „Interessenkonflikte" S. 43; zu der Frage, ob der Wahlbeschluss nichtig oder lediglich anfechtbar ist, vgl. unten 3. Abschnitt B II 1, S. 63ff..

[272] So aber *Dreher* JZ 1990, 896 (899).

[273] So zutreffend *Lutter* in FS Beusch S. 509 (513f.); *Wardenbach* „Interessenkonflikte" S. 43f.; die Unwirksamkeit ist aber, wie noch zu zeigen sein wird, von einer Anfechtung abhängig, siehe 3. Abschnitt B II 1, S. 63ff..

[274] Dazu die Ausführungen unter 3. Abschnitt B II 3, S. 67f..

[275] *Reichert/Schlitt* AG 1995, 241 (246), dabei vorausgesetzt, dass die in § 103 Abs. 3 Satz 3 AktG vorgesehenen 10% des Grundkapitals (bzw. ein entsprechender Nennbetrag) für eine Antragsberechtigung in der Praxis eine schwer zu nehmende Hürde darstellen werden; vgl. dazu aber OLG Hamburg ZIP 1990, 311ff. „*HEW/Jansen*", bei der diese Voraussetzung erfüllt werden konnte.

[276] *Reichert/Schlitt* AG 1995, 241 (246).

Mehrheit in der Hauptversammlung über die Besetzung des Aufsichtsrats bestimmen kann und damit mittelbar über § 84 AktG auf die Geschäftsführung Einfluss nimmt, hat nicht automatisch die Konsequenz der Unzulässigkeit von ungeschriebenen Bestellungshindernissen. Zu befürchten ist nämlich, dass die mittelbare Einflussnahme auf die Vorstandstätigkeit auch zum Nachteil der Gesellschaft genutzt werden könnte. Dieser Verdacht liegt insbesondere dann nahe, wenn eine Gesellschaft Anteile eines Konkurrenzunternehmens erworben hat, um den Wettbewerber von innen heraus zu schwächen.[277] Nachteilige Einflussnahmen sind nach den Wertungen in §§ 291ff. AktG aber nur dann zulässig, wenn ein Unternehmensvertrag abgeschlossen wurde, der entsprechende Ansprüche der abhängigen Gesellschaft wie zum Beispiel die Verlustausgleichspflicht der herrschenden Gesellschaft nach § 302 AktG sicherstellt. Solange eine Einflussnahme jedoch nicht auf diese Art und Weise legitimiert wird, ist eine Einschränkung der wählbaren Kandidaten auch in gesetzlich nicht vorgesehenen Konstellationen zum Schutze der Gesellschaft und zur Sicherstellung der Arbeitsfähigkeit des Überwachungsorgans prinzipiell zulässig.[278] Im Einzelfall wird aber zu erörtern sein, ob eine solche Einschränkung über Bestellungshindernisse tatsächlich erforderlich ist oder ob die Entscheidung der Hauptversammlung überlassen bleiben kann bzw. muss.

ee) Bestehende Rechtssicherheit trotz ungeschriebener Bestellungshindernisse

Problematisch bei der Annahme eines ungeschriebenen Bestellungshindernisses könnte auch eine potentiell gesteigerte Rechtsunsicherheit sein.[279] Diese entstünde dadurch, dass die Beschlüsse unter Beteiligung eines unwirksam bestellten Aufsichtsratsmitglieds wenn nicht sogar nichtig, dann zumindest anfechtbar sein könnten.[280] Deswegen könnte der Gesetzgeber sich darauf beschränkt haben, nur bei leicht feststellbaren Interessenkonflikten eine Inkompatibilität zu statuieren,[281] und in sonstigen Konstellationen es bei der Anwendung der Abberufung gemäß § 103 Abs. 3 AktG zu belassen.

Zu bedenken bleibt, dass ein Beschluss nur dann anfechtbar oder nichtig sein kann, wenn die Beteiligung des Scheinmitglieds, d.h. des unwirksam bestellten Aufsichtsratsmitglieds, für das Beschlussergebnis kausal gewesen ist.[282] Bei der Stimmabgabe insbesondere nur *eines* unwirksam bestellten Aufsichtsratsmitglieds wird dies jedoch nur in den seltensten Fällen zu bejahen sein. Denn eine solche Kausalität auf das Beschlussergebnis ist lediglich dann gegeben, wenn das Über-

[277] Vgl. *Reichert/Schlitt* AG 1995, 241 (245).
[278] In diesem Sinne auch *Reichert/Schlitt* AG 1995, 241 (245).
[279] So *Dreher* JZ 1990, 896 (899 in Fn 36); *Götz* AG 1995, 337 (346).
[280] Die Rechtsfolge eines unter Mitwirkung des Scheinmitglieds gefassten Beschlusses ist umstritten; zu den Einzelheiten siehe unten 3. Abschnitt B II 2, S. 65ff..
[281] *Götz* AG 1995, 337 (346).

wachungsorgan ohne Beteiligung des Scheinmitglieds nicht beschlussfähig nach § 108 Abs. 2 AktG war oder die erforderliche Mehrheit dadurch verfehlt würde.[283] In der Regel wird daher eine Anfechtbarkeit oder Nichtigkeit ausscheiden können.[284]

Zudem gibt es weitere Zweifel an einer in praxi auftretenden Rechtsunsicherheit. Dabei kann die Annahme *Wardenbachs*, dass ein Aufsichtsrat, der ein Scheinmitglied in seinen Reihen duldet, nicht zu einer Anfechtung seiner gefassten Beschlüsse neigen wird,[285] nur im Ergebnis überzeugen. Denn es kann fraglich sein, ob das Organ Kenntnis von der Anwesenheit eines Scheinmitglieds besitzt, so dass dann von einer „Duldung" nicht die Rede sein kann. Obige Ausführungen haben jedoch gezeigt, dass insbesondere bei Vorhandensein nur eines Scheinmitglieds die fraglichen Beschlüsse regelmäßig mehr oder minder unabhängig von diesem gefasst werden können. Ein Interesse des Gesamtaufsichtsrats an der Beseitigung dieser Beschlüsse kann mithin in der Regel nicht angenommen werden.[286]

Das eventuell vorhandene Konfliktpotential ist nicht überzubewerten. Denn die Unsicherheit über die Bestandskraft der gefassten Beschlüsse besteht auch bei den gesetzlich angeordneten Inkompatibilitäten; Sinn und Zweck der Regelungen würde es jedoch widersprechen, aus Gründen der Rechtssicherheit die Wirksamkeit der Beschlüsse anzunehmen.[287] Bei den gesetzlich statuierten Bestellungshindernissen sind die ergangenen Wahlbeschlüsse nach § 250 Abs. 1 Nr. 4 AktG nichtig. Auch wenn bei den ungeschriebenen Inkompatibilitäten keine Nichtigkeit, sondern lediglich Anfechtbarkeit angenommen werden kann,[288] entsteht dadurch keine größere Rechtsunsicherheit. Vielmehr wird man von einer gesteigerten Rechtssicherheit ausgehen können, da ein Beschluss nur dann unwirksam wird, wenn ein Beteiligter innerhalb einer Frist von vier Wochen diesen vor den Zivilgerichten angreift, aber ansonsten von einem wirksamen Beschluss auszugehen ist.

Das von der Gegenmeinung angeführte Argument der mangelnden Rechtssicherheit vermag daher nicht zu überzeugen und widerspricht mithin nicht einer Zulässigkeit von ungeschriebenen Inkompatibilitätsvorschriften.

---

[282] *Hoffmann-Becking* in Münch Hdb § 31 Rn 98f.; Geßler/Hefermehl/Eckhardt/Kropff- *Geßler* § 108 Rn 75; KK-*Mertens* § 108 Rn 76; *Baums* ZGR 1983, 300 (317); *Götz* in FS Lüke S. 167 (182); OLG Hamburg ZIP 1992, 1310 (1317).

[283] BGHZ 47, 341 (346); vgl. noch anders BGHZ 12, 327 (330ff.).

[284] Vgl. BGHZ 47, 341 (346f.); *Hüffer* „AktG" § 101 Rn 17; *Hoffmann* „Aufsichtsrat" Rn 610; bei einer vorhandenen Kausalität für das Beschlussergebnis nimmt die herrschende Ansicht Nichtigkeit an, näheres siehe unten 3. Abschnitt B II 1, S. 63ff..

[285] *Wardenbach* „Interessenkonflikte" S. 45.

[286] Zum Bestehen einer Pflicht hierzu bei Duldung eines Scheinmitglieds, vgl. 3. Abschnitt B II 2, S. 65f..

[287] *Wardenbach* „Interessenkonflikte" S. 44f..

[288] Vgl. dazu die Ausführungen in 3. Abschnitt B II 1, S. 63ff..

ff) Schweigen als Argument gegen ungeschriebene Inkompatibilitätsvorschriften ?

Insbesondere von *Dreher* wird mangels einer allgemeinen Regelung und dem enumerativen Charakter der bestehenden gesetzlichen Regelung angeführt, dass ein Schweigen des Gesetzes zu einer Unzulässigkeit solcher ungeregelter Inkompatibilitätsvorschriften führen muss.

Dem steht entgegen, dass es dem Gesetzgeber generell unmöglich sein wird, alle erdenklichen Konstellationen bei der Gesetzgebung zu berücksichtigen. *Säcker* [289] weist darauf hin, dass eine Regelung unterblieben sein kann, weil ein entsprechender Bedarf für eine solche sich erst später ergeben hat. Deswegen sind entsprechende Anwendungen von gesetzlichen Vorschriften auf explizit nicht geregelte Sachverhalte grundsätzlich von der Rechtsordnung anerkannt. So wurde vor dem Aktiengesetz in der Fassung von 1965 ein nicht ausdrücklich geregeltes Bestellungshindernis für juristische Personen und Personengesellschaften angenommen[290] und als nicht geregelte Bestellungsvoraussetzung die unbeschränkte Geschäftsfähigkeit verlangt.[291] Auch heutzutage gibt es solche Beispiele. So finden sich im Aktiengesetz keine Regelungen über Stimmrechtsausschlüsse für Aufsichtsratsmitglieder, trotzdem wird in entsprechender Anwendung des § 34 BGB ein solcher angenommen, wenn zum Beispiel über den Abschluss eines Rechtsgeschäfts oder die Einleitung eines Rechtsstreits zwischen der Gesellschaft und dem entsprechenden Organmitglied abgestimmt werden soll.[292] Daneben lassen sich auch das Recht zur Amtsniederlegung[293] oder eine Pflicht zur Offenlegung von potentiellen Interessenkonflikten anführen.[294] Das alleinige Schweigen des Gesetzes zu einem bestimmten Problemkreis führt mithin nicht per se zu einer Unzulässigkeit einer außergesetzlichen Regelung.

c) Ergebnis zu 1

Die Entwicklung von ungeschriebenen Inkompatibilitätsvorschriften ist nach obigen Überlegungen somit grundsätzlich mit dem Aktiengesetz vereinbar. Die

---

[289] In FS Rebmann S. 781 (782, 805).

[290] *Stier-Somlo* ZHR 52 (1903), 20 (34); *Pinner* in Staub § 243 Anm 4; *Bondi* ZBH 1929, 34 (37); a. A. allerdings *Simon* LZ 1908, 1 (10ff.); *Kahn* ZBH 1930, 384ff..

[291] *Gadow/Heinichen* § 86 AktG Anm 5; Schlegelberger/*Quassowski* § 86 AktG Anm 10; *Stier-Somlo* ZHR 52 (1903), 20 (35).

[292] *Lutter/Krieger* „Aufsichtsrat" Rn 248; *Matthiessen* „Stimmrecht und Interessenkollision" S. 51ff.; 228ff.; 282ff.; *Hoffmann-Becking* in Münch Hdb § 31 Rn 59; KK-*Mertens* § 108 Rn 43ff.; Geßler/Hefermehl/Eckhardt/Kropff- *Geßler* § 108 Rn 29; zu weiteren Fällen von Interessenkollisionen, für die ein Stimmrechtsausschluss in Betracht kommt vgl. auch *Steinbeck* „Überwachungspflicht" S. 70ff.; *Matthiessen* a.a.O. S. 335ff..

[293] *Henn* „Handbuch des Aktienrechts" Rn 646; Geßler/Hefermehl/Eckhardt/Kropff- *Geßler* § 102 Rn 27; *Singhof* AG 98, 318; *Wardenbach* AG 99, 74; vgl. oben 2. Abschnitt B I 4, S. 22ff..

[294] *Giesen* „Organhandeln" S. 108; *Häuser* „Interessenkollisionen" S. 91f.; *Matthiessen* „Stimmrecht und Interessenkollision" S. 203; *Lippert* „Überwachungspflicht" S. 95, 119; a.A. aber *Dreher* JZ 1990, 896 (904).

aufgezeigten Einwände gegen eine Zulässigkeit vermögen nicht zu überzeugen; vielmehr besteht ein generelles Bedürfnis solche in geeigneten Ausnahmefällen beim Vorliegen von vornherein bestehenden und anderweitig unauflösbaren Interessenkonflikten zuzulassen.

2. Dogmatische Herleitung einer ungeschriebenen Inkompatibilitätsvorschrift

Dieses Zwischenergebnis führt allerdings noch zu der Frage der dogmatischen Herleitung solcher ungeschriebenen Inkompatibilitätsvorschriften.

a) Vorüberlegungen

Bei der dogmatischen Herleitung eines solchen ungeschriebenen Bestellungshindernisses kommt es zunächst darauf an, auf welche Weise eine Inkompatibilität aufgelöst werden kann.[295] Bei den gesetzlich vorgegebenen Vorschriften ist der entsprechende Wahlbeschluss gemäß § 250 Abs. 1 Nr. 4 AktG aufgrund des Bestehens eines Bestellungshindernisses nach § 100 Abs. 1 oder 2 AktG wegen der Rechtswidrigkeit des Wahlbeschlusses nichtig. § 250 Abs. 1 Nr. 4 AktG wird zudem für die Fälle der Inkompatibilität im Sinne des § 105 Abs. 1 AktG entsprechend angewendet, weil man von einem Redaktionsversehen des Gesetzgebers ausgeht.[296] Unabhängig davon, ob man bei ungeschriebenen Bestellungshindernissen eine Nichtigkeit oder Anfechtbarkeit des Wahlbe-schlusses annehmen möchte,[297] stellt der mögliche Ausschluss aus dem Amt die Reaktion auf einen von vorn herein bestehenden und nicht anders abwendbaren Interessenkonflikt dar, da mildere Mittel wie Stimmverbot oder Sitzungsausschluss nicht ausreichen würden. Denn die Wahl zum Aufsichtsrat würde sinnlos werden, wenn zur konsequenten Vermeidung des Interessenkonflikts ein dauerhafter Stimmrechts- oder Sitzungsausschluss auferlegt werden müsste.[298]

b) Unwirksamkeit der Annahme der Bestellung

Den Ausschluss aus dem Amt erwägt *Lutter* im Rahmen von ungeschriebenen Bestellungshindernissen über die Annahmeerklärung des Gewählten zu erzielen.[299]

[295] Worauf *Wardenbach* „Interessenkonflikte“ S. 48ff. zutreffend hingewiesen hat.

[296] Diese Vermutung entspricht einhelliger Auffassung; vgl. daher statt vieler Geßler/Hefermehl/Eckardt/Kropff- *Hüffer* § 250 Rn 27; KK-*Zöllner* § 250 Rn 37.

[297] Dazu ausführlich unten 3. Abschnitt B II 1, S. 63ff..

[298] Vgl. *Wardenbach* „Interessenkonflikte“ S. 48ff.; *Reichert/Schlitt* AG 1995, 241 (245); *Säcker* in FS Rebmann S. 781.

[299] In FS Beusch S. 509 (518), allerdings unter der Prämisse, dass man seiner Analogie zu §§ 100, 105, 250 AktG die Gefolgschaft versagt; zustimmend aber *Hopt* in FS Mestmäcker S. 909 (929), der über eine Differenzierung zwischen „duties of care“ und „duties of loyalty“ zu diesem Ergebnis kommt, indem er bei letzterer sach- und beweisrechtlich einen strengeren Maßstab anlegt.

Denn eine wirksame Bestellung setze neben einer wirksamen Wahl auch eine wirksame Annahme der Wahl durch den Gewählten voraus.[300] Die Voraussetzungen für die wirksame Annahme seien dabei im Aktiengesetz nicht geregelt, auch nicht in den §§ 250, 251 AktG, die lediglich den Wahlbeschluss regeln.[301] Daher seien die allgemeinen zivilrechtlichen Vorschriften anwendbar. Durch die Wahl zum Aufsichtsrat entstehe ein rechtliches Sonderverhältnis, das zwar noch keine organschaftlichen Pflichten begründe oder eine Pflicht zur Annahme der Wahl auferlege, [302] jedoch gewisse Loyalitäts- und Sorgfaltspflichten entstehen ließe.[303] Diese würden verletzt, wenn das designierte Aufsichtsratsmitglied bei Annahme der Wahl bereits Kenntnis über seine eigene Unfähigkeit habe, das Amt in Zukunft ordnungsgemäß ausüben zu können. Daraus sei eine Pflicht zur Amtsablehnung abzuleiten, die bei Missachtung eine unzulässige Rechtsausübung darstelle. Die Folge sei die Nichtigkeit auch der Annahmeerklärung.[304]

Dem Grundgedanken einer Annahmeerklärung für die wirksame Bestellung ist zuzustimmen. Für die dogmatische Begründung einer ungeschriebenen Inkompatibilität erscheint diese allerdings als ungeeignet. Gegen einen solchen Ansatz spricht zunächst, dass ein Amtsausschluss von einem Auslösen des Bestellungshindernisses durch den Designierten selbst abhängig gemacht würde, bei den gesetzlich vorgesehenen Inkompatibilitätsvorschriften dagegen bereits dessen passives Wahlrecht ausscheidet und daher schon früher eingreift. Bei den gesetzlich verankerten Bestellungshindernissen können dagegen die Aktionäre, die letztendlich durch solche Regelungen in ihrem investierten Vermögen geschützt werden sollen, eine irgendwie geartete Involvierung des potentiellen Amtsträgers verhindern.

Wohl deshalb hat auch *Lutter* selbst diese Überlegungen nur als Hilfslösung angesehen, und geht zusätzlich davon aus, dass die Wahl an sich ebenso bereits unwirksam gewesen ist.[305] Wenn dies allerdings der Fall wäre, würden die besonderen Sorgfalts- und Loyalitätspflichten nicht entstehen können, der „designierte“ Amtsinhaber hätte kein Recht eine Wahl anzunehmen und schon gar keine Pflicht, das fragliche Amt abzulehnen. Die Bejahung einer unwirksamen Annahmeerklärung erscheint mithin nicht sachgerecht.

---

300 Unstreitig; vgl. *Hoffmann-Becking* in Münch Hdb § 30 Rn 18; Geßler/Hefermehl/Eckardt/Kropff- *Geßler* § 101 Rn 40, 45; *Meyer-Landrut* in Großkomm § 101 Anm 5.

301 *Lutter* in FS Beusch S. 509 (518); Geßler/Hefermehl/Eckardt/Kropff- *Hüffer* § 250 Rn 6.

302 Vgl. Geßler/Hefermehl/Eckardt/Kropff- *Geßler* § 101 Rn 44; *Lutter* in FS Beusch S. 509 (519).

303 *Lutter* in FS Beusch S. 509 (519); *Reichert/Schlitt* AG 1995, 241 (247).

304 *Lutter* in FS Beusch S. 509 (519f.); zustimmend *Wardenbach* „Interessenkonflikte“ S. 311ff..

305 In FS Beusch S. 509 (520).

c) Gesamtanalogie zu §§ 100 Abs. 1 und 2, 105 Abs. 1, 250 Abs. 1 Nr. 4 AktG

Zunächst kommt auch eine Gesamtanalogie zu §§ 100 Abs. 1 und 2, 105 Abs. 1, 250 Abs. 1 Nr. 4 AktG in Betracht, wenn diesen Vorschriften ein allgemeines aktienrechtliches Prinzip zu entnehmen wäre.

Dafür müssten die nicht geregelten Fallkonstellationen wertungsmäßig mit einem allgemeinen Rechtsprinzip übereinstimmen, damit letzteres auch für die fragliche Konstellation Geltung beanspruchen könnte. Ein allgemein gültiges Rechtsprinzip liegt dann vor, wenn mehrere gesetzliche Regelungen vorliegen, die zwar unterschiedliche Tatbestände, jedoch die gleichen Rechtsfolgen vorsehen und eine gemeinsame ratio legis besitzen.[306] Dabei ist nach *Wardenbach* bei der Bestimmung einer gemeinsamen ratio legis allein darauf abzustellen, welche Konstellationen von den einschlägigen Normen geregelt würden und welche Rechtsfolgen diese auslösen. Sowohl § 100 Abs. 1 und 2 AktG als auch § 105 Abs. 1 AktG beschäftigten sich mit Bestellungshindernissen bei vorhandenen dauerhaften, unüberwindbaren Konflikten, die im Ergebnis eine ordnungsgemäße Amtsausübung unmöglich machen und statuieren aus oben genannten Erwägungen den Ausschluss aus dem Amt.[307]

Daraus kann jedoch noch kein allgemein gültiger Rechtsgedanke geschlossen werden. Denn wenn der Gesetzgeber die Reglementierung eines solchen Prinzips angestrebt hätte, wäre es ohne weiteres möglich gewesen, eine solche allgemeine Vorschrift einzuführen. Darauf hat die Legislative indes ganz offensichtlich verzichtet.[308] Der Gesetzgeber hat die Inkompatibilität nur in bestimmten Fällen angeordnet und sonstige Konstellationen offengelassen. Ob also eine Inkompatibilität in einer nicht geregelten Konstellation in Betracht kommt, kann daher nur für die betreffende Fallgruppe isoliert festgestellt werden. Gerade diese Einzelfallbetrachtung spricht aber gegen eine Analogie und für eine Lösung über § 103 Abs. 3 AktG, der gerade auf die Berücksichtigung des Einzelfalls abstellt.[309]

Bei §§ 100 Abs. 1 und 2, 105 Abs. 1 AktG handelt es sich vielmehr um denkbare Konstellationen zu Bestellungshindernissen, die sinnvollerweise auf die gleiche Weise aufgelöst werden. Eine zwingende Konsequenz für sonstige Fallgruppen kann daraus nicht gezogen werden. Im Zweifel sollte daher auf eine Gesamtanalogie verzichtet und nach allgemeinen Grundsätzen auf eine Einzelanalogie zurückgegriffen werden.[310] Außerdem kann bezweifelt werden, ob überhaupt ein

---

[306] Vgl. dazu nur *Larenz* „Methodenlehre" II Kap. 5 2b), S. 383ff..

[307] So in „Interessenkonflikte" S. 58ff.; zustimmend im Ergebnis *Lutter* in FS Beusch S. 509 (517f.).

[308] So auch *Dreher* JZ 1990, 896 (896, 898); *Reichert/Schlitt* AG 1995, 241 (242); KK-*Mertens* § 100 Rn 11; § 116 Rn 32; *Götz* AG 1995, 337 (346).

[309] Vgl. auch *Bokelmann* „Personelle Verflechtungen" S. 142.

[310] *Larenz* „Methodenlehre" II Kap. 5 2b), S. 386; vgl. BGHZ 40, 71; BGH JZ 1973, 366.

vergleichbarer Sachverhalt gegeben ist, der die Ermittlung einer gemeinsamen ratio legis möglich machen könnte. Die Grundaussage, dass es bei allen Fallgruppen um die Bewältigung eines permanenten Interessenkonflikts geht, ist zwar insoweit richtig, blendet indes die Arten von Interessenkonflikten aus. Denn die gesetzlich geregelten Inkompatibilitätsfälle betreffen stets das Verhältnis Geschäftsführung und Überwachung der Gesellschaft. Dies wird bei §§ 100 Abs. 2 Satz 1 Nr. 2 und Nr. 3 AktG sowie § 105 Abs. 1 AktG deutlich. Nimmt man als Beispiel der Fallgruppen für denkbare ungeschriebene Inkompatibilitäten das Doppelmandat in Konkurrenzunternehmen, so ist evident, dass hierbei zwar möglicherweise ein dauerhafter, unüberwindbarer Interessenkonflikt in der Person des Mandatsträgers vorliegt, dieser jedoch lediglich sich widersprechende Überwachungspflichten betrifft, nicht aber das Verhältnis zwischen Geschäftsführung und Überwachung. Durch das Fehlen einer vergleichbaren Sachlage schon in dieser Konstellation, muss bereits die Begründung eines allgemein gültigen Rechtssatzes scheitern. Eine Gesamtanalogie zu §§ 100 Abs. 1 und 2, 105 Abs. 1, 250 Abs. 1 Nr. 4 AktG kommt somit nicht in Betracht.

d) Einzelanalogie zu §§ 100 Abs. 1 und 2, 105 Abs. 1 oder 250 Abs. 1 Nr. 4 AktG

Schließlich ist eine Einzelanalogie zu §§ 100 Abs. 1 und 2, 105 Abs. 1 oder 250 Abs. 1 Nr. 4 AktG möglich. Dafür müsste insbesondere eine planwidrige Regelungslücke vorliegen. Gegen eine solche könnte die Formulierung „nur dann nichtig" in § 250 Abs. 1 Nr. 4 AktG sprechen. Allerdings wird diese Vorschrift bereits bei der gesetzlich vorgesehenen Inkompatibilität aus § 105 Abs. 1 AktG entsprechend angewendet,[311] so dass schon in diesem Fall der enge Wortlaut ausgedehnt wird. Für das Vorliegen einer planwidrigen Regelungslücke könnte zudem nach *Säcker* sprechen, dass bestimmte Konstellationen, deren Entstehung bereits der „gute Stil" oder die „praktische Vernunft" verhinderten, mangels vermuteter praktischer Relevanz vom Gesetzgeber nicht geregelt wurden.[312]

Auch stellt die Nichtigkeitssanktion gemäß § 250 Abs. 1 Nr. 4 AktG nicht die unmittelbare Rechtsfolge der Inkompatibilität dar, sondern diese wird erst durch den rechtswidrigen Wahlbeschluss ausgelöst.[313] Die strenge Einschränkung der Rechtsfolge in § 250 Abs. 1 Nr. 4 AktG erfolgt jedoch, damit nicht jegliche rechtswidrige Wahlbeschlüsse ex tunc nichtig sind, sondern im Zweifel lediglich anfechtbar sein sollen. Aus diesem Grunde erscheint es nicht sachgerecht, bei ungeschriebenen Bestellungshindernissen dann diese strenge Rechtsfolge anzunehmen, so dass allenfalls eine Anfechtbarkeit nach § 251 AktG analog in Betracht

[311] Statt vieler: *Lutter* in FS Beusch S. 509 (518); KK-*Zöllner* § 250 Rn 37; Geßler/Hefermehl/Eckardt/Kropff- *Hüffer* § 250 Rn 27.
[312] In FS Rebmann S. 781 (788, 805).
[313] Vgl. nur *Wardenbach* „Interessenkonflikte" S. 48, 55; die Rechtswidrigkeit ergibt sich dabei aus der Missachtung eines Bestellungshindernisses.

käme.[314] Daher ist zumindest von einer Analogiefähigkeit des § 250 Abs. 1 Nr. 4 AktG nicht auszugehen.

Eine Analogie zu den bestehenden Inkompatibilitätsvorschriften in §§ 100, 105 AktG ist ebenfalls abzulehnen. Gegen eine solche Analogie sprechen nicht bereits die §§ 100 Abs. 3 und 4 AktG. Die Aussage in § 100 Abs. 4 AktG, dass weitere Bestellungshindernisse in der Satzung lediglich bezüglich der Amtsträger der Anteilseignerseite statuiert werden dürfen, erlaubt nicht die Schlussfolgerung, dass die in §§ 100 Abs. 1 und 2 AktG geregelten Hindernisse abschließender Natur sein sollten. Denn mit der Einführung wollte der Gesetzgeber lediglich verhindern, dass die Hauptversammlung über die Satzungsautonomie in die Auswahl der Arbeitnehmervertreter eingreifen kann.[315] Gleiches gilt für die Bestimmung in § 100 Abs. 3 AktG. Der Verweis auf die mitbestimmungsrechtlichen Bestellungsvoraussetzungen lässt die für alle Aufsichtsratsmitglieder geltenden Inkompatibilitätsvorschriften unberührt.[316]

Die obigen Ausführungen haben jedoch gezeigt, dass sich der Gesetzgeber gerade nicht dazu entschlossen hat, eine allgemeine Regelung für die Lösung von Interessenkonflikten zu verabschieden, sondern enumerativ konkrete Fallgruppen aufgeführt hat. Die Diskussion über die Zulässigkeit ungeschriebener Inkompatibilitäten wird insbesondere im Zusammenhang mit den Doppelmandaten in Konkurrenzunternehmen geführt. Ein gesetzliches kartellrechtliches Verbot wurde im Rahmen der Beratungen zum *„KonTraG"* aber abgelehnt,[317] so dass man auch hier zumindest bezüglich dieser potentiellen Fallgruppe eine planwidrige Regelungslücke in Zweifel ziehen muss. Dies wird noch weiter auszuführen sein.

e) Ableitung aus der Treuepflicht nach §§ 116, 93 AktG

Ungeschriebene Bestellungshindernisse könnten sich aus der allgemeinen Treuepflicht der Organträger nach §§ 116, 93 AktG herleiten lassen.[318] Der Umfang der Treuepflicht des Aufsichtsratsmitglieds ist davon abhängig, ob sich dieser innerhalb oder außerhalb der Ausübung seines Amtes bewegt. Bei der Wahrnehmung der Aufsichtsratsfunktion besteht ein umfassendes Gebot, die Belange der Gesellschaft loyal zu fördern, so dass der Mandatsträger allein dem Unternehmensinteresse verpflichtet ist und fremde Interessensphären nur dann berücksichtigen kann, wenn diese im Einklang mit dem Unternehmensinteresse stehen. Bei der Ermittlung des Unternehmensinteresses steht diesem ein breiter Entschei-

[314] Dazu ausführlich 3. Abschnitt B II 1, S. 63ff..
[315] *Kropff* „Begr RegE AktG" S. 137.
[316] So auch *Wardenbach* „Interessenkonflikte" S. 57.
[317] Vgl. dazu ausführlich unter 4. Abschnitt B III 2, S. 107ff..
[318] *Bollweg* „Wahl des Aufsichtsrats" S. 115; wohl ebenso *Peltzer/von Werder* AG 2001, 1 (4) für Doppelmandate in Konkurrenzunternehmen; so auch noch *Lutter* ZHR 145 (1981), 224 (238).

dungsspielraum zur Verfügung.[319] Außerhalb der Wahrnehmung dieser Funktion verbietet ihm die Treuepflicht dagegen grundsätzlich nicht, eigene Interessen oder die von Dritten nur deshalb nicht zu verfolgen, weil Nachteile für die Gesellschaft zu befürchten sind.[320] Dabei sind die Mandatsträger indes dazu verpflichtet, die Interessen der Gesellschaft nicht ohne Not und lediglich soweit zu beeinträchtigen, wie das für die berechtigte Interessenwahrnehmung erforderlich ist.[321]

Das Aufsichtsratsmitglied darf seinen Einfluss auf die Gesellschaft auch nicht dazu verwenden, seine eigenen Interessen oder die von Dritten außerhalb der zulässigen Durchsetzung von Konzerninteressen auf Kosten der Gesellschaft zu fördern.[322] Dabei geht es lediglich um das Verhalten des Doppelmandatsträgers in der Gesellschaft, die objektiv geschädigt oder benachteiligt wird. Bei der Tätigkeit für das andere Unternehmen befindet sich der Mandatsträger nicht etwa außerhalb der Organfunktion der ersten Gesellschaft und damit nur unter einer verminderten Förderungspflicht, sondern darf auch dort die Informationen, die er als Aufsichtsratsmitglied in der ersten Gesellschaft erhalten hatte, nicht für einen persönlichen Vorteil oder für den eines Dritten ausnutzen. Dabei ist eine Informationsverwendung schon dann als treupflichtwidrig zu werten, wenn ideelle Interessen, wie das Ansehen der Gesellschaft in der Öffentlichkeit, beeinträchtigt worden sind.[323] Diese Überlegungen finden auch Ausdruck in den allgemein anerkannten Grundsätzen der „corporate opportunity doctrine“[324] und nicht zuletzt in dem generellen Gebot der Verschwiegenheit nach §§ 116, 93 Abs. 1 Satz 2 AktG.[325]

Die Treuepflicht führt danach zu dem Gebot, sein Verhalten – d.h. die Informationsverwertung und -weitergabe – am Unternehmensinteresse auszurichten; dies ändert sich auch dann nicht, wenn das Aufsichtsratsmitglied einem Dritten gegenüber qua beruflicher Stellung oder vertraglicher Verpflichtung zu einer anderen Interessenwahrnehmung verpflichtet wird.[326] Die Bindung an die Treuepflicht

[319] Vgl. *Ulmer* NJW 1980, 1603 (1605f.); *Werner* ZHR 145 (1981), 252 (258ff.); *Dreher* JZ 1990, 896 (900); *Schwintowski* NJW 1995, 1316 (1318f.); *Lutter/Krieger* „Aufsichtsrat“ Rn 304, 306; vgl. auch BGHZ 36, 296 (307) *„HEW“*; BGH NJW 1980, 1629 (1630) *„Schaffgotsch“*; einschränkend aber *Wiedemann* „Organverantwortung“ S. 23ff..

[320] Vgl. dazu *Fleck* in FS Heinsius S. 89 (90ff.); *Ulmer* NJW 1980, 1603 (1605ff.); *Merkt* ZHR 159 (1995), 423 (432ff.); *Dreher* JZ 1990, 896 (900); *Werner* ZHR 145 (1981), 252 (261ff.).

[321] *Fleck* in FS Heinsius S. 89 (90ff.); KK-*Mertens* § 116 Rn 29.

[322] Dazu BGH NJW 1980, 1629 (1630) *„Schaffgotsch“*; KK-*Mertens* § 116 Rn 25, 30; zu den konzernrechtlichen Befugnissen: *Decher* „Personelle Verflechtungen“ S. 159ff., 162f.; *Götz* ZGR 1990, 633 (650ff.); vgl. auch *Lutter* in FS R. Fischer S. 419 (427ff.).

[323] *Fleck* in FS Heinsius S. 89 (99ff.); KK-*Mertens* § 116 Rn 29 und § 93 Rn 82 mwN zum Ende der Schweigepflicht; *Steinbeck* „Überwachungspflicht“ S. 67; vgl. auch BGHZ 64, 325 (327) *„Bayer“*.

[324] Siehe oben 2. Abschnitt B I 7, S.30ff..

[325] Diese besteht nach allgemeiner Auffassung sogar nach Ausscheiden aus dem Amt fort, vgl. *Kropff* „Begr RegE AktG“ S. 123; *Lutter* „Information und Vertraulichkeit“ S. 156; *Lutter/Krieger* „Aufsichtsrat“ Rn 117; *Ulmer* in Hanau/Ulmer „MitbestG“ § 25 Rn 102.

[326] BGH NJW 1980, 1629 (1630) = WM 1980, 162 (163) *„Schaffgotsch“*; *Lutter* ZHR 145 (1981), 224 (239ff.); *Lutter/Krieger* „Aufsichtsrat“ Rn 304, 306; KK-*Mertens* § 116 Rn 23; *Dreher* JZ

bewirkt, dass im Falle einer unüberwindbaren Interessenkollision der Mandatsträger zu einer Amtsniederlegung verpflichtet sein kann.[327] Eine Verletzung stellt auch regelmäßig einen „wichtigen Grund“ für eine Abberufung nach § 103 Abs. 3 AktG dar und begründet eine entsprechende Inkompatibilität, wenn die Treupflichtverletzung bereits bei Amtsantritt offenkundig bzw. mit einer an Sicherheit grenzender Wahrscheinlichkeit zu erwarten ist.[328] Dies ist deshalb möglich, weil die Treuepflicht des Designierten bereits vorvertraglich besteht.[329] Die gleichen Grundsätze gelten auch für die Vertreter der öffentlichen Hand, wie noch weiter auszuführen sein wird.[330] Demnach begründet sich eine Zulässigkeit von ungeschriebenen Inkompatibilitätsregeln aus der Treuepflicht des Mandatsträgers nach §§ 116, 93 AktG.

f) Ergebnis zu 2

Es hat sich gezeigt, dass eine ungeschriebene Inkompatibilitätsvorschrift sich nicht aus der Annahmeerklärung des Kandidaten ableiten lässt. Mangels einer planwidrigen Regelungslücke ergibt sich eine solche auch nicht aus einer Analogie zu den §§ 100 Abs. 1 und 2, 105 Abs. 1, 250 Abs. 1 Nr. 4 AktG. Vielmehr wird die Zulässigkeit solcher Bestellungshindernisse dogmatisch mit der allgemeinen Treuepflicht aus §§ 116, 93 AktG abgesichert.

II. Rechtsfolgen einer ungeschriebenen Inkompatibilität

Abschließend soll noch kurz erörtert werden, welche Konsequenz sich aus der Wahl einer Person ergibt, die einem Bestellungshindernis unterlag, und welche Folgen dies für die bereits unter der Beteiligung des in Frage stehenden Mandatars gefassten Beschlüsse hat.

1990, 896 (900); *Ulmer* NJW 1980, 1603, 1605f.; *Fitting/Wlotzke/Wissmann* „MitbestG“ § 25 Rn 114ff.; einschränkend aber *Wiedemann* „Organverantwortlichkeit“ S. 29; *Werner* ZHR 145 (1981), 252 (267).

[327] *Lutter* ZHR 145 (1981), 224 (246); *Lutter/Krieger* „Aufsichtsrat“ Rn 306; *Meyer-Landrut* in Großkomm § 111 Anm 5; KK-*Mertens* § 116 Rn 32.

[328] Vgl. dazu KK-*Mertens* § 103 Rn 34, § 116 Rn 32; für das Doppelmandat in miteinander konkurrierender Gesellschaften eine Treupflichtverletzung noch verneinend RGZ 165, 68 (82).

[329] *Lutter* in FS Beusch S. 509 (518); ähnlich *Hopt* in FS Mestmäcker S. 909 (929).

[330] Siehe 5. Abschnitt B, S. 147ff.; vgl. BGHZ 36, 296 (306) „*HEW*“; *Säcker* in FS Rebmann S. 781 (791); *Decher* ZIP 1990, 277 (280); *Schwintowski* NJW 1995, 1316 (1318f.); Geßler/Hefermehl/Eckardt/Kropff-*Geßler* § 101 Rn 99; KK-*Mertens* § 101 Rn 55, § 116 Rn 33.

1. Unwirksamkeit der Bestellung

a) Nichtigkeit der Wahl

Die Wahl eines mit einer ungeschriebenen Inkompatibilität belegten Aufsichtsratsmitglieds könnte zu einer Nichtigkeit oder lediglich zur Anfechtbarkeit dieser Wahl führen.

Für die Nichtigkeit der Wahl zum Aufsichtsrat enthält § 250 Abs. 1 AktG eine Spezialregelung, die die Nichtigkeitsgründe nach § 241 AktG zum Teil einschränkt, aber weitere den besonderen Bedürfnissen angepasste Nichtigkeitsgründe artikuliert. Für die Behandlung von Interessenkonflikten ist der Fall des § 250 Abs. 1 Nr. 4 AktG von gesteigertem Interesse, wonach die Wahl zum Aufsichtsrat nichtig ist, wenn die gewählte Person nach §§ 100 Abs. 1 und 2 AktG an der Mandatsausübung gehindert wäre. Nach ganz herrschender Auffassung ist eine Aufsichtsratswahl aber auch dann nichtig, wenn der Gewählte nach § 105 Abs. 1 AktG einem Bestellungshindernis ausgesetzt ist.[331]

Diese Nichtigkeitsfolge müsste demnach auch bei der Wahl eines mit einem ungeschriebenen Bestellungshindernis belegten Kandidaten zur Anwendung gelangen. Für eine Nichtigkeit spricht, dass der Mandatsträger bei einem dauerhaften Interessenkonflikt zu einer Amtsniederlegung verpflichtet sein könnte und daher lediglich eine Nichtigkeit auch des Wahlbeschlusses in Betracht käme.[332] Dagegen ist einzuwenden, dass der Gesetzgeber die Nichtigkeit eines Wahlbeschlusses bewusst gegenüber der allgemeinen Nichtigkeitsfolge des § 241 AktG für die Wahl zum Aufsichtsrat eingeschränkt hat. Berücksichtigt man noch, dass er keine allgemeine Inkompatibilitätsvorschrift aufgestellt hat, sondern nur sehr wenige Fälle geregelt hat, erscheint es nicht sachgerecht, gesetzlich nicht vorgesehene Bestellungshindernisse der Nichtigkeit auszusetzen, obwohl eine solche bei der Wahl zum Aufsichtsrat gerade eine absolute Ausnahme darstellen soll. Außerdem wird sich zeigen, dass eine gewisse Rechtsunsicherheit bezüglich der Feststellung einer ungeschriebenen Inkompatibilität[333] zu konstatieren ist, die dazu veranlassen sollte, von der strengen Nichtigkeitsfolge abzusehen. Im Einklang mit diesen Überlegungen nimmt die herrschende Ansicht bei einem nachträglichen Wegfall von gesetzlichen Amtsvoraussetzungen eine Nichtigkeit, bei dem Wegfall von statuari-

[331] *Hüffer* „AktG" § 250 Rn 11; *Schmidt* in Großkomm § 250 Anm 25; *Semler* in Münch Hdb § 41 Rn 112; BGH AG 1975, 242 (244 zur GmbH).

[332] Vgl. zum Doppelmandat in Konkurrenzunternehmen: *Lutter* in FS Beusch S. 509 (518); *Säcker* in FS Rebmann S. 781 (788f.); *Reichert/Schlitt* AG 1995, 241 (247); *Wardenbach* „Interessenkonflikte" S. 61, 299ff.; *Berrar* NZG 2001, 1113 (1118); offen gelassen von *Bollweg* „Wahl zum Aufsichtsrat" S. 115.

[333] Wie zum Beispiel die Bestimmung einer relevanten Konkurrenz, vgl. 4. Abschnitt B I 6, S. 87ff..

schen Voraussetzungen dagegen lediglich eine Anfechtbarkeit des Wahlbeschlusses an.[334]

Eine Nichtigkeit des Wahlbeschlusses der Hauptversammlung ist mithin zu verneinen.

b) Anfechtbarkeit des Wahlbeschlusses

Bei ungeschriebenen Inkompatibilitätsvorschriften käme daher eine Anfechtbarkeit des Wahlbeschlusses nach § 251 AktG analog in Betracht. Dafür spricht insbesondere, dass der § 251 AktG als Auffangtatbestand gedacht ist, der in allen nicht in § 250 AktG statuierten Fällen greifen soll. Dabei kann nicht überzeugen, auch eine Anfechtbarkeit abzulehnen und statt dessen eine Abberufung nach § 103 AktG zu bejahen, wenn es bereits bei Bestellung des designierten Aufsichtsratsmitglieds einen anderweitig unüberwindbaren Interessenkonflikt gibt, der zur Annahme einer ungeschriebenen Inkompatibilität führt. Zur Vermeidung von Schäden für die Gesellschaft kommt die Lösung des Interessenkonflikts über eine Abberufung vielmehr lediglich im Falle einer nachträglichen Konfliktentstehung in Betracht.

Für eine Anfechtbarkeit spricht auch, dass die §§ 250f. AktG lediglich für Aufsichtsratsmitglieder Geltung finden, die aufgrund einer Wahl der Hauptversammlung berufen worden sind. Für die entsprechenden Vertreter der Arbeitnehmer im Aufsichtsrat enthalten die Mitbestimmungsgesetze indes keine dem § 250 Abs. 1 Nr. 4 AktG entsprechende Nichtigkeitsregelung, sondern ausschließlich spezielle Vorschriften über eine Anfechtbarkeit der Wahl. So enthält etwa § 22 MitbestG den Anfechtungsgrund der „fehlenden Wählbarkeit". Dies betrifft nach zutreffender Ansicht zwar nur das Fehlen mitbestimmungsrechtlicher Wählbarkeitsvoraussetzungen,[335] zeigt aber, dass über die gesetzlich geregelten Fälle der Nichtigkeit in § 250 Abs. 1 AktG hinaus, eine Anfechtbarkeit des Wahlbeschlusses zu bevorzugen ist.

Grundsätzlich ist der erfolgreich angefochtene Beschluss zwar als ex tunc nichtig anzusehen;[336] nach zutreffender Ansicht ist bei einer Anfechtung eines Beschluss zur Aufsichtsratswahl jedoch eine ex nunc Wirkung anzunehmen.[337] Der

[334] Vgl. die Vorschriften in §§ 250 Abs. 1, 251 Abs. 1 AktG; statt vieler *Hüffer* „AktG" § 100 Rn 11.

[335] *Fitting/Wlotzke/Wissmann* „MitbestG" § 22 Rn 7ff.; GK-*Matthes* „MitbestG" § 22 Rn 8; GK-*Naendrup* „MitbestG" § 6 Rn 71; a. A. *Raiser* „MitbestG" § 22 Rn 8.

[336] Geßler/Hefermehl/Eckardt/Kropff-*Hüffer* § 248 Rn 15; *Baumbach/Hueck* „AktG" § 248 Anm 4.

[337] So auch die herrschende Ansicht: *Baumbach/Hueck* „AktG" § 252 Anm 3; KK-*Mertens* § 101 Rn 77; *Meyer-Landrut* in Großkomm § 101 Anm 23; *Schilling* in Großkomm § 252 Anm 5; a.

Wahlbeschluss der Hauptversammlung ist jedenfalls nach § 251 AktG analog anfechtbar.[338] Bezüglich der Anfechtungsbefugnis und der Verfahrensvorschriften sind nach § 251 Abs. 3 AktG die allgemeinen Vorschriften der §§ 246ff. AktG entsprechend anwendbar.

2. Rechtsfolgen für die Tätigkeit trotz Inkompatibilität

Zu klären bleibt indes, welche Folgen die Tätigkeit des fehlerhaft bestellten Aufsichtsratsmitglieds für die Wirksamkeit der gefassten Beschlüsse besitzt.

a) Wirksamkeit der unter Mitwirkung des fehlerhaft Bestellten gefassten Beschlüsse

Wird der Beschluss der Hauptversammlung nicht angefochten, sind die vom Aufsichtsrat gefassten Beschlüsse trotz Mitwirkung des in Frage stehenden Organmitglieds wirksam. Ist die Wahl allerdings fristgerecht und wirksam angefochten worden, so kommt dagegen eine Nichtigkeit oder Anfechtbarkeit der Aufsichtsratsbeschlüsse in Betracht.

Grundsätzlich soll es nach der Rechtsprechung – anders als bei den Beschlüssen der Hauptversammlung – keine Differenzierung zwischen anfechtbaren und nichtigen Beschlüssen geben.[339] Daher sind Beschlüsse eines nichtig bestellten Aufsichtsrats grundsätzlich nach §§ 134, 138 BGB als nichtig anzusehen.[340] Bei der nichtigen Bestellung einzelner Mitglieder allerdings hängt eine solche Rechtsfolge davon ab, ob eine für die Beschlussfähigkeit im Sinne des § 108 AktG hinreichende Anzahl von Mitgliedern, auch abgesehen von dem Betroffenen, an dem

---

A. *Hüffer* „AktG“ § 252 Rn 8; Geßler/Hefermehl/Eckardt/Kropff-*Hüffer* § 252 Rn 12; KK-*Zöllner* § 252 Rn 10f..

[338] So noch *Lutter* ZHR 145 (1981), 224 (237f.); offen bei *Bollweg* „Wahl zum Aufsichtsrat“ S. 115; vgl. auch *Bokelmann* „Personelle Verflechtungen“ S. 143f.; *Kübler* in FS Claussen S. 239 (243), die eine Nichtigkeit der Wahl ebenfalls ablehnen.

[339] BGHZ 122, 342 (346ff.) = NJW 1993, 2307 (2308f.) = AG 1993, 464 *„Hamburg-Mannheimer“*; BGHZ 124, 111 (115) = NJW 1994, 520 (521) *„Vereinte Krankenversicherung“*; BGHZ 135, 244 (247) *„ARAG“*; LG Frankfurt ZIP 1996, 1661; OLG Düsseldorf ZIP 1995, 1183 (1186f.); zustimmend *Hüffer* „AktG“ § 108 Rn 19; Baumbach/Hueck-*Zöllner* „GmbHG“ § 52 Rn 56; ausführlich zum Streitstand über die analoge Anwendbarkeit der §§ 241ff. AktG: *Lemke* „Der fehlerhafte Aufsichtsratsbeschluss“ S. 49ff.; *Götz* in FS Lüke S. 167ff..

[340] Vgl. BGHZ 11, 231 (246 zur GmbH); KK-*Zöllner* § 250 Rn 43; *Schmidt* in Großkomm § 250 Anm 31; Geßler/Hefermehl/Eckardt/Kropff-*Geßler* § 108 Rn 67; *Meyer-Landrut* in Großkomm § 108 Anm 6ff.; *Hoffmann-Becking* in Münch Hdb § 31 Rn 97; für eine grundsätzliche Anfechtbarkeit dagegen OLG Hamburg ZIP 1992, 1310ff. mit zust. Anmerkung *Bork* EWiR § 243 AktG 1/92, 421f.; OLG München EWiR § 243 AktG 1/93, S. 325ff. mit zust. Anmerkung *Lüttmann*; *Lutter* in FS Beusch S. 509 (523); *Lutter/Krieger* „Aufsichtsrat“ Rn 253f.; *Baums* ZGR 1983, 300 (305ff.); *Henn* „Handbuch des Aktienrechts“ Rn 667; *Axhausen* „Anfechtbarkeit aktienrechtlicher Aufsichtsratsbeschlüsse“ S. 113ff.; *K. Schmidt* „Gesellschaftsrecht“ § 15 II 3b), S. 453ff..

fraglichen Beschluss mitgewirkt hat und ob durch dessen Stimmabgabe die für den Beschluss erforderliche Mehrheit erreicht wurde.[341] Dies muss auch Geltung finden, wenn ein Verstoß gegen Inkompatibilitätsvorschriften vorlag.[342] Das fehlerhaft bestellte Aufsichtsratsmitglied begründet daher durch seine Teilnahme an der Abstimmung noch nicht per se die Nichtigkeit des gefassten Beschlusses, da die reine Anwesenheit lediglich einen Verstoß gegen die Ordnungsvorschrift in § 109 Abs. 1 AktG darstellt, aber erst die Stimmabgabe sanktioniert werden muss.[343] Nach der früheren Rechtsprechung des Bundesgerichtshofes war der Kausalzusammenhang zwischen der Teilnahme und dem Ergebnis der Abstimmung nur dann abzulehnen, wenn der Unbefugte während der Verhandlungen keinen Einfluss auf die Meinungsbildung ausüben konnte.[344] Der neueren Rechtsprechung ist dahingehend zuzustimmen, dass es allein auf die Stimmabgabe ankommen kann, mit der Konsequenz der Wirksamkeit des Beschlusses, wenn dieser zum gleichen Ergebnis ohne die Stimme des fehlerhaft Bestellten gelangt wäre.[345]

Gegen die Anwendbarkeit dieser Grundsätze kann nicht sprechen, dass diese für einen nichtig Bestellten entwickelt worden sind, als argumentum a maiore ad minus muss gleiches auch für einen anfechtbar Bestellten gelten. Die gleichen Aufsichtsratsbeschlüsse sind dann auch während eines laufenden Anfechtungsverfahren als lediglich vorläufig wirksam anzusehen, während die übrigen Beschlüsse bereits endgültig wirksam sind.

b) Haftung des Scheinmitglieds

Mit der fehlerhaften Bestellung ist die betroffene Person nicht Organmitglied geworden und handelt, wenn sie trotzdem als Aufsichtsrat auftritt, demnach lediglich als Scheinmitglied.[346] In einem solchen Fall haftet der faktische Mandatsträger nach ganz herrschender Auffassung wie ein Organ nach §§ 116, 93 AktG für die

---

341 BGHZ 47, 341 (346) unter Aufgabe von BGHZ 12, 327 (330f.) = NJW 1954, 797; eine Nichtigkeit wegen eines absoluten Verfahrensmangels nehmen bei diesen Voraussetzungen auch die Stimmen in der Literatur an, die im übrigen eine Differenzierung zwischen anfechtbaren und nichtigen Beschlüssen vornehmen wollen: vgl. *Baums* ZGR 1983, 300 (317); *Lutter/Krieger* „Aufsichtsrat" Rn 252; *Götz* in FS Lüke S. 167 (182) für die fehlende Beschlussfähigkeit; *Ulmer* in Hanau/Ulmer „MitbestG" § 25 Rn 37; *Hoffmann-Becking* in Münch Hdb § 31 Rn 99; *Lemke* „Fehlerhafte Aufsichtsratsbeschluss" S. 141f. für das Fehlen der erforderlichen Mehrheit.

342 *Mülbert* in Feddersen/Hommelhoff/Schneider S. 99 (120); *U. H. Schneider* BB 1995, 365 (370); a. A. *Lutter/Krieger* „Aufsichtsrat" Rn 9; ähnlich *Berrar* NZG 2001, 1113 (1118).

343 *Schmidt* in Großkomm § 250 Anm 31; *Baumbach/Hueck* „AktG" § 109 Rn 3; KK-*Mertens* § 109 Rn 4; *Ulmer* in Hanau/Ulmer „MitbestG" § 25 Rn 41; *Hüffer* „AktG" § 101 Rn 17; *Kindl* „Teilnahme" S. 191; vgl. auch BGHZ 47, 341 (346, 350) = NJW 1967, 1711; *Wellkamp* „Vorstand und Aufsichtsrat" S. 28; a. A. noch BGHZ 12, 327 (330f.) = NJW 1954, 797.

344 Vgl. dazu nur BGHZ 12, 327 (331) = NJW 1954, 797.

345 BGHZ 47, 341 (346); zustimmend KK-*Mertens* § 108 Rn 76.

346 *Wardenbach* „Interessenkonflikte" S. 333; *Meyer-Landrut* in Großkomm § 101 Anm 23; *Schilling* in Großkomm § 252 Anm 3; *Lowe* „Fehlerhaft gewählte Aufsichtsratsmitglieder" S. 5.

Erfüllung seiner Pflichten.[347] Bei einem Doppelmandat des Betroffenen kann sich der Mandatsträger bei einer Pflichtverletzung nicht damit exkulpieren, dass die schadensbegründende Handlung der Erfüllung einer anderen Pflichtensphäre gedient hat.[348]

Daneben kommt auch eine Haftung der übrigen Aufsichtsratsmitglieder in Betracht, wenn diese bei Kenntnis der Scheinmitgliedschaft eines im Organ Tätigen dessen Mitgliedschaft tolerieren bzw. es unterlassen, dessen Tätigkeit zu verhindern und zu beenden. Führt diese Tätigkeit zu einem Schaden für die Gesellschaft, hat jedes einzelne Organmitglied seine Pflicht für eine Funktionsfähigkeit der Organtätigkeit verletzt.[349]

3. Nachträglicher Eintritt einer Inkompatibilität

Der nachträgliche Eintritt einer Inkompatibilität kann auf zweifacher Weise entstehen: zum einen aus Sicht der ersten Gesellschaft, wenn das Organmitglied nach einer wirksamen Bestellung in der ersten Gesellschaft ein weiteres Amt in einer anderen Gesellschaft annimmt, zum anderen aus Sicht beider Gesellschaften des Doppelbänders, wenn die Inkompatibilität begründende Situation erst nach der Bestellung eintritt. Eine Inkompatibilität kommt in diesen Fällen nicht in Betracht, da zum Zeitpunkt der Bestellung kein Hindernis vorlag. Auch kann nicht davon ausgegangen werden, dass das Amt mit dem nachträglichen Eintritt automatisch von Gesetzes wegen erlischt. Die herrschende Meinung nimmt dies zwar bei dem nachträglichen Eintritt einer gesetzlich vorgesehenen Inkompatibilität an,[350] verneint die gleiche Rechtsfolge übereinstimmend mit § 251 AktG indes bei Bestellungshindernissen nach der Satzung und erkennt statt dessen einen Anwendungsspielraum für eine Abberufung nach § 103 Abs. 3 AktG aus wichtigem Grund an.[351] Die obigen Ausführungen haben gezeigt, dass der Gesetzgeber nur in eng begrenzten Konstellationen ein Bestellungshindernis annehmen wollte, so dass auch hier die strenge Rechtsfolge abgelehnt werden muss. Bei dem nachträglichen Eintritt einer ungeschriebenen Inkompatibilität kommt demnach lediglich eine

---

[347] RGZ 153, 273 (279); Geßler/Hefermehl/Eckardt/Kropff-*Geßler* § 101 Rn 122 und § 116 Rn 16; Geßler/Hefermehl/Eckardt/Kropff-*Hüffer* § 250 Rn 29; *Stein* „Das faktische Organ" S. 69ff..

[348] BGH NJW 1980, 1629 *„Schaffgotsch"*; BGHZ 90, 381 (398) *„BuM/WestLB"*; *Ulmer* NJW 1980, 1603; *Decher* ZIP 1990, 277 (279); *Hoffmann-Becking* in Münch Hdb § 33 Rn 44.

[349] So auch *Lutter* in FS Beusch S. 509 (525); *Wardenbach* „Interessenkonflikte" S. 337.

[350] Mit der Folge der Stellung und Haftung eines Scheinmitglieds: vgl. nur KK-*Mertens* § 100 Rn 32, § 101 Rn 92ff.; *Hüffer* „AktG" § 100 Rn 11; Geßler/Hefermehl/Eckardt/Kropff-*Geßler* § 100 Rn 50ff..

[351] KK-*Mertens* § 100 Rn 32; Geßler/Hefermehl/Eckardt/Kropff-*Geßler* § 100 Rn 50ff.; *Hüffer* „AktG" § 100 Rn 11; für den Vorstand Geßler/Hefermehl/Eckardt/Kropff-*Hefermehl* § 84 Rn 18; *Meyer-Landrut* in Großkomm § 76 Anm 17; für den GmbH-Geschäftsführer BGHZ 115, 78; 53, 210 (215); Bay ObLG BB 1982, 1508; *Lutter/Gehling* JZ 1992, 154ff.; *Lutter/Hommelhoff* „GmbHG" § 6 Rn 12.

Abberufung gemäß § 103 Abs. 3 AktG in Betracht.[352] Nach den allgemeinen Voraussetzungen und den Entscheidungen der Judikatur, nach der ein „wichtiger Grund" im Sinne des § 103 Abs. 3 AktG dann anzunehmen ist, wenn eine weitere Tätigkeit des fraglichen Aufsichtsratsmitglied für die Gesellschaft nicht mehr zumutbar ist,[353] besteht daher ein solcher „wichtiger Grund" im Falle einer nachträglich eintretenden Inkompatibilität.[354] Der Gesamtaufsichtsrat hat dabei einen darauf gerichteten Antrag zu fassen, bei dem nach zutreffender Ansicht das in Frage stehende Mitglied kein Stimmrecht besitzt.[355]

Der Abberufungsgrund für die Gesellschaft entfällt, wenn das Aufsichtsratsmitglied seine Tätigkeit im anderen Unternehmen entweder selbst niedergelegt hat oder abberufen worden ist. Dabei kann der Aufsichtsrat nicht dazu verpflichtet werden, bei seiner eigenen Entscheidung die Absicht des anderen Unternehmens zu berücksichtigen, da das Organ im Regelfall aufgrund der bestehenden Verschwiegenheitspflichten von solchen Plänen keine Kenntnis besitzen wird.[356]

III. Ergebnis zu B und weiterer Gang der Untersuchung

Nachdem in den vorangegangenen Untersuchungen die Zulässigkeit und Vereinbarkeit ungeschriebener Inkompatibilitätsvorschriften mit dem Aktiengesetz festgestellt werden konnte, werden in den folgenden Abschnitten die in diesem Zusammenhang diskutierten Fallgruppen auf ihre Lösung über ein gesetzlich nicht geregeltes Bestellungshindernis hin überprüft. Dabei wird der Fokus auf das Konfliktpotential bei den Doppelmandaten in Konkurrenzunternehmen, dem Behördenvertreter in Aufsichtsräten und den Doppelmandaten im Rahmen von feindlichen Übernahmen liegen. Innerhalb der jeweiligen Untersuchung wird dabei – soweit es angebracht erscheint – die Rechtslage im Vereinigten Königreich dargestellt und eine Anwendbarkeit der dort bestehenden Grundsätze entsprechend erörtert.

[352] Im Ergebnis auch *Wardenbach* „Interessenkonflikte" S. 318ff. mit ausführlicher Begründung.

[353] OLG Hamburg ZIP 1990, 311 (313) „*HEW/Jansen*"; OLG Zweibrücken WM 1990, 1388 (1389); OLG Köln WM 1989, 104; zustimmend *Hoffmann/Kirchhoff* in FS Beusch S. 377ff.; *Meyer-Landrut* in Großkomm § 103 Anm 7; *Hoffmann-Becking* in Münch Hdb § 30 Rn 54; *Lutter/Krieger* „Aufsichtsrat" Rn 316; Geßler/Hefermehl/Eckardt/Kropff-*Geßler* § 103 Rn 36; siehe 2. Abschnitt B I 4, S. 21f..

[354] Dazu *Wardenbach* „Interesssenkonflikte" S. 322ff.; *Lutter* in FS Beusch S. 509 (522).

[355] KK-*Mertens* § 103 Rn 29; *Hüffer* „AktG" § 103 Rn 12; *Ulmer* in Hanau/Ulmer „MitbestG" § 6 Rn 70; *Matthiessen* „Stimmrecht und Interessenkollision" S. 267ff.; *Lutter/Krieger* „Aufsichtsrat" Rn 315; *Säcker* NJW 1986, 803 (810); a. A. aber *Hoffmann/Lehmann/Weinmann* „MitbestG" § 6 Rn 45; *Hoffmann* „Der Aufsichtsrat" Rn 366; Geßler/Hefermehl/Eckardt/Kropff-*Geßler* § 103 Rn 34; *Hoffmann/Kirchhoff* in FS Beusch S. 377 (380f. mwN in Fn 9).

[356] So auch *Wardenbach* „Interessenkonflikte" S. 325f.; a. A. *Lutter* in FS Beusch S. 509 (523).

4. Abschnitt: Doppelmandate in Konkurrenzunternehmen

Zunächst stellt sich die Frage, ob es bei Doppelmandaten in Konkurrenzunternehmen der Herleitung einer ungeschriebenen Inkompatibilität bedarf. Wie gezeigt, fehlt es an einer gesetzlichen Regelung einer solchen Konstellation,[357] obgleich sich dieser potentielle Konflikt zumindest nach *Lutter*[358] „geradezu aufdrängen" müsste. Trotzdem ging man früher – so auch das Reichsgericht – von einer Zulässigkeit eines solchen Mandats aus.[359] Ein Streit hat sich hierüber erst in jüngerer Zeit entwickelt; die Rechtsprechung hat zu diesem Problemkreis, abgesehen von einem Fall eines Arbeitnehmervertreters, noch nicht Stellung beziehen müssen. Bei diesem Einzelfall war dem Arbeitnehmer durch den Arbeitgeber fristlos gekündigt worden; der Gekündigte wurde sodann von einem Konkurrenten eingestellt und konnte klageweise feststellen lassen, dass seine Mitgliedschaft im Aufsichtsrat des früheren Arbeitgebers wirksam fortbesteht.[360]

Für die hier zu diskutierenden Anteilseignervertreter können daher lediglich Stimmen aus der Literatur zur Sprache kommen. Dabei ist zu bemerken, dass der Aufsichtsrat offenbar immer weniger als „scharfer Kontrolleur" angesehen wird, sondern insbesondere der Pflege der Geschäftsverbindungen dient, so dass sogar Personen aus Wettbewerberkreisen im Aufsichtsrat vertreten sind.[361] Ob diese Einschätzung realiter zutrifft, kann hier dahinstehen; diese verdeutlicht aber die praktische Relevanz, obgleich es an Rechtsprechung gerade fehlt und die Kontrollfunktion des Aufsichtsrats in jüngster Zeit ausgebaut wurde.

357 Berühmtestes Beispiel hierfür ist *Franz Steinkühler*, der als Gewerkschaftsfunktionär in den Aufsichtsräten der *Daimler Benz AG* und der *Volkswagen AG* saß, dazu Wirtschaftswoche Nr. 41 vom 06.10.1989, S. 83; zur sonstigen praktischen Relevanz dieser Fallgruppe vgl. die Ausführungen oben 1. Abschnitt S. 2f.; *Wardenbach* „Interessenkonflikte" S. 63 (in Fußnote 3).

358 In FS Beusch S. 509 (512); *ders.* ZHR 145 (1981), 224 (236ff.); *ders.* in „25 Jahre Aktiengesetz" 1991, S. 53 (63ff.); i. E. zustimmend *Säcker* in FS Rebmann S. 781 (788, 793f.); *Westhoff* „Bankenvertreter" S. 81f..

359 Vgl. RGZ 165, 68 (82f.); *Stier-Somlo* ZHR 52 (1903), 20 (35 in Fußnote 54); *Lisschütz* ZBH 1931, 217 (219); andeutungsweise aber anders *Netter* ZBH 1931, 136 (141); vgl. auch *Heilbrunn* ZBH 1931, 274ff..

360 BGHZ 39, 116 (119ff.) = NJW 1963, 905, wobei es somit um ein von den Arbeitnehmern gewähltes, betriebsangehöriges Aufsichtsratsmitglied ging. Daran kann auch eine ein Bestellungshindernis vorsehende Satzungsklausel nichts ändern, da solche für Arbeitnehmervertreter keine Wirkung entfalten können, dazu BGHZ 39, 116 (122f.).

361 *Ulmer* NJW 1980, 1603 (1604); *Herkenroth* AG 2001, 33 (34); *Matthiessen* „Stimmrecht und Interessenkollision" S. 5, der den Aufsichtsrat als „Instrument der Unternehmenskooperation" ansieht; kritisch hierzu *Bleicher/Leberl/Paul* „Unternehmungsverfassung" S. 268f..

A. Stand der Diskussion

I. Inkompatibilität ablehnende Auffassung

Grundlegend lehnt *Dreher* die Annahme einer ungeschriebenen Inkompatibilität im Falle einer gleichzeitigen Amtsträgerschaft in Konkurrenzunternehmen ab, so dass ein solches Doppelmandat mit dem Aktiengesetz vereinbar wäre.[362] Er begründet seine Ansicht im Wesentlichen damit, dass nur schwer zu ermitteln ist, welche Unternehmen aktuelle Wettbewerber sind.[363] Zudem sieht *Dreher* ein zusätzliches Konfliktpotential in der Gefahr für jedes Aufsichtsratsmitglied, Mandatsträger in einem potentiellen Wettbewerber zu sein, wodurch ein zumindest ähnlicher Interessenkonflikt entstünde. Diese Gefahr sei deswegen besonders hoch einzuschätzen, weil gerade ein potentieller Wettbewerber ein Interesse an einer solchen Mandatsverbindung haben könnte, um den Markt auszuspähen.[364] Im Wesentlichen sei somit eine mangelnde Rechtssicherheit zu monieren.

Doch kollidiere die Herleitung einer ungeschriebenen Inkompatibilitätsvorschrift auch mit den dem Aufsichtsrat zugewiesenen Funktionen. Die Überwachung der Geschäftsführung solle nämlich nach der gesetzlichen Ausgestaltung insbesondere durch die Bündelung vielfacher Erfahrungen und Interessen der Mandatsträger gewährleistet sein. Neben dieser Überwachungsfunktion habe der Aufsichtsrat außerdem eine Beratungsaufgabe wahrzunehmen.[365] Dieser Aufgabe könne das Organ nur durch eine vielseitige Besetzung gerecht werden, wobei da-

---

362 *Dreher* JZ 1990, 896 (898ff.); *ders.* in FS E. Lorenz S. 175 in Fn 1; *ders.* in Feddersen/Hommelhoff/Schneider S. 33 (40f.); so auch KK-*Mertens* § 100 Rn 11; *Hüffer* „AktG" § 103 Rn 13b; Geßler/Hefermehl/Eckardt/Kropff-*Geßler* § 103 Rn 39; *Götz* AG 1995, 337 (346); *Schneider* BB 1995, 365 (366); *Hoffmann-Becking* in FS Havermann S. 229 (233f.); *ders.* in Münch Hdb § 30 Rn 3; *Wiedemann* „Organverantwortung" S. 30f.; *ders.* ZIP 1997, 1565ff.; *Matthießen* „Stimmrecht und Interessenkollision" S. 202; *Deckert* DZWiR 1996, 406f.; *Decher* ZIP 1990, 277 (287); *Mülbert* in Feddersen/Hommelhoff/Schneider S. 99 (119ff.); *ders.* Gutachten 61. DJT, S. E 105f.; *Semler* in Semler AR-Hdb. Rn B88ff.; *Marsch-Barner* in Semler AR-Hdb. Rn J139ff.; *Claussen* AG 1996, 481 (487); *Bokelmann* „Personelle Verflechtungen" S. 140ff.; *Kübler* in FS Claussen S. 239 (241ff.); *K. Schmidt* „Gesellschaftsrecht" § 28 III, S. 839; wohl auch *Claussen/Bröcker* AG 2000, 481 (489); *Ulmer* NJW 1980, 1603 (1606); für die GmbH: RGZ 165, 68 (82); Hachenburg-*Raiser* „GmbHG" § 52 Rn 169.

363 *Dreher* JZ 1990, 896 (899); im Wesentlichen zustimmend *Lüderitz* in FS Steindorff S. 113 (122); KK-*Mertens* § 100 Rn 11; *ders.* AG 1980, 74; *Steinbeck* „Überwachungspflicht" S. 68; *Kindl* „Teilnahme" S. 142f.; *U. H. Schneider* BB 1995, 365 (368ff.); *Häuser* „Interessenkollision" S. 91f.; *Hanau/ Ulmer* „MitbestG" § 6 Rn 48; *Matthießen* „Stimmrecht und Interessenkollision" S. 202; *Bokelmann* „Personelle Verflechtungen" S. 143f.; vgl. auch BGHZ 39, 116 (123).

364 *Dreher* a.a.O. S. 899.

365 *Dreher* a.a.O. S. 899 bezugnehmend auf *Kropff* „Begr RegE AktG" S. 136f.; nach mittlerweile herrschender Auffassung kommt dem Aufsichtsrat eine solche Beratungsaufgabe zu, siehe dazu statt vieler: BGHZ 114, 127 (130) = WM 1991, 1075; *Lutter* ZHR 159 (1995), 287 (289f.); *Lutter/Krieger* „Aufsichtsrat" Rn 16; *Baums* ZIP 1995, 11 (12); *Hoffmann* „Aufsichtsrat" Rn 104; *Hüffer* „AktG" § 111 Rn 1; Geßler/Hefermehl/Eckardt/Kropff-*Geßler* § 111 Rn 8.

mit gleichzeitig auch aus Repräsentationsgründen besonders renommierte Mitglieder in das Organ gewählt werden könnten.

In ähnliche Richtung gehen die Äußerungen von *Matthießen*, der die Mitgliedschaft von möglicherweise befangenen Mandatsträgern für ebenfalls unschädlich hält. Bei der Aufgabenwahrnehmung sei es für ein Aufsichtsratsmitglied legitim, anderweitig gewonnene Kenntnisse und Erfahrungen miteinzubringen. Eine unbefangene Meinungsbildung sei daher vom Gesetzgeber weder gewollt noch praktisch realisierbar.[366]

Jedenfalls sollte es nach *Steinbeck* dem Organ selbst überlassen sein, ob ein bestimmtes Mitglied trotz eines potentiellen Interessenkonflikts in den eigenen Reihen geduldet werden kann.[367] Eine zu erwartende Interessenkollision könne dabei dann in erster Linie mit einem Stimmrechtsausschluss aufgelöst werden, eine Inkompatibilität wäre mithin auch nach *Steinbeck* nicht erforderlich.[368]

Auch *Schneider* sieht de lege lata kein Verbot von Doppelmandaten in Konkurrenzunternehmen begründet. Ausgehend von der Grundregel in § 105 Abs. 1 AktG, dass ein Aufsichtsratsmitglied nicht zugleich im Vorstand der gleichen Gesellschaft sein könne, finde sich eine Ausnahme hiervon in § 105 Abs. 2 AktG. Danach könne ein Aufsichtsratsmitglied für höchstens ein Jahr ein fehlendes oder verhindertes Vorstandsmitglied vertreten. Nach *Schneider* folgt aus der Regelung in § 105 Abs. 2 Satz 4 AktG, die die Nichtanwendbarkeit des § 88 AktG bei solchen Stellvertretern statuiert, dass Aufsichtsratsmitglieder keinem generellen Wettbewerbsverbot unterliegen.[369] Daraus schließt er eine fehlende Inkompatibilität für das Doppelmandat in Konkurrenzunternehmen. Dabei ist er der Ansicht, dass es ohnehin nicht nur um eine Inkompatibilität bei einem Doppelmandat gehen könne, sondern vielmehr um ein allgemeines Wettbewerbsverbot für Aufsichtsratsmitglieder.[370] Denn eine Regelung, die das Mandat im Konkurrenzunterneh-

[366] *Matthießen* „Stimmrecht und Interessenkollision" S. 202; *Säcker* geht daher – wenn auch in einem etwas anderen Zusammenhang – davon aus, dass ein Doppelmandatsträger „nur eine Aktentasche" trage, vgl. *Säcker* ZHR 151 (1987), 59 (67); in diesem Zusammenhang auch *Claussen/Bröcker* AG 2000, 481 (489), die in der Mitgliedschaft im Aufsichtsrat eines Konkurrenzunternehmens nicht ein Hindernis, sondern vielmehr eine besondere Qualifizierung für das zu bekleidende Amt erkennen wollen.

[367] *Steinbeck* „Überwachungspflicht" S. 68f., 72f.; vgl. Diskussionsbericht in ZHR 144 (1981), 271; *Häuser* „Interessenkollisionen" S. 91f.; *Matthießen* „Stimmrecht und Interessenkollision" S. 203.

[368] *Steinbeck* „Überwachungspflicht" S. 68f, 72f.; vgl. auch *U. H. Schneider* BB 1995, 365 (370); *Hoffmann-Becking* in Münch Hdb § 30 Rn 3.

[369] *Schneider* BB 1995, 365 (367); zustimmend *Kübler* in FS Claussen S. 239 (242); *Mülbert* in Feddersen/Hommelhoff/Schneider S. 99 (120); *Marsch-Barner* in Feddersen/Hommelhoff/Schneider S. 124; *ders.* in Semler AR-Hdb Rn J 142; *Krebs* „Interessenkonflikte" S. 285f.; vgl. auch *Werner* ZHR 145 (1981), 252.

[370] Vgl. zu dieser Überlegung BB 1995, 365 (366 These Nr. 2); ähnlich auch *Kübler* in FS Claussen S. 239 (242); in diese Richtung offenbar auch *Mülbert* in Feddersen/Hommelhoff/Schneider S. 99 (121); ähnlich auch noch *Lutter* ZHR 145 (1981), 224 (238).

men untersagt, aber nicht Wettbewerbstätigkeiten im eigenen Namen und auf eigene Rechnung mit einbeziehe, laufe leer.

Andere sehen zwar das Problem der Ausgangslage, aber keine Notwendigkeit eine Inkompatibilitätsvorschrift einzuführen. Nach Auffassung dieser Autoren[371] ist eine Änderung des § 103 Abs. 3 AktG ausreichend, bei der die Mitgliedschaft in Aufsichtsräten von Konkurrenzunternehmen als ein „wichtiger Grund" zur Abberufung angesehen werden kann. Dabei könne eine Änderung auch insoweit vorgenommen werden, dass nicht nur der Aufsichtsrat als Gremium oder auch seine einzelnen Mitglieder,[372] sondern auch einzelne Aktionäre oder zumindest eine Aktionärsminderheit dieses Verfahren einleiten dürften.[373]

II. Inkompatibilität befürwortende Auffassung

Manche Autoren nehmen dagegen bei dieser Art von Mehrfachmandaten einen Fall einer ungeschriebenen Inkompatibilitätsvorschrift an.[374]

1. Verbot de lege lata

Nach den Vertretern dieser Ansicht ist bei den gesetzlich vorgesehenen Bestellungshindernissen eine Inkompatibilität bei dauernden, von vornherein bestehenden Interessenkonflikten gegeben. Auch bei den Doppelmandaten in Konkurrenzunternehmen verletze der Mandatsträger nahezu zwangsläufig seine an sich bestehende uneingeschränkte Treu- und Förderpflicht gegenüber beiden Unternehmen.

---

371 *Niederleithinger* ZIP 1995, 597 (602); *Seibert* ZBB 1994, 349 (352); der Grundaussage zustimmend *Raiser* NJW 1996, 2257 (2260); *Fleck* in FS Heinsius S. 88 (89); *Hoffmann-Becking* in Münch Hdb § 30 Rn 3; einschränkend KK-*Mertens* § 103 Rn 34; kritisch *Reichert/Schlitt* AG 1995, 241 (253); *Kübler* in FS Claussen, S. 239 (248ff.); vgl. auch die Rechtsprechung BGHZ 39, 116; RGZ 165, 68 (82f.).

372 Befürwortet von *Bokelmann* „Personelle Verflechtungen" S. 144f.; *Semler* geäußert im RWS-Forum „Gesellschaftsrecht 1995" abgedruckt bei *Göbel* DZWiR 1996, 301 (304).

373 Vgl. die Nachweise in Fußnote 371 oben.

374 *Lutter* in FS Beusch S. 509 (516ff.); *ders.* ZHR 159 (1995), 287 (303); *ders.* ZHR 145 (1981), 224 (236ff.); *ders.* in „25 Jahre Aktiengesetz" S. 53 (63ff.); *Lutter/Krieger* „Aufsichtsrat" Rn 9, § 7 Rn 20; *Scheffler* DB 1994, 793 (795); *ders.* AG 1995, 207 (209); *Reichert/Schlitt* AG 1995, 241 (244f.); *Säcker* in FS Rebmann S. 781 (788, 793); *Lüderitz* in FS Steindorff S. 113 (119); *Quack* in FS Ritter S. 745 (749); *Westhoff* „Bankenvertreter" S. 81f.; *Wardenbach* „Interessenkonflikte" S. 70ff.; *ders.* AG 1999, 74 (76f.); *Wellkamp* „Vorstand und Aufsichtsrat" S. 39; *Berrar* NZG 2001, 1113 (1118); vgl. auch *Potthoff/Trescher* „Das Aufsichtsrats-Mitglied" S. 171; vgl. die Klausel V.4.2 des *Deutschen Corporate Governance Kodex* in ZIP 2002, 452 (455) = NZG 2002, 75 (76); Ziffer IV 4.4 des *GCCG des Berliner Initiativkreises*, abgedruckt in DB 2000, 1573 (1578); so auch die *Regierungskommission Corporate Governance* in Baums Rn 54, S. 95f.; für die GmbH: *Lutter/Hommelhoff* „GmbHG" § 52 Rn 9; einschränkend *Raiser* NJW 1996, 2257 (2260); *ders.* NJW 1996, 552; *Nirk* in Nirk/Reuter/Bächle Teil I Rn 825.1; *Bollweg* „Wahl des Aufsichtsrats" S. 109f..

Eine gleichzeitige Förderung sei nicht möglich.[375] Dabei könne zudem eine Pflichtverletzung in der einen Gesellschaft nicht mit einer Interessenwahrnehmung für die andere Gesellschaft legitimiert werden.[376]

Problematisch sei auch, dass eine Funktionsfähigkeit der Organtätigkeit nicht gewährleistet sei. In Anwesenheit des betreffenden Mitglieds sei eine offene Diskussion und Beratung gefährdet, wodurch eine vertrauensvolle Zusammenarbeit weitgehend unmöglich sei.[377] Das befangene Mitglied würde zusätzlich noch im Versuch keine seiner Gesellschaften zu schädigen, mehr oder weniger neutralisiert.[378]

Zu klären sei nach diesen Autoren daher nur, wann eine relevante Konkurrenz anzunehmen ist. Nach *Lutter* liegt eine solche dann vor, wenn beide Unternehmen ganz oder teilweise in dem- bzw. denselben Marktsegmenten tätig sind. Eine Konkurrenz werde nur dann relevant, wenn der Tätigkeitsbereich nicht von untergeordneter Bedeutung für das Unternehmen sei, so dass eine gewisse Wahrscheinlichkeit für eine Beschäftigung mit der Materie durch den Aufsichtsrat bestehe. Die Bedeutung könne für die Gesellschaft als gering einzustufen sein, wenn ein Rückzug aus diesem Marktsegment ohne wesentliche Änderung des Unternehmenscharakters möglich wäre.[379] Zu berücksichtigen seien dabei lediglich organisationsrechtliche, nicht aber kartellrechtliche oder ökonomische Aspekte, da es allein um die Arbeits- und Funktionsfähigkeit des Aufsichtsrats gehe.[380]

Wardenbach nimmt eine inkompatibilitätsrelevante Konkurrenzsituation grundsätzlich dann an, wenn bis auf geringfügige Abweichungen eine Tätigkeitsidentität bei der Gesellschaften vorliegt. Bei einer Konkurrenzsituation lediglich in Teilbereichen müsse sich die Konkurrenz auf die ordnungsgemäße Amtsausübung durch den fraglichen Amtsträger auswirken. Das sei dann der Fall, wenn ein Haupt- oder Kerngeschäft betroffen wäre. Das Vorliegen eines solchen Kernge-

[375] *Lutter* in FS Beusch S. 509 (516); *ders.* ZHR 145 (1981), 224 (236); *ders.* „Information und Vertraulichkeit" S. 126ff.; *Lutter/Krieger* „Aufsichtsrat" Rn 303ff.; *Säcker* „Informationsrechte" S. 69f.; zustimmend *Scheffler* DB 1994, 793 (795).

[376] *Lutter* in FS Beusch S. 509 (516) mit Hinweis auf das „*Schaffgotsch*"-Urteil des Bundesgerichtshofes, abgedruckt in NJW 1980, 1629 (1630).

[377] *Lutter* in FS Beusch S. 509 (517); *ders.* AG 1994, 176 (177); *Schwintowski* NJW 1990, 1009 (1010); *Hoffmann/Kirchhoff* in FS Beusch S. 377; *Lüderitz* in FS Steindorff S. 113 (116, 117); *Scheffler* ZGR 1993, 63 (73); BGHZ 64, 325 (332) „*Bayer*"; BGHZ 122, 342 (346ff.) = AG 1993, 464 (465); LG Frankfurt/M. NJW 1987, 505 (506); a.A. aber *Matthiessen* „Stimmrecht und Interessenkollision" S. 202.

[378] *Lutter* in FS Beusch S. 509 (517); in die gleiche Richtung *Wardenbach* „Interessenkonflikte" S. 78ff.; *Säcker* in FS Rebmann S. 781 (788).

[379] *Lutter* in FS Beusch S. 509 (514); vgl. auch *Wardenbach* „Interessenkonflikte" S. 86ff.; *Reichert/Schlitt* AG 1995, 241 (244f., 247); zustimmend auch *Nirk* in Nirk/Reuter/Bächle Teil I Rn 825.1; ähnlich *Raiser* NJW 1996, 2257 (2260).

[380] *Lutter* in FS Beusch S. 509 (514); anders aber *Decher* ZIP 1990, 277 (287), der von einem Ursprung der Inkompatibilitätsfälle aus dem Kartellrecht ausgeht.

schäfts sei dabei bei einem Anteil von 10% der Gesamtaktivitäten des Unternehmens zu vermuten.[381]

2. Verbot de lege ferenda

Andere gehen weniger weit und fordern unter Hinweis auf das bestehende Konfliktpotential lediglich de lege ferenda eine Inkompatibilitätsvorschrift.[382] Dabei ist nach *Wiedemann* eine allgemeine Inkompatibilitätsvorschrift abzulehnen, weil eine solche über den wünschenswerten Unternehmensschutz hinausgehen und es erheblich erschweren würde, fachkundige Personen aus einem anderem Unternehmen für das Amt des Aufsichtsrats zu gewinnen.[383] Auch habe der Gesetzgeber insbesondere mit dem Mitbestimmungsrecht grundsätzlich auf Inkompatibilitätsvorschriften im Gesellschaftsrecht verzichtet.[384] Das Verbot eines Doppel- oder Mehrfachmandats sei dagegen zum einen effizient, da eine Interessenpluralität gar nicht erst entstünde, und zum anderen auch leicht durchsetzbar, weil sich die Tätigkeiten in verschiedenen Großunternehmen nicht geheim halten ließen.[385] In diesem Fall sei mithin eine Inkompatibilität de lege ferenda zu begrüßen.

Im Wesentlichen ist die Regelung eines Verbots dieser Doppelmandate im Rahmen des „*KonTraG*“ diskutiert worden, wonach ein kartellrechtliches Verbot gefordert wurde. *Adams*[386] befürwortete dabei ein allgemeines Verbot mit Ausnahmegenehmigung. Er sieht dieses Doppelmandat nur in Ausnahmefällen als mit der Wettbewerbsordnung vereinbar an und hält das Bundeskartellamt dafür geeignet, über erforderliche Ausnahmen zu entscheiden.[387] In die gleiche Richtung ging die von *Baums*[388] geforderte Untersagungslösung. Eine ausdrückliche Regelung sei schon deswegen erforderlich, weil Hinweise auf Pflichten und Verantwortung von Organträgern in der Vergangenheit bereits nicht gefruchtet hätten.[389] Die Schwierigkeit einer Verbotslösung bestünde im Wesentlichen darin, dass den Be-

[381] *Wardenbach* „Interessenkonflikte“ S. 87ff.; wohl auch ähnlich *Reichert/Schlitt* AG 1995, 241 (246), die indes auf mathematisch genaue Abgrenzungen verzichten wollen und dabei auch rechtliche Unschärfen in Kauf nehmen.

[382] *Wiedemann* „Organverantwortung“ S. 26f., 30f.; *ders.* ZIP 1997, 1565 (1566 und 1568); *Adams* ZBB 1994, 77 (83); *Baums* ZBB 1994, 86 (98); *Westermann* in „25 Jahre Aktiengesetz“ S. 79 (114); *Heermann* WM 1997, 1689 (1692f.); wohl auch *Kindl* „Teilnahme“ S. 143.

[383] In ZIP 1995, 1565 (1566f.); *ders.* „Organverantwortung“ S. 26; a. A. aber *Heermann* WM 1997, 1689 (1692).

[384] Vgl. dazu BVerfGE 50, 290 (370ff.) = AP Nr. 1 zu § 29 MitbestG 1976 (Wiedemann) „*Mitbestimmungsurteil*“; *Hanau* ZGR 1979, 524 (530ff.); *Säcker* DB 1977, 1791 (1794).

[385] *Wiedemann* ZIP 1995, 1565 (1566); *ders.* „Organverantwortung“ S. 26.

[386] In ZBB 1994, 77 (83); *ders.* AG 1997 Sonderheft, S. 9f..

[387] Vgl. dazu auch *Seibert* ZBB 1994, 349 (352), der offenbar nichts gegen eine Zuständigkeit des Bundeskartellamts einzuwenden hat, obwohl es sich „natürlich nicht“ um eine kartellrechtliche Frage handele.

[388] In ZBB 1994, 86 (98); *ders.* AG 1997 Sonderheft, S. 26 (27), der allerdings auch alternativ oder kumulativ eine Lösung über eine Publizitätspflicht für Aufsichtsratsmandate für möglich erachtet.

[389] *Baums* AG 1997 Sonderheft, S. 26 (27); *ders.* ZBB 1994, 86 (98).

teiligten nicht die Aufgabe aufgebürdet werden könne, im Wettbewerb stehende Unternehmen im Einzelfall zu identifizieren. Für eine größere Rechtssicherheit läge es nach *Baums* somit nahe, diese Funktion dem Bundeskartellamt aufzutragen.[390]

In die gleiche Richtung gehen die Überlegungen der beiden *„Corporate-Governance“*-Kommissionen. Sowohl der Berliner Initiativkreis als auch die Regierungskommission sahen ein Verbot dieser Doppelmandate vor.[391] Die Regierungskommission lehnt dabei eine gesetzliche Regelung, namentlich eine kartellrechtliche Regelung wie im Rahmen des *„Transparenz- und Wettbewerbsgesetzes“* der damaligen Opposition geplant, ab und geht davon aus, dass ein Verbot in einem Kodex das erforderliche Problembewusstsein schaffe. Aufgrund der freiwilligen Unterwerfung der Marktteilnehmer unter einen Kodex stellt dieser Vorschlag daher nicht unbedingt die Forderung an ein Verbot de lege ferenda, zeigt aber doch, dass die Konstellation generell abgelehnt wird.

III. Vermittelnde Auffassung

Eine vermittelnde Auffassung nimmt *Decher* ein. Zunächst geht dieser davon aus, dass Inkompatibilitätsfälle aus dem Kartellrecht stammen und stellt dabei einen Vergleich zum US-amerikanischen kartellrechtlichen Verbot der „interlocking directorates“ her. *Decher* schließt daraus, dass ein gesellschaftsrechtliches Verbot nicht aus wettbewerbsrechtlichen Erwägungen begründet werden dürfe, da unterschiedliche Regelungsziele vorlägen. Daher bedürfe es einer besonderen Rechtfertigung für die Annahme einer ungeschriebenen Inkompatibilität.[392]

Aufgrund dieser erhöhten Anforderungen hält es *Decher* für erforderlich, eine Differenzierung vorzunehmen. Danach sei zwischen direkten und indirekten personellen Verflechtungen zu unterscheiden.[393] Lediglich bei ersteren sei durch den potentiellen Konflikt zwischen haupt- und nebenamtlicher Tätigkeit eine dauernde rechtliche Kollisionslage gegeben, die eine ungeschriebene Inkompatibilitätsregelung notwendig erscheinen ließe.[394] Dagegen sei bei einer indirekten Verflechtung das Konfliktpotential weniger stark ausgebildet, da der Mandatsträger sich ledig-

---

390 A. A. *Wardenbach* „Interessenkonflikte“ S. 39 in Fußnote 57, der davon ausgeht, dass Abgrenzungsschwierigkeiten bei der Feststellung von Konkurrenzsituationen lediglich in Ausnahmefällen bestehen werden.

391 Vgl. Ziffer IV 4.4 des *German Code of Corporate Governance des Berliner Initiativkreises*, abgedruckt in DB 2000, 1573 (1578); so auch die *Regierungskommission Corporate Governance* in Baums Rn 54, S. 95f.; Sitzungsprotokolle der Regierungskommission S. 177f.; die *Kodexkommission Cromme* ist diesem Vorschlag mit Klausel V.4.2 auch gefolgt, vgl. ZIP 2002, 452 (455) = NZG 2002, 75 (76).

392 *Decher* ZIP 1990, 277 (287).

393 *Decher* ZIP 1990, 277 (287); vgl. *Ebke* ZGR 1990, 50 (51f.).

394 *Decher* ZIP 1990, 277 (287).

lich in seinen Nebenämtern einem Konflikt ausgesetzt sehe. Als Beispiel für letztere Art von Verflechtung führt *Decher* die Aufsichtsratsämter des Vorstandsvorsitzenden der Deutschen Bank bei ehemals Daimler-Benz und BMW an.[395] Dadurch dass der Mandatsträger kein Repräsentant des Konkurrenzunternehmens sei, sondern aufgrund einer hauptberuflichen Funktion in einer Bank oder Gewerkschaft als außenstehender Dritter in das Überwachungsorgan berufen wurde, sei es ihm möglich, die entgegenstehenden Interessen ordnungsgemäß gegeneinander abzuwägen.[396] Die Einführung einer Inkompatibilität komme bei dieser Fallgruppe vor dem Hintergrund der Verhältnismäßigkeit nicht in Betracht. Der Doppelmandatar dürfe dann aber dem Konkurrenzunternehmen nicht die erlangten Kenntnisse weiterleiten.[397]

B. Entwicklung der eigenen Ansicht

I. Konfliktpotential des Doppelmandats in Konkurrenzunternehmen

Zunächst soll hier das Konfliktpotential der Doppelmandate in Konkurrenzunternehmen aufgezeigt werden, um dann verschiedenen Lösungsansätzen nachzugehen.

1. Eingriff in die Hauptversammlungsautonomie

Gegen eine Einführung eines Verbots dieses Doppelmandats wird oftmals angeführt, dass dadurch die Auswahlmöglichkeit der Hauptversammlung bei der Bestellung der Aufsichtsratsmitglieder eingeschränkt wird und damit letztendlich ein Eingriff in das Recht aus §§ 101 Abs. 1, 119 Abs. 1 Nr. 1 AktG vorliege. Entscheidend könnte dies unter anderem werden, wenn ein konkurrierendes Unternehmen an einer Übernahme interessiert ist und versucht, über eine Aufsichtsratspräsenz an den unternehmerischen Entscheidungen der Zielgesellschaft Anteil zu haben. Das Verbot beeinträchtigt dabei die Interessen sowohl der Mehrheits- als auch der Minderheitsaktionäre.

Die Einschränkung der Wahlmöglichkeiten der Anteilsinhaber bei der Bestellung des Aufsichtsrats ist dem deutschen Recht durchaus nicht fremd. Die deutsche Eigenheit der Mitbestimmung zur besseren Einbringung der Arbeitnehmerinteressen schließt die Aktionäre von der Wahl eines Teils der Aufsichtsratsmitglieder ohnehin aus. Nach dem Mitbestimmungsgesetz von 1976 zum Beispiel ist der

---

[395] Im Jahre 1990 war *Weiland von Strauß* in den besagten Überwachungsorganen vertreten, vgl. FAZ vom 15.1.1990, S. 15; weiteres Beispiel wäre der bereits erwähnte Fall „Steinkühler“ als Gewerkschaftsvertreter.

[396] *Decher* ZIP 1990, 277 (287).

[397] *Decher* ZIP 1990, 277 (287), der hierdurch das Problem in der Praxis gelöst glaubt, vgl. dazu *Biehler/Ortmann* DBW 45 (1985), 4 (13).

Aufsichtsrat gemäß § 7 Abs. 1 MitbestG paritätisch mit Anteilseigner- und Arbeitnehmervertretern zu besetzen. Die dagegen erhobenen verfassungsrechtlichen Bedenken bezüglich einer denkbaren Beeinträchtigung der Artikel 9 Abs. 1 und Abs. 3, 12 Abs. 1 und 14 Abs. 1 GG sind durch das „*Mitbestimmungsurteil*" des Bundesverfassungsgerichts[398] mit Recht verworfen worden. Durch die Regelungen in §§ 27 Abs. 2, 29 Abs. 2, 31 Abs. 4 Satz 2 MitbestG, die zum einen im Ergebnis die Wahl des Aufsichtsratsvorsitzenden durch die Anteilseignerseite sichern und zum anderen für diesen einen Stichentscheid statuieren, ist die berechtigte Wahrung der unternehmerischen Interessen der Aktionäre über ein „leichtes Übergewicht" der Kapitalseite gewährleistet.[399] Die gesetzlichen Vorschriften zur Aufsichtsratszusammensetzung im Aktien-, Betriebsverfassungs- und Mitbestimmungsrecht sind auch nach § 96 AktG als zwingend anzusehen und können nicht etwa durch Satzung, Tarifvertrag oder Betriebsvereinbarung abgeändert werden.[400]

Doch selbst bei der Wahl der Anteilseignervertreter sind die Aktionäre nach der Rechtsprechung gewissen Einschränkungen ausgesetzt. Nach der allerdings nicht unumstrittenen „*Banning*"-Entscheidung des Oberlandesgerichts Hamm[401] darf selbst innerhalb eines Konzerns die Anteilseignerseite nicht ausschließlich mit Personen besetzt sein, die aufgrund Funktion oder Herkunft den Interessen der herrschenden Gesellschaft verbunden sein dürften und es sollte zumindest ein „relativ neutrales" Mitglied bestellt werden. Die Minderheitsaktionäre hätten zwar keinerlei Anspruch auf ein obligatorisches Aufsichtsratsmitglied,[402] allerdings sei bei einer ausschließlichen Besetzung der Anteilseignerseite zu befürchten, dass durch die Möglichkeit der Einflussnahme eine qualifiziert faktische Konzernierung „bald und leicht" herbeigeführt werden könne und dass dafür gewisse Anreize bestünden, dies auch zu tun. Die Bestellung eines relativ neutralen Mitglieds ist deshalb nach der Auffassung des Oberlandesgerichts Hamm notwendig, damit der Vorstand für die Besprechung von Konzernfragen einen unvoreingenommenen Ansprechpartner im Aufsichtsrat besitzt.[403] Sieht man von der bestehenden

[398] BVerfGE 50, 290ff. = NJW 1979, 699ff. = DB 1979, 593ff.; zustimmend *Kübler/Schmidt/Simitis* „Mitbestimmung als gesetzgebungspolitische Aufgabe" (sog. *Frankfurter Gutachten*) passim; vgl. auch BVerfG ZIP 1999, 410ff. „*Mitbestimmungsergänzungsgesetz*"; *Rehbinder* ZGR 1979, 471ff.; a. A. *Badura/Rittner/Rüthers* „Mitbestimmungsgesetz 1976 und Grundgesetz" (sog. *Kölner Gutachten*) passim; *Badura* „Paritätische Mitbestimmung" passim; *Meessen* NJW 1979, 833ff.; *Papier* ZGR 1979, 444ff.; *Säcker* RdA 1979, 380ff..

[399] BVerfGE 50, 290 (324ff.), vgl. statt vieler *Raiser* „MitbestG" § 5 Rn 2, 11, § 29 Rn 1; *Windbichler* „Arbeitsrecht im Konzern" S. 519, 521; KK-*Mertens* Anh § 117 B AktG § 5 MitbestG Rn 15; *Fitting/Wlotzke/Wißmann* „MitbestG" § 5 Rn 28; *Rehbinder* ZGR 1979, 471 (484ff.).

[400] Dazu *Hoffmann-Becking* in Münch Hdb § 28 Rn 40ff.; *Hommelhoff* ZHR 148 (1984), 118 (134); Geßler/Hefermehl/Eckardt/Kropff-*Geßler* § 96 Rn 41; *Ulmer* in Hanau/Ulmer „MitbestG" Einl. Rn 36.

[401] OLG Hamm AG 1987, 38ff. (mit Anmerkung *Mertens*) = NJW 1987, 1030f.; a. A. aus der Rechtsprechung: LG Mannheim WM 1990, 760 (764) „*SEN*".

[402] Im Rahmen der Aktienrechtsreform von 1965 ausdrücklich abgelehnt, vgl. *Kropff* „Begr RegE AktG" § 101, S. 138.

[403] OLG Hamm AG 1987, 38 (39) = NJW 1987, 1030 (1031) „*Banning*"; zur Entwicklung der Rechtsfigur des qualifiziert faktischen Konzerns vgl. BGHZ 95, 330ff. = NJW 1986, 188 „*Au-*

Schwierigkeit ab, wann ein „relatives neutrales“ Mitglied angenommen werden kann,[404] wird es auch im Einzelfall problematisch sein, die „bald und leicht“ erreichte qualifiziert faktische Konzernierung festzustellen. Die Entscheidung ist im Ergebnis demnach nicht überzeugend.[405]

Schließlich kann aber noch der Vollständigkeit halber darauf hingewiesen werden, dass die Wahlmöglichkeiten der Hauptversammlung unter den Voraussetzungen des § 100 Abs. 4 AktG auch statuarisch eingeschränkt werden können. Die Einzelheiten sind dabei zwar umstritten, aber zulässig ist nach herrschender Auffassung zum Beispiel die Wahl auf Aktionäre der Gesellschaft zu beschränken.[406] Zulässig ist es auch nach teilweise vertretender Ansicht in der Literatur, das hier diskutierte Doppelmandat in Konkurrenzunternehmen per Satzungsbestimmung auszuschließen.[407] Jedenfalls darf die Einschränkung nicht im Ergebnis in ein faktisches Entsendungsrecht münden und eine freie Auswahl durch die Hauptversammlung nicht mehr erkennbar werden lassen.[408] In der Praxis wird hiervon zumindest bei den börsennotierten Gesellschaften selten Gebrauch gemacht.

Die Beeinträchtigung der Wahlmöglichkeiten der Anteilseignerseite allein kann mithin im Ergebnis nicht gegen die Annahme einer ungeschriebenen Inkompatibilitätsvorschrift angeführt werden. Es führt aber die bestehende Problematik vor Augen und wird noch später aufgegriffen werden müssen.

2. Beeinträchtigung der Wahrnehmung des Beteiligungsinteresses

Neben der Beeinträchtigung der organschaftlichen Zuständigkeitsverteilung könnte jedoch durch eine Inkompatibilität auch die Wahrnehmung des Beteiligungsinteresses durch den einzelnen Aktionär tangiert sein. Denn dieser kann auch neben dem oben angesprochenen aktiven Wahlrecht durch die eigene Wahrneh-

---

tokran“; BGHZ 107, 7ff. = NJW 1989, 1800 „*Tiefbau*“; BGHZ 115, 187ff. = NJW 1991, 3142 „*Video*“; BGHZ 116, 37ff. = NJW 1992, 505 „*Stromlieferung*“; BGH NJW 1993, 1200 = WM 1993, 687 „*TBB*“; dazu auch aus der Literatur: *Burgard* WM 1993, 925ff.; *Decher* BB 1990, 2005ff.; *Kropff* AG 1993, 485ff.; *Rehbinder* AG 1986, 85ff.; *K. Schmidt* ZIP 1993, 549ff.; *Timm* NJW 1987, 977ff.; *Westermann* ZIP 1993, 554ff..

[404] Darunter ist wohl nicht das „neutrale Mitglied“ im Sinne des § 8 MontanMitbestG zu verstehen; vgl. zu diesem statt vieler nur KK-*Mertens* Anh. § 117 C MontanMitbestG Rn 22ff..

[405] So auch LG Mannheim WM 1990, 760 (764) „*SEN*“; *Lindermann* AG 1987, 225 (229); *Timm* NJW 1987, 977ff.; *Mertens* AG 1987, 40; *Kropff* in FS Goerdeler S. 259 (267ff.); KK-*Koppensteiner* § 311 Rn 27; *Krause* „Obligatorische Übernahmeangebote“ S. 199ff.; vgl. auch *Decher* „Personelle Verflechtungen“ S. 96ff., 168ff..

[406] Vgl. KK-*Mertens* § 100 Rn 28; *Hoffmann-Becking* in Münch Hdb § 30 Rn 12; *Hüffer* „AktG“ § 100 Rn 9; a. A. *Bollweg* „Wahl des Aufsichtsrats“ S. 114f.; *Meyer-Landrut* in Großkomm § 100 Anm 8.

[407] *Bollweg* „Wahl des Aufsichtsrats“ S. 114; *Hoffmann-Becking* in FS Havermann, S. 231 (233); *Dreher* in FS Boujong, S. 71 (74); KK-*Mertens* § 100 Rn 28.

[408] RGZ 133, 90 (94); *Bollweg* „Wahl des Aufsichtsrats“ S. 113; *Hüffer* „AktG“ § 100 Rn 9; *Nirk* in Nirk/Reuter/Bächle Teil I, Rn 829.

mung eines Aufsichtsratsmandats sein Beteiligungsinteresse verwirklichen. Daran würde der Aktionär durch ein entsprechendes Bestellungsverbot gehindert werden, wenn er im Wettbewerbsbereich tätig wäre bzw. ein Wettbewerbsunternehmen könnte keine Organmitglieder in den Aufsichtsrat einer Gesellschaft entsenden, an der es beteiligt ist. Bedenkt man, dass der Aktionär grundsätzlich unabhängig von der Höhe seiner Beteiligung keinem Wettbewerbsverbot unterliegt, könnte man hier zu einer unzulässigen Beeinträchtigung seines Beteiligungsinteresses gelangen.[409]

Schließlich könnte man den Wunsch in den Aufsichtsrat einer Gesellschaft gewählt zu werden, dahingehend interpretieren, dass eine unternehmerische Beteiligung vorliege. Konsequenz könnte sein, dass eine nachteilige Einflussnahme auf die Gesellschaft durch den Doppelmandatar weniger zu befürchten wäre. Dies gerade im Hinblick darauf, dass nach der *„BuM/WestLB"*-Entscheidung des Bundesgerichtshofes[410] im Falle einer unternehmerischen Beteiligung Gesellschafterdarlehen in der Insolvenz entsprechend §§ 32a, 32b GmbHG als eigenkapitalersetzend eingestuft werden. Eine solche „unternehmerische Beteiligung" liegt nach der genannten Rechtsprechung grundsätzlich erst bei einer Beteiligung in Höhe von 25% vor, die in der Praxis in seltenen Fällen erreicht wird. Unterhalb dieser Grenze wird die Annahme einer unternehmerischen Beteiligung jedoch nur in Ausnahmen möglich sein.[411] Daher ist auch der Wunsch nach einer Mitgliedschaft im Aufsichtsrat regelmäßig nicht auf das Ziel einer unternehmerischen Beteiligung zurückzuführen.

Es erscheint somit sachgerecht, auch das passive Wahlrecht des Aktionärs mit den für das aktive Wahlrecht angesprochenen Erwägungen einzuschränken. Zudem ist die Geltendmachung des passiven Wahlrechts von der Wahl durch die Mehrheit in der Hauptversammlung abhängig, so dass im Ergebnis erneut den Befugnissen der Aktionärsversammlung das maßgebliche Gewicht zukommt. Entscheidend ist somit ein Interesse der Gesellschaft, den Kandidaten zum Organmitglied überhaupt bestellen zu wollen. Schließlich ist in diesem Zusammenhang auf die Effektivität der Überwachung durch den Aufsichtsrat hinzuweisen. Denn wenn eine Person eine Konkurrenztätigkeit ausübt und sich nun in den Aufsichtsrat eines anderen Unternehmens wählen lassen möchte, drängt sich der Verdacht auf, dass dies zur Einflussnahme zum Vorteil der ersten Tätigkeit geschehen soll. Es ist dann kaum zu erwarten, dass der Gewählte bei der Amtsausübung seine anderweitigen Interessensphären ausblenden und zurückstellen wird. Zum Schutz der betroffenen Gesellschaft kann daher nicht die potentielle Beeinträchtigung des Betei-

---

[409] Vgl. zum Beispiel *Hüffer* „AktG" § 103 Rn 13b.

[410] BGHZ 90, 381= NJW 1984, 1893 = ZIP 1984, 572 = JZ 1984, 1031 mit Anmerkung *Schwark*.

[411] Wohl anders *U. H. Schneider* BB 1995, 365 (368 These 9), der davon ausgeht, dass ein entsprechendes Verbot auch das Beteiligungsinteresse eines Unternehmer-Aktionärs mit einer Minderheitsbeteiligung ungerechtfertigt beeinträchtigen würde.

ligungsinteresses des einzelnen Aktionärs für die Ablehnung einer Inkompatibilität von Doppelmandaten in Konkurrenzunternehmen angeführt werden.

3. Verstoß gegen Grundlagen des Konzernrechts

Weiteres Konfliktpotential des Doppelmandats könnte in einer vermeintlichen Kollision mit den konzernrechtlichen Vorschriften in §§ 311ff. AktG gesehen werden. Nach § 17 Abs. 2 AktG wird eine Abhängigkeit bei einem Mehrheitsbesitz vermutet; gemäß § 18 Abs. 1 Satz 3 AktG wird wiederum bei einer Abhängigkeit davon ausgegangen, dass das abhängige Unternehmen eine Konzerngesellschaft des herrschenden Unternehmens darstellt. Typisch für eine Beherrschung ist damit, über die Hauptversammlungsmehrheit Einfluss auf die personelle Besetzung des Aufsichtsrats Einfluss nehmen und damit die Unternehmenspolitik des Vorstands überwachen zu können.[412] Konsequenz ist auch, dass nicht unbedingt eine Hauptversammlungsmehrheit für eine Abhängigkeitsbegründung erforderlich ist, soweit ein entsprechender personalpolitischer Einfluss möglich ist. Die Vorschriften in §§ 311ff. AktG demonstrieren, dass der Gesetzgeber eine Einflussnahme auch ohne Abschluss eines Beherrschungsvertrages o. ä. im Sinne der §§ 291ff. AktG grundsätzlich für zulässig erachtet, wenn die eventuell veranlassten Nachteile durch die herrschende Gesellschaft ausgeglichen werden.[413]

Nach *U. H. Schneider* [414] wäre nun diese an sich als zulässig erachtete Einflussnahme untergraben, wenn ein Verbot eines Mehrfachmandats in Konkurrenzunternehmen eingeführt würde. Denn dadurch sei es zweifelhaft, ob eine Mehrheitsbeteiligung zu einer Abhängigkeit führe und ob ein faktischer Konzern gebildet werden könne. Die Vermutungen der §§ 17 Abs. 2, 18 Abs. 1 Satz 3 AktG seien lediglich damit zu erklären, dass der Gesetzgeber davon ausgehe, der Mehrheitsaktionär sei selbst oder durch seine Organmitglieder im Aufsichtsrat des beherrschten Unternehmens vertreten. Zur Beibehaltung der gegenwärtigen Regelungen sei somit ein abdingbares Wettbewerbsverbot erforderlich, bei dem die Hauptversammlung der abhängigen Gesellschaft zur Bildung eines faktischen Konzerns eine Befreiung vom Wettbewerbsverbot erteilen könnte.

Es kann jedoch nicht unterstellt werden, dass der Mehrheitsaktionär stets im Aufsichtsrat der abhängigen Gesellschaft vertreten ist. Denn bereits begrifflich sind Vermutungen keine mit an Sicherheit grenzende Wahrscheinlichkeiten, son-

[412] BGH NJW 1974, 1130 (1131); OLG Düsseldorf WM 1994, 842 (845); OLG München WM 1995, 898 (900); *Hüffer* „AktG“ § 17 Rn 5; Geßler/Hefermehl/Eckardt/Kropff-*Geßler* § 17 Rn 18ff.; KK-*Koppensteiner* § 17 Rn 19; *Krieger* in Münch Hdb § 68 Rn 37f.; MünchKomm AktG-*Bayer* § 17 Rn 26.

[413] *U. H. Schneider* BB 1995, 365 (368); *Reichert/Schlitt* AG 1995, 241 (245).

[414] In BB 1995, 365 (368); zustimmend *Marsch-Barner* in Feddersen/Hommelhoff/Schneider S. 124 (125); a. A. *Reichert/Schlitt* AG 1995, 241 (247f.).

dern durch gegenteilige Tatbestände widerlegbare Indizien.[415] Die Regelungen knüpfen mithin an eine bloße Möglichkeit einer Einflussnahme an, setzen eine tatsächliche indes nicht voraus. Diese muss zudem nicht zwangsläufig über eine Präsenz im Aufsichtsrat erfolgen.[416] Außerdem ist gegen die These *Schneiders* einzuwenden, dass die Abhängigkeitsvermutung des § 17 Abs. 2 AktG nicht einmal entfällt, wenn ein Mehrheitsaktionär nachweisen könnte, dass er die Zusammensetzung des Aufsichtsrats nicht bestimmen und damit auch nicht mit seinen Organmitgliedern besetzen kann.[417] Eine gegenteilige Auffassung würde den bloßen Nachweis einer fehlenden Stimmenmehrheit als ausreichend erachten.[418] Nach den gesetzlichen Vorgaben ist eine Abhängigkeit aber auch bei einer Kapitalmehrheit zu vermuten. Dies ist auch deshalb der Fall, weil insbesondere bei einer solchen aufgrund des gesteigerten wirtschaftlichen Interesses eine Einflussnahme möglicherweise auch über kombinierte Beherrschungsmittel zu erwarten ist.[419] Daher ist eine umfassende Widerlegung der Abhängigkeit erforderlich.

An diesem Ergebnis ändert sich auch nichts, wenn der Mehrheitsaktionär über die Besetzung der Anteilseignerseite mitentscheiden kann und dabei jedoch in seiner Auswahl hinsichtlich seiner Organmitglieder wegen eines Bestellungsverbots eingeschränkt ist, da immer noch die Möglichkeit besteht, Personen seines Ver-

---

[415] Die Anforderungen an die Widerlegung der Abhängigkeitsvermutung sind zwar recht hoch, jedoch ist eine solche zum Beispiel möglich, wenn die Kapitalmehrheit aufgrund von Satzungsbestimmungen oder Stimmbindungsverträgen keine Stimmrechtsmehrheit erzeugt oder die verbundenen Unternehmen einen Entherrschungsvertrag abgeschlossen haben; die Widerlegung der Konzernvermutung ist im Rahmen von § 18 Abs. 1 Satz 2 AktG nicht möglich, d.h. bei Vorliegen eines Beherrschungsvertrages nach §§ 291ff. AktG oder einer Eingliederung nach §§ 319f. AktG, wohl aber ist eine Widerlegung nach § 18 Abs. 1 Satz 3 AktG unter der Voraussetzung möglich, dass die Abhängigkeitsvermutung im Sinne des § 17 Abs. 2 AktG nicht gelungen ist.

[416] Bei Einflussnahme über ein Doppelmandat eine Abhängigkeit bejahen: *Würdinger* in Großkomm 3. Aufl. § 17 Anm 7; Geßler/Hefermehl/Eckardt/Kropff-*Geßler* § 17 Rn 57f.; *H. Werner* „Abhängigkeitstatbestand" S. 208; *Säcker* ZHR 151 (1987), 59 (67); *Adler/Düring/Schmaltz* § 17 Rn 64; verneinend: *Dierdorf* „Herrschaft und Abhängigkeit" S. 77ff, 88, 204; KK-*Koppensteiner* § 17 Rn 24ff., § 308 Rn 51; *Windbichler* in Großkomm § 17 Rn 47; *Lindermann* AG 1987, 225 (232ff.); *Martens* in FS Heinsius S. 523 (536f.); *Semler* in FS Stiefel S. 719 (731); vgl. auch *Streyl* „Vorstandsdoppelmandate" S. 75; *Decher* „Personelle Verflechtungen" S. 98ff.; *Semler* „Leitung und Überwachung" Rn 464; *Götz* „Entherrschungsvertrag" S. 32ff.; BGHZ 62, 193 „*Seitz*"; OLG Hamm AG 1987, 38ff. „*Banning*"; RGZ 167, 40 (54) „*Thega*".

[417] Dies entspricht der herrschenden Meinung: vgl. *Hüffer* „AktG" § 17 Rn 19; MünchKomm AktG-*Bayer* § 17 Rn 95; Geßler/Hefermehl/Eckardt/Kropff – *Geßler* § 17 Rn 99; *Baumbach/Hueck* „AktG" § 17 Rn 6; *Krieger* in Münch Hdb § 68 Rn 56; *Adler/Düring/Schmaltz* § 17 Rn 98f.; WP-Handbuch I R 140f.; *Würdinger* in Großkomm § 17 Anm 16; wohl auch BVErfGE 98, 145 (162) = NZG 1998, 942 (944) = NJW 1999 1095 (1098); BayObLGZ 1998, 85 (89) = AG 1998, 523 = NZG 1998, 956; a.A. z. B. KK-*Koppensteiner* § 17 Rn 82 und die Nachweise in der folgenden Fußnote.

[418] Vgl. KK-*Koppensteiner* § 17 Rn 82; *Emmerich/Sonnenschein* „Konzernrecht" § 3 IV 1, S. 54; *Raiser* „Kapitalgesellschaften" § 51 Rn 22; *Barz* in FS Bärmann, S. 185 (189); *Rittner* DB 1976, 1465 (1469f.); *H. Werner* „Abhängigkeitstatbestand" S. 171f..

[419] MünchKomm AktG-*Bayer* § 17 Rn 95; Emmerich/Habersack-*Emmerich* „Aktienkonzernrecht" § 17 Rn 36; vgl. *Hüffer* „AktG" § 17 Rn 20.

trauens zu entsenden. Ein Verbot eines Doppelmandats in Konkurrenzunternehmen würde demnach nicht die Möglichkeit der Einflussnahme eines Mehrheitsgesellschafters verhindern können und steht mithin auch nicht im Widerspruch zu den §§ 311ff. AktG.

Schließlich kann entgegen *Schneider*[420] nicht immer davon ausgegangen werden, dass ein herrschendes Unternehmen „typischerweise" im Wettbewerbsbereich der abhängigen Gesellschaft tätig ist. Vielmehr ist die Abhängigkeit von einem Konkurrenzunternehmen ein Sonderfall der faktischen Konzernierung, bei der das Gefährdungspotential erhöht ist. Das Regelungswerk in §§ 311ff. AktG versucht bei einer Beherrschung eines rechtlich selbständigen Unternehmens die Belange der abhängigen Gesellschaft insbesondere dergestalt zu schützen, dass es einen Nachteilsausgleich durch die herrschende Gesellschaft statuiert. Die Gefahr einer nachteiligen Einflussnahme durch die Ausnutzung einer Machtposition besteht grundsätzlich in jedem faktischen Konzern; stehen die verbundenen Unternehmen zusätzlich zueinander in Wettbewerb, erhöht sich die Gefahr einer Geltendmachung einer Einflussmöglichkeit durch das herrschende Unternehmen.[421] Dies wirkt sich auch unmittelbar auf die Tätigkeit des Doppelmandatsträgers im Aufsichtsrat der abhängigen Gesellschaft aus, der einem zusätzlichen Konfliktpotential ausgesetzt sein könnte. Ein Verbot eines Doppelmandats in Konkurrenzunternehmen würde mithin aber nicht konzernrechtlichen Grundsätzen widersprechen.

4. Störung der vertrauensvollen Zusammenarbeit

Lutter hat im Wesentlichen für die Begründung seines Ansatzes der ungeschriebenen Inkompatibilität das Beispiel des Aufsichtsratsmitgliedes bei ehemals Daimler-Benz und Volkswagen entwickelt, bei dem das Mitglied über ein neues Fahrzeugmodell soll objektiv mitentscheiden können. Er geht dabei davon aus, dass auch die anderen Mitglieder unmöglich offen und unvoreingenommen diskutieren könnten, wenn zu befürchten sei, dass interne Informationen an das Konkurrenzunternehmen durch den aufgrund seiner Loyalitätspflicht auch gegenüber diesem anderen Unternehmen verpflichteten Doppelmandatsträger weitergeleitet werden könnten.[422] Eine Auflösung des Interessenkonflikts über die Verschwiegenheitspflicht des Aufsichtsratsmitglieds nach §§ 116, 93 Abs. 1 Satz 2 AktG könne dabei der Lösung dieses Problems nicht dienen.[423] Denn ein Verstoß gegen eine solche Pflicht wäre zum einen schwer nachweisbar, zum anderen käme eine Abberufung aus wichtigem Grund gemäß § 103 Abs. 3 AktG regelmäßig zu

---

[420] So aber in BB 1995, 365 (368).
[421] So auch *Reichert/Schlitt* AG 1995, 241 (246).
[422] Vgl. dazu nur Lutter in FS Beusch, S. 509f..
[423] So auch *Lüderitz* in FS Steindorff, S. 113 (116f.); *Decher* ZIP 1990, 277 (287, aber auch 284); *R. Fischer* „Gesammelte Schriften" S. 323 (332); *Wiedemann* ZIP 1997, 1565 (1566).

spät.[424] Die dadurch gefährdete vertrauensvolle Zusammenarbeit ist zum einen innerhalb des Aufsichtsrats, aber zum anderen auch möglicherweise im Verhältnis zum Vorstand beeinträchtigt.

a) Innerhalb des Aufsichtsrats

Nach der gesetzlichen Ausgestaltung sind Aufsichtsratsmitglieder weisungsunabhängig und in ihren Rechten und Pflichten gleich. Damit soll eine vertrauensvolle Zusammenarbeit als Bestandteil der Treu- und Förderpflicht gewährleistet werden, wenn jeder Mandatsträger nur dem Unternehmensinteresse verpflichtet ist.[425] Die Zusammenarbeit im Aufsichtsrat könnte durch ein Doppelmandat beeinträchtigt sein, wenn sich die anderen Mitglieder nicht sicher sein können, welche Interessen der Doppelbänder im Rahmen der Beratungen gerade vertritt. Mit *Säcker*[426] könnte man davon ausgehen, dass der Mandatsträger grundsätzlich nur „eine Aktentasche" trage. Auch die Aufspaltung zweier Interessensphären in einen aktiven, unmittelbar verbindlichen und in einen passiven, unverbindlichen Pflichtbereich ist für die Konfliktauflösung nicht möglich.[427] Durch das vorhandene Misstrauen stellt sich für die übrigen Organmitglieder sodann die Frage, wie die entsprechenden Aspekte unter Umgehung des Doppelmandatsträgers diskutiert werden könnten. Dadurch könnte es zu einer Verschleppung der Aufsichtsratstätigkeit kommen.[428] *Götz* schlägt daher vor, die entsprechenden Komplexe außerhalb des Quorums in Ausschüsse im Sinne des § 107 Abs. 3 AktG zu verlagern, denen das fragliche Organmitglied nicht angehört.[429] Er weist dabei zwar darauf hin, dass dieser Mandatsträger nach § 109 Abs. 2 AktG von der Ausschusssitzung ausgeschlossen werden könnte, vernachlässigt jedoch, dass nicht alle – insbesondere die wesentlichen Funktionen des Überwachungsorgans wie die Bestellung des Vorstands gemäß § 84 Abs. 1 Satz 1 AktG – auf einen Ausschuss übertragen werden können, § 107 Abs. 3 Satz 2 AktG. Zudem könnte eine solche Maßnahme mit dem Informationsrecht des Aufsichtsratsmitglieds gemäß § 90 Abs. 3 Satz 2 AktG unvereinbar sein.[430]

---

424 *Decher* ZIP 1990, 277 (284); vgl. auch dazu LG Frankfurt NJW 1987, 505, bei dem interne Informationen an das Bundeskartellamt weitergeleitet wurden.

425 BGHZ 64, 325 (330, 332) „*Bayer*"; 83, 106 (120) „*Siemens*"; 83, 151 (154) „*Bilfinger&Berger*"; 99, 211 (216); 106, 54 (65) „*Opel*"; BGHZ 122, 342 (346ff.) = AG 1993, 464 (465); LG Frankfurt/M. NJW 1987, 505 (506); *Kindl* „Teilnahme" S. 151f.; *Krebs* „Interessenkonflikte" S. 49; *Lutter* in FS Beusch, S. 509 (517); *ders.* „Information und Vertraulichkeit" S. 127f.; *Hoffmann/Kirchhoff* in FS Beusch S. 377; *Säcker* NJW 1986, 803 (806); *Schwintowski* NJW 1990, 1009 (1010); *Lüderitz* in FS Steindorff, S. 113 (116, 117).

426 In ZHR 151 (1987), 57 .

427 Vgl. die Ausführungen oben 2. Abschnitt B I 5, S. 26ff..

428 Vgl. *Wardenbach* „Interessenkonflikte" S. 78.

429 AG 1995, 337 (346), er verneint dabei die Möglichkeit einer ungeschriebenen Inkompatibilität.

430 Vgl. zu diesem Gedanken: *Scheffler* ZGR 1993, 63 (73); *Lutter* in FS Beusch, S. 509 (510 Fn 4); *ders.* „Information und Vertraulichkeit" S. 110ff.; *Mertens* AG 1980, 67 (73); *Sina* NJW

Mit solchen Überlegungen würde man aber dem Organträger eine Verletzung seiner Amtspflichten unterstellen; grundsätzlich muss man jedoch davon ausgehen, dass ein Mandatsträger dazu in der Lage ist, eventuell bestehende Interessenkollisionen pflichtgemäß aufzulösen und entsprechend zu agieren.[431] In vorliegender Frage der möglichen Zusammenarbeit im Überwachungsorgan kommt es aber nicht so sehr auf das Verhalten des Doppelmandatsträgers an, sondern in welcher Art und Weise die anderen Mitglieder von dessen Doppelfunktion beeinflusst werden. Es wird dem Doppelbänder keine Pflichtverletzung unterstellt, sondern allein die eventuell naheliegenden Zweifel hemmen die Zusammenarbeit und führen realiter zu einer Befangenheit der übrigen Mitglieder. Daher muss bereits der „böse Schein" der Möglichkeit einer pflichtwidrigen Erfüllung seiner Aufgaben dazu ausreichen, eine Gefährdung bzw. Beeinträchtigung einer vertrauensvollen Zusammenarbeit im Aufsichtsrat zu bejahen.[432]

Nicht überzeugen kann der Einwand *Matthießens*, der eine unbefangene Meinungsbildung im Aufsichtsrat als Bestandteil einer ordnungsgemäßen Pflichterfüllung weder für erforderlich, noch für realisierbar hält.[433] In letzter Konsequenz verneint er damit die Notwendigkeit einer vertrauensvollen Zusammenarbeit im Aufsichtsorgan. Richtig ist zwar, dass alle Organmitglieder über verschiedene Erfahrungen und Kenntnisse verfügen, die diese nicht nach Belieben ablegen können. Dies ist nach der Konzeption des Gesetzgebers auch gar nicht angestrebt. Verdeutlicht wird dies insbesondere an den Arbeitnehmervertretern wie z.B. dem Vorstandsmitglied der Gewerkschaft, das zum Streik gegen eine Gesellschaft aufrufen könnte und trotzdem nicht daran gehindert ist, in diesem Unternehmen im Aufsichtsrat vertreten zu sein. Zu differenzieren ist in diesem Kontext somit zwischen einer durchaus gewünschten konträren Auffassung und einem illoyalen Verhalten gegenüber den Unternehmensinteressen. Letzteres soll gerade durch die geforderte vertrauensvolle Zusammenarbeit innerhalb des Organs verhindert werden.[434] Das gegenseitige Vertrauen kann demnach durchaus durch ein Doppelmandat gestört sein.

1990, 1016 (1019f.); *Meyer-Landrut* in Großkomm § 90 Anm 12; Geßler/Hefermehl/Eckardt/Kropff-*Hefermehl* § 90 Rn 26; Godin-*Wilhelmi* „AktG" § 90 Anm 8.

[431] BGHZ 36, 296ff. „*HEW*"; 90, 381ff. = NJW 1984, 1893 = ZIP 1984, 572 = JZ 1984, 1031 mit Anmerkung *Schwark* „*BuM/WestLB*"; vgl. die Vorinstanz OLG Düsseldorf AG 1983, 250 = ZIP 1983, 786 „*BuM/WestLB*"; *Dreher* JZ 1990, 896 (903); *Holtmann* „Personelle Verflechtungen" S. 14; a.A. *Scheffler* DB 1994, 793 (795).

[432] Vgl. dazu schon RGZ 165, 68 (82f.): das Reichsgericht ging zwar davon aus, dass eine mangelnde vertrauensvolle Zusammenarbeit gegen eine Besetzung des Aufsichtsrats mit Organmitgliedern aus Konkurrenzunternehmen sprechen könnte, verneinte indes ein Verbot eines solchen Doppelmandats, um eine völlige Entrechtung des Entsendungsberechtigten zu verhindern.

[433] *Matthießen* „Stimmrecht und Interessenkollision" S. 202.

[434] Vgl. *Reichert/Schlitt* AG 1995, 241 (245); *Wardenbach* „Interessenkonflikte" S. 79f.; *U. H. Schneider* BB 1995, 365 (367).

b) Im Verhältnis zum Vorstand

Das gegenseitige Vertrauen ist jedoch nicht nur innerhalb des Organs des fraglichen Doppelbänders beeinträchtigt, sondern auch möglicherweise im Verhältnis zum Vorstand. Auch dieser wird unter Umständen nicht von der Neutralität des Betreffenden überzeugt sein, und diesen insbesondere im Rahmen seiner Berichtspflicht nach § 90 Abs. 1 AktG versuchen, durch geringere oder verspätete Information zu isolieren.[435]

Grundsätzlich ist dies nur in den Fällen zulässig, in denen von einem missbräuchlichen Berichtsverlangen auszugehen ist. Hinsichtlich der Überwachungstätigkeit des Aufsichtsrats ist ein solches missbräuchliches Verlangen unter anderem zu bejahen, wenn die Informationsweiterleitung zu einer Einmischung in die Geschäftsführung führen würde,[436] es um Fabrikgeheimnisse oder Know-how der Gesellschaft geht[437] oder auch, wenn rein persönliche, eigensüchtige Zwecke bzw. die Verfolgung gesellschaftsschädigender Sonderinteressen bereits in dem Verlangen erkennbar werden.[438] Darüber hinaus ist der Vorstand allerdings wegen der auch für Aufsichtsratsmitglieder geltenden Vertraulichkeitspflicht nicht dazu befugt, die Berichterstattung an den Gesamtaufsichtsrat zu unterlassen oder einzuschränken, auch wenn er davon ausgeht, dass einzelne Mitglieder die Informationen zum Schaden der Gesellschaft missbrauchen könnten.[439] Ob ein Missbrauch konkret zu befürchten ist, kann der Vorstand nicht eigenverantwortlich entscheiden. [440] Dagegen spricht nicht bereits, dass der Vorstand tendenziell stärker dem

---

[435] Der Umfang der weiterzuleitenden Informationen ist indes nicht unproblematisch und auch von der länger umstrittenen Frage abhängig, ob man eine Beratungsfunktion des Aufsichtsrats annehmen möchte. Für eine solche nunmehr BGHZ 114, 127 (130) = DB 1991, 1212ff. mit Anmerkungen *Theisen* = AG 1991, 312ff. mit Anmerkung *Wolf*; *Lutter/Kremer* ZGR 1992, 87; *Semler* in EWiR, § 114 AktG 1/91; vgl. auch *Lutter/Krieger* „Aufsichtsrat" Rn 30; *Lutter* „Information und Vertraulichkeit" S. 5f.; Geßler/Hefermehl/Eckardt/Kropff-*Geßler* § 111 Anm 36; *Baumbach-Hueck* „AktG" § 111 Anm 5; *Lippert* „Überwachungspflicht" S. 41, 50; *Semler* „Leitung und Überwachung" Rn 249ff.; a. A. aber *Mertens* AG 1980, 67 (68); *Claussen* AG 1981, 57 (69); *Hueck* „Gesellschaftsrecht" § 23 I 5; *Steinmann/Klaus* AG 1987, 29; *Lindermann* AG 1987, 225 (237).

[436] *Sina* NJW 1990, 1016 (1018); *Lutter* „Information und Vertraulichkeit" S. 34ff.; *Mertens* AG 1980, 67; Geßler/Hefermehl/Eckardt/Kropff-*Geßler* § 90 Rn 19.

[437] KK-*Mertens* § 90 Rn 4; *Godin-Wilhelmi* „AktG" § 90 Anm 9; *Meyer-Landrut* in Großkomm § 90 Anm 9; *Sina* NJW 1990, 1016 (1018), wenn die Erkenntnisse nicht zur Überprüfung der Geschäftstätigkeit erforderlich sind.

[438] *Meyer-Landrut* in Großkomm § 90 Anm 9; Geßler/Hefermehl/Eckardt/Kropff-*Geßler* § 90 Rn 34.

[439] *Lutter* „Information und Vertraulichkeit" S. 2ff.; KK-*Mertens* § 90 Rn 12; *Sina* NJW 1990, 1016 (1017f.); Geßler/Hefermehl/Eckardt/Kropff –*Hefermehl* § 90 Rn 18; *Wilde* ZGR 1998, 423 (431ff.); für eine restriktive Auslegung der Berichtspflicht bei einer Beeinträchtigung der Geheimhaltung im Aufsichtsrat aber *Mertens* AG 1980, 67ff.; *Claussen* AG 1981, 57 (66, 68f.); vgl. auch *Baumbach-Hueck* „AktG" § 90 Anm 10; *Klein* AG 1982, 7 (11ff.).

[440] *Mertens* AG 1980, 67 (73); *Klein* AG 1982, 7 (9); *Sina* NJW 1990, 1016 (1019); vgl. *Lutter* „Information und Vertraulichkeit" S. 34ff.; a. A. aber *Claussen* AG 1981, 57 (69), der dem

Unternehmensinteresse verbunden ist als der Aufsichtsrat. Denn es wäre vielmehr nicht zweckdienlich, wenn das kontrollierte Organ selbst entscheiden könnte, mit welchen Informationen das Kontrollorgan die Tätigkeit überwachen sollte.[441] Zudem kann in Einzelfällen die Feststellung schwierig sein, ob eine Missbrauchsgefahr besteht; eine abstrakte Gefahr sollte jedenfalls nicht ausreichen.[442] Vielmehr ist die auszuübende Kontrolle durch den Aufsichtsrat von einer rückhaltlosen Offenheit des Vorstands abhängig.[443] In der Praxis wird jedenfalls oftmals der Vorstandsvorsitzender mit dem Aufsichtsratsvorsitzenden über das Zurückhalten einzelner Informationen diskutieren.

Etwas anders ist dies bei der Berichterstattung an ein einzelnes Aufsichtsratsmitglied. Der Vorstand kann bei einer konkreten Gefahr eines Missbrauchs der erlangten Informationen lediglich den Aufsichtsratsvorsitzenden hierauf hinweisen, der dann wiederum im Rahmen eines pflichtgemäßen Ermessens überprüfen muss, ob er die Berichte an den konfliktbelasteten Mandatsträger weiterleiten darf. [444] Eine konkrete Gefahr könnte sich bei einem Doppelmandat zum Beispiel dann annehmen lassen, wenn die entsprechende Information für das Konkurrenzunternehmen von Bedeutung sein könnte.[445]

Letztendlich sind die Möglichkeiten des Vorstands gegen ein vermeintlich befangenes Aufsichtsratsmitglied vorzugehen, daher soweit eingeschränkt, dass von einer wesentlichen Beeinträchtigung des Verhältnisses zum Überwachungsorgan nicht gesprochen werden kann. Der aus den geäußerten Bedenken des Vorstands resultierende denkbare Konflikt wird vielmehr innerhalb des Aufsichtsrats ausgetragen, wenn der Aufsichtsratsvorsitzende diese Zweifel teilen sollte. Für die Berichtspflicht des Vorstands ergibt sich somit im Regelfall keine Handlungsalternative.

Vorstand die Entscheidung über eine konkrete Besorgnis für einen Mißbrauch oder Geheimnisverrats überlassen möchte.

[441] Vgl. dazu *Lutter* „Information und Vertraulichkeit" S. 25f., 34f.; *Sina* NJW 1990, 1016 (1019); KK-*Mertens* § 90 Rn 12; Geßler/Hefermehl/Eckardt/Kropff-*Hefermehl* § 90 Rn 33f.; *Meyer-Landrut* in Großkomm § 111 Anm 7; *Wiesner* in Münch Hdb § 25 Rn 34; *Lippert* „Überwachungspflicht" S. 92.

[442] *Sina* NJW 1990, 1016 (1019); *Lutter* „Information und Vertraulichkeit" S. 35; *Mertens* AG 1980, 67 (74); *Klein* AG 1982, 7 (9).

[443] BGHZ 20, 239 (246) = NJW 1956, 906; *Meyer-Landrut* in Großkomm § 90 Anm 13; *Sina* NJW 1990, 1016 (1019).

[444] Godin-*Wilhelmi* „AktG" § 90 Anm 8; *Meyer-Landrut* in Großkomm § 90 Anm 6; KK-*Mertens* § 90 Rn 15, 24ff.; *Mertens* AG 1980, 67 (73); *Sina* NJW 1990, 1016 (1020); *Wilde* ZGR 1998, 423 (433); a. A. *Hüffer* „AktG" § 90 Rn 12a; Geßler/Hefermehl/Eckardt/Kropff-*Hefermehl* § 90 Rn 34.

[445] KK-*Mertens* § 90 Rn 12f.; vgl. *Lutter* „Information und Vertraulichkeit" S. 34; *Sina* NJW 1990, 1016 (1018f.); *Wiesner* in Münch Hdb § 25 Rn 34; *Hüffer* „AktG" § 90 Rn 12a; *Steindorff* in FS Rittner, S. 675 (678ff., 685ff.); OLG Karlsruhe OLGZ 1985, 41 (44); OLG Stuttgart OLGZ 1983, 184 (187f.).

5. Weitgehender Ausfall des Aufsichtsratsmitglieds

Die angesprochene unterbleibende Berichterstattung an den Doppelmandatsträger ist nicht nur Ausdruck des mangelnden Vertrauens zwischen den Organen, das die Zusammenarbeit erschwert, sondern führt ebenso dazu, dass der Mandatar sein Amt nicht mehr ordnungsgemäß ausüben kann, denn ohne relevante Informationen könnte er weitgehend ausgeschaltet sein.[446] Damit entstünde eine unzulässige Ungleichheit der Organmitglieder.

Doch selbst wenn man annehmen möchte, dass der Doppelmandatsträger nicht von den relevanten Informationen isoliert werden kann, könnte dieser faktisch ohne Handlungsspielraum sein. Durch die uneingeschränkte Treu- und Förderpflicht gegenüber beiden Unternehmen ist die gleichzeitige Förderung zweier in Konkurrenz stehender Gesellschaften nahezu unmöglich. Das Organmitglied kann sich dabei auch nicht dadurch helfen, dass er gegenüber der einen Gesellschaft sich verpflichtet, die Interessen der anderen Gesellschaft zu vernachlässigen, um stets wenigstens einer Pflichtenbindung vollständig nachkommen zu können.[447] So bleibt nach *Lutter* dem Mandatsträger lediglich die Alternative, in der Beratung einen Weg einzuschlagen, der keiner der beiden Gesellschaften schadet, die letztlich jedoch auch keiner Gesellschaft besonders nützlich sein wird. Durch diese geringfügige Integration in die Überwachungstätigkeit des Organs sei den Gesellschaften nicht wesentlich gedient, so dass auch in einem solchen Fall von einer Neutralisation des Doppelmandatsträgers gesprochen werden könne.[448] Gerade eine solche Neutralisation wird aber von den Mandatsträgern selbst nicht akzeptiert werden können, woraus die besondere Gefahr der Geltendmachung einer Interessensphäre in der Praxis resultiert.

6. Mangelnde Rechtssicherheit: der Konkurrenztatbestand

Problematisch ist auch, wann überhaupt eine Konkurrenz zwischen zwei Gesellschaften bejaht werden kann, denn eine allgemein anerkannte Definition besteht für den Konkurrenztatbestand bisher nicht. *Lutter* selbst erkennt gewisse „Randunschärfen", meint diese aber akzeptieren zu müssen,[449] andere dagegen

---

[446] *Hoffmann/Kirchhoff* in FS Beusch, S. 377; *Wardenbach* „Interessenkonflikte" S. 79; vgl. *Flore* BB 1993, 133; *Lutter/Krieger* „Aufsichtsrat" Rn 94.

[447] Vgl. dazu auch *Lutter* in FS Beusch S. 509 (516f.).

[448] So bereits *Lutter* in FS Beusch S. 509 (516f.). Etwas anderes gilt indes für Vorstandsmitglieder, die in einem Konkurrenzunternehmen ein Aufsichtsratsmandat annehmen; durch die in quantitativer und qualitativer Hinsicht differenten Treu- und Förderpflichten der jeweiligen Organpflichten kann es in diesen Konfliktsituationen nicht zu einer Pflichtenidentität kommen, zutreffend *Bokelmann* „Personelle Veflechtungen" S. 141; a. A. *Lutter* in FS Beusch, S. 509 (526); *Wardenbach* „Interessenkonflikte" S. 80ff., die eine Inkompatibilität auch in einer Vorstands-/Aufsichtsratsverflechtung annehmen.

[449] In FS Beusch, S. 509 (514f.); zustimmend *Wardenbach* „Interessenkonflikte" S. 97.

schließen aus diesen Unschärfen eine nicht hinnehmbare Rechtsunsicherheit.[450] Denn schließlich ist nach den zuletzt Genannten an eine Annahme einer Inkompatibilität die Scheinmitgliedschaft des betroffenen Aufsichtsratsmitglieds mit einer fraglichen Wirksamkeit der gefassten Beschlüsse des Organs geknüpft. Diese weitgehende Rechtsfolge dürfe mithin nicht über rechtlich nicht gesicherte Tatbestandsmerkmale herbeigeführt werden. Daher habe der Gesetzgeber in § 100 Abs. 2 AktG nur solche persönliche Voraussetzungen statuiert, die leicht feststellbar seien. Eine Herleitung einer ungeschriebenen Inkompatibilität über eine Analogie zu den bestehenden Bestellungshindernissen komme mithin nur dann in Betracht, wenn ähnlich transparente Bedingungen genannt werden könnten. Dies sei angesichts der bestehenden Diskussion aber nicht der Fall.[451]

a) Bestimmung der Konkurrenz

Für die Bestimmung einer relevanten Konkurrenz hat *Wardenbach* jedoch darauf hingewiesen, dass der die Inkompatibilität legitimierende weitgehende Ausfall des Doppelmandats nur dann zu bejahen sei, wenn kein lediglich punktueller Konflikt vorliege.[452] Dies könnte aus Gründen der Rechtssicherheit durch die Ermittlung der quantitativen Auswirkung des Konfliktpotentials auf die Aufsichtsratstätigkeit bzw. des Ausmaßes der Konkurrenz zwischen den betroffenen Unternehmen überprüft werden. Exemplarisch kann hier der Verkauf der Automotive-Sparte von der *Mannesmann AG* angeführt werden, bei dem im Bieterstreit zwischen Siemens und Thyssen *H. Kriwet* im Aufsichtsrat von Siemens und zugleich als Vorsitzender im Aufsichtsrat von Thyssen-Krupp saß und gleichzeitig der Vorsitzende des Aufsichtsrats von Siemens *K.-H. Baumann* auch als Aufsichtsratsmitglied bei Thyssen-Krupp fungierte. In solchen Bieterstreitigkeiten besteht die Konkurrenz der Unternehmen lediglich im Hinblick auf das bestimmte Erwerbsgeschäft, so dass hier die Lösung über einen Stimmrechtsausschluss als adäquat angesehen werden kann.[453] Bei den Konkurrenzkonstellationen, bei denen sich zwei Unternehmen permanent in einer Unternehmenstätigkeit auf dem Markt gegenüberstehen, vermag dieses Kriterium dagegen nicht weiterzuhelfen.

---

[450] *Mertens* AG 1997 Sonderheft, 71; KK-*Mertens* § 100 Rn 11; *Bollweg* „Wahl des Aufsichtsrats" S. 110, 114; *Dreher* JZ 1990, 896 (899); *ders.* S. 33 (40f.); *Mülbert* S. 99 (120) und *Marsch-Barner* S. 124f. in Feddersen/Hommelhoff/Schneider; *Schneider* BB 1995, 365 (370); *Häuser* „Interessenkollision" S. 92; *Matthießen* „Stimmrecht und Interessenkollision" S. 202 in Fn 79; *Semler* in Semler AR-Hdb. Rn B90; *Marsch-Barner* in Semler AR-Hdb. Rn J143; *Steinbeck* „Überwachungspflicht" S. 68; *Götz* AG 1995, 337 (346); *Hopt* in FS Mestmäcker S. 909 (929); einschränkend auch *Lüderitz* in FS Steindorff, S. 113 (122); *Krebs* „Interessenkonflikte" S. 293; vgl. aber auch *Decher* ZIP 1990, 277 (287); *Reichert/Schlitt* AG 1995, 241 (246); BGHZ 39, 116 (123f.).

[451] Vgl. *Götz* AG 1995, 337 (346); ähnlich auch *Krebs* „Interessenkonflikte" S. 293.

[452] In „Interessenkonflikte" S. 82ff..

[453] Die Unternehmen legten im beschriebenen Fall nicht die Lösung des Konflikts offen.

Ein dauerhafter Konflikt ist nach *Lutter*[454] dann anzunehmen, wenn zwei Unternehmen ganz oder teilweise in dem- oder denselben Marktsegment(en) tätig sind. Entscheidend sei, inwieweit es wahrscheinlich ist, dass das Kontrollorgan sich mit Fragestellungen befassen müsse, bei denen es zu einem Interessenkonflikt des Doppelmandatsträgers komme. Diese Wahrscheinlichkeit sei als gering einzustufen, wenn das fragliche Marktsegment lediglich eine untergeordnete Rolle für das Unternehmen spiele, so dass kaum zu erwarten sei, dass der Aufsichtsrat sich damit beschäftigen müsse. Letzteres könne man daran messen, ob es der Gesellschaft möglich sei, ohne wesentliche Änderung seines Charakters sich aus diesem fraglichen Segment zurückzuziehen.

Dagegen sieht *Wardenbach* eine relevante Konfliktsituation grundsätzlich nur dann als gegeben an, wenn eine Tätigkeitsidentität vorliegt. Dies sei deswegen anzunehmen, weil nur dann die gesamte Tätigkeit des Aufsichtsrats betroffen sei und sich dadurch die Konfliktpotentiale zu einer Störung der vertrauensvollen Zusammenarbeit und der Neutralisation des Mandatars entfalten könnten.[455] Gleiches sei auch dann zu konstatieren, wenn zwar keine Tätigkeitsidentität gegeben sei, eine Teilidentität sich indes auf das Hauptgeschäft der Gesellschaften bzw. auf ein oder mehrere Kerngeschäfte, die zusammen einen überwiegenden Anteil besitzen, beziehen würde.[456] Liege dagegen lediglich eine Teilidentität bei bloßen Nebengeschäften vor, sei mangels eines wesentlichen Einflusses auf die Lage der Gesellschaft eine Inkompatibilität abzulehnen. Ein solcher unwesentliche Einfluss sei bei einem Anteil von unter 10 % an den Gesamtaktivitäten zu vermuten, könnte aber auch unterhalb dieser Schwelle liegen. *Wardenbach* negiert im Ergebnis das Vorliegen einer Rechtsunsicherheit. Er ist der Auffassung, dass es lediglich in seltenen Fallkonstellationen zu Abgrenzungsschwierigkeiten kommt und diese eventuellen Probleme ohnehin nicht zu einer Verneinung einer Inkompatibilität in den unproblematischen Fällen führen dürften.

Der Vorteil der Annahme einer festen Quote besteht realiter darin, dass anhand des Jahresabschlusses eine relevante Konkurrenzsituation berechnet werden könnte und damit eine gewisse Rechtssicherheit – also Vorhersehbarkeit – gewonnen wäre. Dabei wird vernachlässigt, dass diese Abgrenzung den Faktor Rechtsunsicherheit nicht beseitigt, sondern lediglich auf die Frage verlagert, wann ein Kerngeschäft und wann eine Komplementärtätigkeit beginnt, d.h. welche Quote anzusetzen ist. Für die Widerlegung des Arguments der Rechtsunsicherheit muss

[454] Vgl. in FS Beusch S. 509 (514f.); ZHR 145 (1981), 224 (236); ähnlich *Reichert/Schlitt* AG 1995, 241 (246), die Überschneidungen in Randbereichen ausnehmen wollen; vgl. auch *Quack* in FS Ritter, S. 745 (747f.); ähnlich auch *Raiser* NJW 1996, 2257 (2260).
[455] Siehe „Interessenkonflikte" S. 87ff..
[456] In „Interessenkonflikte" S. 90f., 92ff.; ähnlich auch der Gesetzesentwurf des Landes Rheinland-Pfalz (abgedruckt in BR-Drucks. 561/97, S. 15ff.), der allerdings von einem Anteil von 15% der Umsatzerlöse ausgeht; kritisch zum Kernbereich mit dem Beispiel Daimler-Benz und BMW: *Marsch-Barner* in Feddersen/Hommelhoff/Schneider S. 124.

mithin von einer mathematisch exakten Formel abgesehen werden,[457] um auch eventuelle Grenzfälle mit einbeziehen zu können. Dies muss letztlich auch *Wardenbach* selbst mit seinem Beispiel der *Siemens Verkehrstechnik* eingestehen, mit dem er unter Beweis stellt, dass auch eine geringere Quote relevant werden könnte.[458]

Hinzu kommt, dass die reine Quote vom Gesamtumsatz keine Aussage darüber abgibt, welche Bedeutung die fragliche Sparte für das Unternehmen hat. Es könnte dann eine in diesem Sinne relevante Konkurrenz bei einer Quote von 15 oder 16% bestehen, obwohl das jeweilige Geschäft künftig abgebaut werden soll. Auf der anderen Seite würde eine Konkurrenz bei z.B. 5% verneint werden, auch wenn in diesem Geschäft in Zukunft stark expandiert werden soll. Mit der Ablehnung einer festen Quote, die somit im günstigsten Falle lediglich eine Orientierungsmarke darzustellen vermag, vermeidet man zudem potentielle Argumentationsengpässe bei der Begründung einer Inkompatibilität in Ausnahmefällen.[459] Sinnvoll erscheint es mithin, die Frage der Konkurrenz vom Einzelfall abhängig zu machen, und darauf abzustellen, dass der Doppelmandatsträger in seiner Amtsausübung derart beeinträchtigt ist, dass eine punktuelle Lösung über Stimmrechts- oder Sitzungsausschluss nicht möglich erscheint. Im Einzelfall könnte man damit auch zu einer relevanten Konkurrenz bei einer Teilidentität in Nebengeschäften gelangen. Dafür spricht, dass es allein darum geht, ob der Mandatsträger seine konfligierenden Pflichten gegenüber seinen Gesellschaften ausüben kann, ohne eine von beiden zu verletzen. Die dargestellten Definitionen beschäftigen sich dagegen weitgehend damit, welche Bedeutung ein bestimmtes Marktsegment für das Unternehmen hat, um zu einer vermeintlich maßgeblichen, dauerhaften und nachdrücklichen Beeinträchtigung zu gelangen; für die Frage der Funktionsfähigkeit der Überwachung in einer Gesellschaft kann dieser Aspekt jedoch nur dazu dienen, Bagatellfälle auszuschließen. Entscheidend ist daher vielmehr, ob der Doppelbänder seinen Pflichten bedingungslos nachkommen kann. Zu untersuchen bleibt dabei allerdings noch zu einem späteren Zeitpunkt dieser Ausarbeitung, wer letztendlich darüber entscheiden kann, ob eine oben genannte punktuelle Konfliktlösung noch möglich ist.[460]

Gegen eine bestehende adäquate Rechtssicherheit sprechen jedenfalls nicht die dabei verbleibenden Randunschärfen, da solche im Zivil- und Aktienrecht durchaus als typisch anzusehen sind.[461]

---

[457] Vgl. *Reichert/Schlitt* AG 1995, 241 (246).

[458] Aus FAZ Nr. 51 vom 2.3.1994, S. 18; vgl. *Wardenbach* „Interessenkonflikte" S. 96.

[459] *Wardenbach* „Interessenkonflikte" S. 96 flüchtet sich daher in Formulierungen, dass die Siemens Verkehrstechnik „ganz sicherlich eine strategische Option darstelle" und auch einen „nicht unwesentlichen Einfluß auf die Lage der Gesellschaft" habe, um eine Konkurrenzsituation begründen zu können.

[460] Vgl. dazu die Ausführungen unter 4. Abschnitt B III 7, S. 125ff..

[461] So auch *Wardenbach* „Interessenkonflikte" S. 96f.; *Lutter* in FS Beusch, S. 509 (514f.).

b) Bestimmung des relevanten Marktes

Zusätzliche Rechtsunsicherheit könnte sich jedoch aus der möglicherweise problematischen Bestimmung des relevanten Marktes ergeben. Dabei geht es nach *Lutter* zwar nicht um eine wettbewerbsrechtliche oder ökonomische Fragestellung, sondern mit der Arbeits- und Funktionsfähigkeit des Aufsichtsrats um eine rein organisationsrechtliche Komponente.[462] Mit der Bestimmung einer Konkurrenz über eine Überschneidung von Marktsegmenten befindet man sich jedoch bei der wettbewerbsrechtlichen Frage, nach welchen Maßstäben eine gegenständliche, räumliche und zeitliche Abgrenzung einzelner (Partial) Märkte bewerkstelligt werden kann.[463] Erst dann kann eine Konkurrenz zweier Unternehmen auf einem bestimmten Markt differenziert ermittelt werden. Aus wettbewerbsrechtlicher Sicht hat man solche Maßstäbe jedoch noch nicht gefunden, wohl deshalb, weil alle Märkte in einer derartigen Verbindung stehen, die eine Abgrenzung als willkürlich erscheinen lassen müsste. Als Prozess ist der Markt daher eine Verflechtung aller wirtschaftlichen Vorgänge.[464] Daher bleibt es letztendlich dem Richter in casu überlassen, die Wettbewerbsverhältnisse in einer Gesamtbetrachtung zu würdigen.[465] Zusätzliches Potential für eine Rechtsunsicherheit ist mithin auch auf dieser Ebene auszumachen. Dieser könnte man ebenso entgehen, wenn man bei der Bestimmung der Konkurrenz lediglich darauf abstellt, ob ein bestehender Interessenkonflikt über eine punktuelle Lösung aufgelöst werden kann.

7. Das Argument aus §§ 116, 93 AktG

Das Konfliktpotential eines Doppelmandats in Konkurrenzunternehmen könnte auch daran deutlich werden, dass dieses Doppelmandat die Möglichkeit einer Schadensersatzpflicht aus §§ 116, 93 AktG für das Aufsichtsratsmitglied erhöhen könnte. Generell sind Fälle aus der Rechtsprechung zu der Schadensersatzpflicht der Organmitglieder zwar bisher selten geblieben, jedoch ist dieser Aspekt im Zuge zahlreicher Unternehmenskrisen und Zusammenbrüche stärker ins Blickfeld

---

462 So in FS Beusch, S. 509 (514).

463 Zur Marktabgrenzung statt vieler *Möschel* in Immenga/Mestmäcker „GWB" § 19 Rn 23ff.; *Gloy* in Hdb des Wettbewerbsrechts § 9 Rn 18ff.; *Bechtold* „Kartellrecht" § 22 Rn 4, 12; BGH v. 2.10.1984 WuW/E BGH 2112 (2121f.) *„Gruner+Jahr/Zeit"*; BGH v. 26.5.1987 WuW/E BGH 2425 (2430) *„Niederrheinische Anzeigenblätter"*; kritisch *Knöpfle* DB 1990, 1385ff.; *ders.* DB 1983, 430ff.; vgl. *Baums* ZBB 1994, 83 (98); zuletzt auch *Emmerich* AG 2000, 529 (530ff.).

464 *Rittner* „Wirtschaftsrecht" § 14 Rn 36; vgl. in diesem Zusammenhang auch BGHZ 92, 223 (241f.) = WuW 1985, 314 = WuW/E BGH 2112 *„Gruner+Jahr/Zeit"*.

465 *Rittner* „Wirtschaftsrecht" § 14 Rn 36; *Gloy* in Hdb des Wettbewerbsrecht § 9 Rn 17; BGHZ 52, 65 (67) *„Sportartikelmesse"*; 71, 102 (109f.) *„Sachs/GKN"*; vgl. zur Bestimmung des relevanten Marktes BGH WuW 1980, 527 = WuW/E BGH 1685 = NJW 1980, 1381; BGHZ 68, 23 (27f., 29) *„Valium"*; BGHZ 73, 65 (71ff.) *„Erdgas Schwaben"*; BGH WuW 1980, 255 = WuW/E BGH 1655 = NJW 1980, 1389 *„Zementmahlanlage II"*; BGHZ 74, 322 (326) *„Organische Pigmente"*.

gerückt.[466] Differenziert wird zwischen den Pflichten des Organmitglieds im Rahmen der eigentlichen Organtätigkeit und jenen außerhalb dieser.[467]

So muss auch ein Aufsichtsratsmitglied gemäß §§ 116, 93 Abs. 1 Satz 1 AktG seine Aufgabe unter Sorgfalt eines „ordentlichen und gewissenhaften Geschäftsleiters" ausführen. Aufgrund der fehlenden Eigenschaft als Geschäftsleiter ist dies lediglich sinngemäß anzuwenden, woraus sich ein unterschiedlicher Maßstab für die Sorgfaltspflicht ergibt.[468] Danach muss das Aufsichtsratsmitglied diejenige Sorgfalt anwenden, die für eine ordentliche und gewissenhafte Erfüllung der Aufsichtsratspflichten, insbesondere der Überwachungspflicht, erforderlich ist. Zur sorgfältigen Amtsausübung gehört es auch, Interessenkonflikte zu vermeiden bzw. bei Unvermeidbarkeit, die Pflichtenkollision im Sinne des vorrangigen Unternehmensinteresses aufzulösen. Das Entstehen einer solchen Pflichtenkollision ist dabei im Lichte der gesetzlichen Ausgestaltung des Aufsichtsratsamtes als Nebenamt nicht weiter ungewöhnlich, wenn nicht sogar begünstigt. Wie bereits gezeigt, kann das Organmitglied sich dabei nicht durch den Hinweis exkulpieren, die Pflichtverletzung gegenüber der einen Gesellschaft, sei durch eine gleichzeitige Pflichterfüllung gegenüber einer anderen Gesellschaft legitimiert.[469] Läßt sich der bestehende Interessenkonflikt nicht anders lösen, muss der Mandatsträger eines der Ämter niederlegen, um nicht dem Vorwurf einer schadensersatzpflichtigen Treupflichtverletzung ausgesetzt zu sein.[470]

Begrenzte Rücksichtnahmepflichten gegenüber der Gesellschaft bestehen für das Aufsichtsratsmitglied jedoch außerhalb der Wahrnehmung der Organfunktion. Grundsätzlich sind Aufsichtsratsmitglieder bei der Verfolgung eigener Interessen oder der von Dritten dann nicht daran gehindert, Maßnahmen zu ergreifen, die für ihre Aufsichtsrats-Gesellschaft Nachteile abwerfen könnte; jedoch sind diese dabei insoweit eingeschränkt, dass die Belange der betreffenden Gesellschaft nicht ohne

---

[466] Vgl. LG Bielefeld ZIP 2000, 20ff. mit Anm. *H. P. Westermann* = BB 1999, 2630ff. mit Anm. *Thümmel* = AG 2000, 136ff. *„Balsam"*; LG Stuttgart AG 2000, 237ff. = DB 1999, 2462 *„ASS"*; BGHZ 75, 96; BGH NJW 1980, 1629 *„Schaffgotsch I"*; BGH WM 1983, 957 *„Schaffgotsch II"*; LG Hamburg ZIP 1981, 194 *„Lenz Bau"*; *Theisen* DBW 1993, 295ff.; *Trescher* DB 1995, 661ff.; vgl. dazu *Ulmer* ZHR 163 (1999), 290 (295).

[467] Dies entspricht der ganz herrschenden Meinung: vgl. statt vieler *Ulmer* NJW 1980, 1603 (1605f.); *Werner* ZHR 145 (1981), 252 (258ff.); *Dreher* JZ 1990, 896 (900); *Schwintowski* NJW 1995, 1316 (1318f.); *Lutter/Krieger* „Aufsichtsrat" Rn 304, 306; vgl. auch BGHZ 36, 296 (307) *„HEW"*; BGH NJW 1980, 1629 (1630) = WM 1980, 162 (163) *„Schaffgotsch I"*; einschränkend aber *Wiedemann* „Organverantwortung" S. 23ff..

[468] Geßler/Hefermehl/Eckardt/Kropff-*Geßler* § 116 Rn 8f.; KK-*Mertens* § 116 Rn 2; *Hopt* in FS Mestmäcker, S. 909 (916); *Hoffmann-Becking* in Münch Hdb § 33 Rn 45.

[469] Statt vieler BGH NJW 1980, 1629 (1630) = WM 1980, 162 (163) *„Schaffgotsch I"*; *Lutter* ZHR 145 (1981), 224 (239ff.); *ders.* RdW 1987, 314ff.; *Ulmer* NJW 1980, 1603 (1605f.); KK-*Mertens* § 116 Rn 23; *Fitting/Wlotzke/Wissmann* „MitbestG" § 25 Rn 114ff.; GK-*Schneider* „MitbestG" § 29 Rn 20ff..

[470] *Hoffmann-Becking* in Münch Hdb § 33 Rn 49; KK-*Mertens* § 116 Rn 32; *Lutter* ZHR 145 (1981), 224 (246); *Lutter/Krieger* „Aufsichtsrat" Rn 306; *Meyer-Landrut* in Großkomm § 111 Anm 5.

Not und nur in dem Maße wie es für die Verfolgung der eigenen Zwecke erforderlich ist, beeinträchtigt werden dürfen.[471]

Mit einem Mandat in einer anderen Gesellschaft besteht somit durchaus die Gefahr, dass der Doppelmandatar Interessen eines Dritten mit einzubringen versucht. Ein entsprechender Verdacht könnte durch die Beantwortung der Frage, wer das vorliegende Doppelmandat initiiert hat, bestätigt werden. Von Bedeutung bei der Geltendmachung eines Schadens durch die Gesellschaft wird aber auch sein, dass das Aufsichtsratsmitglied die Beweislastpflicht dahingehend trifft, ob die Sorgfalt eines ordentlichen und gewissenhaften Geschäftsleiters im Sinne des §§ 116 iVm 93 Abs. 2 Satz 2 AktG angewandt worden ist. Bei einer Organmitgliedschaft in einer anderen Gesellschaft und einer Maßnahme, die für diese andere Gesellschaft einen entsprechenden Vorteil erbracht hat, wird dieser Nachweis unter Umständen nur erschwert zu erbringen sein.

8. Das Argument aus § 117 Abs. 1 AktG

Neben einer Haftung aus §§ 116, 93 AktG kommt auch die aus der unzulässigen Einflussnahme auf Organmitglieder oder sonstigen genannten Personen nach § 117 Abs. 1 AktG in Betracht. Nach § 117 Abs. 1 AktG haftet derjenige, der unter Benutzung seines Einflusses ein Mitglied des Vorstandes oder Aufsichtsrates, einen Prokuristen oder Handlungsbevollmächtigten zu einer zum Schaden für die Gesellschaft führenden Handlung bestimmt. Diese Einflussnehmenden können auch Aktionäre[472] oder Aufsichtsratsmitglieder[473] der Gesellschaft sein. Der Einfluss kann über eine faktische Machtposition vermittelt werden, die einer Abhängigkeit nach § 17 AktG bzw. einer einheitlichen Leitung im Sinne des § 18 AktG entspricht. Wie im Rahmen konzernrechtlicher Diskussionen über die Konzernbildung durch Personalunionen, stellt sich allerdings auch hier die Frage, ob die Herbeiführung eines Doppelmandats per se eine Ausübung eines Einflusses im Sinne des § 117 Abs. 1 AktG hervorruft. Allein durch eine Meinungsäußerung im Rahmen der Diskussion im Organ muss solches verneint werden, denn verschiedene Interessensphären sind im pluralistischen Organ Aufsichtsrat, wie bereits gezeigt, vom Gesetzgeber gerade erwünscht. Obige Ausführungen haben aber auch ergeben, dass eine Personalunion nicht per se zu einer Abhängigkeit im konzernrechtlichen Sinne führen kann,[474] so dass eine Einflussnahme im Sinne des § 117 Abs. 1 AktG ebenso zu verneinen ist. Dahinstehen kann hier, ob eine Haftung nach § 117

[471] *Fleck* in FS Heinsius, S. 89 (90ff.); KK-*Mertens* § 116 Rn 29; vgl. 2. Abschnitt B I 7, S. 30ff..

[472] BGH NJW 1995, 1739ff. „*Girmes*"; Geßler/Hefermehl/Eckardt/Kropff-*Kropff* § 117 Rn 14; KK-*Mertens* § 117 Rn 29; vgl. dazu *Lutter* JZ 1976, 225 (229); *Wiesner* in Münch Hdb § 27 Rn 2.

[473] Vgl. die Beispiele aus der Rechtsprechung BGH ZIP 1985, 607; BGH NJW 1980, 1629 „*Schaffgotsch I*"; so auch *Wiesner* in Münch Hdb § 27 Rn 2; *Brüggemeier* AG 1988, 93 (95f., 97).

[474] Vgl. dazu 4. Abschnitt B I 3, S. 81 in Fn 416.

Abs. 1 AktG neben der aus §§ 116, 93 Abs. 2 AktG überhaupt bestehen kann oder im Zweifel zurücktreten wird.[475]

9. Ergebnis zu I.

Es hat sich gezeigt, dass das Doppelmandat in Konkurrenzunternehmen durchaus als konfliktträchtig anzusehen ist. Hervorzuheben ist die Problematik der Zusammenarbeit im Organ selbst. Ungeachtet der Verpflichtung, das Interesse der Gesellschaft zu wahren und der rein rechtlichen Vermutung anderweitige Interessensphären ausblenden zu können, strahlt das Doppelmandat in Konkurrenzunternehmen doch den „bösen Schein" aus, dass unternehmensfremde Interessen mit einfließen könnten. Zudem wird das Konfliktpotential auch dadurch deutlich, dass eine Pflichtverletzung des Mandatsträgers in beiden Gesellschaften zu einer jeweiligen Schadensersatzpflicht führen könnte.

II. Rechtslage in Großbritannien

Im Folgenden soll kurz darauf eingegangen werden, auf welche Art und Weise das Problem der Doppelmandate im Vereinigten Königreich gelöst wird.

1. Bestellung und Abberufung des Boards

In Großbritannien besteht nicht das dualistische System, sondern das „one-tier-board"-System ohne Trennung von Vorstand und Aufsichtsrat. Innerhalb des Board of Directors sind aber geschäftsführungsbefugte executive und nichtgeschäftsführungsbefugte non-executive officers vertreten. Eine Angleichung an das dualistische System erfolgt nun dadurch, dass nach den Regeln des *„Combined Codes of Best Practice"* mindestens ein Drittel der Mitglieder des Boards non-executive officers sein sollten, wobei die Mehrheit von diesen unabhängig vom Management respektive ohne geschäftliche oder andere Beziehung zur Gesellschaft stehen sollte.[476] Hervorzuheben ist, dass nach der „Principal-Agent"-Theorie das Board of Directors nicht mit originären Befugnissen ausgestattet ist, die sich aus dem Common Law ergeben. Vielmehr ergeben sich seine Kompetenzen aus der Satzung („Articles"), so dass das Board nicht als Organ der Gesell-

[475] Bei BGH NJW 1980, 1629 *„Schaffgotsch I"* nahm der Bundesgerichtshof eine Haftung aus §§ 116, 93 Abs. 2 AktG an, da der Aufsichtsratsvorsitzende Einfluss genommen hatte; vgl. auch BGH NJW 1985, 1777; wohl zustimmend *Brüggemeier* AG 1988, 93 (96 in Fn 12); *Wiesner* in Münch Hdb § 27 Rn 2 in Fußnote 4; beim Verhältnis zwischen § 117 Abs. 2 zu §§ 116, 93 Abs. 2 AktG bestehen beide Ansprüche nebeneinander: *Kropff* „Begr RegE AktG" S. 163; Geßler/Hefermehl/Eckardt/Kropff -*Kropff* § 117 Rn 39; *Hüffer* „AktG" § 117 Rn 10; a. A. offenbar KK-*Mertens* § 93 Rn 2.

[476] *Triebel/Hodgson* „Englisches Handelsrecht" § 7 Rn 716; vgl. zur tendenziellen Angleichung auch *Davies* ZGR 2001, 268 (282ff.).

schaft, sondern als Beauftragter der Hauptversammlung angesehen wird.[477] Allerdings braucht der Vorstand sich dem Willen der Hauptversammlung nicht zu beugen, sofern er die statuarischen Befugnisse nicht überschreitet.[478] In der Regel enthält dabei die Satzung eine Bestimmung, nach der das Board einen „Managing Director" benennen kann, dem jegliche Befugnisse des Boards übertragen werden können.[479]

Dies wirkt sich auch auf die gesetzlich gestellten Voraussetzungen an die Ernennung und Abberufung der Directors aus, die weitgehend ebenso den Articles überlassen werden. Nach Section 282 Companies Act 1985 müssen Public companies lediglich über zwei Directors verfügen, die grundsätzlich in getrennter Abstimmung in der Hauptversammlung zu wählen sind und nicht älter als 70 Jahre sein dürfen. Weitere gesetzliche Einschränkungen resultieren aus dem Company Directors Disqualification Act 1986, nach dem zum einen ein nicht entlasteter Gemeinschuldner („undischarged bankrupt"), zum anderen eine nach diesem Act bereits disqualifizierte Person nicht Director einer Gesellschaft sein oder werden dürfen.[480] Das Gericht besitzt nach diesem Act die Befugnis, die Ausübung zum Amt insbesondere dann zu untersagen, wenn der fragliche Kandidat bereits pflichtwidrige Handlungen im Zusammenhang mit einer Company vorgenommen hatte und diesbezüglich angeklagt wurde (Verbrechen oder „fraudulent trading")[481] oder sich als unfähig zur Führung eines Unternehmens erwiesen und deswegen eine Gesellschaft bereits in die Insolvenz geführt hatte bzw. aufgrund seines Verhaltens aus der Verwaltung eines Unternehmens ausgeschlossen werden sollte.

Eine Abberufung eines Boardmitglieds richtet sich nach Section 303 des Companies Acts 1985. Danach kann ein Director durch einfachen Beschluss der Gesellschafterversammlung jederzeit, d.h. auch ohne Vorliegen eines „wichtigen Grundes" wie in § 84 Abs. 3 AktG, abberufen werden, auch wenn in der Praxis die Satzungen der Gesellschaften bestimmte Fälle für die Beendigung des Amtes in

---

[477] *Triebel/Hodgson* „Englisches Handelsrecht" § 7 Rn 712; *Morse* „Company Law" Ch. 15, S. 345ff.; vgl. *Great Eastern Railway Co. v. Turner* (1872) L.C. 8 Ch 149 (152).

[478] *Automatic Self-Cleansing Co. Ltd. v. Cuninghame* [1906] 2 Ch. 34; *Salmon v. Quin and Axtens Ltd.* [1909] C.A. 1 Ch. 311; *Breckland Group Holdings Ltd. v. London and Suffolk Properties Ltd.* [1989] B.C.L.C. 100; *Triebel/Hodgson* "Englisches Handelrecht" § 7 Rn 712; *Morse* "Company Law" Ch. 15, S. 312, 328ff.; *Davies* in Schmitthoff Rn 63-07, S. 938; im Falle eines Überschreitens bzw. pflichtwidrigen Ausübens der Befugnisse kann die Hauptversammlung einen entsprechenden Beschluss fassen, vgl. *Grant v. United Kingdom Switchback Rlwys. Co.* (1888) 40 Ch. D. 135 (C.A.); *Bamford v. Bamford* [1970] Ch. 212 (C.A.), ansonsten kommt auch eine Haftung des Mitglieds in Betracht: vgl. *Firbank's Exors. v. Humphreys* (1886) 18 Q.B.D. 54 (C.A.).

[479] *Morse* „Company Law" Ch. 15, S. 312, 340f.; vgl. *Pennington* "Company Law" S. 572f..

[480] Section 11 des Companies Directors Disqualification Act 1986; dazu *Morse* "Company Law" Ch. 15, S. 373ff..

[481] Auf eine tatsächliche Verurteilung kommt es hierbei daher nicht an, vgl. *Morse* „Company Law" Ch. 15, S. 373 in Fn 72.

der Regel enthalten.[482] Für diesen Beschluss kann nach der Rechtsprechung die Satzung überraschenderweise dem Director besondere Stimmrechte einräumen, wie zum Beispiel drei Stimmen pro Anteil.[483] Nach Section 303 Absatz 5 des Company Acts kann der Director auch bei vorzeitiger Abberufung Schadensersatzansprüche gegen die Gesellschaft aus seinem Anstellungsvertrag geltend machen.

2. Bindung des Boards an das Unternehmensinteresse

Auch die Boardmitglieder einer britischen Public Limited Company unterliegen einer Treupflicht, die das Handeln im Unternehmensinteresse („bona fide for the benefit of the company") umfasst und die Organmitglieder dazu anhalten soll, sich in keine Situationen zu begeben, in der die Pflichten gegenüber der Gesellschaft mit den persönlichen Interessen in Konflikt geraten.[484] Nicht unproblematisch erweist sich aber die Frage, welche Transaktionen im Interesse der Gesellschaft liegen und welche sonstigen Interessensphären hierbei eingebracht werden können. Die Rechtsprechung hat klargestellt, dass das Board jedenfalls keine persönlichen Interessen berücksichtigen darf, und hat einen Verkauf von Aktien an einen Erwerber zur Abwehr einer feindlichen Übernahme als unzulässig verworfen, obgleich das Board nicht nur glaubte, im eigenen Interesse, sondern auch im Interesse der Gesellschaft zu handeln.[485] Die Gerichte haben es auch als unzulässig erachtet, dass das Board vorhandene Mehrheiten innerhalb der Anteilseigner zerstört oder neue bildet.[486] Überprüft werden muss daher nach der Rechtsprechung, ob die vorgenommene Handlung der Fortführung des Unternehmensgeschäfts dient, im guten Glauben („bona fide") sowie dem Nutzen und Ertrag des Unternehmens („benefit and prosperity") zu dienen bestimmt war („bona fide test").[487] Mit der Regelung in Section 309 des Company Acts 1985 ist man nunmehr von der bisherigen Maßgeblichkeit der Aktionärsinteressen abgerückt, und die Interessen der Arbeitnehmer sind jetzt ebenfalls von dem Board bei Entscheidungen aus-

---

[482] *Morse* "Company Law" Ch. 15, S. 324; *Triebel/Hodgson* "Englisches Handelsrecht" § 7 Rn 724.

[483] *Bushell v. Faith* [1970] A.C. 1099.

[484] *Guinness plc v. Saunders* [1990] 2 A.C. 663 (H. C.); *Industrial Development Consultants Ltd. v. Cooley* [1972] 1 W.L.R. 443; *Selangor United Rubber Estates Ltd. v. Craddock* (No. 3) [1968] 1 W.L.R. 1555; *Farrar/Hannigan* Ch. 26, S. 380ff.; *Davies* in Schmitthoff Rn 63-04, S. 936.

[485] *Hogg v. Cramphorn Ltd.* (1967) Ch. 254; vgl. *Bamford v. Bamford* (1970) 1 Ch. 212 (C.A.); dazu *Hopt* in FS Lutter S. 1361 (1369); *Herkenroth* „Konzernierungsprozesse" S. 273; kritisch *Morse* „Company Law" Ch. 15, S. 351f. mit Verweis auf *Teck Corporation Ltd. v. Millar* (1972) 33 D.L.R. (3d) 288.

[486] *Howard Smith Ltd. v. Ampol Petroleum Ltd.* (1974) AC 821, PC: eine australische Entscheidung, der damit für das Vereinigte Königreich lediglich Empfehlungscharakter zukommt.

[487] *Rolled Steel Products (Holdings) Ltd. v. British Steel Corporation* [1984] BCLC 466 (C.A.); *Re Lee Behrens & Co Ltd.* [1932] 2 Ch. 46; *Morse* "Company Law" Ch. 15, S. 353f.; *Farrar/Hannigan* Ch. 26, S. 387ff..

drücklich zu beachten.[488] Hiergegen wird kritisch angeführt, dass es keinerlei Regelungen bezüglich eines Konflikts zwischen diesen Interessensphären gibt und die Arbeitnehmer auch keine Möglichkeiten besitzen, ihre Interessen durchzusetzen. Da die Pflichten des Boards der Gesellschaft geschuldet werden,[489] kann auch nur diese über eine Mehrheit in der Hauptversammlung Ansprüche gegen das Board geltend machen.[490] Im Ausnahmefall eines Liquiditätsengpasses haben die Gerichte mittlerweile auch die Berücksichtigung der Interessen der Gläubiger anerkannt,[491] woraus aber keine Verpflichtung gegenüber den wirtschaftlichen Interessen einzelner Gläubiger entspringen kann.[492] Dem Board kommt bei der Bestimmung der maßgeblichen Interessen ein breites unternehmerisches Ermessen zu, dass grundsätzlich nicht gerichtlich überprüfbar ist. Der angesetzte Maßstab ist hierbei subjektiv und nicht etwa objektiv.[493]

3. Behandlung von Interessenkonflikten

Die Behandlung von Interessenkonflikten erfolgt in Großbritannien im Wesentlichen über eine Offenlegungspflicht. Im Rahmen der Wahrnehmung von Geschäftschancen, die an ein Organmitglied aufgrund seiner Position herangetragen worden sind, gelten ähnliche Grundsätze wie in Deutschland nach der „Corporate opportunity doctrine“. Das Boardmitglied trifft hier eine Offenlegungspflicht bezüglich dieser Geschäftschancen, so dass die Hauptversammlung per Beschluss über die Zulässigkeit der Maßnahme bzw. über den Erhalt des Ertrags entscheiden

488 Vgl. aber auch Section 719 des Company Acts 1985 und bereits die Entscheidung *Greenhalgh v. Aderne Cinemas* [1951] Ch. 286; zum Ganzen ausführlich: *Farrar/Hannigan* Ch. 26, S. 380ff., 385f..

489 Vgl. dazu *Lindgren v. L.P. Estates Ltd.* [1968] Ch. 572 (C.A.): die Pflichten bestehen daher nicht gegenüber den Gesellschaftern und auch nicht gegenüber einer Tochtergesellschaft des Unternehmens. Konsequenz ist, dass ein Director von einem Gesellschafter Anteile zu einem niedrigen Kurs erwerben kann, und Kenntnisse, die zu einem höheren Preis führen würden, verschweigen darf; er muss dann aber die erzielten Gewinne an die Gesellschaft abführen, vgl. *Percival v. Wright* [1902] 2 Ch. 421; *Triebel/Hodgson* „Englisches Handelsrecht“ § 7 Rn 727.

490 *Morse* “Company Law” Ch. 15, S. 349; vgl. dazu auch *Re Chez Nico (Restaurants) Ltd.* [1992] BCLC 192 (208), nach der grundsätzlich keine Treuepflicht gegenüber den Aktionären besteht, es sei denn, es liegt eine Ausnahmesituation mit einer Offenlegungspflicht gegenüber den Anteilseignern vor: eine solche wird nach *Dawson International plc v. Coats Patons plc*, 1988 S.L.T. 854 (O.H.) aber auch im Falle der Stellungnahme zu einem Übernahmeangebot verneint, da es dort um die alten und neuen Anteilseignern geht und nicht um die Verkäufer der Aktien.

491 *Liquidator of West Mercia Safetywear Ltd. v. Dodd* [1988] BCLC 250 (C.A.); vgl. auch *Nicholson v. Permakraft (N.Z.) Ltd.* [1985] N.Z.L.R. 242; *Kinsela v. Russell Kinsela Pty Ltd.* [1986] 4 N.S.W.L.R. 722 (730); *Morse* “Company Law” Ch. 15, S. 349.

492 *Nordic Oil Services Ltd. v. Berman*, 1993 S.L.T. 1168 (O.H.); *Morse* “Company Law” Ch. 15, S. 350.

493 Vgl. *Re Smith and Fawcett Ltd.* [1942] Ch. 304; *Runciman v. Walter Runciman plc* [1992] BCLC 1084; *Morse* „Company Law“ Ch. 15, S. 354f.; siehe aber auch *Howard Smith Ltd. v. Ampol Petroleum Ltd.* [1974] A.C. 821 (P.C).

kann.[494] Er darf ebenso wenig seine Stellung dafür nutzen, aus Informationsmaterial und Kundenkonten der Gesellschaft heimlich Gewinne zu erwirtschaften.[495] Die gleiche Offenlegungspflicht besteht sodann bei sämtlichen geplanten Transaktionen des Unternehmens, bei denen das betroffene Organmitglied gemäß Section 317 des Companies Act 1985 in der ersten Sitzung, in der das Vorhaben diskutiert wird, seine persönlichen Interessen offenbaren muss.[496] Dies betrifft nicht nur Verträge mit dem Director selbst, sondern auch solche, bei denen dieser persönliche Interessen als Aktionär oder Partner des Vertragspartners besitzt.[497] Aufgrund der eintretenden Verzögerung und der möglicherweise auftretenden Peinlichkeiten durch die Offenlegung, sind zahlreiche Unternehmen aber dazu übergegangen, solche Transaktionen für die Direktoren a priori statuarisch zu verbieten.[498]

Schließlich ist ein Director auch innerhalb von fünf Tagen nach der Bestellung gemäß Section 324 des Companies Act 1985 dazu verpflichtet, seinen Aktienbestand des Unternehmens und der Tochterunternehmen und in der Folgezeit eventuelle Kauf- oder Verkaufspläne innerhalb der gleichen Frist seit Kenntnis offen zulegen.[499] Diese Pflicht der Offenlegung besteht gegenüber dem Board[500] und wird im Falle der Nichtbeachtung mit einem Bußgeld belegt. Alternativ kann die Gesellschaft aber auch den Vertrag des Directors anfechten oder die daraus gezo-

[494] Unzulässigkeit bei fehlender Offenlegung: *Regal (Hastings) Ltd. v. Gulliver* [1967] 2 A.C. 134; *Phipps v. Boardman* [1967] 2 A.C. 46; *Industrial Development Consultants v. Cooley* [1972] 1. W.L.R. 443; *Canadian Aero Service v. Malley* [1973] 40 D.L.R. (3d) 371 (Can. S.C.); aber auch *Lindgren v. L. & P. Estates Ltd.* [1968] Ch. 572 (C.A.) zur Zulässigkeit der Eigenwahrnehmung; vgl. die Darstellungen bei *Morse* "Company Law" Ch. 15, S. 354f. mwN; *Davies* in Schmitthoff Rn 63-23, S. 955ff..

[495] *Regal (Hastings) Ltd. v. Gulliver* [1967] 2 A.C. 134; *Boardman v. Phipps* [1967] 2 A.C. 46; *Industrial Development Consultants v. Cooley* [1972] 1. W.L.R. 443; *Canadian Aero Service v. Malley* [1973] 40 D.L.R. (3d) 371 (Can. S.C.); *Triebel/Hodgson* "Englisches Handelsrecht" § 7 Rn 729.

[496] *Aberdeen Ry Co. v. Blackie Bros.* (1854) 1 Macq. H.L. 461; *Transvaal Lands Co. v. New Belgium (Transvaal) Land, Co.* [1914] 2 Ch. 488 (C.A.); dazu *Georg Müller* "Vorvertragliche und vertragliche Informationspflichten" S. 111ff.; *Farrar/Hannigan* Ch. 27, S. 398ff.; *Morse* "Company Law" Ch. 15, S. 356ff..

[497] *Transvaal Lands Co. v. New Belgium (Transvaal) Land, Co.* [1914] 2 Ch. 488 (C.A.); *Costa Rica Ry v. Forwood* [1901] 1 Ch. 746 (C.A.); *Davies* in Schmitthoff Rn 63-16, S. 946; *Georg Müller* "Vorvertragliche und vertragliche Informationspflichten" S. 112.

[498] Vgl. *Morse* "Company Law" Ch. 15, S. 357; anders aber *Triebel/Hodgson* "Englisches Handelsrecht" § 7 Rn 728, die bei Offenlegung von einer Zulässigkeit ausgehen.

[499] *Morse* "Company Law" Ch. 15, S. 319f.; *Meinhardt* RIW 1987, 10 (11); hinzuweisen ist hier darauf, dass es nicht nur in private, sondern auch in public companies eine sogenannte „Share qualification" vorgesehen ist, nach der ein Director innerhalb einer bestimmten Frist von bis zu zwei Monaten eine bestimmte Anzahl von Aktien des Unternehmens erwerben muss. Damit wird in praxi das Prinzip der Selbstorganschaft realisiert, vgl. Section 291 des Company Acts, dazu *Triebel/Hodgson* „Englisches Handelsrecht" § 7 Rn 723.

[500] Vgl. Section 317 Company Act 1985; nach *Georg Müller* "Vorvertragliche und Vertragliche Informationspflichten" S. 111ff.; *Triebel/Hodgson* „Englisches Handelsrecht" § 7 Rn 728 besteht die Pflicht gegenüber den Gesellschaftern.

genen Nutzen geltend machen.[501] Fraglich sind aber die Anforderungen an eine solche Offenlegung, ob somit lediglich das bestehende persönliche Interesse oder auch der Umfang des Interesses offengelegt werden muss. Empfehlenswert erscheint es jedenfalls, dass der Mandatar eine generelle Information über seine anderweitigen Beteiligungen und Interessenssphären abgibt.[502]

Im Falle eines Mandats in einem Konkurrenzunternehmen enthält das Gesetz zwar keine Verbotsvorschrift; jedoch unterliegt der Mandatar einer Verschwiegenheitspflicht, die es ihm verbietet, vertrauliche Information aus der ersten an die zweite Gesellschaft weiterzugeben.[503] Da den Interessen der zweiten Gesellschaft auch nicht der Vorrang vor denen der ersten eingeräumt werden darf, schränkt die Treuepflicht den Spielraum für Wettbewerb sehr weit ein.[504] Im Falle eines Verstoßes werden eventuell abgeschlossene Verträge zwar nicht ipso iure unwirksam, aber aufhebbar.[505] Außerdem könnte eine Klage nach Section 459 des Companies Act drohen.[506] Hiernach kann jedes Mitglied der Gesellschaft (registrierte Aktionäre oder auch „Executors of members", nicht aber Arbeitnehmer oder Gläubiger)[507] eine vorgenommene oder bevorstehende Geschäftsführung gerichtlich angreifen, die zum Nachteil eines Teils der Mitglieder oder auch aller gewesen sein soll.[508] Neben einer Antragsbefugnis ist aber zusätzlich die Verletzung der Position als Anteilseigner erforderlich. Schwierigkeiten wird in der Regel die Feststellung eines „unfair and prejudical conduct" bereiten,[509] das grundsätzlich zu verneinen ist, wenn ein bloßes Missmanagement vorliegt;[510] dagegen ist eine Begründetheit des Begehrens denkbar, wenn Vermögensgegenstände der Gesellschaft missbraucht

[501] *Hely-Hutchinson v. Brayhead* [1968] 1 Q.B. 549 (C.A.); *Guinness v. Saunders* [1990] 2 A.C. 663 (H.L.) *Morse* „Company Law" Ch. 15, S. 359 auch zur Problematik, wenn eine Offenlegung gänzlich fehlte.

[502] *Morse* „Company Law" Ch. 15, S. 358.

[503] *London & Mashonaland Exploration Co. v. New Mashonaland Exploration Co.* [1891] W.N. 165; *Bell v. Lever Bros. Ltd.* [1932] A.C. 161 (195); aber Konkurrenztätigkeit ablehnend: *Scottish Co-operative Wholesale Society Ltd. v. Meyer* [1959] A.C. 324 (366); wohl zustimmend: *Davies* in Schmitthoff Rn 63-22, S. 954f..

[504] *Thomas Marshall (Exporters) Ltd. v. Guinle* [1978] 3 W.L.R. 116; *Triebel/Hodgson* "Englisches Handelsrecht" § 7 Rn 729; *Farrar/Hannigan* Ch. 27, S. 400f., 414 mit Verweis auf *Scottish Co-operative Wholesale Society Ltd. v. Meyer* [1959] AC 324, S. 368; [1958] 3 All ER 66, S. 88; *Abbey Glen Property Corpn v. Stumborg* (1978) 85 D.L.R. (3rd) 35.

[505] *Hely-Hutchinson v. Brayhead* [1968] 1 Q.B. 549 (C.A.); [1967] 3 All E.R. 98; vgl. auch *Movitex Ltd. v. Bulfield* [1988] B.C.L.C. 104; *Georg Müller* „Vorvertragliche und vertragliche Informationspflichten" S. 113.

[506] *Meyer v. Scottish C.W.S. Limited*, 1958 S.C. (H.L.) 40 (68); [1959] A.C. 324 (368); *Morse* "Company Law" Ch. 15, S. 361f.

[507] *Re Quickdome Ltd.* [1988] BCLC 370; *Re A Company* [1986] BCLC 391; *Morse* „Company Law" Ch. 18, S. 417.

[508] Zur Problematik der Definition eines "unfairly prejudical conduct": *Morse* „Company Law" Ch. 18, S. 419 mwN.

[509] *Morse* „Company Law" Ch. 18, S. 421ff..

[510] Vgl. aber *Re Macro (Ipswich) Ltd.* [1994] 2 BCLC 354, wonach substantielle Nachteile für die Gesellschaft die Interessen der Minderheit tangierten.

worden sind.[511] Nach den allgemeinen Grundsätzen kann ein Director dem entgehen, indem er seine anderweitige Tätigkeit gegenüber dem Board offen legt und über die Zulässigkeit entschieden werden kann

In der „Corporate Governance"-Diskussion hat man im „*Combined Code of Best Practice*" ebenso die Lösung über eine Offenlegung gewählt.[512] Investmentbankern und Rechtsanwälten wird die Funktion als unabhängiger non-executive officer zwar grundsätzlich fachlich zugetraut, jedoch wird eine Unabhängigkeit als eher gewährleistet angesehen, wenn der Mandatsträger in den letzten Jahren nicht bei der Gesellschaft beschäftigt war, nicht beratend für die Gesellschaft tätig und nicht Vertreter eines bedeutenden Lieferanten oder Kunden der Gesellschaft ist.[513] Nach dem „*Combined Code of Best Practice*" besteht dabei eine Pflicht zur Offenlegung der Interessenkonflikte im Directors Report gegenüber dem Organ.[514] Wie auch beim deutschen Corporate Governance Kodex muss eine börsennotierte „Public company" nach den Listing particulars des „Purple book" im Rahmen des Jahresberichts eine Erklärung dazu abgeben, ob und in welchem Umfang nebst Begründung der Kodex anerkannt wird.[515] Diese Stellungnahme ist von den Abschlussprüfern zu überprüfen.

4. Ergebnis zu II.

Interessenkonflikte werden damit im Vereinigten Königreich über eine Offenlegungspflicht aufgelöst. Die gesetzlichen Vorschriften sind dabei zwar mit den deutschen vergleichbar, jedoch ist zu berücksichtigen, dass in Großbritannien vermeintlich unverbindliche Regelungswerke weitverbreitete Anerkennung bei den Marktteilnehmern genießen. Die Lösung des Interessenkonflikts über eine Offenlegungspflicht im „*Combined Code of Best Practice*" kommt damit erheblich größere Bedeutung für die praktische Handhabe des Problems zu, als dies für den deutschen Corporate-Governance Kodex anzunehmen ist.

[511] *Re Elgindata Ltd.* [1991] BCLC 959; *Re A Company, ex p. Burr* [1992] BCLC 724; *Morse* "Company Law" Ch. 18, S. 422.

[512] Der Combined Code ist abgedruckt unter www.fsa.gov.uk; dazu *Davies* ZGR 2001, 268 (270f.); *U.H. Schneider* DB 2000, 2413 (2415f.).

[513] Code of Best Practice Rule 2.1 and 2.2; *Institutional Shareholders' Commitee* in Hopt/Wymeersch S. M 27 (M 30f.).

[514] Note 4 zum Code of Best Practice in Hopt/Wymeersch S. M 1 (M 7).

[515] The Listing Rules (früher auch als "Yellow book" bezeichnet) Chapter 12, para. 12.43 (j); dazu *Triebel/Hodgson* „Englisches Handelsrecht" § 7 Rn 15.

III. Lösungsmöglichkeiten für den potentiellen Konflikt

1. Lösung über Stimmrechtsverbot und Sitzungsausschluss

Die Lösung über einen Stimmrechtsausschluss wird bei Vorliegen eines Interessenkonflikts nach zutreffender Ansicht grundsätzlich abgelehnt.[516] Dies lässt sich damit begründen, dass die gesetzlich statuierten Stimmrechtsverbote in §§ 34 BGB, 136 AktG, 47 Abs. 4 GmbHG und 43 Abs. 6 GenG auf die Befangenheit von Mitgliedern einer Gesellschaft, nicht aber auf Organmitglieder zugeschnitten sind. Eine analoge Anwendung kommt daher lediglich in Ausnahmefällen in Betracht, wie zum Beispiel bei der Entscheidung über den Abschluss eines Rechtsgeschäfts der Gesellschaft mit dem Organmitglied oder der Einleitung oder Beendigung eines Rechtsstreits mit diesem. Die Interessenpluralität ist aber gerade im Aufsichtsrat erwünscht und deswegen insbesondere durch das Mitbestimmungsgesetz herbeigeführt worden.

Die mangelnde Effektivität der Konfliktbereinigung resultiert aber aus einer weiteren Überlegung: das Stimmverbot kann nur dann Wirkung entfalten, wenn der fragliche Mandatar auch nicht an der Sitzung teilnehmen darf und auf diese Weise nicht auf die Entscheidung einwirken kann. Aus diesem Grunde würde auch eine Stimmenthaltung nicht genügen. Zudem müsste angenommen werden, dass der Mandatsträger die in der ersten Gesellschaft gewonnenen Kenntnisse trotz der sich aus § 93 Abs. 1 Satz 2 AktG ergebenen Verschwiegenheitspflicht nicht bei seiner Entscheidung in der anderen vollkommen ausblenden könnte.[517] Der Doppelbänder müsste demnach von der Sitzung vollständig ferngehalten werden. Nach herrschender Ansicht führt aber selbst das Bestehen eines Stimmverbots nicht automatisch zum Ausschluss von der Sitzung,[518] da der Mandatsträger die Möglichkeit erhalten muss, seinen Konflikt zu offenbaren und seine Auffassung darzulegen.[519] Danach ist der Sitzungsausschluss lediglich unter hohen Voraussetzungen zulässig, wie zum Beispiel wenn die Ordnung der Sitzung durch das fragliche Mitglied gestört würde oder eine konkrete Gefahr für einen Informationsmissbrauch zu befürchten wäre.[520] Dies liegt daran, dass das

---

516 Statt vieler: BGHZ 68, 107 (109); 80, 69 (71); 97, 28 (30ff.) = NJW 1986, 2051 = WM 1986, 456; *U.H. Schneider* ZHR 150 (1986), 609 (613); *Ulmer* NJW 1980, 1603 (1605); *Hoffmann-Becking* ZHR 150 (1986), 570 (580 mwN); *ders.* in Münch Hdb § 31 Rn 59; *Lutter/Krieger* „Aufsichtsrat" Rn 248; *Potthoff/Trescher* S. 341; Sörgel-*Hadding* § 34 Rn 2; KK-*Mertens* § 108 Rn 49; *Zöllner* „Stimmrechtsmacht" S. 263ff..

517 Vgl. z. B. *Marsch-Barner* in Semler AR-Hdb. Rn J154.

518 BGH NJW 1971, 2225; WM 1985, 567f.; für die GmbH: BGHZ 14, 264 (270f.); aus der Literatur hierzu: *Potthoff/Trescher* S. 342; *Krebs* „Interessenkonflikte" S. 160ff.; KK-*Mertens* § 108 Rn 55; *Giesen* „Organhandeln" S. 127; *Zöllner* „Stimmrechtsmacht" S. 187; *Dreher* JZ 1990, 896 (903); Sörgel-*Hadding* § 34 Rn 9; Staudinger/*Weick* § 34 Rn 18; Palandt-*Heinrichs* § 34 Rn 2.

519 *Krebs* „Interessenkonflikte" S. 163; *Matthiessen* „Stimmrecht und Interessenkollision" S. 350; *Dreher* JZ 1990, 896 (901 in Fn 65).

brauch zu befürchten wäre.[520] Dies liegt daran, dass das Organmitglied ein grundsätzlich unentziehbares Recht auf Teilnahme an der Sitzung besitzt[521] und die Verschwiegenheitspflicht des Mandatars die Interessen der betroffenen Gesellschaften wahren soll. Eine konkrete Gefahr für einen Informationsmissbrauch ist insbesondere bei einem bestehenden Verdacht der Industriespionage oder entsprechendem Verhalten in der Vergangenheit anzunehmen.[522] Nach Ansicht von *Lutter* und *Mertens* besteht eine solche Gefahr aber auch bei einem unmittelbaren Betroffensein als Konkurrent.[523]

Der zuletzt genannten Auffassung kann jedoch nicht gefolgt werden. Das Recht eines Aufsichtsratsmitglieds auf Teilnahme an den Sitzungen ist grundsätzlich unentziehbar und wird mit der Verschwiegenheitspflicht der Aufsichtsratsmitglieder und deren Bindung an das Unternehmensinteresse legitimiert. Es müssen daher überragende Gründe für einen Ausschluss sprechen. Die Konkurrenzmandate sind aber bereits deswegen nicht mit den zuvor genannten Fallkonstellationen eines Ausschlusses vergleichbar, da die Mitgliedschaft eines Konkurrenzvertreters immer auch der Vorbereitung einer Fusion oder einer sonstigen Zusammenarbeit dienen könnte und daher von einer Negativwirkung nicht per se ausgegangen werden kann. Zudem stellt die Entziehung des Teilnahmerechts auch im Hinblick auf das „Ultima-ratio"-Prinzip nicht das geeignete Mittel dar. Denkbar wäre nach Teilen der Literatur beispielsweise auch die Delegation der Entscheidungen auf einen Ausschuss, dem das potentiell konfliktbelastete Organmitglied nicht angehört.[524] Unabhängig davon vermag ein Teilnahmeausschluss auch nicht verhindern, dass das Organmitglied seinen Einfluss im Rahmen der Erörterung seines Ausschlusses geltend zu machen versucht. Mit dem Betroffensein als Konkurrent sind daher die Anforderungen an einen Ausschluss von der Sitzung nicht erfüllt.

2. Verbot de lege lata

Insbesondere nach *Lutter*[525] besteht für Doppelmandate in Konkurrenzunternehmen ein Verbot de lege lata, welches aus einer Analogie zu den bestehenden

---

[520] *Kindl* „Teilnahme" S. 159ff.; KK-*Mertens* § 109 Rn 8; *Hoffmann/Weinmann/Lehmann* „MitbestG" § 25 Rn 57; vgl. auch *Baumbach/Hueck* „AktG" § 109 Rn 4; *Ulmer* in Hanau/Ulmer „MitbestG" § 25 Rn 19; *Raiser* „MitbestG" § 25 Rn 31; *Säcker* NJW 1979, 1521 (1522).

[521] Statt vieler: KK-*Mertens* § 109 Rn 8; *v. Schenck* in Semler AR-Hdb. Rn E143.

[522] *Säcker* NJW 1979, 1521 (1522); *Lutter* „Information und Vertraulichkeit" S. 36.

[523] *Lutter* „Information und Vertraulichkeit" S. 36; KK-*Mertens* § 90 Rn 13; *ders.* AG 1980, 67 (74); zustimmend: *Krebs* „Interessenkonflikte" S. 298f.; kritisch *Kindl* „Teilnahme" S. 155ff., 160; *Quack* in FS Ritter S. 734 (748).

[524] *Kindl* „Teilnahme" S. 153ff.; *Götz* AG 1995, 337 (346); *Dreher* JZ 1990, 896 (901 in Fn 65); vgl. dazu BGHZ 122, 342 (355); *Siebel* in Semler AR-Hdb. Rn G48 und G54; *Krebs* „Interessenkonflikte" S.163f.; KK-*Mertens* § 90 Rn 25; *ders.* AG 1980, 67 (73f.); *ders.* ZGR 1983, 189 (199f.); Scholz-*Schneider* „GmbHG" § 52 Rn 241; *Rellermeyer* „Aufsichtsratsausschüsse" S. 75; *Hoffmann* „Aufsichtsrat" Rn 153; *Lehmann* DB 1979, 2117 (2122f.).

[525] *Lutter* in FS Beusch S. 509 (516); *ders.* ZHR 145 (1981), 224 (236); *ders.* „Information und Vertraulichkeit" S. 126ff.; *Lutter/Krieger* „Aufsichtsrat" Rn 303ff..

Inkompatibilitätsvorschriften abzuleiten ist. Dafür müsste jedoch eine planwidrige Regelungslücke vorliegen.

a) Analoge Anwendung des § 88 AktG

Neben einer Analogie zu den bestehenden Inkompatibilitätsvorschriften ist bei den Doppelmandaten in Konkurrenzunternehmen auch eine Analogie zu den gesetzlich vorgesehenen Wettbewerbsverboten denkbar. Wie oben dargestellt, gibt es solche für Vorstandsmitglieder einer AG nach § 88 Abs. 1 AktG und für geschäftsführungsbefugte Gesellschafter von Personenhandelsgesellschaften gemäß § 112 HGB bzw. §§ 161 Abs. 2, 112 HGB.

aa) Vorliegen einer vergleichbaren Sachlage

Eine Analogie im Falle von Aufsichtsratsmandaten wäre jedoch nur dann zulässig, wenn eine vergleichbare Sachlage vorläge. Das Recht der Personenhandelsgesellschaften ist durch die persönliche Haftung der Gesellschafter und durch das durch den Gesellschaftsvertrag geschaffene besondere Treueverhältnis unter den Gesellschaftern gekennzeichnet. Im Gegensatz dazu ist bei der Aktiengesellschaft eine Fremdorganschaft üblich, so dass das handelsrechtliche Wettbewerbsverbot in § 112 HGB für eine Analogie als ungeeignet angesehen werden muss. Weiterführen könnte lediglich § 88 Abs. 1 AktG.

Insgesamt haben Wettbewerbsverbote und Inkompatibilitätsvorschriften zwar gemeinsam, dass beide die Beeinträchtigung der Amtsausübung aufgrund von Interessenkonflikten zu verhindern suchen, indes steht nach der gesetzlichen Ausgestaltung bei dem Wettbewerbsverbot in § 88 Abs. 1 AktG im Vordergrund, dass das Vorstandsmitglied in der Lage sein soll, seine volle Arbeitskraft der Gesellschaft zu widmen.[526] Entscheidend ist aber, dass Inkompatibilitätsvorschriften die Bestellung ins Amt verhindern, Wettbewerbsverbote dagegen die Amtsausübung betreffen.[527]

Für eine Ablehnung einer Analogie spricht schließlich, dass bei Vertretung eines verhinderten Vorstandsmitglieds durch einen vom Aufsichtsrat nach § 105 Abs. 2 AktG entsandten Vertreter, dieser dem Wirkungsbereich des § 88 AktG gemäß § 105 Abs. 2 Satz 4 AktG explizit nicht unterliegt. Wenn also bei einer solchen temporären Erfüllung der Vorstandsaufgaben der Mandatsträger schon keinem Wettbewerbsverbot unterliegt, ist es schwer vorstellbar, dass im Rahmen der

[526] KK-*Mertens* § 88 Rn 2, 8; *Meyer* AG 1988, 259; *Salfeld* „Wettbewerbsverbote"; *Sina* DB 1985, 902ff.; *Hopt* in Hopt/Teubner S. 285ff.; *Kübler* in FS Werner, S. 437ff.; *U.H.Schneider* BB 1995, 365ff.; BGH WM 1976, 77.

[527] Vgl. dazu KK-*Mertens* § 88 Rn 3; *Nirk* in Nirk/Reuter/Bächle Teil I, Rn 784.

üblichen Aufsichtsratstätigkeit eine analoge Anwendung dieser Vorschrift in Betracht kommen soll.[528]

Ein solches Ergebnis wird auch durch die Überprüfung der Konstellationen gestützt, in denen die Rechtsordnung ein Wettbewerbsverbot bestimmt. Es zeigt sich nämlich, dass ein solches immer dann angenommen wird, wenn der Gesellschafter bzw. das Organmitglied geschäftsführungsbefugt ist. Daher unterliegen oHG-Gesellschafter, Komplementäre, Vorstandsmitglieder und GmbH-Geschäftsführer[529] einem solchen Verbot. Anders ist dies jedoch, wenn diese Befugnis zur Geschäftsführung fehlt. Dies ist zunächst grundsätzlich beim Kommanditisten der Fall, der nach § 165 HGB ausdrücklich keinem Wettbewerbsverbot unterliegt.[530] Eine Ausnahme hiervon wird nach der Rechtsprechung nur dann angenommen, wenn der Kommanditist die Gesellschaft beherrscht und die Geschicke der Gesellschaft maßgeblich beeinflussen kann.[531] Ein gesellschaftsvertraglich vereinbartes Wettbewerbsverbot ist dabei entgegen § 1 GWB zulässig, wenn es zu verhindern gilt, dass der Gesellschafter einen leistungsfähigen Wettbewerb zugunsten seiner eigenen Konkurrenztätigkeit durch eine „Aushöhlung des Unternehmens" ausschaltet.[532] Außerdem gibt es auch kein gesetzlich verankertes Wettbewerbsverbot für die Gesellschafter einer GmbH.[533] Dabei bleibt es den Gesellschaftern allerdings offen, bei Gründung im Rahmen des § 3 Abs. 2 GmbHG bzw. nachher unter den Voraussetzungen des § 53 Abs. 3 GmbHG, d.h. unter Zustim-

---

528 Vgl. auch *Bokelmann* „Personelle Verflechtungen" S. 141f..

529 Die Beachtung ergibt sich aus der Loyalitätspflicht, BGHZ 49, 30 (31) = WM 1968, 613; BGH WM 1976, 77; BGH WM 1979, 1328 (1330); die Entbindung von dem Wettbewerbsverbot durch die Mehrheit der Gesellschafter kann nur dann erfolgen, wenn dies dem Interesse der Gesellschaft entspricht, vgl. BGHZ 80, 69 (74) *„Süssen"*; zustimmend *Kübler* „Gesellschaftsrecht" § 17 V 2a), S. 241; zur nachwirkenden Treuepflicht vgl. auch BGH WM 1977, 194.

530 Vgl. dazu auch BGHZ 38, 306 (314) für die rein kapitalistische Beteiligung eines oHG-Gesellschafters; nach § 159 ADHGB war dem Kommanditisten sogar eine Konkurrenztätigkeit ausdrücklich gestattet.

531 BGHZ 89, 162 (165ff.) = NJW 1984, 1351 = JZ 1984, 576 (mit Anmerkung *Immenga*) *„Heumann/Ogilvy"*; *Löffler* NJW 1986, 223ff.; vgl. auch *Kübler* „Gesellschaftsrecht" § 8 II 1c), S. 100; *Baumbach/Hopt* „HGB" § 165 Rn 3; Schlegelberger/*Martens* „HGB" § 165 Rn 9ff.; aber auch BGH BB 1982, 267 (268) = DB 1982, 534 (535).

532 BGHZ 104, 246 (251) *„neuform-Artikel"*.

533 Als Konkretisierung der Treuepflicht kann ein Wettbewerbsverbot jedoch jeden Gesellschafter treffen, der entsprechenden Einfluss auszuüben vermag: BGHZ 89, 162 (165f.) = ZIP 1984, 446 (447f.) *„Heumann/Ogilvy"*; 104, 246 (251f.) = ZIP 1988, 2080; BFHE 156, 484 (487); 157, 138 (140f.); BFH DB 1990, 1702 (1703); 2101 (2102); Hachenburg/*Raiser* „GmbHG" § 14 Rn 64; *Ivens* „Das Konkurrenzverbot des GmbH-Gesellschafters", S. 125ff.; *Timm* GmbHR 1981, 177ff.; *K. Schmidt* „Gesellschaftsrecht" § 20 V 1b), S. 597f.; a.M. noch BGH BB 1982, 267 (268) = DB 1982, 534 (535); OLG Köln BB 1991, 859 (860); vgl. auch zur Treuepflicht des Gesellschafters: BGHZ 65, 15 *„ITT"*; 76, 352 (355) = ZIP 1980, 275 (276f.); 80, 69 = ZIP 1981, 399; *Röhricht* WPg 1992, 766 (771); Baumbach/Hueck-*Hueck* „GmbHG" § 13 Rn 21; *Armbrüster* ZIP 1997, 1269 (1272).

mung aller Gesellschafter, ein solches gesellschaftsvertraglich als Nebenleistung zu vereinbaren.[534]

Diese Grundsätze lassen sich auf den ebenfalls nicht geschäftsführungsbefugten Aufsichtsrat übertragen. Die Einflussmöglichkeit des einzelnen Aufsichtsratsmitglieds auf die Geschicke der Gesellschaft wird unter Umständen gering ausfallen. Ein Eingriff in die Geschäftsführung durch den Gesamtaufsichtsrat ist lediglich im Rahmen des § 111 Abs. 4 AktG möglich, so dass die Annahme eines Wettbewerbsverbots bereits von daher ausscheiden kann. Auch ist zu berücksichtigen, dass durch die Fremdorganschaft die Vertrauensbeziehung des Mandatsträgers zu der Gesellschaft weitaus geringer ausfällt als dies bei den Gesellschaftern von Personenhandelsgesellschaften oder den GmbH-Gesellschaftern der Fall ist. A maiore ad minus könnte dies ebenso das Fehlen eines Wettbewerbsverbot rechtfertigen. Daneben ist zu berücksichtigen, dass das Aufsichtsratsmitglied durch die gesetzliche Ausgestaltung typischerweise verschiedenen Loyalitätsbeziehungen ausgesetzt ist. Das Verbot jeglicher anderer Tätigkeiten wie in § 88 Abs. 1 AktG würde somit der Absicht des Gesetzgebers widersprechen.

Damit kommt auch keine entsprechende Anwendung des Wettbewerbsverbots in § 88 AktG in Betracht, sondern lediglich die bereits festgestellte Einzelanalogie zu den gesetzlichen Inkompatibilitätsvorschriften in §§ 100 Abs. 2, 105 Abs. 1, 250 Abs. 1 Nr. 4 AktG.

bb) Verhältnis von Wettbewerbsverbot und Inkompatibilitätsregelung

Die Frage stellt sich hier, ob der Gesetzgeber durch den Verzicht auf die Statuierung eines Wettbewerbsverbots für Aufsichtsräte bereits eine Wertung hinsichtlich einer (ungeschriebenen) Inkompatibilität bei der Mitgliedschaft in einem Konkurrenzunternehmen vorgenommen hat.

Nach *U. H. Schneider* folgt aus dem Fehlen eines Wettbewerbsverbots, dass Mehrfachmandate in Aufsichtsräten von Wettbewerbsunternehmen de lege lata nicht unzulässig sein können. Er setzt somit Wettbewerbsverbot und Inkompatibilitätsvorschrift auf die gleiche Wertungsstufe; dies folge mittelbar aus § 105 Abs. 2 Satz 4 AktG. Das Verbot von Mehrfachmandaten in Konkurrenzunternehmen sei zudem lediglich ein Teilaspekt der Frage eines Wettbewerbsverbots für Aufsichtsratsmitglieder. Eine Regelung, die ein solches Doppelmandat untersagen würde, jedoch eine Wettbewerbstätigkeit im eigenen Namen oder auf eigene Rechnung nicht erfassen würde, verfehle ihren Zweck. Nach *U. H. Schneider* geht es mithin

[534] *Immenga* „Die personalistische Kapitalgesellschaft", S. 101ff.; Hachenburg/*Ulmer* „GmbHG" § 3 Rn 75ff.; *Mertens/Cahn* in FS Heinsius, S. 545ff.; *Kübler* „Gesellschaftsrecht" § 17 IV 2c), S. 236.

vielmehr um die Frage, ob ein Wettbewerbsverbot für Aufsichtsratsmitglieder eingeführt werden sollte.[535]

Dieses Ergebnis vermag jedoch nicht zu überzeugen. Wie oben bereits ausgeführt, betrifft das Wettbewerbsverbot die Amtsausführung, eine Inkompatibilitätsvorschrift hingegen die Bestellungsmodalitäten. Zudem wird dem Vorstandsmitglied mit dem Wettbewerbsverbot in § 88 Abs. 1 AktG jegliche Verwendung seiner Arbeitskraft in einer anderen Geschäftsführungsaufgabe unabhängig von einer Konkurrenzsituation untersagt, eben weil nach der Vorstellung des Gesetzgebers das Vorstandsmitglied seine volle Arbeitskraft schuldet. Etwas anderes muss jedoch für die Aufsichtsratsmitglieder gelten, da diese regelmäßig einen anderen Hauptberuf neben ihrem Überwachungsamt ausüben. Diese Tätigkeit könnten Aufsichtsratsmitglieder dann nicht mehr wahrnehmen, wodurch der Anreiz äußerst gering sein dürfte, ein vorläufiges Vorstandsamt zu übernehmen. Realiter käme der Vorschrift des § 105 Abs. 2 AktG dann keinerlei Bedeutung zu.[536] Hiergegen kann auch nicht eingewendet werden, dass die Vorschrift des § 105 Abs. 2 Satz 4 AktG lediglich auf das „Wettbewerbsverbot des § 88 AktG" verweist. Vielmehr zitiert § 105 Abs. 2 Satz 4 AktG nur die amtliche Überschrift der Regelung, wobei jedoch unstreitig der Verweis der gesamten Regelung des § 88 AktG gilt. Mit dem Verweis ist mithin keinerlei Aussage über die Zulässigkeit einer Konkurrenztätigkeit des Mandatsträgers getroffen.[537]

Daraus lässt sich schließen, dass die Regelung in § 105 Abs. 2 Satz 4 AktG nicht etwa bezweckt, eine Konkurrenztätigkeit des Aufsichtsratsmitglieds zu erlauben, sondern lediglich über die Möglichkeit, vakante Vorstandsposten vorübergehend mit Aufsichtsratsmitgliedern besetzen zu können, eine schnelle Wiedereinsetzung der Handlungsfähigkeit der Gesellschaft nach außen hin gewährleisten soll. Dieses Ergebnis wird auch dadurch bestätigt, dass ein Aufsichtsratsmitglied als Vorstandsvertreter wegen einer auf § 242 BGB beruhenden Pflicht zur besonderen Zurückhaltung keine Konkurrenztätigkeit neu aufnehmen darf.[538] Auch ist darauf hinzuweisen, dass es dem Aufsichtsratsmitglied aufgrund seiner Treuepflicht nach der „corporate opportunity doctrine" untersagt ist, Geschäftschancen der Gesellschaft uneingeschränkt für sich persönlich oder für Dritte zu nutzen.[539] Demnach würde eine Inkompatibilitätsvorschrift – entgegen *U.H. Schneider* – nicht zwangsläufig fehlschlagen, wenn es gleichzeitig an einem umfassenden Wettbewerbsverbot fehlen würde.

---

535 In BB 1995, 365 (366f.).

536 Vgl. *Wardenbach* „Interessenkonflikte" S. 70ff..

537 So auch *Wardenbach* „Interessenkonflikte" S. 70f..

538 KK-*Mertens* § 105 Rn 28; *Baumbach/ Hueck* „AktG" § 105 Rn 5.

539 Vgl. oben 2. Abschnitt B I 7, S. 30ff..

cc) Ergebnis zu a)

Eine analoge Anwendung des § 88 AktG scheidet bei den Doppelmandaten in Konkurrenzunternehmen aus. Damit ist noch nichts darüber gesagt, ob auch Inkompatibilitätsvorschriften nicht für dieses Organ eingeführt werden dürfen. Der Gesetzgeber hat dies durch die Statuierung der Regelungen in §§ 100, 105 Abs. 1 AktG verdeutlicht. Raum auch für ungeschriebene Bestellungshindernisse muss somit im Interesse der eventuell erforderlichen Rechtsfortbildung grundsätzlich verbleiben.

b) Analoge Anwendung der §§ 100 Abs. 1 und 2, 105 Abs. 1, 250 Abs. 1 Nr. 4 AktG

Lutter geht von einer Analogie zu §§ 100 Abs. 1 und 2, 105 Abs. 1, 250 Abs. 1 Nr. 4 AktG aus. Eine Analogie ist nach allgemeinen Grundsätzen aber nur dann zulässig, wenn eine entsprechende planwidrige Regelungslücke vorliegt.

aa) Vorliegen einer planwidrigen Regelungslücke

(1) Gesetzgeberische Initiativen zur Einführung eines kartellrechtlichen Verbots

Früher wurde das Doppelmandat in Konkurrenzunternehmen kaum diskutiert, man ging weitgehend von einer Zulässigkeit einer solchen Konstellation aus,[540] so dass deshalb auch keine entsprechende Vorschrift in das Aktiengesetz von 1937 aufgenommen worden war. Diese Ansicht änderte sich auch nicht während der Aktienrechtsreform von 1965. Im Rahmen einer weiteren Aktienrechtsnovellierung im Jahre 1998 wurde zwar wiederum von einer Verbotsnorm im Aktiengesetz abgesehen, jedoch sah der SPD-Entwurf zu einem „*Gesetz zur Verbesserung von Transparenz und Beschränkung von Machtkonzentration in der deutschen Wirtschaft*“[541] eine Notwendigkeit für eine kartellrechtliche Lösung dieses Problemkreises.[542] Mit der Einführung eines § 25a GWB versprach man sich, den „ord-

---

540 Siehe die Nachweise in Fußnote 359, S. 77.

541 „*Transparenz- und Wettbewerbsgesetz*“ eingebracht, BT-Drucks. 13/367; insoweit gleichlautend mit einem bereits vorher eingebrachten Entwurf, abgedruckt in ZBB 1994, 191 (196); zustimmend *Graf Lambsdorff* „Plenarprotokoll des Deutschen Bundestages vom 27.5.1994“, S. 20160 (20162), aber zum Teil revidierend in „Plenarprotokoll des Deutschen Bundestages vom 19.5.1995“, S. 3091 (3094); *Heuer* „Plenarprotokoll des Deutschen Bundestages vom 19.5.1995“, S. 3095 (3096); *Adams* ZBB 1994, 77 (83); *Baums* ZBB 1994, 86 (98); *ders.* ZIP 1995, 11 (17); im Grundsatz eine gesetzliche Regelung begrüßend: *Reichert/Schlitt* AG 1995, 241 (253); *Raiser* NJW 1996, 2257 (2260); *Ost* „Plenarprotokoll des Deutschen Bundestages vom 19.5.1995“, S. 3085 (3088); vgl. auch die Stellungnahme des Bundesrates BT-Drucks. 13/9712, S. 33 und den eigenen Entwurf, abgedruckt in BT-Drucks. 13/9716, S. 4, 10ff.; Entwurf der Landesregierung Rheinland-Pfalz BR-Drucks 561/97 vom 1.8.1997 und IV 4.4 des *GCCG des Berliner Initiativkreises*, abgedruckt in DB 2000, 1573 (1578).

542 Dagegen sah der Entwurf der Landesregierung Rheinland-Pfalz ein aktienrechtliches Verbot dieser personellen Verflechtung vor. Die Regelung in § 100 Abs. 2 AktG sollte um eine Nr. 4

nungspolitisch bedenklichen" Charakter von Mehrfachmandaten in Wettbewerbsunternehmen zu beseitigen, da diese als entscheidende Innovationshindernisse anzusehen seien.[543] Die Regelung sah vor, dass die Kartellbehörde den Mitgliedern des Aufsichts- oder des Geschäftsführungsorgans eines Unternehmens die gleichzeitige Mitgliedschaft in einer dieser Organe eines im Wettbewerb stehenden Unternehmens untersagen konnte. Mit Bestandskraft der Untersagungsverfügung sollte das Organmitglied aus dem in der Verfügung bezeichneten Gremium ausscheiden.

Die Einführung wurde von Teilen der Literatur begrüßt. Durch das Fehlen einer entsprechenden Verbotsvorschrift würden wettbewerbsbeschränkende personelle Verflechtungen, insbesondere der Kreditinstitute und der Gewerkschaften, ermöglicht und der Wirtschaftsstandort Deutschland gefährdet.[544] Eine ausdrückliche Regelung sei indes erforderlich, da Hinweise auf Pflichten und Verantwortung von Organträgern in der Vergangenheit bereits nicht gefruchtet hätten.[545] Zudem sei die ordnungsgemäße Wahrnehmung von Aufgaben der Unternehmensverwaltung in Konkurrenzunternehmen durch dieselbe Person nur in Ausnahmefällen mit einer Wettbewerbsordnung vereinbar. Ob eine solche Ausnahme vorliege, solle daher das Bundeskartellamt entscheiden. Der Vorteil könne darin zu sehen sein, dass vermeintliche Abgrenzungsprobleme bei der Feststellung einer Konkurrenzsituation vermieden werden könnten.[546]

Dagegen sah der Gesetzesentwurf der Bundesregierung zu einem *„KonTraG"* vom 28.01.1998[547] eine solche Installation nicht vor und wies die Notwendigkeit für eine solche Einführung zurück. Nach der Vorstellung der damaligen Bundesregierung sollte eine Überregulierung des deutschen Unternehmensrechts unbedingt vermieden werden, und vielmehr der Selbstorganisation der Unternehmen sowie der Kontrolle durch die bestehenden Überwachungsebenen der Vorzug eingeräumt werden. Nur dadurch könnten die unterschiedlichen Interessen und Bedürfnisse der einzelnen Unternehmen berücksichtigt und eine internationale Konkurrenzfähigkeit der hiesigen Gesellschaften gewährleistet werden.[548]

(Verbot des Doppelmandats in Konkurrenzunternehmen im allgemeinen) und um eine Nr. 5 (Verbot eines Bankenvertreters im Aufsichtsrat, wenn ein oder mehrere Mitarbeiter oder Organmitglieder des gleichen Kreditinstituts bereits im Aufsichtsrat eines Konkurrenzunternehmens einen Sitz inne hatten) ergänzt werden, abgedruckt in BR-Drucks. 561/97.

[543] *„Transparenz- und Wettbewerbsgesetz"* BT-Drucks. 13/367, Art 5 Nr. 3, S. 5 und 30; vgl. auch *Graf Lambsdorff* „Plenarprotokoll des Deutschen Bundestages vom 27.5.1994", S. 20160 (20161).

[544] *„Transparenz- und Wettbewerbsgesetz"* BT-Drucks. 13/367, Art 5 Nr. 3, S. 16 und 30.

[545] *Baums* AG 1997 Sonderheft, S. 26 (27); *ders.* ZBB 1994, 86 (98).

[546] So *Adams* ZBB 1994, 77 (83); *ders.* AG 1997 Sonderheft, S. 9f.; *Baums* ZBB 1994, 83 (98); a. A. *Wardenbach* „Interessenkonflikte" S. 39 in Fußnote 57.

[547] Entwurf der Bundesregierung BT-Drucks. 13/9712.

[548] Entwurf zum *KonTraG* BT-Drucks. 13/9712, S. 36 Gegenäußerung der Bundesregierung zur Stellungnahme des Bundesrates; im Ergebnis zustimmend: *Stellungnahme des DAV* abgedruckt in ZIP 1997, 162 (164); *Kübler* AG 1997 Sonderheft, 48 (49); *Lingemann/Wasmann*

(2) Erforderlichkeit eines kartellrechtlichen Verbots

α) Zuständigkeit des Bundeskartellamtes

Die Notwendigkeit eines solchen expliziten kartellrechtlichen Verbots, wie es der SPD-Entwurf vorsah, ist vielfach bestritten worden. Zweifel ergeben sich zunächst hinsichtlich der Frage, ob das Bundeskartellamt als geeignet angesehen werden kann, ein solches Verbot durchzusetzen. Geht man zutreffend von einer erforderlichen Deregulierung im deutschen Aktienrecht aus, muss von einem weiteren behördlichen Verfahren abgesehen werden, das vermutlich unflexibel, kostenintensiver und auch schwieriger sein dürfte. Vorzugswürdig erscheint es vielmehr, der Rechtsprechung eine einzelfallbezogene Lösung bei der Festlegung einer Inkompatibilität zu überlassen.[549]

Davon abgesehen liegt indes gar keine wettbewerbsrechtliche Frage vor, sondern es geht vielmehr um die Steigerung der Effektivität und Funktionsfähigkeit des Überwachungssystems im deutschen Aktienrecht,[550] mithin um einen gesellschaftsrechtlichen Aspekt, der auch einer gesellschaftsrechtlichen Regelung bedarf. Dahinter steht der Grundgedanke des Aktiengesetzes, dass im Wege der Verfolgung des Unternehmensinteresses die Gläubiger und Aktionäre einer Gesellschaft geschützt werden sollen, wohingegen das Gesetz gegen Wettbewerbsbeschränkungen der Wahrung einer wettbewerbsermöglichenden Marktstruktur dient.[551] Ohne Bedeutung ist somit, dass beide Ziele über vergleichbare Instrumen-

---

BB 1998, 853 (857); *U. H. Schneider* BB 1995, 365f.; vgl. auch den Referentenentwurf des Bundesministeriums der Justiz vom 26.11.1996, abgedruckt in ZIP 1996, 2129ff., 2193ff. (2133).

549 So zutreffend: *Hopt* Anhörungsprotokoll S. 67; *Lutter* Anhörungsprotokoll S. 68; *Hoffmann-Becking* Anhörungsprotokoll S. 68, jeweils abgedruckt in „Verhandlungen des Rechtsausschusses“ Sitzung Nr. 74 vom 29.1.1997; Entwurf der Bundesregierung zum *„KonTraG“* BT-Drucks. 13/9712, S. 17; vgl. auch *Seibert* ZBB 1994, 349 (352); gegen eine Betrauung durch das Bundeskartellamt auch die *Regierungskommission Corporate Governance* in Baums Rn 54, S. 95.

550 Dies war neben anderen Erwägungen einer der Zielsetzungen für die Einbringung eines Entwurfs zum *„KonTraG“*, vgl. Entwurf der Bundesregierung BT-Drucks. 13/9712, S. 1 und 36 in seiner Gegenäußerung; nur eingeschränkt übereinstimmend insoweit allerdings der Entwurf zum *„Transparenz- und Wettbewerbsgesetz“* der SPD, der auf die Notwendigkeit eines Abbaus von „wettbewerbsbeschränkenden personellen Verflechtungen“ beharrt, vgl. BT-Drucks. 13/367, S. 16; vgl. auch die Kritik des Bundesrates in seiner Stellungnahme, BT-Drucks. 13/9712, S. 32 und der Entwurf des Landes Rheinland-Pfalz, der mit Blick auf diese Zielsetzung ein gesellschaftsrechtliches Verbot dieser Doppelmandate vorsah, abgedruckt in BR-Drucks. 561/97, S. 15ff..

551 BGHZ 71, 102 (115) = NJW 1978, 1320 *„Sachs/GKN“*; BGHZ 74, 359 (364) = NJW 1979, 2401 *„WAZ“*; BGHZ 77, 279 (281) = NJW 1980, 2583 *„Mannesmann/Brueninghaus“*; BGHZ 79, 62 (67) = NJW 1981, 1786 *„Klöckner/Becorit“*; BGHZ 82, 1 (8ff.) = NJW 1982, 337 *„Springer/NZV“*; BGHZ 119, 346 (363) = NJW 1993, 1265 *„Springer/Beig (Pinneberger Tageblatt)“*; FK-*Paschke* „GWB“ Vor §§ 23-24c Tz 1; § 23 Tz 137; Wiedemann/*Richter* Hdb Kartellrecht § 18 Rn 1.

te erreicht werden sollen. Als Hüterin des Wettbewerbs scheidet das Bundeskartellamt damit ohnehin für eine Durchsetzung eines Verbots aus.[552]

β) Differenzierung zwischen personen- und unternehmensbezogener Lösung

Zu befürchten wäre außerdem, dass bei einem bestehenden Verbot die „Zweite Garnitur", d.h. die leitenden Angestellten des Konkurrenzunternehmens, in den Aufsichtsrat geschickt würden, womit der Effektivität der Überwachung im Zweifel nicht gedient wäre.[553] Zudem stünde eine solche Umgehungspolitik eventuell im Widerspruch zu der Forderung, ausschließlich erfahrene und vor allem ausreichend qualifizierte Unternehmer in die Aufsichtsräte der Gesellschaften berufen zu wollen.[554] Daher ist vorgeschlagen worden, einer personenbezogenen eine unternehmensbezogene Lösung vorzuziehen, d.h. aufgrund der bestehenden Interessenkonflikte die Vertretung in den Organen für das gesamte Unternehmen und nicht nur für den einzelnen Organträger zu untersagen.[555]

Für eine unternehmensbezogene Regelung könnte auch sprechen, dass das Doppelmandat in zahlreichen Fällen weniger auf der Persönlichkeit des Kandidaten, sondern eher auf dessen Stellung im berechtigten Unternehmen beruht.[556] In-

[552] So auch *Hoffmann-Becking* „Verhandlungen des Rechtsausschusses" Sitzung Nr. 74 am 29.1.1997, Anhörungsprotokoll S. 68; im Ergebnis ebenso *Reichert/Schlitt* AG 1995, 241 (253).

[553] Stellungnahme des *DAV*, abgedruckt in ZIP 1997, 162 (164) = „Verhandlungen des Rechtsausschusses" Sitzung Nr. 74 vom 29.1.1997, Gutachten S. 273 (281f.); *Hoffmann-Becking* in FS Havermann, S. 229 (234); zu diesem Argument auch *Graf Lambsdorff* „Plenarprotokoll des Deutschen Bundestages vom 19.5.1995", S. 3091 (3093), wenn auch im Zusammenhang von der Beschränkung auf fünf Aufsichtsratsmandate.

[554] *Seibert* ZBB 1994, 349 (352); ausführlich *Wardenbach* „Interessenkonflikte" S. 165ff.; *Bollweg* „Wahl des Aufsichtsrats" S. 111f.; zur Theorie der Mindestqualifikation siehe BGHZ 85, 293 (295f.) *„Hertie"*; KK-*Mertens* § 111 Rn 24f.; *Hommelhoff* ZGR 1983, 551 (571f.); *Hoffmann-Becking* in Münch Hdb. § 30 Rn 2; *Schwark* in FS Werner, S. 841 (847f.); *Hüffer* „AktG" § 100 Rn 2; *Götz* AG 1995, 337 (345); *Wiedemann* ZIP 1997, 1565 (1566f.).

[555] So *Heuer* „Plenarprotokoll des Deutschen Bundestages vom 19.5.1995", S. 3095 (3096); dafür auch *Bundeskartellamt* „Verhandlungen des Rechtsausschusses" Sitzung Nr. 74 vom 29.1.1997, Gutachten S. 109 (110); Gesetzesentwurf des Landes Rheinland-Pfalz (BR-Drucks. 561/97, S. 17f.), der für Bankenvertreter eine unternehmensbezogene Lösung im Rahmen der vorgeschlagenen Neufassung des § 100 Abs. 2 AktG vorsah; vgl. *Baums* ZBB 1994, 83 (98); *ders.* „Verbindungen von Banken und Unternehmen", S. 107 zum amerikanischen Recht, das nur eine personenbezogene Lösung kennt; vgl. auch *Ruppelt* „Verhandlungen des Rechtsausschusses" Sitzung Nr. 74 vom 29.1.1997, Anhörungsprotokoll S. 15 (16), 60.

[556] Dies gilt insbesondere für die Vertreter der Kreditinstitute und Gewerkschaften: das ehemalige Deutsche Bank Vorstandsmitglied *Cartellieri* zum Beispiel, der zugleich im Aufsichtsrat der Thyssen AG saß, legte sein Aufsichtsratsmandat zeitgleich mit dem Ausscheiden aus dem Deutsche Bank Vorstand nieder. Vgl. auch zu diesem Komplex: *Westhoff* „Bankenvertreter" S. 107f.; *Koenen* „Zurechnung" S. 56, 104; *Ulmer* in FS Stimpel S. 705 (710); *Wiedemann* ZIP 1997, 1565 (1568); *Bokelmann* „Personelle Verflechtungen" S. 23ff.; *Herkenroth* AG 2001, 33 (34); *Matthiessen* „Stimmrecht und Interessenkollision" S. 4 in Fn 18; zu personeninduzierten Mehrfachmandaten siehe *Pfannschmidt* ZfB 65 (1995), 177 (195f.); *Poensgen* ZgS 136 (1980), 209 (219).

wieweit dies in praxi tatsächlich geschieht, kann indiziell zum einen durch gebrochene Aufsichtsratsbeziehungen festgestellt werden,[557] zum anderen könnten Vereinbarungen in den Anstellungsverträgen, wonach wahrgenommene Ämter in anderen Gesellschaften im Falle eines Ausscheidens niederzulegen sind, eine entsprechende Verbindung dokumentieren.[558]

Zu bedenken ist allerdings, dass das Aufsichtsratsamt ein persönliches Amt darstellt und der Mandatsträger keinerlei Weisungen unterliegen darf, so dass die eigentliche Amtsausübung unabhängig von sonstigen Organstellungen erfolgt. Die sehr viel weiterreichende institutsbezogene Lösung wäre außerdem schon aus Gründen der Mitbestimmung kaum in Deutschland durchsetzbar und würde zudem in Kontrast zu anderen Rechtsordnungen stehen.[559] Denkbar wäre mithin lediglich eine personenbezogene Lösung. Eine solche erweist sich aber auch bei Übernahmeversuchen durch den Konkurrenten über die Einflussnahme in der Hauptversammlung und die Besetzung des Aufsichtsrates als wenig effektiv. Denn zur Umgehung der Inkompatibilität könnte die besagte abzulehnende „Zweite Garnitur" des potentiell herrschenden Unternehmens eingesetzt werden, um eine entsprechende Kontrolle im Aufsichtsrat zu erhalten. Eine Inkompatibilitätsregelung in der personenbezogenen Lösung könnte mithin nicht einmal das Entstehen einer Abhängigkeit verhindern.[560] Damit ist die Nutzung eines Bestellungshindernisses grundlegend in Frage gestellt.

---

557 Danach ergab eine entsprechende Studie von *Schreyögg/Papenheim-Tockhorn* ZfB 65 (1995), 205 (222f.) für den Zeitraum 1969 bis 1988, dass bei den untersuchten Gesellschaften bei 48% der Neubesetzungen des Aufsichtsrats eine Person aus dem Leitungsorgan der gleichen Gesellschaft bestellt wurde. Eine Verflechtung mit einem Vertreter aus der gleichen Branche (funktionale Rekonstruktion) erfolgte in weiteren Fällen in 57% der aufgebrochenen Aufsichtsratsbeziehungen. Vgl. dazu zur Besetzung des Aufsichtsratsvorsitzes der Metallgesellschaft abwechselnd durch Vertreter der Deutschen bzw. Dresdner Bank, FAZ Nr. 238 vom 1.10.1997, S. 27; gleiches gilt für die RWE, FAZ Nr. 218 vom 19.9.1997, S. 23. Vgl. auch die Untersuchung von *Pfannschmidt* „Personelle Verflechtungen" passim; *ders.* ZfB 65 (1995), 177; *Mülbert* Gutachten 61. DJT, S. E 47.

558 Solche Vereinbarungen werden jedoch eher bei Vorstandsmitgliedern zu finden sein, vgl. Beck'sches Formularbuch X.13, § 1 II; zur Zulässigkeit solcher Klauseln: *Bokelmann* „Personelle Verflechtungen" S. 74ff..

559 Für das amerikanische Recht: *Baums* „Verbindungen von Banken" S. 107; vgl. zu dieser Fragestellung auch *Baums* ZBB 1994, 86 (98); *Heuer* „Plenarprotokoll des Deutschen Bundestages vom 19.5.1995", S. 3095 (3096); dafür auch *Bundeskartellamt* „Verhandlungen des Rechtsausschusses" Sitzung Nr. 74 vom 29.1.1997, Gutachten S. 109 (110); vgl. auch *Ruppelt* „Verhandlungen des Rechtsausschusses" Sitzung Nr. 74 vom 29.1.1997, Anhörungsprotokoll S. 15 (16), 60.

560 Vgl. dazu ähnlich *Reichert/Schlitt* AG 1995, 241 (249), die eine Inkompatibilitätsvorschrift daher lediglich als flankierende Maßnahme in der Abwehr eines Übernahmeversuchs identifizieren.

χ) Ausreichendes bestehendes Instrumentarium

Zudem lässt sich gegen eine Einführung eines § 25a GWB anführen – die Doppelmitgliedschaft als wettbewerbsbeschränkende Verhaltensweise oder Vereinbarung vorausgesetzt – dass das Bundeskartellamt bereits über das bestehende Regularium der §§ 1, 24a, 25 GWB a. F.(§§ 1, 21 Abs. 2 und 3, 36 GWB n. F.)[561] tätig werden konnte.[562]

Der Entwurf zu einem „*Transparenz- und Wettbewerbsgesetz*" sah die Einführung eines Verbots des Doppelmandats in Konkurrenzunternehmen bei den Regelungen zu den Unternehmenszusammenschlüssen vor. Denn in dem Bestreben den Wettbewerb zu erhalten, waren Unternehmenszusammenschlüsse vor Vollzug nach § 24a GWB a. F. dem Bundeskartellamt anzuzeigen.[563] Dieses konnte eine Untersagungsverfügung gemäß § 24a Abs. 1 GWB a. F. (§ 36 Abs. 1 GWB n. F.) aussprechen, wenn ein Zusammenschluss eine marktbeherrschende Stellung entstehen lassen oder verstärken würde. Die relevanten Fallgruppen der Zusammenschlüsse waren dabei in § 23 GWB a. F. (§ 37 GWB n. F.) aufgeführt. Daneben waren in diesem systematischen Zusammenhang noch vor der 6. GWB-Novelle einige Verbote wie das des abgestimmten Verhaltens, der Nachteilszufügung bzw. –androhung oder das des Boykotts zu finden.[564]

Der Gesetzgeber erkannte aber bereits vorher eine grundsätzliche Gefahr des Doppelmandats für die Wettbewerbsordnung, so dass eine solche Gefährdung nach § 23 Abs. 2 Nr. 4 GWB a. F. dann angenommen werden konnte, wenn mindestens die Hälfte des Aufsichtsrats oder des geschäftsführenden Organs mit den gleichen Personen besetzt war.[565] Die praktische Relevanz dieser Vorschrift musste indes bezweifelt werden, da ein Zusammenschluss nur dann zu bejahen war, wenn die Leitungsmacht tatsächlich und langfristig konzentriert wurde. Dies lag

[561] Das Verbot abgestimmten Verhaltens aus § 25 Abs. 1 GWB a. F. ist nunmehr im Zuge der am 1.1.1999 in Kraft getretenden 6. GWB-Novelle in § 1 GWB n. F. enthalten; die Verbote in § 25 Abs. 2 bzw. 3 GWB a. F. finden sich in nahezu identischer Form in § 21 Abs. 2 bzw. 3 GWB n. F. wieder.

[562] *Kübler* AG 1997 Sonderheft, S. 48 (49); *ders.* in FS Claussen S. 239 (244ff.).

[563] Mit der 6. GWB-Novelle wurde ein Übergang zu einer rein präventiven Fusionskontrolle vollzogen, vgl. dazu § 39 GWB n. F..

[564] §§ 25 Abs. 1 und 2, 26 GWB a. F., nunmehr in §§ 1 Abs. 1, 21 Abs. 1, 2 und 3 GWB n. F..

[565] Entgegen des Art. 5 Abs. 4 lit. b der EG-Fusionskontrollverordnung, der über die Hälfte der Organbesetzung verlangt, ist davon auszugehen, dass auch mit der Einführung des Kontrollbegriffs in § 37 Abs. 1 Nr. 2 GWB n. F. die vorher von Nr. 4 a. F. erfassten Fälle miteinbezogen werden sollen und damit die Hälfte weiterhin für einen kartellrechtlich relevanten Zusammenschluss im Sinne des Nr. 2 GWB n. F. ausreichend ist. Daneben kommt es auch entgegen der alten Rechtslage nicht darauf an, ob das Organmitglied der beherrschten Gesellschaft in einem bestimmten Organ der herrschenden Gesellschaft aktuell vertreten ist. Vgl. Wiedemann/*Richter* Hdb. Kartellrecht § 19 Rn 89f.; vgl. zum Kontrollbegriff auch die Regierungsbegründung in BT-Drucks. 13/9720, S. 43.

jedoch lediglich bei einer vertraglichen Grundlage vor.[566] In einem solchen Falle hätte man aber bereits einen wettbewerbsrechtlich relevanten Zusammenschluss mit § 23 Abs. 2 Nr. 3 GWB a. F. begründen können.

Als Auffangtatbestand hielt die gesetzliche Regelung daher den ebenfalls im Anwendungsbereich sehr beschränkten[567] § 23 Abs. 2 Nr. 6 GWB a. F. bereit,[568] der der Erfassung von gesellschaftsrechtlichen Gestaltungsmöglichkeiten wie insbesondere Minderheitsbeteiligungen, personellen Verflechtungen oder auch deren Verbindungen[569] dienen sollte. Danach waren diese auch unterhalb der gesetzlich genannten Schwellen unzulässig, wenn ein „wettbewerblich erheblicher Einfluss" konstatiert werden konnte. Als problematisch erweist sich noch heute die Feststellung eines solchen. Nach der Rechtsprechung ist dieser Einfluss unter Berücksichtigung des für das Fusionskontrollrecht traditionell wesentlichen Marktverhaltens der beteiligten Gesellschaften zu ermitteln.[570] Dabei kann hier dahinstehen, ob dieses Marktverhalten auch marktstrukturell abgesichert sein muss[571] oder ob es ausreicht, wenn der Wettbewerb zwischen den Beteiligten derart gestört ist, dass von einem unabhängigen Marktauftreten nicht mehr die Rede sein kann.[572] Jedenfalls ist es wie im Gesellschaftsrecht umstritten, ob bei einer einzelnen Personalidentität ein „erheblicher Einfluss" angenommen werden kann.[573] Mit den schon im Gesellschaftsrecht erwogenen Aspekten[574] ist dabei davon auszugehen, dass auch im Kartellrecht andere Faktoren wie Persönlichkeit oder Gewicht des entsendenden Aktionärs über informelle Kontakte sowie über die Hauptversammlung eine wesentlichere Bedeutung spielen werden, nicht aber das Doppelmandat per se. Denn

---

566 Vgl. FK-*Paschke* § 23 Tz. 85; zum neuen Recht: *Mestmäcker/Veelken* in Immenga/Mestmäcker § 37 Rn 33ff.; siehe auch *Kübler* in FS Claussen S. 239 (245).

567 Wiedemann/*Richter* Hdb Kartellrecht § 19 Rn 104, 109; vgl. FK-*Paschke* § 23 Tz. 96ff., der insbesondere auf die Erforderlichkeit einer gesellschaftsrechtlich vermittelten Unternehmensverbindung hinweist, siehe dazu Regierungsbegründung BT-Drucks. 11/4610, S. 20; BGHZ 90, 381ff. „*BuM/West LB*"; daher fielen entsprechend wenige Untersagungsverfügungen des Bundeskartellamtes zu dieser Fallgruppe: BKartA AG 1992, 363ff. „*Gilette/Wilkinson*"; WuW/E 2829ff. „*Kolbenschmid*"; AG 1996, 378ff. „*VEBA/Stadtwerke Bremen*"; WuW/E DE-V 1ff. „*ASV/Stilke*"; vgl. Tätigkeitsbericht BKartA 1993/94, S. 166.

568 Jetzt in § 37 Abs. 1 Nr. 4 GWB n. F. enthalten, allerdings unter Verzicht der Subsidiaritätsklausel.

569 Zu den Anwendungsfällen FK-*Paschke* „GWB" § 23 Tz. 97, 102ff.; Wiedemann/*Richter* Hdb Kartellrecht § 19 Rn 104; vgl. auch die Gesetzesmaterialien zur 5. GWB-Novelle BT-Drucks. 11/4610, S. 19f.

570 Vgl. dazu nur BGHZ 71, 102 = WuW/E 1501 (1506) „*Kfz-Kupplungen*"; zustimmend FK-*Paschke* „GWB" § 23 Tz. 97.

571 So FK-*Paschke* „GWB" § 23 Tz. 97; *ders.* „Zusammenschlussbegriff" S. 75.

572 Davon ging der Gesetzgeber in seinem Entwurf aus, BT-Drucks. 11/4610, S. 20; zustimmend Wiedemann/*Richter* Hdb Kartellrecht § 19 Rn 109.

573 Ablehnend *Kübler* in FS Claussen S. 239 (245f.); vgl. *Mestmäcker/Veelken* in Immenga/Mestmäcker „GWB" § 37 Rn 98 mwN; FK-*Paschke* § 23 Tz. 107.

574 *Decher* „Personelle Verflechtungen" passim; *Streyl* „Vorstands-Doppelmandate" passim; *Lindermann* AG 1987, 225 (232); *Hoffmann-Becking* ZHR 150 (1986), 576ff.; *Martens* in FS Heinsius S. 523 (536f.); *Semler* in FS Stiefel S. 719 (731); in diese Richtung auch *Werner* ZHR 145 (1981), 252 (254); a.A. *Säcker* ZHR 151 (1987), 57ff..

eine „wettbewerblich erhebliche“ Einflussnahme im Sinne des § 23 Abs. 2 Nr. 6 GWB a. F. (bzw. § 37 Abs. 1 Nr. 4 GWB n. F.) ist nach zutreffender Ansicht nur dann gegeben, wenn eine konkrete Erheblichkeit vorliegt, d.h. wenn die Entscheidung über zum Beispiel wettbewerbliche Aktionsparameter wie Absatz und Preis von einem Konkurrenten beeinflusst wird.[575]

Die personellen Verstrickungen, die wettbewerblich relevant werden könnten, können und konnten daher mit den bestehenden Regelungen sanktioniert werden, so dass ein explizites kartellrechtliches Verbot der Doppelmandate in Konkurrenzunternehmen bereits deswegen nicht notwendig erscheint.

δ) Verstoß gegen das „Ultima-ratio“-Prinzip

Daneben könnten zusätzlich die vorhandenen Sanktionen wie Stimmrechts- und Sitzungsausschluss, Schadensersatzpflicht sowie des weiteren Amtsniederlegung bzw. Abberufung nach § 103 Abs. 3 AktG ohnehin als ausreichend angesehen werden. Insbesondere wenn lediglich die Interessen der einen oder der anderen Gesellschaft durch die Doppelmitgliedschaft tangiert würde, wäre eine Abberufung nach § 103 Abs. 3 AktG möglich.[576] Schließlich lässt sich einwenden, dass der Ruf nach einem gesetzlichen Verbot die eventuell drohenden Gefahren eines solchen Doppelmandats in den Vordergrund drängt, dabei jedoch ausblendet, dass ein solches auch zum Beispiel als legitimes Instrument zur Stabilisierung einer Kooperationsbeziehung oder einer strategischen Allianz genutzt wird. Letztlich könnten auch Qualifikation, Erfahrung und Ideenreichtum im Kontrollorgan gewährleisten werden.[577]

Die Einführung eines kartellrechtlichen Verbots ist mithin zu Recht im Rahmen der Aktienrechtsnovellierung von 1998 unterblieben.

bb) Ergebnis zu b)

Lutter schließt aus dem Fehlen einer Regelung aufgrund der Evidenz der bestehenden Konfliktlage, dass ein Verbot de lege lata angenommen werden müsste. Ein kartellrechtliches Verbot kommt nach obigen Ausführungen jedoch nicht in Betracht. Durch die zu Recht unterbliebene Einführung eines solchen Verbots im

[575] Wiedemann/*Richter* Hdb Kartellrecht § 19 Rn 110; vgl. *Mestmäcker* in Immenga/Mestmäcker „GWB“ 6. Aufl. § 23 Rn 242; Monopolkommission Hauptgutachten X, Tz. 655 „*VIVA*“; Langen/*Ruppelt* „GWB“ 8. Aufl. § 23 Rn 47ff., zur Neufassung: 9. Aufl. § 37 Rn 25ff.

[576] *Kübler* AG 1997 Sonderheft, S. 48 (49); vgl. auch *Niederleithinger* ZIP 1995, 597 (602).

[577] Vgl. *Kübler* AG 1997 Sonderheft, S. 48 (49); *ders.* „Verhandlungen des Rechtsausschusses“ Sitzung Nr. 74 vom 29.1.1997, Anhörungsprotokoll S. 67; darauf ebenfalls hinweisend *Hoffmann-Becking* „Verhandlungen des Rechtsausschusses“ Sitzung Nr. 74 vom 29.1.1997, Anhörungsprotokoll S. 68; zustimmend *Bokelmann* „Personelle Verflechtungen“ S. 144; *Claussen* AG 1996, 481 (487).

Rahmen des „*KonTraG*" fehlt es mithin an einer planwidrigen Regelungslücke, die entsprechenden Raum für eine analoge Anwendung der §§ 100 Abs. 1 und 2, 105 Abs. 1, 250 Abs. 1 Nr. 4 AktG lassen würde. Dabei ist es ohne Bedeutung, dass eine kartellrechtliche Lösung abgelehnt wurde und es hier aber um eine gesellschaftsrechtliche Lösung geht; entscheidend ist vielmehr das durch die Diskussion deutlich gewordene Problembewusstsein und die letztlich unterbliebene Einführung einer gesetzlichen Regelung.[578] Die Annahme eines Verbots de lege lata ist daher nicht mehr haltbar.[579]

c) Ergebnis zu 2

Die Ausführungen haben ebenfalls gezeigt, dass das Fehlen eines Wettbewerbsverbots der gesetzlichen Ausgestaltung des Amtes im Aufsichtsrats entspricht und dies auch im Einklang mit den bestehenden Wettbewerbsverboten steht. Daraus kann nicht geschlossen werden, dass für Inkompatibilitätsvorschriften keinerlei Raum besteht, da ein wertungsmäßiger Unterschied zwischen diesen und Wettbewerbsverboten vorliegt.

3. Differenzierung nach direkter und indirekter personeller Verflechtung

Denkbar wäre es daher, wie *Decher*, eine Differenzierung nach direkter und indirekter personeller Verflechtung vorzunehmen. Diesen Gedanken hat *Decher* dem US-amerikanischen Recht entnommen, bei dem zwischen „indirect interlocks" und „direct interlocks" differenziert wird.[580] Dieser Vergleich legt allerdings auch offen, dass dort im Rahmen dieser Differenzierung keine Konsequenz für das Verbot der einen oder der anderen personellen Verflechtung gezogen wurde. Denn nach der gesetzlichen Ausgestaltung, insbesondere im Clayton Act von 1914, wird zwar zwischen indirekten und direkten Verflechtungen unterschieden, jedoch ist nach §§ 8 Abs. 1-3, 10 Clayton Act bei Verflechtungen von öffentlichen Transportunternehmen und Banken auch eine indirekte miterfasst, wohingegen bei solchen zwischen Wettbewerbern nach § 8 Abs. 4 Clayton Act lediglich direkte Verflechtungen verboten sind. Selbst bei einer Rechtsordnung, die diese Art von Differenzierung kennt, ergeben sich daraus mithin keinerlei Folgen für die Frage der Zulässigkeit des Doppelmandats.

578 Die gesellschaftsrechtliche Lösung in dem Gesetzesentwurf des Landes Rheinland-Pfalz (abgedruckt in BR-Drucks. 561/97) hat dagegen keine ähnliche Beachtung im Rahmen der Diskussion erfahren; daher wurde im Rahmen dieser Ausarbeitung lediglich auf die Existenz des Vorschlags hingewiesen.

579 So auch *Lingemann/Wasmann* BB 1998, 853 (857); *Krebs* „Interessenkonflikte" S. 283ff..

580 Vgl. dazu *Ebke* ZGR 1990, 50 (51f.) mit Verweis auf: *Pierce v. Old Dominion Smelting Co.*, 67 N.J.Eq. 399, 427f. (1904); *Note*, 1982 J. Legis. 891, 910; *Note*, 11 U. Mich. J.L.Ref. 361, 365 (1978).

Richtig ist zwar, dass der Mandatsträger sich im Zweifel seiner Haupttätigkeit näher verbunden fühlen wird; jedoch wird daraus noch nicht deutlich, warum bei einer indirekten Verflechtung ein geringeres Konfliktpotential bestehen sollte. Denn in beiden Konstellationen besteht die gleiche unbedingte Verpflichtung an das Unternehmensinteresse, unabhängig davon, ob das Mandat im Aufsichtsrat der einen Gesellschaft die Haupttätigkeit des Mandatsträgers und in der jeweils anderen nur ein Nebenamt darstellt oder in beiden relevanten Überwachungsorganen lediglich eine nebenamtliche Tätigkeit vorliegt.[581] *Decher* ist allerdings zuzugestehen, dass das Konfliktpotential bei einer personellen Verflechtung zwischen Haupt- und Nebentätigkeit besonders evident zum Vorschein kommt. Trotzdem könnte ein Doppelaufsichtsrat ebenso bei zwei nebenamtlichen Tätigkeiten die eine Gesellschaft auch aus anderen Gründen bevorzugen.[582]

Sogar *Decher* selbst muss sodann bei seiner Lösung gewisse Lücken eingestehen. Er möchte zwar indirekte Verflechtungen aufgrund des „ultima-ratio"-Gedankens von einer Inkompatibilität ausnehmen, erkennt aber doch einen Lösungsbedarf auch bei diesen Konflikten. Hierfür schlägt er vor, dem Geheimnisschutz durch ein Verbot der Weitergabe von Sonderwissen an das Konkurrenzunternehmen, Rechnung zu tragen. Dies sei auch die Lösung der Praxis.[583] Damit spricht er allerdings nichts anderes als die Verschwiegenheitspflicht des Aufsichtsratsmitglieds nach §§ 116, 93 Abs. 1 Satz 2 AktG an, die allgemein als ungeeignet für die Lösung von Interessenkonflikten angesehen wird.[584] Insgesamt vermag diese Lösung somit nicht zu überzeugen.

4. Ausweitung des Anwendungsbereichs des § 103 Abs. 3 AktG

Manche Autoren sind der Auffassung, dass ein Verbot des Doppelmandats nicht erforderlich erscheint, aber angesichts des Konfliktpotentials eine Ausdeh-

---

[581] So auch *Wardenbach* „Interessenkonflikte" S. 80f.; *Werner* ZHR 145 (1981), 252 (259); vgl. dazu *Hoffmann-Becking* ZHR 150 (1986), 570 (578).

[582] Für das hier interessierende Konfliktpotential ist jedenfalls eine organschaftliche Treu- und Förderpflicht notwendig, vgl. nur *Lutter* in FS Beusch S. 509 (526); a. A. *Wardenbach* „Interessenkonflikte" S. 81f.; *Reichert/Schlitt* AG 1995, 241 (248); im Ansatz auch *Dreher* JZ 1990, 896 (899f.), die davon ausgehen, dass das Konfliktpotential auch dann vergleichbar ist, wenn lediglich eine arbeits- und schuldrechtliche Treu- und Förderpflicht gegeben ist, wie bei Beiratsmitgliedern oder leitenden Angestellten. Dabei wird indes vernachlässigt, dass diese Personen wesentlich geringere Einflussmöglichkeiten in der jeweiligen Gesellschaft besitzen und bereits von daher indiziell geringere emotionale Verbindungen zu diesem Unternehmen hegen; entscheidend ist aber, dass einer organschaftlichen Verpflichtung höhere Bindungswirkung einzuräumen ist, als einer schuldrechtlichen Verpflichtung.

[583] In ZIP 1990, 277 (287); bezugnehmend auf *Biehler/Ortmann* DBW 45 (1985), 4 (13).

[584] *Lüderitz* in FS Steindorff S. 113 (116f.); *R. Fischer* „Gesammelte Schriften" S. 323 (332); *Wiedemann* ZIP 1997, 1565 (1566); und bezeichnenderweise *Decher* selbst in ZIP 1990, 277 (284).

nung des Anwendungsbereichs des § 103 Abs. 3 AktG sich als sinnvoll darstellt.[585]

Hauptargument der Befürworter ist nach *Bokelmann* die befürchtete Arbeitsunfähigkeit des Aufsichtsrates. Daher müsse den Mitgliedern dieses Organs die Einleitung eines Verfahrens nach § 103 Abs. 3 AktG zur Überprüfung der Konfliktsituation durch ein Gericht ermöglicht werden. Die Hauptversammlung sei dazu in der Regel nicht in der Lage, weil den Aktionären die Informationen über das Verhalten des fraglichen Organmitglieds nach der Wahl und der gestörten Zusammenarbeit innerhalb des Gremiums fehlt.[586] Zudem ließe sich befürchten, dass oftmals ein im Aufsichtsrat selbst vertretener Großaktionär die Fassung eines solchen Beschlusses zum Scheitern bringen wird.[587]

Gegen das Argument der mangelnden Information lässt sich zunächst anführen, dass ein bestimmtes Verhalten innerhalb des Organs noch nicht die Interessen der Gesellschaft verletzen muss, wie dies zum Beispiel der Fall wäre, wenn die entsprechende Einschätzung keine Mehrheit gefunden hatte. Zudem ist davon auszugehen, dass der fragliche Mandatsträger seine abweichende Einschätzung auch publik machen wird, um die Möglichkeit für eine breite Unterstützung auch unter den Aktionären zu erhalten. Alle anderen Gegenansichten müssen im Rahmen eines Interessenpluralismus im Aufsichtsrat akzeptiert werden.

Bei einer Lösung über § 103 Abs. 3 AktG wäre außerdem zu befürchten, dass sich auf der einen Seite kein Aufsichtsratsmitglied dafür verantwortlich fühlen könnte, gegen das Fehlverhalten des anderen Mitglieds vorzugehen und einen entsprechenden Beschluss des Organs zu initiieren.[588] Insbesondere dann nicht, wenn derjenige selbst sich nicht einer ausreichenden Unterstützung sicher sein kann oder – und darauf weist *Bokelmann* selbst hin[589] – aus Solidarität von einem solchen Antrag Abstand nimmt. Auf der anderen Seite steht aber zu befürchten, dass ein Verfahren durch ein Aufsichtsratsmitglied aufgrund sachfremder Erwägungen wie persönlicher Antipathie eingeleitet würde. Auch würde diese Regelung letztlich

---

585 *Bokelmann* „Personelle Verflechtungen“ S. 144f.; *Niederleithinger* ZIP 1995, 597 (602); *Seibert* ZBB 1994, 349 (352); der Grundaussage zustimmend *Raiser* NJW 1996, 2257 (2260); *Fleck* in FS Heinsius S. 88 (89); *Hoffmann-Becking* in Münch Hdb § 30 Rn 3; wohl auch *Mülbert* in Feddersen/Hommelhoff/Schneider S. 99 (121); *Krebs* „Interessenkonflikte“ S. 290f., 299ff.; einschränkend KK-*Mertens* § 103 Rn 34.

586 *Bokelmann* „Personelle Verflechtungen“ S. 144f.; wohl auch *Semler* geäußert im RWS-Forum „Gesellschaftsrecht 1995“ abgedruckt bei *Göbel* DZWiR 1996, 301 (304); vgl. auch *Niederleithinger* ZIP 1995, 597 (602).

587 Zu diesem Argument: *Krebs* „Interessenkonflikte“ S. 82; *Bezzenberger* in Großkomm § 147 Rn 3; *Trescher* DB 1995, 661 (662).

588 Im Zweifel wird der Aufsichtsratsvorsitzende diese Funktion wahrnehmen müssen. *Krebs* „Interessenkonflikte“ S. 290f. geht indessen davon aus, dass das Ermessen des Aufsichtsrats bei der Entscheidung über den Antrag sich bei einer entsprechenden Konfliktsituation auf Null reduziert.

589 In „Personelle Verflechtungen“ S. 145.

ebenfalls zu einer Offenlegungspflicht durch den Doppelmandatsträger führen, jedoch erst später eingreifen, wenn möglicherweise bereits ein Schaden entstanden ist. Ein solcher Schaden wäre aber nach den Vertretern dieser Ansicht per se als Voraussetzung für ein solches Vorgehen anzunehmen, da ein solcher Antrag ja insbesondere dann möglich sein soll, wenn es das Verhalten des Gewählten nach der Wahl erfordert oder die Zusammenarbeit innerhalb des Aufsichtsrats bereits gestört ist.

Schließlich erscheint dieser Lösungsweg mit der Änderung des noch eingehender zu erörternden § 125 Abs. 1 Satz 3 AktG[590] problematisch. Denn vor der Bestellung zum Aufsichtsrat muss der Designierte seine Mandate offen legen, damit die Hauptversammlung entscheiden kann, ob sie diese Konflikte für relevant halten möchte. Sollte es dann zu Komplikationen innerhalb des Aufsichtsrats kommen und würde sich eine Mehrheit im Aufsichtsrat für die Antragstellung aussprechen, so ist schwer abzuschätzen, unter welchen Voraussetzungen das angerufene Gericht von einer Unzumutbarkeit des Mandatsträgers für die Gesellschaft ausgehen könnte,[591] obgleich die Hauptversammlung als zuständiges Organ in Kenntnis der besonderen Konfliktpotentiale sich für eine Bestellung entschieden hatte.[592] Ein diesem Beschluss widersprechendes Urteil würde einen schwerwiegenden Eingriff in die Hauptversammlungsautonomie darstellen.

Der Gang über eine Ausweitung des Anwendungsbereichs des § 103 Abs. 3 AktG zur Lösung des Konfliktpotentials erscheint mithin nicht sachgerecht. Dahinstehen kann hier, ob die Doppelmitgliedschaft an sich als „wichtiger Grund" ausreichend ist[593] oder ob weitere Umstände hinzutreten müssen.[594]

5. Lösung über die Einführung eines Verbots im „Corporate-Governance"-Kodex?

Wie bereits erwähnt, ist die Diskussion über die Doppelmandate in Konkurrenzunternehmen noch immer nicht verstummt und wurde in den einzelnen Kommissionen zur Corporate Governance erneut diskutiert. Schließlich wurde ein ent-

---

[590] Nach der hier vertretenen Auffassung sollte sich die Offenlegung der Aufsichtsratsmandate bereits aus § 124 Abs. 3 Satz 3 AktG ergeben; zu den Erwägungen siehe unten 4. Abschnitt B III 7, S. 125ff..

[591] Vgl. dazu nur Beispiele aus der Rechtsprechung: OLG Hamburg WM 1990, 311 (314) *„HEW/Jansen"*; OLG Zweibrücken AG 1991, 70 = EwiR § 103 AktG 3/90, 631 mit Anmerkung *Altmeppen „REWE-Südwest Handels AG"*; LG Frankfurt NJW 1987, 505 = AG 1987, 160.

[592] Einen „wichtigen Grund" für die vorzeitige Abberufung bei vorheriger Kenntnis ablehnend daher *Kübler* in FS Claussen S. 239 (249).

[593] So *Lutter* in FS Beusch S. 509 (522); *Wardenbach* „Interessenkonflikte" S. 322ff.; *Mülbert* in Feddersen/Hommelhoff/Schneider S. 99 (121).

[594] KK-*Mertens* § 103 Rn 32, 34; *Marsch-Barner* in Semler AR-Hdb Rn J145; *Krebs* „Interessenkonflikte" S. 301.

sprechendes Verbot in sämtlichen Gremien befürwortet.[595] Es fragt sich, ob mit dieser Forderung die oben ausgeführte Problematik hinreichend gelöst werden kann. In diesen Zusammenhang sind sicherlich auch die Ausführungen von *Dreher* zu setzen, der vorschlägt, anstelle starrer Regeln den Aktiengesellschaften sogenannte „Organisations-Optionen" an die Hand zu geben, um die individuellen Bedürfnisse der einzelnen Gesellschaften berücksichtigen zu können. Dabei ist es seiner Auffassung nach sinnvoll, diese auch gesetzlich zu statuieren, um das Instrumentarium zu verdeutlichen, dessen die Gesellschaft sich gegebenenfalls bedienen könnte.[596] Zur Verdeutlichung der statuarischen Gestaltungsmöglichkeiten könnte dies meines Erachtens grundsätzlich auch in einem Kodex erfolgen.

a) Zielsetzung der Corporate-Governance-Diskussion

Die Diskussion über eine Corporate-Governance stellt keine nationale, sondern internationale Frage dar;[597] besonderes Augenmerk soll hier allerdings nur den deutschen Kommissionen geschenkt werden. Diese versuchten jeweils Leitsätze zu einer langfristigen und wertschöpfungsorientierten Unternehmensleitung und -kontrolle aufzustellen.[598] Dabei entsprechen die vorgeschlagenen Kodexregelungen zum Teil den einschlägigen gesetzlichen Vorgaben, gehen indes über diese durch Detaillierungen und Ergänzungen hinaus und sollen auch Raum für unternehmensindividuelle Besonderheiten lassen.[599] Damit soll das Vertrauen der Anleger, Mitarbeiter, Geschäftspartner und der Öffentlichkeit auf den Kapitalmärkten gefördert und vertieft werden, so dass der Schwerpunkt der Vorschläge auf der Verwirklichung von Auskunfts- und Offenlegungspflichten sowie dem Grundsatz der Transparenz im Unternehmensbereich liegt.[600] Damit soll auch die Performance des Unternehmens gesteigert werden können. Einer

[595] Vgl. *Deutscher Corporate Governance Kodex* der Kodexkommission Cromme Klausel V.4.2 in ZIP 2002, 452 (455) = NZG 2002, 75 (76) = www.corporate-governance-code.de; installiert auf Anregung von der *Regierungskommission Corporate Governance* in Baums Rn 54, S. 95f.; so auch *Berliner Initiativkreis* unter www.gccg.de und DB 2000, 1573 (1578) Ziffer IV 4.4.; vgl. dazu *Peltzer/von Werder* AG 2001, 1ff.; siehe auch die Grundsätze der *Grundsatzkommission Corporate Governance* vom 7.7.2000 bei *Schneider/Strenger* AG 2000, 106ff..

[596] *Dreher* in Feddersen/Hommelhoff/Schneider S. 33 (41ff.).

[597] Dazu *OECD Principles of Corporate Governance*, unter www.oecd.org = AG 1999, 340ff. mit Anmerkung *Seibert* AG 1999, 337; *Weltbank Corporate Governance* unter www.worldbank.org. Solche Grundsätze gibt es daneben auch zum Beispiel in England (Cadbury Report and Combined Code of Best Practice), den USA (American Law Institute's Principles of Corporate Governance von 1992 und das Statement des Business Roundtables von 1997) und den Niederlanden.

[598] Vgl. *Grundsatzkommission* in AG 2000, 109; *Regierungskommission Corporate Governance* in Baums Rn 5, S. 49ff.; *Berliner Initiativkreis* in DB 2000, 1573 Ziffer 1.

[599] Vgl. zum letzten Gedanken *Deutscher Corporate Governance Kodex* unter ZIP 2002, 452 Präambel = NZG 2002, 75; *Regierungskommission Corporate Governance* in Baums Rn 8, S. 53; *Berliner Initiativkreis* DB 2000, 1573 (1580, 1581 These 4) = AG 2001, 6 (14 These 4).

[600] *Deutscher Corporate Governance Kodex* unter ZIP 2002, 452 Präambel = NZG 2002, 75; *Grundsatzkommission* AG 2000, 109; *Schneider/Strenger* AG 2000, 106ff.; *Sünner* AG 2000, 492ff.; *Peltzer/ von Werder* AG 2001, 1 (6); *OECD-Corporate-Governance-Grundsätze* AG 1999, 340.

ce des Unternehmens gesteigert werden können. Einer *Deminor*-Studie zufolge sollen Investoren für Anteile eines Unternehmens mit einer guten Corporate Governance bis zu 18% mehr zu zahlen bereit sein.[601]

b) Rechtsnatur und Bindungswirkung eines Kodexes

Die Corporate-Governance-Grundsätze stellen anders als in den USA[602] kein verbindliches Recht dar, sondern lediglich Empfehlungen.[603] Die Ansiedlung eines Kodex unterhalb einer gesetzlichen Regelung soll eine Deregulierung unterstützen und besitzt den Vorteil, die Bestimmungen flexibel an geänderte Rahmenbedingungen und neuen Erfahrungen anzupassen. Dabei kann ein Unternehmen im Einzelfall auch von den Empfehlungen abweichen.[604] Die *Regierungskommission „Corporate Governance"* schlug sogar vor, auf die Unverbindlichkeit der über die gesetzlichen Regelungen hinausgehenden Empfehlungen im Kodex selbst explizit hinzuweisen. Die Bedeutung eines Kodexes könnte man daher mit *Sünner* darin sehen, dass bei einer kodexkonformen Entscheidung der Gesellschaft den Regelungen nachher bei einer eventuellen gerichtlichen Auseinandersetzung entsprechendes Gewicht zukommen könnte.[605] Aufgrund der freiwilligen Bindungswirkung eines Kodexes ist diese Auffassung indes abzulehnen.[606] *Peltzer/von Werder* gehen aber davon aus, dass aufgrund der freiwilligen Selbstverpflichtung des Emittenten die Investoren ein gesteigertes Vertrauen darin setzen können, dass die Grundsätze von dem jeweiligen Unternehmen in dem veröffentlichten Umfang auch tatsächlich eingehalten werden.[607]

---

[601] Wirtschaftwoche Nr. 14 vom 29.03.2001, S. 172ff.; nach einer entsprechenden McKinsey-Studie im Jahr 2000 waren es noch 11-16%, Nachweise bei *Schneider/Strenger* AG 2000, 106 (107 in Fn 1); ausführlich *Pellens/Hillebrandt/Ulmer* BB 2001, 1243 (1249); vgl. auch zu dieser Funktion *Peltzer /von Werder* AG 2001, 1 (2); kritisch *Steiger* M&A 2002, 120 (122ff.) mwN.

[602] Vgl. z. B. *Hess* in Feddersen/Hommelhoff/Schneider S. 11; *Claussen/Bröcker* AG 2000, 481 (482).

[603] Dazu *Lutter* ZGR 2000, 1 (18); *Hommelhoff* ZGR 2001, 238 (246), die die Grundsätze als „soft law" bezeichnen; *Claussen/Bröcker* AG 2000, 481 (483f.) sprechen von Formeln des „good behaviour in business"; vgl. auch *Grundsatzkommission* in AG 2000, 109; die eingesetzte Kommission der OECD ging daher davon aus, dass Handlungsbedarf für die Regierungen der Länder bestehe, ihre Unternehmenssteuerung und -kontrolle zu evaluieren; die Grundsätze könnten dabei einen Leitfaden geben, AG 1999, 340 (Einleitung); vgl. auch zum Ganzen *Ulmer* ZHR 166 (2002), 150 (158ff.).

[604] So die Präambel des *Deutschen Corporate Governance Kodex* der Kodexkommission Cromme in ZIP 2002, 452 = NZG 2002, 75; *Regierungskommission Corporate Governance* in Baums Rn 8, S. 53; Präambel des *„German Code of Corporate Governance"* des Berliner Initiativkreises, abgedruckt in DB 2000, 1573 = AG 2001, 6; dazu auch *Peltzer/von Werder* AG 2001, 1; vgl. auch *Hopt* in FS Mestmäcker S. 909 (928); *Schneider/Strenger* AG 2000, 106 (109).

[605] *Sünner* AG 2000, 492 (495).

[606] Vgl. auch *Wolf* ZRP 2002, 59f..

Sowohl die *Regierungskommission „Corporate Governance“* und ihr folgend die *Kodexkommission Cromme* als auch der *Berliner Initiativkreis „Corporate Governance“* nehmen übereinstimmend an, dass eine Anwendbarkeit eines Kodexes im Wesentlichen für börsennotierte Gesellschaften in Betracht kommt.[608] Hintergrund ist aus Sicht der *Regierungskommission*, dass ein Kodex schließlich der Kommunikation zwischen den nationalen und internationalen Kapitalmarktteilnehmern dienen soll und von einer solchen in kleineren Unternehmen ohnehin auszugehen ist bzw. auch andere Wege dorthin führen. Zudem war man der Ansicht, dass ein für alle Unternehmen geltender Kodex zu allgemein bliebe und kleinere Unternehmen vor vermeidbaren Kosten geschützt werden müssten.[609] Die *Kodexkommission Cromme* hingegen empfiehlt auch börsenfernen Gesellschaften eine Beachtung.[610] Der *Berliner Initiativkreis* richtet seine Kodexregelungen zwar ausdrücklich zumindest primär an große, börsennotierte Gesellschaften, schließt aber eine analoge Anwendung zahlreicher Bestimmungen auf Unternehmen mit anderen Eigentümerstrukturen nicht aus und widmet diesen daher auch eigene Abschnitte, in denen auf die Besonderheiten der Unternehmensstrukturen hingewiesen wird.[611]

Das Problem der Unverbindlichkeit der Regelungen eines Kodexes haben die Kommissionen selbst erkannt und daher eine Hinweispflicht dahingehend vorgeschlagen, dass die Unternehmen erklären müssen, ob sie sich dem Kodex unterworfen haben. Sollte das Unternehmen sich nicht an die Empfehlungen des Kodexes gebunden fühlen, so muss diese Erklärung die entsprechenden Abweichungen enthalten („comply or explain“).[612] Nach der Einschätzung der *Regierungskommission* entspricht diese Mitteilung den Anforderungen der Kommunikation zwischen den Kapitalmarktteilnehmern und gewährleistet eine Diskussion der Unternehmensorgane über die entsprechenden Empfehlungen.[613] Die Hoffnung liegt

---

[607] In AG 2001, 1; die Autoren scheinen zu suggerieren, dass gesetzliche Verpflichtungen ein Unternehmen weniger motivieren könnten, eingehalten zu werden.

[608] *Regierungskommission Corporate Governance* in Baums Rn 13, S. 57f.; so auch die *Grundsatzkommission* AG 2000, 109; die *OECD-Corporate-Governance-Grundsätze* gehen von einer grundsätzlichen Anwendbarkeit für börsennotierte Unternehmen aus, schließen aber eine Geltung auch für andere Unternehmen nicht aus, vgl. AG 1999, 340 (341).

[609] *Regierungskommission Corporate Governance* in Baums Rn 13, S. 57: damit sei auch keine Benachteiligung der börsenfernen Unternehmen zu befürchten, da diese den Kodex auch freiwillig akzeptieren könnten; vgl. auch *Sünner* AG 2000, 492ff..

[610] *Deutscher Corporate Governance Kodex* ZIP 2002, 452 (453 Präambel) = NZG 2002, 75.

[611] Präambel *Berliner Initiativkreis* DB 2000, 1573; vgl. Abschnitt VII des Kodexes zu Corporate Governance in geschlossenen Unternehmen und Abschnitt VIII im Konzern, DB 2000, 1573 (1580) = AG 2001, 6 (13f.).

[612] So auch im Regierungsentwurf zum *„Transparenz- und Publizitätsgesetzes“* für die Neufassung des § 161 AktG unter www.bmj.bund.de = ZIP 2001, 2192 mit Einführung *Seibert*; zum Ganzen: *Seibt* AG 2002, 249ff.; *Seibert* BB 2002, 581ff.; *Regierungskommission Corporate Governance* in Baums Rn 8, S. 53; *Berliner Initiativkreis* in DB 2000, 1573.

[613] *Regierungskommission Corporate Governance* in Baums Rn 8ff. und 12, S. 53ff. und 56; vgl. auch der *Berliner Initiativkreis*, der auf die erhöhte Transparenz der Unternehmensleitung und

darin, dass der Markt sich damit selbst regulieren könnte und die den Kodex akzeptierenden Unternehmen verstärkt von den Kapitalanlegern gesucht werden, wohingegen die übrigen Gesellschaften automatisch ihre Position überdenken müssten.[614]

Die *Regierungskommission* hat sich daher auch mit dem Problem befasst, wie eine verbindliche Information über die Beachtung des Kodexes sichergestellt werden könnte. Wie in Großbritannien praktiziert, ist es nach der Kommission denkbar, diese Aufgabe den Börsenzulassungsstellen zu übertragen. Dagegen spreche allerdings, dass die Börsen hierzulande grundsätzlich keine Zulassungsvoraussetzungen aufstellen und demnach das Börsengesetz und die entsprechenden Verordnungen zunächst geändert werden müssten. Zudem seien die Zulassungsstellen personell und sachlich nicht für die Durchführung einer jährlichen Kontrolle gerüstet und schließlich müsse dann noch über Sanktionen im Falle der Nichtbeachtung nachgedacht werden. Unabhängig von diesen praktischen Schwierigkeiten erscheint es jedoch sachgerecht, auch hinsichtlich des Ziels eines solchen Kodexes – Kommunikationsförderung zwischen den Marktteilnehmern – die Entscheidung und Beachtung auch diesen zu überlassen. Daher ist nach dem Deutschen Corporate Governance Kodex die „Compliance-Erklärung" bzw. die Abweichungen vom Kodex im Geschäftsbericht aufzunehmen.[615] Dadurch soll gewährleistet sein, dass der Kapitalmarkt über die Gleichwertigkeit der Abweichungen zu den Empfehlungen entscheiden kann.[616] Eine Verpflichtung zur Abgabe dieser „Compliance"-Erklärung resultiert nunmehr aus dem geänderten § 161 AktG, außerdem muss die Erklärung nach § 325 Abs. 1 Satz 1 HGB dem Handelsregister mitgeteilt werden. Im Wesentlichen soll aber nach der Vorstellung der *Kodexkommission Cromme* der Kapitalmarkt die Unternehmensführungen auf Einhaltung des Kodexes überwachen; der Abschlussprüfer prüft dabei lediglich, ob die Anhangsangaben abgegeben worden sind.[617] Aus der handelsrechtlichen Vorschrift in § 335 a Nr. 1 HGB ergibt sich jedenfalls die Möglichkeit, gegen Mitglieder des vertretungsberechtig-

---

–überwachung insbesondere für ausländische Investoren hinweist, DB 2000, 1573 (1580 These 1).

[614] *Berliner Initiativkreis* DB 2000, 1573 (Präambel und S. 1581 These 9). Vernachlässigt können hier verfassungsrechtliche Bedenken von *Wolf* ZRP 2002, 59f., der in der „comply or explain"-Regelung eine Zwangsunterwerfung herbeigeführt sieht und wegen der zum Teil über die gesetzlichen Vorgaben hinausgehenden Kodexregelungen von einem Verstoß gegen den Parlamentsvorbehalt ausgeht. *Wolf* stützt diese Argumentation im Wesentlichen auf die Anregung der *Regierungskommission Corporate Governance* in Baums Rn 257ff., S. 270ff., auch die Vergütungen der Organmitglieder im Anhang des Jahresabschlusses im Einzelnen aufzugliedern. Aufgrund des Bedürfnisses des Kapitalmarktes nach Transparenz und angesichts der neueren Diskussionen über Vorstandsgehälter (Deutsche Telekom und Mannesmann) sind indes einige Unternehmen bereits freiwillig hierzu übergegangen.

[615] Vgl. Klausel III.10; so bereits die Anregung der *Grundsatzkommission* AG 2000, 109; die *Regierungskommission Corporate Governance* in Baums Rn 10, S. 55 ging dagegen davon aus, dass diese Erklärung zusätzlich in einem gesonderten Bericht zum Jahresabschluss beim Handelsregister mit der Wirkung des § 325 Abs. 1 Satz 2 HGB eingereicht werden müsse.

[616] Vgl. *Regierungskommission Corporate Governance* in Baums Rn 10 und 12, S. 55f..

[617] *Cromme* unter www.corporate-governance-code.de S. 6.

ten Organs ein Ordnungsgeld im Falle des Unterlassens der Erklärung zu verhängen.[618]

c) Effizienz bei der Konfliktbewältigung

Ein Bedürfnis für einen solchen Kodex ist oftmals angesichts der bestehenden gesetzlichen Vorschriften bezweifelt worden.[619] In Bezug auf die Konfliktlösung in der vorliegenden Konstellation sind *Claussen/Bröcker* jedenfalls der Auffassung, dass ein Negativkatalog für die Wahl abzulehnen ist und vielmehr Positivaussagen über die Eignung für ein Aufsichtsratsamt notwendig sind. Ohnehin vertreten sie die Meinung, dass die Mitgliedschaft in einem Aufsichtsrat des Wettbewerbsunternehmens nicht ein Hindernis, sondern vielmehr eine Qualifikation für das Amt darstellt.[620] Die Ansicht der erhöhten Qualifikation für das Amt ist aber zu Recht vereinzelt geblieben. Es ist angesichts des a priori bestehenden Interesses der Anteilseigner an qualifizierten Organmitgliedern nicht erforderlich, die von den Genannten geforderten Positivvoraussetzungen gesetzlich zu statuieren.[621]

Problematisch ist aber die Unverbindlichkeit des Kodex unter dem Gesichtspunkt der Effizienz der Konfliktbewältigung. Die Unverbindlichkeit eines Kodexes führt dazu, dass zum einen zahlreiche Unternehmen darauf setzen werden, das Vertrauen der Anleger auch ohne Beachtung der Empfehlungen nicht zu verlieren, und es sich zur Zeit auch nicht abschätzen lässt, wie viele Unternehmen dies sein werden.[622] Zieht man die gemachten Erfahrungen mit dem Übernahmekodex heran, wird der Optimismus dabei hinsichtlich einer allgemeinen Akzeptanz tendenziell verhalten ausfallen müssen.[623] Zum anderen lässt sich nur mit geringer Ge-

618 Sollte es sich bei der Erklärung um eine Pflichtangabe im Sinne des § 285 Nr. 16 HGB handeln, ergibt sich das drohende Bußgeld aus § 334 Abs. 1 Nr. 1 d) HGB bzw. aus § 334 Abs. 1 Nr. 2 f) HGB, wenn eine Pflichtangabe gemäß § 314 Abs. 1 Nr. 8 HGB vorliegt.

619 *Bernhardt* in FAZ vom 06.12.2000, S. 20; allgemein zur Problematik der Selbstregulierung in Deutschland: *Hopt* ZGR 2002, 333 (372f.).

620 *Claussen/Bröcker* AG 2000, 481 (489).

621 Zu diesen Voraussetzungen auch die Rechtsprechung: BGHZ 85, 293 (295f.) „*Hertie*"; dazu auch statt vieler *Wardenbach* „Interessenkonflikte" S. 262ff.; *Hüffer* „AktG" § 100 Rn 2; *Götz* AG 1995, 337 (345); *Hoffmann-Becking* in Münch Hdb § 30 Rn 2.

622 Nach einer empirischen Untersuchung von *Pellens/Hillebrandt/Ulmer* BB 2001, 1243ff. bei den DAX-100 Unternehmen (Befragung erfolgte um die Jahreswende 2000/2001; der Rücklauf lag bei 72%) halten zwar ca. 96% der Befragten eine Regulierung in Form von Richtlinien für sinnvoll, ca. 9% haben solche indes erst implementiert und weitere ca. 45% planen eine solche. Nach der Mehrheit der Unternehmen sollte es auch bei einer freiwilligen Selbstverpflichtung bleiben, zumindest sprechen sich lediglich 25% für eine verbindliche Regelung für börsennotierte Unternehmen aus.

623 *Begründung zum Regierungsentwurf* zum Übernahmegesetz BT-Drucks. 14/7034, S. 27: bis zum 11.4.2001 hatten von 1016 börsennotierten Gesellschaften lediglich 755 Gesellschaften (davon 86 des DAX-100) den Kodex anerkannt. Die Börsensachverständigenkommission (BSK) schlug im Februar 1999 in einem Positionspapier an die Bundesregierung daher auch die Verabschiedung eines Übernahmegesetzes vor, vgl. Stellungnahme der BSK S. 10; *Zinser* WM 2002, 15 in Fn 7; für eine solche auch *Baums* in von Rosen/Seifert S. 165 (166ff.).

wissheit vorhersagen, inwieweit als „Empfehlungen“ bezeichnete Vorgaben tatsächlich das gewünschte Problembewusstsein schaffen werden. Im Ergebnis wird man zwar davon ausgehen können, dass diejenigen Unternehmen, die das Vertrauen der Marktteilnehmer tatsächlich gewinnen wollen, sich freiwillig dem Kodex unterwerfen werden. Dagegen besitzen die übrigen Unternehmen tendenziell die Absicht, gegen einzelne Vorschriften im Kodex zu verstoßen. Die Konfliktbewältigung über den Kodex ist aber nur dann effektiv, wenn die potentiellen Anleger diese Problematik erkennen und bei ihrer Anlageentscheidung entsprechend würdigen. Die Unverbindlichkeit des Kodexes könnte sie jedoch dazu verleiten, einen Verstoß gegen Regelungen eines Kodex gerade nicht negativ zu beurteilen. Daher würde der Kodex somit leer laufen.

Eine mangelnde Akzeptanz eines Kodexes in Deutschland wird aber auch an den neuesten Reformüberlegungen der Deutschen Börse AG deutlich.[624] Ein sogenanntes Basissegment für eher national ausgerichtete Emittenten und ein sogenanntes Premiumsegment für den Zugang zum internationalen Kapitalmarkt unter Aufgabe der bisherigen Kapitalmarktorganisation wurden dabei eingerichtet. Der Zugang zum Premiumsegment ist mit besonders strengen Zulassungs- und Transparenzvorschriften wie Veröffentlichung von Quartalsberichten unter internationalen Rechnungslegungsstandards verknüpft, die Anerkennung des Corporate-Governance Kodex ist aber nicht erfoderlich.[625] Die potentielle Bedeutung des Kodexes wird daher auch auf diese Weise erheblich unterminiert.

Schließlich spricht auch das Selbstverständnis eines Kodexes nicht für eine alleinige Lösung. Denn durch die teilweise Wiederholung der gesetzlichen Vorschriften und die lediglich vorhandenen Ergänzungen bzw. Detaillierungen wird eine andere Basis geradezu vorausgesetzt. Auch für das hier zu diskutierende Doppelmandat in Konkurrenzunternehmen vermag die Kodexregelung mithin lediglich ergänzende Wirkungen entfalten und den Anteilseignern als Leitfaden bei den Aufsichtsratswahlen dienen.

6. Verbot de lege ferenda

Eine Inkompatibilität für das Doppelmandat in Konkurrenzunternehmen de lege ferenda ist im Rahmen der Novellierung des Aktienrechts durch das „*KonTraG*“ rege diskutiert worden. Hiergegen wurde im Wesentlichen angeführt, dass das deutsche Gesellschaftsrecht nicht überreguliert werden sollte und es dem Markt im Zweifel überlassen bleiben sollte, Interessenkonflikte aufzulösen. Der Ruf nach dem Gesetzgeber erscheint daher nur zweckmäßig, wenn die bestehenden Instrumentarien nicht dazu geeignet wären, den bestehenden Konflikt zu be-

[624] Dazu zum Beispiel FAZ Nr. 225 vom 27.09.2002, S. 21.
[625] Vgl. dazu zum Beispiel die (faktische) obligatorische Akzeptanz des „*City Codes on Takeovers and Mergers*“ im Vereinigten Königreich, dazu unten 6. Abschnitt B II 4, S. 243ff..

wältigen. Die folgenden Ausführungen werden indessen aufzeigen, dass eine Pflicht zur Offenlegung des Konflikts als probates Mittel angesehen werden kann.

7. Offenlegungspflicht bei einem bestehenden potentiellen Interessenkonflikt

Der Gesetzgeber entschied sich letztlich für die Einführung einer Offenlegungspflicht anderer beruflicher Tätigkeiten, insbesondere in konkurrierenden Unternehmen. Dies soll im Rahmen der Bekanntmachung der Tagesordnung der Hauptversammlung gemäß des § 124 Abs. 3 Satz 3 AktG und der im engen Zusammenhang stehenden Mitteilung nach § 125 Abs. 1 Satz 3 AktG geschehen. Bereits früher bestand eine Pflicht, den Namen, Beruf und Wohnort des Aufsichtsratskandidaten in der Bekanntmachung der Tagesordnung mitzuteilen, dazu gehörte allerdings nicht die Offenlegung anderer Aufsichtsratsmandate.[626] Informiert werden muss nach neuer Rechtslage nunmehr über den „tatsächlich ausgeübten" Beruf, wodurch nach Absicht des Gesetzgebers eine verbesserte Aufklärung erreicht werden soll.[627] Ergänzt werden die Mitteilungspflichten dadurch, dass eventuell bestehende andere Aufsichtsratsmandate in der Mitteilung nach § 125 Abs. 1 Satz 3 AktG enthalten sein sollen, die im Anhang nach § 285 Nr. 10 Satz 1 HGB ebenso aufgeführt werden müssen.[628] Für Kreditinstitute besteht daneben die weitere Bestimmung in § 340a Abs. 4 Nr. 1 HGB, wonach sie im Anhang alle Mandate ihrer gesetzlichen Vertreter oder anderer Mitarbeiter in gesetzlich zu bildenden Aufsichtsräten von großen Kapitalgesellschaften im Sinne des § 267 Abs. 3 HGB angeben müssen.

a) Lösung des Konflikts über eine Offenlegungspflicht ?

Gegen eine Angabe der anderweitigen Tätigkeiten eines Aufsichtsratskandidaten im Rahmen der Bekanntgabe der Tagesordnung nach § 124 Abs. 3 AktG ist eingewendet worden, dass dies zu einer mangelnden Transparenz der Aufsichtsratswahl führen könnte. Moniert wurde, dass eine solche Bekanntgabe unpraktika-

626 *Hüffer* „AktG" 3. Aufl. 1997, § 124 Rn 16; im Rahmen der Verhandlungen zum Aktiengesetz 1965 hatte der Wirtschaftsausschuss seinerzeit vorgeschlagen, zur besseren Unterrichtung der Aktionäre über die Persönlichkeit des Kandidaten unter anderem auch andere Aufsichtsratsmandate mitzuteilen; diese Auffassung wurde indes vom Rechtsausschuss nicht geteilt, da die erforderlichen Angaben im Einzelfall sehr umfangreich seien, ohne dass den Aktionären etwas wesentlich Neues gesagt würde, vgl. dazu *Kropff* „Begr RegE AktG" S. 175.

627 Vgl. Regierungsbegründung BT-Drucks. 13/9712, S. 17: der informierten Hauptversammlung soll auch die Entscheidung über Wettbewerber überlassen bleiben. Die Formulierung in der Neufassung ist angelehnt an Art. 9 Abs. 3 des geänderten Vorschlags einer fünften EG-Richtlinie zum Gesellschaftsrecht, vgl. Abl. EG Nr. C 240 vom 9.9.1983, und entspricht auch einem Vorschlag der *Bankenstrukturkommision* „Bericht Grundsatzfragen der Kreditwirtschaft", 1979, Tz 1035 (1045); vgl. aber zu einer Erweiterung de lege ferenda 4. Abschnitt B III 7, S. 125ff..

628 Daher verweist die *Regierungskommission Corporate Governance* einleitend zum Problemkreis darauf hin, dass durch das „*KonTraG*" eine Regelung wie § 125 Abs. 1 Satz 3 AktG eingeführt worden ist, in Baums Rn 54, S. 95; vgl. auch *Schröer* ZIP 1999, 1163 (1166f.).

bel sei, da dies zu einer Überfrachtung der ohnehin umfangreichen und sehr unübersichtlichen Bekanntmachung führe. Einer Vermeidung von Interessenkonflikten über eine Verbesserung der Transparenz der Wahl zum Aufsichtsrat würde daher sogar entgegengewirkt, ohne dass der Aktionär etwas wesentlich Neues erfahren würde.[629]

Tatsächlich muss allerdings bezweifelt werden, dass die Aktionäre durch diese Mitteilungen wirklich „nichts Neues" erfahren würden. Dies wäre zwar insbesondere bei größeren Publikumsgesellschaften für den ein oder anderen informierten Aktionär realiter zutreffend, wenn die vorgeschlagene Ernennung zum Beispiel gerade auf einer entsprechenden Reputation durch andere Aufsichtsratsämter des Kandidaten beruht. Grundsätzlich aber wird die Angabe anderer Aufsichtsratsämter eine Eignung für das zu besetzende Amt indizieren und dem weniger involvierten Aktionär wertvolle Entscheidungshilfe sein. Von einer Einschränkung der Transparenz der Wahl zum Aufsichtsrat kann somit nicht ausgegangen werden.

Eine weiteres Argument für eine Offenlegungspflicht ist damit ebenfalls andeutungsweise zum Ausdruck gekommen. Teilweise erfolgt eine Ernennung zum Aufsichtsratsmitglied aus repräsentativen Erwägungen oder generell aufgrund der guten Reputation des Kandidaten. Im Lichte der zahlreichen Unternehmenskrisen der letzten Jahre und der zunehmenden Kritik an der Effizienz des deutschen Kontrollsystems sind Überlegungen laut geworden, den Aufsichtsrat verstärkt zu professionalisieren, d.h. hauptberufliche Aufsichtsräte zu fördern. Diese Intention würde indes nicht nur durch eine vielfach geforderte Verringerung der maximalen Mandatsanzahl,[630] sondern eben auch durch ein Verbot von bestimmten Doppelmandaten verhindert. Eine Offenlegungspflicht würde mithin der Gesellschaft bei der Ernennung der Aufsichtsratsmandate einen größeren Spielraum belassen, da verschiedene Mandatsbesetzungen nicht von vorneherein ausscheiden müssten.

Schließlich wird insbesondere von *Lutter* für eine entsprechende Inkompatibilität ins Feld geführt, dass bei der gleichzeitigen Verpflichtung gegenüber mehreren Gesellschaften die Erfüllung der einen automatisch in einer Verletzung der

---

[629] So schon die Auffassung des Rechtsausschusses in den Beratungen zur Aktienreform von 1965, siehe dazu *Kropff* „Begr RegE AktG", S. 175; zuletzt im Rahmen der Anhörung vor dem Rechtsausschuss Sitzung Nr. 74 vom 29.1.1997 auch der *Gemeinsame Arbeitsausschuss der Bundesverbände der deutschen Industrie, deutscher Banken etc.*, S. 135 (145), abgedruckt in „Verhandlungen des Rechtsausschusses" ebd..

[630] So wurde von der damaligen Opposition im „*Transparenz- und Wettbewerbsgesetz*" BT-Drucks. 13/367, S. 4, 19 mit dem Hinweis auf die große zeitliche Belastung eine Reduzierung auf maximal fünf Mandate pro Person gefordert; zustimmend: *Raiser* NJW 1996, 2257 (2260); *Lutter* NJW 1995, 2766; *Mülbert* Gutachten 61. DJT, S. E 108; dieser Vorschlag fand im „*KonTraG*" zu Recht keine Berücksichtigung, vgl. BT-Drucks. 13/9712, S. 15f., da eine solche Beschränkung zum einen die einzelnen unternehmerischen Tätigkeiten von Aktiengesellschaften und damit die unterschiedlichen Anforderungen an ein dortiges Amt, zum anderen die unterschiedliche Belastbarkeit der Mandatsträger unberücksichtigt lassen würde; so auch *Götz* AG 1995, 337 (345); *Röller* AG 1994, 333 (334); *Seibert* ZBB 1994, 349 (351).

anderen Pflichtensphäre resultiert.[631] Selbst *Wardenbach* als Befürworter einer solchen Inkompatibilität räumt aber ein, dass es in Ausnahmefällen zu einem Interessengleichlauf zwischen den Konkurrenzunternehmen kommen könnte.[632] Gerade davon ist auch auszugehen, da solche Doppelmandate schließlich teilweise nicht zufällig entstanden sind und daher aufgrund einer gemeinsamen Interessenlage hergestellt wurden. Sie können zum Beispiel auch der Stärkung einer Kooperationsbeziehung oder einer strategischen Allianz dienen.[633] Angesichts einer grundsätzlich vorhandenen „natürlichen Abneigung" einer Gesellschaft, einen Konkurrentenvertreter im eigenen Überwachungsorgan zu haben, dürften gewichtige Gründe für dessen Bestellung vorgelegen haben.[634] Allein mit einer Offenlegungspflicht lässt sich gewährleisten, dass das Wahlorgan auch in Kenntnis dieser Konkurrenzsituation beschlossen hat. Im Rahmen dieser Entscheidung kann die Hauptversammlung dann die Überlegung anstellen, ob die potentielle Konfliktsituation als gefährlich für die Belange der Gesellschaft eingestuft werden muss. Nicht überzeugen kann mithin die Auffassung des *Deutschen Anwaltsvereins*, der eine derartige Offenlegung gegenüber der Hauptversammlung für eine vertrauensvolle Offenlegung und Beratung im Aufsichtsrat als schädlich einstuft und eine diskrete Behandlung der Interessenkonflikte innerhalb des Organs bevorzugt.[635] *Bokelmann* weist zu Recht schließlich darauf hin, dass auch nicht von einer Störung der vertrauensvollen Zusammenarbeit zwischen Vorstand und Aufsichtsrat gesprochen werden kann, wenn der Vorstand selbst möglicherweise den Doppelmandatar zur Berufung vorgeschlagen hat.[636]

Eine Notwendigkeit für eine Offenlegung wird schließlich auch im Rahmen der Diskussion zu einem Corporate Governance Kodex in Deutschland grundsätzlich gesehen. Während die *Grundsatzkommission „Corporate Governance"* wie der Deutsche Anwaltsverein die Offenlegung von Interessenkonflikten lediglich gegenüber dem Aufsichtsratsvorsitzenden vorsah und im übrigen die Verfolgung eigener Interessen oder die von Dritten untersagte,[637] statuieren die *OECD-*

---

[631] *Lutter* in FS Beusch S. 509 (516f.); zustimmend *Wardenbach* „Interessenkonflikte" S. 76.

[632] *Wardenbach* a.a.O. mit Verweis auf ein Beispiel von *Lutter* ZHR 145 (1981), 224 (236 in Fn 37).

[633] *Kübler* AG 1997 Sonderheft, S. 48 (49); *ders.* „Verhandlungen des Rechtsausschusses" Sitzung Nr. 74 vom 29.1.1997, Anhörungsprotokoll S. 67; *ders.* in FS Claussen S. 239 (243f.); *Hoffmann-Becking* „Verhandlungen des Rechtsausschusses" Sitzung Nr. 74 vom 29.1.1997, Anhörungsprotokoll S. 68; zustimmend *Bokelmann* „Personelle Verflechtungen" S. 143f.; *Krebs* „Interessenkonflikte" S. 286f.; *Ulmer* NJW 1980, 1603 (1604) spricht sogar davon, dass der Aufsichtsrat der Versammlung von Geschäftspartnern dient und daher die Vertreter von Banken, Lieferanten und Wettbewerbern üblich sind.

[634] Vgl. auch *Häuser* „Interessenkollisionen" S. 91, der behauptet, dass Vorstandsmitglieder grundsätzlich darauf achten würden, dass keiner ihrer Kollegen ein entsprechendes Mandat annehme, diesen Gedanken aber nicht weiter ausführt.

[635] *Stellungnahme des DAV* zum Corporate Governance Kodex unter www.rws-verlag.de zu Klausel V.5.3 des Kodex.

[636] In „Personelle Verflechtungen" S. 143.

[637] *Grundsatzkommission* AG 2000, 109 (113) mit Anmerkung *Schneider/Strenger* AG 2000, 106ff..

Corporate-Governance-Grundsätze, dass die Investoren diejenigen Informationen benötigen, die die Urteilsfähigkeit der Mandatsträger zu beeinträchtigen drohen.[638] Dieser Einschätzung ist im Wesentlichen auch die *Regierungskommission Corporate Governance* und die *Kodexkommission Cromme* gefolgt.[639] Generell erscheint die Offenlegungspflicht somit als gangbare Alternative.[640]

b) Entscheidungshoheit der Aktionäre bei Offenlegungspflichten

Die Lösung des potentiellen Interessenkonflikts über eine Offenlegungspflicht stellt im strengeren Sinne lediglich im Falle der Ablehnung des Kandidaten durch die Aktionäre eine Konfliktvermeidung dar. Denn hierbei wird die Entscheidung, ob ein Interessenkonflikt zu befürchten ist, weitgehend den Anteilseignern überlassen. Mit ihrer Wahl eines Kandidaten bringen diese dann zum Ausdruck, dass der potentielle Konflikt entweder für unbeachtlich gehalten oder zumindest toleriert wird.[641] Hintergrund dieser Regelung ist eine angestrebte Vermeidung einer Überregulierung des deutschen Unternehmensrechts und das begrüßenswerte Ziel, den Gesellschaften eine Selbstorganisation und Kontrolle über die bereits vorhandenen Überwachungsebenen zu ermöglichen. Damit kann individuellen Bedürfnissen der Unternehmen Rechnung getragen werden.[642] Eine Effizienz einer derarti-

---

638 *OECD-Corporate-Governance-Grundsätze* unter www.oecd.org = AG 1999, 340 (348) mit Anmerkung *Seibert* AG 1999, 337ff.

639 Vgl. *Regierungskommission Corporate Governance* in Baums Rn 54f., S. 95ff.; Rn 257ff., S. 270ff. und Rn 310f., S. 317f., nach der die Offenlegung der fachlichen Eignung indes nicht erforderlich sein soll; Klausel V.5.3 des Corporate Governance Kodex, in NZG 2002, 75ff. = ZIP 2002, 452ff..

640 So wurde im Rahmen der Beratungen zum „*KonTraG*“ eine Offenlegungspflicht größtenteils befürwortet: vgl. z. B. die Gutachten von *Baums* S. 434 (446f.); *Mülbert* S. 47 (49 These Nr. 18); *Hopt* S. 476 (478); *Kübler* S. 13 (15, 18); *Deutscher Anwaltsverein* S. 273 (280); *Arbeitsgemeinschaft selbständiger Unternehmer* S. 530 (532); vgl. auch die Beschlüsse des 61. DJT, S. 57 (60 Nr. 16), alle abgedruckt bei „Verhandlungen des Rechtsausschusses“ Sitzung Nr. 74 vom 29.1.1997; befürwortend auch *Baums* ZBB 1994, 98; *Mülbert* Gutachten 61. DJT S. E 108, 119; *Schneider/Burgard* DB 1996, 1761 (1762); *Wiedemann* ZIP 1997, 1565 (1567); *ders.* „Organverantwortung“ S. 27ff.; eine Offenlegung befürworteten bereits vor dem „*KonTraG*“: *Matthießen* „Stimmrecht und Interessenkollision“ S. 203; *Häuser* „Interessenkollisionen“ S. 91f.; *Giesen* „Organhandeln“ S. 108.

641 So auch die Begründung zum Referentenentwurf ZIP 1996, 2129 (2133ff.) und zum Regierungsentwurf BT-Drucks. 13/9712, S. 17; *Matthießen* „Stimmrecht und Interessenkollision“ S. 203; Diskussionsbericht in ZHR 145 (1981), 271; *Häuser* „Interessenkonflikte“ S. 92; *Steinbeck* „Überwachungspflicht“ S. 68f., 72f.; *Marsch-Barner* in Semler AR-Hdb. Rn J79; in diese Richtung auch *Kübler* in FS Claussen S. 239 (248); vgl. aber *Wardenbach* „Interessenkonflikte“ S. 70, 299f.; *Bokelmann* „Personelle Verflechtungen“ S. 143; *Krebs* „Interessenkonflikte“ S. 77, 289f.; *Dreher* JZ 1990, 896 (904 in Fußnote 95); *Quack* in FS Ritter S. 745 (749f.), hält die Entscheidung der Aktionäre für unzulässig, da die Gefahr einer Schadenszufügung nicht ausgeschlossen werden könne.

642 Begründung des Regierungsentwurfs, abgedruckt in BT-Drucks. 13/9712, S. 11; so auch schon der Referentenentwurf, abgedruckt in ZIP 1996, 2129; vgl. auch *Seibert* ZBB 1994, 349 (352); generell werden solche Bestrebungen auch von *Dreher* in Feddersen/Hommelhoff/Schneider S. 33 (38ff.) befürwortet, der dahingehend Organisations-Optionen für die Aktiengesellschaften anstelle starrer Regeln anregt.

gen selbständigen Marktregulierung zeigt sich an der Rechtslage in Großbritannien, wonach dem rechtlich an sich unverbindlichen „*Combined Code of Best Practice*" erhebliche Bedeutung zukommt.[643] Zu den individuellen Bedürfnissen der Gesellschaft könnte zum einen der Entschluss einer Allianz- oder Kooperationsbildung mit einem Konkurrenzunternehmen gehören, zum anderen aber auch die Erwartung mit einem solchen Vertreter einen „Mann vom Fach" zu bestellen.[644] Außerdem sollte nach der gesetzgeberischen Intention die internationale Wettbewerbsfähigkeit vor allem gegenüber den dominierenden Märkten in den USA und dem Vereinigten Königreich gewährleistet werden. Dies wird dadurch deutlich, dass grundsätzlich zwischen börsennotierten und börsenfernen Unternehmen differenziert wird. Die Installation eines gesetzlichen Bestellungsverbots stünde damit im Widerspruch zu diesen Erwägungen.

Schließlich spricht für eine Offenlegungspflicht und gleichzeitig gegen eine Statuierung eines gesetzlichen Verbots, dass in Einzelfällen das Abberufungsverfahren nach § 103 AktG bereitsteht und in Ausnahmefällen immer noch eine gerichtliche Entscheidung über eine Inkompatibilität unter besserer Berücksichtigung der einzelnen Umstände zur Lösung des Problems führen könnte.[645] Hierauf wird man auch zurückgreifen müssen, wenn das Konkurrenzverhältnis erst nach der Bestellung eingetreten ist, da die Wirksamkeit der Bestellung unberührt bleibt. Liegt in einem solchen Fall die Entscheidungskompetenz bei den Aktionären, ist kein sachlicher Grund dafür ersichtlich, bei anfänglichem Bestehen nicht von einer solchen Kompetenz auszugehen. Außerdem haben obige Ausführungen zum Begriff der „Konkurrenz" gezeigt, dass eine Entscheidung über das Vorliegen einer potentiell gefährdenden Konkurrenz letztendlich auf die Untersuchung hinausläuft, ob die möglicherweise auftretenden Interessenkonflikte über punktuelle Konfliktbewältigung wie Stimmrechts- oder Sitzungsausschluss bewältigt werden können.[646]

aa) Stärkung der Eigentümerkontrolle im Lichte des Aktienrechts

Generell erscheint die Überlassung der Entscheidung über die Relevanz einer Tätigkeit in einem Konkurrenzunternehmen an die Anteilseigner gerechtfertigt. Hintergrund hierfür kann auch die allgemeine volkswirtschaftliche und weltpolitische Lage sein. Denn angesichts einer wachsenden Globalisierung der Kapitalmärkte sind die nationalen Märkte nicht mehr isoliert zu sehen, so dass deutsche Unternehmen sich zum einen selbst auch international finanzieren können, zum anderen aber auch national neuer Konkurrenz ausgesetzt sind. Aufgrund dieser auf

---

643 Zur faktischen Verbindlichkeit des „City Codes on Takeovers and Mergers" siehe 6. Abschnitt B II 4, S. 243ff..

644 Vgl. *Marsch-Barner* in Semler AR-Hdb. Rn J87.

645 Begründung zum Regierungsentwurf, BT-Drucks. 13/9712, S. 17; vgl. auch den Referentenentwurf, abgedruckt in ZIP 1996, 2129 (2133); *Niederleithinger* ZIP 1995, 597 (602).

646 Vgl. dazu 4. Abschnitt B I 6, S. 87ff..

den deutschen Markt strömenden neuen Wettbewerber und der allgemeinen großen Bedeutung der anglo-amerikanischen Kapitalanleger orientieren sich Unternehmen verstärkt am „Shareholder value".[647] Der Blick nach Großbritannien hat gezeigt, dass dort traditionell im Wesentlichen eine anlegerorientierte Transparenz vorherrscht. Angesichts der Tatsache, dass die Anteilseigner letztlich das Kapitalrisiko halten, und nicht die Verwaltung, ist dies auch grundsätzlich zu befürworten. Hinzu kommt, dass auch in Deutschland die private Altersvorsorge aufgrund des Generationenkonflikts und der zunehmenden Überlastung der Rentenkassen weiter an Bedeutung gewinnen wird und damit auch dem Interesse der Anleger an dem, was die Kapitalanlage abwerfen wird, besonderes Augenmerk gilt. Das persönliche Interesse der Verwaltungsmitglieder an einer langfristigen Unternehmenswertsteigerung wird mittlerweile durch die wachsende Bedeutung der Vergütung über „stock options" erzeugt.[648] Unabhängig davon ist eine Korrelation zwischen direkter Beteiligung und Möglichkeit der Einflussnahme zu befürworten. Mit einer Offenlegungspflicht würde man daher die Wettbewerbsfähigkeit gegenüber den anglo-amerikanischen Marktteilnehmern steigern können.

Zudem trägt die erhöhte Transparenz der Aufsichtsratswahl auch zu einer gesteigerten allgemeinen Transparenz der Verwaltung der Gesellschaft bei. Dadurch wird das Vertrauen der Anteilseigner gestärkt und es werden möglicherweise neue Kapitalanleger angelockt. Zu bedenken ist nämlich nicht nur die Vermeidung und Aufdeckung von potentiellen Interessenkonflikten, sondern auch, dass offengelegte Mandate das Vertrauen der Anteilseigner in die Kompetenz der Verwaltung und damit das Verbleiben des Anlagekapitals in der Gesellschaft sicherstellen können. Eine solche Stärkung der Anteilseigner steht deswegen auch im Einklang mit dem übrigen Aktienrecht, weil es generell die Intention des Gesetzgebers war, das Vertrauen des Kapitalmarktes und die Eigentümerkontrolle zu intensivieren. So können zum einen durch die Streichung des § 12 Abs. 2 Satz 2 AktG a. F. im Rahmen des „*KonTraG*" keine Mehrstimmrechte geschaffen werden, zum anderen wurden die nach § 134 Abs. 1 Satz 2 AktG a. F. möglichen Höchststimmrechte – allerdings nur bei börsennotierten Gesellschaften – abgeschafft. Hintergrund war die Vermutung, dass Letztere den Kapitalmarkt beeinträchtigen würden, indem sie Übernahmen verhindern, den Einfluss von Großaktionären abwehren und die Ei-

[647] Vgl. zu diesem Begriff grundlegend *Rappaport* „Shareholder value" passim; vgl. *Mülbert* ZGR 1997, 129 (131ff.); *Kübler* in FS Zöllner S. 321ff.; kritisch *von Werder* ZGR 1998, 69ff.; speziell für das Übernahmerecht *Hirte/Schander* in von Rosen/Seifert S. 341 (342f.); das Unternehmensinteresse darf hingegen nicht mit dem Aktionärsinteresse gleichgesetzt werden, BVerfGE 50, 290 „*Mitbestimmungsurteil*"; zustimmend BVerfG NJW 2000, 129.

[648] *Baums* in FS Claussen S. 1 (3ff.); *Feddersen* ZHR 161 (1997), 269ff.; *Hüffer* ZHR 161 (1997), 214ff.; *Kohler* ZHR 161 (1997), 246; *Kessler/Kühnberger* AG 1999, 453ff.; *Kallmeyer* AG 1999, 97ff.; *Tegtmeier* „Vergütung" S. 125ff.; vgl. auch *Feddersen/Pohl* AG 2001, 26ff. mwN.

gentümerkontrolle behindern könnten.[649] Gleiches lässt sich von den Mehrstimmrechten sagen, bei denen ebenso Stimmrecht und Eigentum nicht korrelieren.[650]

Gegen eine solche Stärkung der Aktionärsbefugnisse spricht auch nicht, dass ein potentiell herrschendes Unternehmen mit einer Stimmrechtsmehrheit möglicherweise die Entscheidung über die Relevanz einer Konkurrenztätigkeit alleine herbeiführen könnte. Denn in einem solchen Fall ist grundsätzlich von einem Gleichlauf der Interessen auszugehen, da auch das herrschende Unternehmen in der Regel an einer prosperierenden Tochtergesellschaft interessiert sein wird. Ohnehin wird in einer solchen Konstellation die Herbeiführung eines Doppelmandats nur eine bereits bestehende Einflussmöglichkeit des herrschenden Unternehmens dokumentieren bzw. bestätigen.

bb) Überwindung verschiedener Abgrenzungsprobleme

Ein gesetzliches Verbot des Doppelmandats in Konkurrenzunternehmen begegnet zusätzlich der Problematik der Definition des Tatbestandsmerkmals „Konkurrenz". Nach *Lutter* liegt eine solche dann vor, wenn zwei Unternehmen ganz oder teilweise in dem oder denselben Marktsegment(en) tätig sind.[651] Diese Definition verdeutlicht aber die Problematik der Begriffsbestimmung, eröffnet sie doch zugleich die weitere wettbewerbsrechtlich umstrittene Frage der Bestimmung des „Marktes".[652] Auch Versuche, eine „Konkurrenz" anhand verschiedener Abstufungen in Kern- und Komplemetärgeschäfte mit entsprechenden Umsatzanteilen vom Gesamtumsatz des betroffenen Unternehmens zu definieren, konnten nicht durchgehend überzeugen, da die jeweiligen Einzelumstände nicht angemessen berücksichtigt werden konnten.[653] Diesen Schwierigkeiten entgeht man jedoch, wenn man die Entscheidung den Anteilseignern überlässt. Eine Rechtsunsicherheit kann

---

649 So zum Beispiel *Adams* AG 1997 Sonderheft, S. 9 (21); *Kübler* AG 1997 Sonderheft, S. 48 (52); *Schander* BB 1997, 1801 (1802); kapitalmarktpolitische Gründe waren offenbar von entscheidender Bedeutung, so dass eine Abschaffung lediglich auf börsennotierte Gesellschaften beschränkt wurde, vgl. die Begründung des Regierungsentwurfs BT-Drucks. 13/9712, S. 20; so auch *Deutscher Anwaltsverein* ZIP 1997, 163 (169); *Baums* AG 1997 Sonderheft, S. 26 (36); *Seibert* AG 1997 Sonderheft, S. 65 (68). Das VW-Gesetz besteht dagegen noch, vgl. *Endell* NZG 2000, 1160.

650 Die Abschaffung der Mehrstimmrechte entspricht dabei auch der zweiten Änderung eines Vorschlags für eine fünfte Richtlinie des Rates über die Struktur der AG, Amtsblatt Abl. EG Nr. C 7 vom 11.1.1997, S. 4ff.. Zu der Problematik der insbesondere entschädigungslosen Abschaffung der bestehenden Mehrstimmrechte nach § 5 EGAktG vgl. *Saenger* ZIP 1997, 1813 (1817ff.); *Zöllner/Hanau* AG 1997, 206ff.; *Lutter* AG 1997 Sonderheft, S. 52 (55); Stellungnahme des Bundesrates zum Entwurf des „*KonTraG*", BT-Drucks. 13/9712, S. 32f.; anders aber die Auffassung der Bundesregierung, vgl. dazu die Gegenäußerung zur Stellungnahme des Bundesrates, BT-Drucks. 13/9712, S. 37.

651 Vgl. in FS Beusch, S. 509 (514f.); ZHR 145 (1981), 224 (236); ähnlich *Reichert/Schlitt* AG 1995, 241 (246), die Überschneidungen in Randbereichen ausnehmen wollen; vgl. *Quack* in FS Ritter, S. 745f..

652 Vgl. dazu die obigen Ausführungen unter 4. Abschnitt B I 6, S. 91f..

653 Vgl. schon oben 4. Abschnitt B I 6, S. 88ff..

darin nicht gesehen werden, da die Berücksichtigung der individuellen Begleitumstände als vorrangig angesehen werden muss.

c) Ausweitung der Offenlegungspflichten de lege ferenda

Die Lösung des Problems erscheint mithin generell über eine Offenlegungspflicht vorzugswürdig. Der Gesetzgeber ist jedoch im Rahmen des „*KonTraG*" hinter den Erfordernissen für eine effiziente Auflösung zurückgeblieben, so dass de lege ferenda einige Ausweitungen dieser Offenlegungspflicht erwogen werden sollten.

aa) Bekanntgabe sonstiger Aufsichtsratsmandate im Rahmen von § 124 Abs. 3 Satz 3 AktG

(1) Erweiterung der Bekanntgabe auf Aufsichtsratsmandate

Im Rahmen der Beratungen zum „*KonTraG*" wurde, um eine Überfrachtung der Mitteilungen nach § 124 Abs. 3 AktG zu verhindern, die Meinung vertreten, man solle es bei einer Aufnahme anderweitiger Tätigkeiten in die Liste der Angaben nach § 125 AktG belassen.[654] Dem kann jedoch nicht gefolgt werden. Aufgrund des festgestellten Konfliktpotentials des Doppelmandats in Konkurrenzunternehmen ist vielmehr davon auszugehen, dass eine Kenntnis der anderen Tätigkeiten eines Designierten von wesentlicher Bedeutung für die Wahl zum Aufsichtsrat sein wird, so dass auf eine Bekanntgabe im Rahmen des § 124 Abs. 3 Satz 3 AktG nicht verzichtet werden kann. Insbesondere spricht hierfür, dass die Wahl des Aufsichtsrats und damit die mittelbare Einflussmöglichkeit auf die Geschäftsführung des Vorstands, eine der entscheidenden Funktionen der Hauptversammlung darstellt und mithin die Bedingungen für diese Wahl optimiert werden müssen. Daher reicht es auch nicht aus, die erforderliche Information in der Mitteilung nach § 125 AktG weiterzugeben.

Für eine solche Ausweitung des Inhalts der Bekanntmachung gemäß § 124 AktG spricht auch, dass über die Mitteilung nach § 125 AktG die Aktionäre lediglich zusätzliche Informationen über die Tagesordnungspunkte erhalten sollen.[655] Als Ergänzung zu den Bekanntmachungen nach §§ 121ff. AktG im Bundesanzeiger und den Gesellschaftsblättern soll hiernach der Aktionär mit dem Gegenstand der Hauptversammlung durch die ergänzende Mitteilung von gestellten Gegenan-

[654] Begründung des Regierungsentwurfs BT-Drucks. 13/9712, S. 17; Gutachten des *Gemeinsamen Arbeitsausschusses der Bundesverbände der deutschen Industrie, deutscher Banken etc.*, S. 135 (145), abgedruckt in „Verhandlungen des Rechtsausschusses" Sitzung Nr. 74 vom 29.1.1997; zustimmend *Hüffer* „AktG" § 125 Rn 4; vgl. aber *Mülbert* Gutachten E zum 61. DJT 1996, S. 108; der 61. DJT sprach sich ebenfalls für die Ergänzung der Organfunktionen iRd § 124 Abs. 3 Satz 3 AktG aus, abgedruckt in Hopt/Wymeersch S. M 123 (M 128 unter Beschluss Nr. 16).

[655] Vgl. dazu *Werner* in Großkomm § 125 Rn 3ff.; *Hüffer* „AktG" § 125 Rn 1.

trägen und Wahlvorschlägen einzelner Aktionäre intensiv vertraut gemacht werden. Die entsprechenden Informationen muss der Vorstand einer Gesellschaft nicht an die Aktionäre selbst, sondern an die Kreditinstitute und den Aktionärsvereinigungen übermitteln. Diese Mitteilungen gemäß § 125 AktG müssen binnen zwölf Tagen nach Bekanntmachung der Einberufung vorgenommen werden, so dass es hierdurch zu weiteren Verzögerungen kommen kann. Wesentlicher Gesichtspunkt ist aber, dass § 124 AktG die *rechtzeitige* Information über Beschlussgegenstände zur sinnvollen Ausübung des Rede-, Frage- und Stimmrechts in der Hauptversammlung bezweckt.[656] Diese Bekanntmachung soll zugleich ermöglichen, dass sich eine Opposition rechtzeitig bilden kann und gestellte Gegenanträge über die Mitteilungen nach § 125 AktG den anderen Aktionären zur Kenntnis gebracht werden können.[657] Würde man die anderen Aufsichtsratsmandate erst in der Mitteilung gemäß § 125 AktG bekannt geben, könnte sich eine entsprechende Gegnerschaft erst in der Hauptversammlung formieren. Angesichts des Stellenwerts der Wahl des Aufsichtsrats erscheint dies als zu spät.

Zusätzliche Kosten sind durch die Offenlegung der Aufsichtsratsmandate im Rahmen der Bekanntgabe der Tagesordnung nur bedingt zu erwarten, da das Bestehen der anderen Mandate per se bereits für die Einhaltung der Höchstanzahl der Mandate gemäß § 100 Abs. 2 Satz 1 Nr. 1 AktG zumindest der Gesellschaft bekannt sein müsste.[658] Die Kosten der Veröffentlichung im Bundesanzeiger und den Gesellschaftsblättern an sich werden dabei wohl kaum von größerem Gewicht sein, bei großen Publikumsgesellschaften noch weniger als bei kleineren Gesellschaften.[659] Auch der *Referentenentwurf* zum *„KonTraG"* sah daher zumindest bei börsennotierten Gesellschaften eine Angabe von anderen Mandaten in gesetzlich zu bildenden Aufsichtsräten und von Mitgliedschaften in anderen in- oder ausländischen Kontrollgremien von Wirtschaftsunternehmen, die den gesetzlichen Aufsichtsräten vergleichbar sind, vor.[660]

656 Statt vieler *Hüffer* „AktG" § 124 Rn 1; KK-*Zöllner* § 124 Rn 2; *Werner* in FS Fleck S. 401f.; *Semler* in Münch Hdb § 35 Rn 43.

657 *Kropff* „Begr RegE AktG" S. 173f.; *Hüffer* „AktG" § 124 Rn 1.

658 Hohe Kosten indes befürchtend: Regierungsbegründung BT-Drucks 13/9712, S. 17; zustimmend *Hüffer* „AktG" § 125 Rn 4.

659 Insbesondere bei Letzteren, aber auch im Zuge der verstärkten Einführung von Namensaktien im Sinne des § 67 AktG bei anderen Gesellschaften, könnte es durch Versendung der Bekanntmachungen per eingeschriebenen Brief gemäß § 124 Abs. 1 Satz 3 iVm § 121 Abs. 4 AktG zu entsprechenden Kostenersparnissen führen, wenn alle Aktionäre der Gesellschaft mit Namen und Anschrift bekannt sein sollten. Vgl. dazu nur *Hüffer* „AktG" § 121 Rn 11a; § 124 Rn 7a; für die Namensaktie vgl. die Angaben nach § 67 Abs. 1 AktG im Aktienbuch, wonach unter „Wohnort" zutreffend die volle Anschrift zu verstehen ist: statt vieler Geßler/Hefermehl/Eckardt/Kropff-*Hefermehl/Bungeroth* § 67 Rn 11; *Hüffer* „AktG" § 67 Rn 4.

660 Abgedruckt in ZIP 1996, 2129 (2133 zu Nr. 12); so im Ergebnis auch *Mülbert* Gutachten 61. DJT, S. E 108; der 61. DJT 1996 folgte diesem Antrag, abgedruckt in Hopt/Wymeersch S. M 123 (M 128).

Für die Einbeziehung auch der vergleichbaren ausländischen Mandate ist einzubringen, dass im Zuge der Globalisierung der Märkte es oftmals keinen Unterschied machen wird, ob ein anderes Überwachungsmandat in einem in- oder ausländischen Unternehmen wahrgenommen wird. Dadurch könnte zwar in manchen Fällen ein Konkurrenzverhältnis entfallen, dies kann aber nicht zu einem fehlenden Bedürfnis für eine Bekanntgabe führen, sondern kann lediglich von den Aktionären im Rahmen der Wahl berücksichtigt werden. In der Praxis wird offenbar darauf Rücksicht genommen und so finden sich oftmals entsprechende Angaben zu Aufsichtsratsmandaten auch in den Gesellschaftsblättern im Rahmen der Bekanntmachung nach § 124 Abs. 3 AktG.[661]

Die eventuell auftretenden Definitionsschwierigkeiten des Begriffes „vergleichbar", die den Gesetzgeber zu einer Ausgestaltung des zweiten Halbsatzes als „Soll"-Vorschrift veranlasste, müssen dabei hingenommen werden.[662] Im Zweifel sollte dabei eine Offenlegung eines Mandats einem Verschweigen den Vorzug gegeben werden, denn auch ein Mandat in einem dem Beirat vergleichbaren Organ einer ausländischen Gesellschaft könnte von Interesse für die Wahl der Anteilseignervertreter sein.

(2) Ausweitung auf nicht börsennotierte Gesellschaften

Ein Bedürfnis für eine Bekanntgabe der Mandate bereits im Rahmen von § 124 Abs. 3 AktG resultiert auch daraus, dass diese Vorschrift im Gegensatz zu § 125 Abs. 1 Satz 3 AktG auch für nicht börsennotierte Gesellschaften Anwendung findet. Ein gesteigertes Bedürfnis für eine Offenlegungspflicht bei börsenfernen Gesellschaften kann gerade dadurch entstehen, dass die Informationslage bei börsennotierten Unternehmen durch eine erhöhte Prospektpflicht im Rahmen der Handelszulassung ohnehin günstiger ist. Aus der Definition der börsennotierten Gesellschaft in § 3 Abs. 2 AktG ergibt sich, dass dabei zwischen Papieren, die zum amtlichen Handel und Geregelten Markt zugelassen worden sind, und denen,

[661] So auch *Marsch-Barner* in FS Peltzer S. 261 (263); es gibt hierfür zahlreiche Beispiele, hier nur exemplarisch: *Bayerische Hypo- und Vereinsbank AG* in FAZ Nr. 79 vom 5.04.2002, S. 21; *Cewe Color Holding AG* in FAZ Nr. 89 vom 17.04.2002, S. 16; *ERGO Versicherungsgruppe AG* in FAZ Nr. 94 vom 23.04.2002, S. 26; *GFT Technologies AG* in FAZ Nr. 88 vom 16.04.2002, S. 18; *Kögel Fahrzeugwerke AG* in FAZ Nr. 129 vom 6.06.2002, S. 22; *Leoni AG* in FAZ Nr. 111 vom 15.05.2001, S. 22; *Mineralbrunnen AG* in FAZ Nr. 119 vom 23.05.2001, S. 49; *Plettac Röder AG* in FAZ Nr. 179 vom 5.08.2002, S. 11; *Sachsenring Automobiltechnik AG* in FAZ Nr. 94 vom 23.04.2002, S. 24; *Sartorius AG* in FAZ Nr. 106 vom 8.05.2002, S. 36; *Walter AG* in FAZ Nr. 102 vom 3.05.2002, S. 24; vgl. auch *MAN AG* in FAZ Nr. 81 vom 8.04.2002, S. 28f., die die Bekanntmachung als Mitteilung nach § 125 AktG bezeichnet und bezüglich der Aufsichtsratswahl die Anforderungen des § 125 Abs. 1 Satz 3 AktG erfüllt, nicht aber eventuelle Gegenanträge von Aktionären bzw. einen Hinweis auf fehlende enthält.

[662] Vgl. dazu kritisch die Stellungnahmen des *Gemeinsamen Arbeitsausschusses des Bundesverbandes der deutschen Industrie, deutscher Banken etc.* Gutachten S. 135 (145f.) und des *Deutschen Anwaltsvereins* Gutachten S. 273 (280f.), abgedruckt „Verhandlungen des Rechtsausschusses" Sitzung Nr. 74 vom 29.1.1997; *Schröer* ZIP 1999, 1163 (1164).

die in den Freiverkehr eingeführt wurden, zu unterscheiden ist.[663] Danach haben Unternehmen, deren Wertpapiere zum Handel an einer inländischen Börse zugelassen sind (amtlicher Handel und Geregelter Markt), zunächst ein Prospekt gemäß §§ 36 Abs. 3 Nr. 2, 38 BörsG iVm BörsZulV bzw. beim Geregelten Markt einen Unternehmensbericht nach § 73 Abs. 1 Nr. 2 BörsG iVm der jeweiligen Börsenordnung zu erstellen. Bei einer angestrebten Zulassung zum amtlichen Handel ist dabei in § 28 BörsZulV die Angabe der Geschäftsführungs- und Aufsichtsorgane des Emittenten statuiert. Interessant ist aber, dass hierbei nicht nur Name, Anschrift und Position des Mandatsträgers, sondern auch die Nennung der wichtigsten Tätigkeiten dieser Personen außerhalb des Emittenten gefordert wird, soweit dies für die Beurteilung des Emittenten von Bedeutung sein könnte. Schon anhand des Prospekts könnte der potentielle und gegenwärtige Anleger daher möglicherweise Angaben über die Doppelmandate des Aufsichtsratsmitglieds erhalten. Beim Geregelten Markt entspricht der Prospekt im Grundsatz dem nach § 36 Abs. 3 Nr. 2 BörsG erstellten, wenn auch mit segmentspezifischen inhaltlichen Abweichungen.[664]

Ein solcher fehlt aber bei Wertpapieren aus dem Freiverkehr, bei denen lediglich zur Einbeziehung ein Expose mit Angaben über den Emittenten und der Geschäftsbericht erforderlich ist, der jedoch nicht auch veröffentlicht wird.[665] Eine Prospekthaftung gemäß §§ 45, 77 BörsG besteht demnach ebenfalls nicht; eine solche kommt nur unter den Voraussetzungen des § 1 VerkProspG in Betracht, wenn ein öffentliches Angebot eines dafür verantwortlichen Anbieters bejaht werden kann.[666]

Ein weiterer Unterschied in der Publizitätspflicht der Unternehmen in den jeweiligen Marktsegmenten besteht bei der Ad-hoc-Publizität nach § 15 Abs. 1 WpHG, die ebenfalls lediglich die Unternehmen betrifft, deren Wertpapiere an einer inländischen Börse zugelassen worden sind, nicht aber die in den Freiverkehr einbezogene Papiere.[667] Dabei ist davon auszugehen, dass nicht nur solche Ereignisse publizitätspflichtig sind, die durch Rückgriff auf den Jahresabschluss und

---

663 Einen Sonderstatus besitzt der „Neue Markt" in Frankfurt/M., bei dem die Gesellschaft die Zulassungsvoraussetzungen für den Geregelten Markt erfüllen muss und nachher auch eine Notierung am Neuen Markt beantragt; aus Sicht des Börsenorganisationsrechts handelt es sich jedoch um eine Handelsplattform des Freiverkehrs, vgl. dazu *Kümpel* „Bank- und Kapitalmarktrecht" S. 1838, Rn 16.234 mwN; *Baumbach/Hopt* „HGB" § 78 BörsG Rn 6. Momentan ist aber nach den Reformüberlegungen der Deutschen Börse AG die Abschaffung dieses Marktsegments geplant, zur Neuorganisation der Deutschen Börse zum Beispiel: FAZ Nr. 225 vom 27.09.2002, S. 21.

664 Vgl. dazu nur *Baumbach/Hopt* „HGB" § 73 BörsG Rn 1.

665 Statt vieler *Baumbach/Hopt* „HGB" § 78 BörsG Rn 3.

666 *Baumbach/Hopt* „HGB" § 78 BörsG Rn 4; *Waldeck/Süßmann* WM 1993, 361 (362); jedenfalls bei Aufnahme des Handels *Schwark* „Börsengesetz" § 73 Rn 3.

667 Statt vieler *Kümpel* „Bank- und Kapitalmarktrecht" S. 1837, Rn 16.231; vgl. Regierungsbegründung zum 2. Finanzmarktförderungsgesetz unter BT-Drucks. 12/6679, S. 76.

Lagebericht konkretisiert werden könnten,[668] sondern dass die gleiche Pflicht auch für organisatorische Maßnahmen wie Veränderungen in Schlüsselpositionen des Unternehmens besteht.[669] Eine bessere Informationsversorgung für die Anteilseigner von börsennotierten Unternehmen entsteht daher auch im Rahmen der Ad-hoc-Publizitätspflicht.

Eine Differenzierung zwischen börsennotierten und börsenfernen Unternehmen bei der Zulassung zum Handel erscheint zwar zweckmäßig, allerdings käme eine Ausweitung im Rahmen der Offenlegungspflichten in Betracht, um somit eine Art Angleichung bei der Informationsversorgung zu ermöglichen.[670] Grundsätzlich ist davon auszugehen, dass auch bei börsenfernen Gesellschaften den potentiellen Anlegern eine weitestgehende Transparenz der Verwaltung und damit der gesamten Gesellschaft zur Verfügung gestellt werden sollte.[671] Dies gilt gerade deswegen, weil die hierunter fallenden Gesellschaften sich nicht im Rampenlicht der Öffentlichkeit bewegen, womit die allgemeinen Gefahren des sogenannten „grauen Kapitalmarktes" angesprochen sind. Oftmals werden insbesondere bei diesen Unternehmen bestehende personelle Verflechtungen nicht wie bei den „DAX-Gesellschaften" allgemein öffentlich bekannt sein. Es zeigt sich dabei aber auch, dass ein öffentliches Bedürfnis hierfür nur dann besteht, wenn es tatsächlich einen zumindest etwas breiteren Kreis von potentiellen Anlegern gibt. Bei kleineren Gesellschaften, insbesondere Familienunternehmen, ist eine solche Offenlegungspflicht aber zum einen nicht zumutbar und zum anderen auch eventuell funktionslos. Für eine Abgrenzung erscheint es daher zweckmäßig als Indiz die Anzahl der Aktionäre der Gesellschaft heranzuziehen und diese zum Beispiel bei 50 Aktionären anzusetzen.[672] Dabei könnte es der Gesellschaft selbst überlassen bleiben, ob sie sich als „kleine Gesellschaft" in diesem Sinne ansehen möchte und den Offenlegungspflichten unterwerfen will.

---

668 So aber *Pellens* AG 1991, 62 (64f.); *Heidmeier* AG 1992, 110 (112); *Tippach* „Insiderhandelsverbot " S. 146f.; *Pananis* WM 1997, 460 (463).

669 *Deutsche Börse AG* „Insiderhandelsverbote und Ad-hoc-Publizität nach dem WpHG" S. 37; *Schwark* „Börsengesetz" § 44a Rn 2; Assmann/Schneider-*Kümpel* „WpHG" § 15 Rn 72; *Fürhoff/Wölk* WM 1997, 449 (453); *Baumbach/Hopt* „HGB" § 44a BörsG Rn 1; vgl. dazu auch *Kümpel* „Bank- und Kapitalmarktrecht" S. 1834f., Rn 16.223.

670 Vgl. dazu die Gutachten von *Baums* S. 434 (446f.); *Deutscher Anwaltsverein* S. 273 (281); *Hopt* S. 476 (478), alle abgedruckt in „Verhandlungen des Rechtsausschusses" Sitzung Nr. 74 vom 29.1.1997.

671 In diesem Sinne auch *Hopt* „Verhandlungen des Rechtsausschusses" Sitzung Nr. 74 vom 29.1.1997, Gutachten S. 476 (478); eine Differenzierung auch ablehnend *Regierungskommission Corporate Governance* in Baums Rn 51, S. 94; vgl. auch *Schröer* ZIP 1999, 1163 (1165).

672 Die *Regierungskommission Corporate Governance* in Baums Rn 14, S. 58 hatte erwogen zwischen kapitalmarktorientierten und anderen Gesellschaften zu differenzieren; auf Größenkriterien wie in § 267 HGB sollte danach verzichtet werden.

bb) Erstreckung der Bekanntgabe auch auf Arbeitnehmervertreter

Nach derzeitiger Rechtslage gilt die Bekanntmachungspflicht lediglich für die von der Hauptversammlung zu wählenden Aufsichtsratsmitglieder, nicht aber für die der Arbeitnehmer. Der Fall *Steinkühler* zeigte allerdings, dass ein Konfliktpotential auch bei diesen Mandatsträgern zu konstatieren ist. Ein Informationsbedürfnis der Anteilseigner besteht hierbei zwar grundsätzlich nicht, da die Aktionäre auf die Bestellung der Arbeitnehmervertreter ohnehin keinen Einfluss nehmen können.[673] Zur Erhöhung der Transparenz der Aufsichtsratswahl und zur Vermeidung von Interessenkonflikten wäre aber trotzdem eine Anpassung der Regelungen in §§ 15 Abs. 2, 16 Abs. 2 MitbestG an § 124 Abs. 3 Satz 3 AktG zu befürworten.[674] Dies ginge im übrigen konform mit den nach § 285 Nr. 10 Satz 1 HGB erforderlichen Angaben im Anhang des Jahresabschlusses, wonach die Aufsichtsratsmandate sowohl der Anteilseigner- als auch der Arbeitnehmerbank mitgeteilt werden müssen.[675]

cc) Ergebnis zu c)

Die bestehenden Offenlegungspflichten sollten demnach ausgeweitet werden. Zunächst sollten in der Mitteilung nach § 124 Abs. 3 AktG nicht nur die anderen Tätigkeiten, sondern auch ausdrücklich die übrigen Aufsichtsratsmandate angegeben werden. Diese Pflicht würde damit richtigerweise grundsätzlich auch nicht börsennotierte Gesellschaften betreffen. Bezüglich der Arbeitnehmervertreter im Aufsichtsrat fehlt eine entsprechende Regelung in den mitbestimmungsrechtlichen Vorschriften, die aber ergänzungsbedürftig ist.

d) Rechtsfolgen des Verstoßes gegen die Offenlegungspflicht

Die Effektivität der Konfliktvermeidung über eine Offenlegungspflicht ist allerdings maßgeblich davon abhängig, welche Rechtsfolgen an einen Verstoß gegen die Offenlegungspflicht geknüpft werden.

In Betracht kommen zunächst Schadensersatzansprüche gemäß §§ 116, 93 AktG aus einer vorvertraglichen Treuepflicht des potentiellen Mandatsträgers selbst oder auch gegen die Vorstandsmitglieder aus einer Sorgfaltspflichtverletzung, wenn diese Kenntnisse über andere Mandate des Kandidaten verschwiegen haben. Die Feststellung eines Schadens wird im Einzelfall jedoch Schwierigkeiten bereiten. Daneben wäre es zudem möglich, eine Anfechtbarkeit der Aufsichtsrats-

---

673 Anders aber wohl der *DAV* in seiner Stellungnahme, abgedruckt in ZIP 1997, 163 (164 zu Nr. 11).

674 Dazu auch *Krebs* „Interessenkonflikte" S. 76f., 297.

675 Vgl. dazu *DAV* Gutachten S. 273 (281); *Baums* Gutachten S. 434 (446f.), jeweils abgedruckt in „Verhandlungen des Rechtsausschusses" Sitzung Nr. 74 vom 29.1.1997.

wahl anzunehmen. Wie bereits gezeigt, beinhaltet indes lediglich die Mitteilung an die Kreditinstitute und Aktionärsvereinigungen gemäß § 125 Abs. 1 AktG die bestehenden Aufsichtsratsmandate des Kandidaten, wobei eine Verletzung dieser „Soll"-Vorschrift nach der Begründung des Regierungsentwurfs keine Anfechtbarkeit des Hauptversammlungsbeschlusses bewirkt.[676] Oben wurde ausgeführt, dass die Mitteilungspflichten nach § 124 Abs. 3 Satz 3 AktG de lege ferenda auch explizit auf Aufsichtsratsmandate ausgedehnt werden sollten, woraus eine Anfechtbarkeit gemäß § 243 Abs. 1 AktG für anwesende bzw. aus § 245 Abs. 1 Nr. 2 Fall 3 AktG für abwesende Aktionäre resultiert. Unter „Verletzungen des Gesetzes" im Sinne des § 243 Abs. 1 AktG gehören neben Inhaltsfehlern insbesondere auch Verfahrensfehler wie Vorbereitungsmängel gemäß §§ 121-127 AktG. Fehlt demnach eine ordnungsgemäße Bekanntmachung, führt ein Verstoß gegen § 124 Abs. 3 AktG zu einer Anfechtbarkeit gleichwohl gefasster Beschlüsse, auch wenn alle Anwesenden mit der Beschlussfassung einverstanden waren.[677]

Dabei ist allerdings zu berücksichtigen, dass nicht jeder Verfahrensfehler die Anfechtbarkeit begründen kann, sondern lediglich ein solcher, der von Einfluss auf die Beschlussfassung der Hauptversammlung war. Ob dabei eine potentielle Kausalität des Fehlers für das Beschlussergebnis maßgeblich ist[678] oder eine Relevanz, die auf eine am Zweck der verletzten Norm orientierte wertende Betrachtung beruht,[679] kann hier dahinstehen. Jedenfalls ist davon auszugehen, dass bei einer Aufsichtsratswahl das Verschweigen anderer Mandate das Beschlussergebnis beeinflusst. Für ein solches Ergebnis spricht, dass auch bei dem Vorliegen einer ungeschriebenen Inkompatibilität eine Anfechtbarkeit der Aufsichtsratswahl angenommen wird.[680] Demnach bestünde eine Anfechtbarkeit des Hauptversammlungsbeschlusses bei Verschweigen anderer Aufsichtsratsmandate, wenn man, wie hier vertreten, die Ausdehnung der Offenlegungspflicht bejaht.

e) Statuarische Ergänzungsmöglichkeiten

Die grundsätzliche Überlassung der Entscheidung über das Vorliegen einer relevanten Konkurrenzsituation ist mithin über eine Offenlegungspflicht unter den dargestellten Erweiterungen möglich. Aus Gründen der Rechtssicherheit sollte

[676] Begründung des Regierungsentwurfs, BT-Drucks. 13/9712, S. 17.

[677] Ganz herrschende Meinung, die durch die Anfechtungsbefugnis in § 245 Nr. 2 AktG gestützt wird, vgl. dazu statt vieler *Hüffer* „AktG" § 124 Rn 18; Geßler/Hefermehl/Eckardt/Kropff-*Eckardt* § 124 Rn 61; KK-*Zöllner* § 124 Rn 41; a. A. *Baumbach/Hueck* „AktG" § 124 Anm 8.

[678] So die wohl herrschende Auffassung RGZ 167, 151 (165 mwN); 65, 241 (242f.); BGH NJW 1952, 98f.; BGHZ 14, 264 (267f.) = NJW 1954, 1563; BGHZ 36, 121 (139) = NJW 1962, 104; BGHZ 49, 209 (211) = NJW 1968, 543; BGHZ 59, 369 (375) = NJW 1973, 235; BGHZ 86, 1 (3) = NJW 1983, 878; zustimmend z. B. *Baumbach/Hueck* „AktG" § 243 Anm 8.

[679] *Hüffer* „AktG" § 243 Rn 13; Geßler/Hefermehl/Eckardt/Kropff-*Hüffer* § 243 Rn 28; KK-*Zöllner* § 243 Rn 81ff.; *Schmidt* in Großkomm § 243 Anm 21ff.; Hachenburg/*Raiser* „GmbHG" Anh § 47 Rn 103; a.A. OLG Stuttgart AG 1995, 234 (235).

[680] Vgl. die Ausführungen oben 3. Abschnitt B II 1, S. 63ff..

indes von den Gesellschaften erwogen werden, in der Satzung eine Art Richtlinie für die Bestimmung einer relevanten Konkurrenzsituation zu statuieren. Dies kann insbesondere dann zum Vorteil gedeihen, wenn ein Großaktionär die Wahl zum Aufsichtsrat maßgeblich beeinflussen kann und eine potentiell abzulehnende Besetzung veranlassen könnte. Diese Richtlinie könnte in Form eines Regelbeispiels ausgestaltet sein.

aa) Zulässigkeit

Für die GmbH ist anerkannt, dass die Satzung bestimmte persönliche Voraussetzungen für Aufsichtsratsmitglieder statuieren kann.[681] Davon ist nach § 100 Abs. 4 AktG grundsätzlich auch in der Aktiengesellschaft auszugehen, allerdings lediglich für die Aufsichtsratsmitglieder, die von der Hauptversammlung ohne Bindung an Wahlvorschläge gewählt oder aufgrund der Satzung in den Aufsichtsrat entsandt werden.[682]

Nach der Rechtsprechung ist eine derartige Satzungsgestaltung dann zulässig, wenn diese nicht den Kreis der wählbaren Personen derart einschränkt, dass von einer freien Auswahl durch die Hauptversammlung nicht mehr die Rede sein kann.[683] Für weitere Restriktionen bestand bisher noch keine Veranlassung; die Literatur hat sich dieser Einschränkung soweit angeschlossen.[684] Indes sollen diese besonderen persönlichen Voraussetzungen im Sinne des § 100 Abs. 4 AktG auch nicht faktisch ein Entsendungsrecht begründen können.[685] Dies wäre dann der Fall, wenn sich die Auswahl im Ergebnis auf einen engen, im voraus bestimmten oder bestimmbaren Personenkreis beschränken würde. Inwieweit diese Beschränkungen bei besonderen persönlichen Voraussetzungen wie Aktionärseigenschaft, Alter, Staatsangehörigkeit, berufliche Qualifikationen etc. eingehalten werden, kann hier dahinstehen.[686] Bei einem statuarischen Bestellungsverbot eines Kandidaten aus

---

681 Hachenburg/*Raiser* „GmbHG" § 52 Rn 38; Rowedder/*Koppensteiner* „GmbHG" § 52 Rn 8; Scholz/*U.H.Schneider* „GmbHG" § 52 Rn 167; *Reichert/Schlitt* AG 1995, 241 (248).

682 Vgl. zur GmbH: Hachenburg/*Raiser* „GmbHG" § 52 Rn 39ff.; Rowedder/*Koppensteiner* „GmbHG" § 52 Rn 27.

683 So allerdings noch zur alten Rechtslage zu § 243 HGB: RGZ 133, 90 (94); die darin enthaltene Wertentscheidung soll indes weiterhin Geltung besitzen, vgl. *Hoffmann-Becking* in Münch Hdb § 33 Rn 31; *Assmann/Bozenhardt* in Assmann/Basaldua S. 1 (140); *Hüffer* „AktG" § 100 Rn 9; vgl. auch zur GmbH: BGHZ 39, 116 (122).

684 Vgl. dazu nur Geßler/Hefermehl/Eckardt/Kropff-*Geßler* § 100 Rn 44; *Hüffer* „AktG" § 100 Rn 9; *Reichert/Schlitt* AG 1995, 241 (250).

685 *Godin/Wilhelmi* § 100 Anm 6; *Meyer-Landrut* in Großkomm § 100 Anm 8; *Hommelhoff* BB 1977, 322 (323); *Henn* „Handbuch des Aktienrechts" Rn 640; Geßler-Hefermehl/Eckardt/Kropff-*Geßler* § 100 Rn 47.

686 Vgl. dazu *Reichert/Schlitt* AG 1995, 241 (250); *Baumbach/Hueck* „AktG" § 100 Rn 1, 11; *Hoffmann-Becking* in Münch Hdb § 30 Rn 11; KK-*Mertens* § 100 Rn 28; *Meyer-Landrut* in Großkomm § 100 Anm 8; *Lutter/Krieger* „Aufsichtsrat" Rn 10; *Henn* „Handbuch des Aktienrechts" Rn 640; Geßler-Hefermehl/Eckardt/Kropff-*Geßler* § 100 Rn 45; *Assmann/Bozenhardt* in Assmann/Basaldua S. 1 (140); *Godin/Wilhelmi* „AktG" § 100 Anm 4; *Hüffer* „AktG" § 100 Rn 9.

einem Wettbewerbsunternehmen jedenfalls kann davon nicht ausgegangen werden. Selbst wenn man vermuten wollte, dass der Kreis der Wettbewerber theoretisch sehr groß sein kann, handelt es sich lediglich um einen Ausschluss eines relativ begrenzten Kreises von Personen. Eine solche Klausel wäre zum Beispiel auch nicht mit einer nach der herrschenden Auffassung zu Recht unzulässigen Regelung vergleichbar, die die Zugehörigkeit zu einem spezifischen Familienstamm bestimmt.[687] Denn eine solche stellt eine positive Fixierung auf einen bestimmten, relativ kleinen Personenkreis dar, wohingegen ein Bestellungshindernis für potentielle Kandidaten aus einem Konkurrenzunternehmen lediglich einen negativen Ausschluss dieser Personen darstellt.[688]

Die voranstehenden Erwägungen greifen Platz bei der Einführung einer statuarischen Inkompatibilitätsvorschrift, aus einem Schluss a maiore ad minus gelten diese auch dann, wenn es sich nur um eine hier geforderte Richtlinie für die Bestimmung einer Konkurrenzsituation handelt. Die statuarische Implementierung einer solchen Richtlinie ist daher zulässig.

bb) Inhaltliche Anforderungen

Eine statuarische Richtlinie für die Bestimmung der Konkurrenz müsste inhaltlich bestimmten Anforderungen genügen. Zunächst müsste die Klausel deutlich machen, dass sie lediglich auf die Vertreter der Anteilseigner anwendbar ist und dokumentieren, welche Position der potentielle Mandatsträger in einem Wettbewerbsunternehmen bzw. mit einem mit diesem verbundenen Unternehmen innehaben darf, z. B. Organmitglied, leitender Angestellter oder Mehrheitsgesellschafter. Von Bedeutung wird auch die Festlegung sein, welche Mehrheitserfordernisse für die Abschaffung der Klausel erforderlich sind.

Wesentliches Gewicht kommt indes der Richtlinie zum Konkurrenztatbestand zu. Für eine entsprechende Rechtssicherheit und zur Orientierung der Anteilseigner sollte die Klausel eine Aussage darüber treffen, wann in der Regel eine potentiell das Wohl der Gesellschaft gefährdende Doppelmandatur gegeben sein wird. Anbieten würde sich dabei grundsätzlich eine Annahme einer relevanten Konkurrenz bei ca. 5% Anteil überschneidender Geschäftstätigkeit am Gesamtumsatz. Mit der Ausgestaltung als Richtlinie würde man daher die oben angesprochenen Ab-

---

687 *Meyer-Landrut* in Großkomm § 100 Anm 8; *Henn* „Handbuch des Aktienrechts" Rn 640; KK-*Mertens* § 100 Rn 28; *Hüffer* „AktG" § 100 Rn 9; eine solche Regelung für zulässig erachtend, wenn der Kreis der Familie nicht zu eng gezogen wird: *Godin/Wilhelmi* § 100 Anm 4; *Lutter/Krieger* „Aufsichtsrat" Rn 10; Geßler/Hefermehl/Eckardt/Kropff-*Geßler* § 100 Rn 46; offengelassen von *Hoffmann-Becking* in Münch Hdb § 30 Rn 11; *Assmann/Bozenhardt* in Assmann/Basaldua S. 1 (140).

688 So auch *Reichert/Schlitt* AG 1995, 241 (251); im Ergebnis zustimmend KK-*Mertens* §100 Rn 28; *Bokelmann* „Personelle Verflechtungen" S. 139; *Dreher* JZ 1990, 896 (904); *Bollweg* „Wahl des Aufsichtsrats" S. 113; *Heermann* WM 1997, 1689 (1693); vgl. auch BGHZ 39, 116 (117).

grenzungsprobleme zwischen Kern- und Komplementärgeschäft vermeiden und zugleich die Umstände des Einzelfalls berücksichtigen können.

IV. Ergebnisse zu B.

Insbesondere bezüglich der Banken wird behauptet, dass diese versuchen würden, keine Mandate in konkurrierenden Unternehmen anzunehmen bzw. auszuüben.[689] Dieses Bemühen ist begrüßenswert, praktisch aber nicht ausreichend. Es hat sich jedoch gezeigt, dass ein Verbot de lege lata für die Doppelmandate in Konkurrenzunternehmen nicht angenommen werden kann. Angesichts der Diskussion über ein gesetzliches Verbot eines solchen Doppelmandats scheitern die insbesondere von *Lutter* befürworteten Analogiebildungen. Aufgrund der legislativen Intention einer Deregulierung des Unternehmensrechts, kommt auch kein Verbot de lege ferenda in Betracht.

Bei einem Doppelmandat in Konkurrenzunternehmen ist grundsätzlich von einem dauernden und unüberwindbaren Interessenkonflikt auszugehen, so dass eine Lösung des Problems über Stimmrechtsverbot oder Sitzungsausschluss scheiterte. Ebenso wenig konnte die von *Decher* entwickelte Differenzierung zwischen indirekten und direkten personellen Verflechtungen überzeugen. Selbst in den USA, wo eine solche Differenzierung vorgenommen wird, ergeben sich daraus keinerlei Konsequenzen für ein Verbot der einen oder der anderen personellen Verbindung. Zudem konnte gezeigt werden, dass ein Mandatsträger aus verschiedenen Gründen eine Organfunktion gegenüber der anderen bevorzugen könnte.

Ein Verbot im Corporate-Governance Kodex ist aufgrund seiner Indizwirkung zu begrüßen, jedoch ist angesichts der in Deutschland gemachten Erfahrung mit Selbstregulierungsversuchen Vorsicht geboten. Eine gesetzliche Offenlegungspflicht anderer Mandate führt hierbei zu einer angemessenen Transparenz der Unternehmensorgane und gewährt gleichzeitig einen erforderlichen Handlungsspielraum für die Unternehmen. De lege ferenda müssen die bestehenden Offenlegungspflichten allerdings noch ausgeweitet werden.

---

[689] *Werner* ZHR 145 (1981), 252 (254); *Heermann* WM 1997, 1689 (1693).

5. Abschnitt: Behördenvertreter in Aufsichtsräten

Des weiteren kommt eine ungeschriebene Inkompatibilitätsvorschrift bei Behördenvertretern in Aufsichtsräten in Betracht. Hierbei kann es ebenso zu Interessenkonflikten kommen, die den Mandatsträger als ungeeignet für die Ausübung des Amtes erscheinen lassen. Evident werden diese Konflikte, wenn das Mitglied in seiner konfligierenden Funktion der staatlichen Wirtschaftsverwaltungsaufsicht angehört oder – wie im Falle *„HEW/Jansen"* – dafür bekannt ist, bestimmte Ansichten zu vertreten, die aber mit dem Unternehmensgegenstand unvereinbar sind. Als problematisch können sich in der Praxis auch solche Fälle wie der des *Gerhard Schröders* erweisen, der als Ministerpräsident Niedersachsens im Aufsichtsrat der Volkswagen AG ein Mandat ausübte. Die Opposition nutzte und nutzt diese Verbindung regelmäßig für die Behauptung, Entscheidungen seien aufgrund persönlicher Kontakte mit dem Konzern ergangen.[690] Gerade in diesem Aspekt wird die Problematik dieser Fallgruppe dokumentiert, da Behördenvertreter aufgrund ihrer hauptberuflichen Stellung oftmals die Möglichkeit haben, Entscheidungsprozesse zu beeinflussen oder in Gang zu setzen und damit zum Nachteil, aber auch zum Vorteil (mit korrelierenden Nachteil für die Wettbewerber) für die Gesellschaft zu handeln.

A. Stand der Diskussion

I. Die Rechtsprechung: HEW/Jansen

In dem Fall *„HEW/Jansen"* vor dem Oberlandesgericht Hamburg[691] ging es um den Verbleib des Aufsichtsratsmitglieds *Jansen* in dem Überwachungsorgan der Hamburgischen Elektrizitäts-Werke AG (HEW). *Jansen* war dabei zum damaligen Zeitpunkt der für Energie zuständige Landesminister in Schleswig-Holstein und als solcher Leiter der Aufsichtsbehörde für die Errichtung und den Betrieb von Kernkraftwerken. Bereits vor seiner Entsendung war er entschiedener Gegner der Kernenergie und brachte dies auch in der Öffentlichkeit zum Ausdruck; die *HEW* dagegen bezog etwa 80% des von ihr erzeugten Stroms aus Kernenergie. Die von *Jansen* angestrebte Stillegung und Abschaltung der Kernkraftwerke hätte nach einer gutachterlichen Stellungnahme des Deutschen Instituts für Wirtschaftsforschung eine Belastung zwischen 320 Mio. DM und 2,5 Mrd. DM mit daraus folgender eventueller Konkursreife bewirkt.[692]

---

[690] So wurde *Schröder* als der „Genosse der Bosse" oder später als „Autokanzler" tituliert; auf weitere Beispiele für personelle Verflechtungen zwischen Behörden und privatwirtschaftlichen Unternehmen wurde bereits in der Einleitung (S. 3f.) hingewiesen.

[691] *OLG Hamburg* ZIP 1990, 311 = AG 1990, 218 und die Vorinstanz *LG Hamburg* ZIP 1990, 102.

[692] *LG Hamburg* ZIP 1990, 102 (103), die Höhe sei davon abhängig, ob ein lang- oder kurzfristiger Ausstieg erfolgen würde.

Das Landgericht Hamburg stellte auf eine tiefgreifende, andauernde und unauflösbare Pflichtenkollisionen ab, die dem aktienrechtlichen Leitbild widerspreche.[693] Es sei nicht daran zu zweifeln, dass die vom Aufsichtsrat zu verfolgenden Interessen nicht mit denen der Aufsichtsbehörde vereinbar seien. Der Interessenkonflikt entstehe durch seine inkompatiblen persönlichen Ansichten und seiner Funktion als zuständige Aufsichtsbehörde. Dabei sei der zu erwartende – im übrigen unstreitige – schwere wirtschaftliche Schaden für die Gesellschaft bis hin zur eventuellen Insolvenz zu berücksichtigen. Damit sei ein „krass gesellschaftswidriges Verhalten“[694] des Aufsichtsratsmitglieds und auch eine „Unzumutbarkeit des Verbleibs“[695] im Organ zu bejahen, so dass ein „wichtiger Grund“ im Sinne des § 103 Abs. 3 AktG anzunehmen sei. Auch das behördlich entsandte Aufsichtsratsmitglied sei uneingeschränkt den Gesellschaftsinteressen verpflichtet;[696] dies hindere den Betroffenen allerdings nicht daran, als Aufsichtsbehörde das Gemeinwohl entsprechend seiner persönlichen Auffassung zu verfolgen.[697] Das Gericht lässt dabei offen, ob für das Bestehen eines Konflikts allein die Funktion als Aufsichtsbehörde ausreichend gewesen wäre.

Das Oberlandesgericht Hamburg bestätigte die von der Vorinstanz ausgesprochene Abberufung aus wichtigem Grund, monierte aber, dass *Jansen* mit seinen Zielen die Voraussetzungen für die Verfolgung des Unternehmenszweckes zu beseitigen anstrebte. Aufgrund der wirtschaftlichen Konsequenzen für das Unternehmen sei er für die Gesellschaft untragbar.[698] Nach dem Oberlandesgericht Hamburg ist *Jansen* jedoch nicht allein deswegen für den Aufsichtsrat als ungeeignet anzusehen, weil er entschiedener Gegner der Kernenergienutzung ist, obwohl das betreffende Unternehmen die erzeugte Energie im wesentlichen Umfang aus Kernkraft gewinnt. Auch könne die Aufgabe der Aufsichtsbehörde als zuständiger Minister nicht per se zu einem Ausschluss aus dem Aufsichtsratsamt führen. Entscheidend sei aber, dass das Unternehmen in der Vergangenheit sich zu einer verstärkten Nutzung der Kernenergie entschlossen und dahingehend umfangreich investiert habe. Der Wechsel zu anderen Energiequellen sei aufgrund der Verhältnisse am Standort sehr eingeschränkt, so dass auch nach Ansicht des Oberlandesgerichts die zu erwartenden Nachteile für die Gesellschaft zu berücksichtigen seien. Das von *Jansen* angeführte öffentliche Interesse könne nach Ansicht des Oberlandesgerichts nicht entgegenstehen, da durch bestehendes Bundesrecht die Nutzung der Kernenergie sicherheitstechnisch vertretbar und somit legitimiert sei.[699] An seiner grundsätzlichen Bindung an das Unternehmensinteresse könne sich auch

---

693 *LG Hamburg* ZIP 1990, 102f. = WM 1989, 1934; vgl. die Anmerkung *Hirte* EWiR § 103 AktG 1/90, 115; *Fervers* WuB II A. 1.90, 201 (202).

694 Mit Verweis auf BGHZ 39, 116 (123); AG München ZIP 1985, 1139 = WM 1986, 974.

695 Vgl. LG Frankfurt/Main NJW 1987, 505; *Lutter/Krieger* „Aufsichtsrat“ Rn 316; *Säcker* NJW 1986, 803 (810); KK-*Mertens* § 103 Rn 32.

696 Dazu nur BGHZ 36, 296 (307) „*HEW*“.

697 LG Hamburg ZIP 1990, 102 (103) „*HEW/Jansen*“.

698 OLG Hamburg ZIP 1990, 311 (313f.).

nichts durch seine nebenamtliche Tätigkeit im Aufsichtsrat ändern. *Jansen* sei aufgrund seines Amtes als Energieminister und seiner engagierten Kernenergiegegnerschaft aufgrund des Verstoßes gegen das Unternehmensinteresse für das Aufsichtsratsamt bei der *HEW* für die Gesellschaft unzumutbar.[700]

Das Oberlandesgericht diskutierte dabei nicht die Frage der ungeschriebenen Inkompatibilität in einem solchen Fall, sondern beschränkte sich darauf, einen „wichtigen Grund" im Sinne des § 103 Abs. 3 AktG für eine Abberufung zu bejahen. Weitergehende Rechtsprechung zu der hier zu erörternden Frage ist nicht ergangen.

II. Die Literaturauffassungen

1. Inkompatibilität ablehnende Auffassungen

Im Wesentlichen wird eine Inkompatibilität von *Schwintowski* abgelehnt. Er begründet diese Ansicht damit, dass die Verschwiegenheits- und Treuepflicht des Mandatsträgers zur Wahrung des Unternehmensinteresses geeignet sei und insbesondere den geringstmöglichen Eingriff darstelle. Pflichtenkollisionen in der Person des Aufsichtsratsmitglieds seien nichts Ungewöhnliches und müssten durch das vom Bundesgerichtshof entwickelte „gesellschaftsrechtliche Verhältnismäßigkeitsprinzip" aufzulösen sein.[701] Eine Veröffentlichung von Unternehmensinterna kommt nach *Schwintowski* lediglich als ultima ratio in Betracht.[702] Die Treuepflicht verpflichte einen Mandatsträger zur vertrauensvollen Zusammenarbeit innerhalb des Aufsichtsrats und im Verhältnis zur Geschäftsführung. Hierbei müsse dieser zudem seine Verschwiegenheitspflicht beachten, nach der er über Geschäftsgeheimnisse Stillschweigen zu wahren habe.[703] *Schwintowski* weist darauf hin, dass kein absolutes Schweigegebot besteht, da in Ausnahmefällen eine Veröffentlichung von vertraulichen Informationen zulässig ist, um „das Bild der Gesellschaft nach innen und außen günstig zu beeinflussen".[704] Eine Entscheidung als Organmitglied habe generell in Einklang mit allgemeinen gesellschaftsrechtlichen Erwägungen im Unternehmensinteresse zu erfolgen. Nach der Rechtsprechung des Bundesgerichtshofes schließen sich aber öffentliche und unternehmerische Belange nicht aus, sondern diese decken oder überschneiden sich vielmehr.[705] Bei der Bestimmung des Unternehmensinteresses sei es daher zulässig, Interessen des All-

---

[699] OLG Hamburg ZIP 1990, 311 (312).

[700] OLG Hamburg ZIP 1990, 311 (313f.).

[701] Vgl. NJW 1990, 1009 (1014f.) und NJW 1995, 1316 (1319) mit Bezug auf die Rechtsprechung BGHZ 36, 296 (306) = NJW 1962, 864 „*HEW*"; BGHZ 69, 334 (338) = NJW 1978, 104 „*VEBA/Gelsenberg*"; BGHZ 64, 325 (330ff.) = NJW 1975, 1412 „*Bayer*".

[702] So in NJW 1990, 1009 (1015) und NJW 1995, 1316 (1319).

[703] *Schwintowski* NJW 1990, 1009 (1010f.).

[704] Mit Hinweis auf BGHZ 64, 325 (330f.) = NJW 1975, 1412 = AG 1975, 219 „*Bayer*".

[705] Verweis auf BGHZ 69, 334 (339) = NJW 1978, 104 „*VEBA/Gelsenberg*"; vgl. *Lutter/Grunewald* WM 1984, 385 (395); *Schwintowski* NJW 1990, 1009 (1013).

gemeinwohls zu berücksichtigen. Daraus folgt nach *Schwintowski*, dass es gar keinen wirklichen Konflikt zwischen öffentlichem Kommunalrecht und privatem Gesellschaftsrecht geben kann.[706] Daher sei auch keine Inkompatibilitätsvorschrift in dieser Konstellation erforderlich.

In die gleiche Richtung gehen die Äußerungen von *Schön*, der bei potentiellen Interessenkonflikten einen Verzicht auf die Teilnahme an konfliktträchtigen Tagesordnungspunkten bzw. bei einem dauerhaften Konflikt eine Amtsniederlegung für ausreichend erachtet; demgegenüber bestehe im Hinblick auf § 394 AktG keine generelle Inkompatibilität des Aufsichtsratsmandats mit der Tätigkeit im öffentlichen Dienst.[707] Ob eine solche Inkompatibilität auch bei der Funktion als Aufsichtsbehörde o. ä. zu negieren sei, bleibt bei *Schön* aber offen.

2. Inkompatibilität befürwortende Auffassungen

Als vorherrschende Ansicht in der Literatur muss die eine Inkompatibilität befürwortende Auffassung angesehen werden. Eine Inkompatibilität ist nach den Vertretern dieser Auffassung gegeben, wenn der Behördenvertreter gleichzeitig innerhalb der Ressortverteilung und Verwaltungsorganisation für das Unternehmen in Verwaltungsverfahren fachlich zuständig ist.[708] Darunter könnten das Verhältnis zwischen Genehmigungsbehörde und der um eine Genehmigung ersuchenden Gesellschaft bzw. der Überwachungs- und Kontrollbehörde und der dieser Überwachung unterliegenden Wirtschaftseinheiten oder die sogenannten Subventionsverhältnisse fallen. Bei diesen Konstellationen komme es zu einem unüberwindbaren Interessenkonflikt in der Person des Doppelbänders, der einerseits nach Gesellschaftsrecht allein dem Unternehmensinteresse verpflichtet, andererseits aber nach öffentlich-rechtlichen Vorschriften wie § 65 Abs. 1 BHO oder verschiedenen landesrechtlichen Gemeindeordnungen an das öffentlichen Interesse gebunden sei. Die alleinige gesellschaftsrechtliche Bindung an das Unternehmensinteresse ändere sich auch nicht durch die Kapitalbeteiligung der öffentlichen Hand.[709]

Nebendahl beleuchtet die Problematik anhand der Sachlage bei Regierungsmitgliedern und möchte diesen die Genehmigung zur Nebentätigkeit versagen, wenn gleichzeitig eine Zuständigkeit für ein das Unternehmen betreffendes Ver-

---

[706] *Schwintowski* NJW 1990, 1009 (1014); *ders.* NJW 1995, 1316 (1318); mit Verweis auf *Martens* AG 1984, 29; *Lutter/Grunewald* WM 1984, 385 (395); vgl. auch *Unger* in Hessische Kommunalverfassung § 25 HessGO Rn 53ff.

[707] Vgl. in ZGR 1996, 429 (450 in Fn 124).

[708] *Wais* NJW 1982, 1263 (1265f.); *Wardenbach* „Interessenkonflikte" S. 120ff., 129f.; *Säcker* in FS Rebmann, S. 781 (793ff.); *Lutter/Grunewald* WM 1984, 385ff.; *Marsch-Barner* in Semler AR-Hdb. Rn J137; vgl. *Nebendahl* DÖV 1988, 961 (965).

[709] Ganz herrschende Meinung: vgl. statt vieler BGHZ 36, 296 (306) = NJW 1962, 864 *„HEW"*; BGHZ 69, 334ff. = NJW 1978, 104 *„VEBA/Gelsenberg"*; *Nebendahl* DÖV 1988, 961 (964); KK-*Mertens* § 93 Rn 17 und § 76 Rn 4.

waltungsverfahren gegeben ist.[710] Die Inkompatibilitätsvorschrift in Art. 66 GG sei insbesondere darauf gerichtet, Pflichten- und Interessenkollisionen des Amtsträgers zu vermeiden,[711] die nahezu zwangsläufig bei der zusätzlichen Funktion als Aufsichtsbehörde oder als subventionsverteilende Verwaltung entstünden.[712] Den öffentlich-rechtlichen Interessen könne man dadurch Geltung verschaffen, dass man andere, fachlich unzuständige Minister in den Aufsichtsrat entsende oder wählen ließe.[713]

Auch *Säcker* ist der Ansicht, dass bei Bestehen eines Dauerkonflikts der Mandatsträger nicht zur Erfüllung seiner Aufgaben fähig ist und eine ungeschriebene Inkompatibilität hierbei bestehen muss. Aufgrund der uneingeschränkten Bindung an das Unternehmensinteresse sei auch der Behördenvertreter möglicherweise einem solchen Dauerkonflikt ausgesetzt.[714] Für eine Begründung einer öffentlich-rechtlichen Inkompatibilität bei gleichzeitiger Wahrnehmung der Wirtschaftsaufsicht zieht er eine Analogie zu § 48 Abs. 5 GWB a. F. (§ 51 Abs. 5 GWB n. F.) und ist ebenso der Ansicht, dass der Doppelmandatar aufgrund des § 20 Abs. 1 Nr. 5 VwVfG an entsprechenden Verwaltungsverfahren nicht teilnehmen darf.[715]

Nach *Wardenbach* besteht ebenso ein Bedürfnis für eine Inkompatibilität, wenn der Behördenvertreter gleichzeitig Teil der Aufsichtsbehörde ist. Die öffentlich-rechtlichen Bestellungshindernisse wie in Art 55, 66 GG könnten nicht weiterhelfen, da diese die ordnungsgemäße Amtsausübung als Minister etc. beträfen, nicht aber die Funktionsfähigkeit des Aufsichtsrats. Aus gesellschaftsrechtlicher Sicht bestünde mithin keine generelle Unvereinbarkeit eines Ministeramtes mit dem in einem Aufsichtsrat.[716] Eine solche Unvereinbarkeit bestünde aber dann, wenn zusätzlich eine staatliche Genehmigungs- und/oder Überwachungsfunktion vorhanden sei. Dies sei zum einen aufgrund der vollends verschiedenen Zielvorstellungen der beiden Mandate der Fall.[717] Zum anderen sei dies mit einer fehlenden vertraulichen Zusammenarbeit im Aufsichtsrat selbst und auch gegenüber dem Vorstand zu begründen.[718] Nach *Wardenbach* gelangt man zu diesem Ergebnis auch dann, wenn die fragliche Person aufgrund persönlicher Ansichten in Konflikt mit dem Unternehmensgegenstand steht.[719]

---

[710] In DÖV 1988, 961 (965).

[711] Vgl. dazu *Schmidt-Bleibtreu/Klein* Art 66 Rn 1; *Herzog* in Maunz/Dürig/Herzog/Scholz Art 66 Rn 3f..

[712] *Nebendahl* DÖV 1988, 961 (963f.).

[713] *Nebendahl* DÖV 1988, 961 (965); wohl zustimmend *Säcker* in FS Rebmann S. 781 (801f.); vgl. aber auch *Wais* NJW 1982, 1263 (1264).

[714] In FS Rebmann S. 781 (787f., 793f.).

[715] *Säcker* in FS Rebmann S. 781 (796ff., 798ff.).

[716] *Wardenbach* „Interessenkonflikte“ S. 119.

[717] *Wardenbach* a.a.O. S. 123ff..

[718] *Wardenbach* a.a.O. S. 125ff..

[719] *Wardenbach* a.a.O. S. 106ff..

Keine Erforderlichkeit für eine Inkompatibilität sieht dagegen *Decher* auf der Unternehmensebene. Denn aus der Sicht der Gesellschaft sei eine solche Mitgliedschaft unter Umständen sehr praktikabel. Eine rechtliches Verbot einer solchen personellen Verflechtung ist daher nach *Decher* „oben" bei den staatlichen Aufsichtsbehörden durch öffentlich-rechtliche Verbote oder durch Versagung der Nebentätigkeitsgenehmigung erforderlich. Es sei nicht eine effektive Kontrolle gefährdet, vielmehr sei zu befürchten, dass zu viel staatliche Kontrolle bestehe.[720] Aus der Inkompatibilitätsvorschrift in § 105 AktG gehe hervor, dass zum einen die Kontrolle nicht durch den Kontrollierten selbst erfolgen, zum anderen das Kompetenzgefüge zwischen Vorstand und Aufsichtsrat nicht gestört werden dürfe. Die Inkompatibilität im Falle „*HEW/Jansen*" resultiere somit aus der gleichzeitigen Kernenergiegegnerschaft und Funktion als Aufsichtsbehörde.[721] Eine Verbotsregelung sei auch das einzige verfügbare adäquate Mittel, wenn es zu einem Übermaß der staatlichen Kontrolle komme. Die Inkompatibilität sei schließlich zugleich ein „wichtiger Grund" im Sinne des § 103 Abs. 3 AktG zur Abberufung.[722]

B. Entwicklung der eigenen Ansicht

Im Folgenden sollen zunächst die bestehenden öffentlich-rechtlichen Inkompatibilitätsvorschriften mit gesellschaftsrechtlichem Bezug dargestellt werden. Danach erfolgt ein Umriss der spezifischen Konfliktpotentiale bei Behördenvertretern in Aufsichtsräten im Unterschied zu den übrigen Doppelmandaten. Schließlich soll ein Lösungsansatz ermittelt werden.

I. Bestehende öffentlich-rechtliche Inkompatibilitätsvorschriften

Auch in öffentlich-rechtlichen Vorschriften finden sich Inkompatibilitätsregelungen. Die verfassungsrechtlichen Bestellungshindernisse aus Art. 55, 66 GG sind bereits oben angesprochen worden und müssen hier nicht weiter vertieft werden. Daneben finden sich entsprechende Regelungen in den meisten Landesverfassungen[723] und für Bundesminister in § 5 Abs. 1 Satz 2 BMinisterG. Diese Regelung findet über § 7 StSekrG ebenfalls für Staatssekretäre Anwendung. Von diesen Bestellungshindernissen können Ausnahmegenehmigungen erteilt werden; bei Mitgliedern der Bundesregierung ist nach Art. 66 GG dafür zum Beispiel der Bundestag zuständig.

---

720 *Decher* ZIP 1990, 277 (283f.).

721 *Decher* ZIP 1990, 277 (284), der es im übrigen für überraschend hält, dass das OLG Hamburg dem Aufsichtsaspekt so wenig Aufmerksamkeit geschenkt hat.

722 *Decher* ZIP 1990, 277 (284).

723 Z. B. Art 64 Abs. 3 LVerf NRW; Art 57 LVerf Bayern; Art 53 Abs. 2 Satz 1 LVerf Baden-Württemberg; Art. 25 Abs. 2 LVerf Niedersachsen.

In diesen Zusammenhang gehören auch die Vorschrift in § 51 Abs. 5 GWB n. F.[724] und die verwaltungsrechtlichen Regelungen in § 20 Abs. 1 Nr. 5 VwVfG sowie § 82 Abs. 1 Nr. 5 AO. Nach § 51 Abs. 5 GWB n. F. dürfen die Mitglieder des Bundeskartellamtes unter anderem weder Mitglied in einem Vorstand noch in einem Aufsichtsrat eines Unternehmens o. ä. sein. Der Wortlaut zeigt, dass diese Vorschrift weit zu verstehen ist, da nicht etwa nur die Mitarbeiter der Beschlussabteilungen tangiert sind; es soll weitgehend vermieden werden, dass persönliche Interessen bei der Anwendung des GWB Einfluss finden und die Neutralitätspflicht beeinträchtigt wird.[725]

Die Vorschrift in § 20 Abs. 1 Nr. 5 VwVfG betrifft die Doppelfunktion auf verschiedenen Seiten eines Verwaltungsverfahrens und die dadurch bestehende Gefahr einer Verquickung privater und öffentlicher Interessen.[726] Ausgeschlossen ist demnach, wer bei einem Beteiligten gegen Entgelt beschäftigt ist oder dort im Vorstand, Aufsichtsrat oder einem vergleichbaren Organ ein Amt bekleidet. Bei dem Arbeitnehmer folgt der „böse Schein" für das Bestehen eines Interessenkonflikts aus der in der Regel vorhandenen wirtschaftlichen Abhängigkeit, bei den Organmitgliedern wird eine solche aus der bloßen Tätigkeit in einem Organ der Gesellschaft vermutet. Nicht ausreichend ist aber eine Tätigkeit in einem lediglich beratenden Organ wie im Beirat eines Unternehmens.[727] Ein Verstoß gegen § 20 VwVfG führt zu einem Verfahrensfehler, der den ergangenen Verwaltungsakt gemäß § 44 Abs. 3 Nr. 2 VwVfG jedoch lediglich anfechtbar macht. Die Regelung in § 82 Abs. 1 Nr. 5 AO enthält eine der § 20 Abs. 1 Nr. 5 VwVfG entsprechende Vorschrift für Verwaltungsverfahren unter Beteiligung der Finanzbehörden.[728]

II. Konfliktpotentiale bei Behördenvertretern in Aufsichtsräten

Es zeigen sich bei Behördenvertretern neben den bezüglich der Doppelmandate in Konkurrenzunternehmen bereits aufgezeigten potentiellen Konfliktsituationen[729] besondere Konfliktpotentiale, die im Folgenden kurz zu erörtern sind.

---

[724] Vgl. § 48 Abs. 5 GWB a. F..

[725] Vgl. *Klaue* in Immenga/Mestmäcker „GWB" § 51 Rn 10, 18; FK-*Finkelnburg* „GWB" § 51 Tz. 33ff.; dazu auch den Fall des LG Frankfurt/Main NJW 1987, 505, bei dem interne Unternehmensinformationen an das Bundeskartellamt weitergeleitet worden waren.

[726] Vgl. BVerwGE 69, 256 (264) = NVwZ 1984, 718; BVerwGE 75, 214 (228) = NVwZ 1987, 578; BVerwGE 78, 347 = NVwZ 1988, 527; *Bonk/Schmitz* in Stelkens/Bonk/Sachs § 20 Rn 35; Knack-*Clausen* „VwVfG" § 20 Rn 17.

[727] *Bonk/Schmitz* in Stelkens/Bonk/Sachs § 20 Rn 36; Knack-*Clausen* „VwVfG" § 20 Rn 17; vgl. auch BGHZ 114, 127 (132) = NJW 1991, 1830 zur Nichtigkeit eines Beratungsvertrages eines Aufsichtsratsmitglieds, dessen Inhalt bereits von der Beratungspflicht im Rahmen der Überwachungsaufgabe des Aufsichtsrats umfasst wird; dazu *Boujong* AG 1995, 203ff.; *Beater* ZHR 157 (1993), 420; *Lutter/Kremer* ZGR 1992, 87; *Mertens* in FS Steindorff S. 173.

[728] Im Übrigen enthalten manche Gemeindeordnungen eine entsprechende Regelung, vgl. z.B. § 25 Abs. 1 Nr. 5 HessGO.

[729] Es wird hierfür auf die Ausführungen unter 4. Abschnitt B I, S. 76ff. verwiesen.

1. Bedeutung und Reichweite des § 65 BHO

Der Gesetzgeber hat, wie bereits ausgeführt, keine allgemeine Inkompatibilitätsvorschrift für die Lösung eines Interessenkonflikts aufgestellt; darüber hinaus hat dieser aber auch die Repräsentanz im Aufsichtsrat ausdrücklich zugelassen und damit potentiellen Konflikten Vorschub geleistet. Zu nennen ist in diesem Zusammenhang die Entsendung von Mandaten nach § 101 Abs. 1 AktG, die in der Satzung zugelassen werden kann und im Wesentlichen für den Fiskus installiert wurde,[730] die oftmals angesprochene Höchstzahl von 10 Aufsichtsratsmandaten zuzüglich eines Konzernprivilegs nach § 100 Abs. 2 AktG und die zwingende Vertretung der Gewerkschaften gemäß §§ 7 Abs. 4, 16 MitbestG.

Hervorzuheben ist bei den Behördenvertretern, dass es nach § 65 Abs. 1 Nr. 3 BHO den öffentlich-rechtlichen Körperschaften nur dann erlaubt ist, sich an privatwirtschaftlichen Unternehmen zu beteiligen, wenn ihnen ein angemessener Einfluss auf die Führung der Gesellschaft gesichert ist. Dieser Einfluss kann nach der Vorstellung des Gesetzgebers auch durch die Präsenz im Aufsichtsrat erreicht werden. Eine Einflussnahme der öffentlichen Hand kann zwar nicht moniert werden, wenn diese über eine Stimmenmehrheit in der Hauptversammlung verfügt, wird aber dann problematisch, wenn die Gesellschaft sich zu Zugeständnissen gegenüber der öffentlichen Hand genötigt fühlt.

Doch werden mit der Regelung in § 65 Abs. 1 BHO ohnehin nicht gesellschaftsrechtliche Grundsätze beseitigt. Für die landesrechtlichen Haushaltsordnungen, die jeweils entsprechende Regelungen enthalten, folgt dies bereits aus Art. 31 GG, nach dem Landesrecht nicht Bundesrecht brechen kann. Solches bezwecken auch nicht die Vorschriften der Bundeshaushaltsordnung; diese ist zwar als formelles Gesetz verabschiedet, impliziert aber nicht eine allgemeine rechtliche Regelung, sondern lediglich Verwaltungsinnenrecht für die Rechte und Pflichten innerhalb der Behördenorganisation bei der Abwicklung des Haushalts und der Verwaltung des Vermögens der öffentlichen Hand.[731] Zudem kann aus der Vorschrift in § 65 Abs. 6 BHO nicht gefolgert werden, dass die Aufsichtsratsmitglieder sich vorrangig an dem öffentlichen Allgemeininteresse orientieren sollen; vielmehr macht der Wortlaut der Regelung deutlich, dass nicht die entsandten Aufsichtsratsmitglieder, sondern der zuständige Bundesminister Adressat der Regelung ist und dieser für eine Wahrung der öffentlichen Interessen Sorge tragen soll.[732]

---

[730] Statt vieler *Kropff* „Begr RegE AktG" S. 138; BGHZ 36, 296 (307) *„HEW"*.

[731] BT-Drucks. V/3040 Nr. 270; *Piduch* „BHO-Kommentar" § 65 Anm 16, § 66 BHO; *Lutter/Grunewald* WM 1984, 385 (386, 397); *Krebs* „Interessenkonflikte" S. 56f..

[732] Vgl. auch *Lutter/Grunewald* WM 1984, 385 (395); *Hüffer* „AktG" § 394 Rn 32; *Krebs* „Interessenkonflikte" S. 56f.; zu bemerken ist aber, dass die Landeshaushaltsordnungen mit der BHO grundsätzlich übereinstimmen, jedoch der Inhalt des § 65 Abs. 6 BHO in manchen LHO (wie z. B. in Bayern, Baden-Württemberg, Hessen und Nordrhein-Westfalen) dahingehend

Nicht überzeugen können dabei die Ausführungen von *Lutter/Grunewald*, nach denen § 65 Abs. 6 BHO dahingehend zu verstehen ist, dass der Bundesminister nicht auf eine ausschließliche Berücksichtigung der öffentlichen Interessen hinwirken dürfe, jedoch analog der allgemeinen Auffassung im Rahmen des Unternehmensinteresses auch das Allgemeinwohl berücksichtigt werden könne. § 65 Abs. 6 BHO bestätige daher die geltende Rechtslage.[733] Dagegen ist einzuwenden, dass es zum einen nicht einer haushaltsrechtlichen Regelung bedarf, das geltende Aktienrecht zu bestätigen, zum anderen steht die Vorschrift im direkten Zusammenhang mit Abs. 1 Nr. 3, nach der eine Beteiligung des Bundes nur dann erfolgen soll, wenn eine Einflussnahme insbesondere im Aufsichtsrat möglich ist. Dies kann nach der hier zu vertretenen Ansicht nur so verstanden werden, dass mit der Einflussnahme die öffentlichen Interessen in dem Beteiligungsunternehmen geltend gemacht werden sollen.

Das Gesellschaftsrecht wird im Ergebnis somit nicht durch die Bundeshaushaltsordnung geändert, doch zeigt sich darin ein gesteigertes Konfliktpotential. Gegenüber den Doppelmandaten in Konkurrenzunternehmen zum Beispiel, bei denen zwar eine Möglichkeit der Einflussnahme, aber immer noch die Alternative einer strategischen Allianz oder geplanten Fusion bestand, besteht bei den Behördenvertretern die personelle Verflechtung gerade um eine Einflussnahme zu sichern.[734] Bei der Auflösung des potentiellen Interessenkonflikts wird dies zu berücksichtigen sein.

Die Bestimmungen in §§ 53, 54 des Haushaltsgrundsätzegesetzes können hier vernachlässigt werden, da diese zwar Sonderbefugnisse für die öffentliche Hand enthalten, aber nicht die Situation eines Doppelmandats betreffen.[735]

2. Weisungsgebundenheit in Konflikt mit der Verschwiegenheitspflicht

Ein Sonderproblem bei Behördenvertreter könnte sich dann ergeben, wenn diese die von ihrem Dienstherrn erteilten Weisungen berücksichtigen müssten. Eine Pflicht zur Weitergabe von Informationen nach § 394 AktG könnte zudem einen besonderen Interessenkonflikt verstärken, da hier potentiell die Verschwiegenheitspflicht der Organmitglieder durchbrochen wird.

---

ausgestaltet ist, dass die entsandten Aufsichtsratsmitglieder auch die besonderen Interessen des Landes zu berücksichtigen haben und die zuständigen Minister auf die Einhaltung hinzuwirken haben, vgl. dazu *Piduch* „BHO-Kommentar“ Anhang § 65.

733 In WM 1984, 385 (395 in Fn 70) mit dem allerdings zutreffenden Hinweis, dass der Wortlaut von Abs. 6 auf keine exklusive Berücksichtigung des öffentlichen Interesses hindeute.

734 Vgl. *Nebendahl* DÖV 1988, 961 (962); *Wardenbach* „Interessenkonflikte“ S. 117 und oben.

735 Ausführlich hierzu *Piduch* „BHO-Kommentar“ Vor § 66 Anm 1ff.; *Lutter/Grunewald* WM 1984, 385 (386ff.) mwN, die darauf hinweisen, dass es sich hierbei nicht um Eingriffs-, sondern lediglich um Kontrollbefugnisse handelt.

a) Weisungsgebundenheit von Behördenvertretern

Nach der ganz herrschenden Ansicht ist auch das entsandte Aufsichtsratsmitglied ausschließlich den Interessen der Gesellschaft verbunden, so dass der Entsendungsberechtigte den Entsandten nicht an seine Weisungen binden könnte.[736] Das entsandte Organmitglied darf die erteilte Weisung vielmehr nur dann befolgen, wenn das Unternehmensinteresse gewahrt bleibt.

Etwas anderes gilt auch nicht für die Entsandten der Gebietskörperschaften. Dabei könnte die grundsätzlich bestehende Verpflichtung zur eigenverantwortlichen Wahrnehmung des Unternehmensinteresses mit der beamtenrechtlichen Weisungsbindung nach den §§ 37 BRRG, 55 Satz 2 BBG sowie den entsprechenden Landesvorschriften[737] kollidieren. Die Ansicht, dass im Zweifel die öffentlichen Interessen stets auch im Gesellschaftsrecht durchsetzbar sein sollen,[738] wird zu Recht mittlerweile nicht mehr vertreten. Nach ganz herrschender Ansicht ist eine Weisungsbefugnis der Gebietskörperschaften abzulehnen; dabei kann dahinstehen, ob diese als schlichtweg unzulässig[739] oder lediglich dann als unzulässig anzusehen ist, wenn nach einer Ermessensentscheidung des Mandatsträgers Nachteile für die Gesellschaft zu befürchten wären.[740] Nach den obigen Darstellungen kann zwar auch das öffentliche Allgemeinwohlinteresse unter das Unternehmensinteresse subsumiert werden, jedoch dies nur solange, wie die Wirtschaftlichkeit des Unternehmens nicht zur Disposition steht.[741]

Die alleinige Bindung des Organmitglieds an das Unternehmensinteresse der Gesellschaft besteht mithin auch bei den Behördenvertretern. Ein Widerspruch zu

---

736 BGHZ 36, 296 (306) „*HEW*"; OLG Hamburg AG 1990, 218ff. „*HEW/Jansen*"; KK-*Zöllner* §§ 394, 395 Rn 1; Geßler/Hefermehl/Eckardt/Kropff-*Kropff* § 394, 395 Rn 27ff.; *Hoffmann-Becking* in Münch Hdb § 30 Rn 21; *Kraffel/Volhard* in Semler/Volhard § 20 Rn 261; *Schwintowski* NJW 1995, 1316 (1318); *Säcker* in FS Rebmann S. 781 (783ff.); *Decher* ZIP 1990, 277 (279ff.); *Lutter/Grunewald* WM 1984, 385 (396); *Fischer* AG 1982, 85 (92).

737 So auch in manchen Gemeindeordnungen § 125 HessGO, § 105 Abs. 1 Satz 3 GO BaWü; § 111 Abs. 1 Satz 2 GO Nds; § 55 Abs. 2 Satz 2, Abs. 3 GO NRW und weitere.

738 So noch *Stober* NJW 1984, 449 (455); *Püttner* DVBl 1986, 748 (751f.); *Lohl* AG 1970, 159 (162 in Fn 25); *Ipsen* JZ 1955, 593 (597).

739 *Hüffer* „AktG" § 394 Rn 29; *Fischer* AG 1982, 85 (90f.); *Lutter/Grunewald* WM 1984, 385 (396); *Lutter/Krieger* „Aufsichtsrat" Rn 113; *Dreher* JZ 1990, 896 (897); Hachenburg-*Raiser* „GmbHG" § 52 Rn 137; *ders.* ZGR 1978, 391 (401ff.); *Säcker* in FS Rebmann S. 781 (786, 793); *R. Schmidt* ZGR 1996, 345 (353f.); *Paschke* ZHR 152 (1988), 263ff..

740 So zutreffend: *Baumbach/Hueck* „AktG" § 101 Rn 3; Geßler/Hefermehl/Eckardt/Kropff-*Kropff* Vor §§ 394, 395 Rn 30; KK-*Mertens* § 101 Rn 55; *Schmidt-Aßmann/Ulmer* BB 1988 Beilage 13, S. 1 (4, 15); *Potthoff/Trescher* „Das Aufsichtsratsmitglied" S. 42; *Schwintowski* NJW 1990, 1009 (1013, 1015); *ders.* NJW 1995, 1316 (1317ff.); *Decher* ZIP 1990, 277 (279, 280f.); dazu auch BGHZ 69, 334 (339) = NJW 1978, 104 „*VEBA/Gelsenberg*", wonach Interessen der Gebietskörperschaft angemessen zur Geltung gebracht werden können, wenn das Unternehmensinteresse nicht als Schranke entgegensteht; vgl. BGHZ 135, 107 (113f.) = NJW 1997, 1855 „*Volkswagen*".

741 Vgl. KK-*Mertens* § 76 Rn 32ff.; *Semler* „Überwachungsaufgaben des Aufsichtsrats" S. 65; *Decher* ZIP 1990, 277 (285); vgl. *Wiedemann* „Organverantwortung" S. 31ff..

den beamtenrechtlichen Vorschriften in §§ 37 BRRG, 55 Satz 2 BBG und den Regelungen in den Gemeindeordnungen entsteht dadurch nicht. Nach § 55 Satz 2 BBG ist der Beamte zwar an die Weisungen seines Vorgesetzten gebunden, dies aber nur, wenn nicht andere gesetzliche Vorschriften ihn entbinden oder der Beamte nur dem Gesetz unterworfen ist. Hierunter fallen in erster Linie Mitglieder des Bundespersonalausschusses, des Bundesrechnungshofes bei Durchführung von Prüfungsaufgaben etc.;[742] darunter müssten aber auch die Beamten fallen, die nach gesellschaftsrechtlichen Erwägungen allein dem Unternehmensinteresse des Unternehmens unterfallen, in dem das Aufsichtsratsamt ausgeübt wird. Nach § 125 Abs. 1 HessGO wird zum Beispiel zwar ein Weisungsrecht des Gemeindevorstands statuiert, explizit aber lediglich unter der Voraussetzung, dass dem keine Vorschriften des Gesellschaftsrechts entgegenstehen.

Möglich ist, dem Vertreter der öffentlichen Hand bei der Wahrnehmung der Aktionärsinteressen in der Hauptversammlung Weisungen zu erteilen; dies folgt bereits daraus, dass die Einflussnahme zur Schädigung der Aktiengesellschaft durch Stimmrechtsausübung zum Beispiel gemäß § 117 Abs. 7 Nr. 1 AktG nicht zu einer Schadensersatzpflicht führt.[743] Verstößt der Mandatsträger gegen seine Pflichten, könnte zum einen der Entsendungsberechtigte nach § 103 Abs. 2 Satz 1 AktG den Entsandten jederzeit abberufen. Zum anderen kommt aber auch eine Abberufung durch die Aktionäre nach § 103 Abs. 3 Satz 3 AktG in Betracht, wenn diese einen Anteil von zehn Prozent des Grundkapitals oder einen Nennbetrag von € 1 Millionen repräsentieren.[744] Schließlich kann sich das Organmitglied auch nach §§ 116, 93, 117 AktG, 823 Abs. 2 BGB iVm 404 AktG, 824 BGB oder 826 BGB schadensersatzpflichtig gemacht haben. Erteilt die entsendende öffentliche Hand andererseits trotzdem Weisungen, ist diese eventuell zum Nachteilsausgleich nach §§ 311ff. AktG bzw. Schadensersatz verpflichtet.

b) Durchbrechung der Verschwiegenheitspflicht ?

Für Aufsichtsratsmitglieder, die von einer Gebietskörperschaft entsandt worden sind, enthält § 394 AktG eine Sonderregelung, die das Verhältnis zwischen der Berichts- und Verschwiegenheitspflicht nach §§ 116, 93 Abs. 1 Satz 2 AktG regelt. Zusammen mit §§ 53, 54 HaushaltsgrundsätzeG stellen diese mitgliedschaftliche Vorzugsrechte der öffentlichen Hand dar, die es ermöglichen sollen, die besonderen öffentlichen Interessen durch verstärkte Kontrolle zur Geltung zu bringen.[745] Mit der Regelung in § 394 AktG soll die an sich bestehende Verschwiegenheitspflicht so weit gelockert werden, dass eine sachgerechte Berichter-

---

742 Statt vieler *Battis* „BBG“ § 55 Rn 5; *Plog/Wiedow/Beck* „BBG“ § 55 Rn 10.

743 Vgl. statt vieler *Hüffer* „AktG“ § 394 Rn 3 mwN; *R. Schmidt* ZGR 1996, 345 (353).

744 In der Praxis ist dies durchaus realisierbar wie das Beispiel OLG Hamburg ZIP 1990, 311 „*HEW/Jansen*“ gezeigt hat.

745 *Lutter/Grunewald* WM 1984, 385 (386f.); *Hüffer* „AktG“ § 394 Rn 5.

stattung gegenüber den Gebietskörperschaften möglich erscheint.[746] Hierfür besteht daher auch nur dann Raum, wenn das entsandte Mitglied zu einer Berichterstattung gesetzlich verpflichtet ist. Eine solche Berichtspflicht wird nicht aber durch § 394 AktG begründet, sondern darin vielmehr vorausgesetzt.[747] Eine ausdrückliche gesetzliche Vorschrift fehlt zwar in den meisten Gemeindeordnungen,[748] so dass eine Berichtspflicht bereits deswegen nicht gegenüber den Mitgliedern des Gemeinderats bestehen kann.[749] Diese Berichtspflicht kann sich aber nach zutreffender Ansicht aus der beamtenrechtlichen Weisungsgebundenheit nach §§ 37 BRRG, 55 BBG ergeben,[750] da ansonsten der § 394 AktG leerlaufen würde.[751]

Die Lockerung der Verschwiegenheitspflicht in § 394 AktG wird indes durch die Regelung in § 395 AktG relativiert, die mit der Erfassung des Adressaten der Berichterstattung eine Durchbrechung der Verschwiegenheitspflicht zu verhindern sucht.[752] Danach besteht eine Berichtspflicht von öffentlich entsandten Aufsichtsratsmitgliedern allenfalls nur gegenüber Personen, die damit betraut sind, die Beteiligungen einer Gebietskörperschaft zu verwalten oder für die Gebietskörperschaft die Tätigkeit des Aufsichtsratsmitglieds zu prüfen. Aus dieser Einschränkung resultiert zudem mittelbar, dass der Bericht des Organmitglieds nur die Informationen zu enthalten hat, die für diese Aufgabenerfüllung erforderlich sind, vgl. § 394 Satz 2 AktG. Daraus folgt aber auch, dass eine Berichtspflicht nicht

---

746 Vgl. *Kropff* „Begr RegE AktG" § 394, S. 496.

747 In Einzelheiten sind die Anforderungen an die anderweitig begründete Berichtspflicht streitig: Geßler/Hefermehl/Eckardt/Kropff-*Kropff* §§ 394, 395 Rn 22ff., 26ff.; *ders.* in FS Hefermehl S. 327 (328) lässt dabei ein vertragliches Außenverhältnis mit Berichtspflicht bei Weisung nach § 666 BGB genügen; dagegen gesetzliche Grundlage zu Recht für erforderlich haltend: *Schmidt-Aßmann/Ulmer* BB 1988 Beilage 13, S. 1 (8f., 10ff.) mwN; *Hüffer* „AktG" § 394 Rn 1, 38f.; KK-*Zöllner* §§ 394, 395 Rn 4; *Zöllner* AG 1984, 147f.; *R. Schmidt* ZGR 1996, 345 (352); *Martens* AG 1984, 29 (33); *Lutter/Grunewald* WM 1984, 385 (397); *Schwintowski* NJW 1990, 1009 (1014).

748 Anders in § 113 Abs. 5 GO NRW; vgl. *R. Schmidt* ZGR 1996, 345 (352); *Hoffmann-Becking* in Münch Hdb § 33 Rn 34; *Schwintowski* NJW 1990, 1009 (1014); *ders.* NJW 1995, 1316ff.; *Schmidt-Aßmann/Ulmer* BB 1988 Beilage 13, S. 1 (10ff.); *Lutter/Krieger* „Aufsichtsrat" Rn 113; *Lutter/Grunewald* WM 1984, 385ff.

749 Zur Herleitung einer allgemeinen Berichtspflicht aus der „kommunalen Einwirkungspflicht" auch zur dogmatischen Begründung des Instituts: *Schmidt-Aßmann/Ulmer* BB 1988 Beilage 13, S. 1 (13, 21ff.), die diese indes im Ergebnis ablehnen; wohl zustimmend *R. Schmidt* ZGR 1996, 345 (352).

750 Streitig: beamtenrechtliche Weisungsbindung für Berichtspflicht ausreichend nach Geßler/Hefermehl/Eckardt/Kropff-*Kropff* §§ 394, 395 Rn 24; *Lutter/Grunewald* WM 1984, 385 (397); *Lutter/Krieger* „Aufsichtsrat" Rn 113; *Lutter* „Information und Vertraulichkeit" S. 169; *Martens* AG 1984, 29 (33); wohl auch *Kropff* „Begr RegE AktG" § 394, S. 496; a. A. aber *Schmidt-Aßmann/Ulmer* BB 1988 Beilage 13, S. 1 (19ff.); *Zöllner* AG 1984, 147 (148f.); *Hüffer* „AktG" § 394 Rn 41.

751 Darauf verweist auch *Hüffer* „AktG" § 394 Rn 41, der daher eine Implementierung gesetzlicher Berichtspflichten in dem Haushalts- oder Gemeindewirtschaftsrecht für möglich hält; vgl. auch KK-*Zöllner* § 394 Rn 4.

752 *Schmidt-Aßmann/Ulmer* BB 1988 Beilage 13, S. 1 (10, 22f.); *Schwintowski* NJW 1990, 1009 (1014); *R. Schmidt* ZGR 1996, 345 (352); vgl. auch *Martens* AG 1984, 29 (31).

gegenüber dem Gemeinderat oder einem generell öffentlich tagenden Parlament bestehen kann, da bei solchen die Geheimhaltung nicht hinreichend gesichert ist.[753] Trotz der bestehenden Berichtspflicht gegenüber der in § 395 AktG genannten Person der Gebietskörperschaft soll es somit nicht zur Veröffentlichung von Unternehmensinterna kommen.[754] Im Ergebnis handelt es sich daher bei der Vorschrift in § 395 AktG um eine Erstreckung der Verschwiegenheitspflicht im Sinne des § 93 Abs. 1 Satz 2 AktG auch auf die Adressaten der Berichte. Damit soll die zuvor aufgelockerte Verschwiegenheitspflicht im Interesse der Gesellschaft gewahrt bleiben und eine Durchbrechung verhindert werden.

Der Bruch der Verschwiegenheitspflicht nach § 395 AktG stellt eine Amtspflichtverletzung nach § 839 BGB iVm Art. 34 GG mit einer Haftungsverpflichtung der Gebietskörperschaft dar und kann zudem gemäß §§ 203 Abs. 2, 353b StGB für Beamte strafbar sein.

3. Handeln für die zuständige Aufsichtsbehörde als Sonderproblem

Ein Sonderproblem kann sich bei Behördenvertretern ergeben, wenn diese nicht nur von einer Behörde entsandt wurden und daher möglicherweise den öffentlichen Interessen den Vorrang einräumen könnten, sondern auch zusätzlich einer Behörde entstammen, die die Aufsicht über das jeweilige Unternehmen auszuüben hat. Als Beispiel kann auch hier die Stellung des Aufsichtsratsmitglieds *Jansen* als Aufsichtsbehörde für die Errichtung und den Betrieb von Kernkraftwerken nach §§ 19, 24 AtomG dienen. Denkbar sind solche Konstellationen aber auch zum Beispiel im Bank- und Versicherungswesen.

a) Analoge Anwendung des § 51 Abs. 5 GWB

Der Gesetzgeber hat dieses Problem im Bereich des Kartellrechts mit der Einführung des § 51 Abs. 5 GWB erkannt. Ein Bedarf für ein solches Bestellungshindernis besteht zumindest nach der Auffassung von *Säcker* jedenfalls auch in Bereichen wie dem Versicherungs- und Bankwesen sowie der Energieversorgungswirtschaft.[755] Er schließt daraus, dass § 51 Abs. 5 GWB sinngemäß im Bereich anderer Aufsichtsbehörden gegenüber den zu kontrollierenden Unternehmen Geltung finden muss. Die Vorschrift sei nicht konstitutiv, sondern rein deklaratorisch als Ausdruck der monopolisierten Gebundenheit des Amtswalters zu verstehen. Der Gesetzgeber habe bei anderen Aufsichtsgesetzen nicht auf eine Regelung ver-

[753] *Schwintowski* NJW 1990, 1009 (1014); *Schmidt-Aßmann/Ulmer* BB 1988 Beilage 13, S. 1 (3, 9); *Martens* AG 1984, 29 (31); *Godin-Wilhelmi* „AktG" 4. Aufl. §§ 394, 395 Rn 3; vgl. auch soeben.

[754] *Schmidt-Aßmann/Ulmer* BB 1988 Beilage 13, S. 1 (9); *Schwintowski* NJW 1990, 1009 (1010, 1014); *ders.* NJW 1995, 1316 (1317); *Hüffer* „AktG" § 394 Rn 43; *R. Schmidt* ZGR 1996, 345 (352f.); *Kropff* in FS Hefermehl S. 327 (340, 342).

zichtet, um eine Interessenkollision zu ermöglichen, sondern weil er davon ausgegangen sei, dass solche Konstellationen aus Gründen der „praktischen Vernunft" von den Beamten der Aufsichtsbehörden vermieden werden würden.[756] Daher dürfe einem Bundesminister nicht die nach Art. 66 GG notwendige Zustimmung zur Übernahme eines Aufsichtsratsamtes erteilt werden.[757]

Das Oberlandesgericht Hamburg jedenfalls hat sich in seiner „*HEW/Jansen*"-Entscheidung explizit nicht darauf gestützt, dass das fragliche Aufsichtsratsmitglied als Energieminister ebenso die staatliche Wirtschaftsaufsicht vorzunehmen hatte, und eine Inkompatibilität allein aufgrund dieser Konstellation abgelehnt.[758] *Decher* befürwortet diese Argumentationslinie.[759] Er geht davon aus, dass das Gericht zutreffend den Zweck der Vorschrift darin gesehen habe, Effektivität der Verwaltung durch Neutralität der Behörden zu erreichen. Eine bestehende personelle Verflechtung gefährde dieses Ziel nicht, sondern unterstütze es geradezu. Daher könne man auch nicht mit öffentlich-rechtlichen Normen eine Inkompatibilität begründen, so dass das Oberlandesgericht nicht auf diesen Aspekt habe zurückgreifen können.

Dieser Schluss ist allerdings nicht zwingend. Er blendet aus, dass der erkennende Senat eventuell kein Bedürfnis für eine Rechtsfortbildung in Richtung einer ungeschriebenen Inkompatibilität gesehen hat, da der Weg über § 103 Abs. 3 AktG in diesem Fall frei zu sein schien.[760] Die Analogie zu § 51 Abs. 5 GWB ist jedoch aus anderen Gründen abzulehnen. Mit dem Vorliegen einer kartellrechtlichen Vorschrift entfällt automatisch die für eine Analogie erforderliche planwidrige Regelungslücke. Es kann nicht davon ausgegangen werden, dass der Gesetzgeber von einem selbstverständlichen „Verzicht aus Vernunftgründen" im Bereich des Bankwesens ausgegangen ist, einen solchen Verzicht aber im kartellrechtlichen Bereich verneinte und deshalb eine entsprechende Regelung einführte.

---

[755] In FS Rebmann S. 781 (796f.) noch zum alten, wortlautgleichen § 48 Abs. 5 GWB.

[756] *Säcker* in FS Rebmann S. 781 (797); in die gleiche Richtung *Martens* Wirtschaftswoche Nr. 41 vom 6.10.1989, S. 83; *Hirte* EWiR § 103 AktG 1/90, S. 115.

[757] *Säcker* in FS Rebmann S. 781 (798); vgl. auch *Nebendahl* DÖV 1988, 961 (965); bei fehlendem Zustimmungsvorbehalt liefe dies mithin auf eine Inkompatibilität hinaus, vgl. *Säcker* a.a.O. S. 798 unter Ziffer 3 a).

[758] In ZIP 1990, 311 (312) „*HEW/Jansen*"; vgl. auch die Vorinstanz LG Hamburg ZIP 1990, 102 (103), nach der die Kumulation von behördlicher Aufsicht und die engagierte Kernenergiegegnerschaft von Bedeutung ist; offen aber, ob nur die Aufsichtsfunktion ausreichend gewesen wäre.

[759] In ZIP 1990, 277 (283, 287).

[760] Die Frage kann sich daher erneut stellen, wenn die 10% Hürde nach § 103 Abs. 3 Satz 3 AktG nicht wie bei „*HEW/Jansen*" erfüllt werden würde. Die dortigen Entscheidungsgrundlagen könnten sich möglicherweise als Ausnahmekonstellationen entpuppen.

b) Bedeutung der §§ 20 Abs. 1 Nr. 5 VwVfG, 82 Abs. 1 Nr. 5 AO

Eine gesetzlich statuierte Unvereinbarkeit zweier Ämter enthalten auch die Vorschriften in § 20 Abs. 1 Nr. 5 VwVfG für Verwaltungsverfahren allgemein und in § 82 Abs. 1 Nr. 5 AO für Steuerverfahren.[761]

aa) Die Wirtschaftsaufsicht als Verwaltungsverfahren

Nach *Säcker* ist der Gesetzgeber davon ausgegangen, dass kein institutioneller Dauerkonflikt, sondern grundsätzlich die Möglichkeit bestehe, das Aufsichtsratsamt mit einem anderen Mitarbeiter der zuständigen Behörde bzw. des Ministeriums zu besetzen.[762] Er schließt daraus, dass wenn nicht nur ein singulärer Interessenkonflikt besteht, sondern das Organmitglied durch seine Tätigkeit in der Aufsichtsbehörde dauernd an einer Amtsausübung gehindert wird, diesem die Nebentätigkeitserlaubnis entzogen werden muss, da dienstliche Interessen tangiert werden.[763] Ein Mandat in einem Aufsichtsrat und eine gleichzeitige Tätigkeit bei der zuständigen Aufsichtsbehörde seien daher nicht miteinander vereinbar.

Dieser Ansicht ist im Ergebnis zuzustimmen. Es bleibt aber zu bedenken, dass die verwaltungsrechtliche Regelung das Vertrauen der Bevölkerung in eine neutrale unparteiische Verwaltung,[764] nicht aber die Funktionsfähigkeit des Aufsichtsrats anstrebt. Der Gesetzgeber hat mit den §§ 20 Abs. 1 VwVfG, 82 Abs. 1 AO grundsätzlich punktuelle Konflikte im Verwaltungsverfahren angesprochen, bei denen er Regelungen für die Vertretung der Behörde zur Verfügung stellte bzw. Restriktionen vornahm. Mit diesen Regelungen sollen das Einfließen persönlicher Interessen und das Bestehen finanzieller Abhängigkeiten gegenüber dem zu kontrollierenden Unternehmen ausgeschlossen werden.[765] Der Begriff des Verwaltungsverfahrens ist dabei sehr weit und betrifft grundsätzlich alle Fälle, bei denen eine Behörde mit Außenwirkung und mit Zielrichtung auf einen Verwaltungsakt oder Verwaltungsvertrag handelt.[766] Das OLG Brandenburg hat sogar ein Verwaltungsverfahren und damit die Anwendbarkeit des § 20 Abs. 1 VwVfG bei einem öffentlichen Auftragsvergabeverfahren bejaht, obwohl solche Verfahren nach ganz herrschender Ansicht als privatwirtschaftlich angesehen werden.[767] Anders kann auch nicht die

---

[761] Zu Beispielen für die praktische Bedeutung: *Wais* NJW 1982, 1263 (1264).

[762] *Säcker* in FS Rebmann S. 781 (798).

[763] In FS Rebmann S. 781 (783).

[764] Statt vieler *Bonk/Schmitz* in Stelkens/Bonk/Sachs § 20 Rn 2; Knack-*Clausen* § 20 Rn 2.

[765] BVerwGE 69, 256 (263f.); Klein/*Brockmeyer*„Abgabenordnung" § 82 Rn 1; vgl. auch *Klaue* in Immenga/Mestmäcker „GWB" § 51 Rn 10.

[766] Statt aller *Maurer* „Allgemeines Verwaltungsrecht" § 19 Rn 2, S. 446; vgl. zum weiten Verwaltungsbegriff: OLG Brandenburg NVwZ 1999, 1142 = BB 1999, 1940ff. mit Anmerkung *Quardt*; *Otting* NJW 2000, 484; Knack-*Clausen* „VwVfG" § 20 Rn 5; vgl. *Bonk/Schmitz* in Stelkens/Bonk/Sachs § 20 Rn 19; *Neßler* NVwZ 1999, 1081ff..

[767] Es erblickte in dem Mandat der Berliner Finanzsenatorin im Aufsichtsrat sowohl des Auftraggebers als auch eines (im übrigen letztlich erfolgreichen) Bieters einen Verstoß gegen die

Aufsichtsfunktion einer Behörde bewertet werden, bei der die Verwaltung stets den Erlass einer Verfügung gegen das überwachte Unternehmen erwägen wird. Demnach ist die Vornahme der Aufsicht über ein Unternehmen ein Verwaltungsverfahren, mit der Konsequenz, dass die Vorschrift in § 20 Abs. 1 VwVfG anwendbar ist, um die Neutralität des Verwaltungshandelns zu wahren.

bb) Umgehung einer Inkompatibilität

Voraussetzung für eine Inkompatibilität wäre aber die Entscheidung, ob die Behörde in der Lage ist, das Aufsichtsratsamt mit einer anderen geeigneten Person zu besetzen, die nicht eine Aufsichtsaufgabe direkt vornehmen wird.

Nach *Wais* ist es bereits nicht möglich, fachfremde Beamte zur Wahrung der Interessen des Bundes oder der Länder in die Aufsichtsräte zu entsenden.[768] Um den Widerspruch zwischen § 20 Abs. 1 Nr. 5 VwVfG und § 65 Abs. 1 Nr. 3 BHO dennoch aufzulösen, sei es demnach erforderlich, den Begriff „tätig werden" restriktiv auszulegen. Daher sei es für den im Aufsichtsrat vertretenen Behördenmitarbeiter auch möglich, im Wege der Amtshilfe Tatsachen oder die eigene Meinung an das zuständige Ressort zu übermitteln. In dieser Amtshilfe sei erst dann ein unzulässiges „Tätigwerden" im Sinne des § 20 Abs. 1 Nr. 5 VwVfG zu erblicken, wenn das Aufsichtsratsmitglied diese in Form eines Verwaltungsaktes vornehmen sollte oder das federführende Ressort mit der Bitte um Mitzeichnung an das Organmitglied herantreten würde. Unter dieser Ebene sei die Weitergabe einer Information der Auskunft über die eigene Meinung gleichzustellen.[769]

Die restriktive Auslegung des „Tätigwerdens" im Sinne des § 20 Abs. 1 VwVfG und der wortgleichen Vorschriften ist abzulehnen. Mit der Bezeichnung einer Informationsweitergabe als reine Stellungnahme würde man einer Umgehung weiten Spielraum eröffnen. Ein „Tätigwerden" im Sinne des § 20 Abs. 1 VwVfG ist vielmehr bei jeder Handlung anzunehmen, die für die Entscheidung von Bedeutung und geeignet ist, auf das Entscheidungsergebnis Einfluss zu nehmen.[770] Zudem muss die Weitergabe von Informationen im Einklang mit den §§ 394, 395 AktG stehen. Schließlich ist ein nicht im zuständigen Ressort tätiger Mitarbeiter nicht automatisch dazu ungeeignet, die Interessen der öffentlichen

---

Neutralitätspflicht gemäß § 97 Abs. 2 GWB und nahm daher eine Unwirksamkeit der Vergabe an.

768 In NJW 1982, 1263 (1264f.); a.A. *Säcker* in FS Rebmann S. 781 (801f.).

769 *Wais* NJW 1982, 1263 (1264f.); die herrschende Meinung legt den Begriff „tätig werden" nach § 20 Abs. 1 VwVfG dagegen extensiv aus.

770 *Säcker* in FS Rebmann S. 781 (803); Knack-*Clausen* „VwVfG" § 20 Rn 7; *Bonk/Schmitz* in Stelkens/Bonk/Sachs § 20 Rn 20ff., 24; vgl. BVerwGE 69, 256 (267) = DVBl 1984, 1075 (1077) = NVwZ 1984, 718; BVerwGE 52, 47 (49); 78, 347 = NVwZ 1988, 527; VGH München NVwZ 1982, 508.

Hand wahrzunehmen. Nach allgemeinen gesellschaftsrechtlichen Erwägungen muss ein Aufsichtsratsmitglied ohnehin über angemessene Sachkunde verfügen.[771]

Es muss daher primär versucht werden, einen nach der Verwaltungsorganisation unzuständigen Mitarbeiter als Behördenvertreter zu entsenden; hingenommen werden muss dabei, dass damit möglicherweise auch der weniger fachlich informierte Mitarbeiter die Behördeninteressen vertritt.[772] Die Vorschriften machen deutlich, dass der Gesetzgeber die Mitgliedschaft eines Behördenvertreters in einem Aufsichtsrat nicht grundsätzlich ausschließen, sondern lediglich die Beteiligung des direkt Verantwortlichen verhindern wollte. Durch die Entsendung eines anderen, fachlich unzuständigen Behördenvertreters würde man der öffentlich-rechtlichen Forderung nach Einflussnahme im Sinne des § 65 Abs. 1 Nr. 3 BHO gerecht werden und dabei gleichzeitig die genannten Interessenkollisionen vermeiden können. Damit bestünde auch kein Bedürfnis für eine Inkompatibilität.

Die bei Nichtgelingen der anderweitigen Besetzung begründete Inkompatibilität könnte an dieser Stelle aufgrund des Schutzzwecks des § 20 Abs. 1 VwVfG lediglich ein öffentlich-rechtliches Bestellungshindernis begründen. Wegen der gesellschaftsrechtlich entwickelten Interessen- und Pflichtenkollision und der dadurch erzeugten Unmöglichkeit der Amtsausübung auf der behördlichen Wirtschaftsaufsichtsebene liegt indes auch eine gesellschaftsrechtliche Wirkung der obigen Überlegungen zumindest nahe.

c) Gestörte Tätigkeit im Aufsichtsrat

Sollte eine anderweitige Besetzung nicht möglich sein, wäre eine Inkompatibilität auch gesellschaftsrechtlich zu begründen, wenn die Betätigung im Aufsichtsrat aufgrund fehlender möglicher vertrauensvoller Zusammenarbeit gestört wäre. Bei der Tätigkeit im Aufsichtsrat sind dabei zunächst die unterschiedlichen Zielsetzungen der Wirtschaftsaufsicht auf der einen und der Überwachung der Geschäftsführung durch den Aufsichtsrat auf der anderen Seite zu berücksichtigen.

Im Vordergrund der Wirtschaftsaufsicht steht die objektive Einhaltung der gesetzlichen Vorschriften durch das Unternehmen und damit die Wahrung des Allgemeinwohls. Dagegen beabsichtigt der Aufsichtsrat, die Geschäftsführung des Vorstands zu überwachen und dabei subjektiv die Grenzen der gesetzlichen Vorgaben auszuschöpfen und das Unternehmensinteresse primär zu fördern. Aus der Objektivität der Wirtschaftsaufsicht resultiert zudem, dass diese nicht dazu ver-

[771] Dazu ausführlich *Wardenbach* „Interessenkonflikte" S. 165ff.; vgl. BGHZ 85, 293 (295f.) „*Hertie*"; *Hüffer* „AktG" § 100 Rn 2; *Götz* AG 1995, 337 (345); *Hoffmann-Becking* in Münch Hdb § 30 Rn 2, § 33 Rn 5; *Bollweg* „Wahl des Aufsichtsrats" S. 115; *Hommelhoff* ZGR 1983, 551ff..

[772] So auch *Nebendahl* DÖV 1988, 961 (965).

pflichtet ist, eventuelle Nachteile für die beaufsichtigte Gesellschaft zu verhindern.[773] Aus dieser unterschiedlichen Zielrichtung folgt, dass es dem Doppelbänder nicht immer möglich sein wird, beide Interessensphären gleichwertig zu berücksichtigen. Es kann nicht vermutet werden, dass ein Doppelmandatar in der Aufsichtsratssitzung sich noch vehement für die Einholung einer erforderlichen Genehmigung für den Betrieb eines Atomkraftwerkes o. ä. einsetzen und dann in den entsprechenden Gremien der Aufsichtsbehörde die Gewährung dieser Genehmigung aufgrund überragender öffentlicher Interessen wird ablehnen wollen.

Diese Konstellation zeigt aber auch, dass die staatliche Aufsichtsbehörde mit dem Doppelmandat Kontroll- und Einwirkungsmöglichkeiten erhalten würde, die über das reine Unterbinden rechtswidrigen Verhaltens der Gesellschaft hinausginge. Durch die Mitgliedschaft im Aufsichtsrat könnte die Aufsichtsbehörde Informationen erhalten, die sie später in einer (gerichtlich nur schwer zu überprüfenden) Genehmigungs- oder Aufsichtstätigkeit zum Nachteil der Gesellschaft verwenden könnte.[774] Dies würde sich unmittelbar auf die Zusammenarbeit zwischen Vorstand und Aufsichtsrat auswirken, da ersterer bei seiner Berichterstattung zu befürchten hätte, dass Unternehmensinterna nach außen getragen werden und zu einem Nachteil der Gesellschaft führen könnten. Zu denken wäre zum Beispiel an den Fall, dass auch die im Vorstand diskutierten Gegenargumente dem Aufsichtsrat mitgeteilt würden. Die Weitergabe solcher Informationen wäre dabei zwar grundsätzlich lediglich im Rahmen von §§ 394, 395 AktG zulässig, jedoch ist in praxi zu befürchten, dass die Herkunft der Informationen im Einzelfall nur schwer nachweisbar sein wird, die Weitergabe mithin ohne Folgen bleiben müsste und die Abberufung aus wichtigem Grund schließlich im Regelfall zu spät käme.[775]

Durch die Beteiligung eines auch für die Wirtschaftsaufsicht zuständigen Mitarbeiters wäre somit die Funktionsfähigkeit des Aufsichtsrats in der Gesellschaft und die Betätigung in diesem Organ nachhaltig gestört.

d) Ergebnis zu 3

Eine Analogie zu dem bestehenden Bestellungshindernis in § 51 Abs. 5 GWB ist mangels planwidriger Regelungslücke abzulehnen. Die Aufgabenwahrnehmung durch die Aufsichtsbehörde dagegen wird in Form eines Verwaltungsverfahrens im Sinne des § 20 Abs. 1 VwVfG vollzogen und führt zu einer Unvereinbarkeit der personellen Verflechtung aus öffentlich-rechtlicher Sicht, wenn der als Auf-

[773] So auch *Wardenbach* „Interessenkonflikte" S. 123f.; vgl. *Nebendahl* DÖV 1988, 961 (964f.).

[774] Vgl. das Beispiel zum atomrechtlichen Genehmigungsverfahren bei *Decher* ZIP 1990, 277 (283f.); zur beschränkten gerichtlichen Überprüfbarkeit behördlicher Entscheidungen BVerfGE 61, 82 (115) „*Sasbach*"; 72, 300 (316) „*Wyhl*".

[775] Dahingehend schon *Decher* ZIP 1990, 277 (284); zustimmend *Wardenbach* „Interessenkonflikte" S. 128f.; kritisch zur Lösung von Konfliktfällen über die Verschwiegenheitspflicht, *Lüderitz* in FS Steindorff S. 113 (116f.).

sichtsbehörde tätige Mitarbeiter zugleich im Aufsichtsrat sitzt und der bestehende Interessenkonflikt von Dauer ist. Selbst wenn man eine gesellschaftsrechtliche Relevanz dieses Ergebnisses verneinen wollte, ließe sich eine diesbezügliche Unvereinbarkeit der beiden Ämter aus der fehlenden Möglichkeit der vertrauensvollen Zusammenarbeit im Aufsichtsrat und auch im Verhältnis zum Vorstand gesellschaftsrechtlich herleiten.

4. Subventionsverhältnisse als Sonderproblem

In ähnliche Richtung geht die Konstellation, in der eine Person als Mitarbeiter der subventionserteilenden Behörde im Aufsichtsrat des potentiell empfangenen Unternehmens einen Sitz innehat. Die Subvention kommt insbesondere bei notleidenden Unternehmen oder bei Unternehmen in Zukunftsbranchen in Betracht. Eine Gewährung wird daher unproblematisch im Interesse der Gesellschaft ergehen, jedoch ist die Behörde bzw. das zuständige Gremium allein an das Allgemeinwohl gebunden, da es in der Regel um die Erhaltung des Wirtschaftsstandortes Deutschland und nicht um das einzelne Unternehmen gehen wird. Auch bei diesen potentiellen Konfliktsituationen ist zu befürchten, dass der Betroffene nicht in beiden Organen die einzelnen Interessen wird angemessen berücksichtigen können. Selbst wenn der Behördenvertreter sich im Aufsichtsrat bemüht, lediglich die öffentlichen Interessen zu berücksichtigen, wird er sich später nicht ganz frei von dem mitgetragenen Aufsichtsratsbeschluss machen können, wenn es um die Entscheidung über die Erteilung der Subvention geht.[776] Auch hier erweist sich mithin eine personelle Verflechtung eines Behördenvertreters als bedenklich.

In Interessenantinomien in umgekehrter Richtung gelangt der Doppelmandatsträger möglicherweise dann, wenn das betroffene Unternehmen von wesentlicher Bedeutung für eine gesamte Region bezüglich Arbeitsplätzeangebot und Steueraufkommen ist. Diese Fallgruppe der eventuellen Bevorzugung von Großunternehmen ist oftmals in Zusammenhang mit *G. Schröders* Mandat im Aufsichtsrat der *Volkswagen AG* diskutiert worden, stellt aber kein spezifisches Problem der Doppelmandate dar und muss hier deswegen nicht weiter erörtert werden.

5. Interessenkollisionen mit dem Unternehmensgegenstand

Im Fall *„HEW/Jansen"* kam zum ohnehin bestehenden potentiellen Konflikt hinzu, dass der für Energie zuständige Landesminister *Jansen* bereits vor seiner Bestellung zum Aufsichtsrat engagierter Gegner der Kernenergie war. Daher soll dieser Problemkreis an dieser Stelle kurz diskutiert werden, auch wenn ein solcher persönlicher Konflikt mit dem Mandat grundsätzlich bei allen Organmitgliedern bestehen könnte; allerdings ist zu vermuten, dass eine solche Person sich mögli-

---

[776] So auch *Nebendahl* DÖV 1988, 961 (964f.).

cherweise nicht in das Organ einer solchen Gesellschaft wählen bzw. entsenden lassen würde.[777] Bei den Behördenvertretern hingegen besteht zum Teil eine Pflicht dazu, mit Amtsantritt verschiedene Nebenaufgaben wie Aufsichtsratsmandate wahrzunehmen.

a) Die Auffassung von Wardenbach

Das Problem der inneren Überzeugungen ließe sich möglicherweise dadurch beheben, dass ein Organmitglied im Konfliktfalle die persönlichen Voraussetzungen bzw. Interessen zurückzustellen hat.[778] Gerade hiervon kann man aber nach *Wardenbach* nicht ausgehen, so dass auch die Interessenkollision mit dem Unternehmensgegenstand eine Inkompatibilität begründen müsse.[779] Bei einer Interessenkollision mit dem Unternehmensgegenstand sei zwar nicht zu erwarten, dass eine Person sein Kapital gerade in dieses Unternehmen investieren würde und sich gar in das Überwachungsorgan wählen lassen wollte. Neben der oben genannten amtlichen Pflicht zur Übernahme eines solchen Mandats ist aber nach *Wardenbach* in einem solchen Fall davon auszugehen, dass der Mandatsträger als Mitglied des Gesellschaftsorgans die Tätigkeit des Unternehmens in die gewünschte Richtung betreiben wolle.[780] Daran könne auch eine eventuell realiter bestehende Unmöglichkeit der Durchsetzung der eigenen Vorstellungen im Organ nichts ändern.[781] Trotzdem sei die Abkehr von dem Unternehmensgegenstand faktisch eine angestrebte Satzungsänderung, woraus nicht nur ein Konflikt mit dem Kompetenzgefüge der Gesellschaft resultiere, sondern auch ein solcher mit der Satzung selbst.[782] Der Mandatsträger sei daher weder zu einer unbefangenen und an den Interessen der Gesellschaft ausgerichteten Beratung im Gremium selbst noch gegenüber dem Vorstand in der Lage. Zudem käme es durch seine Anwesenheit zu einer Störung der Vertrauensgrundlage für die Zusammenarbeit im Organ und auch im Verhältnis zum Vorstand.[783]

b) Stellungnahme

Die Ansicht *Wardenbachs* ist im Ergebnis abzulehnen. *Decher* weist bereits zutreffend darauf hin, dass eine Inkompatibilität nur dann in Betracht kommt,

---

[777] Darauf hinweisend auch *Decher* ZIP 1990, 277 (288); *Wardenbach* „Interessenkonflikte" S. 107f..

[778] *Decher* ZIP 1990, 277 (282) mit Hinweis auf § 93 Abs. 1 Satz 2 AktG; vgl. auch *Säcker* NJW 1986, 803 (804).

[779] *Wardenbach* „Interessenkonflikte" S. 107ff.; zustimmend wohl auch *Marsch-Barner* in Semler AR-Hdb. Rn J137.

[780] *Wardenbach* a.a.O. S. 107.

[781] Mit Verweis auf OLG Hamburg ZIP 1990, 311 (314) „*HEW/Jansen*".

[782] *Wardenbach* a.a.O. S. 108f.; so auch *Hirte* EWiR § 103 AktG 1/90, S. 115 (116); *Krebs* „Interessenkonflikte" S. 312.

[783] *Wardenbach* a.a.O. S. 112ff..

wenn sich der Doppelmandatsträger in einer „Konfliktfalle" befindet, bei der ein Verhalten eines der gegensätzlichen Interessensphären automatisch verletzen müsste.[784] Mit bindenden Pflichtenkreisen können indes lediglich rechtliche Verpflichtungen zu verstehen sein, so dass rein persönliche Meinungen im Rahmen eines Interessenkonflikts keine Bindungswirkung entfalten können. Demnach ist eine Inkompatibilität oder ein „wichtiger Grund" im Sinne des § 103 Abs. 3 AktG zu verneinen. Dies hat auch das Oberlandesgericht Hamburg ausdrücklich in seiner Entscheidung festgestellt.[785] Generell stellt zum Beispiel auch eine bestimmte politische Auffassung nach zutreffender Ansicht keinen „wichtigen Grund" nach § 103 Abs. 3 AktG dar.[786]

Zudem muss berücksichtigt werden, dass eine wirkliche Kollision mit dem Unternehmensgegenstand nur unter besonderen Umständen angenommen werden kann. Im Fall der *„HEW/Jansen"*-Entscheidung des Oberlandesgericht Hamburg bestand der Unternehmenszweck nach § 2 der Satzung in der „Versorgung des Gebietes Hamburg mit elektrischer Energie und Wärme".[787] Unternehmerisch hatte man sich in der *HEW* offenbar – vermutlich noch vor der Präsenz von *Jansen* im Aufsichtsrat – dazu entschieden, diesem Ziel über Kernkraftanlagen näher kommen zu wollen. Dem Unternehmensgegenstand der Energieversorgung ist *Jansen* indes nicht entgegengetreten, sondern nur dem Weg der Erzeugung. Ein Widerspruch zu dem gewählten Gewinnungsweg stellt aber keinen Konflikt mit der Satzung des Unternehmens dar, sondern lediglich fehlendes Einverständnis mit den Entscheidungen der Geschäftsführung. Solche Kollisionen sind aber gerade Gegenstand des Verhältnisses zwischen Vorstand und Aufsichtsrat und sind mithin vom gewünschten Interessenpluralismus im Aufsichtsrat gedeckt.[788]

Auch ist nicht erkennbar, aus welchen Gründen eine vertrauensvolle Zusammenarbeit im Organ und im Verhältnis zum Vorstand nicht mehr möglich sein sollte. Damit würde suggeriert, dass eine solche Zusammenarbeit nur bei konformen Meinungen möglich ist, bei der alle Vorschläge im günstigsten Fall unreflektiert abgesegnet werden.[789] Der Vorstand wäre in der Weitergabe von Informationen vielmehr nur dann beschränkt, wenn eine „undichte Stelle" im Aufsichtsrat konstatiert werden könnte. Bei vorliegender Konstellation wird aber nicht etwa ein Doppelmandat o. ä. vorausgesetzt, so dass auch die von *Wardenbach* angeführte

---

784 *Decher* ZIP 1990, 277 (282); a. A. aber *Wardenbach* „Interessenkonflikte" S. 108 in Fn 11.

785 OLG Hamburg ZIP 1990, 311 (312) *„HEW/Jansen"*; zustimmend *Hirte* EWiR § 103 AktG 1/90, S. 115.

786 Vgl. dazu statt vieler Geßler/Hefermehl/Eckardt/Kropff-*Geßler* § 103 Rn 40; *Meyer-Landrut* in Großkomm § 103 Anm 7; *Decher* ZIP 1990, 277 (288).

787 Vgl. OLG Hamburg ZIP 1990, 311 im Abdruck des Tatbestands.

788 So auch im Ergebnis OLG Hamburg ZIP 1990, 311 (312) *„HEW/Jansen"*; insofern auch einräumend *Wardenbach* a.a.O. S. 114ff., siehe aber auch S. 111f.: der Interessenpluralismus sei überschritten.

789 Vgl. in diese Richtung *Decher* ZIP 1990, 277 (288), nach dem ebenfalls „stromlinienförmige Aufsichtsräte" nicht erforderlich seien.

Entscheidung des LG Frankfurt/Main,[790] bei der es um die Weitergabe von Unternehmensinterna an das Bundeskartellamt ging, lediglich einen Ausnahmefall betraf. Das Argument, der Mandatar sei dadurch praktisch ausgeschaltet,[791] kann hier nicht für eine Inkompatibilität sprechen, da dadurch dem Mandatsträger, der gegen den Unternehmensgegenstand vorzugehen beabsichtigt, lediglich aufgezeigt würde, dass seine Absichten zum Scheitern verurteilt sind.

Eine Kollision mit dem Unternehmensgegenstand führt daher per se nicht zu einer ungeschriebenen Inkompatibilität. Ein solcher Widerspruch vermag nur weitere Konfliktpotentiale, wie die gleichzeitige Funktion als Aufsichtsbehörde im Falle von *Jansen*, zu verstärken oder zu ergänzen.

6. Ergebnis zu II.

Das Mandat eines Behördenvertreters im Aufsichtsrat eines Unternehmens weist besondere Konfliktpotentiale auf. Diese resultieren aus seiner Hauptfunktion in der Behörde. Aufgrund der Funktion als Aufsichtsbehörde oder als Subventionsgeber kann es zu besonderen Interessenkonflikten kommen, die die gleichzeitige Ausübung der Mandate unmöglich machen.

III. Lösungsmöglichkeiten

Für die Auflösung bzw. Vermeidung des Konflikts kommen die bereits angesprochenen Mittel in Betracht. Bei Behördenvertretern handelt es sich im Regelfall um dauernde Interessen- und Pflichtenkollisionen, so dass die Konfliktauflösung durch Stimmverbote und Teilnahmeausschluss a priori vernachlässigt werden kann. Im Übrigen ist darauf hinzuweisen, dass das Stimmverbot nicht per se zu einem Ausschluss von der Sitzung führt und die Vorraussetzungen an einen solchen Ausschluss regelmäßig im Falle eines Interessenkonflikts zu verneinen sind.[792] Eine Lösung hierüber käme daher selbst bei Annahme eines punktuellen Konflikts nicht in Betracht.

1. Vorüberlegungen

Zur Lösung des bestehenden Konflikts erscheint es zunächst nicht sachgerecht, die von *R. Fischer*[793] vorgeschlagene Verhaltensanweisung zu statuieren, dass das im Aufsichtsrat erlangte Sonderwissen für die Tätigkeit in der Aufsichtsbehörde nicht verwertet werden dürfe. Dies führt letztendlich zu der bereits beste-

[790] Abgedruckt in NJW 1987, 505.
[791] So aber *Wardenbach* a.a.O. S. 113.
[792] Vgl. dazu die Ausführungen oben 4. Abschnitt B III 1, S. 101ff..
[793] In „Gesammelte Schriften" S. 323 (336f.).

henden Forderung, dass der Mandatsträger andere Pflichtsphären bei der Amtsausübung auszublenden hat; ein Verstoß hiergegen wird aber realiter nur schwer nachweisbar sein können.

Gegen eine Abberufung aufgrund einer Pflichtverletzung spricht, dass ein Schaden vorausgesetzt wird, so dass diese Maßnahme zu spät käme. Davon abgesehen könnte eine Abberufung aber auch an den Antragserfordernissen des § 103 AktG scheitern. Oftmals wird es sich bei den Behördenvertretern um von einer Körperschaft entsandte Mitglieder handeln, die gemäß § 103 Abs. 2 AktG jederzeit, jedoch lediglich von dem Entsendungsberechtigten abberufen werden können. Für eine Abberufung durch die Aktionäre müssten diese nach § 103 Abs. 3 Satz 3 AktG zehn Prozent des Grundkapitals oder einen Nennbetrag von € 1 Millionen auf sich vereinen. Bei der Abberufung von *Jansen* aus dem Aufsichtsrat der *HEW* war diese Höhe zwar erreicht worden, es kann sich jedoch möglicherweise um einen Einzelfall gehandelt haben.

Es kommt auch die Amtsniederlegung durch den Mandatsträger in Betracht. Bei einem dauernden und unüberwindbaren Interessenkonflikt wäre dabei sogar eine Pflicht zur Niederlegung denkbar,[794] doch bestünde eine solche aufgrund der regelmäßigen Entsendung durch die Gebietskörperschaft bereits bei Bestellung. Selbst wenn sich das Konfliktpotential dem Mandatsträger erst nachträglich eröffnen würde, käme eine Amtsniederlegung wie die Abberufung aufgrund eines eventuell bereits entstandenen Schadens regelmäßig zu spät. Um dem vorzubeugen, sollte eine Lösung demnach zeitlich früher ansetzen.

Zu denken wäre hierbei an eine Offenlegungspflicht wie bei den Doppelmandaten in Konkurrenzunternehmen. Die Lösung hierüber erscheint allerdings nicht möglich, da es in der Regel um das entsandte Mitglied des öffentlich-rechtlichen Anteilsinhabers gehen wird, eine Verbindung mithin bereits vorausgesetzt wird. Auch hätte die Offenlegung keinerlei Konsequenz, da die Hauptversammlung zunächst ohnehin nichts an der Entscheidung über die Entsendung ändern könnte.

2. Erfordernis einer ungeschriebenen Inkompatibilität

Nach den vorangegangenen Überlegungen erscheint daher eine Inkompatibilität das einzige probate Konfliktvermeidungsmittel. Die besondere Problematik bei diesen Mandaten ergibt sich aus den hervorgehobenen Funktionen, die diese Mandatsträger bei ihrer Behörde ausüben. Eine besondere Gefahr besteht zum einen für die Gesellschaft, in der das Mandat ausgeübt wird, aber zum anderen durch die Gestaltungsmöglichkeiten als Aufsichtsbehörde. Wie bereits angeführt, kann auch die öffentliche Hand bei einer Gesellschaft ihrem Anteil entsprechenden Einfluss

---

[794] Dazu oben 2. Abschnitt B I 4, S. 22ff..

ausüben; regelmäßig kann hier von einem „Gleichlauf der Interessen" ausgegangen werden. Abzulehnen ist aber eine personelle Verflechtung mit entsprechender Einflussnahmemöglichkeit, die mit der Höhe der Beteiligung in keinem Zusammenhang steht.[795]

Ein gesteigertes Konfliktpotential gegenüber zum Beispiel den Doppelmandaten in Konkurrenzunternehmen besteht darin, dass dort lediglich die *Möglichkeit* des anderen Unternehmens besteht, Einfluss zu nehmen. Der Behördenvertreter ist dagegen aufgrund öffentlich-rechtlicher Vorschriften zu einer Einflussnahme verpflichtet, wie zum Beispiel eine erforderliche Genehmigung zu erteilen oder eine dringend benötigte Subvention zu gewähren.[796] Zudem bleibt zu bedenken, dass bei den Doppelmandaten in Konkurrenzunternehmen immer noch Hintergrund der personellen Verflechtung eine strategische Allianz oder eine geplante Fusion sein könnte, der Behördenvertreter indes aufgrund öffentlich-rechtlicher Vorschriften wie § 65 BHO zumindest mittelbar dazu verpflichtet wird, das öffentliche Wohl angemessen zu berücksichtigen.

Schließlich ließe sich auch noch für eine Inkompatibilität ein allgemeines rechtspolitisches Argument anführen, dass der Staat möglichst aus dem privatrechtlichen Bereich ferngehalten werden sollte. Dies steht zum einen mit der gesetzgeberischen Intention im Einklang, eine Überregulierung zu vermeiden und dem Markt sich selbst zu überlassen, zum anderen mit den Mechanismen der global dominierenden anglo-amerikanischen Märkte.

Aus oben genannten Erwägungen zum Konfliktpotential dieser personellen Verflechtung ist daher eine Inkompatibilität zum Schutze der Gesellschaft erforderlich.

IV. Ergebnisse zu B.

Das Mandat eines Behördenvertreters ist danach über eine ungeschriebene Inkompatibilität zu lösen. Ein solches Bestellungshindernis ist insbesondere dann erforderlich, wenn der Behördenvertreter gleichzeitig als zuständige Aufsichtsbehörde tätig wird oder über die Erteilung von Subventionen zugunsten des betroffenen Unternehmens entscheiden muss. Eine Inkompatibilität muss aber verneint

[795] Vgl. dazu das Mandat von *Johannes Rau* als Ministerpräsident von Nordrhein-Westfalen im Aufsichtsrat der *Lufthansa AG*, obgleich das Bundesland lediglich über eine Beteiligung von 1,7% verfügt, dazu bereits oben Einleitung S. 4.

[796] Daher ist *Decher* ZIP 1990, 277 (286) der Ansicht, dass die Bestellung eines Repräsentanten als Aufsichtsratsmitglied bereits eine Einflussnahme nach § 311 AktG darstellt, da man im Zweifel davon ausgehen könne, dass das herrschende Unternehmen auch nur mit einem Vertreter seine Interessen durchsetzen könne; a. A. *Scheffler* in FS Goerdeler S. 469 (482).

werden, wenn lediglich seine persönlichen Ansichten mit dem Unternehmensgegenstand in Konflikt geraten könnten.

6. Abschnitt: Doppelmandate bei feindlichen Übernahmen

Als weitere denkbare Fallgruppe für eine ungeschriebene Inkompatibilität kommen personelle Verflechtungen im Rahmen von feindlichen Übernahmeversuchen in Betracht.[797] Ausgangspunkt muss die Frage sein, welche Funktion dem Aufsichtsrat im Rahmen eines Übernahmeverfahrens überhaupt zukommt und welchen Interessen die Organmitglieder in der Zielgesellschaft insbesondere nach dem am 01.01.2002 in Kraft getretenen „*Wertpapiererwerbs- und Übernahmegesetz (WpÜG)*" verpflichtet sind. Erst daraus lassen sich Erkenntnisse über eventuelle Interessen- und Pflichtenkollisionen gewinnen, die schließlich einer Lösung zugeführt werden sollen. Besonderes Augenmerk soll dabei den Bankenvertretern gelten.

A. Stand der Diskussion

Personelle Verflechtungen auf der Aufsichtsratsebene im Rahmen von feindlichen Übernahmeversuchen sind in der Literatur im Wesentlichen im Zusammenhang mit den Mandaten der Banken behandelt worden. Dreh- und Angelpunkt der Überlegungen muss die Frage sein, welche Verhaltenspflicht das Organ der Zielgesellschaft während eines Übernahmeverfahrens trifft.

I. Ergangene Rechtsprechung

In dem zuletzt genannten Zusammenhang ist zunächst die „*Mannesmann/Vodafone*"- Entscheidung des Landgerichts Düsseldorf vom 14.12.1999 zu berücksichtigen, die sich zwar nicht direkt mit Doppelmandaten beschäftigt, jedoch die Verhaltenspflichten der Verwaltung der Zielgesellschaft betrifft.[798] Die Antragsteller waren Privatanleger der *Mannesmann AG* und fühlten sich durch die vom Vorstand ihrer Gesellschaft betriebenen Werbekampagnen gegen eine Annahme des Angebots der *Vodafone plc.* in ihren Rechten als Anteilsinhaber verletzt und verlangten im Wege der einstweiligen Verfügung eine Unterlassung der Werbemaßnahmen und die Einberufung einer außerordentlichen Hauptversammlung. Die Gesellschaft betreibe eine Pool- und Frontenbildung unter den Aktionä-

[797] Denkbar ist auch die Konstellation, dass die Zielgesellschaft einen Vertreter im Aufsichtsrat der Bietergesellschaft hat, wodurch sich dieser ebenfalls in einem Interessenkonflikt befände. Trotz der grundsätzlich existierenden Verschwiegenheitspflicht wird die Bietergesellschaft zur Wahrung eines Überraschungsmoments versuchen, das betroffene Aufsichtsratsmitglied von den Beratungen bzw. Informationen auszuschließen. Dies könnte z. B. dadurch geschehen, dass der Vorstand die Absichten möglichst lange lediglich mit dem Vorsitzenden des Aufsichtsrats diskutiert. Aus diesem Grunde wird in folgenden Ausführungen im Wesentlichen von der umgekehrten Situation ausgegangen.

[798] Abgedruckt in AG 2000, 233 = WM 2000, 528 = BB 2000, 114 (Leitsatz); vgl. dazu *Krause* AG 2000, 217ff.; *Riehmer/Schröder* NZG 2000, 820ff.; *Burgard* WM 2000, 611ff..

ren; die selektive Information führe zu einer Ungleichbehandlung der Aktionäre und beanspruche darüber hinaus erhebliche Finanzmittel der Gesellschaft.[799]

Der Antrag auf Erlass einer einstweiligen Verfügung hatte indes keinen Erfolg. Einen fehlenden Anspruch auf Unterlassung begründete das Gericht damit, dass es einen solchen Anspruch auf Unterlassung von Geschäftsführungsmaßnahmen des Vorstandes für Aktionäre grundsätzlich nicht gebe. Ein Ausnahmefall im Sinne der „*Holzmüller*"-Entscheidung des Bundesgerichtshofes[800] – nämlich der schwerwiegende Eingriff in die Rechte und Interessen der Aktionäre – sei vorliegend nicht gegeben. Vielmehr handele es sich bei der vorgenommenen Werbekampagne um gewöhnliche Geschäftsführungsmaßnahmen, auch wenn diese im zeitlichen Zusammenhang mit einer „feindlichen" Übernahme stünden. Denn im Rahmen solcher könne es gar nicht zu einem Kompetenzkonflikt zwischen Hauptversammlung und Vorstand kommen, da die Entscheidung über die Annahme des Bieterangebots allein in der Verantwortung der Aktionäre liege. Die Art der Informationserteilung durch den Vorstand falle aber unter die eigenverantwortliche Geschäftsführungsbefugnis des Vorstandes. Daher gehe es nicht um die Beeinträchtigung der Entscheidungsbefugnisse *aus* der Mitgliedschaft, sondern allenfalls um die Entscheidungsbildung *über* die Mitgliedschaft. Eine falsche Information könne ohnehin lediglich eine falsche Entscheidung hinsichtlich des Angebots hervorrufen und damit eventuell entsprechende Schadensersatzansprüche begründen, nicht aber einen Unterlassungsanspruch. Letzterer könne schließlich auch nicht die Information der Antragsteller verbessern.[801]

Die Antragsteller haben nach Ansicht des Landgerichts Düsseldorf auch keinen Anspruch auf Einberufung einer außerordentlichen Hauptversammlung. Ein solcher lasse sich auch nicht aus den Grundsätzen der "*Holzmüller*"-Entscheidung herleiten.[802] Denn ein schwerwiegender Eingriff in die Struktur der Gesellschaft sei abzulehnen. Darunter seien die in Art. 19 des Übernahmekodexes[803] genannten

---

[799] Zu den Kosten des Übernahmekampfes vgl. FAZ vom 5.2.2000, S. 13 und vom 9.2.2000, S. 29; Handelsblatt vom 11.01.2000, S. 12; dazu *Horn* ZIP 2000, 473 (482); *Hopt* in FS Lutter S. 1361 (1382): allein seitens der *Mannesmann AG* wurden offenbar zwischen 400 und 700 Millionen Deutsche Mark aufgewendet.

[800] Vgl. BGHZ 83, 122 = AG 1982, 158 = ZIP 1982, 568; aus der instanzgerichtlichen Rechtsprechung OLG Köln ZIP 1993, 110 (113, 114); OLG München AG 1995, 232 (233); LG Frankfurt AG 1993, 287 (288); AG 1998, 45; LG Düsseldorf AG 1999, 94 (95); LG Heidelberg AG 1999, 135 (137); zustimmend: *Westermann* ZGR 1984, 352ff.; *Ebenroth* AG 1988, 1; *Grunewald* AG 1990, 133; *Habersack* in Emmerich/Habersack „Aktienkonzernrecht" Vor § 311 Rn 13ff.; *K. Schmidt* „Gesellschaftsrecht" § 28 V 2 b), S. 880; *Raiser* „Kapitalgesellschaften" § 16 Rn 13f.; kritisch hierzu *Rehbinder* ZGR 1983, 92 (97f.); *Heinsius* ZGR 1984, 383 (393f.); KK-*Mertens* §76 Rn 51; *Joost* ZHR 163 (1999), 164 (169); *Baums* AG 1994, 1 (10).

[801] LG Düsseldorf AG 2000, 233 (234) „*Mannesmann/Vodafone*".

[802] LG Düsseldorf AG 2000, 233 (234f.) „*Mannesmann/Vodafone*"; vgl. dazu *Mülbert* IStR 1999, 83; *Kirchner* AG 1999, 481 (486); *Michalski* AG 1997, 152ff.; *Ebenroth/Daum* DB 1991, 1105 (1157).

[803] Dort ging es um die Maßnahmen, die dem Interesse der Anteilseigner, das Angebot anzunehmen, zuwiderlaufen würden. Genannt wurden dabei die Ausgabe neuer Wertpapiere, die Än-

Maßnahmen wie die Ausgabe neuer Aktien zu verstehen, die der Vorstand unstreitig weder vorgenommen habe, noch beabsichtige.[804] Das Landgericht geht somit im Ergebnis von einer grundsätzlich bestehenden Neutralitäts- und Stillhaltepflicht des Vorstands aus, sah in dem angegriffenen Verhalten jedoch keinen Verstoß hiergegen.

In Bezug auf die personellen Verflechtungen mit Kreditinstituten kann hier zudem auf die bereits angesprochene „*Schaffgotsch*"-Entscheidung des Bundesgerichtshofes[805] hingewiesen werden. Dieser Entscheidung lag der Fall eines Aufsichtsratsmitglieds zugrunde, der seine Gesellschaft dazu veranlasste, ohne kaufmännische oder rechtliche Legitimation einen Wechsel zur Stützung des Bankhauses Herstatt auszustellen, bei der das Aufsichtsratsmitglied geschäftsführenden Einfluss ausübte. Der Bundesgerichtshof nahm eine persönliche Haftung des Aufsichtsratsmitglieds für das für die Gesellschaft nachteilige Rechtsgeschäft an, da dieser sich bei der Pflichtverletzung auf der einen nicht mit einer Pflichterfüllung auf der anderen Seite exkulpieren könne.

II. Ansichten aus der Literatur

Interessenkonflikte von Doppelmandatsträgern im Rahmen von feindlichen Übernahmeversuchen werden zumeist im Zusammenhang mit Bankenvertretern in den Aufsichtsräten diskutiert. Das mag daran liegen, dass es sich bei einer bereits bestehenden personellen Verbindung zwischen Bieter und Zielgesellschaft zum Teil um eine „freundliche" Übernahme durch den Großaktionär handeln könnte. Insgesamt werden personelle Verflechtungen in der Literatur kritisch beobachtet.

Lutter leitet – wie bereits ausgeführt – aus den §§ 105 Abs. 1, 100 Abs. 2 AktG einen allgemeinen Rechtsgedanken ab, der zu einer Inkompatibilität bei Doppelmandaten in Konkurrenzunternehmen führen soll und nimmt dies auch in dieser Konstellation an.[806] Auch *Marsch-Barner* lehnt diese Konfliktsituation grundsätzlich ab, befürwortet aber zunächst ein „Ruhen" des Amts als vorübergehende Suspendierung der Rechte und Pflichten und nimmt dagegen eine Pflicht zur Amtsniederlegung nur an, wenn es sich um einen längerfristigen Konflikt handeln sollte.[807] In die gleiche Richtung gehen auch die Überlegungen von *Herkenroth*, der die Lösung des Konflikts einzig und allein über eine „freiwillige Inkom-

---

derung des Aktiv- oder Passivbestandes der Gesellschaft in erheblichem Umfang und der Abschluss von Verträgen, die außerhalb des gewöhnlichen Geschäftsbetriebes liegen, vgl. Abdruck Art. 19 Übernahmekodex in AG 1995, 572 (575).

[804] LG Düsseldorf AG 2000, 233 (235) „*Mannesmann/Vodafone*".

[805] BGH NJW 1980, 1629f. = AG 1980, 111 „*Schaffgotsch*".

[806] Vgl. nur ZHR 145 (1981), 224 (236); *ders.* in FS Beusch S. 509ff.; zustimmend wohl *Oechsler* NZG 2001, 817 (824).

[807] *Marsch-Barner* in Semler AR-Hdb. Rn J154 und J166.

patibilität“ für möglich hält,[808] während *Hopt* von einer Pflicht zur „Enthaltung“ spricht.[809]

Andere gehen dagegen weniger weit und halten ein Verbot dieser personellen Verflechtung für nicht erforderlich. *Matthiessen* hält ein Stimmrechtsausschluss analog nach § 34 BGB im Falle einer Interessenkollision für ausreichend.[810] Nach der Auffassung von *Ulmer* sind die beiden Mandate grundsätzlich miteinander vereinbar, da das Aufsichtsratsmitglied einem Verbot der Willkür unterliege und daher Kenntnisse aus diesem Amt nicht eigennützig verwenden dürfe. Bei Verletzung dieser Pflicht könne der Mandatar sich aus §§ 116, 93 AktG schadensersatzpflichtig machen.[811] Schließlich geht *Werner* davon aus, dass ein Bankenvertreter nicht dazu verpflichtet ist, eine Kreditgewährung für die Finanzierung einer Übernahme der Gesellschaft, in der er selbst ein Aufsichtsratsmandat besitzt, zu verhindern. Er begründet seine Ansicht damit, dass bei der Kollision zweier Pflichtensphären in jedem Bereich jeweils unabhängig von dem anderen Bereich zu entscheiden sei. Eine Grenze werde lediglich durch § 242 BGB gezogen.[812]

B. Entwicklung der eigenen Ansicht

I. Bestehen eines Interessenkonflikts –die Neutralitätspflicht

Zu untersuchen ist daher zunächst, ob es eine Neutralitätspflicht für die Verwaltung gibt. Im Wesentlichen wird eine Neutralitätspflicht im Rahmen des Spielraums für Verteidigungsmaßnahmen des Leitungsorgans diskutiert. In Deutschland dreht sich diese Frage grundlegend um den Vorstand, die Ausführungen werden indes zeigen, dass grundsätzlich die gleiche Pflichtenbindung für den Aufsichtsrat anzunehmen ist. Im Rahmen der Erörterung einer Neutralitätspflicht werden die einzelnen Handlungsmöglichkeiten dargestellt. Anhand des daraus verbleibenden Handlungsspielraums der Verwaltung wird die erhebliche Bedeutung des Aufsichtsrats bei feindlichen Übernahmen veranschaulicht werden können, woraus auch ein Bedürfnis für eine Regelung entsprechender personeller Verflechtungen resultiert.

---

808 *Herkenroth* AG 2001, 33 (40).

809 *Hopt* in FS Heinsius S. 289 (312f.); vgl. auch *Peltzer* ZIP 1991, 485 (488); eingeschränkt auch *Marsch-Barner* in Semler AR-Hdb. Rn J166 für kurzfristige Konfliktlagen.

810 In „Stimmrecht und Interessenkollision“ S. 11ff.; vgl. *Meyer-Landrut* in Großkomm § 108 Anm 5; *R. Fischer* „Gesammelte Schriften“ S. 323 (333); *U. H. Schneider* BB 1995, 365 (370); a.A. *Dreher* JZ 1990, 896 (901); *Ulmer* NJW 1980, 1603 (1605); *Deckert* DZWiR 1996, 406 (409); vgl. auch Klausel III.4 b) der Corporate-Governance-Grundsätze der *Grundsatzkommission*, AG 2000, 113; kritisch *Oechsler* NZG 2001, 817 (824) mwN; *Werner* ZHR 145 (1981), 252 (267).

811 In NJW 1980, 1603 (1607); kritisch *Herkenroth* AG 2001, 33 (36); *Heermann* WM 1997, 1689 (1693).

812 In ZHR 145 (1981), 252 (258, 260).

1. Bestehen von persönlichen Interessen der Verwaltung der Zielgesellschaft

Bei Vorliegen eines Übernahmeangebots wird die Verwaltung der Zielgesellschaft – Vorstand wie Aufsichtsrat – regelmäßig befürchten müssen, ihre Position zu verlieren.[813] Hiervon ist insbesondere auszugehen, wenn das Unternehmen im Wettbewerb schlecht positioniert ist, die Kapitalmärkte die Gesellschaft daher niedrig bewerten und das Angebot im besonderen im Interesse der Aktionäre liegen wird. Damit kommt der Pflichtenbindung der Verwaltung während solcher Verfahren besondere Bedeutung zu, da eine objektive Beurteilung durch den Vorstand aufgrund des potentiellen Interessenkonflikts angezweifelt werden muss.[814] Zusätzliches Konfliktpotential könnte aber auch dadurch entstehen, dass die Verwaltung grundsätzlich zur Verhinderung eines Schadens für die Gesellschaft verpflichtet ist, der auch durch ausgelassene Chancen entstehen kann. Auch diesen Aspekt wird eine Geschäftsleitung beachten müssen.

Teilweise wird in der Literatur vertreten, dass in den Vereinigten Staaten dieses Konfliktpotential durch entsprechende Vergütungssysteme und Abfindungsregelungen kompensiert worden ist.[815] Darunter fallen sogenannte „golden parachute"-Regelungen mit dem Management der Zielgesellschaft, die dazu führen sollen, dass dieses bei Vorliegen eines Übernahmeangebots die eigenen Interessen nicht über Gebühr zu verteidigen versucht und eine im Interesse der Gesellschaft liegende Übernahme verhindert. Der Gedanke ist spätestens nach der Übernahmeschlacht *Mannesmann/Vodafone* mit der Abfindungszahlung an den Vorstandsvorsitzenden *K. Esser* auch in Deutschland bekannt und diskutiert worden. Gerade dieser Fall dokumentiert, dass hierzulande starke Bedenken gegen die Zulässigkeit solcher Zahlungen bestehen,[816] solche aber nur bei erheblicher Höhe beim Management das Interesse am Erhalt des eigenen Arbeitsplatzes beseitigen werden. Hinzuweisen ist hierbei auf den grundsätzlich zu erwartenden Imageschaden für

[813] Statt aller *Kirchner* WM 2000, 1821 (1822); *Kübler* in Semler/Volhard § 3 Rn 67, 95; *Thoma* NZG 2002, 105; *Wiese/Demisch* DB 2001, 849 (850); *Kort* in FS Lutter S. 1421 (1433f.); *Lammers* „Verhaltenspflichten" S. 114; *Zinser* „Übernahmeangebote" S. 31; *Assmann/Bozenhardt* in Assmann/Basaldua S. 1 (16); *Röhrich* „Feindliche Übernahmeangebote" S. 36; zu empirischen Untersuchungen in den USA zum „Buy and fire": *Seifert/Voth* in von Rosen/Seifert S. 187 (196ff.).

[814] *Hopt* ZGR 1993, 534 (546ff.); *ders.* in FS Lutter S. 1361 (1377); *Maier-Reimer* ZHR 165 (2001), 258 (266); KK-*Mertens* § 76 Rn 26 und § 93 Rn 61; *Busch* „Öffentliche Übernahmeangebote" S. 30; *Bozenhardt* „Freiwillige Übernahmeangebote" S. 20; *Altmeppen* ZIP 2001, 1073 (1075).

[815] *Mülbert/Birke* WM 2001, 705 (709).

[816] Vgl. dazu *Michalski* AG 1997, 152 (160); *Hauschka/Roth* AG 1988, 181 (192); *Knoll* „Übernahme von Kapitalgesellschaften" S. 250f.; *Herrmann* „Abwehrmaßnahmen" S. 84; *Assmann/Bozenhardt* in Assmann/Basaldua S. 1 (142f.); *Schander* BB 1997, 1801 (1802), die einen Verstoß gegen § 87 Abs. 1 bzw. § 113 Abs. 1 AktG annehmen; vgl. aber auch *Hopt* in FS Lutter S. 1361 (1389).

den abberufenen Manager.[817] Im Ergebnis wird man daher nicht mit einer Kompensation der Konfliktlage rechnen können.

2. Bestehen einer Neutralitätspflicht für den Vorstand

Im Rahmen von Übernahmeverfahren steht für den Vorstand daher eventuell das persönliche Interesse am Erhalt der eigenen Position im Vordergrund. Es fragt sich daher, welche Verhaltensmaßstäbe anzusetzen sind, mit denen der Konflikt mit den Interessen der Aktionäre aufgelöst oder umgangen werden kann.

a) Neutralitätspflicht oder Verhinderungsverbot ?

Bereits hinsichtlich der Bezeichnung der Verhaltenspflicht (-gebot) der Verwaltung bestehen große Meinungsstreitigkeiten. Insbesondere bei früheren Gesetzesentwürfen konnte der Eindruck entstehen, dass der Vorstand vollkommen untätig zu verbleiben hatte, woraus das Bestehen eines „Neutralitätsgebots" gefolgert wurde.[818] Andere sehen in dem Verhaltensmaßstab des Vorstands ein Verhinderungs- oder Vereitelungsverbot. Dies ergebe sich aus einem Vergleich mit der Rule 21 des „*City Code on Takeovers and Mergers*", der als Grundlage der sogenannten Neutralitätspflicht anzusehen sei. Diese stehe auch im Einklang mit der eigentlichen Intention, dass Vorstand und Aufsichtsrat keine Maßnahmen ergreifen sollen, die das Übernahmeangebot vereiteln könnten.[819] Angesichts der unstreitig bestehenden Pflicht zur Stellungnahme erscheinen die Begriffe „Neutralitäts"- oder „Stillhaltepflicht" damit zwar nicht sachgerecht, haben sich mittlerweile aber etabliert und sollen demnach auch in den folgenden Ausführungen zur Anwendung gelangen.

[817] Der Fall des neuen Vorstandsvorsitzenden der Volkswagen AG *Pischetsrieder* zeigt allerdings, dass ein „unfreiwilliger" Abgang nicht immer das berufliche Waterloo bedeuten muß, vgl. WirtschaftsWoche Nr. 14 vom 29.03.2001, S. 140ff..

[818] Vgl. zum Diskussionsentwurf *Witte* BB 2000, 2161 (2164); *Thümmel* DB 2000, 461 (462); *Land/Hasselbach* DB 2000, 1747; *Riehmer/Schröder* NZG 2000, 820.

[819] Dazu *Schwennicke* in Geibel/Süßmann § 33 Rn 10; *Geibel/Süßmann* BKR 2002, 52 (64 in Fn 83); *Pötsch/Möller* ZIP 2001, 1256 (1259); *Grunewald* AG 2001, 288 (289); *Merkt* ZHR 165 (2001), 224 (249); *Maier-Reimer* ZHR 165 (2001), 258 (259ff.); *Kiem* ZIP 2000, 1509 (1510); *Land* DB 2001, 1711 in Fn 60; *Schüppen* WPg 2001, 958 (970); ähnlich *Hopt* ZGR 1993, 534 (546, 548); *Krause* AG 2002, 133 (136); *ders.* NJW 2002, 705 (711); *ders.* AG 1996, 209 (214).

b) Historische Entwicklung der Neutralitätspflicht

aa) Pläne für eine Dreizehnte EG-Richtlinie

Auf europarechtlicher Ebene gab es parallel zu den deutschen Beratungen zu einem Übernahmegesetz gleiche Bestrebungen.[820] Der Vorschlag der Kommission für eine „Rahmenrichtlinie" vom Februar 1996 wurde am 10.11.1997 durch einen geänderten Vorschlag für eine „*Dreizehnte Richtlinie des Europäischen Parlaments und des Rates auf dem Gebiet des Gesellschaftsrechts über Übernahmeangebote*" ersetzt.[821] Der Gemeinsame Standpunkt des Ministerrates gemäß Art. 251 EGV n. F. (Art. 189 b EGV a. F.)[822] wurde in dieser Form auch von der Kommission akzeptiert.[823] Die Vorlage beim Europäischen Parlament führte jedoch lediglich zu einer Annahme unter zahlreichen Änderungen,[824] die mangels Übereinkommen mit der Kommission in ein Vermittlungsverfahren mündeten. Der daraus erwachsende Kompromissvorschlag zu einer „*Dreizehnten Richtlinie auf dem Gebiet des Gesellschaftsrechts über Übernahmeangebote zur Regelung von Unternehmensübernahmen in Europa*"[825] wurde im Juli 2001 vom Europäischen Parlament abgelehnt.[826] Hintergrund hierfür war, dass Deutschland eine eingeschränkte Neutralitätspflicht anstrebte, um ein (vermeintliches) „level playing field" zu erzielen, da in anderen Mitgliedsstaaten weitere Abwehrmöglichkeiten („golden shares", Mehrfach- und Höchststimmrechte) bestehen,[827] die hierzulande bereits durch

820 Hierbei wurden zahlreiche Vorschläge erarbeitet, diskutiert und abgelehnt; Ursprung war jedenfalls der sogenannte „*Pennington*"-Entwurf von 1974, Komm.-Dok. XI/56/74-E, vgl. dazu *Pennington* in FS Duden S. 379ff.; *Behrens* ZGR 1975, 433ff.; *Bess* AG 1976, 169 (206).

821 KOM/97/0565/2 in Abl Nr. C 378, S. 10 vom 13.12.1997 = ZIP 1997, 2173; dazu *Habersack/Mayer* ZIP 1997, 2141; *Neye* ZIP 1997, 2172; *Hopt* in FS Zöllner S. 253 (255ff.); *Mülbert* IStR 1999, 83; *Kallmeyer* ZIP 1997, 2147; *Zinser* EWS 1999, 133ff..

822 Gemeinsamer Standpunkt (EG) Dok. 8129/00 vom 19.6.2000 in Abl Nr. C 23, S. 1 = AG 2000, 296ff. = WM 2000 Beil. 2, S. 32ff.; vgl. *Neye* AG 2000, 289ff.; *Pötsch/Möller* WM 2000 Beil. 2, S. 1 (4ff.); *van Hulle* EWS 2000, 521 (524); *Krause* NZG 2000, 905ff..

823 So am 26.7.2000 geschehen: vgl. dazu *Pluskat* WM 2001, 1937; *Hopt* ZHR 161 (1997), 368 (373f.); *Merkt* ZHR 165 (2001), 224 (227ff.).

824 Bericht von *Lehne*, Berichterstatter des Ausschusses für Recht und Binnenmarkt, unter www.europarl.eu.int; vgl. auch *Pluskat* WM 2001, 1937; Financial Times Deutschland vom 3.05.2001, Leitartikel; *Wiesner* ZIP 2000, 1792 (1795f.); kritisch *Neye* ZIP 2001, 1120 (1121).

825 Vom 6.6.2001, abgedruckt in ZIP 2001, 1123ff. mit Anmerkung von *Neye* ZIP 2001, 1120ff.; vgl. auch Handelsblatt vom 7.06.2001, S. 1, 2 und 3; FAZ Nr. 130 vom 7.06.2001, S. 17 und 22f..

826 Vgl. dazu *Pötsch/Möller* ZIP 2001, 1256 (1257); *Hommelhoff/Witt* RIW 2001, 561ff.; *Wagner* Die Bank 2002, 66; bei der Abstimmung wäre nach Art. 251 Abs. 5 EGV n. F. eine absolute Mehrheit der abgegebenen Stimmen erforderlich gewesen; der erzielte Stimmenpatt führte nach der Geschäftsordnung des Europäischen Parlaments hingegen zum Scheitern des Gesetzesvorhabens im Mitentscheidungsverfahren, vgl. *Pluskat* WM 2001, 1937f.; *Hommelhoff/Witt* RIW 2001, 561 in Fn 8; *Wackerbarth* WM 2001, 1741; Handelsblatt vom 5.07.2001, S. 1 und 2.

827 Wie die „golden shares" in Belgien, Frankreich und Portugal, dazu *U. H. Schneider/Burgard* DB 2001, 963 (965f.); nach einer Entscheidung des EuGH ist die Zulässigkeit nunmehr deutlich eingeschränkt, vgl. FAZ Nr. 127 vom 5.06.2002, S. 13, 15 und 26; dadurch könnten auch die Mitspracherechte des Landes Niedersachsen bei der *Volkswagen AG* aufgrund des sogenannten VW-Gesetzes gefährdet sein, vgl. FAZ Nr. 130 vom 7.06.2001, S. 22 und Nr. 50 vom

das „*KonTraG*“ weitgehend beseitigt worden sind.[828] Auch befürchtete man eine Benachteiligung deutscher Unternehmen im außereuropäischen Wettbewerb im Vergleich zu US-amerikanischen Gesellschaften, bei denen das Management relativ weitreichende Abwehrmöglichkeiten besitzt.[829] Deutschland wünschte insbesondere die weitere Möglichkeit von „Vorratsbeschlüssen“, mit denen die Hauptversammlung noch vor Bestehen eines konkreten Übernahmeangebots den Vorstand zu entsprechenden Abwehrmaßnahmen ermächtigen könnte.[830] Ein solcher Handlungsspielraum war hingegen mit dem britischen Rechtsverständnis nicht vereinbar, so dass die Richtlinie zum Scheitern verurteilt war.[831] Die Probleme bei der Verabschiedung einer einheitlichen europäischen Regelung wurden damit offenkundig.[832]

Mit der Entscheidung des EuGH über die Beschränkung der „golden shares“ in Frankreich und Portugal hatten die Bestrebungen zwar neuen Auftrieb erhalten,[833] führten jedoch letztendlich nur zu einem Scheinkompromiss. Nach der nun verabschiedeten Übernahmerichtlinie können die Mitgliedstaaten zukünftig darüber entscheiden, ob sie an nationalen Verteidigungsmitteln festhalten wollen (Opting-out-Klausel). Die Unternehmen können dann aber mit Zustimmung der

---

28.02.2002, S. 18; dazu *Wackerbarth* WM 2001, 1741 (1747f.); *Pluskat* WM 2001, 1937 (1939 in Fn 18); kritisch *Endell* NZG 2000, 1160ff.. Nach einer neuen von *Bundeskanzler Schröder* in Auftrag gegebenen Studie der McKinsey Unternehmensberatung erweist sich Deutschland im übrigen trotz des Übernahmegesetzes offenbar als besonders übernahmefreundlich, vgl. FAZ Nr. 99 vom 29.04.2002, S. 13.

828 Die Kurskorrektur der Bundesregierung erfolgte offenbar aufgrund enger Verbindungen zu dem Bundesverband der Deutschen Industrie (BDI) und der Gewerkschaften, vgl. *Wackerbarth* WM 2001, 1741 in Fn 3 und 6; *U. Jens* in FAZ Nr. 122 vom 28.05.2001, S. 19; nach *Altmeppen* ZIP 2001, 1073 (1074 in Fn 8 mwN) könnten auch persönliche Verbindungen zwischen *G. Schröder* und dem Vorstandsvorsitzenden der Volkswagen AG *F. Piech* eine Rolle gespielt haben. Zur Effektivität dieser „ golden shares“ als Abwehrmittel: *Baums* AG 1990, 221 (235f.); *Kort* in FS Lutter S. 1421 (1427).

829 *Lehne* unter www.europarl.eu.int; kritisch im Hinblick auf das Angebot der *Deutschen Telekom AG* an die Aktionäre des US-amerikanischen Unternehmens *Voicestream*: *Hommelhoff/Witt* RIW 2001, 561 (566); *Mülbert/Birke* WM 2001, 705 (716); zu den Abwehrmitteln: *U. H. Schneider/Burgard* DB 2001, 963 (965f.).

830 Bericht von Berichterstatter *Lehne* unter www.europarl.eu.int; vgl. auch *Pluskat* WM 2001, 1937 (mwN in Fn 9); ausführlich zum zeitlichen Ablauf der Verhandlungen *Neye* ZIP 2001, 1120 (1121f.). Offenbar hat jedoch bis Dezember 2003 kein Unternehmen von dieser Ermächtigung im WpÜG Gebrauch gemacht.

831 *Winter/Harbarth* ZIP 2002, 1 (3); *Pluskat* WM 2001, 1937ff.; *Hommelhoff/Witt* RIW 2001, 561ff.; vgl. auch *Merkt* ZHR 165 (2001), 224 (228, 232); *Hopt* in FS Lutter S. 1361 (1364).

832 Die Expertengruppe zur Beratung über Grundsätze zur Bestimmung des Preises beim Pflichtangebot, zu einer squeeze-out-Regelung in Europa und zu der Gleichbehandlung der Aktionäre („golden shares“) wurde trotzdem installiert; diese hat am 10.01.2002 ihren Bericht vorgelegt, vgl. Report of the high level group of company law experts on issues related to takeover bids unter www.europa.eu.int/comm/internal_market/eu/company/news/hlg01-2002de.pdf; FAZ Nr. 48 vom 26.02.2002, S. 17; *Zschocke* DB 2002, 79 (85) mwN; *Krause* NJW 2002, 705 (716); *Pluskat* WM 2001, 1937 (1938f.).

833 Aus der Tagespresse z. B. FAZ Nr. 227 vom 30.09.2002, S. 13 und Nr. 290 vom 13.12.2003, S. 13.

Hauptversammlung auf solche verzichten (Opting-in-Klausel).[834] Der Wert der Richtlinie beschränkt sich demnach darauf, dass eine Regelung für z. B. einen angemessenen Preis für die zu übernehmenden Anteile o. ä. statuiert worden ist.

Nach Art. 9 der Richtlinie ist mithin an einer grundsätzlichen Neutralitätspflicht des Vorstands festgehalten worden. Dies führt dazu, dass das Leitungsorgan die Einwilligung der Hauptversammlung einholen sollte, bevor es dazu berechtigt ist, Handlungen vorzunehmen, durch die das Angebot vereitelt werden könnte. Ausgenommen ist weiterhin die Suche nach einem alternativen Angebot („white knight"). Nach Art. 9 Abs. 3 der Richtlinie soll eine Bestätigung der Hauptversammlung auch bei im vorhinein, außerhalb des normalen Geschäftsverlaufes gefassten und nicht vollständig umgesetzten Entscheidungen notwendig sein, wenn eine Umsetzung dieser das Angebot hinfällig machen würde. Entsprechend vorherigen Überlegungen hat der Vorstand nach Art. 9 Abs. 4 allerdings die Befugnis, innerhalb einer kurzen Ladungsfrist von zwei Wochen die Hauptversammlung einzuberufen, die dann ihrerseits entsprechende Abwehrmaßnahmen beschließen könnte.[835]

bb) Entwicklung innerhalb Deutschlands

(1) Neutralitätspflicht nach dem Übernahmekodex

Nach dem Übernahmekodex der Börsensachverständigenkommission[836] bestand in Art. 19 eine Neutralitätspflicht für die Verwaltung einer Gesellschaft im Rahmen eines Übernahmeverfahrens. Der Kodex vermochte indes nicht die Bedeutung des *„City Codes"* von Großbritannien zu entfalten.[837] Das lag wesentlich an mangelnder flächendeckender Akzeptanz,[838] aber auch an mangelndem Rechts-

[834] Dazu statt vieler *Wagner* Die Bank 2004, 108ff.; *Krause* BB 2004, 113ff.; vgl. aus der Tagespresse FAZ Nr. 298 vom 23.12.2003, S. 12; Nr. 290 vom 13.12.2003, S. 13.

[835] Vgl. dazu *Leibner* „Möglichkeiten feindlicher Übernahmen" S. 119ff.; so auch *Werner* „Feindliche Übernahmeangebote" S. 16; *Ebenroth/Rapp* DWiR 1991, 2 (7).

[836] In der geänderten Fassung vom 28.11.1997 abrufbar unter www.kodex.de und NZG 2000, 390ff. = AG 1998, 133ff.; vgl. dazu *Wirth/Weiler* DB 1998, 117; *Kallmeyer* ZIP 1997, 2147; *Hopt* in FS Zöllner S. 253 (263ff.); *Kirchner/Ehricke* AG 1998, 105ff.; die ursprüngliche Fassung vom 14.7.1995 ist abgedruckt in ZIP 1995, 1464ff. = WM 1995, 2011ff. = AG 1995, 572ff.; dazu statt vieler *Assmann* AG 1995, 563ff.; *Kallmeyer* ZHR 161 (1997), 435; *Weisgerber* ZHR 161 (1997), 421. Der Übernahmekodex ist mit Wirkung vom 4.03.2002 außer Kraft gesetzt und bleibt zum einen anwendbar für Angebote, die vor dem 31.12.2001 veröffentlicht wurden (vgl. § 69 Abs. 2 WpÜG), zum anderen für vollzogene Kontrollerwerbe, vgl. dazu statt vieler FAZ Nr. 54 vom 5.03.2002, S. 29.

[837] Abrufbar unter www.thetakeoverpanel.org.uk; dazu statt vieler *Defriez* in von Rosen/Seifert S. 29ff.; *Zinser* RIW 2001, 481ff.; *Herkenroth* „Konzernierungsprozesse" S. 256ff.; vgl. auch unten 6. Abschnitt B II 4, S. 243ff..

[838] Statt vieler *Kallmeyer* ZHR 161 (1997), 435; *Kirchner/Ehricke* AG 1998, 105; *Thaeter/Barth* NZG 2001, 545; *Dimke/Heiser* NZG 2001, 241 (242); *Begründung zum Regierungsentwurf* BT-Drucks. 14/7034, S. 27: bis zum 11.4.2001 hatten von 1016 börsennotierten Gesellschaften lediglich 755 Gesellschaften (davon 86 des DAX-100) den Kodex anerkannt. Die Börsensachverständigenkommission schlug im Februar 1999 in einem Positionspapier an die Bundes-

schutz und einer unzureichenden Justiziabilität.[839] Zum Teil wird eine fehlende Akzeptanz aber auch mit der bestehenden Neutralitätspflicht selbst begründet.[840]

Nach dem Übernahmekodex führte die Neutralitäts- und Stillhaltepflicht dazu, dass nach Bekanntgabe des öffentlichen Übernahmeangebotes diejenigen Maßnahmen vom Vorstand nicht ergriffen werden durften, die dem Interesse der Aktionäre an der Annahme des Angebots zuwiderlaufen würden. Darunter fielen die Ausgabe neuer Wertpapiere, die Änderungen des Aktiv- oder Passivbestandes der Gesellschaft in erheblichem Umfang sowie der Abschluss von Verträgen, die außerhalb des gewöhnlichen Geschäftsbetriebes lagen. Ausgenommen hiervon waren „laufende Kapitalmaßnahmen" für die Erfüllung von Verträgen, die noch vor der Bekanntgabe des Angebots von der Zielgesellschaft geschlossen und solche Maßnahmen, die von der Hauptversammlung explizit genehmigt worden waren.[841]

(2) Neutralitätspflicht nach Aktiengesetz und Wertpapiererwerbs- und Übernahmegesetz

Dem „*Wertpapiererwerbs- und Übernahmegesetz*" (WpÜG) war ein Diskussionsentwurf des Bundesfinanzministeriums vom 29.06.2000 vorausgegangen,[842] dem am 12.3.2001 ein Referentenentwurf folgte.[843] Nach dem Scheitern der Beratungen zu einer Dreizehnten Richtlinie legte die Bundesregierung am 11.07.2001 einen Entwurf zum WpÜG vor,[844] der am 15.11.2001 vom Bundestag und am 30.11.2001 vom Bundesrat mit den Änderungen des Finanzausschusses verabschiedet wurde.

---

regierung daher auch die Verabschiedung eines Übernahmegesetzes vor, vgl. *Zinser* WM 2002, 15 in Fn 7; Stellungnahme der Expertenkommission „Unternehmensübernahmen" vom 17.05.2000, abgedruckt in WM 2000 Beil. 2, S. 37f.; für eine gesetzliche Regelung auch *Baums* in von Rosen/Seifert S. 165 (166ff.); vgl. aber auch die Einschätzung des Vorsitzenden der Übernahmekommission *H. Loehr* in FAZ Nr. 54 vom 5.03.2002, S. 29 und in von Rosen/Seifert S. 149 (153): der Kodex habe nahezu flächendeckende Anwendung erreicht und sich grundsätzlich bewährt.

[839] Vgl. dazu *Thaeter/Barth* NZG 2001, 545; *Winter/Harbarth* ZIP 2002, 1; *Kirchner/Ehricke* AG 1998, 105 (110ff.); *Körner* DB 2001, 367 (368); *Weisner* ZRP 2000, 520 (521); *Loehr* in von Rosen/Seifert S. 149 (160).

[840] *Thiel* in Semler/Volhard § 31 Rn 113.

[841] Vgl. Art. 19 Abs. 3; dazu *Kirchner* WM 2000, 1821 (1827); *Kirchner/Ehricke* AG 1998, 105.

[842] Abgedruckt in NZG 2000, 844; dazu *Pötsch/Möller* WM 2000 Beil. 2, 1ff.; *Land/Hasselbach* DB 2000, 1747ff.; *Riehmer/Schröder* NZG 2000, 820ff.; *Halm* NZG 2000, 1162ff.; *Witt* NZG 2000, 809ff.; *Kiem* ZIP 2000, 1510ff.; *Vetter* ZIP 2000, 1817ff.; *Letzel* NZG 2001, 260ff.; *Dimke/Heiser* NZG 2001, 241ff..

[843] Abgedruckt in BT-Drucks 14/7034; dazu *Vetter* DB 2001, 743ff.; *Wiese/Demisch* DB 2001, 849ff.; *Liebscher* ZIP 2001, 853ff.; *Thaeter/Barth* NZG 2001, 545ff.; *Rühland* NZG 2001, 448ff.; *Zinser* NZG 2001, 391ff..

[844] Der Regierungsentwurf ist abgedruckt unter BT-Drucks. 14/7090; dazu *Habersack* ZIP 2001, 1230ff.; *Pötsch/Möller* ZIP 2001, 1256ff.; *Mülbert* ZIP 2001, 1221ff.; *Land* DB 2001, 1707ff.; *Oechsler* NZG 2001, 817ff.; *Zinser* ZRP 2001, 363ff..

Unabhängig vom WpÜG ging die herrschende Ansicht bereits nach der aktienrechtlichen Rechtslage von einer Neutralitätspflicht des Vorstands de lege lata aus.[845] Dies wurde damit begründet, dass eine Einflussnahme in die Zusammensetzung der Anteilseigner zum einen bereits der Funktion als Leitungsorgan der Gesellschaft widerspreche,[846] aber zum anderen auch aus dem aktienrechtlichen Gleichbehandlungsgrundsatz gemäß § 53 a AktG abzuleiten sei, wenn es um eine Auseinandersetzung zwischen derzeitigen Aktionären ginge.[847] Daher seien dem Vorstand nach Abgabe eines Übernahmeangebots sämtliche Maßnahmen untersagt, zu denen die Hauptversammlung nicht die Ermächtigung erteilt habe.[848] Etwas anderes könne sich auch nicht daraus ergeben, dass der Vorstand im Falle einer erfolgreichen Übernahme mit dem Verlust seiner Stellung zu rechnen habe[849] oder wenn der Gesellschaft nach der Übernahme die Auflösung drohe.[850] Schließlich dürfe der Vorstand nach den Vertretern dieser Auffassung keine Mittel dafür aufwenden, Transaktionen zwischen den Aktionären zu verhindern.[851] Auch bei bestehender Neutralitätspflicht müsse es jedoch hierzu verschiedene Ausnahmen

---

845 *Hopt* in Großkomm § 93 Rn 122; *ders.* ZHR 161 (1997), 368 (391f., 400); *ders.* in FS Lutter S. 1361 (1375ff.); *Assmann/Bozenhardt* in Assmann/Basaldua S. 1 (112ff.); *Hirte/Schander* in von Rosen/Seibert S. 341 (348); *Immenga/Noll* „Feindliche Übernahmeangebote" S. 101f.; *Lammers* „Verhaltenspflichten" S. 130; *Busch* „Öffentliche Übernahmeangebote" S. 107, 169f.; *Rümker* in FS Heinsius S. 683 (688); *Pötsch/Möller* WM 2000 Beil. 2, 1 (25f.); KK-*Mertens* § 76 Rn 26; *ders.* AG 1990, 252 (258f.); *Mülbert* IStR 1999, 83 (87ff.); *Ebenroth/Daum* DB 1991, 1105ff.; *Krause* AG 1996, 209 (214); *ders.* WM 1996, 845 (851); *ders.* AG 2000, 217 (218f.); *Wolf* AG 1998, 212 (219); *Michalski* AG 1997, 152 (159); *Roos* WM 1996, 2177 (2185).

846 *Hopt* in FS Lutter S. 1361 (1376); *ders.* in FS Rittner S. 187 (203); *Weisser* „Feindliche Übernahmeangebote" S. 196ff.; *Immenga* AG 1992, 79 (81); *Immenga/Noll* „Feindliche Übernahmeangebote" S. 101; *Knoll* „Übernahme von Kapitalgesellschaften" S. 273; *Wiesner* in Münch Hdb § 19 Rn 21; *Ebenroth/Daum* DB 1991, 1157 (1158); *Merkt* ZHR 165 (2001), 224 (234 und 248f.); *Busch* „Öffentliche Übernahmeangebote" S. 107f.; *Adams* AG 1990, 243 (245); *Baums* AG 1990, 221 (238f.); *Assmann/Bozenhardt* in Assmann/Basaldua S. 1 (54); *Bozenhardt* „Freiwillige Übernahmeangebote" S. 141f..

847 *Hopt* in FS Lutter S. 1361 (1376); *ders.* ZGR 1993, 534 (545f.); kritisch *Maier-Reimer* ZHR 165 (2001), 258 (260).

848 *Assmann/Bozenhardt* in Assmann/Basaldua S. 1 (114); *Ebenroth/Daum* DB 1991, 1157 (1158); *Rümker* in FS Heinsius S. 683 (690); *Immenga/Noll* „Feindliche Übernahmeangebote" S. 101f.; *Weisser* „Feindliche Übernahmeangebote" S. 199ff..

849 *Hopt* ZGR 1993, 534 (546); *ders.* in Großkomm § 93 Rn 123; KK-*Mertens* § 76 Rn 26, § 93 Rn 61.

850 *Hopt* ZGR 1993, 534 (550, 553); *Assmann/Bozenhart* in Assmann/Basaldua S. 1 (114); dagegen noch BGHZ 33, 175 (186) = NJW 1961, 26 „*Minimax II*"; 21, 354 (357) wohl überholt durch BGHZ 103, 184 (189ff.) „*Linotype*".

851 *Maier-Reimer* ZHR 165 (2001), 258 (260f.).

geben.[852] Welche Abwehrmaßnahmen danach als zulässig anzusehen sind, ist dabei im einzelnen umstritten.[853]

Ein Teil der Literatur negierte dagegen das Bestehen einer solchen Neutralitätspflicht.[854] Die Vertreter dieser Auffassung gingen davon aus, dass bereits die fehlende Befugnis der Verwaltung, auf die Anteilseignerstruktur Einfluss zu nehmen, nicht als Ausgangspunkt für die Begründung dienen könne. Gegen eine solche Pflicht spreche zudem die Bindung an das Unternehmensinteresse und die damit bestehende Berücksichtigung auch anderer Interessensphären wie die der Arbeitnehmer und der übrigen Gläubiger. Eine Neutralitätspflicht widerspreche schließlich auch dem postulierten Vorrang der Anteilseignerinteressen, da diese letztlich eine sogenannte Bieterauktion verhindere.

Der bundesdeutsche Gesetzgeber hat mit dem WpÜG seine Vorstellungen umgesetzt und die Neutralitätspflicht zwar grundsätzlich anerkannt, aber weitergehenden Einschränkungen unterworfen. Dieses Gesetz ist nach §§ 1, 2 Abs. 1 und 3 WpÜG anwendbar bei öffentlichen Angeboten[855] zum Erwerb von Wertpapieren im Sinne des § 2 Abs. 2 WpÜG, die von einer Aktiengesellschaft oder Kommanditgesellschaft auf Aktien mit Sitz im Inland ausgegeben wurden und zum Handel an einem organisierten Markt zugelassen sind.[856] Nach § 33 Abs. 1 WpÜG hat der Vorstand nunmehr keine Handlungen vorzunehmen, durch die der Erfolg des Angebots verhindert werden könnte. Dabei ist keineswegs eine Verhinderungsabsicht oder ein tatsächliches Verhindern erforderlich, sondern allein die objektive Eig-

---

852 KK-*Mertens* § 76 Rn 26; *ders.* AG 1990, 252 (258f.); *Hopt* in Großkomm § 93 Rn 122ff.; *ders.* in FS Lutter S. 1361 (1375f.); *ders.* ZGR 1993, 534 (557ff.); *ders.* ZHR 161 (1997), 368 (391f., 411); *Lammers* „Verhaltenspflichten" S. 130; *Krause* AG 1996, 209 (214); *ders.* WM 1996, 845 (851); *ders.* AG 2000, 217; *Beckmann* DB 1995, 2407 (2408); *Hirte/Schander* in von Rosen/Seibert S. 341 (348); *Strenger* WM 2000, 952; *Thiel* in Semler/Volhard § 31 Rn 90ff..

853 Vgl. zu den einzelnen Abwehrmaßnahmen: *Hauschka/Roth* AG 1988, 181ff.; *Michalski* AG 1997, 152ff.; *Hopt* in FS Lutter S. 1361 (1386ff.).

854 *Martens* in FS Beusch S. 529 (542ff.); *W. Müller* in FS Semler S. 195 (210ff.); *Werner* „Feindliche Übernahmeangebote" S. 16; *Thümmel* DB 2000, 461 (462); *Bungert* ZHR 159 (1995), 261 (267); *ders.* NJW 1998, 488 (492); *Körner* DB 2001, 367 (369); *Schneider/Burgard* DB 2001, 963 (967); *Witte* BB 2000, 2161 (2164); *Weisner* „Verteidigungsmaßnahmen" S. 141ff., 144ff.; vgl. *Kirchner* AG 1999, 481; *ders.* BB 2000, 105; *ders.* WM 2000, 1821ff.; *Lutter/Wahlers* AG 1989, 1 (11).

855 Zum Begriff des „öffentlichen Angebots" statt vieler *Fleischer* ZIP 2001, 1653ff.; vgl. auch die Ansicht des damaligen Bundesaufsichtsamtes für den Wertpapierhandel, das das Übernahmegesetz im Falle des Aktienrückkaufs der *Siemens AG* ebenfalls für anwendbar hielt, in FAZ Nr. 102 vom 3.05.2002, S. 17.

856 Vgl. § 2 Abs. 7 und 8 WpÜG: danach gelten als „organisierter Markt" der amtliche Handel und der Geregelte Markt in Deutschland, sowie ein „geregelter Markt" im Sinne des Art. 1 Nr. 13 der EU-Wertpapierdienstleistungsrichtlinie 93/22/EWG des Rates vom 10.05.1993 (Abl. EG Nr. L 141, S. 27) in einem anderen Mitgliedsstaat des Europäischen Wirtschaftsraums; kritisch zum Ausschluss des Freiverkehrs: *Zinser* WM 2002, 15 (16); *Mülbert* ZIP 2001, 1221 (1227). Die geplante Neuorganisation der Deutschen Börse ist hierbei noch nicht berücksichtigt.

nung der Verhinderung.[857] Im Folgenden wird noch über die Ausnahmen und bestehenden Handlungsmöglichkeiten der Verwaltung zu diskutieren sein.

c) Die erhobenen Bedenken gegen eine Neutralitätspflicht

Keine verbreitete Zustimmung hat in der Vergangenheit die Auffassung erfahren, dass mit der Einführung eines Neutralitätsgebots der Aktionär auf einen Inhaber von Kapitalinteressen reduziert würde.[858] Es kann zwar sinnvoll erscheinen, dem Vorstand geeignete Einflussmöglichkeiten an die Hand zu geben, um einen Verstoß gegen die Unternehmensinteressen verhindern zu können, wenn einzelne Aktionäre Individualinteressen geltend machen könnten. Dies wird aber einen Ausnahmefall darstellen; vielmehr werden tatsächlich die Kapitalinteressen im Vordergrund stehen. Dafür sprechen bereits die angesprochenen niedrigen Hauptversammlungspräsenzen und auch der offenbar geringe Rückfluss an Weisungserteilungen bei den Depotbanken.[859]

aa) Allgemeine Übernahmeskepsis in Deutschland ?

Vereinzelt wird behauptet, dass Unternehmensübernahmen als gesamtwirtschaftlich und für das Unternehmen nachteilig anzusehen seien.[860] Dem ist zuzugestehen, dass der Vorteil für die Aktionäre oftmals mit einem Nachteil für die Arbeitnehmer korrelieren wird.[861] Allerdings konnte ein solcher gesamtwirtschaftlicher Nachteil bisher auch nicht durch empirische Untersuchungen in den USA bestätigt werden.[862]

Des weiteren wird gegen eine Neutralitätspflicht angeführt, dass Deutschland ein Wettbewerbsnachteil drohe, da andere Staaten über weitere Abwehrmöglich-

---

857 *Begründung des Regierungsentwurfs* BT-Drucks. 14/7034, S. 57 = ZIP 2001, 1262 (1286); *Winter/Harbarth* ZIP 2002, 1 (3f.); *Geibel/Süßmann* BKR 2002, 52 (65); *Krause* NJW 2002, 705 (711f.); kritisch *Witte* BB 2000, 2161 (2164); *Liebscher* ZIP 2001, 853 (867).

858 Vgl. hierzu *Martens* in FS Beusch S. 529 (544f.); *W. Müller* in FS Semler S. 195 (210f.); *Werner* „Feindliche Übernahmeangebote" S. 16.

859 Vgl. dazu die Daten unten 6. Abschnitt C III 2, S. 259ff.; FAZ Nr. 35 vom 11.02.2002, S. 21.

860 *Schneider/Burghard* DB 2001, 963 (965); *Körner* DB 2001, 367 (370); *Hüffer* „AktG" § 134 Rn 5; *Werner* „Feindliche Übernahmeangebote" S. 15; *Immenga/Noll* „Feindliche Übernahmeangebote" S. 46ff.; a. A. *Adams* AG 1990, 243 (244); *Busch* „Öffentliche Übernahmeangebote" S. 54ff.; *Hopt* ZGR 1993, 534 (543f.); *Drygala* ZIP 2001, 1861 (1868); *Heermann* WM 1997, 1689 (1690); KK-*Mertens* § 76 Rn 26; *Assmann/Bozenhardt* in Assmann/Basaldua S. 1 (102); offen: *Weisser* „Feindliche Übernahmeangebote" S. 194ff.; *Otto* DB Beil. 12/1988, S. 1 (3); *Mertens* AG 1990, 252 (253).

861 Dazu *Mülbert/Birke* WM 2001, 705 (707ff.); *Drygala* ZIP 2001, 1861 (1868) mit Nachweisen zu empirischen Untersuchungen in den USA.

862 *Hopt* in FS Lutter S. 1361 (1374); *Mülbert/Birke* WM 2001, 705 (707ff. mwN); *Drygala* ZIP 2001, 1861 (1868); *Wackerbarth* WM 2001, 1741 (1743); *Busch* „Öffentliche Übernahmeangebote" S. 64ff., 74ff.; *Herkenroth* „Konzernierungsprozesse" S. 318ff.; *Seifert/Voth* in von Rosen/Seifert S. 187 (192ff.).

keiten verfügten, die hierzulande bereits abgeschafft seien.[863] *Drygala* hat dazu jedoch ausgeführt, dass der Vorstand in den USA lediglich die Interessen der Anteilseigner zu verfolgen habe und demnach engeren Interessensphären verbunden sei;[864] ebenso sei ein erheblicher Unterschied bei der Rechtskontrolle des Vorstandshandelns zu konstatieren, bei dem sich der hiesige Vorstand als deutlich privilegiert herausstelle.[865] Damit wird das Bild des aus internationaler Sicht vermeintlich benachteiligten deutschen Vorstands nicht unerheblich relativiert. Zudem ist an das sogenannte VW-Gesetz zu erinnern, an dem der derzeitige Bundeskanzler *G. Schröder* offenbar weiterhin festhalten möchte.[866]

bb) Die Einwände im einzelnen

(1) Praktische Unmöglichkeit von Post-bid-Hauptversammlungsbeschlüssen

Vernachlässigt werden können die Einwände aus den Reihen des amtierenden Managements, das sich aus der Natur der Sache grundsätzlich gegen eine Einschränkung der Handlungsmöglichkeiten ausspricht.[867] Doch auch in der Literatur wird eine strikte Neutralitätspflicht zum Teil abgelehnt.[868] Insbesondere *Kirchner* begründet seine Auffassung damit, dass aufgrund der kurzen Angebotsfrist, der langen Ladungsfrist für die Hauptversammlung sowie wegen eines erheblichen Zeitablaufs bis zum Vorliegen anfechtungsfester Hauptversammlungsbeschlüsse faktisch keine post-bid Verteidigungsmaßnahmen durch die Hauptversammlung möglich seien. Es könne demnach unter Umständen für die Gesellschaft schädlich sein, wenn auch der Vorstand keine Verteidigungsmaßnahmen ergreifen könne. Denn der Kompetenzentzug auf der einen Seite korrespondiere nicht notwendigerweise mit einem Kompetenzgewinn auf der Seite der Hauptversammlung.[869] Die Gefahr einer Handlungsunfähigkeit hat der Gesetzgeber allerdings erkannt und zum einen die Ladungsfrist zur Hauptversammlung auf zwei Wochen verkürzt sowie zum anderen die Angebotsfrist bei Einberufung einer solchen außerordentlichen Hauptversammlung auf zehn Wochen ipso iure festgesetzt, § 16 Abs. 3 und 4

[863] Dazu *Mülbert/Birke* WM 2001, 705 (716); *Lehne* in FAZ Nr. 202 vom 31.8.2000, S. 20; Nr. 213 vom 13.09.2000, S. 19; Nr. 263 vom 11.11.2000, S. 23; vgl. *Schneider/Burghard* DB 2001, 963 (967f.).

[864] In ZIP 2001, 1861 (1869 mit zahlreichen Nachweisen aus der Rechtsprechung in Fn 98); vgl. auch *Zimmer* in FAZ Nr. 128 vom 5.06.2001, S. 14.

[865] Dazu *Drygala* ZIP 2001, 1861 (1870f.) mwN.

[866] Vgl. FAZ Nr. 50 vom 28.02.2002, S. 18.

[867] *Körner* DB 2001, 367 (370); *H.-P. Stihl* Manager-Magazin 4/2000, S. 168; vgl. auch dazu *Kirchner* BB 2000, 105 (113); *Horn* ZIP 2000, 473 (482).

[868] *Werner* „Feindliche Übernahmeangebote" S. 16; *Martens* in FS Beusch S. 529 (542ff.); *W. Müller* in FS Semler S. 195 (210ff.); *Bungert* NJW 1998, 488 (492); *Kirchner* AG 1999, 481; *ders.* BB 2000, 105ff.; *ders.* WM 2000, 1821ff.; *Weisner* „Verteidigungsmaßnahmen" S. 141ff., 144ff.; *Thümmel* DB 2000, 461 (462); *Körner* DB 2001, 367 (369); *Schneider/Burgard* DB 2001, 963 (967); *Witte* BB 2000, 2161 (2164).

[869] In AG 1999, 481 (486); *ders.* WM 2000, 1821 (1824); *ders.* BB 2000, 105 (110); *Wiese/Demisch* DB 2001, 849 (850); *Martens* in FS Beusch S. 529 (552f.); kritisch auch *Maier-Reimer* ZHR 165 (2001), 258 (270f.; 275ff.); *Bungert* NJW 1998, 488 (492).

WpÜG.[870] Damit wird der Argumentation *Kirchners* nicht unerheblich der Boden entzogen; weitere Einzelheiten werden allerdings verdeutlichen, dass seinen Überlegungen im Ansatz zuzustimmen ist und zumindest die Effektivität einer solchen Hauptversammlung in Zweifel gezogen werden muss.[871] Gegen die Annahme einer grundsätzlichen Neutralitätspflicht der Verwaltung vermag dies allerdings nicht zu sprechen.

(2) Legitimation durch eine erforderliche Bieterauktion

Auch wird angeführt, dass durch die Neutralitätspflicht dem Vorstand die Möglichkeit genommen würde, durch Verteidigungsmaßnahmen die Prämie auf den Aktienkurs im Interesse der Aktionäre in die Höhe zu treiben.[872] Diesem Argument wird insbesondere durch die Übernahmeschlacht „*Mannesmann/Vodafone*" Vorschub geleistet, bei dem die heftig kritisierten Werbemaßnahmen des Managements der Mannesmann AG möglicherweise dazu beigetragen haben, dass das Angebot innerhalb der Angebotsfrist eine enorme Wertsteigerung erfuhr.[873] Letztendlich wurden diese Maßnahmen durch das Landgericht Düsseldorf auch für zulässig erachtet.[874] Des weiteren ist es nach nahezu allen bisher ergangenen Entwürfen und auch nach § 33 Abs. 1 Satz 2 Alt. 2 WpÜG dem Vorstand möglich, konkurrierende Übernahmeangebote („white knights") einzuholen.[875] Durch die bereits angesprochenen Fristverkürzungen bei der Ladung und der entsprechend bestehenden Annahmefrist nach § 16 WpÜG erscheint es dabei auch wahrscheinlich, dass diese neuen Angebote zur Kenntnis der Aktionäre gelangen und sodann den Preis für einen Anteil steigern bzw. andere potentielle Bieter solche Angebote abgeben können.[876] Zur Förderung einer Bieterauktion erscheinen diese Vorschriften daher geeigneter und die generelle Zulassung von

[870] Kritisch zu den Fällen der automatischen Verlängerung der Angebotsfrist nach §§ 16 Abs. 3, 21 Abs. 5 WpÜG oder im Falle eines Angebots eines „white knights": *Schüppen* WPg 2001, 958 (964f.).

[871] Dazu die Ausführungen unter 6. Abschnitt B I 5, S. 195ff.; vgl. *Wagner* Die Bank 2002, 66 (68); *Grunewald* AG 2001, 288 (290); *Baudisch/Götz* AG 2001, 251 (253).

[872] *Wiese/Demisch* DB 2001, 849 (850); *Kirchner* AG 1999, 481 (486); kritisch *Mülbert/Birke* WM 2001, 705 (711ff. mwN); *Dimke/Heiser* NZG 2001, 241 (255) mwN, die auf die „free-rider"-Problematik hinweisen, bei dem ein neuer Bieter einsteigt und von den vom Erstbieter aufgewendeten Kosten profitiert, indem das potentielle Übernahmeobjekt ausfindig gemacht wurde.

[873] Dazu *Stellungnahme des DAV* unter www.rws-verlag.de = NZG 2001, 420 (429) = ZIP 2001, 1736 (1739); *Horn* ZIP 2000, 473 (482), die von DM 155 Milliarden sprechen; am 22.10.1999 betrug der Kurs der Mannesmann-Aktie € 144, um dann am 3.02.2000 bei € 340 zu stehen; Vodafone übernahm sodann den gesamten Konzern für DM 372 Milliarden, vgl. Wirtschaftswoche Nr. 35 vom 23.08.2001, S. 58.

[874] Vgl. abgedruckt in AG 2000, 233; vgl. dazu auch *Krause* AG 2000, 217ff.; *Riehmer/Schröder* NZG 2000, 820ff..

[875] Kritisch hierzu *Dimke/Heiser* NZG 2001, 241 (258).

[876] Vgl. *Merkt* 165 (2001), 224 (238); *Mülbert/Birke* WM 2001, 705 (712).

Abwehrmaßnahmen nicht zwingend.[877] Schließlich erscheint es angesichts des virulenten Interessenkonflikts des Managements in einer Übernahmesituation problematisch, davon auszugehen, dass die Verwaltung Abwehrmaßnahmen allein zur Steigerung des Angebots vornehmen könnte.[878]

(3) Abwehrmaßnahmen zur Vermeidung des „Gefangenendilemmas“

Nach Teilen der Literatur spricht für die Bejahung von Abwehrmaßnahmen das sogenannte Gefangenendilemma („prisoner's dilemma“), nach dem die Aktionäre dazu gezwungen sein könnten, das Angebot anzunehmen. Dies sei damit zu begründen, dass zum einen insbesondere mit einer „squeeze-out“-Regelung die künftige Rolle als Minderheitsaktionär sich als wenig attraktiv darstellen könnte, zum anderen die Aktionäre sich regelmäßig nicht absprechen könnten.[879] Der einzelne Aktionär sei im Glauben, seine Entscheidung könne ohnehin nicht Erfolg oder Misserfolg des Übernahmeangebots bewirken, so dass dieser die Annahme der in der Regel bestehenden Kontrollprämie dem Risiko, zu einem zu niedrigen Kurs veräußert zu haben, den Vorzug einräumt.[880]

Diese Einwände scheitern bereits daran, dass an einer grundsätzlichen Irrelevanz der Entscheidung des einzelnen Aktionärs zu zweifeln ist.[881] Die verbleibenden Bedenken hat der Gesetzgeber aber ohnehin durch das WpÜG erkannt und entschärft. Durch die wöchentliche bzw. später tägliche Veröffentlichung der Beteiligungshöhe durch den Bieter nach § 23 Abs. 1 Nr. 1 WpÜG besteht eine Gefahr der Unkenntnis über das Verhalten der übrigen Mitaktionäre weniger, auch wenn damit denkbar ist, dass sich alle Anteilseigner abwartend verhalten und letztlich sich die beschriebene Problematik zu einem späteren Zeitpunkt abspielt. Entscheidend ist aber, dass eine Ausbeutung verbleibender Minderheiten regelmäßig nicht zu befürchten ist, da erstens bei Übernahmeangeboten nach § 32 WpÜG

[877] Vgl. auch *Dimke/Heiser* NZG 2001, 241 (256), die insbesondere aus US-amerikanischen Erwägungen zu dem Ergebnis gelangen, dass das Auktionsargument nicht gegen eine Neutralitätspflicht sprechen kann; vgl. auch *Mülbert/Birke* WM 2001, 705 (712f.), die auf höhere Kosten von Abwehrmaßnahmen und die makroökonomischen Nutzen von Übernahmen hinweisen.

[878] So auch *Mülbert/Birke* WM 2001, 705 (712).

[879] *Krause* „Obligatorische Übernahmeangebote“ S. 109ff. mwN; *ders.* WM 1996, 845 (848); *ders.* NJW 2002, 705 (708); *Maier-Reimer* ZHR 165 (2001), 258 (263); *Witt* NZG 2000, 809 (811) mwN; *Röhrich* „Feindliche Übernahmeangebote“ S. 83ff.; vgl. *Herrmann* „Abwehrmaßnahmen“ S. 20; *Herkenroth* „Konzernierungsprozesse“ S. 336ff., 342ff.; *Lüttmann* „Kontrollwechsel“ S. 38ff., 188ff.; *Assmann/Bozenhardt* in Assmann/Basaldua S. 1 (11f); *Baums* in von Rosen/Seifert S. 165 (174f.); *Liebscher* ZIP 2001, 853 (856); siehe aber auch die Meldepflichten nach den §§ 21ff. WpHG, vgl. dazu *Burgard* WM 2000, 611 (613ff.).

[880] *Witt* NZG 2000, 809 (812) mwN; *Assmann/Bozenhardt* in Assmann/Basaldua S. 1 (15f., 47); *Röhrich* „Feindliche Übernahmeangebote“ S. 83ff.; kritisch *Herkenroth* „Konzernierungsprozesse“ S. 337.

[881] *Herkenroth* „Konzernierungsprozesse“ S. 337f., 342ff. mwN auch zu empirischen Untersuchungen in den USA.

Teilangebote unzulässig sind und solche in der Praxis ohnehin auch bei freiwilligen Angeboten nur selten vorkommen und zweitens der Bieter bei Kontrollerlangung unter den Voraussetzungen des § 35 WpÜG zur Abgabe eines Pflichtangebots verpflichtet ist.[882] Dabei muss den Aktionären eine „angemessene Gegenleistung" angeboten werden, für deren Ermittlung über § 39 WpÜG auch im Rahmen des Pflichtangebots die Vorschrift in § 31 WpÜG anwendbar ist und hierbei nicht nur Bargeld, sondern auch „liquide Aktien" als Gegenleistung zulässig sind.[883] Die Angemessenheit dieser Gegenleistung richtet sich grundsätzlich nach dem durchschnittlichen Börsenkurs der Aktien der Zielgesellschaft und wird in der nach § 31 Abs. 7 WpÜG erlassenen Rechtsverordnung weiter konkretisiert. Schließlich ist auf die sogenannte „Zaunkönigregelung" bei Übernahmeangeboten hinzuweisen, nach der gemäß § 16 Abs. 2 Satz 1 WpÜG nach Ablauf der Annahmefrist eine weitere Annahmefrist von zwei Wochen für diejenigen Aktionäre beginnt, die das Angebot nicht bereits angenommen haben. Diese Regelung wurde aufgrund eines fehlenden Pflichtangebots im Anschluss an ein Übernahmeangebot eingeführt, um die Aktionäre von einem Annahmezwang zu befreien.[884] Vermeintliche Druckeffekte sind daher weitgehend eliminiert und müssen hier nicht weiter ausgeführt werden.

(4) Berücksichtigung von Arbeitnehmer- und Gläubigerinteressen

Außerdem wird argumentiert, dass eine Neutralitätspflicht den Vorstand daran hindere, auch andere als die Anteilseignerinteressen, nämlich die der Arbeitnehmer und Gläubiger, zu berücksichtigen. Gerade die Interessen der Arbeitnehmer seien jedoch typischerweise bei einer Übernahme gefährdet.[885] Die Verlagerung der Zustimmungskompetenz auf die Hauptversammlung käme daher auch einer Privilegierung der feindlichen gegenüber der freundlichen Übernahme gleich, bei der lediglich der Vorstand handele.[886]

Dieser Aspekt führt aber nicht zur Kritik an einer Neutralitätspflicht der Verwaltung oder an einer grundsätzlichen Kompetenzzuweisung an die Hauptversammlung, sondern zu der umstrittenen Frage, welche Interessen generell im Rahmen eines Übernahmeverfahrens berücksichtigt werden dürfen.[887] Zum Teil

[882] Vgl. dazu *Mülbert/Birke* WM 2001, 705 (713f.).
[883] Vgl. § 31 Abs. 2 WpÜG; hierzu *Schüppen* WPg 2001, 958 (968f.).
[884] Siehe § 35 Abs. 3 WpÜG; dazu *Schüppen* WPg 2001, 958 (966).
[885] *Kirchner* AG 1999, 481 (486, 488); *Thaeter/Barth* NZG 2001, 545 (549); ähnlich *Wiese/Demisch* DB 2001, 849ff.; *Thümmel* DB 2000, 461 (462); *Krause* „Obligatorische Übernahmeangebote" S. 105ff.; anders *Mülbert/Birke* WM 2001, 705 (708, 715), die mit Verweis auf US-amerikanische Untersuchungen nicht von der Ausbeutung der Arbeitnehmer als häufige Folge von Unternehmensübernahmen ausgehen; kritisch zu den Mitarbeiterrechten auch *Nehls* in FAZ Nr. 95 vom 24.04.2002, S. 25.
[886] *Kirchner* AG 1999, 481 (484, 486); *Thaeter/Barth* NZG 2001, 545 (549).
[887] Die Anteilseignerinteressen für maßgeblich haltend: *Mülbert* ZGR 1997, 129 (140ff.); *ders.* IStR 1999, 83 (84); dagegen halten die Berücksichtigung auch der Interessen der Arbeitneh-

wird in der Literatur die Ansicht vertreten, dass die Situation in Übernahmeverfahren losgelöst von der allgemein aktienrechtlichen Rechtslage zu bewerten sei.[888] Hierfür ist kein sachlicher Grund ersichtlich. Im Übernahmeverfahren wird als problematisch angesehen, dass eventuell eigensüchtige Interessen des Vorstands in die Entscheidungen bezüglich des Übernahmeangebots miteinfließen. Die Gefahr, dass das Organmitglied persönlichen Interessen den Vorzug einräumt, besteht auch außerhalb eines Übernahmeverfahrens bei sich bietenden Geschäftschancen oder ähnlichen Situationen.[889] Die Diskussion über die in einem Übernahmeverfahren zu berücksichtigenden Interessen verläuft demnach analog zu der bereits diskutierten generellen Frage über die Pflichtenbindung der Verwaltung. Nach allgemeinen aktienrechtlichen Überlegungen ist der Vorstand an das Unternehmensinteresse gebunden, bei dem neben den Anteilseignerinteressen auch die Interessen der übrigen Stakeholder (Arbeitnehmer, Gläubiger, Lieferanten etc.) berücksichtigt werden müssen.[890] Für eine Einbeziehung auch anderer Interessensphären aus übernahmerechtlicher Sicht spricht bereits, dass nach der Begründung des Regierungsentwurfs vom 11.07.2001 unter den „Interessen der Zielgesellschaft" im Sinne des § 3 Abs. 3 WpÜG neben den Interessen der Anteilseigner auch diejenigen anderer Beteiligter zu zählen sind.[891] Dafür kann aber auch zusätzlich ins Feld geführt werden, dass nach § 27 WpÜG die Stellungnahme der Verwaltung auch auf die zu erwartenden Konsequenzen der möglichen Übernahme für die Belegschaft eingehen soll.[892] Dabei stehen die einzelnen Interessensphären nicht gleichberechtigt nebeneinander, da die Interessen der Arbeitnehmer und der übrigen Gläubiger des Unternehmens primär durch das Arbeitsrecht und des allgemeinen Zivilrechts geschützt werden.[893] Die bereits beschriebene grundsätzliche Ausrichtung an die Interessen der Anleger und die Tatsache, dass die Aktionäre das finanzielle Risiko tragen, sprechen für eine vorrangige Berücksichtigung deren Interessen. Übernahmerechtlich lässt sich dieses Ergebnis zudem damit begrün-

---

mer, Gläubiger und des Gemeinwohls für erforderlich: *Horn* ZIP 2000, 473 (481); *Kirchner* WM 2000, 1821 (1824); *Kort* in FS Lutter S. 1421 (1435); kritisch *Merkt* ZHR 165 (2001), 224 (240).

888 *Merkt* ZHR 165 (2001), 224 (240); *Hopt* ZGR 1993, 534 (540); wohl auch *Horn* ZIP 2000, 473 (481); vgl. dazu auch *Schwennicke* in Geibel/Süßmann § 3 Rn 21ff..

889 Dazu *Hopt* in Großkomm § 93 Rn 148; vgl. auch oben 2. Abschnitt B I 7, S. 30ff..

890 Das Bundesverfassungsgericht hat bereits im „*Mitbestimmungsurteil*" BVerfGE 50, 290 festgestellt, dass das Unternehmensinteresse nicht mit dem Aktionärsinteresse gleichzusetzen ist, bestätigt durch BVerfG NJW 2000, 129 = DB 1999, 2203 (2204); vgl. die Ausführungen 2. Abschnitt A II 2, S. 12ff..

891 Begründung des Regierungsentwurfs S. 86; offenbar gab es Bestrebungen der Bundesregierung, unter Druck der Gewerkschaften, mit einem nationalen „Übernahmegesetz" gerade die Interessen der Arbeitnehmer zu schützen, vgl. dazu *Wackerbarth* WM 2001, 1741 (in Fn 9 mwN); *Stellungnahme des DGB* vom 11.10.2000 unter www.dgb.de.

892 Vgl. dazu die Begründung des Regierungsentwurfs vom 11.7.2001, S. 2, 126ff..

893 *Kirchner* WM 2000, 1821 (1822); *Wiese/Demisch* DB 2001, 849 (851); *Horn* ZIP 2000, 473 (481); *Kort* in FS Lutter S. 1421 (1426); *Mülbert/Birke* WM 2001, 705 (715); in diese Richtung auch *Dimke/Heiser* NZG 2001, 241 (245); a. A. *W. Müller* in FS Semler S. 195 (209); wohl auch *Schüppen* WPg 2001, 958 (970), der von einem Gleichrang der Interessen ausgeht.

den, dass der Gesetzgeber grundsätzlich von einer Zuständigkeit der Hauptversammlung bei der Entscheidung über Abwehrmaßnahmen ausgeht.

(5) Verstoß gegen die Bindung an das Unternehmensinteresse

Schließlich wird eingewendet, dass die postulierte Bindung an das Unternehmensinteresse gegen ein Neutralitätsgebot sprechen müsse, da bei einer Gefahr für die Vermögens- und Ertragslage des Unternehmens der Vorstand zur Vornahme von entsprechenden Verteidigungsmaßnahmen verpflichtet sei. Ohnehin sei der Vorstand auch im Rahmen der grundsätzlichen Hauptversammlungskompetenz nicht aus seiner eigenverantwortlichen Leitungsmacht uneingeschränkt entlassen.[894] So müsse er zum Beispiel gefasste Beschlüsse vor der Durchführung auf ihre Rechtmäßigkeit hin überprüfen.[895] Es könne auch nicht davon gesprochen werden, dass der Vorstand nicht dazu berechtigt sei, auf die Anteilseignerstruktur Einfluss zu nehmen. So ist es zulässig, das Aktienkapital über einen Bezugsrechtsausschluss entsprechend einer internationalen Geschäftsausrichtung im Ausland zu plazieren[896] oder strategische Allianzen einzugehen.[897] Zudem falle die Entscheidung über die Übertragung einer vinkulierten Namensaktie nach § 68 Abs. 2 Satz 2 AktG grundsätzlich in die Kompetenz des Vorstands. Schließlich führe eine feindliche Übernahme regelmäßig zu einer Veränderung der bisherigen Strukturen und der Unternehmenspolitik, so dass in erster Linie Vorstand und Aufsichtsrat die Sachkenntnis zur Beurteilung der Übernahme und der Entwicklung einer Abwehrstrategie besäßen.[898] Demnach seien Maßnahmen lediglich dann unzulässig, wenn sie nicht im Interesse des Unternehmens stünden und sachfremden Erwägungen wie die Sicherung der Position des Vorstands dienten.[899]

Diese Ansicht verkennt, dass die grundsätzlich bestehende Möglichkeit des Vorstands, in die Anteilseignerstruktur eingreifen zu können, lediglich die dogmatische Herleitung der Neutralitätspflicht nach der herrschenden Ansicht in Frage

---

[894] *Kirchner* WM 2000, 1821 (1825); *Thümmel* DB 2000, 461 (462); *Kort* in FS Lutter S. 1421 (1432); tendenziell auch *Körner* DB 2001, 367 (369); *Schüppen* WPg 2001, 958 (971); *Witte* BB 2000, 2161 (2164).

[895] *Martens* in FS Beusch S. 529 (533ff.); vgl. KK-*Mertens* § 93 Rn 30ff.; Geßler/Hefermehl/Eckardt/Kropff-*Hüffer* § 245 Rn 10.

[896] BGHZ 125, 239 = NJW 1994, 1410 = WM 1994, 635 = AG 1994, 276 = ZIP 1994, 529 „*Deutsche Bank*"; OLG München AG 1991, 210 „*PWA Papierwerke Waldhof-Aschaffenburg AG*"; OLG Frankfurt AG 1992, 271; zustimmend *Martens* in FS Beusch S. 529 (546); wohl auch *Bungert* NJW 1998, 488 (492).

[897] *Martens* in FS Beusch S. 529 (547); *ders.* ZIP 1992, 1677 (1695); vgl. BGHZ 83, 319 (326) = NJW 1982, 2444 „*Philipp Holzmann*"; Geßler/Hefermehl/Eckardt/Kropff-*Hefermehl/Bungeroth* § 186 Rn 134; allgemein dazu *W. Müller* in FS Semler S. 195 (210ff.).

[898] *Martens* in FS Beusch S. 529 (551); kritisch dazu *Ebenroth/Daum* DB 1991, 1157ff..

[899] So *Kort* in FS Lutter S. 1421 (1434); *U. H. Schneider/Burgard* DB 2001, 963 (967); *Wiese/Demisch* DB 2001, 849 (851); *Thümmel* DB 2000, 461 (463); vgl. auch *Martens* in FS Beusch S. 529 (531f.); *W. Müller* in FS Semler S. 195 (212f.).

stellen kann,[900] nicht aber dem Bestehen einer solchen Pflicht während eines Übernahmeverfahrens widerspricht. Davon abgesehen unterfällt auch der Bezugsrechtsausschluss gemäß § 186 Abs. 3, 203 Abs. 1 und 2 AktG der Kompetenz der Hauptversammlung.

cc) Ergebnis zu c)

Die Einwände vermögen daher ein grundsätzliches Neutralitätsgebot nicht in Frage zu stellen. Auf die ebenfalls diskutierte Alternative, das US-amerikanische Modell einer „Qualified Business Judgement Rule“ einzuführen, soll nicht weiter eingegangen werden.[901]

d) Zeitliche Geltung der Neutralitätspflicht

Nach dem Wortlaut von § 33 Abs. 1 Satz 1 WpÜG besteht eine Neutralitätspflicht des Vorstands erst nach der Veröffentlichung der Entscheidung über die Abgabe eines Angebots zur Übernahme.[902] Dies kann aber nicht dazu führen, den Vorstand bei der Vornahme präventiver Maßnahmen keinerlei Beschränkungen zu unterwerfen. Einerseits ist dieser nicht bereits deswegen dazu verpflichtet, Handlungen zu unterlassen, weil diese ein eventuelles Übernahmeangebot erschweren könnten;[903] andererseits dürfen entsprechende vor einem Übernahmeangebot durchgeführte Maßnahmen nicht in der Unmöglichkeit einer Übernahme der Gesellschaft resultieren.[904] Dabei ist der Vorstand zunächst den allgemeinen aktienrechtlichen Bindungen wie der Verschwiegenheitspflicht gemäß § 93 Abs. 1 Satz 2 AktG verpflichtet; ein diesbezügliches „Geheimnis“ wäre auch bei Kenntnis über ein Angebot, das die Zielgesellschaft aber noch nicht erreicht hat, anzunehmen. Der Vorstand ist aber auch in diesem Zusammenhang Schranken aus dem Insiderhandelsverbot nach §§ 12ff. WpHG ausgesetzt. Diesen Vorschriften kommt im Vorfeld von Übernahmeversuchen regelmäßig erhebliche Bedeutung zu.[905]

Nach der EG-Richtlinie soll die Neutralitätspflicht grundsätzlich spätestens nach Erhalt der gesetzlich vorgesehenen Informationen beginnen, wenn also das Übernahmeangebot bekannt gemacht worden ist. Der englische City Code setzt in Rule 21 jedoch bereits bei dem Zeitpunkt ein, bei dem Grund zu der Annahme

---

[900] Dazu unter 6. Abschnitt B I 2, S. 187ff..

[901] Vgl. dazu *Merkt* ZHR 165 (2001), 224 (242ff.); *Hopt* in FS Lutter S. 1361 (1370ff.); *Kirchner* AG 1999, 481 (489f.); *ders.* WM 2000, 1821 (1830); *Thaeter/Barth* NZG 2001, 545 (549); *Wiese/Demisch* DB 2001, 849 (851); kritisch zu einer Implementierung zum Beispiel *Dimke/Heiser* NZG 2001, 241 (248).

[902] Begründung des Regierungsentwurfs BT-Drucks. 14/7034, S. 58; kritisch *Hopt* in FS Lutter S. 1361 (1365); *Körner* DB 2001, 367 (368).

[903] *Hopt* in Großkomm § 93 Rn 126.

[904] *Hopt* ZGR 1993, 534 (558ff.); *Winter/Harbarth* ZIP 2002, 1 (4).

[905] Dazu *Hopt* in FS Lutter S. 1361 (1394ff.) mwN.

besteht, dass ein Übernahmeangebot bevorstehen könnte.[906] Eine Notwendigkeit für den Eintritt zu diesem Zeitpunkt verdeutlicht das Beispiel „*Krupp/Thyssen*",[907] bei dem der Vorstand der Thyssen AG bereits Abwehrmaßnahmen erfolgreich initiiert hatte, bevor ein entsprechendes Angebot überhaupt vorgelegt worden war. Es erscheint daher sachgerecht, den Zeitpunkt für maßgebend zu erachten, an dem der Vorstand bzw. der Aufsichtsrat von der eventuellen Übernahme Kenntnis erlangt und daher ihr Verhalten potentiell dahingehend ausgerichtet haben. Der Zeitpunkt der Veröffentlichung des Übernahmeangebots ist demnach nicht entscheidend.

e) Dogmatische Grundlagen der Neutralitätspflicht

aa) Rechtsnatur der Neutralitätspflicht

Insbesondere nach *Hopt* lässt sich das Neutralitätsgebot als eine Kompetenznorm ansehen, die in einem Übernahmeverfahren die Entscheidung über eventuell erforderliche Abwehrmaßnahmen in die Zuständigkeit der Hauptversammlung der Zielgesellschaft verweist. Ob tatsächlich eine solche Kompetenznorm vorliegt, soll sich indes aus der konkreten Norm ergeben.[908] Dafür spricht nach den Vertretern dieser Ansicht, dass bei der Annahme einer Organpflicht die Zielgesellschaft im Zuständigkeitsbereich des Vorstands während eines Übernahmeverfahrens in bestimmten grundlegenden Fragen handlungsunfähig würde, so dass zur Vermeidung dieser Situation die Hauptversammlung den Vorstand von der Neutralitätspflicht entbinden könnte. Eine Verletzung dieser Neutralitätspflicht tangiere demnach zugleich den Kompetenzbereich der Hauptversammlung.[909]

Das Neutralitätsgebot lässt sich dagegen auch als eine Organpflicht des Vorstands im Sinne des § 76 AktG begreifen.[910] Die Organpflicht ergibt sich nach den Vertretern dieser Auffassung aus § 119 Abs. 1 AktG, nach dem die Hauptversammlung lediglich in den dort enumerativ aufgeführten Fällen zuständig sei und eine Ausnahme hiervon im Lichte der „*Holzmüller*"-Entscheidung nur dann in Be-

---

906 So auch die *Börsensachverständigenkommission*, die „hinreichenden Anlaß für die Annahme, dass ein Übernahmeangebot bevorstünde", ausreichen lassen wollte, zitiert nach *Merkt* ZHR 165 (2001), 224 (250 in Fn 124); nach Art. 9 Abs. 2 Satz 3 der EG-RL können die Mitgliedstaaten einen früheren Zeitpunkt wie im City Code vorsehen.

907 Auch bei *Mannesmann/Vodafone* erfolgte die Ankündigung der Angebotsunterbreitung am 19.11.1999, wobei das endgültige Angebot erst am 23.12.1999 veröffentlicht wurde, vgl. *Riehmer/Schröder* BB Beilage 5/2001, S. 1 (3 in Fn 11).

908 *Hopt* in FS Lutter S. 1361 (1386f.); noch stets eine Kompetenznorm annehmend: *ders.* in ZGR 1993, 534 (548f.) in Anlehnung an Art. 8 der Takeover-Richtlinienvorschläge; zur Kompetenznorm wohl auch tendierend *Merkt* ZHR 165 (2001), 224 (246); *Drygala* ZIP 2001, 1861 (1862 in Fn 16); *Assmann/Bozenhardt* in Assmann/Basaldua S. 1 (112ff.); *Assmann* in Hopt/Wymeersch S. 268 (292); *Schüppen* WPg 2001, 958 (970); *Pötsch/Möller* ZIP 2001, 1256 (1259).

909 Vgl. *Krieger* ZHR 163 (1999), 343 (358); *Merkt* ZHR 165 (2001), 224 (245 mwN).

910 *Van Aubel* „Vorstandspflichten" S. 155ff.; *Mülbert* IStR 1999, 83 (88); KK-*Mertens* § 76 Rn 22; *Dimke/Heiser* NZG 2001, 241 (246); wohl auch *Pötsch/Möller* WM 2000 Beil. 2, S. 1 (25).

tracht käme, wenn das Übernahmeangebot zur faktischen Abhängigkeit der Gesellschaft nach § 17 AktG führen würde.[911]

Inwieweit diese Frage in praxi für die Tätigkeit des Vorstands von Relevanz sein wird, muss aber bezweifelt werden, da auch aus einer Kompetenznorm unmittelbar die Pflicht zur Beachtung von Kompetenzgrenzen folgt.[912] Sie ist aber von der Rechtsfolgenseite her von entscheidender Bedeutung, da der Vorstand bei der Verletzung seiner Verhaltenspflichten nur gegenüber der Gesellschaft haftet,[913] bei einem Eingriff in die Hauptversammlungskompetenz dagegen auch gegenüber den Aktionären.[914] *Hopt* ist jedenfalls darin zu folgen, dass sich die Beschaffenheit der Neutralitätspflicht aus dem Wortlaut der konkreten Norm ergibt. Mit der Formulierung in § 33 Abs. 1 des Referentenentwurfs zum Übernahmegesetz vom 12.03.2001 – „Vorstand und Aufsichtsrat haben alle Handlungen zu unterlassen, die geeignet sind, den Erfolg des Angebots zu verhindern" – war nach dieser Norm von einer Organpflicht auszugehen. Dagegen sprach § 33 Abs. 1 in der Fassung des Regierungsentwurfs vom 11.07.2001 davon, dass „Handlungen des Vorstands und Aufsichtsrats, durch die der Erfolg des Angebots verhindert werden könnte, der Ermächtigung der Hauptversammlung bedürften" für eine Kompetenznorm. Mit der Formulierung „der Vorstand der Zielgesellschaft darf keine Handlungen vornehmen, durch die der Erfolg des Angebots verhindert werden könnte" in der endgültigen Fassung des § 33 Abs. 1 Satz 1 WpÜG legt der Wortlaut somit jedenfalls eine Organpflicht nahe.[915] Von einer solchen ist mithin de lege lata auszugehen. Eine Haftung käme somit nur gegenüber der Gesellschaft in Betracht.

bb) Dogmatische Herleitung

Die dogmatische Herleitung der Neutralitätspflicht resultiert nicht aus dem kapitalmarktrechtlichen Gleichbehandlungsgrundsatz, da ansonsten potentielle und zukünftige Anteilseigner nicht erfasst und demnach auch das Verhalten des Vor-

---

[911] *Mülbert* IStR 1999, 83 (88).

[912] *Merkt* ZHR 165 (2001), 224 (245); *Hopt* in FS Lutter S. 1361 (1386 in Fn 108).

[913] Geßler/Hefermehl/Eckardt/Kropff-*Eckardt* § 118 Rn 12; *Hüffer* „AktG" § 93 Rn 19; *Hopt* in Großkomm § 93 Rn 469 mwN; KK-*Mertens* § 93 Rn 169; *Zöllner* ZGR 1988, 392 (420ff.); *von Gerkan* ZGR 1988, 441 (450f.); *Lutter* AcP 180 (1980), 84 (140ff.); *Wiesner* in Münch Hdb § 18 Rn 11; *Keuk-Knobbe* in FS Ballerstedt S. 239 (251ff.); *Merkt* ZHR 165 (2001), 224 (246); nach a. A. soll jedes pflichtwidrige Verhalten des Leitungsorgans zu Ansprüchen des einzelnen Aktionärs führen: vgl. *Grunewald* DB 1981, 407; *Wellkamp* DZWiR 1994, 221 (224f.); *Bayer* NJW 2000, 2609 (2611 in Fn 32).

[914] *Keuk-Knobbe* in FS Ballerstedt S. 239 (251ff.); *Hommelhoff* „Konzernleitungspflicht" S. 459f., 474f.; *Lutter* AcP 180 (1980), 84 (140ff.); *Zöllner* ZGR 1988, 392 (425ff.); *Wiesner* in Münch Hdb § 18 Rn 11; vgl. auch *Hopt* in FS Lutter S. 1361 (1398); *Schüppen* WPg 2001, 958 (971); im Ergebnis ablehnend LG Düsseldorf AG 2000, 233 „*Mannesmann/Vodafone*" mit zustimmender Anmerkung *Krause* AG 2000, 217; vgl. auch *Krieger* ZHR 163 (1999), 343 (356).

[915] A. A. aber *Röh* in Haarmann § 33 Rn 12; *Winter/Harbarth* ZIP 2002, 1 (3, 17), die zwar vom organschaftlichen Pflichtenkreis sprechen, aber von einer Kompetenznorm ausgehen.

stands gegenüber dem Bieter außerhalb des Neutralitätsgebots liegen würde.[916] Nach noch herrschender Ansicht ist der Grundsatz der Fremdinteressenwahrung heranzuziehen, der den Vorstand daran hindere, auf die Anteilseignerstruktur Einfluss zu nehmen. Die Neutralitätspflicht sei damit verbandsrechtlich zu verankern.[917] Zu diesem Ergebnis gelange man auch, wenn man die feindliche Übernahme mit einem Squeeze-out-Verfahren oder einer faktischen Konzernierung gleichsetze.

Aufgrund der zugelassenen Einschränkungen der Neutralitätspflicht (zum Beispiel die Suche nach einem „white knight") wird neuerdings in der Literatur der Gedanke herangezogen, dass die Neutralitätspflicht die uneingeschränkte Nutzung der durch das Übernahmeangebot gewährten Veräußerungsmöglichkeit für die Anteilsinhaber sichern soll und es damit allein um die Entscheidung der Anteilseigner ginge.[918] Nach dieser kapitalmarktrechtlichen Herleitung[919] ist es somit entscheidend, dass die Aktionäre die Möglichkeit erhalten sollen, zu attraktiven Bedingungen ihre Anteile zu veräußern. Daraus resultiert auch die Zulässigkeit der Suche nach einem konkurrierenden Angebot, § 33 Abs. 1 Satz 2 Alt. 2 WpÜG. Dies ist nicht dahingehend zu verstehen, dass den Aktionären zu einem optimalen Kurs verholfen werden soll, sondern vielmehr geht es darum, dass der Vorstand nicht die Veräußerungsmöglichkeit blockiert.[920] Nach *Grunewald* steht dies auch im Einklang mit dem Regelungszweck des Gesetzgebers, der genau auf die Entscheidungshoheit der Anteilsinhaber abstelle.[921] Zudem vermag der Grundsatz, der Vorstand dürfe nicht in die Anteilseignerstruktur eingreifen, nicht uneingeschränkt bestehen. Denn dieser darf – wie bereits an anderer Stelle erwähnt – zum Beispiel sich im Rahmen einer Kapitalerhöhung um die Plazierung der jungen Aktien bemühen, mit Erwerbern großer Aktienpakete zur Schonung des Kurses eine Halte-

---

916 Vgl. *Hopt* ZGR 1993, 534 (545f.); zustimmend *Merkt* ZHR 165 (2001), 224 (247); *Maier-Reimer* ZHR 165 (2001), 258 (260); anders aber *Hopt* in FS Lutter S. 1361 (1376) für den Fall, dass der Bieter bereits Aktionär ist; kritisch zum Ganzen *Dimke/Heiser* NZG 2001, 241 (253).

917 *Mestmäcker* „Verwaltung und Konzerngewalt" S. 139ff.; *Hopt* ZGR 1993, 534 (546f.); *ders.* in Großkomm § 93 Rn 122; KK-*Mertens* § 76 Rn 26; *ders.* AG 1990, 252 (258); *Immenga* in Kreuzer S. 11 (30); *ders.* AG 1992, 79 (81); *Adams* AG 1990, 243; *Assmann/Bozenhardt* in Assmann/Basaldua S. 1 (101f.; 112ff.); *Ebenroth/Daum* DB 1991, 1157; *Rümker* in FS Heinsius S. 683 (690); *Hirte/Schander* in von Rosen/Seifert S. 341 (348); *Krause* AG 2000, 217 (218); *Michalski* AG 1997, 152 (159); a. A. *Martens* in FS Beusch S. 529 (544f.); kritisch auch *Merkt* ZHR 165 (2001), 224 (248ff.).

918 *Grunewald* AG 2001, 288 (289); *Kiem* ZIP 2000, 509 (510); *Drygala* ZIP 2001, 1861 (1863); *Röh* in Haarmann § 33 Rn 7ff.; ähnlich auch *Pötsch/Möller* ZIP 2001, 1256 (1259); *Mülbert/Birke* WM 2001, 705; *Schneider/Burghard* DB 2001, 963 (968); vgl. zur Kritik an dieser Herleitung auch *Merkt* ZHR 165 (2001), 224 (248ff.).

919 Anders *Maier-Reimer* ZHR 165 (2001), 258 (260f.), der das Verbot, Mittel der Gesellschaft dazu einzusetzen, den Aktionären die Möglichkeit der Entscheidung über das Angebot zu nehmen, als aktienrechtliches Vereitelungsverbot bezeichnet.

920 *Merkt* ZHR 165 (2001), 224 (247ff.); *Grunewald* AG 2001, 288 (289); vgl. auch *Maier-Reimer* ZHR 165 (2001), 258ff.; *Noack* DB 2001, 27 (28f.).

frist vereinbaren oder strategische Allianzen durch Überkreuzbeteiligungen eingehen.[922] Der Eingriff in die Anteilseignerstruktur ist dem Vorstand demnach nur dann verboten, wenn typischerweise ein persönliches Interesse am Ausgang des Geschäftes besteht.[923] Gegen eine verbandsrechtliche Begründung spricht zudem, dass in einem solchen Falle stets eine Neutralitätspflicht für den Vorstand bestehen müsste, dies aber zum Beispiel beim Abschluss eines Be- oder Entherrschungsvertrages nicht der Fall ist.[924] Der Gedanke der verbotenen Blockierung der Veräußerungsmöglichkeit als kapitalmarktrechtliche Begründung erscheint mithin dogmatisch vorzugswürdig.

3. Handlungsspielräume nach aktienrechtlichen Gesichtspunkten

Bei der Frage, welche Maßnahmen der Vorstand bei Vorliegen eines „feindlichen“ Übernahmeangebots ergreifen darf, ist immer problematisch, dass dieser die begründete Befürchtung haben könnte, seine bisherige Position zu verlieren. Daher könnte er versuchen, die Übernahme in Eigeninteresse abzuwehren, obgleich die Übernahme im Interesse der Anteilseigner steht.[925] Eine feindliche Übernahme dient aber nach teilweise vertretener Ansicht in der Literatur gerade dazu, ein misswirtschaftendes Management zu disziplinieren,[926] so dass der Vorstand nach den Vertretern der strengen Neutralitätspflicht nicht dazu berechtigt sein soll, Maßnahmen jeglicher Art zu ergreifen.[927] Mit dem grundsätzlich weiterhin bestehenden Gebot, die Handlungen an das Unternehmensinteresse auszurichten, erscheint diese Auffassung jedoch nicht haltbar, sondern vermag lediglich die Problematik aufzuzeigen.

---

921 Vgl. *Grunewald* AG 2001, 288 (289) mit Verweis auf Begründung zum Regierungsentwurf S. 141.

922 *Maier-Reimer* ZHR 165 (2001), 258 (259); *W. Müller* in FS Semler S. 195 (210f.); *Dimke/Heiser* NZG 2001, 241 (244); *Krause* AG 2000, 217 (218); *Drygala* ZIP 2001, 1861 (1866); gegen einen aktienrechtlichen Grundsatz der verbotenen Einflußnahme des Vorstands: *Martens* in FS Beusch S. 529 (542ff.); *Werner* „Feindliche Übernahmen“ S. 16; *Bungert* NJW 1998, 488 (492); vgl. auch *Kort* in FS Lutter S. 1421 (1432f.); *Thümmel* DB 2000, 461 (462f.); *Kirchner* AG 1999, 481 (489f.).

923 Vgl. *Hopt* ZGR 1993, 534 (547); *Mülbert* IStR 1999, 83 (87); *Drygala* ZIP 2001, 1861 (1866).

924 Der Vorstand bleibt an die in §§ 76, 93 AktG statuierten Verhaltensmaximen gebunden, vgl. KK-*Koppensteiner* § 308 Rn 50; *Hüffer* „AktG“ § 293 Rn 23; *Emmerich* in Emmerich/Habersack § 293 Rn 14.

925 *Kirchner* WM 2000, 1821 (1822); *Kübler* in Semler/Volhard § 3 Rn 67, 95; *Thoma* NZG 2002, 105; *Wiese/Demisch* DB 2001, 849 (850).

926 So *Adams* AG 1990, 243 (244); *Immenga* in Kreuzer S. 11 (12); kritsch aber *U. H. Schneider* AG 2002, 125 (126); *ders./Burgard* DB 2001, 963 (964); *Werner* „Feindliche Übernahmeangebote“ S. 15; *Leibner* „Möglichkeiten der feindlichen Übernahme“ S. 53; *Röhrich* „Feindliche Übernahmeangebote“ S. 42ff.; *Busch* „Öffentliche Übernahmeangebote“ S. 64ff.; *Krause* „Obligatorische Übernahmeangebote“ S. 94ff. mwN; vgl. auch *Seifert/Voth* in von Rosen/Seifert S. 187 (193ff.).

927 *Adams* AG 1990, 243 (244); *Immenga* in Kreuzer S. 11 (12); vgl. *Stoll* BB 1989, 301 (302); *Peltzer* ZIP 1989, 69 (70); *Ebenroth/Daum* DB 1991, 1157; *dies.* in DB 1991, 1105 (1107ff.) zur Zuständigkeit der Hauptversammlung.

Nach aktienrechtlichen Erwägungen gilt das Neutralitätsgebot nach ganz herrschender Ansicht insbesondere als dann nicht verletzt, wenn durch die Verteidigungsmaßnahme ein Schaden von der Gesellschaft abgewendet werden soll.[928] Solch ein Schaden ist dann anzunehmen, wenn der Erwerber die Ausrichtung auf gesetzeswidrige Aktivitäten, Geldwäsche oder die Eingliederung in eine kriminelle Organisation plant.[929] Hierbei besteht die Gefahr, dass der Vorstand die drohenden Nachteile unangemessen dramatisiert; daher sind hier hohe Anforderungen zu stellen.[930] Ein Schaden ist auch dann möglich, wenn der Erwerb durch einen politisch exponierten Staat erfolgen soll oder der Erwerber die Ausplünderung der Gesellschaft unter Missachtung der Kapitalerhaltungsvorschriften gemäß §§ 57ff. AktG anstrebt.[931] Eine Schädigung der Gesellschaft droht dagegen nicht, wenn die Übernahme in die Abhängigkeit nach § 17 AktG mündet; denn der Verbandszweck wird dann durch § 311 AktG modifiziert und mithin der Bezugspunkt für die Schadensermittlung verändert.[932]

Auch ohne eine explizite Regelung über die Stellungnahme nach § 27 WpÜG war nach ganz herrschender Ansicht der Vorstand dazu verpflichtet, eine solche abzugeben.[933] Dabei ging man bereits davon aus, dass es nicht ausreiche, den Übernahmepreis, die sonstigen Angebotskonditionen sowie die weiteren Angaben des Bieters darzustellen, sondern dass der Vorstand diese auch wertend kommentieren musste.[934] Ob eine solche Verpflichtung allerdings aus § 131 AktG, § 76 AktG oder etwa aus einer Treuepflicht der Vorstandsmitglieder gegenüber den Aktionären abzuleiten war, war umstritten.[935]

---

928 KK-*Mertens* § 76 Rn 26; *Mertens* AG 1990, 252 (258f.); *Hopt* ZGR 1993, 534 (553ff.); *ders.* in Großkomm § 93 Rn 125; *van Aubel* „Vorstandspflichten" S. 158ff.; a. A. *Rümker* in FS Heinsius S. 683 (691f.); *Ebenroth/Daum* DB 1991, 1157 (1160); *Krause* AG 1996, 209 (215); Ausnahmen zur Neutralitätspflicht grundsätzlich ablehnend *Dimke/Heiser* NZG 2001, 241 (247f.).

929 *Mülbert* IStR 1999, 83 (88); *Hopt* ZGR 1993, 534 (554); *ders.* in Großkomm § 93 Rn 125; KK-*Mertens* § 76 Rn 26; kritisch: *van Aubel* „Vorstandspflichten" S. 42ff.; ablehnend: *Adams* AG 1990, 243 (246); *Assmann/Bozenhardt* in Assmann/Basaldua S. 1 (113 in Fn 595).

930 Vgl. *Kort* in FS Lutter S. 1421 (1436f.); *Maier-Reimer* ZHR 165 (2001), 258 (271).

931 *Mülbert* IStR 1999, 83 (88); *van Aubel* „Vorstandspflichten" S. 42ff.; *Hopt* ZGR 1993, 534 (553ff.); *ders.* in Großkomm § 93 Rn 125; KK-*Mertens* § 76 Rn 26; vgl. auch *Maier-Reimer* ZHR 165 (2001), 258 (271f.); kritisch zu dieser Fallgruppe: *Dimke/Heiser* NZG 2001, 241 (247); *Assmann/Bozenhardt* in Assmann/Basaldua S. 1 (113f.); *Hopt* in FS Lutter S. 1361 (1393 in Fn 146).

932 *Van Aubel* „Vorstandspflichten" S. 45f.; *Hopt* ZGR 1993, 534 (559, 563); *ders.* in FS Lutter S. 1361 (1392); *Rümker* in FS Heinsius S. 683 (691 in Fn 23); *Otto* DB 1988 Beil. 12, S. 1 (9); *Michalski* AG 1997, 152 (155); *W. Müller* in FS Semler S. 195 (214); *Mülbert* IStR 1999, 83 (88).

933 Statt vieler *Mülbert* IStR 1999, 83 (88); *Hopt* ZHR 161 (1997), 368 (411); *ders.* ZGR 1993, 534 (556); *Assmann/Bozenhardt* in Assmann/Basaldua S. 103ff.; KK-*Mertens* § 76 Rn 26; *Martens* in FS Beusch S. 529 (549).

934 *Rümker* in FS Heinsius S. 683 (687); *Martens* in FS Beusch S. 529 (549); *Mülbert* IStR 1999, 83 (88).

935 Für letztere Herleitung z. B. *van Aubel* „Vorstandspflichten" S. 172ff.; wohl zustimmend *Mülbert* IStR 1999, 83 (88).

Eine Abwehrmaßnahme durch den Vorstand lässt sich nicht als Erfüllung seiner Bestandssicherungspflicht nach § 91 Abs. 2 AktG darstellen, nach der der Vorstand Gefahren für den Fortbestand der Gesellschaft frühzeitig erkennen soll. Unter solchen bestandsgefährdenden Entwicklungen werden zwar alle Vorgänge subsumiert, die sich negativ auf die Vermögens-, Ertrags- oder Finanzlage des Unternehmens auswirken, so dass auch ein feindlicher Übernahmeversuch hierunter fallen könnte, wenn der Bestand der Gesellschaft gefährdet erscheint.[936] Doch die Pflicht nach § 91 Abs. 2 AktG stellt dem Vorstand selbst vor Abgabe eines Angebots nicht die Kompetenz zur Verfügung, alleine die Ergreifung einer Abwehrmaßnahme zu entscheiden.[937]

4. Ausnahmen zur Neutralitätspflicht nach dem WpÜG

a) Vornahme der Maßnahmen eines ordentlichen und gewissenhaften Geschäftsführers

Das Bestehen eines Übernahmeangebots hindert den Vorstand nicht daran, die Handlungen und Geschäftsmaßnahmen vorzunehmen, die ein ordentlicher und gewissenhafter Geschäftsleiter eines Unternehmens, das nicht von einem Übernahmeangebot betroffen ist, durchgeführt hätte.[938] Dies galt bereits nach allgemeinen aktienrechtlichen Erwägungen und ist nun durch die Regelung in § 33 Abs. 1 Satz 2 Alt. 1 WpÜG gesetzlich statuiert worden. Die Einordnung als Ausnahmetatbestand zur Neutralitätspflicht erscheint allerdings sachlich nicht richtig. Zu solchen Maßnahmen gehören jedenfalls nach der Begründung zum Regierungsentwurf im Wesentlichen das Tagesgeschäft und die bereits eingeschlagenen Unternehmensstrategien.[939] Daraus wird deutlich, dass im Gegensatz zu § 33 Abs. 3 Nr. 4 WpÜG in der Fassung des Referentenentwurfs nicht nur das Tagesgeschäft, sondern auch außergewöhnliche Maßnahmen gedeckt sein können, wenn diese einer vor Bekanntwerden des Angebots eingeschlagenen Unternehmensstrategie entsprechen.[940] Diese Maßnahmen können dabei auch ausschließlich der Abwehr

---

[936] *Körner* DB 2001, 367 (369); *Kort* in FS Lutter S. 1421 (1442); vgl. *Hüffer* „AktG" § 91 Rn 6; *Drygala/Drygala* ZIP 2000, 297; *Hommelhoff/Mattheus* AG 1998, 249 (251); *Lück* DB 1998, 1925; kritisch dagegen: *Rümker* in FS Heinsius S. 683 (691) mit Verweis auf BGHZ 103, 184 (192) „*Linotype*", nach der die Liquidation eines Unternehmens in die Kompetenz der Hauptversammlung fällt und diese Entscheidung nicht gerichtlich angreifbar ist, da der Beschluss seine Rechtfertigung in sich selbst trägt.

[937] Vgl. *Kort* in FS Lutter S. 1421 (1442).

[938] Zur verbleibenden Rechtsunsicherheit, wann eine solche Handlung vorliegen könnte: *Thaeter* NZG 2001, 789; *Hopt* in FS Lutter S. 1361 (1391f.); zutreffend relativierend aber *Winter/Harbarth* ZIP 2002, 1 (6); vgl. aber auch Diskussions- und Referentenentwurf, die jeweils lediglich die Erfüllung abgeschlossener Verträge erlaubten.

[939] Begründung des Regierungsentwurfs BT-Drucks. 14/7034, S. 58 = ZIP 2001, 1262 (1286); möglicherweise auf Anregung der *Stellungnahme des DAV* unter www.rws-verlag.de = NZG 2001, 420 (429); *Stellungnahme der BNotK* unter www.bnotk.de; zum Ganzen *Pötsch/Möller* ZIP 2001, 1256 (1260).

[940] *Drygala* ZIP 2001, 1861 (1865f.); *Thoma* NZG 2002, 105 (110); vgl. die *Stellungnahme des DAV* unter www.rws-verlag.de = NZG 2001, 420 (429); *Stellungnahme der BNotK* unter

eines Übernahmeangebots dienen, da nach der Begründung des Finanzausschusses das Recht des Vorstands zur Durchführung von Abwehrmaßnahmen nicht durch § 33 Abs. 2 WpÜG eingeschränkt wird.[941]

Diskutiert wird hierbei, ob die Befugnisgrenzen anhand der Grundsätze des Bundesgerichtshofes aus der „*ARAG*"-Entscheidung[942] bestimmt werden können. Danach steht dem Vorstand ein breites unternehmerisches Ermessen zu, so dass seine Handlungen, abgesehen von evidenten Mängeln in der Beschlussfassung oder markanten Interessenkonflikten, grundsätzlich zulässig und lediglich dahingehend überprüfbar sind, ob die Grenzen verantwortlicher Unternehmensführung deutlich überschritten oder unverantwortliche Risiken eingegangen worden sind.[943] Im Rahmen von § 33 Abs. 1 Satz 2 Alt. 1 WpÜG wird man eine sinngemäße Anwendbarkeit dieser Grundsätze bejahen können.[944] Dafür spricht, dass im Rahmen dieser Vorschrift nach deren Wortlaut das Bestehen eines Übernahmeangebots gerade ausgeklammert werden soll[945] und eine entsprechende Anwendbarkeit ebenfalls in der vergleichbaren Konstellation der §§ 311, 317 Abs. 2 AktG zum Teil ausdrücklich befürwortet wird.[946]

---

www.bnotk.de mit dem Beispiel eines Unternehmens, das nach Abgabe des Angebots ein anderes Unternehmen übernehmen und damit zum einen liquide Mittel erheblich verringern, aber zum anderen auch die drohende Übernahme verhindern könnte, ohne dass der Vorstand seine Neutralitätspflicht mißachtet hätte. Zu den Anforderungen an die Konkretisierung der Unternehmensstrategie vgl. *Winter/Harbarth* ZIP 2002, 1 (7); *Maier-Reimer* ZHR 165 (2001), 258 (269, 274); *Hopt* in FS Lutter S. 1361 (1389); *Krause* NJW 2002, 705 (712); *Cahn/Senger* FB 2002, 277 (288); offenbar geringere Anforderungen an die Konkretisierung stellt *Drygala* ZIP 2001, 1861 (1866ff.), der indes insgesamt die Übernahmesituation als Sondersituation nicht hinreichend gewürdigt sieht.

941 *Begründung des Finanzausschusses* BT-Drucks. 14/7477, S. 53; dazu *U. H. Schneider* AG 2002, 125 (129); vgl. dagegen Art. 9 Abs. 1 b) des Entwurfes einer EG-Richtlinie in der Fassung vom 6.6.2001, wonach die Zielgesellschaft in ihrer normaler Geschäftstätigkeit nicht unangemessen behindert werden solle, aber bei außergewöhnlichen Handlungen eingeschränkt werden müsse, Erwägungsgrund Nr. 18 des Vermittlungsausschusses in ZIP 2001, 1123 (1124f.); dazu *Neye* ZIP 2001, 1120 (1122).

942 BGHZ 135, 244 = ZIP 1997, 883; dazu *Kindler* ZHR 162 (1998), 101ff.; *Thümmel* DB 1997, 1117; bestätigt durch BGHZ 136, 133 (140).

943 BGHZ 135, 244 (253f.) = ZIP 1997, 883 (885f.); zur Vorinstanz OLG Düsseldorf ZIP 1997, 27 = AG 1997, 231 (234f.) „*ARAG*"; dazu allgemein: *Hüffer* „AktG" § 93 Rn 13a; KK-*Mertens* § 76 Rn 10ff.; *Hopt* in Großkomm § 93 Rn 81; *Kindler* ZHR 162 (1998), 101 (103ff.).

944 So auch *Drygala* ZIP 2001, 1861 (1867); *Winter/Harbarth* ZIP 2002, 1 (7); *U. H. Schneider* AG 2002, 125 (129).

945 *Drygala* ZIP 2001, 1861 (1867); *Winter/Harbarth* ZIP 2002, 1 (7).

946 *Habersack* in Emmerich/Habersack „Aktienkonzernrecht" § 311 Rn 40 in Fn 108; MünchKomm AktG-*Kropff* § 311 Rn 278; nach herrschender Ansicht fehlt es bereits an einem Nachteil im Sinne des § 311 Abs. 1 AktG, wenn ein ordentlicher und gewissenhafter Geschäftsführer einer unabhängigen Gesellschaft ebenso gehandelt hätte, vgl. statt vieler KK-*Koppensteiner* § 311 Rn 23, 25ff.; *Krieger* in Münch Hdb § 69 Rn 68; *Hüffer* „AktG" § 311 Rn 27; Geßler/Hefermehl/Eckardt/Kropff-*Kropff* § 311 Rn 108.

b) Suche nach einem konkurrierenden Angebot („white knight")

Ebenso als Ausnahme zur Neutralitätspflicht hat der Gesetzgeber die Suche nach einem konkurrierenden Angebot („white knight") eingeordnet, vgl. § 33 Abs. 1 Satz 2 Alt. 2 WpÜG. Dies wird nach zutreffender Ansicht in der Literatur ebenfalls nicht als Abwehrmaßnahme im engeren Sinne angesehen, da die Aktionäre dadurch lediglich die Auswahl zwischen zwei Angeboten erlangen.[947] Demnach haben auch die Befürworter einer strikten Neutralitätspflicht eine solche Suche bereits vor Inkrafttreten des *Wertpapiererwerbs- und Übernahmegesetzes* als zulässig angesehen.[948] Stellt man jedenfalls die Zulässigkeit fest, ergeben sich –wie *Winter/Harbarth* zutreffend dargelegt haben–[949] auf der einen Seite zeitliche Schwierigkeiten, ein solches Konkurrenzangebot überhaupt einzuholen, andererseits auch rechtliche Probleme insbesondere bei der Frage, welche Informationen und in welchem Umfang diese an den „white knight" weitergegeben werden dürfen.[950] Nach herrschender Ansicht ist der Vorstand im Rahmen seines unternehmerischen Ermessens dazu berechtigt, einem potentiellen Bieter eine Due-dilligence-Untersuchung auch ohne Einschaltung eines unabhängigen, einer beruflichen Schweigepflicht unterliegenden Dritten zu gestatten.[951] Zu bemerken ist hier, dass nach Art. 2 Abs. 2 des Übernahmekodexes die Zielgesellschaft zum Beispiel dazu verpflichtet war, einem neuen Bieter mindestens die gleichen Informationen wie dem Erstbieter zur Verfügung zu stellen.

c) Einschaltung anderer Gesellschaftsorgane

Neben der Legitimation durch einen Hauptversammlungsbeschluss ist auch eine Ausnahme von der Neutralitätspflicht anzunehmen, wenn die Zustimmung des Aufsichtsrats nach § 33 Abs. 1 Satz 2 Alt. 3 WpÜG eingeholt worden ist. Auf diese Legitimationen wird sogleich gesondert einzugehen sein.[952] Abschließend sei jedoch darauf hingewiesen, dass das Europäische Parlament unter Initiative insbesondere des deutschen Berichterstatters *Lehne* vorgeschlagen hatte, den Mitgliedsstaaten nach Art. 9 Abs. 2a neu Buchstabe a) der Richtlinie die Beteiligung der staatlichen Aufsichtsbehörden an Verteidigungsmaßnahmen des Vorstands zu ermöglichen. Dagegen ist von *Merkt* eingewendet worden, dass die verwaltungsbe-

---

[947] *Hopt* in Großkomm § 93 Rn 126; *ders.* ZGR 1993, 534 (557); zustimmend *Winter/Harbarth* ZIP 2002, 1 (4).

[948] *Mülbert* IStR 1999, 83 (89); *van Aubel* „Vorstandspflichten" S. 171f..

[949] *Winter/Harbarth* ZIP 2002, 1 (5); so auch *Cahn/Senger* FB 2002, 277 (288).

[950] Zu Fragen der „due dilligence": *Stoffels* ZHR 165 (2001), 362 (373ff.); *Schroeder* DB 1997, 2161ff.; *K. Mertens* AG 1997, 541ff.; *Roschmann/Frey* AG 1996, 449ff.; enger *Lutter* ZIP 1997, 613 (617), der allerdings die Prüfung durch sachverständige Dritte zulassen möchte.

[951] *Bihr* BB 1998, 1198 (1199); *Schroeder* DB 1997, 2161 (2162f.); *Kallmeyer* ZHR 161 (1997), 435 (446); *Hopt* in Großkomm § 93 Rn 213; *ders.* in FS Lutter S. 1361 (1384); *Maier-Reimer* ZHR 165 (2001), 258 (264); vgl. aber auch *Lutter* ZIP 1997, 613 (616ff.); *Ziemons* AG 1999, 492.

[952] Vgl. dazu die Ausführungen unter 6. Abschnitt B I 5 und 6, S. 195ff..

hördliche Genehmigung einzelner Verteidigungsmaßnahmen ein Novum und Fremdkörper im deutschen Gesellschafts- und Kapitalmarktrecht darstellen würde. Problematisch sei dabei, dass für ein solches Verfahren zunächst entsprechende Verhaltensmaßstäbe für die Behörde erstellt und das Risiko der Amtshaftung beseitigt werden müsste.[953] Die Bedenken mögen nunmehr dahinstehen, da eine solche Beteiligung der Aufsichtsbehörden keinen Eingang in das *„Wertpapiererwerbs- und Übernahmegesetz“* gefunden hat.[954]

5. Beteiligung der Hauptversammlung

Mit dem Wegfall eines europarechtlich statuierten, strikten Neutralitätsgebots hat die Bundesregierung im WpÜG dieses abgeschwächt. Grundsätzlich sind alle Maßnahmen zulässig, die von der Hauptversammlung bei Vorliegen eines Übernahmeangebots legitimiert worden sind. Ebenso wird aber auch die Verabschiedung sogenannter Vorratsbeschlüsse eingeräumt, die von den deutschen Vertretern auch in Brüssel angestrebt worden war. Keine Gefolgschaft hat der Vorschlag gefunden, die Hauptversammlung der Zielgesellschaft vor der Entscheidung über die Ergreifung von Abwehrmaßnahmen einen entsprechenden Beschluss fassen zu lassen. Damit ließe sich erkennen, ob es sich um eine freundliche oder feindliche Übernahme handeln könnte.[955]

a) Beteiligung in Form von Post-bid-Hauptversammlungsbeschlüssen

Dogmatisch unproblematisch mögen die Post-bid-Hauptversammlungsbeschlüsse sein, die die Rechte der Anteilseigner als Eigentümer der Gesellschaft unzweifelhaft wahren. Ein solcher Beschluss wird erforderlich sein, wenn der Vorstand eine Abwehrmaßnahme für notwendig erachtet, die in den Kompetenzbereich der Hauptversammlung fällt. Um sich vor einem eventuellen Haftungsrisiko schützen zu können, wird die Einholung jedoch in anderen Fällen sinnvoll sein, vgl. dazu § 93 Abs. 4 Satz 1 AktG. Schließlich ist auch zu bedenken, dass ein Hauptversammlungsbeschluss seine Rechtfertigung in sich trägt, die Aktionäre nicht an ein übergeordnetes Unternehmensinteresse gebunden sind und daher auch

---

[953] *Merkt* ZHR 165 (2001), 224 (254); kritisch auch *Kirchner* AG 1999, 481 (487); vgl. auch die Klauseln zum Ausschluß der Amtshaftung in § 4 Abs. 2 WpHG, § 6 Abs. 3 KWG; § 1 Abs. 4 BörsG und § 81 Abs. 1 VAG.

[954] Die Bundesanstalt für Finanzdienstleistungsaufsicht kann lediglich nach § 15 WpÜG das Angebot eines Bieters oder gemäß § 28 WpÜG eine bestimmte Werbemaßnahme eines Beteiligten untersagen.

[955] *Baums* AG 1990, 221 (234); *ders.* in von Rosen/Seifert S. 165 (174f.); *Schneider/Burghard* DB 2001, 963 (968); *Lüttmann* „Kontrollwechsel“ S. 215ff.; *Kallmeyer* AG 2000, 553f.; so auch *Stellungnahme des Bundesrates* unter www.rws-verlag.de = ZIP 2001, 1787, um teure und aufwendige Abwehrmaßnahmen eventuell vermeiden zu können. Der Bundesrat verweist hier auf Pläne der SPD zu einem Transparenz- und Wettbewerbsgesetz, BT-Drucks. 13/347 vom 30.01.1995 = ZIP 1997, 1310 (1314); ablehnend *Merkt* ZHR 165 (2001), 224 (252f.); *Baudisch/Götz* AG 2001, 251ff.; *Drygala* ZIP 2001, 1861 (1864).

Gruppeninteressen vernachlässigen könnten, die bei einer Vorstandsentscheidung zu beachten wären.[956]

Die Durchführung wird nunmehr durch die Verkürzung der gemäß § 123 Abs. 1 AktG bestehenden Ladungsfrist auf zwei Wochen nach § 16 Abs. 4 WpÜG erleichtert.[957] Die Annahmefrist gemäß § 16 Abs. 1 WpÜG beträgt im Falle einer Einberufung dabei automatisch zehn Wochen. Darüber hinaus wird die Frist für die Übersendung der Hauptversammlungsunterlagen auf vier Tage verkürzt,[958] die Bindung an den statuarisch festgelegten Versammlungsort im Sinne des § 121 Abs. 5 AktG aufgehoben und auch ein Verzicht auf die Versendung von Mitteilungen und Gegenanträgen ermöglicht, wenn der Vorstand mit Zustimmung des Aufsichtsrats den rechtzeitigen Zugang bei den Aktionären für nicht wahrscheinlich erachtet.[959]

aa) Praktische und rechtliche Komplikationen bei der Durchführung

Doch wird die Effektivität dieser Hauptversammlung angesichts der möglicherweise einschneidenden Bedeutung der Entscheidung für die Zielgesellschaft und aufgrund der ohnehin hektischen Phase des Übernahmeverfahrens im Zweifel leiden müssen.[960] So vermag der Verzicht auf den statuarisch festgelegten Versammlungsort nur einen ersten Schritt darzustellen, da zum einen aus organisatorischen Gründen dieser nicht eingehalten werden kann[961] und zum anderen die international weit verstreuten Anleger ohnehin im Regelfall nicht gewillt sein werden, aufwendige Reisen anzutreten. Helfen könnte daher lediglich eine Hauptver-

---

956 Vgl. dazu *Schwennicke* in Geibel/Süßmann § 33 Rn 57; *Kiem* ZIP 2000, 1509 (1515); *Kirchner* AG 1999, 481 (488); *Thaeter/Barth* NZG 2001, 545 (549).

957 *Dimke/Heiser* NZG 2001, 241 (259) sprechen sich für eine Verkürzung der Ladungsfrist auf eine Woche aus, um die Annahmefrist möglichst kurz zu halten, vgl. zur Kritik an einer langen Angebotsfrist: *Diekmann* WM 1997, 897 (903); *Martens* in FS Beusch S. 529 (552f.); *Weisner* „Verteidigungsmaßnahmen“ S. 289f., 306; *Weisgerber* ZHR 161 (1997), 421 (429).

958 Vgl. § 125 Abs. 1 Satz 1 AktG, nach dem hierfür 12 Tage vorgesehen sind.

959 Dazu Begründung zum Regierungsentwurf S. 119.

960 Kritisch auch *Wagner* Die Bank 2002, 66 (68); *Grunewald* AG 2001, 288 (290); *Baudisch/Götz* AG 2001, 251 (253); *Körner* DB 2001, 367 (370); *Maier-Reimer* ZHR 165 (2001), 258 (270f.); *Krause* NJW 2002, 705 (713); *Weisner* ZRP 2000, 520f.; *Weisser* „Feindliche Übernahmeangebote“ S. 197; *Schneider/Burgard* DB 2001, 963 (968); ob hier der Hinweis von *Hommelhoff/Witt* in RIW 2001, 561 (566) weiterhilft, dass es in Italien mit ähnlichen Regelungen offenbar keine nennenswerten Störungen bei der Durchführung dieser „Abwehr“-Hauptversammlungen gibt, kann hier dahinstehen; vgl. auch *Hopt* in FS Lutter S. 1361 (1387 mwN in Fn 113), der darauf hinweist, dass auch in den Verhandlungen zur EG-Richtlinie kein anderer Mitgliedsstaat Probleme mit der rechtzeitigen Einberufung in der post-bid Phase befürchtet hat.

961 Ironisch hierzu *U. H. Schneider* AG 2002, 125 (131): „Die Aktionäre sitzen an einem kalten regnerischen Novembertag, weil keine Halle gefunden wurde, in einem offenen Fußballstadion“; anders dagegen *Drygala* ZIP 2001, 1861 (1865 in Fn 52), der solche „Komforteinbußen“ für zumutbar hält.

sammlung via Internet, die allerdings noch weithin entwicklungsbedürftig ist.[962] Zu bedenken ist auch, dass eventuell erforderliche Maßnahmen bestimmte Vorlaufzeiten beanspruchen und daher ein zeitlicher Verlust für die Zielgesellschaft zu befürchten wäre, wenn auch noch die Zustimmung der Hauptversammlung einzuholen ist. Abgesehen von diesen technischen Schwierigkeiten könnte schließlich eine so legitimierte Abwehrmaßnahme mit dem Einwand angefochten werden, dass die „*Holzmüller*"-Grundsätze heranzuziehen und die damit verbundenen Berichtspflichten vernachlässigt worden seien[963] oder etwa der Legitimationsbeschluss nicht hinreichend bestimmt gewesen sei.[964] Zu den ohnehin bestehenden Schwierigkeiten dieser Beschlüsse gesellt sich demnach auch eine gewisse Rechtsunsicherheit.[965]

Ein weiteres Problem stellt die Frage dar, ob der Bieter der Zielgesellschaft in dieser Hauptversammlung ein Stimmrecht besitzt, wenn er bereits vor Abgabe des Übernahmeangebots über einen Aktienanteil verfügt. *Maier-Reimer* hat dazu ausgeführt, dass dies „sinnvollerweise" zu verneinen sei. Er erkennt zwar die dogmatischen Schwierigkeiten, einen solchen Stimmrechtsausschluss herzuleiten, begründet seine Ansicht aber damit, dass diese Hauptversammlung keine „Versammlung aller Aktionäre" sei, sondern lediglich die „Adressaten des Angebots" tangiere.[966] Dem kann indessen nicht gefolgt werden. Hintergrund einer Zustimmung der Hauptversammlung ist, dass die Aktionäre das wirtschaftliche Risiko des Unternehmens tragen und daher über die Notwendigkeit von Abwehrmaßnahmen grundsätzlich entscheiden sollen. Gleiches Risiko trägt daher auch der Bieter als Aktionär; die Tatsache, dass seine Entscheidung präjudiziert ist, vermag nicht gegen ein solches Stimmrecht zu sprechen, sondern führt lediglich dazu, dass die realiter differierenden Ansichten unter den Anteilseignern sich in der Entschei-

962 Mit dem „*Gesetz zur Namensaktie und zur Erleichterung der Stimmrechtsausübung (NaStraG)*" vom 18.1.2001 (abgedruckt in BGBl. I 4/2001, S. 123ff. vom 24.1.2001) ist die Stimmabgabe via Internet zumindest mittelbar möglich. Zwar ist an der Präsenz-Hauptversammlung grundsätzlich festgehalten worden, jedoch kann nach § 134 Abs. 3 Satz 2 AktG n. F. die Satzung eine Vollmachtserteilung von der zwingenden Schriftform befreien und andere Formen zulassen. Ein Aktionär kann dann Weisungen via Internet an einen Vertreter senden, der indes zwingend in der Hauptversammlung anwesend sein muss und das Stimmrecht dort ausüben kann; vgl. zur Diskussion: *Riegger/Mutter* ZIP 1998, 637ff.; *Noack* ZIP 1999, 1993ff.; *ders.* NZG 2001, 1057ff.; *Zätsch* NZG 2000, 393ff.; *Weber* NZG 2001, 337ff.; zum praktischen Vorgehen *Noack* „Aktienrechtsreform" unter www.jurawelt.de.

963 *Kiem* ZIP 2000, 1509 (1513); *Grunewald* AG 2001, 288 (290).

964 Dazu *Kiem* ZIP 2000, 509 (516); *Grunewald* AG 2001, 288 (290); zum Problem der Anfechtung dieser post-bid Hauptversammlungsbeschlüsse: *Winter/Harbarth* ZIP 2002, 1 (13); *Krause* NJW 2002, 705 (713); *Baudisch/Götz* AG 2001, 251 (253); zum Rechtsschutz im Übernahmerecht allgemein *Schnorbus* ZHR 166 (2002), 72ff..

965 Zur Vermeidung wird hier die Anwendbarkeit des Freigabeverfahrens nach § 16 Abs. 3 UmwG vorgeschlagen, vgl. *Regierungskommission Corporate Governance* in Baums Rn 153, S. 176ff.; Verhandlungen des 63. DJT S. O 76f.; kritisch *Winter/Harbarth* ZIP 2002, 1 (13).

966 In ZHR 165 (2001), 258 (276f.); zustimmend *Schneider/Burgard* DB 2001, 963 (968), die dabei auch die mit dem Bieter zusammen handelnden Personen im Sinne des § 2 Abs. 5 WpÜG vom Stimmrecht ausschließen wollen.

dung widerspiegeln. Daher besitzt zum Beispiel im Falle der Zustimmung zu einer Veräußerung vinkulierter Namensaktien auch der Veräußerer ein Stimmrecht.[967] Das Stimmrecht des Bieters vermag jedoch die Bedeutung einer post-bid Hauptversammlung im gegebenen Fall weiter zu reduzieren.

Schließlich und endlich resultiert ein weiteres Problem aus dem Mehrheitserfordernis dieser Beschlüsse. Bei Maßnahmen, für die gesetzlich bzw. statuarisch lediglich eine einfache Mehrheit ausreicht, wird eine solche auch bei den hier in Frage stehenden Maßnahmen genügen. Im Regelfall wird eine Verteidigungsmaßnahme jedoch derart tief in die Struktur der Gesellschaft eingreifen, dass die in der „*Holzmüller*"-Entscheidung von der Rechtsprechung entwickelten Grundsätze nach überzeugender Auffassung[968] zur Anwendung gelangen könnten und dann auch nach zutreffender Ansicht eine qualifizierte Mehrheit erforderlich sein.[969] Diese Dreiviertelmehrheit würde aber darin münden, dass angesichts der Hauptversammlungspräsenz in Deutschland ein Bieter möglicherweise mit ca. 10%-15% der Anteile die für eine Ablehnung erforderliche Sperrminorität besäße und ein Vorstand in solchen Fällen keinen Beschluss herbeiführen könnte.[970] Da nach der Gesetzeskonzeption grundsätzlich die Hauptversammlung über Abwehrmaßnahmen entscheiden soll, könnte man daraus schließen, dass eine einfache Mehrheit ausreichen sollte. Auf der anderen Seite ist kein sachlicher Grund ersichtlich, die Anforderungen an einen „Holzmüller"-Beschluss im Rahmen von feindlichen Übernahmen abzusenken, zumal dann offenbar eine substantielle Anzahl von Aktionären kein Interesse an der Einleitung von Abwehrmaßnahmen besitzt. Kommen die „Holzmüller"-Grundsätze zur Anwendung, ist daher eine qualifizierte Mehrheit notwendig.

bb) Folgerungen für die Rechtspraxis

Die erhobenen Bedenken und praktischen Schwierigkeiten bei einer post-bid-Hauptversammlung führen zu der Frage, ob es nicht erforderlich erscheint, die Ergreifung von Maßnahmen dem Vorstand und Aufsichtsrat zu überlassen. Die Effektivität der denkbaren Abwehrmaßnahmen wird zwar zum Teil bestritten,[971]

---

967 *Kiem* ZIP 2000, 1509 (1512); vgl. allgemein zum Stimmrecht bei dieser Zustimmung: BGHZ 48, 163 (167); *Hüffer* „AktG" § 68 Rn 14; KK-*Lutter* § 68 Rn 29; a. A. noch KK-*Zöllner* § 136 Rn 29.

968 *Mülbert* IStR 1999, 83 (88ff.); *Martens* in FS Beusch S. 529 (551 in Fn 51); *Ebenroth/Daum* DB 1991, 1157; a. A. *Krause* AG 2000, 217 (220f.); *Kiem* ZIP 2000, 1509 (1513); zurückhaltend auch LG Düsseldorf AG 2000, 233 (234) = WM 2000, 528 (530f.) „*Mannesmann/Vodafone*"; *Kirchner* AG 1999, 481 (488f.).

969 *Altmeppen* DB 1998, 49 (50); *Kiem* ZIP 2000, 1509 (1513); *Lutter/Leinekugel* ZIP 1998, 225 (231); *Lutter* in FS Fleck S. 169 (181ff.); a. A. aber *Hüffer* „AktG" § 119 Rn 18; *Immenga* BB 1992, 2446 (2448).

970 Vgl. dazu *Kiem* ZIP 2000, 1509 (1512); *Schneider/Burgard* DB 2001, 963 (968).

971 *U. H. Schneider/Burgard* DB 2001, 963 (967f.); dazu auch *Geibel/Süßmann* BKR 2002, 52 (65); *Wackerbarth* WM 2001, 1741 (1750); *Becker* ZHR 165 (2001), 280 (281f.), der im We-

eine post-bid-Hauptversammlung erscheint jedoch ohnehin dann als entbehrlich, wenn der Schwerpunkt auf einer ordnungsgemäßen Information des Anteilseigners in Form der Stellungnahme nach § 27 WpÜG liegt.[972] Denn in der Ablehnung des Übernahmeangebots durch die Aktionäre ist die effektivste Abwehrmaßnahme gegen eine feindliche Übernahme zu erblicken. Entscheidend wird damit sein, ob die Verwaltung der Zielgesellschaft die Aktionäre von einer fehlenden Attraktivität des Angebots überzeugen kann oder nicht. Die Einberufung während einer laufenden Annahmefrist kann mithin im Ergebnis lediglich als ultima ratio verbleiben, wird aber in der Praxis nur selten sich als sinnvoll erweisen.

b) Beteiligung in Form von Vorratsbeschlüssen

Aus den in § 33 Abs. 1 Satz 2 und Abs. 2 WpÜG genannten Maßnahmen, die nicht zu einem Verstoß der Neutralitätspflicht führen sollen, ist die Möglichkeit der „Vorratsbeschlüsse" ebenfalls herauszugreifen.

aa) Kritik der Zulässigkeit von Vorratsbeschlüssen

Nach Teilen der Literatur sind solche Vorratsbeschlüsse bereits nach früherer Rechtslage als unzulässig anzusehen, da sie zu pauschal und ohne sachlichen Grund erfolgen und zu einer Entmachtung der Hauptversammlung führen.[973] Sie seien zudem auch praktisch sinnlos, da vor dem Bestehen einer Übernahmesituation die erforderlichen Abwehrmaßnahmen ohnehin nicht antizipiert werden könnten.[974] Dabei würde sich dann auch die ganze Problematik der Interessenkonflikte des Vorstands frei entfalten können, weil die Entscheidung der Hauptversammlung allein auf den Informationen des Vorstands beruhe; zu berücksichtigen sei zudem, dass ein Großteil der Aktionäre ohnehin über das Depotstimmrecht für die Vorschläge der Verwaltung stimme.[975] Mangels hinreichender Kenntnisse und In-

---

sentlichen die Kapitalmarktfähigkeit des Unternehmens durch Verteidigungsmaßnahmen gefährdet sieht.

[972] Die *Begründung des Regierungsentwurfs* S. 2, 126ff. geht von der Information der Anteilsinhaber als ein wesentliches Ziel des Gesetzes aus; als wesentliches Abwehrmittel identifiziert die Stellungnahme auch *Körner* DB 2001, 367 (370); vgl. die Übernahmeschlacht „*Mannesmann/Vodafone*", bei der es nicht um rechtliche Abwehrmaßnahmen ging, sondern im Wesentlichen um die Informationspolitik.

[973] *Pluskat* WM 2001, 1937 (1940); *Lutter/Leinekugel* ZIP 1998, 805; *Zimmer* in FAZ Nr. 128 vom 5.06.2001, S. 14; kritisch wohl auch *Hommelhoff/Witt* RIW 2001, 561 (566); *Kirchner* AG 1999, 481 (488).

[974] Vgl. dazu *Pluskat* WM 2001, 1937 (1940); *Thaeter/Barth* NZG 2001, 545 (549); *Merkt* ZHR 165 (2001), 224 (252); *Krause* FAZ vom 9.5.2001, S. 15; *Schubert* FAZ vom 14.5.2001, S. 19; *Zimmer* in FAZ Nr. 128 vom 5.06.2001, S. 14; dieses Problem hat auch der Gesetzgeber erkannt: vgl. die Begründung der Bundesregierung S. 143f..

[975] Darauf verweist *Merkt* ZHR 165 (2001), 224 (252); *Mülbert/Birke* WM 2001, 705 (711, 718); ähnlich *Thaeter/Barth* NZG 2001, 545 (549).

formationen hielt man auf europäischer Ebene daher einen Vorratsbeschluss der Hauptversammlung nicht für zweckmäßig.[976]

Im Ergebnis könne ein Vorratsbeschluss lediglich in Form einer „Blankettermächtigung" erteilt werden,[977] die aber dann die Gefahr eines eigennützigen Handelns des Vorstands berge. Zudem könne es dem Vorstand aufgrund der Unbestimmtheit des Beschlusses erschwert sein, seinen Handlungsspielraum abschätzen zu können bzw. es könne aus dieser Unbestimmtheit eine Aufzehrung des zeitlichen Vorteils resultieren.[978] Die vor Verabschiedung des WpÜG angestellten Bedenken von *Thaeter*, dass neben der Ermächtigung der Hauptversammlung nach § 33 Abs. 2 WpÜG bei den meisten Verteidigungsmaßnahmen (wie Kapitalerhöhung aus genehmigten Kapital; Erwerb eigener Aktien; Veräußerung von Unternehmensteilen etc.) zusätzlich nach den allgemeinen aktienrechtlichen Regelungen eine Zustimmung der Anteilseignerversammlung post-bid eingeholt werden müsste,[979] werden durch die Begründung des Finanzausschusses zerstreut, wonach solche Maßnahmen lediglich den Anforderungen des § 33 Abs. 1 Satz 2 WpÜG genügen müssen.[980]

bb) Die gesetzliche Ausgestaltung

Die Problematik der Vorratsbeschlüsse hat auch der Gesetzgeber erkannt und daher besondere Anforderungen an diese Beschlüsse stellen wollen. Nach der Begründung des Gesetzesentwurfs der Bundesregierung sollten daher sogenannte „Blankettermächtigungen" nicht zulässig sein. Beschlüsse der Hauptversammlung nach § 33 Abs. 2 Satz 1 WpÜG sollten demnach die Handlungen, zu denen der Vorstand im Falle des Vorliegens eines Übernahmeangebots ermächtigt sein soll, *im Einzelnen* bestimmen und sollten auch besondere Anforderungen an die Art des Gebrauchs der Ermächtigung stellen können.[981] Hiervon ist der Gesetzgeber aufgrund der Kritik des Bundesrates[982] abgekommen, und hat nunmehr die Regelung

[976] Report of the High Level Group of Company Law Experts Kapitel 4.1; vgl. *U. H. Schneider* AG 2002, 125 (130).

[977] *Jung* in Schubert FAZ vom 14.5.2001, S. 19; *Thaeter/Barth* NZG 2001, 545 (549); ähnlich auch *Zschocke* DB 2002, 79 (83).

[978] So *Thaeter/Barth* NZG 2001, 545 (549).

[979] *Thaeter* NZG 2001, 789 (790); vgl. auch hierzu *Dimke/Heiser* NZG 2001, 241 (249); *Stellungnahme des DAV* ZIP 2001, 1736 (1739) = NZG 2001, 420 (429); kritisch zur Tauglichkeit des Erwerbs eigner Aktien als Abwehrmittel *Kort* in FS Lutter S. 1421 (1428f.).

[980] BT-Drucks. 14/7477, S. 53.

[981] Grundsätzlich entscheidet der Vorstand hierüber im pflichtgemäßen Ermessen, vgl. Begründung der Bundesregierung vom 11.7.2001, S. 143f. = BT-Drucks. 14/7034, S. 58; vgl. so auch *Krause* FAZ vom 9.5.2001, S. 15; anders aber die *Stellungnahme des Bundesrates* www.rws-verlag.de = ZIP 2001, 1787 (1788).

[982] *Stellungnahme des Bundesrates* BT-Drucks. 14/7034 = www.rws-verlag.de = ZIP 2001, 1787 (1788); *Stellungnahme des Deutschen Aktieninstituts* vom 11.10.2001; vgl. *Begründung des Finanzausschusses* unter BT-Drucks. 14/7477, S. 53= www.rws-verlag.de = ZIP 2001, 2102 (2104).

getroffen, dass der Vorratsbeschluss die durch die Hautversammlung gebilligten Maßnahmen *der Art nach* bestimmt. Beispielhaft führt er dabei die Durchführung einer Kapitalerhöhung und die Veräußerung von Beteiligungen auf.[983] Eine solche Erleichterung soll erforderlich sein, um die beschlossenen Abwehrmaßnahmen für den Bieter weniger berechenbar machen zu können.[984] Geht man aber davon aus, dass insbesondere bei der zuletzt genannten „crown jewels defence" vielfach bereits nach den „*Holzmüller*"-Grundsätzen[985] ein entsprechender Hauptversammlungsbeschluss erforderlich sein dürfte und diese Grundsätze in einem solchen Falle besondere Bekanntmachungs- und Informationspflichten nach sich ziehen,[986] wird ein entsprechender Vorratsbeschluss nur bei konkret geplanten Veräußerungen gefasst werden können.[987]

cc) Vorratsbeschlüsse als effektive Übernahmeprophylaxe ?

Angesichts der aufgezeigten Problematik der post-bid Hauptversammlungen könnte ein entsprechender Vorratsbeschluss zwar als wichtiger Bestandteil der Übernahmeprophylaxe dienen,[988] die praktische Relevanz dieser Beschlüsse muss trotzdem bezweifelt werden.[989] Neben der Befürchtung, der Börsenkurs könnte angesichts eines solchen Beschlusses leiden, da die Gesellschaft sich selbst als Übernahmekandidat offenbart hätte, kann hierfür nicht nur die sicherlich bevorzugte Einholung der Zustimmung des Aufsichtsrats nach § 33 Abs. 1 Satz 2 WpÜG[990] angeführt werden, sondern auch die in praxi hohen Voraussetzungen an einen solchen Vorratsbeschluss.

---

983 *Begründung des Finanzausschusses* BT-Drucks. 14/7477, S. 53 = ZIP 2001, 2102 (2104); zustimmend *Stellungnahme des DAV* ZIP 2001, 1736 (1739), da die normalen Kompetenzen der Hauptversammlung und die Sorgfaltspflichten der Organe bestehen blieben und es lediglich um die Befreiung von dem Verhinderungsverbot ginge.

984 *Stellungnahme des Bundesrates* BT-Drucks. 14/7034, Anlage 2 = www.rws-verlag.de = ZIP 2001, 1787 (1788); *Stellungnahme des Deutschen Aktieninstituts* vom 11.10.2001.

985 Zu den Konstellationen: *Bohnet* DB 1999, 2617; Emmerich/Habersack-*Habersack* „Aktienkonzernrecht" Vor § 311 AktG Rn 19 mwN; zuletzt BGH NJW 2001, 1277 (1279).

986 Befürwortend: *Krause* AG 2002, 133 (134); *ders.* NJW 2002, 705 (712f.); *Geibel/Süßmann* BKR 2002, 52 (65); *Winter/Harbarth* ZIP 2002, 1 (15); allgemein dazu: *Lutter/Leinekugel* ZIP 1998, 805 (814).

987 *Krause* AG 2002, 133 (134); *ders.* NJW 2002, 705 (713); vgl. *Hopt* in FS Lutter S. 1361 (1388); *Assmann/Bozenhardt* in Assmann/Basaldua S. 1 (141).

988 Zu einer Prophylaxe gegen feindliche Übernahmeangebote: *Krause* AG 2002, 133ff..

989 Wohl herrschende Ansicht: *Stellungnahme des DAV* ZIP 2001, 1736 (1739); *U. H. Schneider* AG 2002, 125 (131); *Drygala* ZIP 2001, 1861 (1866); *Thoma* NZG 2002, 105 (111); *Winter/Harbarth* ZIP 2002, 1 (12); *Geibel/Süßmann* BKR 2002, 52 (66); *Wackerbarth* WM 2001, 1741 (1750); *Kirchner* AG 1999, 481 (488); vgl. auch *Begründung des Finanzausschusses* BT-Drucks. 14/7477, S. 67. Bis Dezember 2003 war jedenfalls noch kein Fall eines Vorratsbeschlusses bekannt.

990 Dazu unter 6. Abschnitt B I 6, S. 205ff..

(1) Mehrheitserfordernisse und Doppelmehrheit

Die de lege lata erforderliche Dreiviertelmehrheit bei der Beschlussfassung analog § 202 Abs. 2 AktG ist entgegen der im Gesetzgebungsverfahren erhobenen Bedenken grundsätzlich zu begrüßen.[991] Nicht überzeugen kann die *Stellungnahme des Bundesrates*, nach der eine einfache Mehrheit ausreichen soll, da der potentielle Bieter oder die mit ihm sympathisierenden (institutionellen) Anleger im Regelfall über die Sperrminorität der Anteile verfügten und dem Vorratsbeschluss bei einer qualifizierten Mehrheit mithin die praktische Relevanz genommen würde.[992] Auf der einen Seite besteht kein sachlicher Grund darfür, die Fassung eines Vorratsbeschlusses zu erleichtern, um die Sympathie einiger Anleger mit dem Bieter mit einer entsprechenden Abwehrmaßnahme auszuhebeln.[993] Auf der anderen Seite würde mit einer Senkung der Mehrheitserfordernisse die Rechtsposition der Minderheitsaktionäre weiter geschwächt,[994] da ein Vorratsbeschluss in der Regel diesen schaden wird und es somit angemessen erscheint, einer relativ geringen Anzahl von Aktionären zu ermöglichen, einen solchen Beschluss zu verhindern.[995] Allein hieraus ergibt sich aber auch, dass wenn eine solche qualifizierte Mehrheit erreicht werden konnte, die Zeichen für eine Ablehnung des feindlichen Übernahmeangebots durch die Aktionäre ohnehin günstig stehen. In einem solchen Falle wäre daher ein Vorratsbeschluss praktisch überhaupt nicht erforderlich.

Als ungewöhnlich im deutschen Recht wird das Erfordernis der Doppelmehrheit angesehen, dass vor Vornahme einer durch einen Vorratsbeschluss legitimierten Verteidigungsmaßnahme zusätzlich die Zustimmung des Aufsichtsrats eingeholt werden muss, § 33 Abs. 2 Satz 4 WpÜG.[996] Nach der Begründung des Regierungsentwurfs sollen hierbei die im Rahmen von § 111 Abs. 4 Satz 2 AktG geltenden Grundsätze anwendbar sein. Diese Ergänzung sei erforderlich, da der zugrunde liegende Hauptversammlungsbeschluss in Unkenntnis des konkreten Angebots erfolgt sei.[997] Im Übernahmerecht wird dies zwar von Teilen der Literatur als „möglicherweise sinnvoll" angesehen.[998] Doch ist zu bedenken, dass im Falle der

[991] So auch *Thaeter* NZG 2001, 789; *Zschocke* DB 2002, 79 (84); a. A. der Bundesrat, vgl. sogleich.

[992] *Stellungnahme des Bundesrates* unter www.rws-verlag.de = BT-Drucks. 14/7034, S. 85 = BR-Drucks. 574/01 = ZIP 2001, 1787 (1788); kritisch wohl auch *Vater* M&A 2002, 9; *Wackerbarth* WM 2001, 1741 (1750); vgl. die *Stellungnahme des DAV* ZIP 2001, 1736 (1739); *U. H. Schneider* AG 2002, 125 (131); *Drygala* ZIP 2001, 1861 (1866); *Thoma* NZG 2002, 105 (111).

[993] Stellungnahme der Börsensachverständigenkommission und der Übernahmekommission vom 11.10.2001.

[994] Stellungnahme des Bundesverbandes Deutscher Investment- und Vermögensverwaltungsgesellschaften e. V. vom 10.10.2001; zustimmend *Zschocke* DB 2002, 79 (84).

[995] *Stellungnahme der Volkswagen AG* vom 11.10.2001, S. 5f.; *Stellungnahme des Deutschen Aktieninstituts* vom 11.10.2001; *Zschocke* DB 2002, 79 (84).

[996] Vgl. dazu *Grunewald* AG 2001, 288 (291); *Merkt* ZHR 165 (2001), 224 (253).

[997] Begründung des Regierungsentwurfs S. 144 = BT-Drucks. 14/7034, S. 59.

[998] Vgl. *Grunewald* AG 2001, 288 (291); kritisch *Merkt* ZHR 165 (2001), 224 (252).

von der Hauptversammlung legitimierten Maßnahmen ohne Berücksichtigung der Nutzbarkeit als Verteidigungsmaßnahme (genehmigtes Kapital und Erwerb eigener Aktien) die Vorschrift in § 33 Abs. 2 WpÜG nach allerdings abzulehnender Auffassung in der Literatur mit einer Zustimmung des Aufsichtsrats eventuell umgangen werden könnte.[999]

(2) Maximale Geltungsdauer der Ermächtigung

Unverständlich erscheint indes die maximale Geltungsdauer der Vorratsbeschlüsse von 18 Monaten wie in § 33 Abs. 2 WpÜG vorgesehen.[1000] Man wird davon ausgehen können, dass es auch bei einer Frist von 18 Monaten faktisch zu einer jährlichen Erneuerung eines Vorratsbeschlusses kommen wird.[1001] Die Statuierung einer Frist von 12 Monaten drängt sich geradezu auf, um damit einen engen zeitlichen Zusammenhang zwischen Verabschiedung des Vorratsbeschlusses und dem Zeitpunkt des Übernahmeverfahrens in jedem Fall zu gewährleisten.

(3) Inhaltliche Anforderungen an den Vorratsbeschluss

Hohe Voraussetzungen wird man zudem hinsichtlich der Festlegung der zulässigen Maßnahmen stellen müssen. Es wird nicht ausreichen, den Vorstand zum Verkauf wesentlicher Unternehmensteile („crown jewels") zu ermächtigen,[1002] sondern der Beschluss müsste den genauen Vermögensteil und die erforderlichen Konditionen enthalten. Allein diese Anforderungen vermögen dem von der Bundesregierung selbst postulierten Verbot von „Blankettermächtigungen" gerecht zu werden. Dies wird man aber bereits aufgrund der eventuell einschlägigen allgemeinen Vorschriften wie des Umwandlungsrechts oder aufgrund der Grundsätze der „*Holzmüller*"-Entscheidung annehmen müssen.[1003] *Thaeter* ist dagegen der Ansicht, dass auch die Angabe des potentiellen Erwerbers im Vorratsbeschluss zu fordern ist.[1004] Angesichts der Parallelität mit der Kapitalerhöhung aus genehmigten Kapital erscheinen jedoch höhere Anforderungen im Rahmen des § 33 Abs. 2 WPÜG nicht erforderlich. Der hier geforderte „Maßnahmenkatalog" steht des weiteren im Einklang mit der Zielsetzung des WpÜG, dem Aktionär über vollständige

---

999 Siehe dazu unter 6. Abschnitt B I 6, S. 216ff..

1000 Der Antrag der CDU/CSU in BT-Drucks. 14/7034 sprach sich für eine Verlängerung auf 36 Monate aus, dies wurde aber im Finanzausschuss abgelehnt, vgl. BT-Drucks. 14/3776, S. 3, 49.

1001 *Thoma* NZG 2002, 105 (111); *Winter/Harbarth* ZIP 2002, 1 (12); *Zschocke* DB 2002, 79 (84).

1002 *Thaeter* NZG 2001, 789 (790); ähnlich wohl auch *Zschocke* DB 2002, 79 (83); vgl. dazu auch *Krieger* in Münch Hdb. § 69 Rn 9; *Lutter/Leinekugel* ZIP 1998, 805 (811ff.); *Grunewald* AG 1990, 133 (136f.); *Bungert* NZG 1998, 367 (370).

1003 *Thaeter* NZG 2001, 789 (790); *Winter/Harbarth* ZIP 2002, 1 (16); vgl. auch hierzu *Dimke/Heiser* NZG 2001, 241 (249); *Stellungnahme des DAV* ZIP 2001, 1736 (1739) = NZG 2001, 420 (429); vgl. *Geibel/Süßmann* BKR 2002, 52 (65).

1004 In NZG 2001, 789 (790).

und ausgewogene Information eine aktuelle und transparente Entscheidungsgrundlage über ein Übernahmeangebot zu ermöglichen.[1005]

Davon abgesehen könnte der Beschluss aber entsprechende Abwehrmaßnahmen bei dem Vorliegen von Angeboten bestimmter Bieter – wie einen Konkurrenten auf dem nationalen Markt – legitimieren und damit Angebote anderer Unternehmen grundsätzlich als neutral betrachten. Eine solche Bestimmung wird zwar in der Regel nur greifen können, wenn bereits ein Verdacht für ein zukünftiges Angebot besteht und daher lediglich in Ausnahmefällen greifen können.[1006] Eine solche Analyse potentieller feindlicher Bieter einschließlich ihrer möglichen Schwächen ist aber bei britischen Unternehmen in Form eines sogenannten „defence book" weit verbreitet und hat sich dort weitgehend bewährt.[1007]

(4) Verbleibende Rechtsunsicherheit

Hinzuweisen ist schließlich noch darauf, dass solche Vorratsbeschlüsse in der Regel von einem Bieter oder von einem mit diesem sympathisierenden Anleger angefochten werden wird und somit der Beschluss keine Entlastung bewirkt. Auch von der im voraus eingeholten Ermächtigung der Hauptversammlung ist daher im Ergebnis keine erhebliche praktische Bedeutung zu erwarten.

c) Ergebnis zu 5

Festzuhalten bleibt, dass sowohl Post-bid als auch Vorratsbeschlüsse der Hauptversammlung sich in der Praxis erheblichen Bedenken ausgesetzt sehen. In zahlreichen Fällen werden die Aktionäre ohnehin nicht über die Kenntnisse verfügen, die eine Bewertung einer potentiellen Abwehrmaßnahme ermöglichen. Die Beteiligung der Aktionäre bei Abwehrmaßnahmen im weiteren Sinne erscheint daher lediglich insoweit möglich, dass diese das Angebot letztlich ablehnen können. Hierbei tritt dann die Bedeutung der vollständigen und optimalen Information der Anleger evident zu tage. Es kann daher nicht verwundern, dass diese vom Gesetzgeber auch als eine wesentliche Funktion des gerade verabschiedeten Gesetzes definiert worden ist.

[1005] *Stellungnahme der Deutschen Börse AG* vom 8.10.2001; *Zschocke* DB 2002, 79 (83).
[1006] In die gleiche Richtung *Thaeter* NZG 2001, 789 (790); siehe auch *Krause* AG 2002, 133 (134).
[1007] Vgl. dazu *Hopt* in FS Lutter S. 1361 (1370).

6. Beteiligung des Aufsichtsrats im Übernahmeverfahren

Nach dem Scheitern der europarechtlichen Bemühungen war der deutsche Gesetzgeber nicht mehr an Vorgaben gebunden und es bestand Raum für eine nationale Regelung, die den hiesigen Vorstellungen insbesondere bezüglich der Neutralitätspflicht der Verwaltung – wie bereits dargestellt – entspricht.[1008] Neben der allgemeinen Kontrolle der Geschäftsführung und dem aktienrechtlichen Zustimmungsvorbehalt nach § 111 Abs. 4 Satz 2 AktG kommen dem Aufsichtsrat danach im Rahmen eines „feindlichen" Übernahmeangebots künftig besondere Funktionen zu. Zum einen muss nach § 27 WpÜG nunmehr nicht nur der Vorstand, sondern auch der Aufsichtsrat eine Stellungnahme zu einem Übernahmeangebot (im weiteren Sinne) abgeben. Zum anderen hat der Vorstand gemäß § 33 Abs. 1 Satz 2 Alt. 3 WpÜG die Möglichkeit, Abwehrmaßnahmen auch unter Zustimmung des Aufsichtsrats zu ergreifen, wenn diese nicht in die Zuständigkeit der Hauptversammlung fallen.

a) Historische Entwicklung

Als Überwachungsorgan der Gesellschaft hat der Aufsichtsrat zunächst die Rechtmäßigkeit, Zweckmäßigkeit und Wirtschaftlichkeit der vom Vorstand getroffenen oder zu treffenden Maßnahmen zu kontrollieren.[1009] Dabei muss sich der Aufsichtsrat ein eigenes Urteil bilden und die Leitlinien der Unternehmenspolitik auf Plausibilität hin überprüfen. Grundsätzlich darf dieser indes nicht in die Geschäftsführung eingreifen, auch wenn ein Ausnahmefall wie ein Übernahmeversuch gegeben sein sollte. Er ist zur Aufgabenwahrnehmung an die üblichen Mittel der Überwachung wie Stellungnahmen zu den Vorstandsberichten im Sinne des § 90 AktG gebunden. Dabei wird für den Vorstand bei einem feindlichen Übernahmeversuch regelmäßig eine Pflicht zur Erstellung eines Sonderberichts bestehen.[1010] Bereits vor Inkrafttreten des WpÜG war es zulässig, in der Satzung die Abwehr „feindlicher" Übernahmeversuche als Maßnahmen im Sinne des § 111 Abs. 4 Satz 2 AktG zu definieren und so eine Beteiligung des Aufsichtsrats bei Abwehrmaßnahmen zu begründen.[1011] Dagegen spricht auch nicht der Wortlaut der Vorschrift, der von „bestimmten Arten von Geschäften" ausgeht, sondern vielmehr ist davon auszugehen, dass der Aufsichtsrat an außergewöhnlichen Geschäftsführungsmaßnahmen über § 111 Abs. 4 Satz 2 AktG beteiligt werden

---

1008 *„Wertpapiererwerbs- und Übernahmegesetz"* unter BGBl. I, S. 3822; vgl. Begründung des Finanzausschusses BT-Drucks. 14/7477; vgl. oben 6. Abschnitt B I 2, S. 173ff..

1009 BGHZ 114, 127 (129f.); KK-*Mertens* § 111 Rn 27; Geßler/Hefermehl/Eckardt/Kropff-*Geßler* § 111 Rn 24; *Hüffer* „AktG" § 111 Rn 6; *Hoffmann-Becking* in Münch Hdb § 29 Rn 26.

1010 *Leibner* „Möglichkeiten feindlicher Übernahmen" S. 58; vgl. *Meyer-Landrut* in Großkomm § 111 Anm 2.

1011 *Leibner* „Möglichkeiten feindlicher Übernahmen" S. 58; *Lammers* „Verhaltenspflichten" S. 194ff.; *Kort* in FS Lutter S. 1421 (1444f.); *Hoffmann-Becking* in Münch Hdb § 29 Rn 37; vgl. auch Geßler/Hefermehl/Eckardt/Kropff-*Geßler* § 111 Rn 75; KK-*Mertens* § 111 Rn 88.

kann.[1012] Die zustimmungspflichtigen Geschäfte müssen dabei hinreichend bestimmt werden.[1013]

Zahlreiche europäische Staaten wie Großbritannien bedienen sich des auch in den USA vorherrschenden One-Board-Systems und besitzen kein separates Überwachungsorgan. Im Rahmen der Verhandlungen zur EG-Richtlinie ging es daher stets um die Stellung des „Leitungs- oder Verwaltungsorgans" der Zielgesellschaft. Aus deutscher Sicht handelt es sich dabei um die Pflichten des Vorstands und des Aufsichtsrats als Teile der Verwaltung einer Aktiengesellschaft.[1014] Danach sollten nach der EG-Richtlinie in der Entwurfsfassung des Vermittlungsausschusses vom 6.06.2001[1015] Vorstand und Aufsichtsrat nach Art. 9 Abs. 1 d) eine begründete Stellungnahme erstellen und veröffentlichen, die auf sämtliche Belange der Zielgesellschaft wie die Auswirkungen einer Übernahme auf die Beschäftigung und die strategische Planung des Bieters eingehen sollte; sofern eine Stellungnahme der Arbeitnehmer bereits vorläge, sollte diese der begründeten Stellungnahme der Verwaltung ebenfalls beigefügt werden. Diese Stellungnahme sollte auch den Arbeitnehmervertretern der Gesellschaft zugeleitet werden. Sieht man von der Information der Arbeitnehmer über das Vorliegen eines Angebots durch die Verwaltung gemäß Art. 6 ab, waren keine besonderen Funktionen für den Aufsichtsrat in der Richtlinie vorgesehen.

Nach dem Übernahmekodex kamen dem Aufsichtsrat lediglich die allgemeinen Überwachungs- und Beratungsaufgaben zu. Nach Art. 18 des Kodex hatte zwar die Zielgesellschaft eine begründete Stellungnahme zum Übernahmeangebot spätestens zwei Wochen nach Bekanntgabe des Angebots abzugeben, doch traf diese Pflicht lediglich den Vorstand, nicht aber den Aufsichtsrat.[1016]

1012 BGHZ 124, 111 (127) „*Vereinte Krankenversicherung*"; *Hüffer* „AktG" § 111 Rn 18; KK-*Mertens* § 111 Rn 65; *Götz* ZGR 1990, 633 (642f.); *Lutter/Krieger* „Aufsichtsrat" Rn 37; *Lammers* „Verhaltenspflichten" S. 195f.; *Kort* in FS Lutter S. 1421 (1445); *Hoffmann-Becking* in Münch Hdb § 29 Rn 39; a. A. *Raiser* „Kapitalgesellschaften" § 15 Rn 7; *Hoffmann* „Der Aufsichtsrat" Rn 304.

1013 Vgl. *Hüffer* „AktG" § 111 Rn 18; KK-*Mertens* § 111 Rn 67; Geßler/Hefermehl/Eckardt/Kropff-*Geßler* § 111 Rn 66f.; *Hoffmann-Becking* in Münch Hdb § 29 Rn 39; *Lutter/Krieger* „Aufsichtsrat" Rn 37; *Götz* ZGR 1990, 633 (640); *Kropff* in Aufsichtsrat Hdb S. 360.

1014 Vgl. *Merkt* ZHR 165 (2001), 224 (255); *U. H. Schneider* AG 2002, 125 (128); *Drygala* ZIP 2001, 1861 (1862).

1015 Dok. PE-Cons 3629/01, abgedruckt in ZIP 2001, 1123ff. mit Anmerkung *Neye* ZIP 2001, 1120ff..

1016 Zu den Anforderungen statt vieler: *Thiel* in Semler/Volhard § 31 Rn 137 mwN.

b) Beteiligung des Aufsichtsrats nach dem Wertpapiererwerbs- und Übernahmegesetz

Die Beteiligung des Aufsichtsrats erfolgt im Rahmen feindlicher Übernahmeversuche im Wesentlichen über die Abgabe der Stellungnahme nach § 27 WpÜG und dem Zustimmungsvorbehalt gemäß § 33 Abs. 1 Satz 2 Alt. 3 WpÜG.

aa) Dem Vorstand entsprechende Pflichtenbindung des Aufsichtsrats

Aus europarechtlichen Überlegungen heraus ergab sich bereits, dass die Frage der Pflichtenstellung des Leitungs- oder Verwaltungsorgans auch die Position des Aufsichtsrats betrifft. Sowohl Diskussions- als auch Regierungsentwurf regelten daher auch noch explizit die Neutralität des Vorstands *und* des Aufsichtsrats.[1017] Auch nach der Inhaltsübersicht der Begründung des Finanzausschusses, in dessen Überschrift zu § 33 WpÜG es irrtümlicherweise „Handlungen des Vorstands und des Aufsichtsrats der Zielgesellschaft" hieß, war dies offenbar ebenso nicht fernliegend.[1018] Manche Autoren gehen sicherlich deswegen stillschweigend davon aus, dass Vorstand und Aufsichtsrat grundsätzlich von einer Neutralitätspflicht betroffen sind.[1019]

Auch wenn der Aufsichtsrat grundsätzlich als Überwachungsorgan fungiert, kann er im Rahmen feindlicher Übernahmen an der Geschäftsführung teilweise mitwirken. So könnten bestimmte Handlungen wie die Ausnutzung eines genehmigten Kapitals von seiner Zustimmung abhängen. Auch kann der Aufsichtsrat die Interessen des Bieters erheblich beeinträchtigen, indem er zum Beispiel sogenannte „golden parachute"-Regelungen wie die Ausrichtung der Vorstandsbestellungen und der Dienstverträge auf eine bestimmte weitere Restlaufzeit nach Abgabe des Übernahmeangebots trifft.[1020] Daneben kann sich eine Beteiligung an der Geschäftsführung auch aus einem allgemeinen aktienrechtlichen Zustimmungsvorbehalt gemäß § 111 Abs. 4 AktG ergeben.

Daher können die für die Neutralitätspflicht herangezogenen Argumente auf den Aufsichtsrat übertragen werden, da auch dieser nicht die Zusammensetzung der Anteilseigner beeinflussen und diese nicht in ihrer Veräußerungsmöglichkeit beeinträchtigen darf.[1021] Die übernahmerechtliche Bindung des Vorstands *und*

[1017] NZG 2000, 844 bzw. BT-Drucks. 14/7034; *Hopt* in FS Lutter S. 1361 (1367) hielt diese Klarstellung aufgrund des unitary boards in vielen anderen Ländern auch für sinnvoll.

[1018] Vgl. BT-Drucks. 14/7477, S. 8 = ZIP 2001, 2102 (2103 in Fn).

[1019] *Merkt* ZHR 165 (2001), 224 (255); *Drygala* ZIP 2001, 1861 (1862); *U. H. Schneider* AG 2002, 125 (128); *Weisner* ZRP 2000, 520 (525); *Schilling* BB 1997, 1909 (1910); *Peltzer* AG 1997, 145 (149); *Lammers* „Verhaltenspflichten" S. 16, 103ff..

[1020] Dazu *Mülbert* IStR 1999, 83 (89); *Weisner* ZRP 2000, 520 (525); *Lammers* „Verhaltenspflichten" S. 190ff.; *Herrmann* „Abwehrmaßnahmen" S. 83ff.; vgl. *Peltzer* AG 1997, 145 (148f.).

[1021] *Winter/Harbarth* ZIP 2002, 1 (11); vgl. *Mülbert* IStR 1999, 83 (89).

Aufsichtsrats an die Interessen der Zielgesellschaft nach der Vorschrift in § 3 Abs. 3 WpÜG bestätigt dieses Ergebnis.

bb) Die Stellungnahme gemäß § 27 WpÜG

Bereits aus aktienrechtlichen Erwägungen ergibt sich eine Pflicht des Vorstands eine solche Stellungnahme abzugeben.[1022] Eine solche resultiert nicht etwa aus einer Treuepflicht gegenüber den Aktionären,[1023] sondern aus der der Gesellschaft geschuldeten Pflicht zur ordnungsgemäßen Geschäftsführung.[1024] Diese Stellungnahme ist erforderlich, weil letztendlich die Aktionäre über die Annahme des Angebots entscheiden, der Vorstand dagegen über umfangreiche Informationen nicht nur über die Unternehmensinterna des eigenen Unternehmens, sondern auch über den genauen Inhalt des Übernahmeangebots verfügt. Der Vorstand muss daher die Aktionäre mit allen für eine Entscheidung erforderlichen Informationen versorgen.[1025]

(1) Adressaten der Pflicht nach § 27 WpÜG

Nach dem Regierungsentwurf bestand nach § 27 Abs. 1 WpÜG lediglich für den Vorstand eine Pflicht zur Stellungnahme. Nach der Begründung des Finanzausschusses soll mit der Einführung einer Stellungnahme auch des Aufsichtsrats die Gesamtverantwortung von Vorstand und Aufsichtsrat unterstrichen und die Informationsversorgung der Anleger verbessert werden. Eine gemeinsame Stellungnahme ist entgegen des Wortlauts nicht zwingend, aber möglich.[1026] Dabei sind abweichende Stellungnahmen einzelner Organmitglieder im Rahmen der aktienrechtlichen Vorschriften zwar zulässig, diese sind übernahmerechtlich aber nicht zu veröffentlichen.[1027] Eine gemeinsame Stellungnahme oder zumindest eine

---

[1022] *Assmann/Bozenhardt* in Assmann/Basaldua S. 1 (103f.); *Ebenroth/Daum* DB 1991, 1157 (1159f.); *Grunewald* WM 1989, 1233 (1237); KK-*Mertens* § 76 Rn 26; *Beckmann* DB 1995, 2407 (2408); *Hopt* in Großkomm § 93 Rn 129f.; *ders.* ZHR 161 (1997), 368 (411); *Lammers* „Verhaltenspflichten" S. 124; *Knoll* „Übernahme von Kapitalgesellschaften" S. 167; *Hirte/Schander* in von Rosen/Seifert S. 341 (346); *Krause* AG 2000, 217 (220); gegen eine Pflicht gegenüber der Gesellschaft: *van Aubel* „Vorstandspflichten" S. 172.

[1023] So aber *van Aubel* „Vorstandspflichten" S. 128ff., 172f.; *Mülbert* IStR 1999, 83 (88).

[1024] *Assmann/Bozenhardt* in Assmann/Basaldua S. 1 (103f.); *Ehricke/Ekkenga* § 27 Rn 4f.; *Hopt* ZGR 1993, 534 (556); *ders.* in FS Ritter S. 187 (203); *Herrmann* „Abwehrmaßnahmen" S. 87; *Kort* in FS Lutter S. 1421 (1439).

[1025] KK-*Mertens* § 76 Rn 26; *Dimke/Heiser* NZG 2001, 241 (249); *Assmann/Bozenhardt* in Assmann/Basaldua S. 1 (104); *Ebenroth/Daum* DB 1991, 1157 (1158f.); *Krause* AG 2000, 217 (220); *Mülbert* IStR 1999, 83 (88); *Lammers* „Verhaltenspflichten" S. 124; *van Aubel* „Vorstandspflichten" S. 173f..

[1026] In BT-Drucks. 14/7477, S. 53, 68 = www.rws-verlag.de = ZIP 2001, 2102 (2103); vgl. auch *Steinmeyer/Häger* „WpÜG" § 27 Rn 3f.; *Hopt* ZGR 2002, 333 (354); kritisch *Ehricke/Ekkenga* § 27 Rn 8.

[1027] *Begründung zum Regierungsentwurf* BT-Drucks. 14/7034, S. 52 = ZIP 2001, 1262 (1280); *Seibt* DB 2002, 529 (534); kritisch hierzu *Hopt* ZGR 2002, 333 (354) mit dem Hinweis auf

Absprache mit dem Aufsichtsrat war bereits vor der neuen Fassung befürwortet worden, auch wenn de lege lata keine Pflicht hierfür bestand.[1028] Insbesondere im Hinblick auf die Arbeitnehmervertreter in einem mitbestimmten Aufsichtsrat ist jedoch davon auszugehen, dass die Informationsbasis der Anteilseigner realiter durch die neue Fassung verbessert wird.[1029]

Die Stellungnahme haben Vorstand und Aufsichtsrat nach § 27 Abs. 1 Satz 1, Abs. 3 Satz 1 WpÜG unverzüglich nach Übermittlung des Übernahmeangebots zu veröffentlichen. Dabei besteht keine Verpflichtung, auf eine Stellungnahme der Arbeitnehmervertretung zu warten, da der Betriebsrat gar nicht zur Abgabe einer solchen Stellungnahme verpflichtet ist.[1030] In der Praxis wird sich ein Kontakt zwischen Geschäftsleitung und Betriebsrat zur Abstimmung jedoch anbieten.[1031]

(2) Inhaltliche Anforderungen

Im Folgenden wird zu erörtern sein, welche inhaltlichen Anforderungen an die Stellungnahme nach § 27 WpÜG zu stellen, welche Interessengruppen zu berücksichtigen sind sowie welche Problemkreise hierbei auftreten können.

α) Verstoß gegen die Neutralitätspflicht ?

Die Abgabe einer begründeten Stellungnahme durch Vorstand und Aufsichtsrat könnte mit dem Neutralitätsgebot kollidieren.[1032] *Merkt* geht davon aus, dass diese Stellungnahme in der Regel negativ ausfallen wird und mithin mittelbar die Übernahme verhindern soll.[1033] Einen empirischen Beleg für diese These bleibt er

---

Note 2 zu Rule 25.1 des City Codes, nach der abweichende Ansichten in der Regel zu publizieren sind.

1028 Begründung zum Regierungsentwurf S. 127 = BT-Drucks. 14/7034, S. 52; so bereits *Hopt* in FS Lutter S. 1361 (1382).

1029 *Thoma* NZG 2002, 105 (109f.); *Kübler* in Semler/Volhard § 3 Rn 66; *Zinser* NZG 2001, 391 (395); vgl. *Grobys* NZA 2002, 1 (5f.); *Ehricke/Ekkenga* § 27 Rn 8.

1030 Es ist nur eine Stellungnahme der Arbeitnehmer dem Vorstand zuzuleiten, so dass dieser die Stellungnahmen einzelner Arbeitnehmergruppen nach zutreffender Ansicht nicht berücksichtigen muss, vgl. *Seibt* DB 2002, 529 (534f.); für eine grundsätzliche Beifügungspflicht, die aber entfallen kann, wenn die Veröffentlichung bedeutungslos oder für den Vorstand unzumutbar sein sollte: *Grobys* NZA 2002, 1 (6); *ders.* in Geibel/Süßmann § 27 Rn 33; vgl. *Hüffer* „AktG" § 126 Rn 5ff. zum Rechtsgedanken des hier einschlägigen § 126 Abs. 2 AktG. Davon zu unterscheiden ist die (zu verneinende) Pflicht zur gemeinsamen Veröffentlichung, vgl. dazu *Grobys* NZA 2002, 1 (6).

1031 Begründung zum Regierungsentwurf BT-Drucks. 14/7034, S. 52 = ZIP 2001, 1262 (1281).

1032 So *Merkt* ZHR 165 (2001), 224 (248); *Kiem* ZIP 2000, 1509 (1510); *Kort* in FS Lutter S. 1421 (1435); a. A. *Ehricke/Ekkenga* § 27 Rn 12; vgl. *Thümmel* DB 2000, 461 (463).

1033 In ZHR 165 (2001), 224 (248); mit Verweis auf *Mülbert* IStR 1999, 83 (88); wohl zustimmend *Thümmel* DB 2000, 461 (463); *Röhrich* „Feindliche Übernahmeangebote" S. 35f.; *Bozenhardt* „Freiwillige Übernahmeangebote" S. 20; die Praxis allein der jüngsten Vergangenheit bestätigt diese Befürchtung nicht uneingeschränkt: so empfahl der Vorstand der Kamps AG das Angebot von Barelli, gleiches war auch bei Condat/Texas Instruments der Fall.

indes schuldig, auch wenn ihm zuzugestehen ist, dass bereits aus persönlichen Interessen der Organmitglieder am Erhalt der eigenen Position, ein dahingehender Verdacht durchaus besteht. Daher könnte unabhängig davon, ob das Übernahmeangebot Zweifel an der Qualität des Managements suggeriert oder ob die Zielgesellschaft für den Bieter aus welchen Gründen auch immer attraktiv erscheint, die Stellungnahme gemäß § 27 WpÜG auch als Mittel zur Verteidigung der eigenen Strategie und Dokumentation der zukünftigen Pläne im Vergleich zu den vom Bieter in Aussicht gestellten dienen. Dazu kam es zumindest im Falle der Übernahmeschlacht „*Mannesmann/Vodafone*" in Form von sogenannten „road shows". Diese Maßnahmen sollen nicht etwa dem Interesse des Anlegers an der Angebotsannahme zuwiderzulaufen, sondern beabsichtigen lediglich, dieses Interesse zu mindern bzw. zu beseitigen.[1034] Eine direkte Beeinflussung der Aktionäre liegt schon deswegen nicht vor, weil die Stellungnahme als eine mit eigenen Bewertungen versehene Information anzusehen ist, selbst wenn diese in einer „Empfehlung" enden sollte.[1035] Die subjektive Einfärbung dieser Stellungnahme wird auch dadurch deutlich, dass Vorstand und Aufsichtsrat gemäß § 27 Abs. 1 Satz 2 Nr. 4 WpÜG darüber Auskunft geben sollen, ob ihre Mitglieder persönlich als Aktionär der Zielgesellschaft das Angebot annehmen werden oder nicht. Unter diesem Blickwinkel erscheint die Stellungnahme daher der Suche nach einem „white knight" angenähert; eine solche Suche nach einem konkurrierenden Angebot ist aber im Rahmen aller Beratungen zu einer EG-Übernahmerichtlinie bzw. einem nationalen Übernahmegesetz für zulässig erachtet worden[1036] und demnach in § 33 Abs. 1 Satz 2 Alt. 2 WpÜG eingeführt worden. Ein Verstoß gegen die Neutralitätspflicht ist demnach zu verneinen.[1037]

β) Veranstaltung von „road shows" und umfangreichen Werbekampagnen

Das Übernahmeverfahren um die *Mannesmann AG* hat die Diskussion darüber entfacht, wie kostspielig und aufwendig Kampagnen des Managements der Zielgesellschaft in Bezug auf das bestehende Angebot sein dürfen.[1038]

[1034] *Maier-Reimer* ZHR 165 (2001), 258 (262) mit Hinweis auf den Wortlaut des Art. 19 Übernahmekodex.

[1035] *Kort* in FS Lutter S. 1421 (1439); ähnlich *Horn* ZIP 2000, 473 (482); vgl. auch LG Düsseldorf AG 2000, 233 (234) „*Mannesmann/Vodafone*"; *Krause* AG 2000, 217 (220); *Hopt* in FS Lutter S. 1361 (1380); *ders.* in Großkomm § 93 Rn 129; *Steinmeyer/Häger* „WpÜG" § 27 Rn 7.

[1036] Vgl. Art. 9 EG-RL in der Fassung des Vermittlungsausschusses vom 6.06.2001; dazu *Grunewald* AG 2001, 288 (290); § 33 Abs. 3 WpÜG in der Fassung des Referentenentwurfs vom 12.3.2001; § 33 Abs. 1 Satz 2 WpÜG im Regierungsentwurf vom 11.7.2001.

[1037] So auch *Ehricke/Ekkenga* § 27 Rn 12; vgl. auch *Harbarth* ZIP 2004, 3 (10f.).

[1038] Die Kosten für die Werbekampagnen allein der *Mannesmann AG* werden auf 400 bis 700 Mio. Deutsche Mark geschätzt, vgl. FAZ vom 5.2.2000, S. 13 und vom 9.2.2000, S. 29; dazu *Horn* ZIP 2000, 473 (482); *Burgard* WM 2000, 611 (612).

Im Rahmen der *„Mannesmann/Vodafone"*-Übernahmeschlacht fühlten sich schließlich klagende Aktionäre in ihren Anteilsrechten verletzt und verlangten die Unterlassung der Werbemaßnahmen und die Einberufung einer außerordentlichen Hauptversammlung. Sie waren der Ansicht, dass das Management eine unzulässige „Pool- und Frontenbildung" betreibe, die gegen den Gleichbehandlungsgrundsatz der Aktionäre verstoße. In seiner hierzu ergangenen Entscheidung führte das Landgericht Düsseldorf dagegen aus, dass die Einnahme einer bestimmten Verhandlungsposition sowie die Darstellung dieser Position in den Medien als gewöhnliche Geschäftsführungsmaßnahme eingeordnet werden könne. Damit sei die Maßnahme auch in einer Übernahmesituation von § 76 AktG gedeckt und der Einwirkung oder Kontrolle der Aktionäre entzogen. Ein schwerwiegender Eingriff in die Mitgliedschaftsrechte der Aktionäre im Sinne der *„Holzmüller"*-Rechtsprechung sei mithin nicht begründbar.[1039] Hiergegen haben sich Stimmen in der Literatur erhoben, die in den durchgeführten Werbekampagnen eine unzulässige Einflussnahme auf den Kreis der Aktionäre und damit einen Verstoß gegen das Neutralitätsgebot erblicken.[1040] Hierfür wird angeführt, dass eine Abwehrklage eines Aktionärs gerade nicht auf *„Holzmüller"*-Konstellationen beschränkt sei. Die Argumentation des Landgerichts Düsseldorf, es seien „nicht Entscheidungsbefugnisse *aus* der Mitgliedschaft, sondern allenfalls *über* die Mitgliedschaft beeinträchtigt worden",[1041] könne mithin nicht überzeugen.[1042]

Die Entscheidung des Landgerichts ist in Bezug auf die Anwendbarkeit der *„Holzmüller"*-Rechtsprechung im Wesentlichen zu Recht auf Zustimmung gestoßen.[1043] *Kort* ist jedoch der Ansicht, dass nach nunmehr bestehendem Übernahmerecht grundsätzlich vor Durchführung einer Abwehrmaßnahme die Zustimmung der Hauptversammlung einzuholen sei; dies gelte auch für Marketingmaßnahmen.[1044] Diese Ansicht vermag indes nicht zu überzeugen. Die mit der Zustim-

---

1039 In AG 2000, 233 (234) *„Mannesmann/Vodafone"*.

1040 *Bayer* NJW 2000, 2609 (2611); *Krieger* ZHR 163 (1999), 343 (357f.); kritisch auch *Merkt* ZHR 165 (2001), 224 (248); *Altmeppen* ZIP 2001, 1073 (1076); *Röh* in Haarmann § 28 Rn 7ff., § 33 Rn 92; Vereinbarkeit aber bejahend: *Krause* AG 2002, 133 (135); *ders.* AG 2000, 217 (220); *Grunewald* AG 2001, 288f.; *Liebscher* ZIP 2001, 853 (867); *Horn* ZIP 2000, 473 (482); *Drygala* ZIP 2001, 1861 (1863); *Vater* M&A 2002, 9 (13); *Witte* BB 2000, 2161 (2163); einschränkend auch *Kort* in FS Lutter S. 1421 (1440f.); *Hopt* in FS Lutter S. 1361 (1382f.); *Körner* DB 2001, 367 (368f.).

1041 Siehe LG Düsseldorf AG 2000, 233 (234) = WM 2000, 528 *„Mannesmann/Vodafone"*.

1042 So *Bayer* NJW 2000, 2609 (2611 in Fn 32); vgl. *Krieger* ZHR 163 (1999), 343 (357f.); *Dimke/Heiser* NZG 2001, 241 (250).

1043 *Kort* in FS Lutter S. 1421 (1440); *Körner* DB 2001, 367 (369); vgl. auch *Krause* AG 2000, 217 (221); in diese Richtung auch *Hopt* in FS Lutter S. 1361 (1382f.); im Ergebnis eher ablehnend *Altmeppen* ZIP 2001, 1073 (1078f.), allerdings ist dieser offenbar der Ansicht, dass stets eine Schädigung der Gesellschaft anzunehmen ist und daher auch die Hauptversammlung nicht dazu ermächtigen könnte; kritisch auch *Burgard* WM 2000, 611 (612), der insbesondere die Höhe der Kosten und den „golden handshake" moniert.

1044 In FS Lutter S. 1421 (1440f.); vgl. auch *Krieger* ZHR 163 (1999), 343 (358); *Ebenroth/Daum* DB 1991, 1157 (1158); *Martens* in FS Beusch S. 529 (551 in Fn 51); *Röh* in Haarmann § 33 Rn 123; *Steinmeyer/Häger* „WpÜG" § 33 Rn 22.

mung der Hauptversammlung verbundenen Schwierigkeiten und die aus der Zustimmung des Aufsichtsrats nach § 33 Abs. 1 Satz 2 WpÜG resultierende vermeintliche Schwächung der Anteilseignerrechte sind bereits angesprochen worden. Entscheidend ist aber, dass nach § 28 Abs. 1 WpÜG die Bundesanstalt für Finanzdienstleistungsaufsicht bestimmte Arten von Werbungen untersagen kann, wenn dies der Vermeidung von Missständen dienen sollte;[1045] dies heißt aber e contrario, dass Werbung grundsätzlich als Verteidigungsmaßnahme auch ohne Zustimmung der Hauptversammlung zulässig ist. Vielmehr ist somit davon auszugehen, dass Übernahmekämpfe zu Wettstreitigkeiten um das bessere Konzept für die Wertsteigerung der Aktie zum internationalen Standard geworden sind, im Rahmen dessen Bieter und Zielgesellschaft ihre Unternehmensstrategien umfassend vorstellen, so dass die Aktionäre am Ende der Angebotsfrist wählen können.[1046] Dafür darf der Vorstand auch als Form der ihm zukommenden Stellungnahme mit Mitteln der Gesellschaft Berater engagieren, Presse- und Analystenkonferenzen abhalten und sogenannte „road shows" durchführen.[1047] Die Vorschrift in § 27 WpÜG soll dabei lediglich gewährleisten, dass den Anlegern eine objektive Stellungnahme zur Verfügung steht. Darin ist noch keine Aussage darüber enthalten, wie oft die Verwaltung Stellung zum Übernahmeangebot bezieht und auf welche Weise dies dann geschehen soll.[1048] Solche „road shows" mit Großaktionären wären nur dann problematisch, wenn sie dazu führen würden, dass diese Aktionäre über mehr entscheidungsrelevante Informationen verfügten als die übrigen Anleger.[1049] Angesichts der von diesen „road shows" ausgehenden Werbewirkung ist in praxi aber keine Benachteiligung der übrigen Aktionäre zu befürchten. Eine Grenze für die Zulässigkeit von Werbemaßnahmen findet sich nur darin, dass die Kampagne Tatsachen nicht entstellen oder nicht von falschen Tatsachen ausgehen darf.[1050]

Die Frage stellt sich, ob solche Werbekampagnen als uneingeschränkt zulässig angesehen werden können oder welche Restriktionen die Verwaltung unterliegt. Die Übernahmeschlacht „*Mannesmann/Vodafone*" mit Kosten der Werbungen in Höhe von geschätzten 400 bis 700 Millionen Deutschen Mark allein auf der Seite

---

[1045] Die Vorschrift ist weitgehend § 23 KWG und § 36b WpHG nachgebildet.

[1046] *Krause* AG 2002, 133 (135); *ders.* NJW 2002, 705 (711); *Hopt* in FS Lutter S. 1361 (1382f.); *Drygala* ZIP 2001, 1861 (1863); *Vater* M&A 2002, 9; dazu auch *Becker* ZHR 165 (2001), 280 (281f.); *Maier-Reimer* ZHR 165 (2001), 258 (263); *Mülbert/Birke* WM 2001, 705 (709).

[1047] *Krause* NJW 2002, 705 (711 in Fn 68); *Becker* ZHR 165 (2001), 280 (281f.); vgl. auch *Martens* in FS Beusch S. 529 (549); *Harbarth* ZIP 2004, 3 (9); anders *Röh* in Haarmann § 28 Rn 7ff. und § 33 Rn 92.

[1048] *Winter/Harbarth* ZIP 2002, 1 (16); *Thiel* in Semler/Volhard § 31 Rn 133; vgl. auch *Kort* in FS Lutter S. 1421 (1440), der diese „weichen" Abwehrmaßnahmen auch unter dem Ansprechen von Gefühl oder Ängsten für zulässig erachtet; kritisch: *Vater* M&A 2002, 9 (10).

[1049] *Maier-Reimer* ZHR 165 (2001), 258 (263); *Vater* M&A 2002, 9 (10); vgl. auch *Becker* ZHR 165 (2001), 280 (284); *Martens* in FS Beusch S. 529 (549).

[1050] *Herrmann* „Abwehrmaßnahmen" S. 89; *Kort* in FS Lutter S. 1421 (1440); *Altmeppen* ZIP 2001, 1073 (1078); *Hopt* in FS Lutter S. 1361 (1382f.), der sich für einen „freien Meinungskampf" ausspricht.

der *Mannesmann AG* zeigt das Problemfeld auf. *Horn* ist dabei der Ansicht, dass im Sinne einer Waffengleichheit auch ein großer finanzieller Aufwand legitimiert sein kann, wenn die übernehmende Gesellschaft den gleichen Aufwand betreibt oder betrieben hat.[1051] Jedenfalls müssen die Kampagnen im Verhältnis zum Inhalt der Aussagen angemessen ausfallen.[1052] Dadurch werden zwar auch besonders kostspielige Maßnahmen relativiert und auch die Bedeutung der geplanten Übernahme möglicherweise indiziert. Geht man indes davon aus, dass der Vorstand auch im Rahmen eines Übernahmeverfahrens an das Unternehmensinteresse gebunden ist, wird man ihm das grundsätzlich bestehende Ermessen bei der Beurteilung einräumen müssen.[1053] Dabei könnte man zwar als Indiz den angestrengten Aufwand in seinen Kosten den Vorteilen gegenüberstellen; diese Vorteile werden im Einzelfall aber nur schwer festzustellen sein, da zum Beispiel eine bewahrte Unabhängigkeit sich nur schwer in Geldsummen wird ausdrücken können. Im Falle *Mannesmann* konnte man allerdings die Wertsteigerung des Angebots während der Annahmefrist heranziehen, die letzlich zumindest zum Vorteil der Aktionäre war.[1054]

χ) Obligatorische und fakultative Angaben in der Stellungnahme

Bereits in der EG-Richtlinie in der Fassung des Vermittlungsausschusses war in Art. 9 Abs. 1 d) vorgesehen, dass der Vorstand eine Stellungnahme zum Übernahmeangebot abgeben muss. Dabei sollte er unter anderem auch die Auswirkungen einer Übernahme auf alle Interessen der Gesellschaft, auch der Beschäftigten, darstellen. Diesen Gedanken hat auch der deutsche Gesetzgeber aufgegriffen, so dass die Stellungnahme nach § 27 WpÜG eventuelle Folgen der Übernahme für die Gesellschaft, für die Mitarbeiter und deren Arbeitsbedingungen sowie für die Standorte des Unternehmens nebst den vom Bieter mit dem Angebot verfolgten Zielen aufzeigen soll. Nach der Begründung zum Regierungsentwurf soll damit nicht nur die Information der Anleger gewährleistet sein, sondern auch, dass Vorstand und Aufsichtsrat ihre gesellschaftsrechtliche Verpflichtung zur sachgerechten Wahrnehmung der in der Gesellschaft zusammentreffenden Interessen verfolgen, etwaige Beeinträchtigungen dieser Interessen erkennen und entsprechend auszugleichen versuchen und die Arbeitnehmer sowie ihre Vertretung darüber in-

1051 In ZIP 2000, 473 (482); zustimmend *Becker* ZHR 165 (2001), 280 (284); wohl auch *Thümmel* DB 2000, 461 (463), der indes eine Rechtfertigung millionenschwerer Anzeigekampagnen für kaum wahrscheinlich hält.

1052 *Krause* AG 2000, 217 (220); *Horn* ZIP 2000, 473 (482); *Kort* in FS Lutter S. 1421 (1441); *Maier-Reimer* ZHR 165 (2001), 258 (264); *Vater* M&A 2002, 9 (10); vgl. auch *Hopt* in FS Lutter S. 1361 (1382f.); *Martens* in FS Beusch S. 529 (549).

1053 *Winter/Harbarth* ZIP 2002, 1 (16); *Kort* in FS Lutter S. 1421 (1441).

1054 Es kam zu einer Wertsteigerung von DM 155 Mrd., vgl. *Stellungnahme des DAV* unter www.rws-verlag.de = NZG 2001, 420 (429); dazu auch *Drygala* ZIP 2001, 1861 (1863); am 22.10.1999 betrug der Kurs der Mannesmann-Aktie € 144 und stieg zum 3.02.2000 auf € 340, Wirtschaftswoche Nr. 35 vom 23.08.2001, S. 58.

formieren.[1055] Außerdem sollen die Mitglieder des Vorstands und des Aufsichtsrats Auskunft darüber geben, ob sie selbst im Falle eines eigenen Anteils beabsichtigen, das Angebot anzunehmen.[1056] Diese Stellungnahme muss nach § 27 Abs. 3 WpÜG unverzüglich nach Übermittlung des Übernahmeangebots gemäß den Anforderungen des § 14 Abs. 3 Satz 1 WpÜG veröffentlicht und dem Betriebsrat übermittelt werden.[1057] Dabei trifft den Vorstand keine Erörterungs- oder Beratungspflicht gegenüber der Arbeitnehmervertretung.[1058] Falls bereits vorhanden, soll eine Stellungnahme des Betriebsrats der Stellungnahme nach § 27 Abs. 1 WpÜG beigefügt werden, um den Anteilseignern ihre soziale Verantwortung vor Augen führen zu können.[1059]

Mit der Ergänzung in § 27 Abs. 1 Nr. 1 WpÜG auf „Art und Höhe der angebotenen Gegenleistung" beabsichtigte der Finanzausschuss, die besondere Bedeutung der Beurteilung des Angebots durch die Verwaltung der Zielgesellschaft zu berücksichtigen.[1060] Danach soll die Verwaltung insbesondere auf das Verhältnis von Marktkapitalisierung, Unternehmenswert, Buchwert und Zukunftswert der Zielgesellschaft nach einer Übernahme eingehen.[1061] Wesentliche Grundlage dieser Stellungnahme der Verwaltung wird in der Regel die Angebotsunterlage des Bieters nach § 11 WpÜG sein.[1062] Diese muss der Vorstand zumindest auf Vollständigkeit hin überprüfen und gegebenenfalls Nachforschungen beim Bieter anstellen.[1063]

[1055] *Begründung zum Regierungsentwurf* BT-Drucks. 14/7034, S. 52 = ZIP 2001, 1262 (1280); *Seibt* DB 2002, 529 (533).

[1056] Vgl. auch Rule 25.3 (a) (vi) des City Code; *Immenga* SAG 1975, 89 (94); solche Angaben zwar für aussagekräftig, aber zumindest vor Erlass des WpÜG für nicht erforderlich haltend: *Hopt* in FS Lutter S. 1361 (1382); *ders.* ZGR 1993, 534 (557); *ders.* in Großkomm § 93 Rn 130; zur Kritik auch *Ehricke/Ekkenga* § 27 Rn 18; *Schwennicke* in Geibel/Süßmann „WpÜG" § 27 Rn 20.

[1057] Zu denkbaren Problemen bei der Ermittlung des „zuständigen Betriebsrates": *Seibt* DB 2002, 529 (532); *Grobys* NZA 2002, 1 (3).

[1058] *Grobys* NZA 2002, 1 (4); *Seibt* DB 2002, 529 (531).

[1059] *Zinser* WM 2002, 15 (19); *Roth/Zinser* EWS 2000, 233 (236); *Seibt* DB 2002, 529 (534); vgl. auch die *Stellungnahme des DGB* vom 11.10.2000: dieses Recht des Betriebsrats war im Diskussionsentwurf vom 29.06.2000 noch nicht vorgesehen; vgl. Begründung zum Regierungsentwurf BT-Drucks. 14/7034 , S. 52 = ZIP 2001, 1262 (1281); zu Ausnahmen der Beifügung der Stellungnahme des Betriebsrats analog § 126 Abs. 2 Nr. 1 und 3 AktG: *Seibt* DB 2002, 529 (534); *Grobys* NZA 2002, 1 (6).

[1060] *Begründung des Finanzausschusses* BT-Drucks. 14/7477, S. 53; www.rws-verlag.de = ZIP 2001, 2102 (2103); darauf bereits hinweisend die *Stellungnahme des DAV* unter www.rws-verlag.de = ZIP 2001, 1736 (1738) = NZG 2001, 420 (429); ausführlich dazu *Harbarth* ZIP 2004, 3ff..

[1061] *U. H. Schneider* AG 2002, 125 (128); *Maier-Reimer* ZHR 165 (2001), 258 (262); vgl. *Hopt* in FS Lutter S. 1361 (1381); *Assmann/Bozenhardt* in Assmann/Basaldua S. 1 (105); *Lammers* „Verhaltenspflichten" S. 125.

[1062] Begründung des Regierungsentwurfs BT-Drucks. 14/7034, S. 52 = ZIP 2001, 1262 (1280); zustimmend *Seibt* DB 2002, 529 (534).

[1063] Vgl. *Kort* in FS Lutter S. 1421 (1425, 1437ff.); *Hopt* in FS Lutter S. 1361 (1379); *Assmann/Bozenhardt* in Assmann/Basaldua S. 1 (104f.); *Lüttmann* „Kontrollwechsel" S. 190; zur Informationserteilungspflicht des Bieters: *M. Weber* „Vormitgliedschaftliche Treuebindungen" S. 419ff..

Daraus lässt sich jedoch nicht etwa eine Informationsbeschaffungspflicht ableiten,[1064] sondern den Vorstand trifft lediglich eine Obliegenheit zur Selbstinformation.[1065] Nach britischem und österreichischem Recht ist es hierbei sogar erforderlich, einen professionellen und neutralen Berater zu engagieren.[1066] Von einer solchen Pflicht kann nach nationalen Recht nicht ausgegangen werden,[1067] die Einholung wird aber insbesondere unter Haftungsgesichtspunkten in angezeigten Fällen empfehlenswert sein.[1068] Auf die ohnehin bestehenden Schwierigkeiten einer Prognose kann schließlich nur hingewiesen werden.[1069] Die Probleme potenzieren sich, wenn als Gegenleistung zum Beispiel Aktien des Bieters angeboten werden.[1070]

Nicht in § 27 WpÜG vorgesehen ist die Angabe eventueller Zuwendungen an die Verwaltung der Zielgesellschaft durch den Bieter, diese Angabe muss jedoch gemäß § 11 Abs. 2 Satz 3 Nr. 3 WpÜG in der Angebotsunterlage enthalten sein. Nach § 33 Abs. 3 WpÜG ist es dem Bieter verboten, „ungerechtfertigte Geldleistungen oder andere ungerechtfertigte geldwerte Vorteile" zu gewähren. Die Einschränkung der „ungerechtfertigten" Geldleistung beruht darauf, dass der Gesetzgeber durchaus erkannt hat, dass Leistungen an den Vorstand oder Aufsichtsrat üblich sein werden, aber nicht alle als verwerflich erscheinen müssen. Vielmehr können diese dazu dienen, dass der Vorstand auf der einen Seite nicht aus eigensüchtigen Gründen das Angebot zulasten der Aktionäre vereitelt oder auf der anderen Seite aus Gleichgültigkeit zur Höhe des Angebots überhaupt keine Maßnahmen ergreift. Eine Kenntnis über Zahlungen an die Verwaltung und sonstige künftige Vertragsbestandteile wird aber regelmäßig von Interesse für die Aktionäre bei der Bewertung des Informationsgehalts der Stellungnahme sein. Eine Aufnahme jeglicher, nicht nur die vom Bieter stammenden Leistungen in die Stellungnahme der Verwaltung der Zielgesellschaft erscheint daher angebracht.[1071] In Erinnerung geblieben ist die als „Abfindung" deklarierte Zahlung an den Vorstandsvorsitzenden der Mannesmann AG *K. Esser* über 60 Millionen Deutsche Mark. Inwieweit

---

1064 So aber *Kort* in FS Lutter S. 1421 (1438 mwN in Fn 52); *Röh* in Haarmann § 27 Rn 16.

1065 *Van Aubel* „Vorstandspflichten" S. 64; *Schwennicke* in Geibel/Süßmann § 27 Rn 10f.; *Ehricke/Ekkenga* § 27 Rn 22; vgl. die Begründung des Regierungsentwurfs BT-Drucks. 14/7034, S. 52.

1066 Vgl. dazu Rule 3.1 und 25.1 (a) des City Codes für Großbritannien.

1067 § 14 des Diskussionsentwurfs zum Übernahmegesetz sah die Notwendigkeit eines Beraters noch vor, auch wenn dieser nicht unabhängig sein musste; vgl. dazu *Harbarth* ZIP 2004, 3 (9 mwN).

1068 So auch *Hopt* in FS Lutter S. 1361 (1379); *ders.* ZGR 2002, 333 (355); *Ehricke/Ekkenga* § 27 Rn 21; *Schwennicke* in Geibel/Süßmann „WpÜG" § 27 Rn 12.

1069 Vgl. dazu statt vieler *Steinhauer* AG 1999, 299; *Aha* AG 1997, 26; *Dielmann/König* AG 1984, 57; zum Sorgfaltsmaßstab aus aktienrechtlichen Überlegungen: *Lammers* „Verhaltenspflichten" S. 126; *Peltzer* in Assmann/Basaldua S. 179 (213); *Rümker* „Übernahmeangebote" S. 259; *Berger* ZIP 1991, 1644 (1657).

1070 *Maier-Reimer* ZHR 165 (2001), 258 (262); *Ekkenga/Hofschroer* DStR 2002, 724 (728).

1071 So auch *Hopt* in FS Lutter S. 1361 (1381); *ders.* ZGR 1993, 534 (557); *Assmann/Bozenhardt* in Assmann/Basaldua S. 1 (105); *Lammers* „Verhaltenspflichten" S. 126f.; *Immenga* SAG 1975, 89 (94).

diese Zuwendung seine Auffassung über das Angebot der *Vodafone plc.* geändert haben könnte, hatte auch die Staatsanwaltschaft zu überprüfen.[1072]

Aus der Natur als Stellungnahme ergibt sich bereits, dass die Stellungnahme sowohl positiv als auch negativ ausfallen kann. Denkbar, aber nicht erforderlich, ist auch, dass die Stellungnahme eine konkrete Handlungsempfehlung für die Aktionäre oder Werturteile enthält, wenn letztere als solche gekennzeichnet auf zutreffender und ausreichender Tatsachengrundlage abgegeben wird.[1073]

(3) Ergebnis zu bb)

Die Stellungnahme nach § 27 WpÜG verstößt damit nicht gegen das Neutralitätsgebot der Verwaltung während eines Übernahmeverfahrens. Darunter fallen auch Werbekampagnen und sogenannte „road shows", die im Einzelfall aber von der Bundesanstalt für Finanzdienstleistungsaufsicht nach § 28 WpÜG verboten werden können. Zu denken ist hierbei an Kampagnen, die sachliche Begebenheiten verzerren oder in ihrem finanziellen Aufwand in keinem Verhältnis zum erzielbaren Erfolg stehen.

cc) Zustimmungsvorbehalt nach § 33 Abs. 1 Satz 2 Alt. 3 WpÜG

Zu differenzieren ist zwischen der Zustimmung des Aufsichtsrats bei Vornahme einer Maßnahme des Vorstands, die bereits durch einen Vorratsbeschluss der Hauptversammlung legitimiert worden ist und so bereits im Regierungsentwurf zum *Wertpapiererwerbs- und Übernahmegesetz* vom 11.7.2001 vorgesehen war,[1074] und der Zustimmung nach § 33 Abs. 1 Satz 2 Alt. 3 WpÜG in der vom Bundestag beschlossenen Fassung vom 15.11.2001. Letztere Zustimmungsvariante war auch vom Europäischen Parlament für Art. 4 iVm Art. 9 Abs. 2a neu Buchsta-

[1072] Bei dem Verbot nach § 33 Abs. 3 WpÜG geht es um die versprochenen Leistungen des Bieters, daher handelt es sich nicht etwa um ein reines „Lex Esser"; vgl. Süddeutsche Zeitung Nr. 6 vom 9.01.2001, S. 21; FAZ vom 07.03.2000, S. 21 zur Strafanzeige gegen *K. Esser* wegen des Verdachts nach § 299 StGB; dazu auch *J.-H. Bauer* in FAZ vom 18.02.2000, S. 22; *Peltzer* in Börsen-Zeitung vom 22.02.2000, S. 10; kritisch *Schüppen* WPg 2001, 958 (971); *Mülbert/Birke* WM 2001, 705 (709f.); *Pötsch/Möller* WM 2000 Beil. 2, S. 1 (27); *Burgard* WM 2000, 611 (612 mwN), der es für erwiesen hält, dass DM 27,9 Millionen von *Mannesmann* und DM 31 Millionen von *Vodafone* gezahlt worden waren. Anders aber *K. Esser* selbst in Wirtschaftswoche Nr. 35 vom 23.08.2001, S. 56ff., nach dem DM 31 Millionen eine vom Großaktionär *Hutchison Whampoa* vorgeschlagene „Anerkennungsprämie" gewesen seien und die Summe von DM 28 Millionen eine geschuldete Vertragsabfindung dargestellt habe, die ebenfalls von seinem Arbeitgeber bezahlt worden sei.

[1073] BT-Drucks. 14/7034 S. 52; *Steinmeyer/Häger* „WpÜG" § 27 Rn 7; *Ehricke/Ekkenga* § 27 Rn 12; *Bozenhardt* „Freiwillige Übernahmeangebote" S. 144f., 146f.; a. A. *Rümker* in FS Heinsius S. 683 (687); vgl. *Assmann/Bozenhardt* in Assmann/Basaldua S. 1 (105); *Hopt* in FS Lutter S. 1361 (1381); *Lüttmann* „Kontrollwechsel" S. 190.

[1074] Dazu bereits oben 6. Abschnitt B I 2, S. 173ff..

be a) der EG-Richtlinie vorgeschlagen worden[1075] und ist mittlerweile auch im *Deutschen Corporate Governance Kodex* der Kodexkommission Cromme eingefügt.[1076] Sie geht im Wesentlichen auf die Bestrebungen in Deutschland zurück, die Neutralitätspflicht Einschränkungen zu unterwerfen, und ist Ausdruck der grundsätzlichen Bemühung, einer Verteidigungsmaßnahme des Vorstands den Verdacht zu nehmen, sie sei durch eigensüchtige Beweggründe motiviert. In der Literatur ist diese Regelung nicht ohne Kritik geblieben. Zunächst wird bereits die Eignung des Aufsichtsrats als eines auch mit Vertretern der Arbeitnehmer besetztem Organ angezweifelt, weil von diesem kein effektiver Minderheitenschutz zu erwarten sei und dieser eben nicht eine Art Aktionärsausschuss darstelle.[1077]

(1) Anwendungsbereich nach der Begründung des Finanzausschusses

§ 33 Abs. 1 Satz 2 Alt. 3 WpÜG könnte einen erheblichen Handlungsspielraum für den Vorstand eröffnen, bei dem sogar Maßnahmen durchgeführt werden könnten, die nicht einmal im Ansatz unternehmerisch ex ante geplant gewesen sind. Die Befürchtung liegt dabei nahe, dass dies über das angestrebte Ziel, die Zielgesellschaft solle in ihrer Geschäftsführung nicht unnötig „gelähmt" werden, hinausgehen könnte.[1078] Nach der Begründung des Finanzausschusses werden hiermit jedoch lediglich Maßnahmen ermöglicht, die in die Geschäftsführungskompetenz des Vorstands fallen, andere nach dem Aktiengesetz in die Zuständigkeit der Hauptversammlung fallende Maßnahmen sollen grundsätzlich weiterhin in deren Kompetenzbereich verbleiben.[1079]

Nach der legislativen Begründung steht es dabei im Ermessen des Vorstands, ob er sich eine Abwehrmaßnahme durch den Aufsichtsrat oder durch die Hauptversammlung genehmigen lässt.[1080] Diese Zustimmung hat in Form der Einwilligung vor Durchführung der Verteidigungsmaßnahme zu erfolgen, um den Zustimmenden nicht vor vollendete Tatsachen zu stellen. Zu bedenken ist auch, dass keine Generalzustimmung zu allen Verteidigungsmaßnahmen erteilt werden darf, da sonst die Zustimmungskompetenz faktisch ausgehöhlt würde.[1081] Die sich aus einer post-bid-Hauptversammlung ergebenen Probleme sind bereits oben ange-

---

1075 Auf Vorschlag von Berichterstatter *Lehne* vgl. www.europarl.eu.int; dazu *Mülbert/Birke* WM 2001, 705; bereits früher befürwortend: *Weisner* ZRP 2000, 520 (524); a.A. *Merkt* ZHR 165 (2001), 224 (254), der die Einführung zum damaligen Zeitpunkt ablehnte.

1076 In Klausel III.7 Abs. 2 Satz 1 abgedruckt in ZIP 2002, 452 (453) = NZG 2002, 75 (76).

1077 *Zschocke* DB 2002, 79 (82); *Winter/Harbarth* ZIP 2002, 1 (8); *Hopt* in FS Lutter S. 1361 (1378); *Stellungnahme des Finanzplatz e.V.* vom 8.10.2001, S. 2; a. A. aber *Stellungnahme des DGB* vom 3.09.2001, S. 2f..

1078 *Winter/Harbarth* ZIP 2002, 1 (8).

1079 BT-Drucks. 14/7477, S. 53 = ZIP 2001, 2102 (2104); zustimmend *Winter/Harbarth* ZIP 2002, 1 (4); *Krause* AG 2002, 133; *ders.* NJW 2002, 705 (712).

1080 Begründung des Finanzausschusses BT-Drucks. 14/7477, S. 74f. = ZIP 2001, 2102 (2104); kritisch *Winter/Harbarth* ZIP 2002, 1 (3, 8ff.); *Thoma* NZG 2002, 105 (110).

1081 Dazu auch *Winter/Harbarth* ZIP 2002, 1 (8).

sprochen worden. Unabhängig davon wird man aber ohnehin davon ausgehen können, dass der Vorstand grundsätzlich die Zusammenarbeit mit dem Aufsichtsrat bevorzugen wird,[1082] und die praktische Bedeutung der Vorratsbeschlüsse somit als gering bewerten müssen.[1083]

Kritik erntete daher der Wille des Gesetzgebers, dass der Vorstand nicht an Maßnahmen gehindert werden solle, zu denen er nach anderen Rechtsvorschriften von der Hauptversammlung ermächtigt worden war. Beispielhaft führt die Gesetzesbegründung die Kapitalerhöhung aus genehmigten Kapital und den Erwerb eigener Aktien nach § 71 Abs. 1 Nr. 8 AktG an, die unter den Voraussetzungen des § 33 Abs. 1 Satz 2 WpÜG möglich sein sollen.[1084] Diese Erweiterung war gerade wegen eines vermeintlich fehlenden „level playing field" gegenüber den internationalen Konkurrenten aus den Vereinigten Staaten und manchen anderen europäischen Staaten eingefügt worden.[1085] Dies führt zu verfassungsrechtlichen Bedenken, die nach vereinzelten Vorschlägen in der Literatur durch eine einschränkende Auslegung der Norm vermieden werden müssen. Im Folgenden wird zu zeigen sein, dass eine restriktive Auslegung nicht erforderlich ist, eine Beeinträchtigung der Grundrechtsposition der Anteilseigner fehlt und die übernahmerechtlich geschaffene Rechtslage im Übrigen weitgehend mit der aktienrechtlichen korreliert.

(2) Verfassungsrechtliche Bedenken

Die mögliche Umgehung der Hauptversammlung über eine Zustimmung des Aufsichtsrats begegnet im Hinblick auf Art. 14 GG grundsätzlichen Bedenken.[1086] Hierfür wird geltend gemacht, dass gegen die paritätische Mitbestimmung aus verfassungsrechtlicher Sicht nichts einzuwenden sei, wenn es um die Mitbestimmung bei der *Leitung* des Unternehmens gehe. Dagegen werde bei Übernahmeangeboten die Frage der Veräußerung der Anteile durch die Aktionäre aufgeworfen. Damit sei nicht das Verwaltungsrecht, sondern das Eigentumsrecht tangiert. Über die Zustimmung des Aufsichtsrats könne daher die Arbeitnehmerseite in nach Art. 14 GG subjektiv geschützte Vermögensrechte der Anteilseigner eingreifen. Darin könne auch keine Inhalts- und Schrankenbestimmung im Sinne des Art. 14 Abs. 2

[1082] Vgl. *Hopt* in FS Lutter S. 1361 (1382), der Vorstand und Aufsichtsrat „im gleichen Boot sitzend" sieht; zustimmend *Winter/Harbarth* ZIP 2002, 1 (9); *Krause* NJW 2002, 705 (712).

[1083] Stellungnahme des *DAV* zum Regierungsentwurf ZIP 2001, 1736 (1739); *U. H. Schneider* AG 2002, 125 (131); *Drygala* ZIP 2001, 1861 (1866); *Thoma* NZG 2002, 105 (111); *Winter/Harbarth* ZIP 2002, 1 (12); dazu bereits oben 6. Abschnitt B I 5, S. 199ff..

[1084] Begründung des Finanzausschusses BT-Drucks. 14/7477, S. 74 = ZIP 2001, 2102 (2104); dazu *Winter/Harbarth* ZIP 2002, 1 (9); *Thoma* NZG 2002, 105 (110); *Geibel/Süßmann* BKR 2002, 52 (66); *Krause* AG 2002, 133 (137).

[1085] *Begründung des Finanzausschusses* BT-Drucks. 14/7477, S. 67.

[1086] *Steinmeyer/Häger* „WpÜG" § 27 Rn 23; *Winter/Harbarth* ZIP 2002, 1 (8); *Zschocke* DB 2002, 79 (82f.); *Cahn/Senger* FB 2002, 277 (288); wohl auch *Krause* AG 2002, 133 (134, 137); *Thoma* NZG 2002, 105 (110); *Röh* in Haarmann § 33 Rn 120f.; a. A. *U. H. Schneider* AG 2002, 125 (129).

GG gesehen werden, da es nicht um die Ausgestaltung grundsätzlich anerkannten Eigentums ginge, sondern um das Veräußern des Eigentums.[1087]

Gegen solche verfassungsrechtlichen Bedenken ist von *U. H. Schneider* eingewendet worden, dass dem Vorstand und Aufsichtsrat gegenüber den Aktionären keine Pflicht zukomme, deren Kursinteressen zu wahren. Daher müssten die Anteilseigner mittelbare Auswirkungen von Maßnahmen der Unternehmensleitung, die nach dem § 33 WpÜG in den Kompetenzbereich des Vorstands und Aufsichtsrats fielen, hinnehmen.[1088] Es mag zwar zutreffen, dass die Kursinteressen der Anleger nicht geschützt werden,[1089] jedoch kann entgegen *Schneider* die Herleitung der Zulässigkeit von mittelbaren Auswirkungen entsprechender Maßnahmen nicht mit den Zuständigkeiten des WpÜG legitimiert werden, da es in diesem Zusammenhang gerade darum geht, diese Kompetenzverteilungen auf ihre Verfassungskonformität hin zu überprüfen. Es bleibt daher bei der eingangs aufgezeigten Problematik.

α) Verfassungsrechtlicher Schutz des Anteilseigentums

Nach der Rechtsprechung des Bundesverfassungsgerichts[1090] stellt das Anteilseigentum ein „gesellschaftsrechtlich vermitteltes Eigentum" dar, bei dem die Verfügungsbefugnisse lediglich mittelbar über die Organe der Gesellschaft ausgeübt werden.[1091] Auch wenn es an dem sonst beim Sacheigentum fehlenden Zusammenhang zwischen Rechtsinhaberschaft und Herrschafts- und Nutzungsmacht fehle, bleibe das Recht der Aktionäre, auf die Geschicke der Gesellschaft Einfluss zu nehmen, von der Eigentumsgarantie gedeckt.[1092] Dabei könne es zu erheblichen Unterschieden zwischen dem Unternehmer-Eigentümer und Kleinanleger kommen.[1093] Letzterer werde insbesondere in großen Publikumsgesellschaften in seinen Verfügungsbefugnissen auf die Veräußerung

[1087] *Zschocke* DB 2002, 79 (82f.); *Cahn/Senger* FB 2002, 277 (288); wohl auch *Winter/Harbarth* ZIP 2002, 1 (8) mit Verweis auf das „*Mitbestimmungsurteil*" des Bundesverfassungsgerichts BVerfGE 50, 290ff. = NJW 1979, 699ff..

[1088] Vgl. *U. H. Schneider* AG 2002, 125 (129).

[1089] Auch wenn die Börsenkursentwicklung als Indikator für die allgemeine Entwicklung des Unternehmens dient; vgl. daher zu Maßnahmen zur Kurspflege: *Schäfer* WM 1999, 1345ff..

[1090] Vgl. BVerfGE 50, 290ff. = NJW 1979, 699ff. = DB 1979, 593ff. „*Mitbestimmungsurteil*".

[1091] BVerfGE 50, 290 (342) „*Mitbestimmungsurteil*"; so bereits BVerfGE 14, 263 (276) „*Feldmühle*"; BVerfGE 25, 371 (407) „*Rheinstahl*"; vgl. auch *Depenheuer* in v. Mangoldt/Klein/Starck Art. 14 GG Rn 145; *Bryde* in v. Münch/Kunig Art. 14 Rn 22.

[1092] BVerfGE 14, 263 (276) „*Feldmühle*"; BVerfGE 25, 371 (407) „*Rheinstahl*"; BVerfGE 50, 290 (342) „*Mitbestimmungsurteil*"; *Bryde* in v. Münch/Kunig Art. 14 Rn 22; *Papier* in Maunz/Dürig Art. 14 Rn 193.

[1093] BVerfGE 50, 290 (342, 348) „*Mitbestimmungsurteil*"; *Papier* in Maunz/Dürig Art. 14 Rn 193.

und Belastung beschränkt und damit auf seine Kapitalanlageinteressen verwiesen.[1094]

Die in Bezug auf Art. 14 GG erhobenen Bedenken lassen sich daher bei einer verfassungsrechtlichen Bewertung nicht aufrechterhalten. Zunächst lässt sich bezweifeln, ob überhaupt in das Anteilseigentum durch die Regelung in § 33 Abs. 1 Satz 2 WpÜG eingegriffen wird. Denn nach der Rechtsprechung des Bundesverfassungsgerichts liegt ein Eingriff nicht schon dann vor, wenn die Ausübung der mitgliedschaftlichen Befugnisse des Einzelnen nicht der Mehrheit der Anteilseigner entspricht. Dem Aktionär wird es aufgrund der Vermittlung der Verfügungsbefugnisse ohnehin nicht immer möglich sein, seine individuellen Interessen durchzusetzen.[1095] Die aus dem Übernahmeangebot resultierende potentielle Veräußerungsmöglichkeit ist damit ohnehin auch bei der eingeholten Zustimmung der Hauptversammlung von einer Mehrheitsentscheidung der Aktionäre abhängig. Der einzelne Anteilseigner wird daher im Wesentlichen auf seine Veräußerungsbefugnis verwiesen; diese wird aber auch nicht durch einen Zustimmungsvorbehalt für den Aufsichtsrat in der fraglichen Norm in Zweifel gezogen, sondern es wird dem Aktionär bei einer erfolgreichen Abwehrmaßnahme lediglich die *Möglichkeit* entzogen, das Übernahmeangebot anzunehmen. Diese Möglichkeit der Veräußerung könnte dem Aktionär auch rein theoretisch beim Verkauf über die Börse versperrt sein, wenn es an einem entsprechenden Kaufbereiten mangelt. Seine verfassungsrechtlich geschützte Veräußerungs*befugnis* ist damit indes nicht tangiert.

Außerdem ist anzumerken, dass die verfassungsrechtlichen Bedenken stets die paritätische Mitbestimmung nach dem Mitbestimmungsgesetz von 1976 aufgreifen und daraus abgeleitet werden.[1096] Die Behauptung, es werde in verfassungswidriger Weise in die Veräußerungsbefugnisse der Anteilseigner eingegriffen, führt letztlich erneut zu der Frage der Zulässigkeit einer Arbeitnehmermitbestimmung über den Aufsichtsrat. Diese ist nach dem „*Mitbestimmungsurteil*" des Bundesverfassungsgerichts jedoch auch im Wesentlichen in Bezug auf die Regelungen §§ 27 Abs. 2, 29 Abs. 2 MitbestG bejaht worden, nach denen der Anteilseignerseite faktisch bei Pattsituationen ein Stichentscheid zukommt und damit eine „leichte Vorrangstellung" der Aktionäre im Aufsichtsrat gesichert ist. Mit dieser „Speerspitze der Mitbestimmung" sollte auch im Übernahmeverfahren die Wahrung der Interessen der Aktionäre gewährleistet sein. Übernahmerechtlich lässt sich die Zulässigkeit der Arbeitnehmermitbestimmung schließlich auch damit stützen, dass die

---

1094 Vgl. BVerfGE 50, 290 (342, 348) „*Mitbestimmungsurteil*"; *Papier* in Maunz/Dürig Art. 14 Rn 193; *Depenheuer* in v. Mangoldt/Klein/Starck Art. 14 GG Rn 146.

1095 BVerfGE 50, 290 (345) „*Mitbestimmung*".

1096 Vgl. *Winter/Harbarth* ZIP 2002, 1 (8); *Zschocke* DB 2002, 79 (82f.); tendenziell auch *Hopt* in FS Lutter S. 1361 (1378).

Arbeitnehmerinteressen nach der Begründung des Finanzausschusses auch in Übernahmeverfahren berücksichtigt werden sollen.[1097]

Daneben ist auch zu bedenken, dass die Mitentscheidungsprärogative des Aufsichtsrats lediglich die Zustimmung des Aufsichtsrats als Gremium bestimmt, nicht aber die interne Übertragung der Zustimmungserteilung auf einen Aufsichtsratsausschuss nach § 107 Abs. 3 AktG ausschließt.[1098] Es besteht, abgesehen von dem in § 107 Abs. 3 Satz 2 AktG enthaltenen Katalog der Entscheidungen, die nicht auf Ausschüsse übertragen werden dürfen, kein Grundsatz dahingehend, dass besonders wichtige Entscheidungen vom Gesamtorgan getroffen werden müssen.[1099] Nach zutreffender Ansicht muss ein Aufsichtsratsausschuss nicht nach den für das Unternehmen geltenden mitbestimmungsrechtlichen Regeln zusammengesetzt werden,[1100] so dass damit eine befürchtete Beeinträchtigung der Anteilseignerinteressen in praxi weiter reduziert werden könnte. Im Ergebnis ist daher nicht von einer Beeinträchtigung der verfassungsrechtlich gewährten Rechtspositionen der Anteilseigner auszugehen.

β) Auflösung der Bedenken aus aktienrechtlicher Sicht

Eine solche Beeinträchtigung über eine Umgehung der Hauptversammlung lässt sich auch unter Heranziehung aktienrechtlicher Gesichtspunkte verneinen. Nach denjenigen Stimmen in der Literatur, die verfassungsrechtliche Bedenken erheben, ist zur Auflösung des Problems eine restriktive Auslegung des § 33 Abs. 1 Satz 2 Alt. 3 WpÜG erforderlich.[1101] Der Wortlaut des § 33 Abs. 1 Satz 1 WpÜG suggeriere, dass grundsätzlich eine Neutralitätspflicht der Verwaltung bestehe, die im Wesentlichen lediglich durch einen entsprechenden Hauptversammlungsbeschluss aufgehoben werden könne. Im Rahmen der Begründung zu § 33 Abs. 1 Satz 2 Alt. 3 WpÜG spreche die Begründung des Finanzausschusses davon, dass eine solche Zustimmung des Aufsichtsrats nur in Betracht komme, wenn die entsprechende Maßnahme im originären Kompetenzbereich des Vorstands liege. Dieser Grundsatz verkomme indes zum „Lippenbekenntnis", wenn wie die Begründung weiter ausführt, der Vorstand nicht daran gehindert würde, auf andere

[1097] BT-Drucks. 14/7477, S. 61; vgl. auch die Anforderungen an die Stellungnahme nach § 27 WpÜG, dazu BT-Drucks. 14/7477, S. 68; *Seibt* DB 2002, 529 (531).

[1098] Vgl. OLG Hamburg ZIP 1995, 1673 (1674); KK-*Mertens* § 107 Rn 150; *Hüffer* „AktG" § 107 Rn 18; *Jaeger* ZIP 1995, 1735 (1737f.); *Seibt* DB 2002, 529 (531); vgl. dazu allgemein: *Kindl* „Teilnahme" S. 153; *Götz* AG 1995, 337 (346).

[1099] *Seibt* DB 2002, 529 (531); KK-*Mertens* § 107 Rn 152; *Lutter/Krieger* „Aufsichtsrat" Rn 258; *Rellermeyer* „Aufsichtsratsausschüsse" S. 23ff.; a. A. *Dohse* ZGR 1973, 300 (312f.).

[1100] Vgl. BGHZ 127, 342 = NJW 1993, 2307 (2310ff.) = EWiR § 25 MitbestG 1/93 S. 808 (*Rittner*); OLG München AG 1995, 466 (467) *„Vogt electronic"*; LG Frankfurt/Main ZIP 1996, 1661 = EwiR § 107 AktG 1/96 S. 1011 (Dreher) *„Deutsche Börse AG"*; *Hüffer* „AktG" § 107 Rn 21; *Brandes* WM 1994, 2177 (2182); *Ulmer* in Hanau/Ulmer „MitbestG" § 25 Rn 127; a. A. GK-*Naendrup* „MitbestG" § 25 Rn 35.

[1101] *Winter/Harbarth* ZIP 2002, 1 (9ff.) mwN.

Vorschriften beruhende Maßnahmen wie den Erwerb eigener Aktien oder die Kapitalerhöhung aus genehmigten Kapital unter den Anforderungen des § 33 Abs. 1 Satz 2 WpÜG durchzuführen.[1102] Regelmäßig würde nach der Einschätzung der Vertreter dieser Ansicht eine Zustimmung des Aufsichtsrats eingeholt werden.[1103] Im Falle des genehmigten Kapitals verstoße aber eine Umgehung der Hauptversammlung gegen die aktienrechtliche Organzuständigkeit. Für eine stringente Auslegung des § 33 WpÜG müsse man damit zumindest annehmen, dass entgegen der Begründung des Finanzausschusses ein Beschluss der Hauptversammlung vor Durchführung der Maßnahme gefasst worden sein muss, um der speziellen Situation des Übernahmeverfahrens gerecht zu werden.[1104] *Krause* geht dabei davon aus, dass ein vorsichtiger Vorstand einen solchen Beschluss der Hauptversammlung ohnehin wird einholen wollen,[1105] andere halten die Einholung lediglich für empfehlenswert.[1106]

αα) Ausnutzung eines genehmigten Kapitals unter Bezugsrechtsausschluss

Diese Bedenken können bereits aus allgemeinen aktienrechtlichen Erwägungen nicht überzeugen, wenn man sich die Voraussetzungen einer Ausübung eines genehmigten Kapitals vor Augen führt. Die Ausnutzung eines genehmigten Kapitals ist für den Vorstand insbesondere dann als Abwehrmaßnahme nutzbar, wenn er das Bezugsrecht der Altaktionäre ausschließen kann.[1107] Dabei kann dieser Ausschluss zum einen bereits zusammen mit dem Beschluss über die Ermächtigung von der Hauptversammlung gefasst werden, zum anderen kann er gemäß § 203 Abs. 2 Satz 1 AktG dem Vorstand bei Ausübung der Ermächtigung eingeräumt werden. Ein Ausschluss ist nach § 186 Abs. 3 Satz 4 AktG zwar insbesondere dann zulässig, wenn die Kapitalerhöhung gegen Bareinlagen zehn Prozent des Grundkapitals nicht übersteigt und der Ausgabebetrag den Börsenpreis nicht we-

1102 Begründung des Finanzausschusses BT-Drucks. 14/7477, S. 74 = ZIP 2001, 2102 (2104); dazu *Winter/Harbarth* ZIP 2002, 1 (9); *Thoma* NZG 2002, 105 (110); *Geibel/Süßmann* BKR 2002, 52 (65f.); *Krause* AG 2002, 133 (137); grundsätzlich noch vor Verabschiedung des WpÜG als zulässiges Abwehrmittel ohne weitere Beteiligung der Hauptversammlung angesehen, wenn die Ermächtigung für eine konkrete Transaktion oder des Plans für eine solche erteilt wurde und dem Vorstand die Einzelheiten überlassen bleiben sollten: *Hopt* in FS Lutter S. 1361 (1390); *Maier-Reimer* ZHR 165 (2001), 258 (267).

1103 *Winter/Harbarth* ZIP 2002, 1 (9, 12); *Thoma* NZG 2002, 105 (111); *Krause* NJW 2002, 705 (712); vgl. *Hopt* in FS Lutter S. 1361 (1382), der Vorstand und Aufsichtsrat „im gleichen Boot sitzend" sieht.

1104 Für zumindest vorzugswürdig haltend *Winter/Harbarth* ZIP 2002, 1 (9); zustimmend *Zschocke* DB 2002, 79 (83).

1105 So in AG 2002, 133 (137).

1106 Auch in Bezug auf *„Holzmüller"*: *Winter/Harbarth* ZIP 2002, 1 (10); eine dahingehende Anregung gibt auch der Deutsche Corporate Governance Kodex der *Kodexkommission Cromme* unter Klausel III.7 Abs. 3.

1107 Anders *Werner* „Feindliche Übernahmeangebote" S. 22f., der aus der *„Philipp Holzmann"*-Rechtsprechung ableitet, dass das genehmigte Kapital nur unter Gewährung des Bezugsrechts als (allerdings stumpfes) Abwehrmittel in Betracht kommt.

sentlich unterschreitet.[1108] Für eine Abwehr einer feindlichen Übernahme wird der Vorstand jedoch eventuell den vollständigen Rahmen eines genehmigten Kapitals gemäß § 202 Abs. 3 Satz 1 AktG von fünfzig Prozent des Grundkapitals ausnutzen wollen bzw. müssen. Die Frage stellt sich dann, ob die Abwehr einer feindlichen Übernahme als sachliche Rechtfertigung für einen Bezugsrechtsausschluss dienen könnte. Nach der Rechtsprechung des Bundesgerichtshofes ist ein Ausschluss gerechtfertigt, wenn der Zweck im Gesellschaftsinteresse liegt.[1109] Geht es bei der Abwehrmaßnahme um einen bloßen Überfremdungsschutz, wird man eine sachliche Rechtfertigung ablehnen müssen.[1110] Hingegen wird die Nutzung eines genehmigten Kapitals zur Abwehr eines feindlichen unternehmerischen Verhaltens grundsätzlich denkbar sein.[1111] Nicht ausreichend ist hierbei eine drohende Ab-

---

1108 Zur Problematik der „Unwesentlichkeit": Ausschussbericht in BT-Drucks. 12/7848, S. 9; ebenso *Marsch-Barner* AG 1994, 532 (533, 537); *Martens* ZIP 1992, 1677 (1687) für 5 %; dagegen KK-*Lutter* § 186 Nachtrag 15; *ders.* AG 1994, 429 (442) nur 3 %; starre Grenzen ablehnend: *Hüffer* „AktG" § 186 Rn 39d; *Schwark* in FS Claussen S. 357 (371ff.); vgl. dazu auch *Bungert* NJW 1998, 488 (489); *Hoffmann-Becking* ZIP 1995, 1 (9f.); OLG München NJW-RR 1997, 871 = WM 1996, 1910, vgl. auch Vorinstanz: LG München WM 1996, 305 = AG 1996, 138 *„Hypobank"*.

1109 BGHZ 136, 133 (137ff.) = NJW 1997, 2815 = AG 1997, 465 *„Siemens/Nold"*; BGHZ 71, 40 (50) = NJW 1978, 1316 *„Kali&Salz"*; BGHZ 83, 319 (321) = NJW 1982, 2444 *„Philipp Holzmann"*; BGHZ 120, 141 (145f.) = NJW 1993, 400; BGHZ 125, 239 (241) = NJW 1994, 1410 *„Deutsche Bank"*; vgl. auch OLG Braunschweig AG 1999, 84 (86); OLG Stuttgart AG 1998, 529 (531). Seit der *„Siemens/Nold"*-Entscheidung ist es dabei nicht mehr erforderlich, dass zum Zeitpunkt der Beschlussfassung die Geeignetheit, Erforderlichkeit und Verhältnismäßigkeit des Ausschlusses für den angestrebten Zweck festgestellt wird, vgl. *Cahn* ZHR 164 (2000), 113 (118); *Volhard* AG 1998, 397 (402f.); ablehnend *Lutter* JZ 1998, 50ff.; kritisch auch *Hüffer* „AktG" § 203 Rn 11a; *Kindler* ZGR 1998, 35ff.. Keine Rechtfertigung ist dagegen notwendig, wenn sämtliche Anteilseigner dem Ausschluss zugestimmt haben, *Hüffer* „AktG" § 186 Rn 25; Hefermehl/Eckardt/Kropff-*Hefermehl/Bungeroth* § 186 Rn 104; *Lutter/Schneider* ZGR 1975, 182 (198).

1110 *Hüffer* „AktG" § 186 Rn 32; Geßler/Hefermehl/Eckardt/Kropff-*Hefermehl/Bungeroth* § 186 Rn 135; KK-*Lutter* § 186 Rn 74; *Schanz* NZG 2000, 337 (341); *Krieger* in Münch Hdb § 56 Rn 73; *Otto* DB 1988 Beil. 12, S. 1 (9); *Priester* DB 1980, 1925 (1929); zustimmend *Altmeppen* ZIP 2001, 1073 (1080), der aber noch auf BGHZ 21, 354 (357) Bezug nimmt; a. A. *Wiedemann* in Großkomm § 186 Rn 162ff..

1111 *Wiedemann* in Großkomm § 186 Rn 161ff.; *Bungert* NJW 1998, 488 (492); *Martens* in FS R. Fischer S. 437 (452); *ders.* in FS Steindorff S. 151 (160); *Schander* BB 1997, 1801 (1803); *Krieger* in Münch Hdb § 56 Rn 67; *Hüffer* „AktG" § 186 Rn 32; *Vater* M&A 2002, 9 (10); wohl auch *van Aubel* „Vorstandspflichten" S. 164f.; *Pötsch/Möller* WM 2000 Beil. 2, S. 1 (26); *Hopt* in FS Lutter S. 1361 (1390); *ders.* in FS Heinsius S. 22 (26); *Maier-Reimer* ZHR 165 (2001), 258 (267); *Schanz* NZG 2000, 337 (343f.); *Thiel* in Semler/Volhard § 31 Rn 127; vgl. auch LG Frankfurt WM 1992, 437 (438) für Publikumsgesellschaften, bei denen die Quotenverschlechterung für den einzelnen Kleinaktionär kaum meßbar sein könnte; a. A. insgesamt *Hirte* „Bezugsrechtsauschluss" S. 43, 50ff.; *ders.* ZIP 1989, 1233 (1237f.); *Assmann/Bozenhardt* in Assmann/Basaldua S. 1 (128f.); *Otto* DB 1988 Beil. 12, 1 (9); *Rümker* in FS Heinsius S. 683 (702); *Stoll* BB 1989, 301 (304); kritisch auch *Klein* NJW 1997, 2085 (2088); *Weisser* „Feindliche Übernahmeangebote" S. 207; *Bozenhardt* „Freiwillige Übernahmeangebote" S. 175ff.; *Sünner* in FS Quack S. 457 (459, 468f.); siehe auch Art. 9 Abs. 2 der EG-RL in der Fassung des Vermittlungsausschusses, nach der ein Bezugsrechtsausschluss generell unzulässig ist.

hängigkeit oder Konzernierung,[1112] vielmehr ist eine drohende Vernichtung der Gesellschaft erforderlich.[1113]

Wie bei den Vorratsbeschlüssen im Sinne des § 33 Abs. 2 WpÜG ist es allerdings auch beim genehmigten Kapital aufgrund der Warnungswirkung äußerst zweifelhaft, ob ein Vorstand sich zu einem solchen für die Abwehr feindlicher Übernahmeversuche ermächtigen lassen wird. Im Übrigen ist nicht davon auszugehen, dass die *„Siemens/Nold“*-Entscheidung des Bundesgerichtshofes[1114] die Nutzung des genehmigten Kapitals als Abwehrmittel dahingehend erleichtern wollte, dass bei der Beschlussfassung die Möglichkeit der Nutzung als Verteidigungsmaßnahme nicht mehr festgehalten werden müsste. Die Beseitigung der Notwendigkeit von „konkreten Anhaltspunkten“ im Sinne der *„Philipp Holzmann“*-Entscheidung[1115] und die nunmehr postulierte Bekanntgabe in „abstrakter Form“ entbindet nicht von der Pflicht, einen potentiellen Rechtfertigungsgrund anzugeben.[1116] Denn die Voraussetzungen für einen Bezugsrechtsausschluss sind lediglich insofern erleichtert worden, als zum Zeitpunkt der Beschlussfassung eine Verhältnismäßigkeitsprüfung nicht mehr erforderlich ist.

Unter diesem Gesichtspunkt erschiene mithin die Nutzung einer Ermächtigung nur als sogenannte „unechte Ermächtigung“ möglich, bei dem der Beschluss ohne Kenntnis eines konkreten oder erwarteten Übernahmeangebots gefasst wurde und der Vorstand diese Ermächtigung nunmehr zur Abwehr eines feindlichen Übernahmeangebots verwenden möchte. Nach teilweise vertretener Ansicht soll dies nach § 33 Abs. 1 Satz 2 Alt. 3 WpÜG mit Zustimmung des Aufsichtsrats zulässig sein.[1117] Nach der Begründung des Finanzausschusses sollen mit dieser Alternative jedoch lediglich Maßnahmen legitimiert werden können, die in den Kompetenzbereich des Vorstands fallen;[1118] es war damit nicht intendiert, die Befugnisse der

---

[1112] *Martens* in FS R. Fischer S. 437 (452ff.); *ders.* in FS Steindorff S. 151 (160); KK-*Lutter* § 186 Rn 71; *Lutter/Timm* NJW 1982, 409 (415); *Hüffer* „ AktG“ § 186 Rn 32; *Wiedemann* in Großkomm § 186 Rn 162; *Schwennicke* in Geibel/Süßmann § 33 Rn 59; *Lammers* „Verhaltenspflichten“ S. 141; *Hauschka/Roth* AG 1988, 181 (191); *Weisner* „Verteidigungsmaßnahmen“ S. 200f.; differenzierend *Kort* in FS Lutter S. 1421 (1432).

[1113] BGHZ 33, 175 (186) = NJW 1961, 26 *„Minimax II“*; Geßler/Hefermehl/Eckardt/Kropff-*Hefermehl/Bungeroth* § 186 Rn 136; *Dimke/Heiser* NZG 2001, 241 (246); *Hauschka/Roth* AG 1988, 181 (191); *Weisner* „Verteidigungsmaßnahmen“ S. 202; *Schwennicke* in Geibel/Süßmann § 33 Rn 59; *Krieger* in Münch Hdb § 56 Rn 73; kritisch *Herkenroth* „Konzernierungsprozesse“ S. 103 mwN; *Lammers* „Verhaltenspflichten“ S. 140; KK-*Lutter* § 186 Rn 75.

[1114] BGHZ 136, 133 (137ff.) = NJW 1997, 2815 = AG 1997, 465.

[1115] BGHZ 83, 319 = NJW 1982, 2444.

[1116] So auch *Weisner* „Verteidigungsmaßnahmen“ S. 197ff.; *Thiel* in Semler/Volhard § 31 Rn 127; *Röh* in Haarmann § 33 Rn 98 in Fn 122; vgl. *Kindler* ZGR 1998, 35 (39); *Rock* M&A 1997, 551 (553); *Hofmeister* NZG 2000, 713 (716f.); anders *Cahn* ZHR 164 (2000), 113 (115); *Wolf* AG 1998, 212 (214f., 217f.); *Bungert* NJW 1998, 488 (490).

[1117] *Röh* in Haarmann § 33 Rn 112f., 124; *Winter/Harbarth* ZIP 2002, 1 (9); *Zschocke* DB 2002, 79 (83); vgl. *Schwennicke* in Geibel/Süßmann § 33 Rn 51 und 59.

[1118] Begründung abgedruckt in BT-Drucks. 14/7477, S. 74 = ZIP 2001, 2102 (2104); dies müssen auch *Winter/Harbarth* ZIP 2002, 1 (9) einräumen.

Hauptversammlung zu beschneiden. Gegen die zulässige Nutzung der „unechten Ermächtigung" spricht zudem, dass im Rahmen eines Übernahmeverfahrens im Zweifel jegliche Kapitalmaßnahmen im Kausalzusammenhang mit dem Übernahmeangebot stehen werden, so dass eine pflichtgemäße Zustimmung des Aufsichtsrats nach § 33 Abs. 1 Satz 2 Alt. 3 WpÜG nur in Ausnahmefällen möglich erscheint. Faktisch würde mit der Nutzung der „unechten Ermächtigung" die Erforderlichkeit der „sachlichen Begründung" des Bezugsrechtsausschlusses unterminiert und ad absurdum geführt. Die Nutzung von Ermächtigungen „aufgrund anderer Rechtsvorschriften", wie sie die Begründung des Finanzausschusses vorsieht,[1119] kann in der Praxis somit nicht verwirklicht werden. *Röh* wendet daher ein, dass der Hauptversammlung gestattet werden müsse, im Ermächtigungsbeschluss der Verwaltung eine „Zweckentfremdung" des Ermächtigungsbeschlusses zu untersagen.[1120] Es kann jedoch keinen Sinn machen, im Ermächtigungsbeschluss eine sachliche Rechtfertigung zu verlangen, bei der aber eine anderweitige Verwendung durch ein explizites Verbot der „Zweckentfremdung" verhindert werden müsste.

Die spontane Nutzung des genehmigten Kapitals als Verteidigungsmaßnahme ist daher weder übernahmerechtlich noch aktienrechtlich möglich, so dass eine Beeinträchtigung der Interessen der Anteilseigner auch diesbezüglich nicht zu befürchten ist.[1121] Berücksichtigt man schließlich, dass die Beschlüsse über die Ermächtigung zur Kapitalerhöhung und zum Bezugsrechtsausschluss jeweils einer Dreiviertelmehrheit in der Hauptversammlung bedürfen, erscheinen die Rechte der Anteilseigner angemessen gesichert.[1122] Im Ergebnis hat der Vorstand daher durch die Zustimmungsvariante in § 33 Abs. 1 Satz 2 Alt. 3 WpÜG hinsichtlich des genehmigten Kapitals keine Handlungsmöglichkeiten erhalten, über die er nicht bereits de lege lata vorher verfügte.

ββ) Erwerb eigener Aktien nach § 71 Abs. 1 Nr. 8 AktG

Etwas anders gestaltet sich die Situation bei dem von der Begründung des Finanzausschusses ebenso explizit genannten Erwerb eigener Aktien nach § 71 Abs. 1 Nr. 8 AktG.[1123] Hiernach besitzt die Hauptversammlung lediglich die *Möglich-*

1119 Begründung in BT-Drucks. 14/7477, S. 74 = ZIP 2001, 2102 (2104).
1120 In Haarmann § 33 Rn 124 aE.
1121 BT-Drucks. 14/7477, S. 74; *Schwennicke* in Geibel/Süßmann § 33 Rn 51.
1122 Daher spielt es im Ergebnis keine Rolle, ob durch das genehmigte Kapital über den Bezugsrechtsausschluss die jungen Aktien an befreundete Aktionäre emittiert werden sollen oder ob der Bieter zur Vermeidung der Verwässerung seines Pakets dazu gezwungen werden soll, auch die neuen Aktien zu erwerben und dadurch die Übernahme zu verteuern.
1123 Der Erwerb eigener Aktien nach § 71 Abs. 1 Nr. 1 AktG zur Abwehr einer feindlichen Übernahme ist nach herrschender Ansicht nicht zulässig, da bei der Ermittlung des Schadens auf die Gesellschaft und nicht auf einzelne Aktionäre oder Aktionärsgruppen abzustellen ist. Es fehlt daher regelmäßig ein entsprechender Schaden, vgl. BFH DB 1977, 1170 = WM 1977, 1264 = AG 1977, 230f.; *Hüffer* „AktG" § 71 Rn 10; KK-*Lutter* § 71 Rn 23; *Schanz* NZG

keit, den Vorstand vor Durchführung an eine Zustimmung des Aufsichtsrats zu binden,[1124] wobei der Beschluss der Hauptversammlung grundsätzlich auch mit einfacher Mehrheit gefasst werden kann. Die Anteilseignerversammlung kann die Ermächtigung aber derart einschränken, dass ein bestimmter Erwerbszweck statuiert wird, ansonsten liegt die Zweckbestimmung in der Kompetenz des Vorstands.[1125] Die Aktionäre können sich daher vor einer späteren vermeintlichen Beeinträchtigung selbst schützen.

Bedenken ergeben sich aber insbesondere hinsichtlich der praktischen Nutzbarkeit des Erwerbs eigener Aktien als Abwehrmaßnahme. Selbst wenn man die Nutzung zur Abwehr einer Übernahme für zulässig erachtet,[1126] ist zu bedenken, dass der Vorstand gemäß § 71 Abs. 1 Nr. 8 AktG lediglich bis zu zehn Prozent des Grundkapitals an eigenen Aktien erwerben und nach § 71 Abs. 2 Satz 1 AktG auch lediglich eigene Aktien in Höhe von zehn Prozent des Grundkapitals insgesamt halten darf. Die Effektivität dieses Abwehrmittels muss daher als eher eingeschränkt eingestuft werden,[1127] auch wenn zahlreiche Unternehmen Aktienrückkaufprogramme beschlossen haben und Analysten davon ausgehen, dass bei 75 % der DAX-Unternehmen die Abwehr von feindlichen Übernahmen den Beweggrund hierfür gegeben haben wird.[1128] Schließlich ist § 71 b AktG zu berücksichtigen, nach dem die Gesellschaft aus diesen Aktien kein Stimmrecht ausüben darf, so dass die Stimmrechtsquote der Bietergesellschaft in der Hauptversammlung im Falle einer bereits bestehenden Beteiligung sogar erhöht würde.

2000, 337 (345); *Kort* in FS Lutter S. 1421 (1429); *Klein* NJW 1997, 2085 (2087); *Michalski* AG 1997, 152 (155); *Assmann/Bozenhardt* in Assmann/Basaldua S. 1 (133); *Bozenhardt* „Freiwillige Übernahmeangebote" S. 183ff.; *Rümker* in FS Heinsius S. 683 (702); vgl. *Otto* DB 1988 Beil. 12, S. 1 (8) mwN; *Hauschka/Roth* AG 1988, 181 (187); *Immenga/Noll* „Feindliche Übernahmeangebote" S. 110; offen bei BGH WM 1993, 1787 (1790).

[1124] *Hüffer* „AktG" § 71 Rn 19f; vgl. *Happ* „Aktienrecht" Rn 11.08 d): bei fehlender Zustimmung ist der Erwerb indes lediglich pflichtwidrig, nicht unzulässig.

[1125] Der Gesetzgeber hat bewusst keine Vorgaben über zulässige Zwecke gemacht, um den Hauptversammlungen weiten Spielraum zu belassen, Begründung des Gesetzesentwurfs BT-Drucks. 13/9712, S. 13 = ZIP 1996, 2129ff.; zustimmend *Schander* ZIP 1998, 2087 (2088); *ders*. M&A 1998, 314 (315); *Lingemann/Wasmann* BB 1998, 853 (860); *O. Peltzer* WM 1998, 322 (328); *Weisner* „Verteidigungsmaßnahmen" S. 217; *DAV* ZIP 1997, 163 (171); nach Teilen der Literatur besteht eine Pflicht der Hauptversammlung, über den Zweck des Erwerbs zu beschließen, vgl. *Seibert* WM 1997, 1 (9); *Wiesner* in Münch Hdb § 15 Rn 16; *Claussen* AG 1996, 481 (491); *Martens* AG 1996, 337 (343): dem Wortlaut der Gesetzesbegründung lässt sich diese Pflicht allerdings nicht entnehmen.

[1126] Bejahend: *Kort* in FS Lutter S. 1421 (1429); *Schanz* NZG 2000, 337 (345); *Vater* M&A 2002, 9 (11); *Fleischer/Körber* BB 2001, 2589ff.; wohl auch *Hopt* in FS Lutter S. 1361 (1391); *Mülbert* IStR 1999, 83 (89 in Fn 60); kritisch dagegen: *Klein* NJW 1997, 2085 (2087); *Schander* ZIP 1998, 2087 (2088f.); *ders*. BB 1997, 1801 (1803); *O. Peltzer* WM 1998, 322 (323).

[1127] *Böhm* in von Rosen/Seifert S. 327 (338f.); *Kort* in FS Lutter S. 1421 (1429); *Schander* ZIP 1998, 2087 (2089); *Schanz* NZG 2000, 337 (345); *Herkenroth* „Konzernierungsprozesse" S. 100; *Vater* M&A 2002, 9 (11); *Fleischer/Körber* BB 2001, 2589; die gleiche Grenze besteht auch bei der Ausgabe von Belegschaftsaktien im Wege der bedingten Kapitalerhöhung, die ansonsten als Handlungsalternative angesehen werden könnte, da die Arbeitnehmer regelmäßig um den Erhalt ihres Arbeitsplatzes bangen werden.

[1128] Vgl. FAZ Nr. 100 vom 30.04.2002, S. 31.

Angesichts der Gestaltungsmöglichkeiten des Erwerbs der eigenen Aktien durch die Hauptversammlung selbst, des eingeschränkten Umfangs des Rückerwerbs und schließlich der limitierten Einsatzmöglichkeit als Abwehrmittel liegt eine verfassungsrechtlich bedenkliche Beeinträchtigung der Anteilseignerinteressen damit nicht vor.

χχ) Potentielle Verteidigungsmittel im Kompetenzbereich der Hauptversammlung

Abgesehen von denen in der Begründung des Finanzausschusses ausdrücklich genannten Verteidigungsmaßnahmen lassen sich obige Überlegungen auch auf weitere Abwehrmaßnahmen übertragen.[1129] Bei dem Verkauf von Unternehmensteilen („crown jewels“) wird man oftmals von einem „*Holzmüller*“-Tatbestand ausgehen müssen, so dass auch hier eine Umgehung der Anteilseigner über die Zustimmung des Aufsichtsrats nicht möglich sein wird.[1130] Davon abgesehen ist diese Verteidigungsmaßnahme zum einen unzulässig, wenn unternehmenswichtige Gesellschaftsteile veräußert werden sollen, da es dann an einer pflichtgemäßen Verfolgung des Unternehmensgegenstands fehlt.[1131] Zum anderen wird diese Maßnahme nicht als effektives Verteidigungsmittel ausreichen, wenn Unternehmensteile veräußert werden sollen, die nicht in den Kernbereich fallen und dazu geeignet sind, die Zielgesellschaft für den Bieter unattraktiv zu machen. Daneben kommt es – selbst wenn der Vorstand den wahren Marktwert in der Kürze der Zeit ermitteln und erzielen konnte – im Falle der Veräußerung der „crown jewel“ zu einem reinen Aktivtausch, bei dem der Bieter bei einer erfolgreichen Übernahme die erlangten liquiden Mittel ungehindert verwenden könnte.[1132]

Ebenfalls in die Kompetenz der Hauptversammlung fällt die Bindung der Bestellung bzw. Abberufung der Aufsichtsratsmitglieder an eine qualifizierte Mehr-

---

1129 Auf die prophylaktische Maßnahme der Abwehr feindlicher Übernahmen über vinkulierte Namensaktien soll an dieser Stelle nur hingewiesen werden; als Satzungsänderung gemäß § 68 Abs. 2 AktG entscheidet hierüber die Hauptversammlung; vgl. statt vieler: *Assmann/Bozenhardt* in Assmann/Basaldua S. 1 (117ff.); *Otto* DB 1988 Beil. 12, S. 1 (6f.).

1130 Vgl. dazu BGHZ 83, 122; *Michalski* AG 1997, 152 (159); *Ebenroth/Daum* DB 1991, 1105ff.; *Peltzer* in Assmann/Basaldua S. 179 (210); *Assmann/Bozenhardt* in Assmann/Basaldua S. 1 (142); *Vater* M&A 2002, 9 (12); *Geibel/Süßmann* BKR 2002, 52 (65); *Weisner* „Verteidigungsmaßnahmen“ S. 249ff.; a. A. *Rümker* in FS Heinsius S. 683 (694f.), der eine „*Holzmüller*“-Konstellation ablehnt, aber von einer Schadensersatzpflicht nach § 93 Abs. 1 und 2 AktG ausgeht. Eine „*Holzmüller*“-Konstellation wird nach hier zu vertretener Ansicht auch im Falle der Ausgliederung eines Unternehmensteils in Form von Tracking stocks vorliegen, wenn dieser Unternehmensteil das eigentliche Ziel des Übernahmeversuchs darstellt, vgl. *Vater* M&A 2002, 9 (13); *Sieger/Hasselbach* BB 1999, 1277; *dies.* M&A 2001, 381.

1131 So zu Recht: *Michalski* AG 1997, 152 (159); *Schanz* NZG 2000, 337 (347); *Vater* M&A 2002, 9 (12); *Hopt* in FS Lutter S. 1361 (1388) geht von einer generellen Unzulässigkeit aus; nach dem § 31 Abs. 2 des Diskussionsentwurfs zum WpÜG und dem Übernahmekodex war zudem eine erhebliche Änderung des Aktiv- oder Passivbestands der Zielgesellschaft nach Abgabe des Angebots unzulässig.

1132 *Michalski* AG 1997, 152 (159); *Vater* M&A 2002, 9 (12); *Schanz* NZG 2000, 337 (347).

heit oder die Staffelung der Amtszeiten,[1133] oder auch die Entscheidung über die vollständige bzw. teilweise Auflösung der Zielgesellschaft („scorched earth"-Strategie).[1134] Auch bei diesen denkbaren Abwehrmaßnahmen wird die Entscheidungskompetenz der Anteilseigner nicht über die Vorschrift in § 33 Abs. 1 Satz 2 Alt. 3 WpÜG tangiert.

δδ) Verbleibender Handlungsspielraum für den Vorstand

Der verbleibene Handlungsspielraum des Vorstands ist eher gering. Zu nennen ist die Möglichkeit des Vorstands, nach Abgabe eines Übernahmeangebots zur Abwehr der Übernahme Überkreuzbeteiligungen mit befreundeten Unternehmen einzugehen.[1135] Das Eingehen dieser wechselseitigen Beteiligungen kann bereits als effektives Verteidigungsmittel in Zweifel gezogen werden, da immer eine gewisse Restunsicherheit bestehen könnte, ob das befreundete Unternehmen loyal bleiben wird.[1136] Zu befürchten ist auch eine eingeschränkte Flexibilität durch die gegenseitige Abhängigkeit.[1137]

Daneben käme als Verteidigungsmittel noch die Aufdeckung eventueller stiller Reserven oder der Zukauf von Unternehmensteilen in Betracht, mit denen eine Übernahme für den Bieter zu kostenintensiv bzw. zum Beispiel aus kartellrechtlichen Gründen unmöglich gemacht werden könnte.[1138] Der Zukauf von Aktiva be-

---

1133 Inwieweit diese sogenannten „shark repellants" als taugliche Abwehrmittel angesehen werden können, muss hier nicht weiter diskutiert werden; die Praxis zeigt jedenfalls, dass Anteilseignervertreter regelmäßig nach einer erfolgreichen Übernahme das Amt niederlegen, vgl. *Schneider/Burgard* DB 2001, 963 (967); *Vater* M&A 2002, 9 (15); *Schanz* NZG 2000, 337 (342f.); *Michalski* AG 1997, 152 (157). Als Verteidigungsmittel könnte auch die Entsendung eines Aufsichtsratsmitglieds nach § 101 Abs. 2 AktG in Betracht kommen, der auch nur durch den Entsendungsberechtigten abberufen werden könnte, § 103 Abs. 2 AktG.

1134 Die Effektivität dieses Verteidigungsmittels erscheint eher eingeschränkt, auch wenn von dieser Methode in den USA mehrfach Gebrauch gemacht worden ist; ein Auflösungsbeschluss der Hauptversammlung ist jedenfalls gemäß § 262 Abs. 1 Nr. 2 AktG nur mit einer Dreiviertelmehrheit möglich, vgl. zur Einschätzung: *Hauschka/Roth* AG 1988, 181 (192); *Vater* M&A 2002, 9 (12).

1135 Hierzu: *Kübler* in Semler/Volhard § 3 Rn 97; *ders.* Gutachten 61. DJT, S. N 11, 15f.; *Michalski* AG 1997, 152 (161); *Adams* AG 1994, 148ff.; *Baums* ZBB 1994, 86ff..

1136 Vgl. *Vater* M&A 2002, 9 (14); *Schanz* NZG 2000, 337 (346); dazu auch *Rümker* in FS Heinsius S. 683 (703f.).

1137 Vgl. *Assmann/Bozenhardt* in Assmann/Basaldua S. 1 (134ff.); *Schanz* NZG 2000, 337 (346).

1138 Zu diesen Abwehrmitteln vgl. *Vater* M&A 2002, 9 (12, 14); *Hopt* in FS Lutter S. 1361 (1389); die Verteidigung über die Abgabe eines Gegenangebots („Pac-man"-Strategie) erscheint als fragwürdiges Mittel, da eine den Aktionären angebotene Übernahmeprämie abgelehnt wird und im Gegenzug eine Prämie den Anteilseignern der ursprünglich bietenden Gesellschaft gezahlt werden soll. Auf die aus §§ 19ff., 328 Abs. 1 AktG resultierenden Probleme muss hier daher nicht weiter eingegangen werden. Zulässigkeit dieser Strategie auch nach deutschem Recht nehmen an: *Hauschka/Roth* AG 1988, 181 (194); *Michalski* AG 1997, 152 (161f.); *van Aubel* „Vorstandspflichten" S. 170; *Geibel/Süßmann* BKR 2002, 52 (65); *Schanz* NZG 2000, 337 (344); *Krause* NZG 2000, 905 (912); *Schwennicke* in Geibel/Süßmann § 33 Rn 52ff.; a. A. *Hopt* in FS Lutter S. 1361 (1389); *Assmann/Bozenhardt* in Assmann/Basaldua gegnet hinsichtlich der Effektivität als Abwehrmaßnahme jedoch ebenfalls grundsätzlichen Bedenken. Neben einer zeitlichen Problematik der Durchführung könnte der Bieter oftmals die Transaktion nach der Übernahme rückabwickeln oder bei kartellrechtlichen Schwierigkeiten sich gegenüber dem Bundeskartellamt zum Verkauf fraglicher Bereiche verpflichten.[1139] Auch die Aufdeckung stiller Reserven erscheint nicht als primär anzustrebene Verteidigungsmaßnahme der Zielgesellschaft. Im Sinne einer Shareholder-value-Strategie sollten solche Reserven nämlich bereits offengelegt sein, damit der tatsächliche Wert des Unternehmens bereits im Börsenkurs enthalten ist und damit die Wahrscheinlichkeit sinkt, als Zielobjekt zu dienen.[1140] Auch an dieser Stelle wird mithin die bereits oben postulierte Bedeutung der Kommunikation zwischen Verwaltung und Anteilseignern als effektivstes Abwehrmittel demonstriert.

Schließlich kommt als Abwehrmaßnahme die Verweigerung der Zustimmung zur Übertragung vinkulierter Namensaktien auf den Bieter in Betracht.[1141] Die Ausgabe vinkulierter Namensaktien stellt aber einen absoluten Ausnahmefall dar, so dass hieraus keine erheblichen Rückschlüsse auf eine Handlungsfreiheit des Vorstands gezogen werden sollten.

Die ohne Beteiligung der Hauptversammlung zulässigen Maßnahmen sprechen daher nicht ohne weiteres gegen den Zustimmungsvorbehalt zugunsten des Aufsichtsrats, sondern sind vielmehr Ausdruck des vermittelten Eigentums der Aktionäre am Unternehmen und tangieren als Geschäftsführungsmaßnahmen auch außerhalb eines Übernahmeverfahrens die Interessen der Anteilseigner. Das Problem, dass diese zur Abwehr einer feindlichen Übernahme genutzt werden könnten und die Verwaltung regelmäßig ein eigenes Interesse an der Abwehr einer Übernahme besitzen könnte, vermag aber keinen Eingriff in verfassungsrechtlich geschützte Rechtspositionen der Aktionäre zu begründen.

(3) Pflichtenbindung der Organe im Rahmen von § 33 Abs. 1 Satz 2 Alt. 3 WpÜG

Wie bei der Beurteilung im Rahmen der Weiterführung des Tagesgeschäfts lässt sich der Handlungsspielraum des Vorstands auch hier als Ausgangspunkt über die „*ARAG*“-Grundsätze des Bundesgerichtshofes[1142] begründen.[1143] Danach

---

S. 1 (145f.); *Land/Hasselbach* DB 2000, 1753; *Mülbert* IStR 1999, 83 (89); kritisch zu Recht: *Pötsch/Möller* WM 2000 Beil. 2, S. 1 (27); *Immenga/Noll* „Feindliche Übernahmeangebote“ S. 112; Begründung des Referentenentwurfs S. 144.

[1139] *Schanz* NZG 2000, 337 (347); *Hauschka/Roth* AG 1988, 181 (192); *Assmann/Bozenhardt* in Assmann/Basaldua S. 1 (147); *Schander* BB 1997, 1801 (1803 in Fn 36); *Vater* M&A 2002, 9 (14).

[1140] *Schanz* NZG 2000, 337 (341); *Schander* BB 1997, 1801f..

[1141] Dazu *Schwennicke* in Geibel/Süßmann § 33 Rn 55ff.; die mangelnde Effektivität als Abwehrmittel wird deutlich bei Leo Kirch in Bezug auf Springer und AGF bei der Aachener und Münchener Versicherungsgruppe, vgl. FAZ Nr. 200 vom 29.08.2002, S. 16.

[1142] BGHZ 135, 244 = ZIP 1997, 883.

ist ein breites unternehmerisches Ermessen des Vorstands allerdings lediglich dann gegeben, wenn das Organ seine Entscheidungen frei von Interessenkonflikten treffen kann.[1144] Auch wenn der Vorstand in einer Übernahmesituation typischerweise ein mit den Interessen der Aktionäre konfligierendes Interesse am Erhalt seiner Position besitzen wird, so sollten doch die individuellen Verhältnisse der Übernahmesituation berücksichtigt werden, da auch das Fehlen eines Konflikts grundsätzlich denkbar ist. Könnte schließlich in concreto ein Interessenkonflikt festgestellt werden, ist nach der Auffassung von *Winter/Harbarth* die auf § 33 Abs. 1 Satz 2 Alt. 3 WpÜG gestützte Maßnahme nur dann zulässig, wenn ein „dringendes Unternehmensinteresse" zu bejahen und dieses gegenüber dem Interesse der Anteilseigner an einer ungehinderten Veräußerungsmöglichkeit vorrangig zu bewerten ist. Eine solche Restriktion sei deswegen erforderlich, weil auf der einen Seite die Maßnahme nicht auf einer pre-bid hinreichend konkretisierten Unternehmensstrategie beruhe, sondern vielmehr in Kenntnis des Übernahmeangebots ausgeführt wurde, der Vorstand auf der anderen Seite aber nach dem erkennbaren Willen des Gesetzgebers grundsätzlich Abwehrmaßnahmen durchführen können solle.[1145]

Die obigen Ausführungen haben indes gezeigt, dass die Zustimmung des Aufsichtsrats einer verfassungsrechtlichen Überprüfung standhält und der Vorstand auch aktienrechtlich keinen erheblich größeren Handlungsspielraum erhält. Daher ist nach der hier vertretenen Auffassung keine sachliche Rechtfertigung dafür ersichtlich, erhöhte Anforderungen an das Handeln des Vorstands zu stellen. Zudem begegnet das Erfordernis des „dringenden Unternehmensinteresses" weitgehenden Bedenken, da unklar bleibt, wann solche „dringenden" Interessen vorliegen sollen. Bereits aus Gründen der Rechtssicherheit muss daher der gleiche Handlungsmaßstab angesetzt werden. Schließlich dürften bei der Vornahme von Abwehrmaßnahmen generell *dringende* Interessen der Zielgesellschaft beeinträchtigt sein, wenn die Maßnahme dazu geeignet sein soll, den Erfolg des Übernahmeangebots zu verhindern.

Hinsichtlich der Pflichtenbindung des Aufsichtsrats ist den Ausführungen von *Winter/Harbarth* dahingehend zu folgen, dass der Aufsichtsrat den gleichen Pflichten wie der Vorstand ausgesetzt ist.[1146] Demnach ist der Aufsichtsrat nach zutreffender Ansicht ebenso zur Neutralität verpflichtet und an das Unternehmensinteresse gebunden.

1143 Vgl. *Winter/Harbarth* ZIP 2002, 1 (9f.).

1144 In Bezug auf BGHZ 135, 244 (253f.) = ZIP 1997, 883 (885f.), wonach das Verhalten nicht „schlechthin untragbar" sein dürfe.

1145 *Winter/Harbarth* ZIP 2002, 1 (10); wohl zustimmend: *Cahn/Senger* FB 2002, 277 (288).

1146 *Winter/Harbarth* ZIP 2002, 1 (11); a. A. aber offenbar *Witte* BB 2000, 2161 (2165).

(4) Ergebnis zu cc)

Der Zustimmungsvorbehalt für den Aufsichtsrat hält einer eingehenden Zulässigkeitsüberprüfung stand. Die von Teilen der Literatur erhobenen verfassungsrechtlichen Bedenken erweisen sich nach Untersuchung des verfassungsrechtlichen Schutzes des Anteilseigentums als nicht durchgreifend, zumal die Entscheidungskompetenzen der Hauptversammlung letztlich auch aktienrechtlich nicht wesentlich tangiert werden.[1147] Potentielle Abwehrmaßnahmen wie das genehmigte Kapital unter Bezugsrechtsausschluss oder die Veräußerung von sogenannten „crown jewels" können weiterhin nicht ohne Ermächtigung der Hauptversammlung durchgeführt werden. Die ohne jegliche Mitwirkung der Hauptversammlung zulässigen potentiellen Abwehrmittel wie das Eingehen von Überkreuzbeteiligungen mit anderen Unternehmen oder die Aufdeckung vorhandener stiller Reserven haben sich insgesamt als praktisch eher wirkungslos für eine Abwehr eines feindlichen Übernahmeangebots erwiesen. Verbleibende Lücken wie bei dem Erwerb eigener Aktien nach § 71 Abs. 1 Nr. 8 AktG vermögen eine Verletzung von Verfassungsrecht nicht herbeizuführen, da die Aktionäre entsprechende Vorkehrungen zu ihrem Schutz treffen können.

7. Haftungsfragen bei Verletzung der übernahmerechtlichen Verpflichtungen

a) Unterlassene Einholung der erforderlichen Zustimmung

Nach § 61 Abs. 1 Nr. 8 WpÜG handelt ein Vorstand ordnungswidrig, wenn er entgegen § 33 Abs. 1 Satz 1 WpÜG ohne Ermächtigung der Hauptversammlung eine Abwehrmaßnahme durchgeführt hat und kein Fall des § 33 Abs. 1 Satz 2 und Abs. 2 WpÜG vorliegt. Dieses Vergehen ist gemäß § 61 Abs. 3 WpÜG mit einer Geldbuße von bis zu € 1 Millionen belegbar. Im Rahmen der noch zuletzt vom Finanzausschuss vorgenommenen Änderung des § 33 Abs. 1 Satz 2 WpÜG kann davon ausgegangen werden, dass der Gesetzgeber versäumt hat, die Vorschrift des § 61 Abs. 1 Nr. 8 WpÜG entsprechend anzupassen.[1148] Demnach ist auch eine Ordnungswidrigkeit bei einer fehlenden Zustimmung des Aufsichtsrats gegeben. Gleiches muss auch für den Verstoß gegen eine erteilte Zustimmung gelten, insbesondere gegen einen eingeholten Vorratsbeschluss. Der Wortlaut „ohne Ermächtigung" impliziert nämlich nicht nur die fehlende Ermächtigung an sich, sondern auch die fehlende inhaltliche Deckung.

Darüber hinaus kommt ein Anspruch auf Schadensersatz aus §§ 116, 93 AktG in Betracht, der aber nach zutreffender Ansicht grundsätzlich nicht dem einzelnen

[1147] So im Ergebnis auch *Geibel/Süßmann* BKR 2002, 52 (65f.); vgl. dazu auch *Schwennicke* in Geibel/Süßmann § 33 Rn 49ff..

[1148] So auch die Einschätzung von *Winter/Harbarth* ZIP 2002, 1 (11); *Thoma* NZG 2002, 105 in Fn 7.

Aktionär zusteht, sondern der Gesellschaft.[1149] Ein eigener Anspruch lässt sich mangels Verletzung des Mitgliedschaftsrecht auch nicht auf § 823 Abs. 1 BGB stützen,[1150] wäre aber aus § 823 Abs. 2 BGB möglich, wenn § 61 Abs. 1 WpÜG ein Schutzgesetz darstellen würde, das dem Schutz der Aktionäre diente. Die Rechtsprechung hat einen Schutzgesetzcharakter aber fast ausschließlich lediglich bei Strafvorschriften angenommen.[1151] Als Bußgeldvorschrift erscheint die Vorschrift in § 61 Abs. 1 WpÜG daher nicht als Schutzgesetz im Sinne des § 823 Abs. 2 BGB geeignet.[1152]

Ein solches Schutzgesetz könnte aber § 33 Abs. 1 Satz 1 WpÜG darstellen. Die Begründung des Regierungsentwurfs lässt dies zwar offen, jedoch könnte der Schutz des einzelnen Aktionärs daraus resultieren, dass der Vorstand grundsätzlich keine Handlungen vornehmen darf, durch die die Entscheidungsfreiheit der Aktionäre beeinträchtigt werden könnte. Dafür könnte der Vergleich mit § 202 AktG sprechen. Nach § 202 Abs. 3 Satz 2 AktG ist die Zustimmung des Aufsichtsrats bei der Ausübung der Ermächtigung zur Kapitalerhöhung aus genehmigten Kapital eine „Soll"-Vorschrift, die Zustimmung nach § 33 Abs. 2 Satz 4 WpÜG dagegen obligatorisch. Aufgrund der nach § 82 AktG bestehenden unbeschränkten Vertretungsmacht des Vorstands könnte aus einem Verstoß gegen § 33 Abs. 2 Satz 4 WpÜG aber keine Nichtigkeit der Geschäftsführungsmaßnahme des Vorstands hergeleitet werden, so dass zur Kompensation ein Anspruch des einzelnen Aktionärs erforderlich wäre.[1153] Nach der Auffassung von *Röh*[1154] hätte der Gesetzgeber einen ausdrücklichen Haftungsausschluss wie im Rahmen von § 15 Abs. 6 Satz 1 WpHG für fehlerhafte Ad-hoc-Mitteilungen auch im WpÜG einfügen müssen. Aus dem Fehlen eines solchen Ausschlusses sei daher eine Haftung des Vorstands für Verletzung des Erfolgsverhindernisverbots gegenüber den Aktionären zu schließen. Ein Schutzgesetz im Sinne des § 823 Abs. 2 BGB könnte daher in § 33 Abs. 1 Satz 1 WpÜG zu sehen sein.

Unabhängig von dieser Frage wird es aber generell bei Erhebung eines Schadensersatzanspruchs problematisch sein, das Vorliegen eines Schadens zu beja-

[1149] Statt vieler *Röh* in Haarmann § 33 Rn 148; *Baums* Gutachten F für den 63. DJT, S. F 228ff., 242ff.; *Hüffer* „AktG" § 93 Rn 19; KK-*Mertens* § 93 Rn 169; vgl. *Ulmer* ZHR 163 (1999), 290 (318ff.). Die Aktionäre haben demnach nur die Möglichkeit nach § 147 AktG Klage der Zielgesellschaft zu erheben; zu den damit verbundenen Schwierigkeiten bereits oben 1. Abschnitt S. 5.

[1150] *Schwennicke* in Geibel/Süßmann § 33 Rn 89; *Röh* in Haarmann § 33 Rn 149; allgemein *Hüffer* ZHR 161 (1997), 867 (870ff.); *Zöllner* ZGR 1988, 392 (408).

[1151] Vgl. zum Beispiel BGHZ 105, 121 (124f.) = NJW 1988, 2794 für § 266 StGB und § 399 AktG; RGZ 157, 213 (216) = JW 1938, 1653 für § 400 AktG; vgl. *Baums* Gutachten F für den 63. DJT, S. F 229ff.

[1152] Im Ergebnis auch *Winter/Harbarth* ZIP 2002, 1 (16), die indes davon ausgehen, dass der Schutzgesetzcharakter entfiele, da nicht der *einzelne* Aktionär geschützt sei; zustimmend: *Röh* in Haarmann § 33 Rn 148.

[1153] Vgl. *Thaeter* NZG 2001, 789 (791).

[1154] In Haarmann § 33 Rn 150.

hen.[1155] Denn die Vereitelung der Verkaufsmöglichkeit müsste ein Schaden für den Aktionär darstellen, der sich in der Regel aber in einem Reflexschaden (entstandene Kostenbelastung oder Kursverlust) erschöpfen wird.[1156] Zudem bereitet die Feststellung der Kausalität zwischen unzulässiger Abwehrmaßnahme und Misserfolg des Übernahmeangebots Schwierigkeiten, da das Ausbleiben einer Veräußerungsmöglichkeit auch an anderen Faktoren - wie etwa unattraktive Konditionen des Angebots aus Sicht der Mehrheit der Aktionäre – gescheitert sein könnte. Ein Anspruch des Aktionärs auf Schadensersatz ist damit zwar dogmatisch begründbar, aber praktisch eher schwer durchsetzbar.

Ein Aktionär könnte auch einen verbandsrechtlichen Abwehranspruch haben. Nach der Rechtsprechung des Bundesgerichtshofes kommen derartige Aktionärsklagen dann in Betracht, wenn der Vorstand die Aktionäre bei von ihnen mitzuentscheidenden Maßnahmen übergangen hat und damit eine Kompetenzüberschreitung der Verwaltung vorliegt.[1157] Dies setzt eine Verletzung der Mitgliedstellung voraus; in seiner „*Mannesmann/Vodafone*"-Entscheidung hat das Landgericht Düsseldorf dies aber, wie bereits dargestellt, verneint.[1158] Daher wird in der Literatur teilweise vertreten, dass eine Unterlassungsklage nach dem neuen WpÜG nur dann in Betracht kommt, wenn § 33 Abs. 1 Satz 1 WpÜG eine Kompetenznorm darstellt.[1159] Wie bereits ausgeführt, war dies in der Fassung des Regierungsentwurfs noch anzunehmen, wohingegen nun von dem Bestehen einer Organpflicht auszugehen ist. Dies kann jedoch nicht zur Ablehnung eines Unterlassungsanspruchs führen, da es auch Teil der Organpflicht ist, die Grenzen der eigenen Kompetenzen einzuhalten. *Winter/Harbarth* haben hierzu zudem zu Recht ausgeführt, dass die Stellung der Anteilseigner gegenüber der Verwaltung aus rechtspolitischen Gründen gestärkt werden müsse.[1160] Hat der Vorstand bzw. der Aufsichtsrat daher seine Kompetenzen überschritten, kommt ein verbandsrechtlicher Abwehranspruch in Betracht. Angesichts der praktischen Schwierigkeiten bei der Begründung eines Schadensersatzanspruchs aus §§ 823 Abs. 1, 31 BGB könnte sich ein solcher Abwehranspruch als quasinegatorischer aus § 1004 Abs. 1 BGB ableiten lassen.

b) Pflichtverletzungen im Rahmen der Stellungnahme

Die Verletzung der Pflichten nach § 27 Abs. 3 WpÜG wird gemäß § 61 Abs. 1 Nr. 1 b), Nr. 2 c) und Nr. 5 WpÜG als Ordnungswidrigkeit geahndet, das zu einem

[1155] Darauf weist auch *Altmeppen* ZIP 2001, 1073 (1077) hin.
[1156] *Thümmel* DB 2000, 461 (464); *Schilling* BB 1997, 1909 (1911); vgl. *Röh* in Haarmann § 33 Rn 151.
[1157] BGHZ 83, 122 (134) = ZIP 1982, 568 (572) „*Holzmüller*".
[1158] AG 2000, 233 (234).
[1159] Vgl. *Winter/Harbarth* ZIP 2002, 1 (17); *Drygala* ZIP 2001, 1861 (1870); *Krieger* ZHR 163 (1999), 343 (358); *Merkt* ZHR 165 (2001), 224 (246).
[1160] Vgl. in ZIP 2002, 1 (17f.).

Bußgeld von bis € 200.000 nach § 61 Abs. 3 WpÜG führen kann. Keine Ordnungswidrigkeit stellt dabei zum Beispiel die unterlassene Beifügung der Stellungnahme des Betriebsrats nach § 27 Abs. 2 WpÜG dar.

Weitgehend ungeklärt ist aber die Haftungsfolge für einen Verstoß gegen die Anforderungen des § 27 Abs. 1 WpÜG, d. h. insbesondere für eine fehlerhafte Prognose, die entweder zu günstig oder zu ungünstig ausgefallen war und die die Anleger für ihre Annahmeentscheidung zugrunde gelegt hatten.[1161] Die Verletzung der Pflicht, die Anteilseigner bestmöglich über das vorliegende Übernahmeangebot zu informieren, könnte eine Sorgfaltspflichtverletzung der Verwaltung im Sinne der §§ 116, 93 AktG darstellen. Doch gilt auch hier das oben bereits Gesagte, dass der Anspruch lediglich der Gesellschaft zukommt und ein Schaden der Gesellschaft durch die Verletzung der Stellungnahmepflicht nicht entwickelt werden kann, da im Wesentlichen nur eine Entscheidungsgrundlage für die Aktionäre geschaffen werden soll.[1162] Für einen Anspruch auf Schadenersatz aus § 117 Abs. 1 Satz 1 AktG könnte hierunter zwar die Veranlassung zum Verkauf von Aktien unter Wert aufgrund falscher Kundgaben des Vorstands fallen,[1163] jedoch ist auch hier für die Geltendmachung ein unmittelbarer Schaden des Aktionärs erforderlich.[1164]

Für die im Rahmen der Stellungnahme gemachten Aussagen käme daher eine an die Prospekthaftung angenäherte Haftung des Vorstands für typisiertes Vertrauen in Betracht.[1165] Dies ist nach zutreffender Auffassung zum einen mit der Befürchtung zu begründen, der Vorstand könne unsubstantiierte Versprechungen machen.[1166] Zum anderen entsteht eine vergleichbare Sachlage dadurch, dass sich die

---

[1161] *Ebenroth/Daum* DB 1191, 1157 (1159); *Hirte/Schander* in von Rosen/Seifert S. 341 (357); *Maier-Reimer* ZHR 165 (2001), 258 (263); ausführlich *van Aubel* „Vorstandspflichten" S. 85ff..

[1162] *Röh* in Haarmann § 27 Rn 47; vgl. *Thümmel* „Persönliche Haftung" Rn 300; *ders.* DB 2000, 461 (464).

[1163] So zum Beispiel Geßler/Hefermehl/Eckardt/Kropff-*Kropff* § 117 Rn 38; zustimmend *Assmann/Bozenhardt* in Assmann/Basaldua S. 1 (104 in Fn 547); *Schwennicke* in Geibel/Süßmann § 27 Rn 48.

[1164] Vgl. dazu BGHZ 94, 55 (58f.) = NJW 1985, 1777; BGHZ 105, 121 (130f.) = NJW 1988, 2794; BGH NJW 1992, 3167 (3171f.); *Kropff* „Begr RegE AktG" S. 163; KK-*Mertens* § 117 Rn 38; *Thümmel* DB 2000, 461 (464).

[1165] Vgl. General Principle 5 und Rule 23.1 des englischen City Codes, der eine solche Prospekthaftung vorsieht; dies im Ergebnis befürwortend: *Hopt* ZGR 2002, 333 (355f.); *ders.* in FS Lutter S. 1361 (1398f.); *ders.* ZHR 166 (2002), 383 (431); *Röh* in Haarmann § 27 Rn 50; *Merkt* ZHR 165 (2001), 224 (246f.); ähnlich *Ehricke/Ekkenga* § 27 Rn 44; a. A. *van Aubel* „Vorstandspflichten" S. 172f..

[1166] *Becker* ZHR 165 (2001), 280 (284); *Röh* in Haarmann § 27 Rn 49ff.; *Assmann/Bozenhardt* in Assmann/Basaldua S. 1 (98f.); *Peltzer* in Assmann/Basaldua S. 179 (213); *Rümker* in FS Heinsius S. 683 (687); vgl. auch BGHZ 79, 337 (341); BGH ZIP 1982, 923 (927f.); *Hopt* in FS Lutter S. 1361 (1399); a.A. *Schwennicke* in Geibel/Süßmann § 27 Rn 51, der aus dem Fehlen einer Haftungsvorschrift, entsprechend der in § 12 WpÜG, das Vorliegen einer planwidrigen Regelungslücke für eine Analogie zu §§ 45ff. BörsG negiert; dabei geht *Schwennicke* allerdings nicht auf die allgemeine zivilrechtliche Prospekthaftung ein.

Verwaltung mit der nach § 27 Abs. 3 Satz 1 WpÜG zu veröffentlichenden Stellungnahme an den gesamten Kapitalmarkt wendet.[1167] Die Stellungnahme richtet sich zwar nicht unmittelbar an einen unbestimmten Kreis von Personen, insbesondere bei Publikumsgesellschaften mit Inhaberaktien wird der Gesellschaft aber nicht jeder einzelne Aktionär bekannt sein. Schließlich kann dieser Personenkreis auch ständig wechseln. Problematisch dabei ist zwar, dass eine Prospekthaftung im Rahmen der Beratungen diskutiert worden war.[1168] Daraus kann indes lediglich nach hier zu vertretener Ansicht eine Analogiebildung zu den bestehenden Haftungstatbeständen in § 12 Abs. 2 und § 13 Abs. 2 und 3 WpÜG scheitern, nicht aber die Annahme einer typisierten Haftung aus der allgemeinen zivilrechtlichen Prospekthaftung an sich.

Für eine Haftung kommen daher insbesondere Zukunftsaussagen über Erträge, Aktienkursentwicklung, der mögliche Erfolg einer Transaktion mit einem „white knight" oder sonstige eventuell kursbeeinflussende Aussagen in Betracht.[1169] Auf die Problematik bei Prognosen ist bereits hingewiesen worden, so dass eine Beschränkung der Verantwortlichkeit auf grobe Fahrlässigkeit erforderlich erscheint wie dies auch im Rahmen der Haftung für die Angebotsunterlage nach § 12 Abs. 2 WpÜG und für die Finanzierungsbestätigung gemäß § 13 Abs. 2 und 3 WpÜG gilt.[1170] Aus Gründen der Rechtseinheit und Waffengleichheit in Übernahmekämpfen ist dies sachlich geboten, da ansonsten für die Stellungnahme die Haftung nach den Grundsätzen der allgemeinen zivilrechtlichen Prospekthaftung auch für leichte Fahrlässigkeit drohen würde. Eine Prospekthaftung kann sich indes lediglich auf die Stellungnahme nach § 27 WpÜG beziehen, mangels Vollständigkeit und aufgrund der naturgemäßen subjektiven Einfärbung nicht aber auf zusätzlich durchgeführte Werbekampagnen und –anzeigen. Die Annahme einer Haftung wird im Zweifel die Verwaltung der Zielgesellschaft dazu motivieren, vor Abgabe der Stellungnahme entsprechende objektive Beratung einzuholen. Im Ergebnis kann dies nur im Interesse aller Kapitalmarktteilnehmer liegen.

Der einzelne Aktionär besitzt daneben keinen Anspruch auf Unterlassung aus § 823 iVm § 1004 BGB. Das Landgericht Düsseldorf hatte in seiner „*Mannesmann/Vodafone*"-Entscheidung die erforderliche Kompetenzüberschreitung verneint, da die Werbekampagnen als gewöhnliche Geschäftsführungsmaßnahmen zu werten seien. Daher seien nicht die Entscheidungsbefugnisse der Aktionäre, son-

---

[1167] *Mülbert* IStR 1999, 83 (88); *Hopt* in FS Lutter S. 1361 (1398); *Merkt* ZHR 165 (2001), 224 (246).

[1168] Dazu *Hopt* in FS Lutter S. 1361 (1399); *ders*. ZGR 2002, 333 (356); *Merkt* ZHR 165 (2001), 224 (247); *Schüppen* WPg 2001, 958 (962f.); *Röh* in Haarmann § 27 Rn 53.

[1169] *Becker* ZHR 165 (2001), 280 (284).

[1170] *Hopt* in FS Lutter S. 1361 (1399); *ders*. ZGR 2002, 333 (356); *Merkt* ZHR 165 (2001), 224 (247); *Schüppen* WPg 2001, 958 (962f.); *Röh* in Haarmann § 27 Rn 53; vgl. auch *Schwennicke* in Geibel/Süßmann § 27 Rn 52; a. A. aber *Dimke/Heiser* NZG 2001, 241 (249); zur Haftung für die Angebotsunterlage nach § 12 WpÜG: *Assmann* AG 2002, 153ff..

dern lediglich die Entscheidungsbildung betroffen.[1171] Etwas anderes kann auch nicht bei der Stellungnahme im Sinne des § 27 WpÜG gelten. Im Wesentlichen wird bei unzulässigen Werbemaßnahmen ein Verbot der Bundesanstalt für Finanzdienstleistungsaufsicht gemäß § 28 WpÜG eingreifen. Bei entsprechendem Vorsatz käme allerdings auch eine deliktische Haftung nach § 823 Abs. 2 BGB iVm §§ 399, 400 AktG oder iVm §§ 263, 266 StGB und in Ausnahmefällen auch aus § 826 BGB in Betracht.[1172] Ein Anspruch auf Schadensersatz aus § 823 Abs. 2 iVm § 27 WpÜG scheidet nach zutreffender Ansicht dagegen aus.[1173] Die Stellungnahme gemäß § 27 WpÜG ist lediglich die Konkretisierung der aktienrechtlich bestehenden Pflicht zur ordnungsgemäßen Geschäftsführung. Dabei sind zwar auch die Interessen der Anteilseigner zu berücksichtigen, eine Pflicht besteht jedoch nur gegenüber der Gesellschaft, so dass auch nur in diesem Verhältnis Haftungsverpflichtungen bestehen können. Demnach stellt § 27 WpÜG kein Schutzgesetz im Sinne des § 823 Abs. 2 BGB dar.

8. Ergebnis zu I

Für die Verwaltung einer Zielgesellschaft besteht grundsätzlich eine Neutralitätspflicht, sobald der Verdacht für ein bevorstehendes Übernahmeangebot gegeben ist. Es ist der Zielgesellschaft aber trotzdem möglich, insbesondere das gewöhnliche Tagesgeschäft weiterzuführen oder ein konkurrierendes Angebot einzuholen. Der Vorstand darf grundsätzlich Abwehrmaßnahmen lediglich mit Zustimmung der Hauptversammlung ergreifen, auch wenn die Einholung dieser Zustimmung, sowohl vor Abgabe eines Angebots als auch danach, sich als praktisch problematisch erwiesen hat. An dieser grundsätzlichen Zuständigkeit der Anteilseigner hat sich auch durch die Einführung eines Zustimmungsvorbehalts für den Aufsichtsrat nichts geändert.

Neben der möglichen Zustimmung durch den Aufsichtsrat ergibt sich weiteres Potential für einen Interessenkonflikt durch die vom Vorstand und Aufsichtsrat abzugebende Stellungnahme. Aus der wesentlichen Bedeutung dieser Stellungnahme für die vollständige Information der Anteilseigner resultiert ein erheblicher Lösungsbedarf für die denkbaren Interessenkonflikte.

[1171] Abgedruckt in AG 2000, 233 (234); zustimmend *Thümmel* DB 2000, 461 (463); in diese Richtung auch *Schwennicke* in Geibel/Süßmann § 27 Rn 47.
[1172] Vgl. *Siebel/Gebauer* WM 2001, 189ff.; *Schwennicke* in Geibel/Süßmann § 27 Rn 49.
[1173] *Schwennicke* in Geibel/Süßmann § 27 Rn 47; *Schnorbus* WM 2003, 657 (663); a. A. aber *Röh* in Haarmann § 27 Rn 53; *Ehricke/Ekkenga* § 27 Rn 44; *Aha* AG 2002, 160.

II. Rechtslage in Großbritannien

Die Vorschriften betreffend Übernahmeversuche ergeben sich im Wesentlichen aus dem *„City Code on Takeovers and Mergers"*. Der das materielle Gesellschaftsrecht enthaltene Companies Act 1985 klammert Übernahmeangebote weitgehend aus[1174] und auch der Financial Services Act 1986 beschäftigt sich als sogenanntes Rahmengesetz zwar mit dem Börsenwesen, überlässt aber die Börsenorganisation und -aufsicht sowie die Anforderungen an Wertpapierzulassungen der privatautonomen Selbstregulierung.[1175] Die Regelungen des City Codes erfahren lediglich Ergänzung durch die nichtgesetzlichen, freiwilligen „Rules Governing a Substantial Acquisition of Shares", die „London Stock Exchange's Listing Rules" und die „Notes on Amalgations of British Business". Bei dem City Code handelt es sich ebenso um eine freiwillige Vereinbarung, die von den Institutionen des Wertpapierhandels in London im Jahre 1968 geschaffen und seitdem oftmals modifiziert wurde.[1176] Als nichtstaatliche Organisation wurde zur Überwachung der Einhaltung der Vorschriften der „Panel on Takeovers and Mergers" eingerichtet, dem Organisationen wie „The Association of British Insurers", „The Association of Investment Trust Companies", „The British Banker's Association" sowie „The London Stock Exchange Limited" angehören.[1177] Diese Zusammensetzung soll besondere Praxisnähe und Kontinuität der Entscheidungen gewährleisten.[1178] Etwaige Interessenkonflikte der Mitglieder durch eine Beteiligung ihres Arbeitgebers an einem Übernahmeverfahren werden durch eine Vertreterregel gemäß Introduction 3 (e) des City Codes vermieden.

Der City Code ist anwendbar bei allen Übernahmeangeboten für „Public limited companies (plc)", die im Vereinigten Königreich, auf den Channel Islands oder Isle of Man inkorporiert sind und ihren Hauptsitz dort besitzen, unabhängig davon, ob sie börsennotiert sind.[1179] Auf „Private limited companies (ltd.)" ist der Code

---

1174 Sections 428 bis 430 regeln allerdings die Möglichkeit eines „squezze-out" der verbleibenden Minderheitsaktionäre, wenn 90 % der Aktien dem Bieter angeboten worden sind; der Erwerb erfolgt sodann zu den Konditionen des Angebots. Vgl. auch *Rühland* NZG 2001, 448 (450); *Meinhardt* RIW 1987, 10; *Than* in FS Claussen S. 405 (409ff.).

1175 Siehe dazu „The Listing Rules" des *London Stock Exchanges* („Purple book" früher bekannt als „Yellow book"); vgl. *Bäumer* „Börsenrecht" S. 41ff.; *Krause* „Obligatorische Übernahmeangebote" S. 42f.; der City Code wird im Übrigen auch als „Blue Book" bezeichnet.

1176 Zur historischen Entwicklung ausführlich: *Zinser* „Übernahmeangebote" S. 79ff., 86ff. mwN.

1177 Vgl. Introduction No. 2 (a); dazu *Johnston* „The City Takeover Code" S. 30ff.; *Pennington* in FS Duden S. 379 (380); *Herkenroth* „Konzernierungsprozesse" S. 257f.; *Beckmann* „Übernahmeangebote" S. 31; *Apelt* „Englisches Konzernrecht" S. 61ff.; *Defries* in von Rosen/Seifert S. 29 (35); *Bittner* RIW 1992, 183ff.; vgl. auch *Morse* in Schmitthoff Rn 82-04, S. 1180.

1178 *Lord Weedon* J.B.L. 1990, 203 (209f.); *Krause* „Obligatorische Übernahmeangebote" S. 45; *Herkenroth* „Konzernierungsprozesse" S. 258; *Bittner* RIW 1992, 182 (183).

1179 Introduction 4 (a), (b) des City Codes.

dagegen lediglich unter bestimmten Voraussetzungen anwendbar.[1180] Er richtet sich dabei nicht nur an den Bieter und die Zielgesellschaft, sondern auch an Banken, Börsenmakler, Wirtschaftsprüfer und Rechtsanwälte, die die Mitwirkenden am Übernahmeverfahren unterstützen und beraten.[1181] Zentrale Zielvorstellungen des Codes sind die Gleichbehandlung der Aktionäre, umfassende und gleiche Informationen, keine Irreführung des Kapitalmarktes und das Handeln im Interesse der Anteilseigner.[1182] Der Code gliedert sich in zehn allgemeine Prinzipien („General Principles") und in achtunddreißig Regeln („Rules") auf, die die General Principles durch detaillierte Verfahrensvorschriften konkretisieren. Bei der Auslegung ist nicht nur vom Wortlaut, sondern auch vom Wesen der Regelungen auszugehen, so dass ein Verstoß auch vorliegen kann, wenn keine Regel explizit verletzt worden ist.[1183] Dabei ist auch – eine Ausnahme im englischen Recht – eine Analogiebildung bei nicht ausdrücklich geregelten Sachverhalten zulässig,[1184] dagegen der sonst überaus übliche Umkehrschluss nicht.[1185] Das Panel hat allerdings von diesen Einschreitungsmöglichkeiten nur verhalten Gebrauch gemacht und ist lediglich dann gegen Missbräuche vorgegangen, wenn ein allgemeiner Regelungsbedarf erblickt wurde.[1186]

1. Neutralitätspflicht für die Verwaltung der Zielgesellschaft

Die Neutralitätspflicht im General Principle No. 7 und in Rule 21 gilt als Grundlage der Neutralitätspflicht und stellt die Basis für die europäische Regelung dar. Danach darf der Vorstand ab Kenntnis von der Absicht eines Bieters, ein Angebot abzugeben, keine Maßnahmen ergreifen, die ein Angebot zurückweisen oder den Aktionären die Möglichkeit nehmen könnten, über eine Veräußerung zu entscheiden.[1187] Zu diesen Maßnahmen zählen die Ausgabe von genehmigten, nicht ausgegebenen Aktien, Ausgabe oder Gewährung von Optionen auf nicht ausgegebene Aktien, Schaffung oder Ausgabe von Wandelschuldverschreibungen, Veräu-

[1180] Dazu *Morse* in Schmitthoff Rn 82-04, S. 1179; *Zinser* „Übernahmeangebote" S. 102; *ders.* RIW 2001, 481 (482); *Krause* „Obligatorische Übernahmeangebote" S. 44; *Weinberg/Blank/Rabinowitz* „Takeovers" Rn 4-1005.

[1181] Introduction/General Principles und Rule 3 des City Codes.

[1182] General Principles 1 bis 5, 7 und 9 des Codes; vgl. *Lee* in Hopt/Wymeersch S. 135; *Prentice* in Kreuzer S. 133 (142); *Lord Weedon* J.B.L. 1990, 203 (204f.); *Bittner* RIW 1992, 182 (185); *Pennington* in FS Duden S. 379 (381f.); *Beckmann* „Übernahmeangebote" S. 31f..

[1183] Introduction 3 (a) des City Codes; *Stellungnahme des Panel* in Mount Charlotte Investments Ltd./Gale Lister & Co Ltd. J.B.L. 1974, 310; *Morse* J.B.L. 1991, 509 (514); *Zinser* „Übernahmeangebote" S. 101; *ders.* RIW 2001, 481 (482); *Pennington* in FS Duden S. 379 (382); zum „spirit" des Codes allgemein: *Defries* in von Rosen/Seifert S. 29 (30f.).

[1184] Die Introduction führt dazu aus: „Moreover, the General Principles and the spirit of the Code will apply in areas or circumstances not explicitly covered by any Rule." Dazu *Lee* EWS 1990, 241 (242f.); zur Analogie im britischen Recht allgemein: *Morse* J.B.L. 1991, 509 (511f.).

[1185] *Pennington* in FS Duden S. 379 (382f.); *Krause* „Obligatorische Übernahmeangebote" S. 46.

[1186] *Herkenroth* „Konzernierungsprozesse" S. 257f. mwN aus der britischen Literatur in Fn 60.

ßerung, Weggabe oder Erwerb von Gesellschaftsvermögen in substantiellem Umfang (ab 10% des Grundkapitals) und das Eingehen von Verträgen außerhalb des normalen Geschäftsgangs. Mit diesen Regelungen wird zum einen verhindert, dass die Zielgesellschaft weiteres Kapital an Vertrauenspersonen ausgibt und so einen Kontrollerwerb wesentlich erschweren kann,[1188] zum anderen die Möglichkeit der „Ausplünderung" der Zielgesellschaft reduziert.[1189] Aber auch der Erwerb eigener Aktien ist nach Rule 37.3 (a) des City Codes an die Zustimmung der Hauptversammlung gebunden, wenn keine zuvor eingegangene Verpflichtung zum Erwerb besteht.[1190] Zu erwähnen ist schließlich, dass auch die Anstellungsverträge der Directors und zukünftige Zuwendungen nicht außerhalb des normalen Geschäftsgangs oder ohne Zustimmung des Takeover Panel substantiell verbessert werden dürfen.[1191] Der Board darf jedoch ohne Einschaltung der Anteilseigner ein konkurrierendes Angebot einholen. Dabei müssen allerdings gemäß Rule 19.4 dem ersten Bieter auf Verlangen alle Informationen gewährt werden, die dem „white knight" zur Verfügung gestellt worden sind.[1192] Auch ist nach Rule 21 das Führen des allgemeinen Tagesgeschäfts auch nach Abgabe des Angebots zulässig.

Hintergrund der Neutralitätspflicht ist auch in Großbritannien, dass die Verwaltung im Falle einer erfolgreichen Übernahme den Austausch des Board zu befürchten hat.[1193] Um die Geltendmachung dieser potentiellen persönlichen Interessen zu verhindern, statuiert General Principle 9 des City Code die alleinige Bindung des Board an die Interessen der Gesellschaft. Im Wesentlichen fallen hierunter zwar die Interessen der Anteilseigner, es sind aber auch explizit die Interessen der Arbeitnehmer und Gläubiger zu berücksichtigen.[1194] Diese Einschränkung der Handlungsmöglichkeiten des Board im Rahmen von Übernahmeverfahren gegen-

---

1187 „[...] which could effectivly result in any bona fide offer being frustrated or in the shareholders being denied an opportunity to decide on its merits."

1188 Hierzu *Prentice* M.L.R. (1977) 40, 587; *ders.* in Kreuzer S. 133 (156); *Farrar/Hannigan* Ch. 36, S. 598; *Lee* EWS 1990, 241 (245); *Weinberg/Blank/Rabinowitz* „Take-overs" Rn 4-7092ff., 7097ff.; vgl. *Smith (Howard) Ltd. v. Ampol Petroleum Ltd.* [1974] A.C. 821.

1189 So *Zinser* „Übernahmeangebote" S. 136; *ders.* RIW 2001, 481 (485f.).

1190 Dazu *Zinser* „Übernahmeangebote" S. 81f., 85, 136f.; *Johnston* „City Take-over Code" S. 14ff., 34; *Moon* „Business Mergers" S. 136f., 148ff.: dieses Erfordernis geht offenbar auf die Übernahmeverfahren *Reynolds Metals v. British Aluminium* und *Aberdare Holdings v. Metal Industries* zurück, vgl. *Herkenroth* „Konzernierungsprozesse" S. 272. Das grundsätzliche Verbot ist nunmehr auch in Section 143 des Company Act 1985 statuiert.

1191 Vgl. dazu Notes 6-8 zu Rule 21; *Hopt* in FS Lutter S. 1361 (1368).

1192 Dazu *Zinser* „Übernahmeangebote" S. 137; *Herkenroth* „Konzernierungsprozesse" S. 272.

1193 vgl. dazu *Zinser* „Übernahmeangebote" S. 105; *Röhrich* „Feindliche Übernahmeangebote" S. 36; *Ebenroth/Eyles* RIW 1988, 413 (414); *Schiessl* RIW 1988, 522 (523); *Frank/Moreland* RIW 1989, 761ff..

1194 General Principle No. 9 des City Codes; *Gower/Davies* „Company Law" S. 602ff.; *Farrar/Hannigan* Ch. 36, S. 597; anders noch *Prentice* in Kreuzer S. 133 (142f.).

über der üblichen Situation wird ausdrücklich in der Einleitung zu den General Principles angesprochen.[1195]

Die Anteilseigner sollen daher die Möglichkeit erhalten, frei über das bestehende Angebot zu entscheiden, so dass jegliche Abwehrmaßnahmen lediglich mit Zustimmung der Hauptversammlung zulässig sind, General Principle 7. Diese Pflicht tritt wie bereits angesprochen nicht erst bei Vorliegen eines entsprechenden Angebots ein, sondern bereits wenn gute Gründe für ein bevorstehendes Angebot bestehen. Gegen einen Zustimmungsvorbehalt der Anteilseigner wird zwar wie hierzulande angeführt, dass nicht nur die Verwaltung die Entscheidungsfindung der Anteilseigner beeinflussen könnte,[1196] sondern auch dass die Aktionäre oftmals nicht in der Lage sein könnten, die Notwendigkeit und Auswirkung einer Abwehrmaßnahme richtig einzuschätzen.[1197] Abgemildert werden diese Bedenken jedoch dadurch, dass immer konkrete Maßnahmen den Gegenstand der Gesellschafterversammlung bilden werden und die Verwaltung nach Rule 3.1 des City Code bei der Abgabe der noch darzustellenden Stellungnahme unabhängige Berater heranziehen muss.[1198]

Ein Blick in die ergangene Rechtsprechung verdeutlicht, dass die Anforderungen an zulässige Maßnahmen ab Kenntnis von der Angebotsabsicht eines Bieters als generell streng anzusehen sind.[1199] So wurde die Veräußerung von Aktien zur Abwehr eines Übernahmeversuchs als nicht sachgerecht beurteilt, obwohl der Board nicht nur glaubte, seine eigene Stellung in der Gesellschaft wahren zu können, sondern auch im besten Interesse der Gesellschaft zu handeln.[1200] Ebenso im Interesse der Zielgesellschaft handelnd sah sich ein Board, der einem „white knight" Aktien zugeteilt hatte, um das Angebot gegen den angekündigten Widerstand zweier Großaktionäre mit insgesamt einem Anteil von 55% zu stärken. Obgleich diese Maßnahme in den Kompetenzbereich des Vorstands fiel, war das Gericht der Auffassung, dass der Board vorhandene Mehrheiten nicht zerstören oder neue schaffen dürfe.[1201]

1195 „They must, therefore, accept that there are limitations in connection with offers on the manner in which the pursuit of those interests can be carried out." Introduction 2 para; vgl. *Hopt* in FS Lutter S. 1361 (1369 in Fn 26).

1196 Darauf weisen *Weinberg/Blank/Rabinowitz* „Take-overs" Rn 4-7096 hin.

1197 So *Zinser* „Übernahmeangebote" S. 137f..

1198 Vgl. *Kirchner* BB 2000, 105 (107); *Weinberg/Blank/Rabinowitz* „Take-overs" Rn 4-7007.

1199 Obwohl nach britischem Rechtsverständnis nicht dem Recht angehörend, ist der Code gerichtlich anerkannt, vgl. *Dunford & Elliot Ltd. v. Johnson & Firth Brown Ltd.* (1977) 1 Lloyd's List Law Reports S. 505 (510); *Krause* „Obligatorische Übernahmeangebote" S. 43.

1200 *Hogg v. Cramphorn Ltd.* (1967) Ch. 254; vgl. *Bamford v. Bamford* (1970) 1 Ch. 212 (C.A.); dazu *Hopt* in FS Lutter S. 1361 (1369); *Herkenroth* „Konzernierungsprozesse" S. 273; *Davies* in Schmitthoff Rn 63-09, S. 940; kritisch *Morse* „Company Law" Ch. 15, S. 351f. mit Verweis auf *Teck Corporation Ltd. v. Millar* (1972) 33 D.L.R. (3d) 288.

1201 *Howard Smith Ltd. v. Ampol Petroleum Ltd.* (1974) AC 821, PC; vgl. auch *Piercy v. S. Mills & Co. Ltd.* [1920] 1 Ch. 77; *Cook v. Barry, Henry & Cook Ltd.*, 1923 S.L.T. 692 (O.H.); *Mor-*

Abschließend soll noch darauf hingewiesen werden, dass die Möglichkeiten der Vornahme von prophylaktischen Verteidigungsmaßnahmen in England auch in gewisser Weise durch die Aktionärsstruktur eingeschränkt sein können. Denn ein Großteil der Aktien befindet sich in den Händen der relativ unabhängigen und einflussreichen Fondsgesellschaften, die von der Bietergesellschaft „gewonnen" werden können, noch bevor die Verwaltung der Zielgesellschaft von einem Übernahmeversuch Kenntnis besitzt.

2. Stellungnahme der Zielgesellschaft

Wie im deutschen Recht soll der Board eine sorgfältige Stellungnahme zum Angebot abgeben und im Rahmen dessen das Angebot als unzureichend zurückweisen können. Sollten Meinungsverschiedenheiten innerhalb des Organs bestehen, sind Minderheitsvoten ausdrücklich erwünscht.[1202] Die Stellungnahme muss wie ein Prospekt sorgfältig und genau erstellt sein und muss daher den Anforderungen an die Angebotsunterlage des Bieters genügen.[1203] Grund hierfür ist, dass die Stellungnahme der Zielgesellschaft den Aktionären die Möglichkeit einräumen soll, eventuelle Diskrepanzen bei der Bewertung der Zielgesellschaft erkennen und auf dieser Grundlage eine Annahmeentscheidung treffen zu können.[1204] Daraus folgt, dass Aktionäre und Markt nicht in die Irre geführt werden dürfen und die Stellungnahme schließlich auch nach General Principle 2 des City Codes allen Aktionären und nicht nur einzelnen Großaktionären etc. zur Verfügung gestellt werden muss.[1205] Der Board kommt seiner Informationspflicht daher nur dann nach, wenn die Anteilseigner auch vor falschen Informationen geschützt werden. Zur Absicherung einer objektiven Betrachtung des Angebots ist nach Rules 3.1 und 25.1 des City Code eine Bewertung neutraler Berater, die weder persönliche noch finanzielle Interessen an den beteiligten Gesellschaften besitzen, der Stellungnahme beizufügen.

Die Stellungnahme muss zunächst zur Dokumentation der Glaubwürdigkeit und Objektivität der Empfehlungen detaillierte Angaben über die Beteiligungen der Zielgesellschaft und deren Tochterunternehmen sowie diesbezügliche Rechtsgeschäfte enthalten und darüber hinaus Einzelheiten der Dienstverträge der Direk-

---

se "Company Law" Ch. 15, S. 346 zur Unzulässigkeit einer Kapitalerhöhung zur Erhaltung der eigenen Machtposition in der Zielgesellschaft.

1202 Rule 25.1 Note 2 und Rule 3.1 Note 3 des City Codes; *Lee* EWS 1990, 241; *Hopt* in FS Lutter S. 1361 (1368).

1203 Siehe Rule 24 des City Codes; dazu *Prentice* in Kreuzer S. 133 (145); *Farrar/Hannigan* Ch. 36, S. 596f.; *Zinser* „Übernahmeangebote" S. 113ff. mwN.

1204 General Principle 5, Rules 19.1, 23 des City Codes; vgl. *Zinser* „Übernahmeangebote" S. 118; *ders.* RIW 2001, 481 (484); *Weinberg/Blank/Rabinowitz* „Takeovers" Rn 4-7007ff..

1205 General Principle 5 und 6; dazu *Zinser* „Übernahmeangebote" S. 104ff.; *Prentice* in Kreuzer S. 133 (144f.); *Herkenroth* „Konzernierungsprozesse" S. 264; *Ehricke/Ekkenga* § 27 Rn 6. Die Stellungnahme muss nicht veröffentlicht werden, sondern ist nur gegenüber den Aktionären abzugeben.

toren nebst etwaiger Änderungen in den letzten sechs Monaten offenlegen. Außerdem müssen die Mitglieder des Board nach Rule 25.3 des City Code sich über ihre persönliche Entscheidung bezüglich des Übernahmeangebots erklären[1206] und auch etwaige Interessenkonflikte offenlegen.[1207] Darüber hinaus kann die Stellungnahme Prognosen über zu erwartende Gewinne in concreto oder auch lediglich in Form von Angaben enthalten, die als Grundlage für die Berechnung herangezogen werden könnten.[1208] Hierzu sind die Direktoren indes nicht verpflichtet. Zur Vermeidung eventueller Verfälschungen, werden allerdings die Voraussetzungen festgeschrieben, die an die Gewinnprognosen zu stellen sind und schließlich auch hier eine Prüfung durch neutrale Berater vorgeschrieben.[1209] Letztere hat ebenso zu erfolgen, wenn die Stellungnahme eine Bewertung der Vermögensgegenstände der Zielgesellschaft unter Angabe der Bewertungskriterien nach Rule 29 City Code beinhaltet.[1210] Die Informationsversorgung der Anteilseigner wird auch dadurch verbessert, dass der Bieter bereits bei einer festen Absicht einer Angebotsabgabe diese ankündigen und dabei Einzelheiten des Angebots bekannt geben muss. Die Aktionäre können sich daher in einem frühen Stadium des Übernahmeverfahrens mit einzelnen Aspekten der Übernahme auseinandersetzen.[1211]

Eingeschränkter als in Deutschland sind allerdings die Möglichkeiten der Werbung, die nur in den in Rule 19.4 aufgeführten Ausnahmefällen zulässig ist und sich auf sachliche Information beschränken muss sowie sich grundsätzlich nicht auf ein Angebot beziehen darf.

3. Auflösung von Interessenkonflikten

Für die Auflösung von Interessenkonflikten hält der City Code bei beiden beteiligten Gesellschaften entsprechende Regelungen bereit. Auf der Seite der Zielgesellschaft sind Rule 3.1 und Rule 25.1 Note 3 des City Code zu nennen. Danach soll der Doppelmandatsträger explizit aus der Haftung für die Stellungnahme des Board der Zielgesellschaft herausgenommen werden und den vorhandenen Interessenkonflikt gegenüber den Aktionären offenlegen. Auf der Seite des Bieters findet sich zur Regelung von Interessenkonflikten bei Übernahmeverfahren Rule 3.2 des City Code, wonach auch der Board des Bieters einen unabhängigen Berater vor Abgabe eines Angebots konsultieren muss, wenn unter anderem ein Director einem Interessenkonflikt ausgesetzt ist. Ein solcher Interessenkonflikt kann

[1206] *Weinberg/Blank/Rabinowitz* „Take-overs" Rn 4-7007; *Zinser* „Übernahmeangebote" S. 118f.; *ders.* RIW 2001, 481 (484).

[1207] Note 3 on Rule 25.1 des City Codes.

[1208] *Morse* in Schmitthoff Rn 82-24, S. 1201f.; *Zinser* "Übernahmeangebote" S. 119, *Defries* in von Rosen/Seifert S. 29 (32); *Pennington* in FS Duden S. 379 (383); *Lee* EWS 1990, 241 (244).

[1209] Vgl. dazu Rules 28, 29 des City Codes; *Weinberg/Blank/Rabinowitz* „Take-overs" Rn 4-7007ff.; *Lee* EWS 1990, 241 (244).

[1210] *Morse* in Schmitthoff Rn 82-25, S. 1202

nach Note 3 zu dieser Rule dann bejaht werden, wenn Überkreuzbeteiligungen zwischen Bieter und Zielgesellschaft bestehen, eine Person in beiden Gesellschaften eine wesentliche Beteiligung hält oder wenn eine Anzahl von Directors in beiden Gesellschaften vertreten ist. Potentielle Interessenkonflikte sollen damit bereits auf der Seite des Bieters durch die Heranziehung eines unabhängigen Beraters ausgeräumt werden.

4. Bindungswirkung des City Codes on Takeovers and Mergers

Es lässt sich abschließend festhalten, dass der *„City Code on Takeovers and Mergers“* einzelne Teilaspekte verschiedener Übernahmen zu erfassen versucht. Im Vordergrund stehen dabei die Transparenz des Verfahrens und die Gleichbehandlung sowie der Schutz der Interessen der Aktionäre. Obgleich der Kodex rechtlich unverbindlich ist, werden die Regelungen allgemein als maßgeblich erachtet und durch Rechtsprechung und Take-over Panel zunehmend konkretisiert.[1212] Die Einhaltung wird de facto dadurch gewährleistet, dass ein (in aller Regel) eingeschalteter Financial adviser, der an einem Übernahmeangebot mitwirkt, bei dem sich der Bieter nicht an den Kodex hält, mit dem Entzug seiner Lizenz rechnen muss. Diese Lizenz ist für die Vornahme von Investmentgeschäften erforderlich und lediglich durch die Mitgliedschaft in einer satzungsautonomen berufsständischen Organisation („Self Regulated Organisation“, *„SRO“*) erhältlich, die wiederum unter der Aufsicht des „Securities and Investment Board“ (*„SIB“*) steht.[1213] Eine Voraussetzung für die Aufnahme in eine solche Organisation ist aber nach den SRO- und SIB-Regeln die Anerkennung des City Code.[1214]

Die Maßgeblichkeit des Code wird jedoch auf Seiten der Gesellschaften ebenfalls gewährt. Eine Missachtung kann zum einen den – gering beeinträchtigenden – Ausschluss aus der Confederation of British Industry (*„CBI“*), aber auch den Widerruf der Börsenzulassung bedeuten.[1215] Entscheidend ist aber, dass SROs, SIB und CBI vereinbart haben, dass ihre Mitglieder nicht mit Unternehmen zusammenarbeiten sollen, bei denen die Gefahr der Missachtung des City Code be-

---

1211 Vgl. General Principle 3; Rule 2.5 des City Codes; dazu *Zinser* RIW 2001, 481 (482f.).

1212 Zu den Sanktionsmöglichkeiten des Panels wie öffentliche Richtigstellung oder Rüge, Abweichung von ausgewählten Regelungen des City Codes zugunsten einer bestimmten Partei oder auch Aussetzung der Notierung: *Farrar/Hannigan* Ch. 36, S. 593f.; *Zinser* „Übernahmeangebote“ S. 70 mwN; *Krause* „Obligatorische Übernahmeangebote“ S. 47ff.; *Bittner* RIW 1992, 182 (185f.); kritisch aber *Herkenroth* „Konzernierungsprozesse“ S. 259f.; vgl. dazu auch *Beckmann* „Übernahmeangebote“ S. 30; *Bittner* RIW 1992, 182 (185f.); *Assmann/Bozenhardt* in Assmann/Basaldua S. 1 (23); *Schaaff* RIW 1985, 273 (274).

1213 Vgl. Section 3, 7 (1) des Financial Services Act 1986; dazu *Gower* M.L.R. (1988) 51 S. 1 (6); *Bittner* RIW 1992, 182 (184); *Lee* EWS 1990, 241 (243).

1214 Vgl. die Introduction zum City Code; dazu auch *Than* in FS Claussen S. 405 (409); *Habersack/Mayer* ZIP 1997, 2141 (2145); *Farrar/Hannigan* Ch. 36, S. 592f..

1215 Der Widerruf schädigt in erster Linie aber nur die Aktionäre, vgl. *Habersack/Mayer* ZIP 1997, 2141 (2145); *Gower/Davies* „Company Law“ S. 706; siehe auch *Farrar/Hannigan* Ch. 36, S. 593f..

steht. Dadurch würde ein potentieller Bieter nicht nur keine Beratung erhalten, sondern auch von den technischen Abwicklungshilfen der Brokerhäuser abgeschnitten sein.[1216]

Zu berücksichtigen ist auch, dass nach der Rechtsprechung die Entscheidungen des Panel zwar grundsätzlich gerichtlich angreifbar sind, ein Eingriff in ein Übernahmeverfahren jedoch nur in Fällen grober Willkür vorgenommen werden darf.[1217] Damit wird eine gewisse Rechtssicherheit erzielt, da Gerichtsverfahren nicht als Instrument der Übernahmeabwehr dienen können. Möglich bleibt aber immer noch, die Entscheidungen des Exekutivorgans des Panel[1218] beim Panel selbst anzugreifen.[1219] Ein weiterer Vorteil einer Kontrolle durch das Panel on Takeovers liegt darin, dass dieses über möglicherweise größere Sachkunde in Übernahmeverfahren verfügt als die Gerichte und es daher zu einer größeren Akzeptanz der Entscheidungen bei den Beteiligten kommt.[1220] Hieraus resultiert somit eine erhöhte Rechtssicherheit. Im Rahmen eines Übernahmeverfahrens können auf informeller Ebene beim Panel Anfragen über die Auslegung des Codes gestellt werden. Würde den Gerichten die höchste Autorität zuerkannt, entfiele damit auch die bestehende Beratungsfunktion des Panel.[1221]

Der Kodex selbst sieht sich als „codification of good standards of commercial behaviour" und strebt gerade nicht Gesetzeskraft an.[1222] Für das Vereinigte Königreich wird man aber konstatieren können, dass die Selbstregulierung nur deswegen erfolgreich ist, weil die Funktionsfähigkeit des Kapitalmarkts durch vertrauensstärkende Regelungen zum Schutz der Interessen der Anleger und Minderheiten gewährleistet wird. Der freiwillige Übernahmekodex in Deutschland hat dagegen selbst dann nicht zu einer generellen Akzeptanz bei den Unternehmen geführt, als eine (Neu-) Aufnahme in den DAX, MDAX oder Neuen Markt von einer Anerkennung dieses Regelwerkes abhängig war, so dass schließlich eine gesetzliche

---

[1216] *Habersack/Mayer* ZIP 1997, 2141 (2145); *Lee* EWS 1990, 241 (243).

[1217] *R. v. Panel on Takeovers and Mergers, exparte Datafin plc and another* [1987] Q.B. 815; [1987] 2 W.L.R. 699; *R. v. Panel on Takeovers and Mergers, exparte Guinness plc* [1989] 2 W.L.R. 863; *Prentice* in Kreuzer S. 133 (137f.); *Krause* „Obligatorische Übernahmeangebote" S. 48 mwN; vgl. *Morse* in Schmitthoff Rn 82-05ff., S. 1180f..

[1218] Diesem gehören nur wenige hauptamtliche Mitarbeiter an, vgl. statt vieler *Herkenroth* „Konzernierungsprozesse" S. 257; *Johnston* „City Takeover Code" S. 127ff.; *Bittner* RIW 1992, 182 (183).

[1219] Introduction unter 3 c) des City Codes; dazu *Herkenroth* „Konzernierungsprozesse" S. 259; *Apelt* „Englisches Konzernrecht" S. 69f. mwN.

[1220] Vgl. *Pennington* in FS Duden S. 379 (383); *Prentice* in Kreuzer S. 133 (139) weist dabei noch auf die Schnelligkeit des Verfahrens im Interesse der Beteiligten hin.

[1221] Vgl. Introduction der General Principles des City Codes; dazu *Bittner* RIW 1992, 182 (188).

[1222] „The Code has not, and does not seek to have, the force of law." Vgl. die Introduction des Codes. Dies hat z. B. zur Konsequenz, dass bei Verfahren gegen Entscheidungen des Panels keine förmliche Repräsentanz durch einen Rechtsanwalt vorgesehen ist, da das Panel selbst die einzige verlässliche Quelle der Auslegung des City Codes ist, vgl. *Johnston* „City Takeover Code" S. 130ff..

Regelung für erforderlich gehalten wurde.[1223] Der Vorteil eines Kodex flexibel an veränderte Umstände angepasst werden zu können, kann hier somit nicht genutzt werden.

III. Bewertung und Entscheidung

1. Plädoyer für eine eingeschränkte Neutralitätspflicht

Die reine Selbstregulierung in Deutschland scheint somit grundlegenden Bedenken ausgesetzt zu sein. Die Frage hinsichtlich der Übertragung der britischen Regelungen stellt sich daher lediglich dahingehend, ob eine strikte Neutralitätspflicht auch in unserem Rechtsraum, wie auch in Brüssel vorgesehen, eingeführt werden sollte.

Dafür würde sicherlich aufgrund fehlender Ausnahmetatbestände die Rechtssicherheit sprechen sowie die positiven Erfahrungen im Vereinigten Königreich. Das Argument, es müsse ein „level playing field" auch mit den USA hergestellt werden, wo dem Management über eine „Qualified Business Judgement Rule" ein vermeintlich weiter Ermessensspielraum zukommt, kann sicherlich nicht überzeugen, da der europäische Binnenmarkt für die deutsche Wirtschaft eine weitaus größere Bedeutung besitzt.[1224]

Zu begrüßen ist im Grundsatz auch die im City Code statuierte grundsätzliche Entscheidungshoheit der Aktionäre. Eine Notwendigkeit hierfür hat auch der deutsche Gesetzgeber erkannt und grundsätzlich bejaht. Zur Erleichterung der Einberufung einer Hauptversammlung sind daher die Fristen in § 16 WpÜG verkürzt worden. Insgesamt haben die Ausführungen indes dokumentiert, dass eine post-bid Hauptversammlung im Regelfall nicht die Tragweite wird aufweisen können, die sie benötigt. Schwerwiegende Bedenken ergaben sich auch gegenüber den Vorratsbeschlüssen nach § 33 Abs. 2 WpÜG, bei denen die zu stellenden Anforderungen an einen solchen Beschluss bereits zur fehlenden Nutzbarkeit führen könnten und auch rein praktisch Zweifel bestehen müssen, ob der Vorstand an der Beschlussfassung ein Interesse besitzen kann.[1225]

Schwerpunkt im Rahmen eines Übernahmeverfahrens kann daher nur die Information der Anteilseigner sein. Gerade hierbei zeigt sich jedoch ein elementarer Unterschied zur englischen Regelung. Die dort bestehende strikte Neutralitäts-

---

[1223] Vgl. die Stellungnahme der *Börsensachverständigenkommission* S. 10; *Baums* in von Rosen/Seifert S. 165 (166ff.); *Zinser* „Übernahmeangebote" S. 234ff.; so auch die Einschätzung von *Habersack/Mayer* ZIP 1997, 2141 (2145) vor der Änderung.

[1224] So auch die Einschätzung von *Hopt* in FS Lutter S. 1361 (1378f.); zu dieser „Qualified Business Judgement Rule" siehe statt vieler: *Merkt* 165 (2001), 224 (234f.).

[1225] Bis Dezember 2003 gab es offenbar auch keine Gesellschaft, die von dieser Möglichkeit Gebrauch gemacht hat.

pflicht wird auch dadurch offenkundig, dass der Board der Zielgesellschaft für seine Stellungnahme zum Angebot die Betreuung von neutralen Beratern in Anspruch nehmen muss, um die Objektivität zu gewährleisten und so den Aktionären die Möglichkeit zu liefern, eventuelle Diskrepanzen bei der Bewertung der Zielgesellschaft aufdecken zu können.[1226] Ganz anders ist die Situation nach dem WpÜG, bei dem die Legislative nach der Gesetzesbegründung davon ausgeht, dass die Stellungnahme weitgehend auf den Informationen des Bieters in der Angebotsunterlage im Sinne des § 11 WpÜG beruhen wird und ansonsten die Abgabe der Verwaltung selbst überlassen bleibt.[1227] Dieser Eindruck wird auch durch die differierenden Anforderungen an den Inhalt der Stellungnahme verstärkt. Denn nach Rules 28 und 29 des City Code bestehen zum Beispiel konkrete Vorgaben für die Angabe von Prognosen oder Bewertungen von Aktiva der Zielgesellschaft, die zudem ebenso durch neutrale Berater überprüft werden müssen. Schließlich haftet der Board nach dem City Code für die Richtigkeit der Stellungnahme wie für ein Prospekt, wohingegen die Haftung für die Richtigkeit nach dem WpÜG noch ungeklärt ist und eine solche Prospekthaftung nach obiger Darstellung nur befürwortet werden kann.[1228]

Dadurch kommt der Stellungnahme nach § 27 WpÜG zwar ebenso wie der entsprechenden Regelung im City Code die Funktion einer Entscheidungshilfe für die Aktionäre zu, doch besitzt sie offenbar die Gestalt einer Meinungskundgabe im Sinne einer persönlichen Meinung. Hierdurch erscheint auch die Angabe der persönlichen Entscheidung der Verwaltung über Annahme und Ablehnung des Angebots im Vergleich zur entsprechenden britischen Regelung in einem anderen Licht, da nach dem City Code eben auch diese durch die Hinzuziehung eines neutralen Beraters objektiviert wird.[1229]

Es lässt sich konstatieren, dass Abwehrmaßnahmen im Einzelfall sinnvoll sein können,[1230] nach dem britischen „One-tier-board"-System mangels Alternativen es aber unabdingbar ist, zur Kontrolle des Board die Hauptversammlung mit den damit verbundenen praktischen Schwierigkeiten einzuschalten. In Deutschland kann

---

[1226] General Principle 5, Rules 19.1, 23 des City Codes; vgl. *Zinser* „Übernahmeangebote" S. 118; *ders.* RIW 2001, 481 (484); *Weinberg/Blank/Rabinowitz* „Takeovers" Rn 3-663.

[1227] BT-Drucks. 14/7034, S. 52 = ZIP 2001, 1262 (1280); zustimmend *Seibt* DB 2002, 529 (534); siehe aber auch die Vorschrift in § 14 DiskE-WpÜG, wonach zumindest der Bieter bei der Erstellung eines Angebots geeignete Berater hinzuziehen musste. Diese Vorgabe ist eventuell aufgrund der Vermutung weggefallen, der Bieter könne ein eigenes Interesse an einer professionellen Beratung besitzen.

[1228] Vgl. dazu 6. Abschnitt B I 7, S. 234f..

[1229] Hierzu kritisch *Witte* BB 2000, 2161 (2163f. mwN), der hiergegen verfassungsrechtliche Bedenken erhebt, aber ebenso von einer hierdurch entstehenden Emotionalisierung der Debatte ausgeht; vgl. auch *Schüppen* WPg 2001, 958 (970), der daraus ableitet, dass es nicht um eine „Neutralität" des Vorstands gehen könne, sondern vielmehr um ein „Vereitelungsverbot".

[1230] Vgl. *Immenga/Noll* „Feindliche Übernahmeangebote" S. 102ff., die darauf hinweisen, dass Abwehrmaßnahmen zumindest längerfristig zu einer Verbesserung des Unternehmenswertes führen und damit nicht grundsätzlich zu verurteilen sind.

man dabei jedoch auf den Aufsichtsrat zurückgreifen. Dieser stellt zwar keinen „Aktionärsausschuss" im eigentlichen Sinne dar und ist auch im Regelfall mit Arbeitnehmern besetzt. Nach mitbestimmungsrechtlichen Erwägungen ist aber von einem Vorrang der Anteilseigner im Organ auszugehen, so dass der konzernrechtliche Grundsatz – die Kontrolle der Gesellschaft erfolgt über die Kontrolle des Aufsichtsrats – weiterhin Bestand hat. Grundsätzlich ist der Aufsichtsrat daher geeignet, die Interessen der Aktionäre in Einzelfällen wahrzunehmen. Der Verwaltung der Zielgesellschaft ist hierfür durch die neue gesetzliche Regelung ein eingeschränkter Handlungsspielraum unter Wahrung der Interessen der Anteilseigner eingeräumt worden. Die Kapitalerhöhung unter Bezugsrechtsausschluss bedarf weiterhin der Zustimmung der Hauptversammlung unter abstrakter Zweckangabe, die Ermächtigung zu einem Erwerb eigener Aktien kann von der Hauptversammlung ebenso für einen bestimmten Zweck erfolgen. Andere international bekannte Verteidigungsmöglichkeiten sind nach deutschem Recht entweder nicht zulässig,[1231] erweisen sich als nicht unproblematisch für eine erfolgreiche Abwehr[1232] oder sind jedenfalls von einer Zustimmung der Hauptversammlung abhängig.[1233]

Damit wird man im Falle des Vorliegens eines feindlichen Übernahmeangebots davon ausgehen können, dass der Vorstand der Zielgesellschaft im Wesentlichen auf das Werben für das eigene Unternehmenskonzept beschränkt ist, um so die Aktionäre zu einer Ablehnung des Angebots zu bewegen. Sollte das bisherige Konzept als gescheitert angesehen werden, bleibt der Verwaltung der Zielgesellschaft nur noch die Suche nach einem konkurrierenden Angebot. Die obigen Ausführungen haben zudem gezeigt, dass Werbekampagnen und die Veranstaltung von „road shows" nicht mit der Neutralitätspflicht kollidieren, wenn sie in einem angemessenen Rahmen bleiben. Man begegnet damit erneut der primären Bedeutung der Kommunikation und Information. Angesichts der Sachkunde und des Informationsvorsprungs der Verwaltung gegenüber den Aktionären können die grundsätzlichen Bedenken aber nicht gegen die Einräumung eines Handlungsspielraums des Vorstands während eines Übernahmeverfahrens sprechen, vielmehr wird dadurch die Erforderlichkeit einer Stellungnahme der Verwaltung verdeutlicht. Hieraus eine strenge Neutralitätspflicht abzuleiten, wenn man auf der anderen Seite eine subjektiv eingefärbte Stellungnahme zum Übernahmeangebot, die Weiterführung der bisherigen – zumindest eventuell vom Bieter als suboptimal eingestuften – Unternehmensstrategie und die Suche nach einem konkurrierenden

[1231] Z.B. „flip-in"-poison pills, „green mailing", vgl. statt vieler *Hopt* in FS Lutter S. 1361 (1388); *Liebscher* ZIP 2001, 853 (856).

[1232] „Antitrust-defence", „crown jewels" oder das Eingehen von Überkreuzverflechtungen; dieser Einwand gilt insbesondere auch für die Abwehr über den Erwerb eigener Aktien, bedingt auch für den Bezugsrechtsausschluss im Rahmen eines genehmigten Kapitals, siehe dazu oben 6. Abschnitt B I 6, S. 227ff..

[1233] „Crown jewels" im Falle einer „*Holzmüller*"-Konstellation oder die „scorched earth"-defence.

Angebot als vereinbar mit dieser Pflicht ansieht, erscheint nicht sachgerecht.[1234] Dies ergibt sich auch daraus, dass selbst bei einer zu präferierenden Zustimmung der Hauptversammlung die Initiative für einen solchen Beschluss von der Verwaltung kommen wird und die Hauptversammlungen in Deutschland sich durch eine niedrige Präsenz auszeichnen. Die de lege lata existierende eingeschränkte Neutralitätspflicht ist mithin im Ergebnis zu befürworten.

2. Auflösung des Interessenkonflikts

a) Lösung über den „Corporate Governance"-Kodex

Auch hier stellt sich die Frage, ob die Lösung des Problems über den *„Corporate-Governance"*-Kodex erfolgen könnte. Die Kodexkommission hat im Deutschen Corporate Governance Kodex nicht bestimmt, *im Regelfall* die Zustimmung der Hauptversammlung und nicht lediglich die des Aufsichtsrats einzuholen, sondern nur eine Anregung hierzu ausgesprochen.[1235] Im Falle einer Abweichung von einer solchen Anregung muss die Zielgesellschaft dies nach den Vorgaben der Regierungskommission nicht veröffentlichen.[1236] Zur Steigerung der Attraktivität des deutschen Finanzplatzes auch für ausländische Anleger wäre an dieser Stelle aber zumindest eine „comply or explain"-Regelung des Kodex wünschenswert gewesen.[1237] Unabhängig davon wird man jedoch nach den obigen Überlegungen befürchten müssen, dass ein Kodex ohnehin nicht zu dem gewünschten Ergebnis führen wird. Es ist bereits darauf hingewiesen worden, dass der Übernahmekodex nicht zu einer allgemeinen Akzeptanz bei den Unternehmen geführt hatte, obgleich ab 1998 ein Anerkenntnis für eine Aufnahme in den DAX, MDAX oder den Neuen Markt erforderlich war. Die bereits aufgenommenen Unternehmen waren zum Teil offenbar der Ansicht, dass gegenüber den Marktteilnehmern eine Unterwerfung nicht erforderlich sein würde. Auch nach der Reform der Frankurter Wertpapierbörse ist die Anerkennung des Kodex nicht Voraussetzung für eine Zulassung.

b) Lösung über Stimmrechtsverbot und Sitzungsausschluss

Die Lösung über ein Stimmrechtsverbot erscheint nicht möglich, da ein solches nicht dazu führen würde, dass das Organmitglied auch von der Sitzung ausgeschlossen wird. Damit könnte dieses weiterhin Einfluss auf die Entscheidung im Organ nehmen und hätte dabei sogar das Recht, seine Auffassung darzulegen, um

[1234] So auch *Röh* in Haarmann § 33 Rn 3; *Schüppen* WPg 2001, 958 (970); *Baums* in von Rosen/Seifert S. 165 (177); *Grunewald* AG 2001, 288.

[1235] Klausel III.7 Abs. 3 abgedruckt in NZG 2002, 75 (76) = ZIP 2002, 452 (454) = www.rws-verlag.de; zu den Beweggründen der Kommission: *Cromme* am 26.02.2002 unter www.corporate-governance-code.de; vgl. FAZ Nr. 49 vom 27.02.2002, S. 15 Leitartikel und Kommentar.

[1236] *Deutscher Corporate Governance Kodex* ZIP 2002, 452 (453 Präambel) = NZG 2002, 75 (76).

[1237] So auch *Peltzer* in FAZ Nr. 52 vom 2.03.2002, S. 23.

die übrigen Organmitglieder von seiner potentiellen Befangenheit zu informieren.[1238] Bezüglich eines Sitzungsausschlusses könnte man zwar vom Fehlen eines punktuellen Interessenkonflikts ausgehen und damit die Lösung des vorhandenen Konflikts hierüber bereits ausschliessen. Ein solcher Ausschluss wird aber von der ganz herrschenden Ansicht für zulässig erklärt, wenn konkrete Anhaltspunkte für eine Gefährdung der Gesellschaft durch Teilnahme des fraglichen Mitglieds bestehen.[1239] Dies kann zum Beispiel bei einem konkreten Verdacht der Industriespionage,[1240] ausdrücklicher Erklärung einzelner Aufsichtsratsmitglieder oder wiederholtem pflichtwidrigen Verhalten in der Vergangenheit der Fall sein.[1241] Selbst wenn man bei dem Doppelmandat für die Ziel- und die Bietergesellschaft eine Rechtfertigung für einen Sitzungsausschluss erblicken wollte, so müsste dem Aufsichtsratsmitglied trotzdem vor dessen Ausschluss die Gelegenheit der Stellungnahme gegeben werden, so dass doch letztlich zumindest theoretisch eine Einwirkung auf die Entscheidung erfolgen könnte. Stimmverbot und Sitzungsausschluss erweisen sich daher nicht als wirksame Mittel zur Lösung der Konfliktlage.

c) Lösung über eine Offenlegungspflicht

Denkbar erscheint die Lösung des Konflikts über eine Offenlegungspflicht.[1242] Die Offenlegungspflicht müsste aber derart früh einsetzen, dass die berechtigten Interessen des Bieters beeinträchtigt würden und es bei solchen Konstellationen praktisch keinen Überraschungseffekt mehr geben könnte.[1243] Nach Vorlage des Angebots würde die Offenlegung jedenfalls leer laufen und zudem die Abberufung bereits eingetretenen Schaden für die Zielgesellschaft nicht mehr verhindern können. Gerade in der Planungsphase drängt sich aber die Gefahr eines Missbrauchs der Verflechtung zulasten der Zielgesellschaft auf.

[1238] Vgl. dazu ausführlich die Darstellung oben 4. Abschnitt B III 1, S. 101ff. mit zahlreichen Nachweisen.

[1239] *Kindl* „Teilnahme“ S. 159ff.; KK-*Mertens* § 109 Rn 8; *Hoffmann/Weinmann/Lehmann* „MitbestG“ § 25 Rn 57; vgl. auch *Baumbach/Hueck* „AktG“ § 109 Rn 4; *Ulmer* in Hanau/Ulmer „MitbestG“ § 25 Rn 19; *Raiser* „MitbestG“ § 25 Rn 31; *Säcker* NJW 1979, 1521 (1522).

[1240] *Säcker* NJW 1979, 1521 (1522).

[1241] *Lutter* „Information und Vertraulichkeit“ S. 35, der den Vorstand bei solchen Fällen indes nicht von seiner Berichterstattung entbinden möchte.

[1242] Vgl. Klausel 5.5.2 und 5.5.3 des *Deutschen Corporate Governance Kodex*; so auch die Empfehlung der *Regierungskommission Corporate Governance* in Baums Rn 69, S. 107.

[1243] Vgl. *Lutter* ZHR 145 (1981), 224 (245ff.); *Hopt* ZGR 2002, 333 (370); kritisch: *Heermann* WM 1997, 1689 (1696).

d) Lösung über eine Pflicht zur Amtsniederlegung

Bei „gravierenden" bzw. „unlösbaren" Interessenantinomien kommt nach zutreffender Ansicht eine Pflicht zur Amtsniederlegung in Betracht.[1244] Im Unterschied zum Doppelmandat in Konkurrenzunternehmen ist das Konfliktpotential erhöht; konnte man bei den Doppelmandaten in Konkurrenzunternehmen noch an eine geplante Kooperation oder Allianz denken, wird man bei einer feindlichen Übernahme oftmals davon ausgehen können, dass Verhandlungen hierüber bereits gescheitert sind. Zudem bestand bei Konkurrenzunternehmen lediglich die Möglichkeit der Einflussnahme des Mandatsträgers auf Entscheidungen, die den Wettbewerber tangieren könnten; ein Großteil der täglichen Entscheidungen würde diese Interessensphären jedoch nicht betreffen. Bei laufenden Übernahmeverfahren werden aber die gesamten Sitzungen im Zeichen des Übernahmeangebots stehen. Dabei besteht nicht nur die *Möglichkeit* der Befassung, sondern bereits übernahmerechtlich eine entsprechende *Pflicht* – zumindest in Form der abzugebenen Stellungnahme nach § 27 WpÜG. Dies könnte vordergründig betrachtet für eine Pflicht zur Amtsniederlegung sprechen. Dagegen ist aber anzuführen, dass der Interessenkonflikt nach obigen Überlegungen von Dauer sein müsste, um eine Pflicht zur Amtsniederlegung begründen zu können. Daran fehlt es jedoch bei Übernahmeversuchen. Eine Pflicht zur Amtsniederlegung kann mithin nicht begründet werden.

e) Lösung über eine ungeschriebene Inkompatibilitätsvorschrift

Bei Doppelmandaten im Rahmen von feindlichen Übernahmen ist zwischen einer bereits bestehenden personellen Verflechtung und einer noch vor Abgabe des Übernahmeangebots intendierten personellen Verbindung zu differenzieren.

Man kann besonderes Konfliktpotential in dem Szenario erblicken, dass ein Bieter im Zuge des Übernahmeverfahrens oder unmittelbar vor Abgabe des Angebots die Erlangung eines Mandats in der Zielgesellschaft anstrebt und hierin eine Fallgruppe einer ungeschriebenen Inkompatibilität erblicken. Gegen eine solche Verbotsregelung könnte zwar sprechen, dass die übernehmende Gesellschaft die erforderliche Mehrheit in der Hauptversammlung erzielt hatte und der Kandidat seine Mandate in anderen Unternehmen offenlegen musste. Damit könnten die Aktionäre die Einflussnahme dieser (später übernehmenden) Gesellschaft über das hergestellte Doppelmandat zumindest konkludent gebilligt haben und man könnte darin ein Indiz dafür sehen, dass das später folgende Übernahmeangebot durch die Aktionäre angenommen werden würde. Die Wahl eines Vertreters des potentiellen Bieters noch vor Abgabe des Übernahmeangebots bzw. während des Verfahrens

[1244] Vgl. *Dreher* JZ 1990, 896 (901f.); *Lutter/Krieger* „Aufsichtsrat" Rn 306, 316; *Lutter* ZHR 145 (1981), 224 (232, 245ff.); KK-*Mertens* § 116 Rn 32; *Heermann* WM 1997, 1689 (1694); *Marsch-Barner* in Semler AR-Hdb. Rn J154; *Hopt* ZGR 2002, 333 (372).

würde daher lediglich die nach einer erfolgreichen Übernahme in der Regel stattfindende Neubesetzung der Organe vorwegnehmen. Entscheidend muss aber sein, dass die Aktionäre in einem solchen Falle keine Kenntnis von dem geplanten Übernahmeangebot hatten und doch ein erheblicher Unterschied zwischen einer gebilligten Mitgliedschaft einer anderen Gesellschaft im Aufsichtsorgan und einer Annahme eines Übernahmeangebots zu sehen ist. Aufgrund der naheliegenden Intention für die „Entsendung" eines Vertreters in den Aufsichtsrat einer potentiellen Zielgesellschaft und wegen der fehlenden Offenlegungspflicht der Übernahmepläne eines gewillten Bieters gegenüber der zukünftigen Zielgesellschaft ist daher eine ungeschriebene Inkompatibilitätsvorschrift für diese Fallkonstellationen erforderlich.

Es fragt sich allerdings, inwieweit es einer eine Übernahme planende Gesellschaft möglich sein wird, einen eigenen Vertreter in den Aufsichtsrat der potentiellen Zielgesellschaft wählen zu lassen, ohne dass eine die Hauptversammlungsmehrheit begründende Beteiligung bereits vorhanden ist. Praktische Relevanz wird die Behandlung eines Doppelmandats im Rahmen von feindlichen Übernahmen mithin nur bei bereits bestehender personeller Verflechtung erlangen. Im Rahmen der bereits bestehenden Personalverbindungen versagt jedoch die Annahme einer ungeschriebenen Inkompatibilitätsvorschrift, da selbst eine eventuell daraus resultierende Abberufung regelmäßig zur Wahrung der Interessen der Zielgesellschaft zu spät käme.

f) Suspendierung der Amtspflichten

Die bestehenden Lösungsalternativen haben sich in Teilbereichen als unzureichend erwiesen. Insgesamt erscheint es erforderlich, eine Kombination der Handlungsmöglichkeiten zu wählen. Angesichts der zeitlichen Überschaubarkeit des Konflikts im Rahmen des Übernahmeverfahrens ist der zu befürchtende Interessenkonflikt ein punktueller. Stimmverbot und Sitzungsausschluss waren en detail jedoch lückenhaft, da sie eine (wenn auch nur kurzfristige) Beteiligung des Doppelbänders nicht verhindern können. Als elegant erweist sich die Lösung des Problems über ein Fernbleiben von der Sitzung, wie dies das Deutsche Bank Vorstandsmitglied *Cartellieri* im Fall Thyssen/Krupp getan hatte.[1245] Diese Lösung kommt als eine temporäre Amtsniederlegung einer Suspendierung der Rechte und Pflichten gleich, wie sie auch für das Vorstandsmitglied diskutiert werden. Die dort untersuchten Probleme werden im Folgenden kurz dargestellt und auf die Übertragbarkeit auf den Aufsichtsrat geprüft.

[1245] Vgl. hierzu *Marsch-Barner* in Semler AR-Hdb. Rn J154; zustimmend *Krebs* „Interessenkonflikte" S. 257; *Wagner* „Aufsichtsgremien" S. 51.

aa) Zulässigkeit der Suspendierung des Vorstands

Die Suspendierung des Vorstands wird insbesondere für diejenigen Konstellationen diskutiert, bei denen zur Klärung der Vorwürfe weitere Ermittlungen erforderlich sind oder in Verhandlungen eine einvernehmliche Beendigung angestrebt wird.[1246] Es handelt sich um ein vorläufiges Verbot der Amtsausübung, wird aber weder im Handelsregister noch in den Geschäftsbriefen publiziert und ist somit von rein interner Natur.[1247] Die Zulässigkeit wird kontrovers diskutiert, im Ergebnis von der herrschenden Ansicht zu Recht bejaht.[1248] Aus dem Schweigen des Gesetzes kann jedenfalls nicht gefolgert werden, dass eine im kollektiven Arbeitsrecht anerkannte und beiden Parteien entgegenkommende Variante unzulässig sein soll.

bb) Inhaltliche Anforderungen an eine Suspendierung

Umstritten sind im Wesentlichen die Anforderungen an eine Suspendierung. Teilweise wird vertreten, dass es sich bei der Suspendierung um einen zeitlich befristeten Widerruf handelt, bei dem folglich auch die Voraussetzungen des § 84 AktG beachtet werden müssen.[1249] Andere gehen von einer kurzzeitigen, vorläufigen Amtsenthebung aus, bei der allerdings ebenfalls alle Voraussetzungen für den Widerruf erfüllt sein müssen.[1250] Hinsichtlich der ersten Ansicht lässt sich die Frage aufwerfen, inwieweit danach ein Unterschied zu dem Widerruf nach § 84 Abs. 3 AktG noch besteht. Aber auch die zuletzt genannte Ansicht erweckt den Eindruck einer lediglich begrifflich vorgenommenen Differenzierung.[1251] Daher wird von anderen Stimmen in der Literatur vertreten, dass für eine Suspendierung ein schwerwiegender Verdacht eines Widerrufgrundes genügt.[1252] Letztere Ansicht überzeugt, da sich Suspendierung und Widerruf lediglich hinsichtlich ihrer Geltungsdauer unterscheiden, so dass die Suspendierung ein „Minus" zum Widerruf darstellt. Aus diesen Überlegungen liegt auch kein Verstoß gegen § 84 Abs. 3 AktG vor.[1253]

[1246] KK-*Mertens* § 84 Rn 152ff.; *Meyer-Landrut* in FS Fischer S. 477ff.; *Fonk* in Semler AR-Hdb. Rn I 275.

[1247] *Fonk* in Semler AR-Hdb. Rn I 276; *Wiesner* in Münch Hdb § 20 Rn 59.

[1248] Ablehnend aber: *Hüffer* „AktG" § 84 Rn 35; *Siebel* in Semler AR-Hdb. Rn D 59.

[1249] LG München AG 1986, 142 „*Aigner*"; Geßler/Hefermehl/Eckardt/Kropff-*Hefermehl* § 84 Rn 62; *Lutter/Krieger* „Aufsichtsrat" Rn 145.

[1250] KG AG 1984, 24 (25); OLG München AG 1986, 234 (235); *Krieger* „Personalentscheidungen" S. 154ff..

[1251] Vgl. kritisch auch *Hüffer* „AktG" § 84 Rn 35.

[1252] KK-*Mertens* § 84 Rn 152; *Meyer-Landrut* in FS Fischer S. 477 (485); *Wiesner* in Münch Hdb. § 20 Rn 63; *Bauer* „Arbeitsrechtliche Aufhebungsverträge" Rn 457; *Fonk* in Semler AR-Hdb. Rn I 275.

[1253] So aber *Hüffer* „AktG" § 84 Rn 35.

Generell wird eine zeitliche Befristung der Suspendierung befürwortet. Dabei ist im Regelfall eine Befristung von einem Monat als zulässig anzusehen, eine Konkretisierung aber vom Einzelfall abhängig. Die Angabe einer solchen Befristung wird nach zutreffender Ansicht als Wirksamkeitsvoraussetzung angesehen.[1254] Hierfür spricht, dass dadurch in der Entscheidung die wesentliche Differenzierung zu einem Widerruf nach § 84 Abs. 3 AktG verdeutlicht wird.

cc) Übertragbarkeit der Grundsätze auf den Aufsichtsrat

Die übernahmerechtlichen Vorschriften §§ 27, 33 WpÜG betreffen die Verwaltung einer Gesellschaft und daher Vorstand und Aufsichtsrat gleichermaßen. Gerade bei der Frage der Abwehr von feindlichen Übernahmeversuchen kommt dem Aufsichtsrat aufgrund dieser Vorschriften eine erhöhte Bedeutung zu. Aber auch nach allgemeinen Regelungen werden Grundlagengeschäfte durch Vorstand und Aufsichtsrat geplant und zum Beispiel der Geschäftsjahrabschluss gemäß § 172 AktG zusammen festgestellt. Unstreitig sind beide Organe dem Unternehmensinteresse verbunden, so dass es sachgerecht erscheint, mögliche Konfliktfälle auch simultan lösen zu können. Mit den legislativen Reformbemühungen der jüngsten Vergangenheit zeichnet sich jedenfalls eine Ausweitung der Befugnisse des Aufsichtsrats ab, die sich auch auf die Überlegungen zu einem Corporate Governance Kodex niedergeschlagen hat. Die Überlegungen zur Suspendierung der Vorstandspflichten sind demnach auf den Aufsichtsrat entsprechend übertragbar.

Die Vorschrift in § 105 Abs. 2 AktG zeigt schließlich, dass das vorübergehende Ruhen des Amtes auch beim Aufsichtsrat vorgesehen ist. Wird ein Aufsichtsratsmitglied vorübergehend zum Stellvertreter eines fehlenden oder verhinderten Vorstandsmitglieds bestellt, kann diese Person nach § 105 Abs. 2 Satz 3 AktG das Aufsichtsratsamt nicht parallel ausüben. Dabei erlischt die Mitgliedschaft im Aufsichtsrat nicht, sondern ruht lediglich bis zum Ende der Stellvertretung, um dann wieder automatisch aufzuleben.[1255] Die Bestellung zum temporären Vorstandsmitglied kann selbst dann erfolgen, wenn dadurch der Aufsichtsrat selbst beschlussunfähig würde.[1256] Die in § 105 Abs. 2 AktG vorgesehene Beschränkung auf maximal ein Jahr würde bei einer feindlichen Übernahme auch nicht annähernd überschritten werden.

[1254] *Krieger* „Personalentscheidungen" S. 153; *Lutter/Krieger* „Aufsichtsrat" Rn 145; *Wiesner* in Münch Hdb. § 20 Rn 60; *Fonk* in Semler AR-Hdb. Rn I 276; a. A. KK-*Mertens* § 84 Rn 152.

[1255] KK-*Mertens* § 105 Rn 30; *Meyer-Landrut* in Großkomm § 105 Anm 14.

dd) Temporäre Amtsniederlegung als Teil der Treuepflicht

Dogmatisch lässt sich die Suspendierung der Pflichten in Ausnahmekonstellationen mit der Treuepflicht begründen. Das Organmitglied ist danach dazu verpflichtet, eigene Interessen oder die von Dritten bei der Tätigkeit für die Gesellschaft auszublenden und lediglich im Interesse seiner Gesellschaft zu handeln. Die existierenden Handlungsalternativen waren nicht geeignet, die vorhandene Konfliktsituation adäquat aufzulösen, so dass letztlich die Niederlegung eines Amtes erforderlich ist. Bei einem feindlichen Übernahmeangebot ist der zeitliche Rahmen jedoch im Wesentlichen auf einige Wochen beschränkt, so dass die endgültige Amtsniederlegung durch den Mandatar im Hinblick auf das „Ultima-ratio"-Prinzip nicht geboten ist. Zudem könnte bei einer Niederlegung des einen Amtes unter gleichzeitiger Fortsetzung des anderen am Markt der Verdacht entstehen, es sei in Kürze eine feindliche Übernahme geplant.

Diesem Verdacht könnte man durch eine temporäre Niederlegung unter faktischer Suspendierung der Pflichten entgehen, da es für eine solche Niederlegung verschiedene Gründe wie Krankheit oder Urlaub geben könnte. De lege ferenda ist daher die explizite Regelung einer Pflicht zur temporären Niederlegung erforderlich, damit die Auflösung des Interessenkonflikts nicht dem ethischen Empfinden des jeweiligen Mandatars überlassen bleibt. Diese Pflicht zur vorübergehenden Amtsniederlegung entsteht zu dem Zeitpunkt, in dem der Doppelmandatsträger von den entsprechenden Übernahmeplänen Kenntnis erlangt.

3. Ergebnis zu III.

Bei Doppelmandaten im Rahmen von feindlichen Übernahmen ist zwischen bereits bestehenden personellen Verflechtungen und solchen zu unterscheiden, die vom Bieter erst unmittelbar vor Abgabe des Übernahmeangebots angestrebt werden. Bei den zuletzt Genannten ist zwar eine ungeschriebene Inkompatibilität anzunehmen, jedoch muss eine praktische Relevanz dieser Fallgruppe angezweifelt werden. Die realiter häufiger auftretenen Konflikte bei bereits bestehenden personellen Verflechtungen lassen sich dagegen über eine temporäre Amtsniederlegung lösen, die zu einer Suspendierung der Rechte und Pflichten des Amtsträgers führt. Im Hinblick auf das „Ultima-ratio"-Prinzip erscheint eine endgültige Amtsniederlegung angesichts des geringen zeitlichen Rahmens eines Übernahmeverfahrens nicht geboten.

[1256] KK-*Mertens* § 105 Rn 24; *Godin/Wilhelmi* § 105 Anm 4; *Meyer-Landrut* in Großkomm § 105 Anm 9; a. A. Geßler/Hefermehl/Eckardt/Kropff-*Geßler* § 105 Rn 36.

C. Das Sonderproblem der Doppelmandate der Kreditinstitute

Neben der personellen Verflechtung zwischen der Zielgesellschaft und der übernehmenden Gesellschaft ergeben sich auch in anderen Konstellationen der Doppelmandate erhebliche Konfliktpotentiale. So muss es als problematisch angesehen werden, wenn das die Übernahme finanzierende Kreditinstitut im Aufsichtsrat der Zielgesellschaft vertreten ist. Hierbei ist auch auf das viel diskutierte Problem der „Macht der Banken" einzugehen.

Bei einer Mitgliedschaft eines Bankenvertreters im Aufsichtsrat der Zielgesellschaft besteht ein Konfliktpotential in zweifacher Hinsicht. Zum einen könnte der Repräsentant im Organ der Zielgesellschaft dem Interesse seiner Bank an dem Darlehensgeschäft den Vorrang einräumen. Zum anderen ist zu befürchten, dass der Bankenvertreter zur Durchsetzung seiner Interessen auch in der Lage sein wird, wenn seine Machtposition durch entsprechende Kreditbeziehungen zwischen seiner Bank und der Zielgesellschaft, durch die Ausübung der Depotstimmrechte und nicht zuletzt aufgrund der personellen Verflechtung gestärkt bzw. vermittelt wird. Damit würde die Intensität des potentiell bestehenden Interessenkonflikts in der Person des Bankenvertreters bei einer „feindlichen" Übernahme potenziert.

I. Praktische Relevanz

Die Bedeutung der Bankenvertreter in Aufsichtsräten wird kontrovers diskutiert. Einleitend soll daher zunächst auf die zahlenmäßige Vertretung der Banken hingewiesen werden. Danach hatten nach einer Studie des Bundesverbandes deutscher Banken 89 der 100 größten Unternehmen im Jahre 1993 Aufsichtsräte mit einer Gesamtzahl von 1.561 Mandaten. Dabei entfielen 99 Mandate auf die Angehörigen privater Banken und 53 auf diejenigen anderer Kreditinstitute und Versicherungen, insgesamt daher 152 (dies entspricht 9,74 % aller Mandate).[1257] Im Rahmen der Diskussion über die „Macht der Banken und Finanzdienstleister" stehen zwar die privaten Großbanken im Mittelpunkt des Interesses, doch muss hier auch die als zweite genannte Gruppe hinzugezogen werden, da darin Finanzdienstleister wie insbesondere die *Westdeutsche Landesbank*, *Allianz Versicherung AG* und die *Münchener Rückversicherung AG* enthalten sind. Unabhängig davon, ob man nun den prozentualen Anteil der Bankenvertreter bezüglich der Anzahl der Anteilseignerseite oder des Gesamtaufsichtsrats berechnen möchte,[1258] so wird doch deutlich, dass rein rechnerisch in jedem Aufsichtsrat der 100 größten Unter-

[1257] Vgl. *Hansen* AG-Report 1994, R 76; *Pfannschmidt* „Personelle Verflechtungen" S. 99, 106f.; *Gottschalk* WSI 1988, 204 (300f.).

[1258] Allein den Gesamtaufsichtsrat zu Recht für maßgeblich haltend: *Hopt* in Feddersen/Hommelhoff/Schneider S. 243 (252); *ders.* in FS Everling S. 475ff..

nehmen mindestens ein Bankenrepräsentant vertreten gewesen sein kann.[1259] Im Zuge wachsender Übernahmeaktivitäten kommt der beschriebenen Konstellation daher erhebliche praktische Bedeutung zu. Abwarten muss man, ob die nunmehr für Unternehmen steuerfreien Veräußerungsgewinne aus Beteiligungen zu einer Entflechtung der „Deutschland AG“ führen könnten.[1260]

II. Funktion der Mitgliedschaft von Bankenvertretern

Es werden mannigfaltige Gründe für die Präsenz der Banken in den Aufsichtsräten in Deutschland angeboten. Dazu gehört zum einen die Wahrung der Interessen von Klein- und Minderheitsaktionären, die von den Banken im Wege des Depotstimmrechts vertreten werden und zum anderen die Wahrung der eigenen Interessen durch Ausübung der Anteilsrechte aus eigenen Wertpapieren.[1261] Die Repräsentanz im Aufsichtsrat kann aber auch aus Sicht des Kreditinstituts der Vertiefung der bestehenden Geschäftsverbindung dienen bzw. bei großen Engagements auch der Einflussnahme auf die Geschäftsführung zur Sicherung des schuldrechtlichen Anspruchs.[1262] Schließlich wird noch angeführt, dass die Bankenvertreter wegen ihrer Sachkunde von den Gesellschaften selbst als Aufsichtsratsmitglieder gesucht werden.[1263] Dabei können insbesondere Bankenvertreter bei ihrer Tätigkeit auf ein großes „back-office“ zur Unterstützung zurückgreifen,[1264] wobei jedoch an dieser Stelle an die gestellten Mindestvoraussetzungen an die Qualifikati-

---

[1259] *Lutter* NJW 1995, 2766f. schätzt dagegen, dass Vorstände deutscher Banken in etwa der Hälfte der Aufsichtsräte der 100 größten Unternehmen vertreten sind.

[1260] Die Intentionen der Finanzinstitute sind dabei unterschiedlich; insbesondere die *Allianz AG* und *Münchener Rückversicherungs AG* beabsichtigen offenbar keinen Abbau ihrer Beteiligungen und sprechen dabei im Falle von Ersterer auch die erwünschte Einflussnahme über den Aufsichtsrat an, FAZ Nr. 86 vom 13.04.2002, S. 13; anders aber offenbar die *Deutsche Bank AG*, vgl. FAZ Nr. 100 vom 30.04.2002, S. 17, die in jüngster Vergangenheit zahlreiche Beteiligungen abgestoßen hat.

[1261] *Werner* ZHR 145 (1981), 252 (253); *Westhoff* „Bankenvertreter“ S. 22; vgl. *Immenga* „Beteiligung von Banken“ S. 27ff..

[1262] Vgl. statt vieler *Westhoff* „Bankenvertreter“ S. 20f. mwN: das Entsendungsrecht wird oftmals in einer Nebenabrede zum Darlehensvertrag eingeräumt, dazu *Immenga* „Beteiligung von Banken“ S. 107; *Werner* ZHR 145 (1981), 252 (253).

[1263] *Werner* ZHR 145 (1981), 252 (253f.); *Herkenroth* AG 2001, 33 (34); *Heermann* WM 1997, 1689 (1690); *Peltzer* JZ 1996, 842 (850); *Mülbert* Gutachten 61. DJT, S. E 48; *Lutter* NJW 1995, 2766 (2767); *ders.* ZHR 145 (1981), 224 (228); *Hopt* in Feddersen/Hommelhoff/Schneider S. 243 (253f.) mwN; *ders.* AG 1997 Sonderheft S. 42 (43); *Bleicher/Leberl/Paul* „Unternehmungsverfassung“ S. 81 mit Hinweis auf empirische Untersuchungen; kritisch *Böhm* „Einfluß der Banken“ S. 186f..

[1264] Nach zutreffender Ansicht verstößt dies auch nicht gegen die Verschwiegenheitspflicht des Mandatars: *Hommelhoff* ZGR 1983, 551 (558); *Lutter/Krieger* DB 1995, 257ff.; *Deckert* DZWiR 1996, 406 (411); vgl. auch BGHZ 64, 325 (329) „*Bayer*“; KK-*Mertens* § 111 Rn 22; die Voraussetzungen für eine Beratung durch Dritte sind z.B. erfüllt, wenn diese aufgrund ihres Berufs (Rechtsanwalt, Wirtschaftsprüfer etc.) einer gesetzlichen Schweigepflicht unterliegen.

on des Organmitglieds zu denken ist.[1265] Neben der Sachkunde der Vertreter ist eine durch personelle Verflechtung hergestellte, intensive Verbindung mit der Hausbank an sich insbesondere in Krisenzeiten von Vorteil für das Unternehmen.[1266] Schließlich spielen auch Reputationsgründe eine Rolle, um mit der Präsenz bekannter Persönlichkeiten aus Wirtschaft und Politik den Eindruck eines prosperierenden und angesehenen Unternehmens zu erwecken.

III. Das Problem der „Macht der Banken"

Die personelle Verflechtung mit der Bank, die die Übernahme finanzieren soll, gerät für die Zielgesellschaft zu einem besonderen Konflikt, wenn zusätzlich zu befürchten ist, dass der Bankenvertreter die anderweitigen Interessen über bestehende Einflussmöglichkeiten in der Zielgesellschaft auch durchsetzen kann. Angesprochen ist damit die Frage, ob dem Bankenvertreter potentiell eine besondere Position in einem Aufsichtsrat zukommt und ob dieser die eventuellen Eigeninteressen seines Kreditinstituts zum Nachteil der Zielgesellschaft durchzusetzen imstande ist. Im Folgenden soll dies unter konzernrechtlichen Aspekten erörtert werden und wird im Ergebnis verneint werden können.

1. Stand der Diskussion

Eine „Macht der Banken" entsteht nach teilweise vertretener Auffassung durch die verschiedenen Einflussmittel, die einem Kreditinstitut zur Verfügung stehen können, und wird im Wesentlichen konzernrechtlich im Rahmen des § 17 AktG beleuchtet. Teilweise wird daher eine Abhängigkeit nach § 17 AktG bejaht, wenn eine Kreditbeziehung zu einer wirtschaftlichen Abhängigkeit führt.[1267] Besonders in Deutschland, wo die Finanzierung noch mehr über Fremdkapital als über die Kapitalmärkte erfolge,[1268] sei ein Wirtschaftsunternehmen in besonderem Maße von Krediten abhängig. Demnach müsse eine konzernrechtliche Abhängigkeit bei einer wesentlichen Kreditbeziehung bejaht werden. Dafür ließe sich zunächst anführen, dass die Herrschaft durch tatsächliche Mittel im Regierungsent-

[1265] BGHZ 85, 293 (298) = NJW 1983, 991 = AG 1983, 133 *„Hertie"*; aus der Literatur: *Hommelhoff* ZGR 1983, 551 (571ff.); KK-*Mertens* § 111 Rn 25; ausführlich *Wardenbach* „Interessenkonflikte" S. 165ff..

[1266] Vgl. *Westhoff* „Bankenvertreter" S. 18; *Voormann* „Stellung des Beirats" S. 11; *Ulmer* NJW 1980, 1603 (1604); *Krebs* „Interessenkonflikte" S. 14; dazu auch BGHZ 90, 381 (384ff.) = NJW 1984, 1893 *„BuM/WestLB"*, wonach eine Beteiligung in Höhe von 25% als eine unternehmerische Beteiligung anzusehen ist und weitere Darlehen sodann als eigenkapitalersetzend zu beurteilen sind.

[1267] *Dierdorf* „Herrschaft und Abhängigkeit" S. 152ff.; *Werner* „Abhängigkeitstatbestand" S. 140ff.; *Prühs* DB 1972, 2001ff..

[1268] Ende 1995 betrug der Anteil der Finanzierung über Aktien am Gesamtfinanzbedarf im Finanzsektor z.B. ca. 5%; vgl. Deutsche Bundesbank Monatsbericht Januar 1997, S. 31.

wurf nicht von vornherein ausgeschlossen worden war.[1269] Auch wird vertreten, dass zur Auslegung des § 17 AktG die §§ 311ff. AktG heranzuziehen seien, die in einem engen Verhältnis zu den §§ 15ff. AktG stünden. Dabei könne der Gesichtspunkt des Gläubigerschutzes ein Argument für die Bejahung einer konzernrechtlich relevanten, wirtschaftlichen Abhängigkeit liefern.[1270] Denn aus Sicht der Gläubiger könne es nicht auf die organisatorische Zufälligkeit ankommen, ob der Schuldner aufgrund einer Beteiligung eines Dritten oder aufgrund einer besonders hohen Kreditverbindlichkeit in seiner Autonomie eingeschränkt sei.[1271] Zu berücksichtigen seien auch die Vereinbarungen in Kreditverträgen, durch die der Kreditgeber sich Mitspracherechte bei der Geschäftsführung des Unternehmens einräumen lässt.

Eine solche Abhängigkeit wurde darüber hinaus auch aufgrund der Ausübung der Stimmrechtsvollmachten bejaht, wenn zusätzlich eigene Anteile des Kreditinstituts vorhanden waren.[1272] Angesichts der Neufassung des § 135 Abs. 1 Satz 2 AktG vertritt nunmehr *Bayer* die Auffassung, dass das Problem zwar entschärft sei, aber ein Einfluss immer noch dazu verwendet werden könne, wirtschaftliche Eigeninteressen durchzusetzen, indem über die Depotstimmrechte zumindest die Hauptversammlungsmehrheit erreicht würde.[1273]

Die herrschende Ansicht verneint dagegen diese Abhängigkeitsbegründungen. Bei einer Abhängigkeit aufgrund einer Kreditbeziehung scheitere dies bereits daran, dass eine solche Abhängigkeit nicht im Sinne der „*Seitz*"-Rechtsprechung des Bundesgerichtshofes gesellschaftsrechtlich gesichert sei.[1274] Das Depotstimmrecht kann nach der herrschenden Ansicht ebenfalls nicht zu einer Abhängigkeit führen, da das Kreditinstitut gemäß § 135 Abs. 5 AktG an die vorher getätigten Vorschläge gebunden und die Stimmrechtsvollmacht zudem jederzeit widerruflich sei.[1275]

[1269] Vgl. *Kropff* „Begr RegE AktG" § 17, S. 31; gerade zu diesem Argument kritisch KK-*Koppensteiner* § 17 Rn 50; *Ulmer* ZGR 1978, 457 (466).

[1270] Vgl. *Koppensteiner* in FS Stimpel S. 811 (816ff.); *Ulmer* ZGR 1978, 457 (464ff.).

[1271] *Dierdorf* „Herrschaft und Abhängigkeit" S. 261ff.; *Prühs* DB 1972, 2001 (2005).

[1272] KK-*Koppensteiner* § 17 Rn 42; *Emmerich/Sonnenschein* „Konzernrecht" § 3 II 5, S. 50f.; Emmerich/Habersack-*Emmerich* § 17 Rn 22; *Götz* „Entherrschungsvertrag" S. 55ff.; auch aus der Rechtsprechung: LG Berlin AG 1996, 230 (231f.); 1997, 183 (184f.); so schon *Peters/Werner* AG 1978, 297 (302ff.); *Rasch* NJW 1976, 501ff.; *Werner* „Abhängigkeitstatbestand" S. 202ff..

[1273] Münch Komm AktG-*Bayer* § 17 Rn 48f.; zustimmend Emmerich/Habersack-*Emmerich* § 17 Rn 22.

[1274] BGHZ 62, 193ff.; bestätigt durch BGHZ 90, 381 (395) = NJW 1984, 1893 „*BuM/WestLB*"; BGHZ 135, 107 (114) „*VW*"; OLG Düsseldorf WM 1994, 842 (845); *Hüffer* „AktG" § 17 Rn 8; KK-*Koppensteiner* § 17 Rn 50; *ders.* in FS Stimpel S. 811ff.; *Ulmer* ZGR 1978, 457 (465ff.); *Adler/Düring/Schmaltz* § 17 Rn 21ff.; Münch Komm AktG-*Bayer* § 17 Rn 29; *Westermann* ZIP 1982, 379 (382ff.).

[1275] *Adler/Düring/Schmaltz* § 17 Rn 31; *Krieger* in Münch Hdb § 68 Rn 43; *Rittner* DB 1976, 1513 (1514f.); *Hüffer* „AktG" § 17 Rn 10; *Windbichler* in Großkomm § 17 Rn 56; Geßler/Hefermehl/Eckardt/Kropff-*Geßler* § 17 Rn 49f.; WP-Hdb 1996 I R Tz 115; *Bausch* „Beteiligung von Banken" S. 169ff..

2. Eigene Ansicht

a) Universalbanken- versus Trennbankensystem

Gesteigertes Machtpotential für die Banken in Deutschland könnte man aus dem hier geltenden Universalbankensystem ableiten. Danach betreiben die Banken Geschäfte mit Geld und Krediten, treten als Agenten und Eigenhändler am Kapitalmarkt auf und betreiben schließlich Emissionsgeschäft und Kapitalanlagegesellschaften, über die sie weitere Aktienbestände beherrschen können. Im Gegensatz zum im anglo-amerikanischen Rechtsraum vorherrschenden Trennbankensystem gilt das Universalbankensystem als stabiler und sicherer gegenüber Risiken der allgemeinen Konjunkturschwankungen und wird deshalb in Deutschland nicht ernsthaft in Frage gestellt; es ist sogar darüber hinaus international ein Trend zum Universalbankensystem zu erkennen.[1276] Charakteristisch für das Universalbankensystem ist nach Ansicht mancher ausländischer Autoren der Beteiligungserwerb der Banken verbunden mit den wahrgenommenen Aufsichtsratsmandaten.[1277] Die Wahrnehmung solcher Aufsichtsratsmandate erfolgt aber im Wesentlichen durch die Privatbanken (und einige öffentlich-rechtliche Kreditinstitute wie der Westdeutschen Landesbank). Die Gruppe der privaten Banken besitzt jedoch nur einen Marktanteil von ca. 36% des Geschäftsvolumens, wobei lediglich ca. 13% auf die drei großen Privatbanken entfallen, die dagegen in dieser Streitfrage besonders im Kreuzfeuer der Kritik stehen.[1278] Die Mehrheit der deutschen Kreditinstitute vollzieht daher das Universalbankensystem ohne diese vermeintlichen Konfliktpotentiale.[1279] Das Bankensystem erscheint mithin nicht als Ursache weiterer Konfliktpotentiale.

b) Einflussnahme über Stimmrechtsvollmachten

Eine eventuelle „Macht der Banken" wurde auch im Rahmen der Beratungen zum „*KonTraG*" kontrovers diskutiert. Im Ergebnis kam man zu Recht zwar zu dem Ergebnis, dass die Einflussnahme der Banken nicht beseitigt werden könne und durch die Fachkompetenz der Vertreter dieser Zunft legitimiert sei.[1280] Doch sah man eine Notwendigkeit für eine Einschränkung der Einflussmöglichkei-

1276 *Hopt* in Feddersen/Hommelhoff/Schneider S. 243 (244); *ders.* in FS Heinsius S. 289 (315, 319); *Kümpel* „Bank- und Kapitalmarktrecht" Rn 2.201ff.; *Lutter* NJW 1995, 2766f.; *Heermann* WM 1997, 1689 (1692); vgl. aus US-amerikanischer Sicht zur Aufweichung des Glass-Steagall Acts: *Krämer* WM 1996, 45ff..

1277 Kritisch zu diesem Interessengeflecht *Lutter* ZHR 145 (1981), 224 (236); vgl. *Mülbert* Gutachten 61. DJT, S. E 29 mwN in Fn 46; *Hopt* in FS Heinsius S. 289 (315f.).

1278 In Nachbarländern wie Großbritannien, Frankreich, den Niederlanden und den skandinavischen Ländern beträgt der Marktanteil der drei oder vier größten Geschäftsbanken zwischen 60% und 90%.

1279 Vgl. zu diesen Überlegungen: *Hopt* in Feddersen/Hommelhoff/Schneider S. 243 (245).

1280 *Mülbert* Gutachten 61. DJT, S. E 87ff.; *Schneider/Burgard* DB 1996, 1761 (1765); vgl.: *Adams* S. 9 (12); *Baums* S. 26 (29); *Götz* S. 38 (49); *Hopt* S. 42 (43ff.); *Kübler* S. 48 (50) und *Wenger* S. 57 (59f.) alle in AG 1997 Sonderheft.

ten.[1281] So hat sich das Kreditinstitut bei seinen Vorschlägen für die Ausübung des Stimmrechts nach § 128 Abs. 2 Satz 2 AktG von den Interessen der Anteilseigner leiten zu lassen und muss nun organisatorische Maßnahmen dafür treffen, dass Eigeninteressen aus anderen Geschäftsbereichen nicht mit einfließen. Letztere müssen dabei aber nicht abgeschottet werden.[1282] Zur Absicherung muss das Kreditinstitut im Rahmen seiner Mitteilung gemäß § 128 Abs. 2 Satz 5 bis 7 AktG aber auch personelle Verflechtungen mit der Gesellschaft und eigene Beteiligungen ab einer nach § 21 WpHG meldepflichtigen Höhe angeben. Die Mitteilung über die personelle Verflechtungen ist durch Art. 1 Nr. 17 b) bb) des *„KonTraG"* um die Angabe auch der „Mitarbeiter" erweitert worden, um einer Umgehung der Doppelzählung von Vorsitzmandaten gemäß § 100 Abs. 2 Satz 3 AktG zu begegnen.[1283] Zudem kann ein Kreditinstitut gemäß § 135 Abs. 1 Satz 3 AktG nicht die Depotstimmrechte für die Kunden ausüben, wenn es unmittelbar oder über eine Mehrheitsbeteiligung mittelbar mit mehr als 5% am Grundkapital der betreffenden Gesellschaft beteiligt ist. Dies gilt allerdings nicht, wenn es auf die Ausübung der eigenen Stimmrechte verzichtet; nur eine Kumulation der Stimmrechte ist nicht mehr möglich.[1284] Selbst ohne Kumulation ist der Einfluss der Kreditinstitute nach einer empirischen Untersuchung von *Baums/Fraune* im Jahre 1992 allerdings nicht unerheblich. Danach machten die Vollmachtsstimmrechte aller Banken ca. 61 % der präsenten Stimmen aus, wodurch das Depotstimmrecht in fünf untersuchten Gesellschaften eine einfache, in elf weiteren die qualifizierte Mehrheit erreichte.[1285]

Anzumerken ist aber, dass die Erfahrungen mit der Stimmrechtsvollmacht dahin gehen, dass die Kreditinstitute grundsätzlich die Verwaltungsvorschläge unterstützen und damit über diese Schiene gerade keinen eigenen Interessen nachgehen.[1286] Zudem wird die Stimmrechtsausübung für die Aktionäre von den Banken

[1281] Vgl. *Mülbert* Gutachten 61. DJT, S. E 15, 18ff.; 39ff.; 87ff.; *Kohler* in FG Döser S. 225ff.; zur Verbreitung des Vollmachtsstimmrechts *Baums/Fraune* AG 1995, 97; *Baums* AG 1996, 11; *Böhm* „Einfluß der Banken" passim. Offenbar wird von den Aktionären sehr selten Gebrauch von der Einzelweisung gemacht, dazu sogleich.

[1282] Regierungsbegründung BT-Drucks. 13/9712, S. 18; *Assmann* AG 1997 Sonderheft, 100 (103); *Stellungnahme des DAV* ZIP 1997, 163 (168 Tz 151); *Hüffer* „AktG" § 128 Rn 9a. Zur Überprüfung der Erfüllung dieser Pflichten muss die Gesellschaft ein Mitglied der Geschäftsleitung benennen, § 128 Abs. 2 Satz 2 HS. 2 AktG.

[1283] Regierungsbegründung BT-Drucks. 13/9712, S. 19; vgl. *Mülbert* Gutachten 61. DJT, S. E 99ff.; *Peltzer* AG 1996, 26 (31f.); *Raiser* NJW 1996, 2257 (2262); *Marsch-Barner* in FS Peltzer S. 261 (264f.).

[1284] Kritisch hierzu *Baums* AG 1997 Sonderheft, S. 26 (29); *Weisner* „Verteidigungsmaßnahmen" S. 245.

[1285] *Baums/Fraune* AG 1995, 97 (103f.); nicht unerwähnt bleiben soll hier, dass unter Hinzurechnung der Eigenstimmen der Banken diese in 20 Gesellschaften eine einfache und in weiteren 18 Gesellschaften die qualifizierte Mehrheit besaßen.

[1286] Statt vieler *Baums/Fraune* AG 1995, 97 (111); *Baums/v. Randow* AG 1995, 145 (150); *Mülbert* Gutachten 61. DJT, S. E 96 in Fn 204; *Hopt* S. 243 (257) und aber eingeschränkt *Westermann* S. 264 (270) beide in Feddersen/Hommelhoff/Schneider; *Werner* ZHR 145 (1981), 252 (253); nach Ansicht mancher Stimmen der Literatur unterstützen die Banken die Verwaloffenbar als kostenintensiv angesehen, so dass ein Interesse daran besteht, diese Dienstleistung einzustellen.[1287] Schließlich könnte diese Art von eventueller Einflussnahme leicht eingedämmt werden, indem die Aktionäre von ihrem Weisungsrecht Gebrauch machten. Diese Möglichkeit wird zwar nach empirischen Untersuchungen lediglich von ca. 3%-5% der Aktionäre überhaupt genutzt,[1288] verdeutlicht aber, dass das Depotstimmrecht nicht wirklich von den Banken als gesichertes Einflussmittel eingesetzt werden kann. Geht man im Sinne der „*Seitz*"-Rechtsprechung des Bundesgerichtshofes gar davon aus, dass ein Beherrschungsmittel „gesellschaftsrechtlich gesichert" sein muss,[1289] kann von einer Abhängigkeit nach § 17 AktG ohnehin nicht gesprochen werden.

c) Einflussnahme über Kreditbeziehungen

Aus konzernrechtlichen Überlegungen ist eine Einflussnahme über eine Kreditbeziehung per se nicht zu befürchten. Bei einer Kreditbeziehung zu einem Kreditinstitut sind allerdings Besonderheiten zu berücksichtigen. Zum einen können diese Kreditgeber bereits nach bankaufsichtsrechtlichen Vorschriften die Offenlegung der wirtschaftlichen Verhältnisse verlangen, die je nach Intensität der Geschäftsverbindung weit reichen kann. Zum anderen müssen sie zum Beispiel bei Emissionen unter bestimmten Voraussetzungen beteiligt sein, vgl. §§ 186 Abs. 5, 221 Abs. 4 AktG, 36 Abs. 2, 71 Abs. 2 BörsG. Mit steigender Intensität der Geschäftsverbindung wird der Wunsch des Kreditinstituts nach Mitspracherechten bei der Geschäftsführung zunehmen,[1290] eine Kompensation durch den Interbanken-Wettbewerb kann dabei nicht erwartet werden.[1291]

Die Einflussnahme müsste sich jedoch auf das Ganze des Unternehmens auswirken können, d.h. nicht nur den Darlehensbereich, wie die Zahlung der Raten, betreffen.[1292] Die wirtschaftliche Abhängigkeit müsste somit gesellschaftsinterne Entscheidungen eines Organs der potentiell abhängigen Gesellschaft tangieren. Denn nach den Wertungen des § 17 Abs. 2 AktG wird eine Abhängigkeit dann

---

tungsvorschläge deswegen, weil die Vorschläge bereits vorher mit ihnen abgesprochen worden sind: *Herkenroth* „Konzernierungsprozesse" S. 84; *Schneider/Burgard* DB 1996, 1761 (1765); *Mestmäcker* „Verwaltung und Konzerngewalt" S. 242ff.; vgl. auch *Mülbert* Gutachten 61. DJT, S. E 43.

1287 *Hopt* in Feddersen/Hommelhoff/Schneider S. 243 (259) mwN; *Kohler* in FG Döser S. 225 (229); vgl. *Hammen* ZIP 1995, 1301; *Baums* AG 1996, 11 (12); *Peltzer* AG 1996, 26ff..

1288 *Baums/v. Randow* AG 1995, 145 (150); *Gottschalk* WSI-Mitt. 1988, 294 (296); *Immenga* „Beteiligung von Banken" S. 103; *Hopt* S. 243 (257), *Westermann* S. 264 (273f.) und *von Rosen* S. 289 (291) in Feddersen/Hommelhoff/Schneider; vgl. auch *Kohler* in FG Döser S. 225 (229, 230f.); *Hammen* WM 1997, 1221 (1223); *Peltzer* AG 1996, 26 (27); dazu auch die Regierungsbegründung zum „*KonTraG*" BT-Drucks. 13/9712, S. 11, 18.

1289 BGHZ 62, 163 „*Seitz*"; bestätigt durch BGHZ 90, 381 „*BuM/WestLB*".

1290 So die Einschätzung von *Werner* „Abhängigkeitstatbestand" S. 206f..

1291 *Hommelhoff* in FS Zöllner S. 235 (239); *Hammen* ZHR 160 (1996), 133 (154); *Böhm* „Einfluss der Banken" S. 23ff.; 191ff..

1292 Geßler/Hefermehl/Eckardt/Kropff-*Geßler* § 17 Rn 13; *Ulmer* ZGR 1978, 457 (461).

vermutet, wenn eine Mehrheitsbeteiligung vorhanden ist. Diese verschafft dem betreffenden Aktionär die Möglichkeit, den Aufsichtsrat zu wählen und darüber mittelbar die Entscheidungen der Vorstandsmitglieder zu beeinflussen.[1293] Die Einwirkung aufgrund wirtschaftlicher Abhängigkeit muss mithin dieser ähnlich sein, und nicht nur eine bloße Rücksichtnahme der beherrschten Gesellschaft darstellen.[1294] Auf letzteres läuft die wirtschaftliche Abhängigkeit allein betrachtet jedoch im Ergebnis hinaus, denn der Beherrschungsgrad ist im Regelfall erheblich geringer. Kann bei einer wirtschaftlichen Beherrschung der „Abhängige" sich aus dem Austauschvertrag eventuell aus eigener Kraft befreien, ist der Verkauf von Unternehmensanteilen von seinem Willen unabhängig.[1295]

Ohnehin scheint eine Bejahung der wirtschaftlichen Abhängigkeit als Abhängigkeit im Sinne des § 17 AktG nur dann sachgerecht, wenn das potentiell abhängige Unternehmen sich in Existenznot befindet, ein Abzug des Fremdkapitals zur Insolvenz führen würde und daher eine besondere Bereitschaft zur „Rücksichtnahme" bestehen dürfte.[1296] Selbst dann aber ist die Annahme einer Abhängigkeit von einem bestimmten Kreditgeber problematisch. Denn es bestünde möglicherweise immer noch die Alternative, anderweitig Fremdkapital zu beschaffen. Wenn diese Möglichkeit fehlen sollte, ist immer noch zu berücksichtigen, dass in der Regel zumindest die Großkreditvergabe an ein Unternehmen durch ein Konsortium erfolgt, bei dem die übrigen Kreditgeber eine Bevorzugung des Hauptkreditgebers zu verhindern wissen werden. Eine polarisierte Abhängigkeit wäre somit nur dann möglich, wenn das potentiell herrschende Unternehmen als einzige diese Mittel gewähren würde. Eine solche Bereitschaft wird sich jedoch in aller Regel durch sonstige Verbindungen (insbesondere Beteiligungen) ergeben. Es zeigt sich daran, dass eine wirtschaftliche Abhängigkeit zum einen nicht generell, zum anderen nicht selbständig als Beherrschungsgrundlage geeignet ist.

d) Einflussnahme über personelle Verflechtungen

Eine Einflussnahme im Sinne einer konzernrechtlichen Abhängigkeit wird zum Teil auch über eine personelle Verflechtung hergeleitet.[1297] Das Doppelmandat vermag jedoch per se lediglich indizielle Bedeutung besitzen. Die Gegenauf-

---

[1293] *Dierdorf* „Herrschaft und Abhängigkeit" S. 156.

[1294] *Werner* „Abhängigkeitstatbestand" S. 143; *Oechsler* ZGR 1997, 464 (467f.); *Dierdorf* „Herrschaft und Abhängigkeit" S. 155.

[1295] Geßler/Hefermehl/Eckardt/Kropff-*Kropff* § 311 Rn 87; *Würdinger* in Großkomm (3.Aufl.) § 17 Anm 3.

[1296] So auch *Dierdorf* „Herrschaft und Abhängigkeit" S. 156ff., der eine Wahrscheinlichkeit der Existenzgefährdung für ausreichend hält; vgl. *Koppensteiner* in FS Stimpel S. 811 (812).

[1297] *Decher* „Personelle Verflechtungen" S. 215ff.; *Würdinger* in Großkomm (3.Aufl.) § 17 Anm 7; Geßler/Hefermehl/Eckardt/Kropff-*Geßler* § 17 Rn 57f.; *Werner* „Abhängigkeitstatbestand" S. 208; eingeschränkt *Windbichler* in Großkomm § 17 Rn 43ff.; a. A. RGZ 167, 40 (54f.) „*Thega*"; KK-*Koppensteiner* § 17 Rn 52; *Säcker* ZHR 151 (1987), 59 (66); *Dierdorf* „Herrschaft und Abhängigkeit" S. 196ff.; *Krieger* in Münch Hdb § 68 Rn 47.

fassung suggeriert, dass der Entsandte stets die Interessen des vermeintlich herrschenden Unternehmens verfolgt; tatsächlich ist dieser rein rechtlich dazu verpflichtet, allein die Interessen der Gesellschaft zu verfolgen, für die er gerade tätig ist.[1298] Eine Neutralisierung der Interessengegensätze wäre daher theoretisch denkbar.[1299]

Eine konzernrechtliche Abhängigkeit wäre mithin nur möglich, wenn das Kontrollorgan ausschließlich mit Personen des potentiell herrschenden Unternehmens besetzt ist.[1300] Dann könnte zum einen der Vorstand möglicherweise seine Aufgaben nicht mehr ordnungsgemäß wahrnehmen. Das wäre insbesondere unter dem Gesichtspunkt zu befürchten, dass die Beratungsfunktion des Aufsichtsrats von zunehmender Bedeutung ist.[1301] Zum anderen könnte daraus eine Gefährdung des Ausgleichssystems nach §§ 311ff. AktG resultieren.[1302] Fehlt es aber an einer solchen ausschließlichen Besetzung, kommt es entscheidend auf sonstige Umstände wie Persönlichkeit und Durchsetzungsvermögen des Mandatsträgers an.[1303]

Gegen die Bejahung der Abhängigkeit nach § 17 AktG aufgrund eines Doppelmandats spricht schließlich, dass es als rein formaler Faktor dadurch umgangen werden könnte, dass man das Doppelmandat entflechtet und die entsprechenden Einflussnahmen auf inoffizielle Gesprächskreise verlagert bzw. andere Vertrauenspersonen einsetzt.[1304] Das Doppelmandat vermag das Problem daher nicht richtig zu erfassen. Insgesamt zeigt sich, dass das Doppelmandat per se eine Einflussnahme in der potentiell abhängigen Gesellschaft nicht ermöglicht.

e) Ergebnis zu 2

Als Ergebnis lässt sich festhalten, dass die oftmals postulierte „Macht der Banken“ realiter nicht besteht. Unstreitig nehmen die Kreditinstitute eine wesentliche Funktion wahr, es kann aber nicht von einer unverhältnismäßigen Ausnutzung gesprochen werden. Vielmehr ist davon auszugehen, dass auch die Banken als Kreditgeber und Geschäftspartner ein Interesse an prosperierenden Unterneh-

---

[1298] BGHZ 36, 296 (306, 310) „*HEW*“; BGH NJW 1980, 1629f. „*Schaffgotsch*“.

[1299] Vgl. *Dierdorf* „Herrschaft und Abhängigkeit“ S. 204; *Werner* ZHR 145 (1981), 252 (256).

[1300] Bei einer mitbestimmten Gesellschaft würde dabei die Besetzung der Anteilseignerbank ausreichend sein: Vgl. OLG Hamm AG 1987, 38ff. „*Banning*“; *Windbichler* in Großkomm § 17 Rn 46; *Dierdorf* „Herrschaft und Abhängigkeit“ S. 199f.; vgl. auch *Götz* „Entherrschungsvertrag“ S. 32ff.; *Werner* ZHR 145 (1981), 252 (254).

[1301] BGHZ 114, 127 (130); *Semler* „Leitung und Überwachung“ Rn 249ff.; a.A. *Mertens* AG 1980, 67 (68); *Lindermann* AG 1987, 225 (237); vgl. auch hierzu OLG Hamm AG 1987, 38 (39) „*Banning*“.

[1302] OLG Hamm a.a.O. S. 39 „*Banning*“.

[1303] *Martens* in FS Heinsius S. 523 (536f.); *Semler* in FS Stiefel S. 719 (731); *Lindermann* AG 1987, 225 (232).

[1304] Vgl. nur *Lindermann* AG 1987, 225 (235).

men besitzen werden, so dass es im Zweifel zu einer praktischen Konkordanz der Interessen kommen wird.[1305]

IV. Das Sonderproblem: die Rolle als Finanzier von Übernahmen

1. Bestehen eines unüberwindbaren Interessenkonflikts

Bei der Finanzierung einer „feindlichen" Übernahme begibt sich der Doppelmandatar des Kreditinstituts in eine besondere Konfliktlage. Problematisch ist, dass eine Abhängigkeit durch die Kombination von Beherrschungsmitteln nach zutreffender Ansicht grundsätzlich für möglich gehalten wird.[1306] Daraus könnte ein faktischer Konzern zwischen Kreditinstitut und Zielgesellschaft mit der Haftungskonsequenz aus §§ 311ff. AktG hergeleitet werden. Eine solche potentielle Kombination von Einwirkungsmöglichkeiten ist gerade bei Kreditinstituten anzunehmen. Es ist nicht davon auszugehen, dass eine Bank im Aufsichtsrat einer Gesellschaft vertreten ist, ohne dass eine eigene Beteiligung und/oder eine intensive Kreditbeziehung besteht. Die Verpflichtung eines Vertreters einer bestimmten Bank allein aus Reputationsgründen mag zwar aus Sicht der Gesellschaft interessant sein, wird aber aufgrund der Interessenlage der Bankenvertreter in praxi eher eine untergeordnete Rolle spielen. Eine Entscheidung erfordert aber stets eine Einzelfallentscheidung bezüglich des Umfangs der Beteiligung, der personellen Verflechtung bzw. der Kreditvergabe und kann nicht per se entschieden werden.

Besteht im Rahmen einer feindlichen Übernahme eine personelle Verflechtung zwischen der die Übernahme finanzierenden Bank und der Zielgesellschaft, stellt sich die Frage, welche Art von Verbindung zwischen diesen besteht. Erfolgte die Verflechtung aufgrund einer Darlehensvergabe, ist nicht davon auszugehen, dass die Bank eine für die Zielgesellschaft nachteilige Übernahme befürworten würde, zumindest nicht, wenn dies einen Ausfall herbeiführen könnte.[1307] Zum Teil wird

---

[1305] Vgl. auch *Raiser* NJW 1996, 2257 (2258).

[1306] Die Zulässigkeit der Annahme einer Abhängigkeit ist dabei umstritten: bejahend: BGHZ 135, 107 (114) *„VW/Niedersachsen"*; BGHZ 90, 381 (397) = NJW 1984, 1893 *„BuM/WestLB"*; BGHZ 121, 137 = NJW 1993, 2114 = ZIP 1993, 858 *„WAZ"*; OLG Frankfurt/Main AG 1998, 139 (140); OLG Düsseldorf AG 1994, 36 = ZIP 1993, 1791 *„Feldmühle Nobel/Stora"*; *Ulmer* ZGR 1978, 457 (472ff.); *Köhler* NJW 1978, 2473 (2476f.); *Westermann* ZIP 1982, 379 (385f.); *Raiser* „Kapitalgesellschaften" § 51 Rn 21; *Krieger* in Münch Hdb § 68 Rn 42; *Hüffer* „AktG" § 17 Rn 10; Münch Komm AktG-*Bayer* § 17 Rn 32; *Lutter* in Holding Hdb. Rn A42, S. 25; *Hentzen* ZHR 157 (1993), 65 (72); ablehnend: *Koppensteiner* in FS Stimpel S. 811 (822f.); KK-*Koppensteiner* § 17 Rn 56; *Mertens* AG 1996, 241 (246); *Adler/Düring/Schmaltz* § 17 Rn 92; *Bausch* „Beteiligung von Banken" S. 196ff.; *Götz* „Entherrschungsvertrag" S. 26ff.; *Dierdorf* „Herrschaft und Abhängigkeit" S. 210ff.; zur Beherrschung speziell durch eine Bank: LG Berlin AG 1996, 230 (232) *„Brau und Brunnen I"*; *Mülbert* Gutachten 61. DJT, S. E 22ff. mwN; vgl. das Beispiel *„Deutsche Bank"* im Fall *„Conti/Pirelli"* bei *Peltzer* ZIP 1991, 485 (488).

[1307] Vgl. dazu *Peltzer* JZ 1996, 842 (849); ähnlich auch *Hommelhoff* in FS Zöllner S. 235ff.; *von Rosen* in Feddersen/Hommelhoff/Schneider S. 289 (295); *Busch* „Öffentliche Übernahmeangebote" S. 34; *Adams* AG 1989, 333 (336).

auch aus der Stellung als Hausbank oder Depotbank das Interesse des Kreditinstituts an der weiteren Zusammenarbeit mit dem bisherigen Management abgeleitet,[1308] aber auch der denkbare Zwang entsprechende Sanierungshilfen in Krisenzeiten zu leisten.[1309] Jedenfalls könnte das Kreditinstitut durch die Ausübung der eigenen Stimmrechte oder über die Depotstimmrechte möglicherweise über Erfolg oder Misserfolg des Übernahmeangebots bestimmen.[1310] Deswegen wird das Engagement einer Investmentbank mit großem Aktionärseinfluss bei der Zielgesellschaft auch zum Teil als förderlich für den Erfolg eines Übernahmeangebots angesehen.[1311]

Lutter geht davon aus, dass aufgrund einer Bindung an die Interessen der Bank, der Zielgesellschaft und des Bieters (der Vertragspartner der Bank werden möchte) ein unlösbarer Interessenkonflikt besteht, der lediglich durch den Verzicht auf die Finanzierung der Übernahme aufgelöst werden kann.[1312] Wenn man den Mandatsträgern jedoch grundsätzlich die Fähigkeit zuspricht, ihren Pflichten nachzukommen, muss an dieser Stelle bei der Feststellung eines Interessenkonflikts vielmehr entscheidend sein, dass das Kreditinstitut sich für die Finanzierung der Übernahme entschieden und damit potentiell zum Ausdruck gebracht hat, dass es diesem Geschäftsabschluss den Vorrang vor den anderen Interessensphären einräumen möchte. Angesichts des harten Konkurrenzkampfes zwischen den Investmentbanken ist fast davon auszugehen, dass spätestens die Gewissheit über die Wahrnehmung des Finanzierungsgeschäfts durch einen Mitbewerber das entsprechende Kreditinstitut dazu verleitet haben wird, die Übernahme mitzutragen. Dabei ist zu berücksichtigen, dass der deutsche Markt angesichts hoher stiller Reserven und liquider Mittel der Unternehmen auch für internationale Bankhäuser interessant ist und nationale Institute mit internationalem Anspruch besonderem Kon-

[1308] *Adams* AG 1990, 243 (250f.); *Baums* AG 1990, 221 (228); *Werner* „Feindliche Übernahmeangebote" S. 19f.; *Lüttmann* „Kontrollwechsel" S. 152f.; vgl. auch *Assmann/Bozenhardt* in Assmann/Basaldua S. 1 (13); *Hauschka/Roth* AG 1988, 181 (186).

[1309] Vgl. *Mülbert* Gutachten 61. DJT, S. E 25f., 55f..

[1310] Vgl. *von Buddenbrock* in von Rosen/Seifert S. 277 (282); eine Intensivierung der Unterstützungswirkung durch die Ausübung der Depotstimmrechte ist indes aufgrund der Neufassung des § 135 Abs. 1 Satz 3 AktG nicht zu befürchten; wenn es sich aber als sinnvoll erweisen sollte, könnte die Bank auf die Stimmausübung der eigenen Anteile verzichten und dafür die entsprechenden Depotstimmrechte ausüben. Vgl. auch *Bozenhardt* „Freiwillige Übernahmeangebote" S. 149f..

[1311] *Vater* M&A 2002, 9 (10) mit Hinweis auf die *INA GmbH*, die für die Übernahme der *FAG Kugelfischer AG* die Dresdner Bank engagierte, die ihrerseits einen Einfluss auf ca. 30% der Stimmen gehabt haben soll.

[1312] In ZHR 145 (1981), 224 (244f.); *ders.* RdW 1987, 314 (320) mit Verweis auf die US-amerikanischen Erfahrungen in dem Fall „*Washington-Steel*", bei dem der District court aufgrund der Treuepflicht eine Unvermeidbarkeit annahm, der Court of Appeal diese Entscheidung dagegen insbesondere mit dem Hinweis der Zuständigkeit des Gesetzgebers in dieser Frage aufhob, Nachweise bei *Lutter* ZHR 145 (1981), 224 (244 in Fn 64); vgl. auch *Hopt* in FS Heinsius S. 289 (312); kritisch *Heermann* WM 1997, 1689 (1691f.); *Werner* ZHR 145 (1981), 252 (260f.); *Krebs* „Interessenkonflikte" S. 250, 258ff..

kurrenzdruck ausgesetzt sind.[1313] Dabei folgt aus der Natur einer „feindlichen Übernahme", dass der Bankenvertreter regelmäßig einem Interessenkonflikt ausgesetzt ist und sich oftmals nicht darauf berufen kann, er habe die Interessen der potentiellen Zielgesellschaft verfolgen wollen.[1314] Eine Einschränkung kann dann lediglich dadurch erhofft werden, dass die Finanzierung der „feindlichen" Übernahme einen Reputationsschaden für die Bank befürchten ließe.[1315] Nicht überzeugen kann die Erklärung der Banken, das Mandat sei ein persönliches und es gebe keinen Informationsfluss.[1316] Auf das erste Argument im Falle des Übernahmeversuchs *Krupp/Thyssen* bezogen, lässt sich jedenfalls anführen, dass nach dem Rücktritt von *Cartellieri* das Mandat von einem anderen Vorstandsmitglied der *Deutschen Bank AG* übernommen wurde.[1317] Grundsätzlich ist somit in diesen Fällen ein unüberwindbarer Interessenkonflikt anzunehmen.

2. Störung der vertrauensvollen Zusammenarbeit in der Zielgesellschaft

Durch die Anwesenheit eines Bankenvertreters, dessen Institut die Übernahme finanzieren soll, ist die vertrauensvolle Zusammenarbeit im Aufsichtsrat der Zielgesellschaft, aber insbesondere auch die Zusammenarbeit im Verhältnis zum Vorstand, stark beeinträchtigt. Nicht überzeugen kann hier der Einwand von *Hopt*, dass der freien Weitergabe und Verwertung der im Organ erlangten Informationen für die Bank und ihren Kunden bereits rechtliche Schranken aus §§ 93 Abs. 1 Satz 2, 116, 404 AktG entgegenstehen und die Bank in erhebliche rechtliche Schwierigkeiten geriete, wenn solche Informationen von dem Unternehmensbereich in den Bankenbereich eindringen würden.[1318] Zu bedenken ist nämlich, dass die Bank als Kreditgeber bereits legal umfangreiche Informationen erlangen kann (zum Bei-

---

[1313] *Heermann* WM 1997, 1689; vgl. auch *Mülbert* Gutachten 61. DJT, S. E 60ff..

[1314] So auch *Krebs* „Interessenkonflikte" S. 243ff.; anders *Schilling* BB 1997, 1909 (1911f.), der das Problem aus haftungsrechtlicher Sicht beleuchtet und dabei einen Schaden für die Zielgesellschaft sowie die Pflichtwidrigkeit des Verhaltens des Aufsichtsratsmitglieds im Ergebnis verneint. Er leitet dies indes hauptsächlich aus dem Fallbeispiel *Krupp/Thyssen* ab.

[1315] Im Falle der „feindlichen" Übernahme *Krupp/Thyssen* meldete sich das Vorstandsmitglied der finanzierenden *Deutschen Bank AG U. Cartellieri* am Tag der Aufsichtsratssitzung in der *Thyssen AG* krank; ob dies Schule machen wird, muss offen bleiben, jedenfalls war die geplante Übernahme auf breites öffentliches Interesse gestoßen; vgl. auch *v. Schenck* in Semler AR-Hdb. Rn E200.

[1316] So im Rahmen des Übernahmeversuchs *Krupp/Thyssen* die Erklärung des Betroffenen *Cartellieri*, vgl. FAZ Nr. 67 vom 20.03.1997, S. 17; Nr. 69 vom 22.03.1997, S. 18 und Nr. 71 vom 25.03.1997, S. 17; dazu auch *Bokelmann* „Personelle Verflechtungen" S. 7.

[1317] Dazu FAZ Nr. 97 vom 28.06.1997, S. 16; nachdem *von Boehm-Bezing* aus dem Aufsichtsrat der *Holzmann AG* ausgeschieden war, betonte die *Deutsche Bank* zudem, dass der neue Mandatar ein Mann der Bank sei und man die eigenen Interessen über diesen geltend machen werde, vgl. FAZ Nr. 27 vom 2.02.2000, S. 21; Frankfurter Rundschau Nr. 27 vom 2.02.2000, S. 15; auch *Ulmer* in FS Stimpel S. 705 (710) und *Krebs* „Interessenkonflikte" S. 60 kommen zu dem Ergebnis, dass das Mandat der Bankenvertreter als institutsbezogen angesehen werden muss.

[1318] So *Hopt* in Feddersen/Hommelhoff/Schneider S. 243 (253); vgl. zur Wissenszurechnung und „chinese walls": *Hopt* in FS Heinsius S. 289 (301); *Grunewald* in FS Beusch S. 301ff..

spiel aus der Offenlegungspflicht nach § 18 KWG) bzw. bei größeren Beteiligungen faktisch besonderen Zugriff zu Unternehmensinformationen besitzt. Dies muss auch *Hopt* einräumen. Die Frage stellt sich hierbei allerdings, wie groß die Wahrscheinlichkeit ist, dass die Gesellschaft zu Lasten des Kreditinstituts eine Weitergabe von internen Informationen geltend machen wird.

3. Lösung in dem City Code on Takeovers and Mergers

Nach dem City Code ist nicht nur der Bieter bei der Erstellung der Angebotsunterlage, sondern auch die Verwaltung der Zielgesellschaft bei Abgabe ihrer Stellungnahme dazu verpflichtet, einen unabhängigen Berater heranzuziehen. Dessen Ansicht ist ebenfalls beizufügen. Nach Rule 3.3 des City Codes gilt eine Person als ungeeignet für die Funktion als unabhängiger Berater, wenn er der gleichen Gruppe wie der Berater des Bieters angehört oder ein Interesse finanzieller Art auf Seiten des Bieters oder der Zielgesellschaft besitzt, wodurch ein Interessenkonflikt entstehen könnte.[1319] Die Regelung soll eine hinreichende Unabhängigkeit des Beraters der Zielgesellschaft von der Bietergesellschaft sicherstellen, so dass in entsprechenden Konstellationen eine Person, die erst kürzlich den Bieter beraten hat, nicht die Beratung der Zielgesellschaft wahrnehmen sollte.[1320] In der hier zu behandelnden Frage nimmt der Betroffene nicht nur eine Beratungsfunktion, sondern eine Organfunktion wahr. Wollte man der Stellungnahme der Zielgesellschaft nach englischem Recht erst die maßgebliche Bedeutung aufgrund der Beteiligung eines unabhängigen Beraters einräumen, so könnte man daraus ableiten, dass eine mit dem Bieter verbundene Person trotzdem im Organ Mitglied sein könnte, da eine objektive Stellungnahme des Board ohnehin nicht erwartet werden könnte und die erforderliche Information der Anleger erst durch den neutralen Berater herbeigeführt wird. Für die Rechtsvergleichung wird man indes den Grundgedanken herausfiltern müssen, dass das englische Recht (im weiteren Sinne) eine Unabhängigkeit vom Bieter desjenigen anstrebt, der die Anteilseigner bei ihrer Entscheidung über das Übernahmeangebot unterstützen soll. Durch das Fehlen der notwendigen neutralen Beratung nach deutschem Recht käme man aus rechtvergleichender Sicht somit zu dem Ergebnis, dass die Mitgliedschaft eines die Übernahme finanzierenden Bankenvertreters im Aufsichtsrat der Zielgesellschaft abzulehnen ist.

[1319] Dies ist aufgrund des Übernahmeangebots von *J. Henry Schroder Wagg & Co Ltd.* namens T*ozer, Kemsley & Millbourn (Holdings) plc* die ausstehenden Aktien der *Molins plc* zu erwerben, implementiert worden, dazu *Hopt* in FS Heinsius S. 289 (312 in Fn 73), der diese Regelung befürwortet; ebenso *Oechsler* NZG 2001, 817 (824).

[1320] Note 1 zu Rule 3.3 des City Codes.

V. Lösungsalternativen

1. Vorüberlegungen

Zu Recht vereinzelt geblieben ist die Auffassung, den potentiellen Interessenkonflikt über die Begründung reiner Berufs- und Pensionsaufsichtsräte zu vermeiden.[1321] Die generelle Akzeptanz von Bankenvertretern in Aufsichtsräten steht nach obigen Ausführungen nicht nur im Einklang mit der aktienrechtlichen Rechtsordnung, sondern auch mit praktischen Bedürfnissen.[1322]

In Betracht kommen mithin auch mildere Mittel wie insbesondere ein Stimmrechtsausschluss.[1323] Nach herrschender Meinung führt ein Stimmverbot aber nicht zu einem Teilnahmeausschluss,[1324] so dass der Mangel einer vertrauensvollen Zusammenarbeit im Aufsichtsrat der Zielgesellschaft weiterhin bestünde. Vor allem im Hinblick auf die Stellungnahme nach § 27 WpÜG oder die Verwaltungsvorschläge zu Abwehrmaßnahmen kann aus Sicht der Aktionäre eine Objektivität der Entscheidungen erheblich angezweifelt werden, wenn das beteiligte Bankmitglied von einer Übernahme in anderer Position profitiert. Im Falle des feindlichen Übernahmeversuchs der Krupp AG von Thyssen, bei der die Deutsche Bank die Finanzierung übernehmen wollte, hatte sich das Bankvorstandsmitglied *Cartellieri* zwar dem Konflikt in den Aufsichtsratssitzungen bei Thyssen durch Krankmeldung entzogen. Ob dies allein aufgrund der öffentlichen Kritik an dem geplanten Vorgehen geschah, kann hier dahinstehen. Die Lösung des Problems über eine Vermeidung der Lösung vermag jedenfalls nicht zu befriedigen, zumal dies letztlich von moralischen Erwägungen des betroffenen Doppelmandatars abhängig wäre.[1325] Die hierin verborgene temporäre Amtsniederlegung, die zu einer Suspendierung der Rechte und Pflichten führen würde, ist nach den oben angestellten Überlegungen zudem nicht sachgerecht, wenn eine personelle Verbindung nicht bereits besteht, sondern es vielmehr erst um die Frage der Herstellung einer solchen geht.[1326] Letztlich wird man auch nicht von den allgemeinen Voraussetzungen für einen Sitzungsausschluss wie Wahrung des friedlichen Ablaufs der Sitzung oder Ab-

---

[1321] *Häuser* „Interessenkollision" S. 161ff..

[1322] Statt vieler *Heermann* WM 1997, 1689 (1692); vgl. die Ausgestaltung des Aufsichtsratsamtes.

[1323] Vgl. zu einer Ableitung aus § 34 BGB analog: bejahend: *Dreher* JZ 1990, 896 (902); *Matthiessen* „Stimmrecht und Interessenkollision" S. 51ff.; zu Recht ablehnend, da zu extensiv: BGHZ 36, 296 (307) = WM 1961, 236 „*HEW*"; Geßler/Hefermehl/Eckardt/Kropff-*Geßler* § 108 Rn 29; KK-*Mertens* § 108 Rn 52; *Engfer* „Ausschluss des organschaftlichen Stimmrechts" S. 146; wohl auch *Heermann* WM 1997, 1689 (1695); einen Rücktritt fordernd *Lutter* ZHR 145 (1981), 224 (247).

[1324] RGZ 112, 109 (111); BGH NJW 1971, 2225; Staudinger/*Weick* „BGB" § 34 Rn 18; Soergel/*Hadding* § 34 Rn 9; *Kindl* „Teilnahme" S. 117ff.; *Engfer* „Ausschluss des organschaftlichen Stimmrechts" S. 123f.; *Matthießen* „Stimmrecht und Interessenkollision" S. 348ff.; *Ulmer* in Hanau/Ulmer „MitbestG" § 25 Rn 19; übernahmerechtlich: *Hopt* ZGR 2002, 333 (371).

[1325] *Marsch-Barner* in Semler AR-Hdb. Rn J154 und J164; a.A. *Lutter/Krieger* „Aufsichtsrat" Rn 309.

[1326] Vgl. die Darstellung oben 6. Abschnitt B III 2, S. 251ff..

wendung einer konkreten Gefahr für wichtige Belange der Gesellschaft ausgehen können. Ein Stimmrechtsausschluss zur Auflösung des Interessenkonflikts erscheint damit nicht sachgerecht.[1327]

Diskutiert wird daher auch eine Lösung über die Einführung von sogenannten „Chinese walls".[1328] Dabei handelt es sich um unternehmensinterne, organisatorische Trennmethoden, bei denen die einzelnen Geschäftsbereiche unter bestimmten Voraussetzungen miteinander kommunizieren bzw. dies lediglich unter Zwischenschaltung einer bestimmten Leitstelle tun sollten. Diese Leitstelle soll dann über den Informationsfluss zwischen den fraglichen Geschäftsbereichen entscheiden können.[1329] In den USA sind hiermit offenbar positive Erfahrungen gemacht worden, doch muss die Wirksamkeit bei Interessenkonflikten im Aufsichtsrat als Allheilmittel im Ergebnis abgelehnt werden. Denn die Trennung verschiedener Geschäftssparten mag zwar generell denkbar sein, jedoch ist eine solche bei einem Kollektivorgan wie dem Aufsichtsrat nur schwer möglich.[1330] Zudem wird eine Kenntnis eines Bankenvertreters von einer Beteiligung seines Instituts an der Finanzierung der Übernahme angesichts des oftmals erheblichen Transaktionsvolumens und damit einhergehenden großen öffentlichen Interesses nur schwer von der Hand zu weisen sein. Schließlich haben die Erfahrungen der Vergangenheit gezeigt, dass „chinese walls" selbst im Falle des Funktionierens auch erhebliche Probleme für ein Kreditinstitut hervorrufen können. Die Research-Abteilung der *Deutschen Bank AG* hatte zum Beispiel im Jahre 2001 Aktien der *Deutschen Telekom AG* zum Kauf empfohlen, während die Bank am folgenden Tag auch den in einen 20% Kursverlust mündenden Verkauf eines größeren Pakets für einen Kunden abwickelte.[1331] Die Herstellung „chinesischer Mauern" wird daher lediglich Beweisvorteile bringen und dazu führen, dass das Wissen eines Mitarbeiters in einem Geschäftsbereich nicht automatisch der Gesellschaft zugerechnet werden kann.

Schließlich kann auch die Lösung der Konfliktlage nicht in der Offenlegung der Mandate liegen.[1332] Eine solche Pflicht besteht für den Jahresabschluss nach § 285 Nr. 10 HGB, für Kreditinstitute im besonderen nach § 340a Abs. 4 Nr. 1 HGB und im Rahmen der Depotstimmrechte gemäß § 128 Abs. 2 Satz 6 AktG. Im

---

[1327] *Herkenroth* AG 2001, 33 (40); *Oechsler* NZG 2001, 817 (824); *Krebs* „Interessenkonflikte" S. 255ff.; wohl auch *Marsch-Barner* in Semler AR-Hdb. Rn J164.
[1328] Vgl. § 33 Abs. 1 Nr. 2 WpHG; dazu *Eisele* in Schimansky/Bunte § 109 Rn 22, S. 3445.
[1329] Statt vieler *Hopt* in FS Heinsius S. 289 (320).
[1330] *Oechsler* NZG 2001, 817 (824); *Herkenroth* AG 2001, 33 (39f.); *Singhof* AG 1998, 318 (325); *Schilling* BB 1997, 1909 (1912); kritisch auch *Heermann* WM 1997, 1689 (1696); *Berrar* NZG 2001, 1113 (1117); *Lutter* ZHR 145 (1981), 224 (243); *Peltzer* ZIP 1991, 485 (488); *Hopt* ZGR 2002, 333 (368); *ders.* in FS Heinsius S. 319ff.; vgl. auch BGHZ 90, 381 = ZIP 1982, 923 (929) *„BuM/WestLB"*.
[1331] FAZ vom 8.11.2001, S. 29; vom 8.08.2001, S. 23 und vom 15.08.2001, S. 23.; vgl. auch hierzu *Hopt* ZGR 2002, 333 (368f.).
[1332] Anders offenbar *Bozenhardt* „Freiwillige Übernahmeangebote" S. 150.

Falle einer Bestellung zum Aufsichtsratsmitglied in der Zielgesellschaft würde diese indes nicht greifen, da die Offenlegungspflichten nicht Beratungsmandate oder Kreditengagements betreffen und die Bekanntgabe auch nicht mit dem Bankgeheimnis zu vereinbaren wäre. Damit kann die Entscheidung über die Erheblichkeit des potentiellen Konflikts und die Offenlegung nicht der eventuell belasteten Zielgesellschaft überlassen bleiben. Auf Seiten der Bietergesellschaft vermag eine Offenlegung ebenfalls nicht weiterzuhelfen, da gerade die anderen Mandate der angerufenen Bank ein Beweggrund für die Wahl dieses Finanzinstituts gewesen sein mögen.[1333]

2. Bestehen einer Inkompatibilität

Denkbar wäre daher, den Konflikt durch eine Pflicht auf Verzicht des Kreditinstituts auf Wahrnehmung des Finanzierungsgeschäfts zu vermeiden. *Lutter* erkennt eine solche Pflicht aufgrund der Stellung als Hausbank oder als Organmitglied in der Zielgesellschaft an.[1334] Dafür müsste allerdings die Loyalitätspflicht gegenüber der Zielgesellschaft auch auf die Tätigkeit in der Bank ausstrahlen. Nicht überzeugen kann hier der Einwand von *Heermann*,[1335] dass dies schwer mit der Verschwiegenheitspflicht des Mandatsträgers nach §§ 116, 93 Abs. 1 Satz 2 AktG zu vereinbaren wäre. Denn es gibt keine Notwendigkeit dafür, dass die Bank im Falle des Verzichts gegenüber der Bietergesellschaft vertrauliche Informationen aus der Zielgesellschaft weiterleiten müsste. Eine andere Frage ist, ob die Bank aufgrund einer vorvertraglichen Loyalitätspflicht gegenüber dem Bieter die Pläne an das Zielunternehmen weiterleiten darf. Darauf stellt aber auch offenbar *Heermann* nicht ab. Des weiteren kann seine Kritik nicht überzeugen, nach der ein mit dem Verzicht einhergehendes faktisches Berufsausübungsverbot die für die Finanzierung der Übernahme einschaltbaren Kreditinstitute einschränken würde und damit ein Bankenvertreter als Schutzschild gegen feindliche Übernahmeversuche eingesetzt werden könnte.[1336] Angesichts des globalen Wettbewerbs kann nicht erwartet werden, dass ein Bieter für die Finanzierung der Übernahme weltweit kein Institut finden wird; dabei wird das Transaktionsvolumen von geringer

[1333] Vgl. den Fall der *INA GmbH*, die für die Übernahme der *FAG Kugelfischer AG* die Dresdner Bank engagierte, die ihrerseits einen Einfluss auf ca. 30% der Stimmen gehabt haben soll.

[1334] In ZHR 145 (1981), 224 (244f.); *ders.* RdW 1987, 314 (320); im Ergebnis zustimmend: *Herkenroth* AG 2001, 33 (40); *Hopt* in FS Heinsius S. 289 (312f.); *Peltzer* ZIP 1991, 485 (489 in Fn 25); *Singhof* AG 1998, 318 (325); *Krebs* „Interessenkonflikte" S. 251; kritisch *Heermann* WM 1997, 1689 (1694); *Werner* ZHR 145 (1981), 252 (260f.); *Schilling* BB 1997, 1909 (1911f.); *Süßmann* in Geibel/Süßmann § 13 Rn 30; *Oechsler* NZG 2001, 817 (824); *Marsch-Barner* in Semler AR-Hdb. Rn J158ff. lehnt zwar die Konstellation ebenfalls ab, geht aber von einer Amtsniederlegung im Aufsichtsrat der Zielgesellschaft aus, zu der auch eine Verpflichtung bestehen könnte. Die Niederlegung des Vorstandspostens im Kreditinstitut sei zwar möglich, aber es ließe sich keine Pflicht hierzu begründen.

[1335] Siehe WM 1997, 1689 (1694f.).

[1336] So *Heermann* WM 1997, 1689 (1695), der darauf hinweist, dass bei zunehmender Größe des Zielunternehmens ohnehin die zur Verfügung stehenden Institute weiter eingegrenzt werden; zustimmend *Krebs* „Interessenkonflikte" S. 259.

Bedeutung sein, da ohnehin in zahlreichen Fällen Konsortien gebildet werden. Damit ist die Auswahl der handlungsfähigen Banken auch nicht eingeschränkt und mithin die Funktion als Schutzschild wenig wahrscheinlich.

Unabhängig davon, ob man von einer „Pflicht zum Verzicht", von einer „Enthaltung"[1337] oder von einer „freiwilligen Inkompatibilität"[1338] ausgeht, herrscht in Teilen der Literatur Einigkeit darüber, dass die gleichzeitige Wahrnehmung der hier dargestellten Interessensphären nicht möglich ist und daher eine Verbindung verhindert werden muss.[1339] Nach den obigen Überlegungen bleibt für eine wirksame Auflösung der Konfliktlage lediglich entweder die Annahme einer (ungeschriebenen) Inkompatibilität oder ein Verbot de lege ferenda. Jedenfalls ist eine solche Unvereinbarkeit zum Schutze der potentiellen Zielgesellschaft erforderlich. Wie gezeigt, zeichnet sich der hier zu diskutierende Interessenkonflikt dadurch aus, dass nicht die Zielgesellschaft selbst über eine Beteiligung des entsprechenden Finanzinstituts entscheiden konnte, sondern dass dies durch die angreifende Bietergesellschaft geschehen ist. Darüber aus welchen Gründen der Bieter gerade diese Bank ersucht hat, kann im Einzelfall nur spekuliert werden. Jedenfalls ergaben die obigen Ausführungen, dass bei dem eingeschalteten Kreditinstitut mit hoher Wahrscheinlichkeit die Interessen an der Durchführung der Übernahme gegenüber den eventuell gegenläufigen Interessen der Zielgesellschaft überwiegen werden, da es ansonsten von der Finanzierung von vorn herein hätte absehen können. Es erscheint daher evident, dass ein Kreditinstitut im Zweifel seine eigenen Interessen über sämtliche Kanäle der Einflussnahme versucht geltend zu machen. Angesichts der zahlreichen Möglichkeiten dies auch zu tun, besteht ein erhebliches Konfliktpotential für die Zielgesellschaft.

Dagegen ließe sich zwar anführen, dass die Entscheidung über die Annahme des Angebots letztlich bei den Aktionären verbleibt. Doch welches Vertrauen wird ein Anteilseigner in die Stellungnahme der Verwaltung setzen können, wenn im Aufsichtsrat ein Vertreter der die Übernahme finanzierenden Bank sitzt? Die Konstellation wird noch verschärft, wenn man berücksichtigt, dass der Bankenvertreter nach empirischen Untersuchungen oftmals den Vorsitz im Aufsichtsrat innehat.[1340] Die Abgabe der Stellungnahme nach § 27 WpÜG würde an Bedeutung

---

[1337] So *Hopt* in FS Heinsius S. 289 (312f.); *ders.* ZGR 2002, 333 (371f.); vgl. auch *Peltzer* ZIP 1991, 485 (488); *Marsch-Barner* in Semler AR-Hdb. Rn J166.

[1338] *Herkenroth* AG 2001, 33 (40).

[1339] Auch die Praxis sieht zum Teil eine Notwendigkeit hierfür. So beteiligte sich die *Commerzbank AG* im Rahmen des Übernahmeversuchs *Krupp/Thyssen* freiwillig nicht an der Finanzierung, obgleich sie auch im Aufsichtsrat von Thyssen vertreten war, FAZ Nr. 69 vom 22.03.1997, S. 18.

[1340] Nach der Untersuchung von *Hansen* AG 1994, R 76ff. im Jahre 1993 entfielen bei den untersuchten Aktiengesellschaften mit einem Bankenvertreter im Aufsichtsrat 59 % der Vorsitzenden auf die Banken. In den DAX-Gesellschaften besaßen die Kreditinstitute 25 % aller Aufsichtsratsmandate und stellten in 13 dieser Gesellschaften den Aufsichtsratsvorsitzenden. Vgl.

erheblich einbüßen, obgleich es Sinn und Zweck des WpÜG ist, für Transparenz und Information im Übernahmeverfahren zu sorgen. Dies erscheint auch geboten, da insbesondere die Kleinanleger ihre Investition nicht als unternehmerische Beteiligung, sondern als Kapitalanlage ansehen und daher im Regelfall über keine eigenen Kenntnisse verfügen.

Eine Notwendigkeit für eine Inkompatibilität resultiert aber auch aus der Überlegung, dass das Vertrauen der potentiellen Anleger in den nationalen Kapitalmarkt geschützt werden muss. Daher sind nicht nur die Interessen der derzeitigen Aktionäre der Zielgesellschaft, sondern auch die potentieller, künftiger Anteilseigner betroffen. Dieses Vertrauen in den Kapitalmarkt würde erschüttert, wenn der Eindruck entstünde, dass feindliche Übernahmen unter Zusammenarbeit zweier oder mehrerer Marktteilnehmer vollzogen werden könnten, bei denen der eine vor Vollzug noch in enger Verbindung mit dem vermeintlichen Opfer der Transaktion – der Zielgesellschaft – stand. Möglicherweise deswegen hat die Legislative den Wertpapierdienstleistungsunternehmen nach §§ 31f. WpHG im Rahmen der Wertpapierberatung Verhaltensregeln auferlegt, die unter anderem das Gebot enthalten, Interessenkonflikte zu vermeiden. Hieraus wird auch die Pflicht zur Vermeidung durch Ablehnung des Mandats abgeleitet, wenn dadurch Kundeninteressen in Konflikt mit anderen Interessen geraten würden.[1341] Es ist keine sachliche Rechtfertigung dafür zu erkennen, Verhaltensregeln für die Kreditinstitute beim Passivgeschäft gesetzlich zu begründen, für das Aktivgeschäft dagegen eine Notwendigkeit hierfür zu verneinen.

Entsprechend können hier aber auch die Regelungen zu den Beratungsberufen herangezogen werden: ein Rechtsanwalt, der beide Parteien vertritt, begeht nach § 356 StGB Parteiverrat, selbst wenn beide Parteien mit dieser Vertretung einverstanden sein sollten. Als überragend wird hier das Vertrauen an die Zuverlässigkeit und Integrität der Anwaltschaft angesehen.[1342] Es ist hinsichtlich der hier zu diskutierenden Situation kein hinreichender Grund dafür ersichtlich, die Mandate von Banken, die oftmals im Rahmen von Übernahmeangeboten auch eine umfassende Beratung übernehmen, anders zu beurteilen als die Mandate von Rechtsanwälten.

Ein Bedürfnis für eine Inkompatibilität ergibt sich auch aus einem Blick nach Großbritannien. Dort besteht wie ausgeführt ein Verbot nach Rule 3.3 des City Codes, obwohl die verbleibenen Handlungsmöglichkeiten des Board weitaus eingeschränkter sind als nach deutschem Recht. Zu erinnern ist hier nur an die Not-

---

auch die Untersuchungen von: *Gottschalk* WSI-Mitteilungen 1988, 204 (300f.); *Pfannschmidt* „Personelle Verflechtungen“ S. 99, 106f..

1341 So zum Beispiel *Eisele* in Schimansky/Bunte § 109 Rn 22, S. 3445.

1342 Vgl. nur BGHSt 4, 82; 15, 336; 17, 305; 18, 192; kritisch *Schlosser* NJW 2002, 1376 (1381).

wendigkeit, einen objektiven Berater für die Abgabe der Stellungnahme zu konsultieren, wodurch die Objektivität gewährleistet werden sollte.

Im Ergebnis ist die Annahme eines „Verzichts", „Enthaltung" oder einer „freiwilligen Inkompatibilität", die die Entscheidung damit in die Hände der Bank legen würden, nicht ausreichend und eine ungeschriebene Inkompatibilitätsvorschrift erforderlich. Analog zur Regelung der Rule 3.3 des City Code und hinsichtlich der Regelung im WpHG erscheint aber auch de lege ferenda eine Einführung in einem neu einzufügenden Absatz 2 zu § 13 WpÜG als gangbarer Weg. Folgende Formulierung wäre dabei denkbar:

> „Ein Wertpapierdienstleistungsunternehmen oder ein Kreditinstitut ist von jeglicher Beteiligung an einem Übernahmeverfahren seitens des Bieters ausgeschlossen, wenn
>
> a) ein Vorstands- oder Aufsichtsratsmitglied bzw. ein leitender Mitarbeiter des Instituts ein Mandat im Vorstand, Aufsichtsrat oder einem vergleichbaren Gremium der Zielgesellschaft besitzt oder
> b) wirtschaftliche Abhängigkeitsbeziehungen zwischen Wertpapierdienstleistungsunternehmen oder Kreditinstitut und Zielgesellschaft bestehen; dies ist insbesondere dann der Fall, wenn das Finanzinstitut Hausbankfunktionen wahrnimmt oder Hauptkreditgeber der Zielgesellschaft ist."

7. Abschnitt: Zusammenfassung der Ergebnisse

1. Interessenkonflikte infolge von Doppelmandaten lassen sich zum einen durch Stimmrechtsverbot, Sitzungsausschluss, Abberufung oder Amtsniederlegung auflösen; zu nennen ist hier auch die „corporate opportunity-doctrine“ für die Nutzung von Geschäftschancen. Zum anderen kann das Entstehen eines Interessenkonflikts mit einem Wettbewerbsverbot oder bereits bei Bestellung des fraglichen Kandidaten über eine Inkompatibilität vermieden werden. Eine Pflicht zur Offenlegung anderer Mandate kann darüber hinaus dazu genutzt werden, dass die Gesellschaft über bestehende anderweitige Interessensphären in der Person des Gewählten in Kenntnis gesetzt wird und mit der Wahl diese konkludent akzeptieren kann.

2. Grundsätzlich kommen auch ungeschriebene Inkompatibilitätsvorschriften in Betracht, auch wenn sich der Gesetzgeber nicht für eine allgemeine Inkompatibilitätsvorschrift entschieden hat, sondern lediglich wenige Fälle der Bestellungshindernisse reglementiert hat. Erforderlich ist das Vorliegen eines anderweitig unüberwindbaren Interessenkonflikts in der Person des Doppelmandatsträgers.

3. Die teilweise in der Literatur vertretene Ansicht, bei Doppelmandaten in Konkurrenzunternehmen liege eine solche Konstellation einer ungeschriebenen Inkompatibilität vor, ist im Ergebnis abzulehnen. Vielmehr lässt sich das Konfliktpotential über eine Offenlegungspflicht, wie in § 125 Abs. 1 Satz 3 AktG bereits vorgesehen, beheben, um die Entscheidung den Anteilseignern überlassen zu können. De lege ferenda ist allerdings eine Ausweitung der Offenlegungspflicht dahingehend zu befürworten, dass andere Aufsichtsratsmandate bereits im Rahmen von § 124 Abs. 3 Satz 3 AktG und damit auch bei nicht börsennotierten Unternehmen offen gelegt werden sollten. Zudem sollte eine entsprechende Regelung im MitbestG für die Vertreter der Arbeitnehmer im Aufsichtsrat statuiert werden.

4. Eine ungeschriebene Inkompatibilitätsvorschrift ist dagegen bei den Behördenvertretern in Aufsichtsräten zu bejahen. Eine Inkompatibilität ist dann anzunehmen, wenn das fragliche Organmitglied gleichzeitig die Funktion der zuständigen Aufsichtsbehörde wahrnimmt oder für die Bewilligung von Subventionen u.ä. zuständig ist. Kein in diesem Kontext relevantes Konfliktpotential resultiert aus einer Interessenkollision des Mandatsträgers mit dem Unternehmensgegenstand.

5.

a) Die de lege lata bestehende eingeschränkte Neutralitätspflicht bei Übernahmeverfahren ist zu begrüßen. Die Bedeutung des Aufsichtsrats bei diesen Verfahren resultiert im Wesentlichen aus der Beteiligung an der

Abgabe der Stellungnahme nach § 27 WpÜG und aus der Zustimmungsbefugnis aus § 33 Abs. 1 Satz 2 WpÜG. Die zuletzt genannte Vorschrift hielt einer verfassungsrechtlichen Überprüfung stand und stellt demnach keinen unzulässigen Eingriff in die Befugnisse der Anteilseigner dar.

b) Bei den Doppelmandaten im Rahmen von feindlichen Übernahmen ist zwischen den bereits bestehenden und den Doppelmandaten zu differenzieren, die vom potentiellen Bieter unmittelbar vor Abgabe eines Angebots angestrebt werden. In der zuletzt genannten Konstellation besteht ein Bedürfnis für eine ungeschriebene Inkompatibilität, da der potentielle Interessenkonflikt nicht anderweitig vermieden bzw. aufgelöst werden kann. Die praktische Relevanz dieser Konstellation muss indes angezweifelt werden. Bei bereits bestehenden personellen Verflechtungen ist zwar ebenso von einer Unvereinbarkeit des Doppelmandats auszugehen. Aufgrund der zeitlichen Befristung des potentiellen Interessenkonflikts erscheint hier aber keine Abberufung oder endgültige Amtsniederlegung möglich und erforderlich, sondern vielmehr genügt eine temporäre Amtsniederlegung, die zur Suspendierung der Rechte und Pflichten des Mandatsträgers für die Dauer des Übernahmeverfahrens führt.

c) Eine ungeschriebene Inkompatibilitätsvorschrift ist außerdem bei den Doppelmandaten der Bankenvertreter im Zusammenhang mit feindlichen Übernahmen zu erblicken. Die Kreditinstitute könnten insbesondere als Finanzier der Übernahme auftreten, so dass ihre Vertreter einem unüberwindbaren Interessenkonflikt im Organ der Zielgesellschaft ausgesetzt sein würden. Im Hinblick auf insbesondere die Stellungnahme der Verwaltung der Zielgesellschaft muss eine Beteiligung eines solchen Kreditinstituts daher vermieden werden. Analog der Regelung im City Code on Takeovers and Mergers könnte dabei aber auch de lege ferenda eine entsprechende Verbotsregelung als neuer Absatz 2 in § 13 WpÜG eingefügt werden.

Anhang

Im Folgenden werden die erörterten Vorschriften betreffend der Verhaltenspflichten der Verwaltung wie sie in den einzelnen Entwürfen zum „*Wertpapiererwerbs- und Übernahmegesetz*", dem Übernahmekodex und der 13. EG-Richtlinie sowie des City Codes on Takeovers and Mergers bestanden bzw. weiterhin bestehen, zum besseren Verständnis der Ausführungen wiedergegeben.

A. Übernahmekodex in der Fassung vom 28.11.1997 (Auszug) [1343]

Art. 19 Pflichten der Zielgesellschaft

Das Verwaltungs- oder Leitungsorgan der Zielgesellschaft einschließlich der Verwaltungs- oder Leitungsorgane der mit der Zielgesellschaft verbundenen Unternehmen darf nach Bekanntgabe eines öffentlichen Angebots und bis zur Offenlegung des Ergebnisses des Angebots keine Maßnahmen ergreifen, die dem Interesse der Wertpapierinhaber, von dem Angebot Gebrauch zu machen, zuwiderlaufen.

Hierzu können u. a. zählen:
Beschlüsse über
- die Ausgabe neuer Wertpapiere,
- die Änderung des Aktiv- oder Passivbestandes der Zielgesellschaft in erheblichem Umfang sowie
- der Abschluss von Verträgen, die außerhalb des gewöhnlichen Geschäftsbetriebes liegen.

Dies gilt nicht bei laufenden Kapitalmaßnahmen und bei der Erfüllung von Verträgen, die vor der Bekanntgabe eines öffentlichen Angebots von der Zielgesellschaft geschlossen wurden, oder einer ausdrücklichen Genehmigung der Hauptversammlung für diese Maßnahmen im Falle eines öffentlichen Angebots.

B. Diskussionsentwurf vom 29.06.2000 (Auszug) [1344]

§ 31 Handlungen des Vorstands und Aufsichtsrats der Zielgesellschaft

(1) Nach Veröffentlichung der Entscheidung zur Abgabe eines Übernahmeangebots bis zur Veröffentlichung des Ergebnisses nach § 25 Abs. 1 Nr. 3 [Veröf-

[1343] Abrufbar unter www.kodex.de und NZG 2000, 390ff. = AG 1998, 133ff..

[1344] Abgedruckt in NZG 2000, 844; der Diskussionsentwurf blieb hinsichtlich der Verhaltenspflichten der Verwaltung im Rahmen des Referentenentwurfs vom 12.03.2001 bis auf einige redaktionelle Änderungen unverändert, so dass auf eine Wiedergabe des Letzteren verzichtet wurde, vgl. kritisch hierzu *Altmeppen* ZIP 2001, 1073 (1074f.).

fentlichung über die Erlangung von Beteiligungen der Zielgesellschaft] haben der Vorstand und der Aufsichtsrat der Zielgesellschaft alle Handlungen zu unterlassen, die geeignet sind, den Erfolg des Übernahmeangebots zu verhindern.

(2) Ein Verstoß gegen die Pflicht nach Absatz 1 liegt vorbehaltlich Absatz 3 insbesondere bei folgenden Maßnahmen vor:
1. die Ausgabe von Aktien,
2. der Erwerb eigener Aktien durch die Zielgesellschaft,
3. der Abschluss von Rechtsgeschäften, die zur Folge hätten, dass der Aktiv- oder Passivbestand der Zielgesellschaft in bedeutender Weise geändert würde.

(3) Als Verstoß gegen die Pflicht nach Absatz 1 gelten nicht
1. die Suche nach einem konkurrierenden Übernahmeangebot,
2. Handlungen auf Grund eines Beschlusses der Hauptversammlung der Zielgesellschaft, der nach Veröffentlichung der Angebotsunterlage getroffen wurde,
3. die Ausgabe von Aktien unter Wahrung des Bezugsrechts der Aktionäre, sofern der zugrunde liegende Beschluss der Hauptversammlung der Zielgesellschaft nicht früher als 18 Monate vor Veröffentlichung der Angebotsunterlage erfolgt ist,
4. die sorgfältige Führung der laufenden Geschäfte im Interesse der Gesellschaft,
5. der Erwerb von Aktien der Zielgesellschaft mit der Absicht, diese im Handelsbestand zu halten, sofern die Voraussetzungen des § 35 Abs. 2 [Nichtberücksichtigung von Stimmrechten] vorliegen;
6. die Erfüllung von vertraglichen oder sonstigen Rechtspflichten, die vor der Veröffentlichung der Entscheidung zur Abgabe eines Übernahmeangebots begründet worden sind.

C. Vorschlag für eine EG-RL in der Fassung vom 28.11.2003 (Auszug)[1345]

Art. 9 Pflichten des Leitungs- oder Verwaltungsorgans der Zielgesellschaft

(1) Die Mitgliedstaaten sorgen für die Einhaltung der Bestimmungen der Absätze 2 bis 5.

(2) Innerhalb der in Unterabsatz 2 genannten Frist muss das Leitungs- bzw. Verwaltungsorgan der Zielgesellschaft die vorherige, zu diesem Zweck erteilte Ermächtigung der Hauptversammlung einholen, bevor es – mit Ausnahme der

[1345] Vorschlag für eine Richtlinie des Europäischen Parlaments und des Rates betreffend öffentliche Übernahmeangebote, Interinstitutionelles Dossier 2002/0240 (15476/03).

Suche nach konkurrienden Angeboten – Maßnahmen ergreift, durch die das Angebot vereitelt werden könnte; dies gilt insbesondere für die Ausgabe von Wertpapieren, durch die der Bieter auf Dauer an der Erlangung der Kontrolle über die Zielgesellschaft gehindert werden könnte.

Diese Ermächtigung ist zumindest ab dem Zeitpunkt, zu dem das Leitungs- bzw. Verwaltungsorgan der Zielgesellschaft die in Artikel 6 Absatz 1 Satz 1 genannten Informationen über das Angebot erhalten hat, und so lange, bis das Ergebnis des Angebots bekannt gemacht oder das Angebot hinfällig wird, zwingend erforderlich. Die Mitgliedstaaten können vorsehen, dass diese Ermächtigung ab einem früheren Zeitpunkt erforderlich ist, beispielsweise wenn dem Leitungs- bzw. Verwaltungsorgan der Zielgesellschaft bekannt wird, dass die Abgabe des Angebots unmittelbar bevorsteht.

(3) Vor dem in Absatz 2 Unterabsatz 2 genannten Zeitpunkt gefasste Entscheidungen, die weder teilweise noch vollständig umgesetzt worden sind, bedürfen einer Ermächtigung oder Bestätigung der Hauptversammlung, wenn sie nicht den normalen Geschäftsbetrieb der Gesellschaft betreffen und ihre Umsetzung dazu führen könnte, dass das Angebot vereitelt wird.

(4) Damit die vorherige Ermächtigung oder Bestätigung der Wertpapierinhaber im Sinne der Absätze 2 und 3 eingeholt werden kann, können die Mitgliedstaaten Vorschriften vorsehen, wonach eine Hauptversammlung kurzfristig einberufen werden kann, sofern sie frühestens zwei Wochen nach Einberufung abgehalten wird.

(5) Das Leitungs- bzw. Verwaltungsorgan der Zielgesellschaft erstellt und veröffentlicht zu dem Angebot eine mit Gründen versehene Stellungnahme, in der unter anderem auf die Auswirkungen des Angebots auf sämtliche Interessen der Gesellschaft, einschließlich der Beschäftigung, und auf die strategische Planung des Bieters für die Zielgesellschaft sowie die voraussichtlichen Auswirkungen auf Arbeitsplätze und Standorte, wie in der Angebotsunterlage nach Artikel 6 Absatz 3 Buchst. h dargelegt, eingegangen wird. Das Leitungs- bzw. Verwaltungsorgan der Zielgesellschaft übermittelt diese Stellungnahme gleichzeitig den Arbeitnehmervertretern der Gesellschaft oder –in Ermangelung solcher Vertreter- den Arbeitnehmern selbst. Soweit eine eigene Stellungnahme der Arbeitnehmervertreter zu den Auswirkungen auf die Beschäftigung rechtzeitig beim Leitungs- bzw. Verwaltungsorgan der Zielgesellschaft eingeht, ist diese beizufügen.

(6) Für die Zwecke von Absatz 2 bezeichnet der Ausdruck „Leitungs- bzw. Verwaltungsorgan“ sowohl das Leitungs- als auch das Aufsichtsorgan der Gesellschaft, sofern die Organisation der Gesellschaft eine dualistische Struktur vorsieht.

D. Regierungsentwurf vom 11.07.2001 (Auszug) [1346]

§ 33 Handlungen des Vorstands und Aufsichtsrats der Zielgesellschaft

(1) Nach Veröffentlichung der Entscheidung zur Abgabe eines Angebots bis zur Veröffentlichung des Ergebnisses nach § 23 Abs. 1 Satz 1 Nr. 2 [Veröffentlichungspflichten des Bieters nach Abgabe des Angebots] bedürfen Handlungen des Vorstands und des Aufsichtsrats der Zielgesellschaft, durch die der Erfolg des Angebots verhindert werden könnte, der Ermächtigung der Hauptversammlung. Dies gilt nicht für Handlungen, die auch ein ordentlicher und gewissenhafter Geschäftsleiter einer Gesellschaft, die nicht von einem Übernahmeangebot betroffen ist, vorgenommen hätte, sowie die Suche nach einem konkurrierenden Angebot.

(2) Ermächtigt die Hauptversammlung den Vorstand vor dem in Absatz 1 Satz 1 genannten Zeitraum zur Vornahme von Handlungen, um den Erfolg von Übernahmeangeboten zu verhindern, sind diese Handlungen in der Ermächtigung im Einzelnen zu bestimmen. Die Ermächtigung kann für höchstens 18 Monate erteilt werden. Der Beschluss der Hauptversammlung bedarf einer Mehrheit, die mindestens drei Viertel des bei der Beschlussfassung vertretenden Grundkapitals umfasst; die Satzung kann eine größere Kapitalmehrheit und weitere Erfordernisse bestimmen. Handlungen des Vorstands auf Grund einer Ermächtigung nach Satz 1 bedürfen der Zustimmung des Aufsichtsrats.

(3) Dem Bieter und die mit ihm gemeinsam handelnden Personen ist es verboten, Vorstands- oder Aufsichtsratsmitgliedern der Zielgesellschaft im Zusammenhang mit dem Angebot ungerechtfertigte Geldleistungen oder andere ungerechtfertigte geldwerte Vorteile zu gewähren oder in Aussicht zu stellen.

E. Wertpapiererwerbs- und Übernahmegesetz (ab 1.01.2002) (Auszug) [1347]

§ 33 Handlungen des Vorstands der Zielgesellschaft

(1) Nach Veröffentlichung der Entscheidung zur Abgabe eines Angebots bis zur Veröffentlichung des Ergebnisses nach § 23 Abs. 1 Satz 1 Nr. 2 [Veröffentlichungspflichten des Bieters nach Abgabe des Angebots] *darf der Vorstand der Zielgesellschaft keine Handlungen vornehmen, durch die der Erfolg des Angebots verhindert werden könnte*. Dies gilt nicht für Handlungen, die auch ein ordentlicher und gewissenhafter Geschäftsleiter einer Gesellschaft, die nicht von

[1346] BT-Drucks. 14/7034 und 14/7090.

[1347] BT-Drucks. 14/7477; die kursiv gedruckten Passagen stellen die Änderungen gegenüber dem Regierungsentwurf vom 11.7.2001 (BT-Drucks. 14/7034 und 14/7090) dar.

einem Übernahmeangebot betroffen ist, vorgenommen hätte, die Suche nach einem konkurrierenden Angebot *sowie für Handlungen, denen der Aufsichtsrat der Zielgesellschaft zugestimmt hat.*

(2) Ermächtigt die Hauptversammlung den Vorstand vor dem in Absatz 1 Satz 1 genannten Zeitraum zur Vornahme von Handlungen, *die in die Zuständigkeit der Hauptversammlung fallen*, um den Erfolg von Übernahmeangeboten zu verhindern, sind diese Handlungen in der Ermächtigung *der Art nach* zu bestimmen. Die Ermächtigung kann für höchstens 18 Monate erteilt werden. Der Beschluss der Hauptversammlung bedarf einer Mehrheit, die mindestens drei Viertel des bei der Beschlussfassung vertretenden Grundkapitals umfasst; die Satzung kann eine größere Kapitalmehrheit und weitere Erfordernisse bestimmen. Handlungen des Vorstands auf Grund einer Ermächtigung nach Satz 1 bedürfen der Zustimmung des Aufsichtsrats.

(3) Dem Bieter und die mit ihm gemeinsam handelnden Personen ist es verboten, Vorstands- oder Aufsichtsratsmitgliedern der Zielgesellschaft im Zusammenhang mit dem Angebot ungerechtfertigte Geldleistungen oder andere ungerechtfertigte geldwerte Vorteile zu gewähren oder in Aussicht zu stellen.

F. City Code on Takeovers and Mergers (Auszug) [1348]

I. General Principle No. 7

At no time after a bona fide offer has been communicated to the board of the offeree company, or after the board of the offeree company has reason to believe that a bona fide offer might be imminent, may any action be taken by the board of the offeree company in relation to the affairs of the company, without the approval of the shareholders in general meeting, which could effectively result in any bona fide offer being frustrated or in the shareholders being denied an opportunity to decide on its merits.

II. General Principle No. 9

Directors of an offeror and the offeree company must always, in advising their shareholders, act only in their capacity as directors and not have regard to their personal or family shareholdings or to their personal relationships with the companies. It is the shareholders' interests taken as a whole, together with those of employees and creditors, which should be considered when the directors are giving advice to shareholders. Directors of the offeree company should give careful consideration before they enter into any commitment with an offeror (or anyone else)

[1348] Vgl. dazu www.thetakeoverpanel.org.uk.

which would restrict their freedom to advise their shareholders in the future. Such commitments may give rise to conflicts of interest or result in a breach of the directors' fiduciary duties.

III. Rule 21

During the course of an offer, or even before the date of the offer if the board of the offeree company has reason to believe that a bona fide offer might be imminent, the board must not, except in pursuance of a contract entered into earlier, without the approval of the shareholders in general meeting:—
(a) issue any authorised but unissued shares;
(b) issue or grant options in respect of any unissued shares;
(c) create or issue, or permit the creation or issue of, any securities carrying rights of conversion into or subscription for shares;
(d) sell, dispose of or acquire, or agree to sell, dispose of or acquire, assets of a material amount; or
(e) enter into contracts otherwise than in the ordinary course of business.
The notice convening such a meeting of shareholders must include information about the offer or anticipated offer.

Where it is felt that an obligation or other special circumstance exists, although a formal contract has not been entered into, the Panel must be consulted and its consent to proceed without a shareholders' meeting obtained.

Literaturverzeichnis

Adams, Michael: Was spricht gegen eine unbehinderte Übertragbarkeit der in Unternehmen gebundenen Ressourcen durch ihre Eigentümer?, AG 1990, 243ff.

Ders.: Stellungnahme im Rahmen einer Anhörung im Bundestag zum Thema „Macht der Banken", abgedruckt in ZBB 1994, 77ff.

Adler, Hans; **Düring**, Walther; **Schmaltz**, Kurt: Rechnungslegung und Prüfung der Unternehmen – Kommentar zum HGB, AktG, GmbHG, PublG nach den Vorschriften des Bilanzrichtlinien-Gesetzes, Teilband 4 (AktG, GmbHG und PublG), 6. Aufl. 1997, Stuttgart

Aha, Christof: Aktuelle Aspekte der Unternehmensbewertung im Spruchstellenverfahren – zugleich Anmerkungen zu der Paulaner-Entscheidung des BayObLG, AG 1997, 26ff.

Altmeppen, Holger: Ausgliederung zwecks Organschaftsbildung gegen die Sperrminorität?, DB 1998, 49ff.

Ders.: Neutralitätspflicht und Pflichtangebot nach dem neuen Übernahmerecht, ZIP 2001, 1073ff.

Apelt, Thomas M.: Der Konzern im englischen Company law: mit rechtsvergleichenden Betrachtungen zum Aktiengesetz, 1984 Steinbach/Ts.

Armbrüster, Christian: Wettbewerbsverbote im Kapitalgesellschaftsrecht, ZIP 1997, 1269ff.

Aschenbeck, Tanja: Personenidentität bei Vorständen in Konzerngesellschaften (Doppelmandat im Vorstand), NZG 2000, 1015ff.

Assmann, Heinz-Dieter: Verhaltensregeln für freiwillige öffentliche Übernahmeangebote – Der Übernahmekodex der Börsensachverständigenkommission, AG 1995, 563ff.

Ders.: Die Haftung für die Richtigkeit und Vollständigkeit der Angebotsunterlage nach § 12 WpÜG, AG 2002, 153ff.

Assmann, Heinz-Dieter; **Bozenhardt**, Friedrich: Übernahmeangebote als Regelungsproblem zwischen gesellschaftsrechtlichen Normen und zivilrechtlich begründeten Verhaltensgeboten, in Assmann, Heinz-Dieter und Basaldua, Nathalie u.a. (Hrsg.): Übernahmeangebote (ZGR-Sonderheft 9), 1990 Berlin u.a.
(zitiert: *Assmann/Bozenhardt* in Assmann/Basaldua Seite)

Assmann, Heinz-Dieter; **Schneider**, Uwe H. (Hrsg.): Wertpapierhandelsgesetz – Kommentar, 2. Aufl. 1999 Köln

van Aubel, Thomas: Vorstandspflichten bei Übernahmeangeboten, 1996 München

Axhausen, Michael: Anfechtbarkeit aktienrechtlicher Aufsichtsratsbeschlüsse, 1986 Frankfurt/Main

Badura, Peter: Paritätische Mitbestimmung und Verfassung, 1985 München

Badura, Peter; **Rittner**, Fritz; **Rüthers**, Bernd: Mitbestimmungsgesetz 1976 und Grundgesetz – Gemeinschaftsgutachten, 1977 München

Barz, Carl Hans: Abhängigkeitsausschlussvertrag bei der Aktiengesellschaft, Festschrift für Johannes Bärmann (Hrsg.: Marcus Lutter u.a.), 1975 München, Seite 185ff.

Battis, Ulrich: Bundesbeamtengesetz mit Erläuterungen, 2. Aufl. 1997 München

Bäumer, Helmut: Das englische Börsenrecht, 1989 Frankfurt/Main

Baudisch, Matthias; **Götz**, Alexander: Nochmals: Neutralitätspflicht des Vorstands und Entscheidungsbefugnis der Hauptversammlung im Übernahmerecht, AG 2001, 251ff.

Baumbach, Adolf; **Hueck**, Alfred: GmbH-Gesetz – Kommentar, 17. Aufl. 2000, München

Baumbach, Adolf; **Hueck**, Alfred; **Hueck**, Götz: Aktiengesetz – Kommentar, 13. Aufl. 1968 München

Baums, Theodor: Der fehlerhafte Aufsichtsratsbeschluss, ZGR 1983, 300ff.

Ders.: Höchststimmrechte, AG 1990, 221ff.

Ders.: Verbindungen von Banken und Unternehmen im amerikanischen Wirtschaftsrecht, 1992 Tübingen

Ders.: Vorzugsaktien, Ausgliederung und Konzernfinanzierung, AG 1994, 1ff.

Ders.: Stellungnahme im Rahmen einer Anhörung im Bundestag zum Thema „Macht der Banken“, abgedruckt in ZBB 1994, 86ff.

Ders.: Der Aufsichtsrat – Aufgaben und Reformfragen, ZIP 1995, 11ff.

Ders.: Vollmachtsstimmrecht der Banken – Ja oder Nein?, AG 1996, 11ff.

Ders.: Empfiehlt sich eine Neuregelung des aktienrechtlichen Anfechtungs- und Organhaftungsrechts, insbesondere der Klagemöglichkeiten von Aktionären? Gutachten F für den 63. Deutschen Juristentag in „Verhandlungen des 63. Deutschen Juristentags, Leipzig 2000“ (Hrsg.: Ständige Deputation des Deutschen Juristentags) Band I, Seite F 1ff., 2000 München
(zitiert: *Baums* Gutachten 63. DJT, Seite F)

Ders. (Hrsg.): Bericht der Regierungskommission Corporate Governance – Unternehmensführung – Unternehmenskontrolle –Modernisierung des Aktienrechts, 2001 Köln
(zitiert: *Regierungskommission Corporate Governance* in Baums Randnummer, Seite)

Baums, Theodor; **Fraune**, Christian: Institutionelle Anleger und Publikumsgesellschaft: Eine empirische Untersuchung, AG 1995, 97ff.

Baums, Theodor; **von Randow**, Philipp: Der Markt für Stimmrechtsvertreter, AG 1995, 145ff.

Bausch, Helmut: Die Beteiligung von Banken an Nichtbanken und das Konzernrecht, 1982 Frankfurt/Main

Bayer, Walter: Aktionärsklagen de lege lata und de lege ferenda, NJW 2000, 2609ff.

Beater, Axel: Beratungsvergütungen für Aufsichtsratsmitglieder (§§ 113, 114 AktG), ZHR 157 (1993), 420ff.

Bechtold, Rainer: Kartellgesetz – Gesetz gegen Wettbewerbsbeschränkungen Kommentar, 1993 Stuttgart

Becker, Dietrich: Verhaltenspflichten des Vorstands der Zielgesellschaft bei feindlichen Übernahmen, ZHR 165 (2001), 280ff.

Beckmann, Ralph: Übernahmeangebote in Europa, 1995 Münster

Ders.: Der Richtlinienvorschlag betreffend Übernahmeangebote auf dem Weg zu einer europäischen Rechtsangleichung, DB 1995, 2407ff.

Behr, Volker: Teilnahmerecht und Mitwirkungsmöglichkeit des Aufsichtsratsmitglieds bei der Aufsichtsratssitzung, AG 1984, 281ff.

Behrens, Peter: Rechtspolitische Grundsatzfragen zu einer Europäischen Regelung für Übernahmeangebote, ZGR 1975, 433ff.

Berger, Klaus Peter: Unternehmensübernahmen in Europa – Der geänderte Vorschlag für eine EG-Takeover-Richtlinie im Vergleich mit nationalen Übernahmeregelungen, ZIP 1991, 1644ff.

Berrar, Carsten: Zur Reform des Aufsichtsrats nach den Vorschlägen der Regierungskommission „Corporate Governance“, NZG 2001, 1113ff.

Bess, Jürgen: Eine europäische Regelung für Übernahmeangebote (Teil I) – Kritische Bemerkungen zum Entwurf eines Richtlinienvorschlags über „Übernahmeangebote und andere Angebote“, AG 1976, 169ff.

Biehler, Hermann; **Ortmann**, Rolf: Personelle Verbindungen zwischen Unternehmen – Ergebnisse einer Interviewserie bei Vorstands- und Aufsichtsratsmitgliedern großer deutscher Unternehmen, DBW 45 (1985), 4ff.

Bihr, Dietrich: Due Dilligence: Geschäftsführungsorgane im Spannungsfeld zwischen Gesellschafts- und Gesellschafterinteressen, BB 1998, 1198ff.

Bittner, Claudia: Die EG-Übernahme-Richtlinie aus englischer Sicht – Die Verteidigung der Selbstregulierung durch den Panel on Takeovers and Mergers, RIW 1992, 182ff.

Bleicher, Knut; **Leberl**, Diethard; **Paul**, Herbert: Unternehmungsverfassung und Spitzenorganisation –Führung und Überwachung von Aktiengesellschaften im internationalen Vergleich, 1989 Wiesbaden

Böhm, Jürgen: Der Einfluss der Banken auf Großunternehmen, 1992 Hamburg

Bohnet, Uwe: Die Mitwirkungskompetenz der Hauptversammlung von Holding-Gesellschaften bei der Veräußerung von Unternehmensteilen – insbesondere nach den Grundsätzen der Holzmüller-Entscheidung, DB 1999, 2617ff.

Bokelmann, Bettina: Personelle Verflechtungen über Aufsichtsräte – Aufsichtsratsmitglieder mit hauptberuflicher Vorstandsfunktion, 2000 Frankfurt/Main u.a.

Bollweg, Hans-Georg: Die Wahl des Aufsichtsrats in der Hauptversammlung einer Aktiengesellschaft, 1997 Köln u.a.

Bondi, Felix: Kann eine Handelsgesellschaft oder eine juristische Person des bürgerlichen oder des öffentlichen Rechts Handlungsbevollmächtigter, Handlungsgehilfe, Handlungsagent und dergl. sein oder andere Vertrauensstellungen, wie Liquidator, Testamentsvollstrecker, Konkursverwalter und dergl. übernehmen?, ZBH 1929, 34ff.

Boujong, Karlheinz: Rechtliche Mindestanforderungen an eine ordnungsgemäße Vorstandskontrolle und –beratung – Konsequenzen aus den Entscheidungen des Bundesgerichtshofes BGHZ 114, 127 und BGHZ 124, 111, AG 1995, 203ff.

Bozenhardt, Friedrich: Freiwillige Übernahmeangebote im deutschen Recht, 1990 Tübingen

Brandes, Helmut: Die Rechtsprechung des Bundesgerichtshofes zur Aktiengesellschaft, WM 1994, 2177ff.

Brinkmann, Tomas: Unternehmensinteresse und Unternehmensrechtsstruktur – Aufgaben und Grenzen eines normativen Regulativs unternehmenspolitischer Prozesse, 1983 Frankfurt/Main u.a.

Brox, Hans: Erteilung, Widerruf und Niederlegung von Prokura und Handlungsvollmacht im neuen Aktienrecht, NJW 1967, 801ff.

Brüggemeier, Gert: Die Einflussnahme auf die Verwaltung einer Aktiengesellschaft –zur Struktur und zum Verhältnis der §§ 117 und 317 AktG, AG 1988, 93ff.

Bungert, Hartwin: Besprechung der Dissertationen von Stefan Mutter und Ralf D. Weisser, ZHR 159 (1995), 261ff.

Ders.: Ausgliederung durch Einzelrechtsübertragung und analoge Anwendung des Umwandlungsgesetzes, NZG 1998, 367ff.

Ders.: Die Liberalisierung des Bezugsrechtsausschlusses im Aktienrecht –zum Siemens/Nold-Urteil des BGH, NJW 1998, 488ff.

Burgard, Ulrich: Die Tatbestandsmerkmale des qualifizierten faktischen GmbH-Konzerns und ihre Konkretisierung nach „TBB“, WM 1993, 925ff.

Ders.: Kapitalmarktrechtliche Lehren aus der Übernahme Vodafone-Mannesmann –zur Verletzung der Mitteilungspflicht nach §§ 21 Abs. 1, 22 Abs. 1 Nr. 6 WpHG und den sich daraus ergebenden Folgerungen für ein Viertes Finanzmarktförderungsgesetz, WM 2000, 611ff.

Busch, Hans Wilhelm: Die Notwendigkeit der spezialgesetzlichen Regelung von öffentlichen Übernahmeangeboten in Deutschland, 1996 Sinzheim

Buth, Andrea K.; **Hermanns**, Michael: Unternehmenspolitische Erwägungen zum Beirat in der GmbH und der KG, DStR 1996, 597ff.

von Caemmerer, Ernst: Aufsichtsrat und Auslandsverbindungen, Festschrift für Ernst Geßler (Hrsg.: Kurt Ballerstedt u.a.), 1971 München, Seite 81ff.

Cahn, Andreas: Ansprüche und Klagemöglichkeiten der Aktionäre wegen Pflichtverletzungen der Verwaltung beim genehmigten Kapital, ZHR 164 (2000), 113ff.

Cahn, Andreas; **Senger**, Michael: Das Gesetz zur Regelung von öffentlichen Angeboten zum Erwerb von Wertpapieren und von Unternehmensübernahmen, FB 2002, 277ff.

Claussen, Carsten P.: Über die Vertraulichkeit im Aufsichtsrat, AG 1981, 57ff.

Ders.: Aktienrechtsreform 1997, AG 1996, 481ff.

Claussen, Carsten P.; **Bröcker**, Norbert: Corporate-Governance-Grundsätze in Deutschland –nützliche Orientierungshilfe oder regulatorisches Übermaß?, AG 2000, 481ff.

Clemm, Hermann: Zur Verantwortung der Unternehmensleitung gegenüber Aktionären („shareholder value"), Arbeitnehmern und Gemeinwohl („soziale Verantwortung") – Anmerkungen vor dem Hintergrund der aktuellen wirtschaftlichen und sozialen (auch Beschäftigungs-) Lage in Deutschland, Festschrift für Wolfgang Ritter (Hrsg.: Max D. Kley u.a.), 1997 Köln, Seite 675ff.

Davies, Paul: Struktur der Unternehmensführung in Großbritannien und Deutschland: Konvergenz oder fortbestehende Divergenz?, ZGR 2001, 268ff.

Decher, Christian E.: Personelle Verflechtungen im Aktienkonzern, 1990 Heidelberg

Ders.: Loyalitätskonflikte des Repräsentanten der öffentlichen Hand im Aufsichtsrat, ZIP 1990, 277ff.

Ders.: Die Zulässigkeit des qualifizierten faktischen Aktienkonzerns, BB 1990, 2005ff.

Deckert, Martina R.: Inkompatibilitäten und Interessenkonflikte –zur Pflichtenstellung des Aufsichtsratsmitglieds, DZWiR 1996, 406ff.

Diekmann, Hans: Hinweise zur Anwendbarkeit des Übernahmekodexes der Börsensachverständigenkommission, WM 1997, 897ff.

Dielmann, Heinz J.; **König**, Andreas: Der Anspruch ausscheidender Minderheitsaktionäre auf angemessene Abfindung, AG 1984, 57ff.

Dierdorf, Josef: Herrschaft und Abhängigkeit einer Aktiengesellschaft auf schuldvertraglicher und tatsächlicher Grundlage, 1978 Köln u.a.

Dimke, Andreas W.; **Heiser**, Kristian J.: Neutralitätspflicht, Übernahmegesetz und Richtlinienvorschlag 2000, NZG 2001, 241ff.

Dohse, Stefan: Zivilrechtliche Haftung und Aufgabendelegation auf Ausschüsse im Aufsichtsrat der Aktiengesellschaft, ZGR 1973, 300ff.

Dreher, Meinrad: Interessenkonflikte bei Aufsichtsratsmitgliedern von Aktiengesellschaften, JZ 1990, 896ff.

Ders.: Personelle Verflechtungen zwischen den Leitungsorganen von (Versicherungs-) Unternehmen nach Gesellschafts-, Konzern- und Versicherungsaufsichtsrecht, Festschrift für Egon Lorenz (Hrsg.: Ulrich Hübner u.a.), 1994 Karlsruhe, Seite 175ff.

Ders.: Die Qualifikation der Aufsichtsratsmitglieder – Rechtliche Anforderungen und Folgerungen unter besonderer Berücksichtigung der Aufsichtsratsausschüsse bei der Aktiengesellschaft, Festschrift für Karlheinz Boujong (Hrsg.: Carsten Thomas Ebenroth u.a.), 1996 München, Seite 71ff.

Drygala, Anja; **Drygala**, Tim: Wer braucht ein Frühwarnsystem? Zur Ausstrahlungswirkung des § 91 Abs. 2 AktG, ZIP 2000, 297ff.

Drygala, Tim: Die neue deutsche Übernahmeskepsis und ihre Auswirkungen auf die Vorstandspflichten nach § 33 WpÜG, ZIP 2001, 1861ff.

Ebenroth, Carsten Thomas: Die Kompetenzen des Vorstands und der Aktionärsschutz in der Konzernobergesellschaft, AG 1988, 1ff.

Ebenroth, Carsten Thomas; **Daum**, Thomas: Die Kompetenzen des Vorstands einer Aktiengesellschaft bei der Durchführung und Abwehr unkoordinierter Übernahmen (Teil I und II), DB 1991, 1105ff. und 1157ff.

Ebenroth, Carsten Thomas; **Eyles**, Uwe: Die Beschränkung von Hostile Takeovers in Delaware, RIW 1988, 413ff.

Ebke, Werner F.: Interlocking Directorates, ZGR 1990, 50ff.

Ehricke, Ulrich; **Ekkenga**, Jens; **Oechsler**, Jürgen: Wertpapiererwerbs- und Übernahmegesetz, 2003 München

Ekkenga, Jens; **Hofschroer**, Josef: Das Wertpapiererwerbs- und Übernahmegesetz (Teil I), DStR 2002, 724ff.

Emmerich, Volker: Fusionskontrolle 1999/2000, AG 2000, 529ff.

Emmerich, Volker; **Habersack**, Mathias: Aktien- und GmbH-Konzernrecht, 2. Aufl. 2001 München

Emmerich, Volker; **Sonnenschein**, Jürgen: Konzernrecht, 7. Aufl. 2001 München

Endell, Antje: Volkswagen im Angebot – VW-Gesetz bietet keinen dauerhaften Schutz vor feindlicher Übernahme, NZG 2000, 1160ff.

Engfer, Klaus: Der Ausschluss des organschaftlichen Stimmrechts bei Interessenkollision, 1970 Frankfurt/Main

Ensch, Jürgen: Institutionelle Mitbestimmung und Arbeitnehmereinfluss, 1989 Köln u.a.

Farrar, John H.; **Hannigan**, Brenda: Farrar's Company Law, 4. Aufl. 1998 London u.a.

Feddersen, Dieter: Aktienoptionsprogramme für Führungskräfte aus kapitalmarktrechtlicher und steuerlicher Sicht, ZHR 161 (1997), 269ff.

Ders.: Neue gesetzliche Anforderungen an den Aufsichtsrat, AG 2000, 385ff.

Feddersen, Dieter; **Hommelhoff**, Peter; **Schneider**, Uwe H. (Hrsg.): Corporate Governance –Optimierung der Unternehmensführung und der Unternehmenskontrolle im deutschen und amerikanischen Aktienrecht, 1996 Köln (zitiert: *Referent* in Feddersen/Hommelhoff/Schneider Seite)

Feddersen, Dieter; **Pohl**, Marcus: Die Praxis der Mitarbeiterbeteiligung seit Einführung des KonTraG, AG 2001, 26ff.

Fischer, Michael: Der Entscheidungsspielraum des Aufsichtsrats bei der Geltendmachung von Regressansprüchen gegen Vorstandsmitglieder, BB 1996, 225ff.

Fischer, Robert: Die Verantwortung des Aufsichtsrats bei Interessenkollisionen, abgedruckt in „Gesammelte Schriften – Grundfragen revisionsrechtlicher Rechtsprechung und Beiträge zum Gesellschaftsrecht" (Hrsg.: Marcus Lutter u.a.), 1985 Berlin u.a., Seite 323ff. (zugleich in Memoriam K. Duden 1982, S. 55ff.)

Ders.: Das Entsendungs- und Weisungsrecht öffentlich-rechtlicher Körperschaften beim Aufsichtsrat einer Aktiengesellschaft, AG 1982, 85ff.

Fitting, Karl; **Wlotzke**, Otfried; **Wißmann**, Hellmut: Mitbestimmungsgesetz mit Wahlordnungen -Kommentar, 2. Aufl. 1978 München

Fleck, Hans-Joachim: Eigengeschäfte eines Aufsichtsratsmitglieds, Festschrift für Theodor Heinsius (Hrsg.: Friedrich Kübler u.a.), 1991 Berlin u.a., Seite 89ff.

Fleischer, Holger; **Körber**, Torsten: Der Rückerwerb eigener Aktien und das Wertpapiererwerbs- und Übernahmegesetz, BB 2001, 2589ff.

Flore, Ingo: Verschwiegenheitspflicht der Aufsichtsratsmitglieder, BB 1993, 133ff.

Flume, Werner: Savigny und die Lehre von der juristischen Person, Festschrift für Franz Wieacker (Hrsg.: Okko Behrends u.a.), 1978 Göttingen, Seite 340ff.

Ders.: Unternehmen und juristische Person, Festschrift für Günther Beitzke (Hrsg.: Otto Sandrock), 1979 Berlin u.a., Seite 43ff.

Frank, William P.; **Moreland**, Allen: Unternehmerisches Ermessen des Vorstands bei feindlichen Übernahmeversuchen in den USA: die Time-Entscheidung, RIW 1989, 761ff.

Frankfurter Kommentar zum Kartellrecht (Hrsg.: Helmut Glassen u.a.): Kommentierung des GWB, des EG-Kartellrechts und eine Darstellung ausländischer Kartellrechtsordnungen, Loseblattsammlung (Stand: November 2001), Köln
(zitiert: FK-*Bearbeiter* § Randnummer)

Fürhoff, Jens; **Wölk**, Armin: Aktuelle Fragen zur Ad-hoc-Publizität, WM 1997, 449ff.

Gadow, W; **Heinichen**, E. (Begr.): Aktiengesetz – Großkommentar, Erster Band §§ 1-144, 2. Aufl. 1961 Berlin

Geibel, Stephan; **Süßmann**, Rainer: Erwerbsangebote nach dem Wertpapiererwerbs- und Übernahmegesetz, BKR 2002, 52ff.

Dies. (Hrsg.): Wertpapiererwerbs- und Übernahmegesetz (WpÜG) – Kommentar mit WpÜG-Angebotsverordnung und den geänderten Vorschriften in AktG, WpHG, KAGG, AuslInvestmG, KWG, VerkProspG, VerkProspVO, GKG und BRAGO, 2002 München
(zitiert: *Bearbeiter* in Geibel/Süßmann § Randnummer)

Gemeinschaftskommentar zum Mitbestimmungsgesetz (Hrsg.: Fritz Fabricius): Kommentar zum Mitbestimmungsgesetz, Loseblattsammlung (Stand: April 1992), Neuwied
(zitiert: GK-*Bearbeiter* § Randnummer)

von Gerkan, Hartwin: Die Gesellschafterklage, ZGR 1988, 441ff.

Geßler, Ernst; **Hefermehl**, Wolfgang; **Eckhardt**, Ulrich; **Kropff**, Bruno (Hrsg.): Kommentar zum Aktiengesetz, München
Band I §§ 1-75 1984; Band II §§ 76-147 1973
Band IV §§ 179-240 1994; Band V §§ 241-290 1986
Band VI §§ 291-410 1994

Giesen, Hans-Michael: Organhandeln und Interessenkonflikt – Vergleichende Untersuchung zum deutschen und französischen Aktienrecht, 1984 Berlin

Godin, Reinhard von; **Wilhelmi**, Hans: Aktiengesetz vom 6. September 1965 – Kommentar, Band I §§ 1-178, 3. Aufl. 1967 Berlin

Gloy, Wolfgang (Hrsg.): Handbuch des Wettbewerbsrechts, 2. Aufl. 1997 München
(zitiert: *Bearbeiter* in Hdb des Wettbewerbsrechts § Randnummer)

Göbel, Reinhard: Aktuelle Rechtsfragen des Gesellschaftsrechts (I und II) – Bericht über das RWS-Forum „Gesellschaftsrecht 1995“, DZWiR 1996, 250ff. und 301ff.

Götz, Heinrich: Zustimmungsvorbehalte des Aufsichtsrats der Aktiengesellschaft, ZGR 1990, 633ff.

Ders.: Die Überwachung der Aktiengesellschaft im Lichte jüngerer Unternehmenskrisen, AG 1995, 337ff.

Ders.: Rechtsfolgen fehlerhafter Aufsichtsratsbeschlüsse – analoge Anwendung der §§ 241ff. AktG, Festschrift für Gerhard Lüke (Hrsg. Hanns Prütting u.a.) 1997 München, Seite 167ff.

Götz, Jürgen: Der Entherrschungsvertrag im Aktienrecht, 1991 Frankfurt/Main u.a.

Gottschalk, Arno: Der Stimmrechtseinfluss der Banken in den Aktionärsversammlungen von Großunternehmen, WSI-Mitteilungen 1988, 294ff.

Gower, L. C. B.: “Big Bang” and City Regulation, M.L.R. (1988) 51, 1ff.

Gower, L. C. B.; **Davies**, Paul: Principles of Modern Company Law, 6. Aufl. 1997 London

Grobys, Marcel: Arbeitsrechtliche Aspekte des Wertpapiererwerbs- und Übernahmegesetzes, NZA 2002, 1ff.

Großkommentar zum Aktiengesetz: Hrsg. für 4. Aufl.: Klaus J. Hopt und Herbert Wiedemann; für 3. Aufl.: Carl Hans Barz u.a., Berlin u.a.
3. Aufl. 1. Band, 1. Halbband 1973, §§ 1-75
3. Aufl. 1. Band, 2. Halbband 1973, §§ 76-147
3. Aufl. 3. Band 1973, §§ 179-290
4. Aufl. 10. Lieferung 1999, §§ 15-22; 4. Aufl. 11. Lieferung 1999, §§ 92-94
4. Aufl. 4. Lieferung 1993, §§ 121-130; 4. Aufl. 5. Lieferung 1995, §§ 179-191
4. Aufl. 18. Lieferung 2001, §§ 192-206; 4. Aufl. 6. Lieferung 1996, §§ 241-255
(zitiert: *Bearbeiter* in Großkomm § Randnummer)

Grunewald, Barbara: Rechtsschutz gegen fehlerhafte Maßnahmen der Geschäftsführung, DB 1981, 407ff.

Dies.: Was bringt der Vorschlag einer 13. EG-Richtlinie über Übernahmenangebote für das deutsche Recht?, WM 1989, 1233ff.

Dies.: Rückverlagerung von Entscheidungskompetenzen der Hauptversammlung auf den Vorstand, AG 1990, 133ff.

Dies.: Wissenszurechnung bei juristischen Personen, Festschrift für Karl Beusch (Hrsg.: Heinrich Beisse u.a.), 1993 Berlin u.a., Seite 301ff.

Dies.: Europäisierung des Übernahmerechts, AG 2001, 288ff.

Haarmann, Wilhelm; **Riehmer**, Klaus; **Schüppen**, Matthias (Hrsg.): Öffentliche Übernahmeangebote – Kommentar zum Wertpapiererwerbs- und Übernahmegesetz, 2002 Heidelberg

Habersack, Mathias; **Mayer**, Christian: Der neue Vorschlag 1997 einer Takeover-Richtlinie – Überlegungen zur Umsetzung in das nationale Recht, ZIP 1997, 2141ff.

Hachenburg, Max (Begr.): Gesetz betreffend die Gesellschaften mit beschränkter Haftung (GmbHG) – Großkommentar (Hrsg.: Peter Ulmer), Erster Band Einl. und §§ 1-34 1992, Zweiter Band §§ 35-52 1997, 8. Aufl., Berlin u.a.

Häuser, Helmut: Interessenkollisionen durch Wahrnehmung des Aufsichtsratsmandats in der unabhängigen Aktiengesellschaft, 1985 Steinbach/Ts.

Halm, Dirk: „Squeeze-out" heute und morgen: Eine Bestandsaufnahme nach dem künftigen Recht, NZG 2000, 1162ff.

Hammen, Horst: Zur geplanten Neuregelung des Depotstimmrechts, ZIP 1995, 1301ff.

Ders.: Beschränkung von Beteiligungen der Kreditinstitute an Nichtbankenunternehmen, ZHR 160 (1996), 133ff.

Ders.: Das Vollmachtsstimmrecht der Banken in der Aktienrechtsreform, WM 1997, 1221ff.

Hanau, Peter: Das Verhältnis des Mitbestimmungsgesetzes zum kollektiven Arbeitsrecht, ZGR 1977, 397ff.

Ders.: Die arbeitsrechtliche Bedeutung des Mitbestimmungsurteils des Bundesverfassungsgerichts, ZGR 1979, 524ff.

Hanau, Peter; **Ulmer**, Peter: Mitbestimmungsgesetz, 1981 München

Harbarth, Stephan: Die Stellungnahme des Vorstands und Aufsichtsrats zur Gegenleistung bei Übernahmeangeboten, ZIP 2004, 3ff.

Hauschka, Christoph E.; **Roth**, Thomas: Übernahmeangebote und deren Abwehr im deutschen Recht – zugleich ein Beitrag zur internationalen Standortbestimmung des deutschen Aktienrechts, AG 1988, 181ff.

Heermann, Peter W.: Interessenkonflikte von Bankenvertretern in Aufsichtsräten bei (geplanten) Unternehmensübernahmen, WM 1997, 1689ff.

Heidmeier, Heiner: Die Ad-hoc-Publizität gemäß § 44a BörsG im System der Berichtspflichten für börsennotierte Aktiengesellschaften, AG 1992, 110ff.

Heilbrunn, Otto: Interessenkollisionen im Aufsichtsrat, ZBH 1931, 274ff.

Heinsius, Theodor: Organzuständigkeit bei Bildung, Erweiterung und Umorganisation des Konzerns, ZGR 1984, 383ff.

Henn, Günter: Handbuch des Aktienrechts, 6. Aufl. 1998 Heidelberg

Hentzen, Matthias: Der Entherrschungsvertrag im Aktienrecht, ZHR 157 (1993), 65ff.

Herkenroth, Klaus E.: Konzernierungsprozesse im Schnittfeld von Konzernrecht und Übernahmerecht – Rechtsvergleichende Untersuchungen der Allokationseffizienz unterschiedlicher Spielregeln von Unternehmensübernahmen, 1994 Berlin

Ders.: Bankenvertreter als Aufsichtsratsmitglieder von Zielgesellschaften: Zur beschränkten Leistungsfähigkeit des Rechts bei der Lösung von Interessenkonflikten anlässlich der Finanzierung von Übernahmen, AG 2001, 33ff.

Herrmann, Marcus: Der Companies Act 1989 in Großbritannien, RIW 1991, 378ff.

Ders.: Zivilrechtliche Abwehrmaßnahmen gegen unfreundliche Übernahmeversuche in Deutschland und Großbritannien: eine rechtsvergleichende Untersuchung unter Berücksichtigung des künftigen europäischen Rechts, 1993 Heidelberg

Hessische Kommunalverfassung: Gesetze, Kommentare und Verordnungen (von Gerhard Bennemann u.a.), Loseblattsammlung Stand: August 2001, Wiesbaden

Heuking, Günter; **Jasper**, Ute: Interessenkonflikte des Aufsichtsratsmitglieds der GmbH, DStR 1992, 1438ff.

Hirte, Heribert: Bezugsrechtsausschluss und Konzernbildung – Minderheitenschutz bei Eingriffen in die Beteiligungsstruktur der Aktiengesellschaft, 1986 Köln u.a.

Ders.: Der Kampf um Belgien – zur Abwehr feindlicher Übernahmen, ZIP 1989, 1233ff.

Hoffmann, Dietrich: Der Aufsichtsrat – ein Handbuch für die Praxis, 3. Aufl. 1994 München

Hoffmann, Dietrich; **Kirchhoff**, Wolfgang: Beratungsverträge mit Aufsichtsratsmitgliedern, WPg 1991, 592ff.

Dies.: Zur Abberufung von Aufsichtsratsmitgliedern durch das Gericht nach § 103 Abs. 3 Satz 1 AktG, Festschrift für Karl Beusch (Hrsg.: Heinrich Beisse u.a.), 1993 Berlin u.a., Seite 377ff.

Hoffmann, Dietrich; **Lehmann**, Jürgen; **Weinmann**, Heinz: Mitbestimmungsgesetz – Kommentar, 1978 München

Hoffmann-Becking, Michael: Vorstands-Doppelmandate im Konzern, ZHR 150 (1986), 570ff.

Ders.: Der Aufsichtsrat im Konzern, ZHR 159 (1995), 325ff.

Ders.: Rechtliche Möglichkeiten und Grenzen einer Verbesserung der Arbeit des Aufsichtsrats, Festschrift für Hans Havermann (Hrsg.: Josef Lanfermann), 1995 Düsseldorf, Seite 229ff.

Hofmeister, Holger: Der Ausschluss des aktiengesetzlichen Bezugsrechts bei börsennotierten AG – Konsequenzen aus BGHZ 136, 133ff. „*Siemens/Nold*“, NZG 2000, 713ff.

Holtmann, Michael: Personelle Verflechtungen auf Konzernführungsebene, 1989 Wiesbaden

Hommelhoff, Peter: Satzungsmäßige Eignungsvoraussetzungen für Vorstandsmitglieder einer Aktiengesellschaft, BB 1977, 322ff.

Ders.: Die Konzernleitungspflicht – zentrale Aspekte eines Konzernverfassungsrechts, 1982 Köln u.a.

Ders.: Die Autarkie des Aufsichtsrats – Besprechung der Entscheidung BGHZ 85, 293 „*Hertie*“, ZGR 1983, 551ff.

Ders.: Vereinbarte Mitbestimmung, ZHR 148 (1984), 118ff.

Ders.: Der Einfluss der Banken in der Aktiengesellschaft, Festschrift für Wolfgang Zöllner (Hrsg.: Manfred Lieb u.a.), 1998 Köln u.a., Seite 235ff.

Ders.: Die OECD-Principles on Corporate Governance – ihre Chancen und Risiken aus dem Blickwinkel der deutschen corporate governance-Bewegung, ZGR 2001, 238ff.

Hommelhoff, Peter; **Mattheus**; Daniela: Corporate Governance nach dem KonTraG, AG 1998, 249ff.

Hommelhoff, Peter; **Witt**, Carl-Heinz: Bemerkungen zum deutschen Übernahmegesetz nach dem Scheitern der Richtlinie –zugleich ein Blick auf Italien, RIW 2001, 561ff.

Hopt, Klaus J.: Self-Dealing and the Use of Corporate Opportunity and Information: Regulating Directors′ Conflicts of interests, in Corporate Governance and Directors′ Liabilities –Legal, Economic and Sociological Analyses on Corporate Social Responsibility (Hrsg.: Klaus J. Hopt; Gunther Teubner), 1985 Berlin u.a., Seite 285ff.
(zitiert: *Hopt* in Hopt/Teubner Seite)

Ders.: Insiderwissen und Interessenkonflikte im europäischen und deutschen Bankrecht, Festschrift für Theodor Heinsius (Hrsg.: Friedrich Kübler u.a.), 1991 Berlin u.a., Seite 289ff.

Ders.: Übernahmeangebote im europäischen Recht, Festschrift für Fritz Rittner (Hrsg.: Manfred Löwisch u.a.), 1991 München, Seite 187ff.

Ders.: Aktionärskreis und Vorstandsneutralität, ZGR 1993, 534ff.

Ders.: Arbeitnehmervertretung im Aufsichtsrat – Auswirkungen der Mitbestimmung auf corporate governance und wirtschaftliche Integration in Europa, Festschrift für Ulrich Everling (Hrsg.: Ole Due u.a.), Band I, 1995 Baden-Baden, Seite 475ff.

Ders.: Die Haftung von Vorstand und Aufsichtsrat –zugleich ein Beitrag zur corporate governance-Debatte, Festschrift für Ernst-Joachim Mestmäcker (Hrsg.: Ulrich Immenga u.a.), 1996 Baden-Baden, Seite 909ff.

Ders.: Europäisches und deutsches Übernahmerecht, ZHR 161 (1997), 368ff.

Ders.: Auf dem Weg zum deutschen Übernahmegesetz – Überlegungen zum Richtlinienentwurf 1997, zum Übernahmekodex (1997) und zum SPD-Entwurf 1997, Festschrift für Wolfgang Zöllner (Hrsg.: Manfred Lieb u.a.), 1998 Köln u.a., Seite 253ff.

Ders.: Verhaltenspflichten des Vorstands der Zielgesellschaft bei feindlichen Übernahmen –zur aktien- und übernahmerechtlichen Rechtslage in Deutschland und Europa, Festschrift für Marcus Lutter (Hrsg.: Uwe H. Schneider u.a.), 2000 Köln, Seite 1361ff.

Ders.: Übernahmen, Geheimhaltung und Interessenkonflikte: Probleme für Vorstände, Aufsichtsratsmitglieder und Banken, ZGR 2002, 333ff.

Hopt, Klaus J.; **Wymeersch**, Eddy (Hrsg.): Comparative Corporate Governance – Essays and Materials, 1997 Berlin u.a.
(zitiert: *Bearbeiter/Quelle* in Hopt/Wymeersch Seite)

Horn, Norbert: Internationale Unternehmenszusammenschlüsse, ZIP 2000, 473ff.

Hübner, Ulrich: Interessenkonflikt und Vertretungsmacht: eine Untersuchung zur funktionalen Präzisierung des § 181 BGB, 1977 München

Hueck, Götz: Gesellschaftsrecht, 19. Aufl. 1981 München

Hüffer, Uwe: Aktienbezugsrechte als Bestandteil der Vergütung von Vorstandsmitgliedern und Mitarbeitern – gesellschaftsrechtliche Analyse, ZHR 161 (1997), 214ff.

Ders.: Aktiengesetz, 4. Aufl. 1999 München

Hulle, Karel van: Aktuelle Entwicklungen im europäischen Gesellschaftsrecht, EWS 2000, 521ff.

Immenga, Ulrich: Die personalistische Kapitalgesellschaft – eine rechtsvergleichende Untersuchung nach deutschem GmbH-Recht und dem Recht der Corporations in den Vereinigten Staaten, 1970 Bad Homburg v.d.H.

Ders.: Öffentliche Übernahmeangebote (Takeover bids), SAG 1975, 89ff.

Ders.: Beteiligung von Banken in anderen Wirtschaftszweigen, 2. Aufl. 1978 Baden-Baden

Ders.: Öffentliche Übernahmeangebote, in Kreuzer, Karl (Hrsg.): Öffentliche Übernahmeangebote –Verhandlungen der Fachgruppe für vergleichendes Handels- und Wirtschaftsrecht anlässlich der Tagung der Gesellschaft für Rechtsvergleichung in Saarbrücken vom 18. bis 21.09.1991, S. 11ff., 1992 Baden-Baden
(zitiert: *Immenga* in Kreuzer Seite)

Ders.: Vertragliche Vinkulierung von Aktien? AG 1992, 79ff.

Ders.: Mehrheitserfordernisse bei einer Abstimmung der Hauptversammlung über die Übertragung vinkulierter Namensaktien, BB 1992, 2446ff.

Immenga, Ulrich; **Mestmäcker**, Ernst-Joachim: GWB- Gesetz gegen Wettbewerbsbeschränkungen- Kommentar, 3. Aufl. 2001 München
(zitiert: *Bearbeiter* in Immenga/Mestmäcker „GWB" § Randnummer)

Immenga, Ulrich; **Noll**, Bernd: Feindliche Übernahmeangebote aus wettbewerbspolitischer Sicht, Studie erstellt für die Kommission der Europäischen Gemeinschaften (Generaldirektion IV), 1990 Göttingen

Institut der Wirtschaftsprüfer in Deutschland e.V. (Hrsg.): Wirtschaftsprüfer-Handbuch, Band 1, 11. Aufl. 1996, Düsseldorf
(zitiert: WP-Handbuch Teil Randnummer)

Ipsen, Hans Peter: Kollision und Kombination von Prüfungsvorschriften des Haushalts- und des Aktienrechts, JZ 1955, 593ff.

Jäger, Carsten: Aufsichtsratsausschüsse ohne Arbeitnehmervertreter? Zugleich Besprechung der Urteile des OLG Hamburg ZIP 1995, 1673 und des OLG München ZIP 1995, 1753, ZIP 1995, 1735ff.

Johnston, Alexander: The City Take-over Code, 1980 Oxford

Joost, Detlev: „Holzmüller 2000" vor dem Hintergrund des Umwandlungsgesetzes, ZHR 163 (1999), 164ff.

Jürgenmeyer, Michael: Das Unternehmensinteresse, 1984 Heidelberg

Junge, Werner: Das Unternehmensinteresse, Festschrift für Ernst von Caemmerer (Hrsg.: Hans C. Ficker u.a.), 1978 Tübingen, Seite 547ff.

Kahn, Rudolf: Juristische Personen als Aufsichtsratsmitglied nach deutschem und englischem Recht, ZBH 1930, 384ff.

Kallmeyer, Harald: Die Mängel des Übernahmekodex der Börsensachverständigenkommission, ZHR 161 (1997), 435ff.

Ders.: Pflichtangebote nach deutschem Übernahmekodex und dem neuen Vorschlag 1997 einer Takeover-Richtlinie, ZIP 1997, 2147ff.

Ders.: Aktienoptionspläne für Führungskräfte im Konzern, AG 1999, 97ff.

Ders.: Neutralitätspflicht des Vorstands und Entscheidungsbefugnis der Hauptversammlung im Übernahmerecht, AG 2000, 553f.

Kessler, Jürgen; **Kühnberger**, Manfred: Stock option incentives – betriebswirtschaftliche und rechtliche Probleme eines anreizkompatiblen Vergütungssystems, AG 1999, 453ff.

Keuk-Knobbe, Brigitte: Das Klagerecht der Gesellschafter einer Kapitalgesellschaft wegen gesetzes- und satzungswidriger Maßnahmen der Geschäftsführung, Festschrift für Kurt Ballerstedt (Hrsg.: Werner Flume u.a.), 1975 Berlin, Seite 239ff.

Kiem, Roger: Der Hauptversammlungsentscheid zur Legitimation von Abwehrmaßnahmen nach dem neuen Übernahmegesetz, ZIP 2000, 1509ff.

Kindl, Johann: Die Teilnahme an der Aufsichtsratssitzung, 1993 Köln u.a.

Kindler, Peter: Unternehmerisches Ermessen und Pflichtenbindung – Voraussetzungen und Geltendmachung der Vorstandshaftung in der Aktiengesellschaft, ZHR 162 (1998), 101ff.

Kirchner, Christian: Neutralitäts- und Stillhaltepflicht des Vorstands der Zielgesellschaft im Übernahmerecht, AG 1999, 481ff.

Ders.: Szenarien einer „feindlichen" Unternehmensübernahme: Alternative rechtliche Regelungen im Anwendungstest, BB 2000, 105ff.

Ders.: Managementpflichten bei „feindlichen" Übernahmeangeboten, WM 2000, 1821ff.

Kirchner, Christian; **Ehricke**, Ulrich: Funktionsdefizite des Übernahmekodex der Börsensachverständigenkommission, AG 1998, 105ff.

Kittner, Michael; **Köstler**, Roland; **Zachert**, Ulrich: Aufsichtsratspraxis – Handbuch für die Arbeitnehmervertreter im Aufsichtsrat, 6. Aufl. 1999, Frankfurt/Main

Klaus, Hans: Der Firmenbeirat: seine Einbindung in die Führung mittlerer Betriebe, 1991 Stuttgart

Klein, Albrecht: Abwehrmöglichkeiten gegen feindliche Übernahmen in Deutschland, NJW 1997, 2085ff.

Klein, Franz (Begr.): Abgabenordnung – einschließlich Steuerstrafrecht, 6. Aufl. 1998 München

Klein, Hans Werner: Noch einmal: Information und Vertraulichkeit im Aufsichtsrat, AG 1982, 7ff.

Klinkhammer, Heinz; **Rancke**, Friedbert: Verschwiegenheitspflicht der Aufsichtsratsmitglieder: zum Transparenzgebot im Mitbestimmungsgesetz 1976 und seiner Begrenzung durch die aktienrechtliche Verschwiegenheitspflicht der Mandatsträger, 1978 Köln

Knack, Hans Joachim (Begr.): Verwaltungsverfahrensgesetz- Kommentar, 7. Aufl. 2000 Köln u.a.

Knöpfle, Robert: Die Machtstellungen nach § 22 Abs. 1 Nr. 2 und nach § 37a Abs. 3 GWB, DB 1983, 430ff.

Ders.: Ist es für die Beurteilung, ob ein Unternehmen eine marktbeherrschende Stellung hat, notwendig, den relevanten Markt zu bestimmen?, DB 1990, 1385ff.

Knoll, Heinz-Christian: Die Übernahme von Kapitalgesellschaften – unter besonderer Berücksichtigung des Schutzes von Minderheitsaktionären nach amerikanischem, englischem und deutschem Recht, 1992 Baden-Baden

Köhler, Helmut: Der Schutz des abhängigen Unternehmens im Schnittpunkt des Kartell- und Konzernrechts, NJW 1978, 2473ff.

Kölner Kommentar zum Aktiengesetz: Wolfgang Zöllner (Hrsg.), 2. Aufl. Köln u.a.
Band 1 §§ 1-75 AktG 1988
Band 2 §§ 76-117 AktG 1996
Band 6 §§ 291-328 AktG 1987
(zitiert: KK-*Bearbeiter* § Randnummer)

Koenen, Martin: Die Zurechnung von Organverhalten bei juristischen Personen – insbesondere zur Haftung der abordnenden Körperschaft gemäß §§ 116, 93 AktG iVm § 31 BGB und zur Systematik der §§ 117, 317 AktG, 1991 Köln

Körner, Marita: Die Neuregelung der Übernahmekontrolle nach deutschem und europäischen Recht –insbesondere zur Neutralitätspflicht des Vorstands, DB 2001, 367ff.

Kohler, Klaus: Stock options für Führungskräfte aus der Sicht der Praxis, ZHR 161 (1997), 246ff.

Ders.: Zur Neuregelung des Vollmachtsstimmrechts insbesondere bei Eigenbesitz von Banken, Freundesgabe für Wulf H. Döser „The International lawyer" (Hrsg.: Friedrich Kübler u.a.), 1999 Baden-Baden

Kopp, Ferdinand O. (Begr.): Verwaltungsverfahrensgesetz, 7. Aufl. 2000 München

Koppensteiner, Hans-Georg: Über wirtschaftliche Abhängigkeit, Festschrift für Walter Stimpel (Hrsg.: Marcus Lutter u.a.), 1985 Berlin u.a., Seite 811ff.

Kort, Michael: Rechte und Pflichten des Vorstands der Zielgesellschaft bei Übernahmeversuchen, Festschrift für Marcus Lutter (Hrsg.: Uwe H. Schneider u.a.), 2000 Köln, Seite 1421ff.

Krämer, Rosa-Maria: Neue Gesetzesentwürfe zur Glass-Steagall Reform, WM 1996, 45ff.

Krause, Hartmut: Das obligatorische Übernahmeangebot: eine juristische und ökonomische Analyse, 1996 Baden-Baden

Ders.: Der revidierte Vorschlag einer Takeover-Richtlinie (1996), AG 1996, 209ff.

Ders.: Zur Gleichbehandlung der Aktionäre bei Übernahmeangeboten und Beteiligungserwerb, WM 1996, 845ff. und 893ff.

Ders.: Zur „Pool- und Frontenbildung" im Übernahmekampf und zur Organzuständigkeit für Abwehrmaßnahmen gegen „feindliche" Übernahmeangebote –Überlegungen zu LG Düsseldorf vom 14.12.1999 – 10 O 495/99 Q – „Mannesmann", AG 2000, 217ff.

Ders.: Die geplante Takeover-Richtlinie der Europäischen Union mit Ausblick auf das geplante deutsche Übernahmegesetz, NZG 2000, 905ff.

Ders.: Prophylaxe gegen feindliche Übernahmeangebote, AG 2002, 133ff.

Ders.: Das neue Übernahmerecht, NJW 2002, 705ff.

Ders.: BB-Europareport: Die EU-Übernahmerichtlinie – Anpassungsbedarf im Wertpapiererwerbs- und Übernahmegesetz", BB 2004, 113ff.

Krebs, Karsten: Interessenkonflikte bei Aufsichtsratsmandaten in der Aktiengesellschaft, 2002 Köln u.a.

Krieger, Gerd: Aktionärsklage zur Kontrolle des Vorstands- und Aufsichtsratshandelns, ZHR 163 (1999), 343ff.

Kropff, Bruno: Aktiengesetz –Textausgabe mit Begründung des Regierungsentwurfs, 1965 Düsseldorf
(zitiert: *Kropff* „Begr RegE AktG" § , Seite)

Ders.: Zur Konzernleitungspflicht, ZGR 1984, 112ff.

Ders.: Konzerneingangskontrolle bei der qualifiziert konzerngebundenen Aktiengesellschaft, Festschrift für Reinhard Goerdeler (Hrsg.: Hans Havermann), 1987 Düsseldorf, Seite 259ff.

Ders.: Das TBB-Urteil und das Aktienkonzernrecht, AG 1993, 485ff.

Kübler, Friedrich: Erwerbschancen und Organpflichten – Überlegungen zur Entwicklung der Lehre von den "corporate opportunities", Festschrift für Winfried Werner (Hrsg.: Walter Hadding u.a.), 1984 Berlin u.a., Seite 437ff.

Ders.: Dual Loyalty of Labor Representatives, in Corporate Governance and Directors' Liabilities –Legal, Economic and Sociological Analyses on Corporate Social Responsibility (Hrsg.: Klaus J. Hopt; Gunther Teubner), 1985 Berlin u.a., Seite 429ff.
(zitiert: *Kübler* in Hopt/Teubner Seite)

Ders.: Empfehlen sich gesetzliche Regelungen zur Einschränkung des Einflusses der Kreditinstitute auf Aktiengesellschaften?, Gutachten N für den 61. Deutschen Juristentag in „Verhandlungen des 61. Deutschen Juristentags, Karlsruhe 1996" (Hrsg.: Ständige Deputation des Deutschen Juristentags) Band II, Seite N 1ff., 1996 München
(zitiert: *Kübler* Gutachten 61. DJT, Seite N)

Ders.: Aufsichtsratsmandate in konkurrierenden Unternehmen, Festschrift für Carsten Peter Claussen (Hrsg. Klaus-Peter Martens u.a.) 1997 Köln u.a., Seite 239ff.

Ders.: Shareholder Value: eine Herausforderung für das deutsche Recht?, Festschrift für Wolfgang Zöllner Band I (Hrsg.: Manfred Lieb u.a.), 1998 Köln u.a., Seite 321ff.

Ders.: Gesellschaftsrecht – Die privatrechtlichen Ordnungsstrukturen und Regelungsprobleme von Verbänden und Unternehmen, 5. Aufl. 1998 Heidelberg

Kübler, Friedrich; **Schmidt**, Walter; **Simitis**, Spiros: Mitbestimmung als gesetzgebungspolitische Aufgabe – zur Verfassungsmäßigkeit des Mitbestimmungsgesetzes 1976, 1978 Baden-Baden

Kübler, Friedrich; **Waltermann**, Jens: Geschäftschancen der Kommanditgesellschaft – Besprechung der Entscheidung BGH ZIP 1989, 986ff., ZGR 1991, 162ff.

Kümpel, Siegfried: Insiderrecht und Ad-hoc-Publizität aus Bankensicht, WM 1996, 653ff.

Ders.: Bank- und Kapitalmarktrecht, 2. Aufl. 2000 Köln

Lammers, Brigitte: Verhaltenspflichten von Verwaltungsorganen in Übernahmeauseinandersetzungen –eine rechtsvergleichende Untersuchung des US-amerikanischen, deutschen und europäischen Rechts, 1994 Frankfurt/Main u.a.

Land, Volker: Das neue deutsche Wertpapiererwerbs- und Übernahmegesetz – Anmerkungen zum Regierungsentwurf, DB 2001, 1707ff.

Land, Volker; **Hasselbach**, Kai: Das neue deutsche Übernahmegesetz – Einführung und kritische Anmerkungen zum Diskussionsentwurf des BMF, DB 2000, 1747ff.

Langen, Eugen (Begr.); **Bunte**, Hermann-Josef (Hrsg.): Kommentar zum deutschen und europäischen Kartellrecht, Band 1 8. Aufl. 1998; Band 1 9. Aufl. 2001 Neuwied u.a.
(zitiert: Langen/*Bearbeiter* „GWB“ § Randnummer)

Larenz, Karl: Methodenlehre der Rechtswissenschaft, 5. Aufl. 1983, Berlin u.a.

Laske, Stephan: Unternehmensinteresse und Mitbestimmung, ZGR 1979, 173ff.

Lee, Peter: Takeover Regulation in the United Kingdom, EWS 1990, 241ff.

Lehmann, Jürgen: Aufsichtsratsausschüsse, DB 1979, 2117ff.

Leibner, Wolfgang: Möglichkeiten der „feindlichen“ Übernahme von Aktiengesellschaften durch öffentliche Angebote und Maßnahmen der Zielgesellschaft im Rahmen des geänderten EG-Richtlinienentwurfs, 1995 Hannover

Lemke, Christian Peter: Der fehlerhafte Aufsichtsratsbeschluss, 1994 Baden-Baden

Letzel, Hans-Joachim: Das Pflichtangebot nach dem Übernahmekodex – mit Vorausschau auf das Pflichtangebot nach dem ÜbG, NZG 2001, 260ff.

Liebscher, Thomas: Das Übernahmeverfahren nach dem neuen Übernahmegesetz – Übernahmerechtliche Grenzen der Gestaltungsfreiheit im Hinblick auf die Übernahmestrategien des Bieters, ZIP 2001, 853ff.

Liedtke, Rüdiger: Wem gehört die Republik?, Die Konzerne und ihre Verflechtungen, Stand: Oktober 2000, 2001 Frankfurt/M.

Lindermann, Edgar: Doppelmandat gleich Haftungsdurchgriff ?, AG 1987, 225ff.

Lingemann, Stefan; **Wasmann**, Dirk: Mehr Kontrolle und Transparenz im Aktienrecht: Das KonTraG tritt in Kraft, BB 1998, 853ff.

Lippert, Hans-Dieter: Überwachungspflicht, Informationsrecht und gesamtschuldnerische Haftung des Aufsichtsrats nach dem Aktiengesetz 1965, 1976 Bern u.a.

Lisschütz, Alexander: Der hauptamtliche Aufsichtsrat, ZBH 1931, 217ff.

Löffler, Joachim: Zur Reichweite des gesetzlichen Wettbewerbsverbots in der Kommanditgesellschaft, NJW 1986, 223ff.

Lohl, Reinhold: Die staatliche Betätigung bei privatrechtlichen Unternehmen nach der Haushaltsreform, AG 1970, 159ff.

Lowe, Karl-Hermann: Fehlerhaft gewählte Aufsichtsratsmitglieder – Organstellung, Tätigkeit und Anstellungsverhältnis, 1989 Köln

Lück, Wolfgang: Der Umgang mit unternehmerischen Risiken durch ein Risikomanagementsystem und durch ein Überwachungssystem – Anforderungen durch das KonTraG und Umsetzung in der betrieblichen Praxis, DB 1998, 1925ff.

Lüderitz, Hagen: Effizienz als Maßstab für die Größe des Aufsichtsrats, Festschrift für Ernst Steindorff (Hrsg.: Jürgen F. Baur u.a.), 1990 Berlin u.a., Seite 113ff.

Lüttmann, Ruth: Kontrollwechsel in Kapitalgesellschaften –eine vergleichende Untersuchung des englischen, US-amerikanischen und deutschen Rechts, 1992 Baden-Baden

Lutter, Marcus: Zur Treuepflicht des Großaktionärs, JZ 1976, 225ff.

Ders.: Gesetzliche Gebührenordnung für Aufsichtsräte?, AG 1979, 85ff.

Ders.: Zur Wirkung von Zustimmungsvorbehalten nach § 111 Abs. 4 Satz 2 AktG auf nahestehende Gesellschaften, Festschrift für Robert Fischer (Hrsg.: Marcus Lutter u.a.), 1979 Berlin u.a., Seite 419ff.

Ders.: Theorie der Mitgliedschaft – Prolegomena zu einem Allgemeinen Teil des Korporationsrechts, AcP 180 (1980), 84ff.

Ders.: Bankenvertreter im Aufsichtsrat, ZHR 145 (1981), 224ff.

Ders.: Information und Vertraulichkeit im Aufsichtsrat, 2. Aufl. 1984 Köln u.a.

Ders.: Zur Vorbereitung und Durchführung von Grundlagenbeschlüssen in Aktiengesellschaften, Festschrift für Hans-Joachim Fleck (Hrsg.: Reinhard Goerdeler u.a.), 1988 Berlin, Seite 169ff.

Ders. (Hrsg.): 25 Jahre Aktiengesetz: ein Symposium der Deutschen Schutzvereinigung für Wertpapierbesitz e.V. (DSW) am 30. Oktober 1990 in Bonn, 1991 Düsseldorf
(zitiert: *Bearbeiter* in „25 Jahre Aktiengesetz“ Seite)

Ders.: Die Unwirksamkeit von Mehrfachmandaten in den Aufsichtsräten von Konkurrenzunternehmen, Festschrift für Karl Beusch (Hrsg.: Heinrich Beisse u.a.), 1993 Berlin u.a., Seite 509ff.

Ders.: Der Aufsichtsrat: Konstruktionsfehler, Inkompetenz seiner Mitglieder oder normales Risiko?, AG 1994, 176ff.

Ders.: Das neue „Gesetz für kleine Aktiengesellschaften und zur Deregulierung des Aktienrechts, AG 1994, 429ff.

Ders.: Defizite für eine effiziente Aufsichtsratstätigkeit und gesetzliche Möglichkeiten der Verbesserung, ZHR 159 (1995), 287ff.

Ders.: Professionalisierung der Aufsichtsräte, NJW 1995, 1133ff.

Ders.: Macht der Banken, NJW 1995, 2766f.

Ders.: Europäisches Unternehmensrecht, 4. Aufl. 1996 (ZGR Sonderband 1), Berlin u.a.

Ders.: Due Dilligence des Erwerbers beim Kauf einer Beteiligung, ZIP 1997, 613ff.

Ders. (Hrsg.): Holding-Handbuch, 3. Aufl. 1998 Köln

Lutter, Marcus; **Gehling**, Christian: Anmerkung zum Urteil des Bundesgerichtshofes vom 1.7.1991 – II ZR 292/90, JZ 1992, 154ff.

Lutter, Marcus; **Grunewald**, Barbara: Öffentliches Haushaltsrecht und privates Gesellschaftsrecht, WM 1984, 385ff.

Lutter, Marcus; **Hommelhoff**, Peter: GmbH-Gesetz – Kommentar, 15. Aufl. 2000 Köln

Lutter, Marcus; **Kremer**, Thomas: Die Beratung der Gesellschaft durch Aufsichtsratsmitglieder, ZGR 1992, 87ff.

Lutter, Marcus; **Krieger**, Gerd: Rechte und Pflichten des Aufsichtsrats, 3. Aufl. 1993 Freiburg/Br.

Dies.: Hilfspersonen von Aufsichtsratsmitgliedern, DB 1995, 257ff.

Lutter, Marcus; **Leinekugel**, Rolf: Kompetenzen von Hauptversammlung und Gesellschafterversammlung beim Verkauf von Unternehmensteilen, ZIP 1998, 225ff.

Dies.: Der Ermächtigungsbeschluss der Hauptversammlung zu grundlegenden Strukturmaßnahmen – zulässige Kompetenzübertragung oder unzulässige Selbstentmachtung, ZIP 1998, 805ff.

Lutter, Marcus; **Schneider**, Uwe H.: Die Beteiligung von Ausländern an inländischen Aktiengesellschaften – Möglichkeiten der Beschränkung nach geltendem Recht und Vorschläge de lege ferenda, ZGR 1975, 182ff.

Lutter, Marcus; **Timm**, Wolfram: Konzernrechtlicher Präventivschutz im GmbH-Recht, NJW 1982, 409ff.

Maier-Reimer, Georg: Verhaltenspflichten des Vorstands der Zielgesellschaft bei feindlichen Übernahmen, ZHR 165 (2001), 258ff.

von Mangoldt, Hermann; **Klein**, Friedrich; **Starck**, Christian: Das Bonner Grundgesetz –Kommentar, 4. Aufl. 1999, München
Band 1 (Präambel, Art. 1-19)

Marsch-Barner, Reinhard: Die Erleichterung des Bezugsrechtsausschlusses nach § 186 Abs. 3 Satz 4 AktG, AG 1994, 532ff.

Ders.: Neue Entwicklungen im Vollmachtsstimmrecht der Banken, Festschrift für Martin Peltzer (Hrsg.: Marcus Lutter u.a.), 2001 Köln, Seite 261ff.

Martens, Klaus-Peter: Das Verhältnis des Mitbestimmungsgesetzes zum kollektiven Arbeitsrecht, ZGR 1977, 422ff.

Ders.: Der Ausschluss des Bezugsrechts: BGHZ 33, 175, Festschrift für Robert Fischer (Hrsg.: Marcus Lutter u.a.), 1979 Berlin u.a., Seite 437ff.

Ders.: Organisationsprinzipien und Präsidialregelung des mitbestimmten Aufsichtsrats, DB 1980, 1381ff.

Ders.: Vertretungsorgan und Arbeitnehmer-Status in konzernabhängigen Gesellschaften, Festschrift für Marie Luise Hilger und Hermann Stumpf (Hrsg.: Thomas Dieterich u.a.), 1983 München, Seite 437ff.

Ders.: Privilegiertes Informationsverhalten von Aufsichtsratsmitgliedern einer Gebietskörperschaft nach § 394 AktG, AG 1984, 29ff.

Ders.: Die Organisation des Konzernvorstandes, Festschrift für Theodor Heinsius (Hrsg.: Friedrich Kübler u.a.), 1991 Berlin u.a., Seite 523ff.

Ders.: Der Ausschluss des Bezugsrechts, ZIP 1992, 1677ff.

Ders.: Der Einfluss von Vorstand und Aufsichtsrat auf Kompetenzen und Struktur der Aktionäre – Unternehmensverantwortung contra Neutralitätspflicht, Festschrift für Karl Beusch (Hrsg.: Heinrich Beisse u.a.), 1993 Berlin u.a., Seite 529ff.

Ders.: Erwerb und Veräußerung eigner Aktien im Börsenhandel – Überlegungen de lege ferenda, AG 1996, 337ff.

Matthießen, Volker: Stimmrecht und Interessenkollision im Aufsichtsrat, 1989 Köln u.a.

Maunz, Theodor; **Dürig**, Günter u.a.: Grundgesetz –Kommentar, München
Band II (Art. 12-20) 31. Lieferung Stand Mai 1994
Band IV (Art. 53a-88) 39. Lieferung Stand Juli 2001

Meesen, Karl Matthias: Das Mitbestimmungsurteil des Bundesverfassungsgerichts – eine erste Analyse aus verfassungsrechtlicher Sicht, NJW 1979, 833ff.

Meinhardt, Peter: Der Englische Companies Act 1985, RIW 1987, 10ff.

Merkt, Hanno: US-amerikanisches Gesellschaftsrecht, 1991 Heidelberg

Ders.: Unternehmensleitung und Interessenkollision, ZHR 159 (1995), 423ff.

Ders.: Verhaltenspflichten des Vorstands der Zielgesellschaft bei feindlichen Übernahmen, ZHR 165 (2001), 224ff.

Mertens, Hans-Joachim: Zuständigkeiten des mitbestimmten Aufsichtsrats, ZGR 1977, 270ff.

Ders.: Zur Berichtspflicht des Vorstands gegenüber dem Aufsichtsrat, AG 1980, 67ff.

Ders.: Verfahrensfragen bei Personalentscheidungen des mitbestimmten Aufsichtsrats, ZGR 1983, 189ff.

Ders.: Anmerkung zum „Banning"-Urteil des OLG Hamm, AG 1987, 40

Ders.: Beratungsverträge mit Aufsichtsratsmitgliedern, Festschrift für Ernst Steindorff (Hrsg.: Jürgen F. Baur u.a.), 1990 Berlin u.a., Seite 173ff.

Ders.: Förderung von, Schutz vor, Zwang zu Übernahmeangeboten?, AG 1990, 252ff.

Ders.: Verpflichtung der Volkswagen AG, einen Bericht gemäß § 312 AktG über ihre Beziehungen zum Land Niedersachsen zu erstatten?, AG 1996, 241ff.

Mertens, Hans-Joachim; **Cahn**, Andreas: Wettbewerbsverbot und verdeckte Gewinnausschüttung im GmbH-Konzern, Festschrift für Theodor Heinsius (Hrsg.: Friedrich Kübler u.a.), 1991 Berlin u.a., Seite 545ff.

Mertens, Kai: Die Information des Erwerbers einer wesentlichen Unternehmensbeteiligung an einer Aktiengesellschaft durch deren Vorstand, AG 1997, 541ff.

Mestmäcker, Ernst-Joachim: Verwaltung, Konzerngewalt und Rechte der Aktionäre – eine rechtsvergleichende Untersuchung nach deutschem Aktienrecht und dem Recht der Corporations in den Vereinigten Staaten, 1958 Karlsruhe

Meyer, Fritz: Das „Eintrittsrecht" der Aktiengesellschaft gemäß § 88 Abs. 2 Satz 2 Aktiengesetz – unter besonderer Berücksichtigung der durch Straf- oder Bußgeldbestimmungen verbotenen Geschäfte, AG 1988, 259ff.

Michalski, Lutz: Abwehrmechanismen gegen unfreundliche Übernahmeangebote („unfriendly takeovers") nach deutschem Aktienrecht, AG 1997, 152ff.

Moon, Ronald W.: Business Mergers and Take-over Bids: A study of the post-war pattern of amalgations and reconstructions of companies, 5. Aufl. 1976 London

Morse, Geoffrey K.: The City Code on Takeovers and Mergers –Self Regulation or Self Protection?, J.B.L. 1991, 509ff.

Ders. (Hrsg.): Charlesworth & Morse Company Law, 15. Aufl. 1995 London

Mülbert, Peter O.: Empfehlen sich gesetzliche Regelungen zur Einschränkung des Einflusses der Kreditinstitute auf Aktiengesellschaften?, Gutachten E für den 61. Deutschen Juristentag in „Verhandlungen des 61. Deutschen Juristentags, Karlsruhe 1996" (Hrsg.: Ständige Deputation des Deutschen Juristentags) Band I, Seite E 1ff., 1996 München
(zitiert: *Mülbert* Gutachten 61. DJT, Seite E)

Ders.: Shareholder Value aus rechtlicher Sicht, ZGR 1997, 129ff.

Ders.: Die Zielgesellschaft im Vorschlag 1997 einer Takeover-Richtlinie –zwei folgenreiche Eingriffe ins deutsche Aktienrecht, IStR 1999, 83ff.

Ders.: Übernahmerecht zwischen Kapitalmarktrecht und Aktien(konzern)recht – die konzeptionelle Schwachstelle des Regierungsentwurfs WpÜG, ZIP 2001, 1221ff.

Mülbert, Peter O.; **Birke**, Max: Das übernahmerechtliche Behinderungsverbot – Die angemessene Rolle der Verwaltung einer Zielgesellschaft in einer feindlichen Übernahme, WM 2001, 705ff.

Mülbert, Peter O.; **Bux**, Regina: Dem Aufsichtsrat vergleichbare in- und ausländische Kontrollgremien von Wirtschaftsunternehmen (§ 125 Abs. 1 Satz 3 2. Halbs. AktG n. F.), WM 2000, 1665ff.

Müller, Georg: Vorvertragliche und vertragliche Informationspflichten nach englischem und deutschem Recht, 1994 Heidelberg

Müller, Welf: Die Entscheidungsspielräume der Verwaltung einer Aktiengesellschaft im Verhältnis zu ihren Aktionären, Festschrift für Johannes Semler (Hrsg.: Marcus Bierich u.a.) 1993 Berlin u.a., S. 195ff.

von Münch, Ingo; **Kunig**, Philip: Grundgesetz-Kommentar, München
Band 1 (Präambel, Art. 1-19), 5. Aufl. 2000
Band 2 (Art. 20-69), 5. Aufl. 2001
Band 3 (Art. 70-146), 3. Aufl. 1996

Münchener Handbuch des Gesellschaftsrechts, herausgegeben von Hoffmann-Becking, Michael; 2. Aufl. 1999 München
Band 4 Aktiengesellschaft
(zitiert: *Bearbeiter* in Münch Hdb § Randnummer)

Münchener Kommentar zum Aktiengesetz, herausgegeben von Bruno Kropff u.a.; 2. Aufl. 2000 München (Weiterführung von Geßler/Hefermehl/ Eckardt/ Kropff „Aktiengesetz")
Band 1 §§ 1-53
(zitiert: MünchKomm AktG-*Bearbeiter* § Randnummer)

Münchener Kommentar zum Bürgerlichen Gesetzbuch, herausgegeben von Kurt Rebmann u.a., 3. Aufl. München
Band 2 Schuldrecht Allgemeiner Teil §§ 241-432, 1994
Band 4 Schuldrecht Besonderer Teil II §§ 607-704, 1997
(zitiert: MK-*Bearbeiter* „BGB" § Randnummer)

Natzel: Amtsniederlegung von Aufsichtsratsmitgliedern, insbesondere von Arbeitnehmervertretern, RdA 1960, 256ff.

Nebendahl, Mathias: Inkompatibilität zwischen Ministeramt und Aufsichtsratsmandat, DÖV 1988, 961ff.

Nessler, Volker: Der Neutralitätsgrundsatz im Vergaberecht, NVwZ 1999, 1081ff.

Netter, Oscar: Interessenkollisionen im Aufsichtsrat, ZBH 1931, 136ff.

Neye, Hans-Werner: Der Vorschlag 1997 einer Takeover-Richtlinie, ZIP 1997, 2172f.

Ders.: Der gemeinsame Standpunkt des Rates zur 13. Richtlinie – ein entscheidender Schritt auf dem Weg zu einem europäischen Übernahmerecht, AG 2000, 289ff.

Ders.: Die EU-Übernahmerichtlinie auf der Zielgeraden, ZIP 2001, 1120ff.

Niederleithinger, Ernst: Handels- und Wirtschaftsrecht in der 13. Legislaturperiode, ZIP 1995, 597ff.

Nirk, Rudolf: Zur Justizibilität unternehmerischer Entscheidungen des Aufsichtsrats – Marginalien zu den „ARAG/Garmenbeck"-Entscheidungen, Festschrift für Karlheinz Boujong (Hrsg.: Carsten T. Ebenroth u.a.), 1996 München, Seite 393ff.

Nirk, Rudolf; **Reuter**, Hans-Peter; **Bächle**, Hans-Ulrich: Handbuch der Aktiengesellschaft, 3. Aufl. 1994 (Stand: Juni 2000), Köln

Noack, Ulrich: Neues Recht für die Namensaktie – zum Referentenentwurf eines NaStraG, ZIP 1999, 1993ff.

Ders.: Namensaktie und Aktienregister: Einsatz für Investor Relations und Produktmarketing – Rechtslage nach Inkrafttreten des Namensaktiengesetzes, DB 2001, 27ff.

Ders.: Online-Hauptversammlung –Stand der Dinge und wichtige Reformvorschläge, NZG 2001, 1057ff.

Obermeyer, Klaus (Begr.): Kommentar zum Verwaltungsverfahrensgesetz, 3. Aufl. 1999 Neuwied u.a.

Oechsler, Jürgen: Die Anwendung des Konzernrechts auf Austauschverträge mit organisationsrechtlichen Bezug, ZGR 1997, 464ff.

Ders.: Der Regierungsentwurf zum Wertpapiererwerbs- und Übernahmegesetz – Regelungsbedarf auf der Zielgeraden!, NZG 2001, 817ff.

Otting, Olaf: Chancengleichheit, Transparenz und Neutralitätsgebot im Vergaberecht, NJW 2000, 484ff.

Otto, Hans-Jochen: Übernahmeversuche bei Aktiengesellschaften und Strategien der Abwehr, DB 1988 Beilage 12, S. 1ff.

Palandt, Otto: Bürgerliches Gesetzbuch, 61. Aufl. 2002 München

Pananis, Panos: Zur Abgrenzung von Insidertatsache und ad-hoc-publizitätspflichtigem Sachverhalt bei mehrstufigen Entscheidungsprozessen, WM 1997, 460ff.

Papier, Hans-Jürgen: Das Mitbestimmungsurteil des Bundesverfassungsgerichts – eine kritische Würdigung aus verfassungsrechtlicher Sicht, ZGR 1979, 444ff.

Paschke, Marian: Die kommunalen Unternehmen im Lichte des GmbH-Konzernrechts, ZHR 152 (1988), 263ff.

Ders.: Der Zusammenschlussbegriff des Fusionskontrollrechts: zur Erweiterung des Zusammenschlussbegriffs im Referentenentwurf der fünften GWB-Novelle vom 20. Januar 1989, 1989 Heidelberg

Pellens, Bernhard: Ad-hoc-Publizitätspflicht des Managements börsennotierter Unternehmen nach § 44a BörsG, AG 1991, 62ff.

Pellens, Bernhard; **Hillebrandt**, Franca; **Ulmer**, Björn: Umsetzung von Corporate-Governance-Richtlinien in der Praxis –eine empirische Analyse der DAX-100 Unternehmen, BB 2001, 1243ff.

Peltzer, Martin: Die Haftung des Aufsichtsrats bei Verletzung der Überwachungspflicht, WM 1981, 346ff.

Ders.: Hostile Takeovers in der Bundesrepublik Deutschland? Möglichkeiten und Hindernisse, ZIP 1989, 69ff.

Ders.: Übernahmeangebote nach künftigem Europa-Recht und dessen Umsetzung in deutsches Recht, in Assmann, Heinz-Dieter und Basaldua, Nathalie u.a. (Hrsg.): Übernahmeangebote (ZGR-Sonderheft 9), 1990 Berlin u.a.
(zitiert: *Peltzer* in Assmann/Basaldua Seite)

Ders.: Die Rolle der Banken bei Unternehmensveräußerungen – Rechtprobleme und Interessenkonflikte, ZIP 1991, 485ff.

Ders.: Die Vertretung der Aktionäre in Hauptversammlungen von Publikumsgesellschaften, AG 1996, 26ff.

Ders.: Empfehlen sich gesetzliche Regeln zur Einschränkung des Einflusses der Kreditinstitute auf Aktiengesellschaften?, JZ 1996, 842ff.

Ders.: Der Kommissionsentwurf für eine 13. Richtlinie über Übernahmeangebote vom 7.02.1996, AG 1997, 145ff.

Ders.: Corporate Governance Codices als zusätzliche Pflichtenbestimmung für den Aufsichtsrat, NZG 2002, 10ff.

Peltzer, Martin; **von Werder**, Axel: Der „German Code of Corporate Governance (GCCG)" des Berliner Initiativkreises, AG 2001, 1ff.

Peltzer, Oliver: Die Neuregelung des Erwerbs eigner Aktien im Lichte der historischen Erfahrungen, WM 1998, 322ff.

Pennington, Robert R.: The City Code on Takeovers and Mergers, in Festschrift für Konrad Duden (Hrsg.: H.-M. Pawlowski u.a.) 1977 München, Seite 379ff.

Ders.: Company Law, 6. Aufl. 1990 London u.a.

Peters, Klaus; **Werner**, Horst S.: Banken als herrschende Unternehmen?, AG 1978, 297ff.

Pfannschmidt, Arno: Personelle Verflechtungen über Aufsichtsräte: Mehrfachmandate in deutschen Unternehmen, 1993 Wiesbaden

Ders.: Mehrfachmandate in deutschen Unternehmen, ZfB 65 (1995), 177ff.

Piduch, Ernst Adolf: Bundeshaushaltsrecht, 2. Aufl. 6. Ergänzungslieferung, Stand Oktober 2000, Stuttgart u.a.

Plog, Ernst; **Wiedow**, Alexander; **Beck**, Gerhard: Kommentar zum Bundesbeamtengesetz mit Beamtenversorgungsgesetz, Stand August 2001, Berlin u.a.

Pluskat, Sorika: Das Scheitern der europäischen Übernahmerichtlinie, WM 2001, 1937ff.

Poensgen, Otto H.: Between Market and Hierachy – the role of interlocking Directorates, ZgS 136 (1980), 209ff.

Pötsch, Thorsten; **Möller**, Andreas: Das künftige Übernahmerecht – Der Diskussionsentwurf des Bundesministeriums der Finanzen zu einem Gesetz zur Regelung von Unternehmensübernahmen und der Gemeinsame Standpunkt des Rates zur europäischen Übernahmerichtlinie, WM 2000 Sonderbeilage 2, S. 1ff.
(zitiert: *Pötsch/Möller* WM 2000 Beil. 2, Seite)

Dies.: Das neue Übernahmerecht – der Regierungsentwurf vom 11.07.2001, ZIP 2001, 1256ff.

Potthoff, Erich; **Trescher**, Karl: Das Aufsichtsratsmitglied: ein Handbuch der Aufgaben, Rechte und Pflichten, 5. Aufl. 2001 Stuttgart

Prentice, D. D.: Notes of cases - Jurisdiction of Shareholders' Meetings, M.L.R. (1977) 40, 587ff.

ders.: Regulation of Takeover Bids in the United Kingdom, in Kreuzer, Karl (Hrsg.): Öffentliche Übernahmeangebote –Verhandlungen der Fachgruppe für vergleichendes Handels- und Wirtschaftsrecht anlässlich der Tagung der Gesellschaft für Rechtsvergleichung in Saarbrücken vom 18. bis 21.09.1991, S. 133ff., 1992 Baden-Baden

(zitiert: *Prentice* in Kreuzer Seite)

Prühs, Hagen: Die tatsächliche Abhängigkeit aus aktienrechtlicher Sicht, DB 1972, 2001ff.

Püttner, Günter: Die Vertretung der Gemeinden in wirtschaftlichen Unternehmen, DVBl 1986, 748ff.

Quack, Karlheinz: Geschäftsleitende Organe eines Unternehmens in Aufsichtsräten von Konkurrenzunternehmen: Anmerkungen für Aufsichtsratsmitglieder, Festschrift für Wolfgang Ritter (Hrsg.: Max Dietrich Kley), 1997 Köln, Seite 745ff.

Raisch, Peter: Zum Begriff und zur Bedeutung des Unternehmensinteresses als Verhaltensmaxime von Vorstands- und Aufsichtsratsmitgliedern, Festschrift Wolfgang Hefermehl (Hrsg.: Robert Fischer u.a.), 1976 München, Seite 347ff.

Raiser, Thomas: Das Unternehmensinteresse, Festschrift für Reimer Schmidt (Hrsg.: Fritz Reichert-Facilides u.a.), 1976 Karlsruhe, Seite 101ff.

Ders.: Weisungen an Aufsichtsratsmitglieder?, ZGR 1978, 391ff.

Ders.: Unternehmensziele und Unternehmensbegriff, ZHR 144 (1980), 206ff.

Ders.: Unternehmensrecht als Gegenstand juristischer Grundlagenforschung, Festschrift für Erich Potthoff (Hrsg.: Peter Eichhorn), 1989 Baden-Baden, Seite 31ff.

Ders.: Pflicht und Ermessen von Aufsichtsratsmitgliedern – zum Urteil des OLG Düsseldorf im Fall ARAG/Garmenbeck, NJW 1996, 552ff.

Ders.: Empfehlen sich gesetzliche Regelungen zur Einschränkung des Einflusses der Kreditinstitute auf Aktiengesellschaften? NJW 1996, 2257ff.

Ders.: Mitbestimmungsgesetz – Kommentar, 3. Aufl. 1998 Berlin u.a.

Ders.: Recht der Kapitalgesellschaften –Ein Handbuch für Praxis und Wissenschaft, 3. Aufl. 2001 München

Rasch, Harold: Depotstimmrechte und Beteiligungsmacht, NJW 1976, 501ff.

Rehbinder, Eckard: Konzernaußenrecht und allgemeines Privatrecht – eine rechtsvergleichende Untersuchung nach deutschem und amerikanischen Recht, 1969 Bad Homburg v.d.H. u.a.

Ders.: Das Mitbestimmungsurteil des Bundesverfassungsgerichts aus unternehmensrechtlicher Sicht, ZGR 1979, 471ff.

Ders.: Zum konzernrechtlichen Schutz der Aktionäre einer Obergesellschaft – Besprechung der Entscheidung BGHZ 83, 122 „Holzmüller“, ZGR 1983, 92ff.

Ders.: Besprechung der Habilitationsschrift „Die Konzernleitungspflicht – Zentrale Aspekte eines Konzernverfassungsrechts“ von Peter Hommelhoff, ZHR 147 (1983), 464ff.

Ders.: Minderheiten- und Gläubigerschutz im faktischen GmbH-Konzern, AG 1986, 85ff.

Reichert, Jochem; **Schlitt**, Michael: Konkurrenzverbot für Aufsichtsratsmitglieder – Geltendes Recht – statuarische Gestaltungsmöglichkeiten – Reformüberlegungen, AG 1995, 241ff.

Reiner, Günter: Unternehmerisches Gesellschaftsinteresse und Fremdsteuerung: Eine rechtsvergleichende Studie zum Schutz der Kapitalgesellschaft vor dem Missbrauch organschaftlicher Leitungsmacht, 1995 München

Reiß, Wilhelm: Die Besetzung des Aufsichtsrats durch das herrschende Unternehmen im (qualifizierten) faktischen Aktienkonzern – Probleme und Konsequenzen, 1991 Berlin

Rellermeyer, Klaus: Aufsichtsratsausschüsse, 1986 Köln u.a.

Reuter, Dieter: Der Einfluss der Mitbestimmung auf das Gesellschafts- und Arbeitsrecht, AcP 179 (1979), 509ff.

Richter, Wolf; **Freund**, Werner: Beiratstätigkeit in mittelständischen Unternehmen, 1990 Stuttgart

Riegger, Bodo; **Mutter**, Stefan: Zum Einsatz neuer Kommunikationsmedien in Hauptversammlungen von Aktiengesellschaften, ZIP 1998, 637ff.

Riehmer, Klaus; **Schröder**, Oliver: Der Entwurf des Übernahmegesetzes im Lichte von Vodafone/Mannesmann, NZG 2000, 820ff.

Dies.: Praktische Aspekte bei der Planung, Durchführung und Abwicklung eines Übernahmeangebots, BB Beilage 5/2001, S. 1ff.

Rittner, Fritz: Zur Verantwortung des Vorstandes nach § 76 Abs. 1 AktG 1965, Festschrift für Ernst Geßler (Hrsg.: Kurt Ballerstedt u.a.), 1971 München

Ders.: Zur Verantwortung des Vorstands nach § 76 Abs. 1 AktG 1965, AG 1973, 113ff.

Ders.: Die Beteiligung als Grund der Abhängigkeit einer Aktiengesellschaft (I), DB 1976, 1465ff.

Ders.: Konzernorganisation und Privatautonomie, AcP 183 (1983), 295ff.

Ders.: Wirtschaftsrecht, 2. Aufl. 1987 Heidelberg

Rock, Herman: Neues zur „poison pill“: Das Siemens-Urteil des BGH, M&A 1997, 551ff.

Röhrich, Martina: Feindliche Übernahmeangebote – eine wettbewerbspolitische Beurteilung anhand von Fallstudien aus den USA, 1992 Baden-Baden

Röhricht, Volker: Das Wettbewerbsverbot des Gesellschafters und des Geschäftsführers, WPg 1992, 766ff.

Röller, Wolfgang: Quo vadis Aufsichtsrat?, AG 1994, 333ff.

Roos, Michael: Der neue Vorschlag für eine EG-Übernahme-Richtlinie, WM 1996, 2177ff.

Roschmann, Christian; **Frey**, Johannes: Geheimhaltungsverpflichtungen der Vorstandsmitglieder von Aktiengesellschaften bei Unternehmenskäufen, AG 1996, 449ff.

von Rosen, Rüdiger; **Seifert**, Werner G. (Hrsg.): Die Übernahme börsennotierter Unternehmen –Schriften zum Kapitalmarkt Band 2, 1999 Frankfurt/Main (zitiert: *Bearbeiter* in von Rosen/Seifert Seite)

Roth, Marianne; **Zinser**, Alexander: Österreichisches Übernahmegesetz vom 1.1.1999: Musterregelung für das deutsche Recht?, EWS 2000, 233ff.

Rowedder, Heinz: Gesetz betreffend die Gesellschaften mit beschränkter Haftung (GmbHG) – Kommentar, 3. Aufl. 1997 München

Rühland, Philipp: Der squezzeout nach dem RefE zum Wertpapiererwerbs- und Übernahmegesetz vom 12.03.2001, NZG 2001, 448ff.

Rümker, Dietrich: Übernahmeangebote – Verhaltenspflichten des Vorstands der Zielgesellschaft und Abwehrmöglichkeiten, Festschrift für Theodor Heinsius (Hrsg.: Friedrich Kübler u.a.), 1991 Berlin u.a., Seite 683ff.

Säcker, Franz Jürgen: Die Anpassung der Satzung der Aktiengesellschaft an das Mitbestimmungsgesetz, DB 1977, 1791ff.

Ders.: Informationsrechte der Betriebsrats- und Aufsichtsratsmitglieder und Geheimsphäre des Unternehmens, 1979 Heidelberg

Ders.: Mitbestimmung und Vereinigungsfreiheit (Art. 9 Abs. 1 GG) – Kritische Bemerkungen zur Entscheidung des Bundesverfassungsgerichts vom 1. März 1979, RdA 1979, 380ff.

Ders.: Die Rechte des einzelnen Aufsichtsratsmitglieds, NJW 1979, 1521ff.

Ders.: Aktuelle Probleme der Verschwiegenheitspflicht der Aufsichtsratsmitglieder, NJW 1986, 803ff.

Ders.: Zur Problematik von Mehrfachfunktionen im Konzern, ZHR 151 (1987), 59ff.

Ders.: Behördenvertreter im Aufsichtsrat, Festschrift für Kurt Rebmann (Hrsg.: Heinz Eyrich u.a.), 1989 München, Seite 781ff.

Säcker, Franz Jürgen; **Theisen**, M.R.: Die statuarische Regelung der inneren Ordnung des Aufsichtsrats in der mitbestimmten GmbH nach dem MitbestG 1976, AG 1980, 29ff.

Saenger, Ingo: Mehrstimmrechte bei Aktiengesellschaften, ZIP 1997, 1813ff.

Salfeld, Rainer: Wettbewerbsverbote im Gesellschaftsrecht, 1987 Frankfurt/Main u.a.

Schaaff, Petra: Möglichkeiten der Abwehr von Takeover Bids in Großbritannien und USA, RIW 1985, 273ff.

Schäfer, Frank A.: Zulässigkeit und Grenzen der Kurspflege, WM 1999, 1345ff.

Schander, Albert A.: Abwehrstrategien gegen feindliche Übernahmen und ihre Zulässigkeit im Lichte der Aktienrechtsreform, BB 1997, 1801ff.

Ders.: Aktienrückkauf und Abwehr von Übernahmeversuchen, M&A 1998, 314ff.

Ders.: Der Rückkauf eigener Aktien nach KonTraG und Einsatzpotentiale bei Übernahmetransaktionen, ZIP 1998, 2087ff.

Schanz, Kay-Michael: Feindliche Übernahmen und Strategien der Verteidigung, NZG 2000, 337ff.

Scheffler, Eberhard: Zur Problematik der Konzernleitung, Festschrift für Reinhard Goerdeler (Hrsg.: Hans Havermann), 1987 Düsseldorf, Seite 469ff.

Ders.: Der qualifizierte faktische Konzern – Versuch einer betriebswirtschaftlichen Definition, AG 1990, 173ff.

Ders.: Der Aufsichtsrat – nützlich oder überflüssig?, ZGR 1993, 63ff.

Ders.: Die Überwachungsaufgabe des Aufsichtsrats im Konzern, DB 1994, 793ff.

Ders.: Betriebswirtschaftliche Überlegungen zur Entwicklung von Grundsätzen ordnungsgemäßer Überwachung der Geschäftsführung durch den Aufsichtsrat, AG 1995, 207ff.

Ders.: Aufsichtsrat und Abschlussprüfer als Überwachungsorgane der Aktiengesellschaft, Festschrift für Hans Havermann (Hrsg.: Josef Lanfermann), 1995 Düsseldorf, Seite 651ff.

Scheuing, Dieter H.: Der Amtskonflikt als Ausschlussgrund im Verwaltungsverfahrensrecht, NVwZ 1982, 487ff.

Schiessl, Maximilian: Die Wahrnehmung von Geschäftschancen der GmbH durch ihren Geschäftsführer, GmbHR 1988, 53ff.

Ders.: Neue Erfahrungen mit Unternehmenskäufen und Unternehmensübernahmen in den USA, RIW 1988, 522ff.

Ders.: Deutsche Corporate Governance post Enron, AG 2002, 593ff.

Schilling, Wolfgang: Die Rechtstellung des Aufsichtsratsmitglieds in unternehmensrechtlicher Sicht, Festschrift für Robert Fischer (Hrsg.: Marcus Lutter), 1979 Berlin u.a., Seite 679ff.

Ders.: Das Aktienunternehmen, ZHR 144 (1980), 136ff.

Schilling, Wolf Ulrich: Takeover, Treupflicht & Shareholder Value, BB 1997, 1909ff.

Schimansky, Herbert; **Bunte**, Herman-Josef; **Lwowski**, Hans-Jürgen (Hrsg.): Bankrecht-Handbuch, Band III, 2. Aufl. 2001 München
(zitiert: *Bearbeiter* in Schimansky/Bunte § Randnummer)

Schlegelberger Handelsgesetzbuch: Kommentar zum Handelsgesetzbuch (von Ernst Geßler u.a.), 5. Aufl. 1986 München
Band III, 2. Halbband §§ 161-177a HGB, §§ 335-342 (§§ 230-237 n.F.)

Schlegelberger, Franz; **Quassowski**, Leo: Aktiengesetz – Gesetz über Aktiengesellschaften und Kommanditgesellschaften auf Aktien vom 30. Januar 1937, 3. Aufl. 1939 Berlin

Schlosser, Peter: Anwaltsrechtliches Verbot der Vertretung widerstreitender Interessen, NJW 2002, 1376ff.

Schmidt, Karsten: „Konzernhaftung" nach dem TBB-Urteil – Versuch einer Orientierung, ZIP 1993, 549ff.

Ders.: Gesellschaftsrecht, 3. Aufl. 1997 Köln u.a.

Schmidt, Reiner: Der Übergang öffentlicher Aufgabenerfüllung in private Rechtsformen, ZGR 1996, 345ff.

Schmidt-Aßmann, Eberhard; **Ulmer**, Peter: Die Berichterstattung von Aufsichtsratsmitgliedern einer Gebietskörperschaft nach § 394 AktG – eine aktien- und kommunalrechtliche Untersuchung ihrer Voraussetzungen und Schranken unter besonderer Berücksichtigung des nordrhein-westfälischen Gemeinderechts, BB 1988 Sonderbeilage 13, Seite 1ff.

Schmidt-Bleibtreu, Bruno; **Klein**, Franz: Kommentar zum Grundgesetz, 9. Aufl. 1999 Neuwied u.a.

Schmitthoff, Clive M. (Hrsg.): Palmer's Company Law, 24. Aufl. 1987 London u.a.
(zitiert: *Bearbeiter* in Schmitthoff Seite)

Schneider, Uwe H.: Stimmverbote im GmbH-Konzern, ZHR 150 (1986), 609ff.

Ders.: Wettbewerbsverbot für Aufsichtsratsmitglieder einer Aktiengesellschaft? 12 Thesen zu einer rechtspolitischen Diskussion, BB 1995, 365ff.

Ders.: Kapitalmarktorientierte Corporate Governance-Grundsätze, DB 2000, 2413ff.

Ders.: Die Zielgesellschaft nach Abgabe eines Übernahme- oder Pflichtangebots, AG 2002, 125ff.

Schneider, Uwe H.; **Burgard**, Ulrich: Transparenz als Instrument der Steuerung des Einflusses der Kreditinstitute auf Aktiengesellschaften, DB 1996, 1761ff.

Dies.: Übernahmeangebote und Konzerngründung –zum Verhältnis von Übernahmerecht, Gesellschaftsrecht und Konzernrecht, DB 2001, 963ff.

Schneider, Uwe H.; **Strenger**, Christian: Die „Corporate Governance-Grundsätze" der Grundsatzkommission Corporate Governance (German Panel on Corporate Governance), AG 2000, 106ff.

Schnorbus, York: Drittklagen im Übernahmeverfahren, ZHR 166 (2002), 72ff.

Schön, Wolfgang: Der Einfluss öffentlich-rechtlicher Zielsetzungen auf das Statut privatrechtlicher Eigengesellschaften der öffentlichen Hand – Gesellschaftsrechtliche Analyse, ZGR 1996, 429ff.

Scholz, Franz: Kommentar zum GmbH-Gesetz: mit Nebengesetzen und dem Anhang Konzernrecht, Band I §§ 1-44 1992, Band II §§ 45-85 1995, 8. Aufl. Köln

Schreyögg, Georg; **Papenheim-Tockhorn**, Heike: Dient der Aufsichtsrat dem Aufbau zwischenbetrieblicher Kooperationsbeziehungen?, ZfB 65 (1995), 205ff.

Schroeder, Ulrich: Darf der Vorstand der Aktiengesellschaft dem Aktienkäufer eine Due Dilligence gestatten?, DB 1997, 2161ff.

Schröer, Henning: Angabe von Aufsichtsratsmandaten im Anhang des Jahresabschlusses nach dem KonTraG, ZIP 1999, 1163ff.

Schüppen, Matthias: Übernahmegesetz ante portas! Zum Regierungsentwurf eines „Gesetzes zur Regelung von öffentlichen Angeboten zum Erwerb von Wertpapieren und von Unternehmensübernahmen", WPg 2001, 958ff.

Schütze, Rolf A.: Die Berücksichtigung ausländischer Aufsichtsratsmandate im Rahmen von § 100 Abs. 1 Nr. 1 Aktiengesetz, AG 1967, 342ff.

Schwark, Eberhard: Zum Haftungsmaßstab der Aufsichtsratsmitglieder einer AG, Festschrift für Winfried Werner (Hrsg.: Walter Hadding u.a.), 1984 Berlin u.a., Seite 841ff.

Ders.: Börsengesetz: Kommentar zum Börsengesetz und zu den börsenrechtlichen Nebenbestimmungen, 2. Aufl. 1994 München

Ders.: Der vereinfachte Bezugsrechtsausschluss –zur Auslegung des § 186 Abs. 3 Satz 4 AktG, Festschrift für Carsten Peter Claussen (Hrsg. Klaus-Peter Martens u.a.) 1997 Köln u.a., Seite 357ff.

Schwintowski, Hans-Peter: Verschwiegenheitspflicht für politisch legitimierte Mitglieder des Aufsichtsrats, NJW 1990, 1009ff.

Ders.: Gesellschaftsrechtliche Bindungen für entsandte Aufsichtsratsmitglieder in öffentlichen Unternehmen, NJW 1995, 1316ff.

Seibert, Ulrich: Aufsichtsrats-Reform in der 13. Wahlperiode – zum aktuellen Stand der rechtspolitischen Diskussion, ZBB 1994, 349ff.

Ders.: Kontrolle und Transparenz im Unternehmensbereich (KonTraG) – der Referenten-Entwurf zur Aktienrechtsnovelle, WM 1997, 1ff.

Ders.: OECD Principles of Corporate Governance – Grundsätze der Unternehmensführung und –kontrolle für die Welt, AG 1999, 337ff.

Ders.: Im Blickpunkt: Der Deutsche Corporate Governance Kodex ist da, BB 2002, 581ff.

Seibt, Christoph H.: Arbeitsrechtliche Aspekte des Wertpapiererwerbs- und Übernahmegesetzes, DB 2002, 529ff.

Ders.: Deutscher Corporate Governance Kodex und Entsprechens-Erklärung (§ 161 AktG-E), AG 2002, 249ff.

Semler, Johannes: Doppelmandats-Verbund im Konzern: sachgerechte Organisationsform oder rechtlich unzulässige Verflechtung?, Festschrift für Ernst Stiefel (Hrsg.: Marcus Lutter u.a.), 1987 München, Seite 719ff.

Ders.: Leitung und Überwachung der Aktiengesellschaft: Die Leitungsaufgabe des Vorstands und die Überwachungsaufgabe des Aufsichtsrats, 2. Aufl. 1996 Köln u.a.

Ders. (Hrsg.): Arbeitshandbuch für Aufsichtsratsmitglieder, 1999 München (zitiert: *Bearbeiter* in Semler AR-Hdb. Randnummer)

Semler, Johannes; **Volhard**, Rüdiger (Hrsg.): Arbeitshandbuch für Unternehmensübernahmen, Band 1 Unternehmensübernahme: Vorbereitung – Durchführung – Folgen – ausgewählte Drittländer, 2001 München (zitiert: *Bearbeiter* in Semler/Volhard § Randnummer)

Siebel, Ulf R.; **Gebauer**, Stefan: Prognosen im Aktien- und Kapitalmarktrecht – Lagebericht, Zwischenbericht, Verschmelzungsbericht, Prospekt usw.- Teil II, WM 2001, 173ff.

Simon, Herman Veit: Firmen als Mitglieder des Aufsichtsrats von Aktiengesellschaften – zugleich ein Beitrag zur Frage der Kumulierung von Aufsichtsratsstellen, LZ 1908, 1ff.

Sina, Peter: Zum nachvertraglichen Wettbewerbsverbot für Vorstandsmitglieder und GmbH-Geschäftsführer, DB 1985, 902ff.

Ders.: Zur Berichtspflicht des Vorstandes gegenüber dem Aufsichtsrat bei drohender Verletzung der Verschwiegenheitspflicht durch einzelne Aufsichtsratsmitglieder, NJW 1990, 1016ff.

Singhof, Bernd: Die Amtsniederlegung durch das Aufsichtsratsmitglied einer Aktiengesellschaft, AG 1998, 318ff.

Soergel, Th.: Bürgerliches Gesetzbuch mit Einführungsgesetz und Nebengesetzen, Band 1 Allgemeiner Teil 1 §§ 1-103; 13. Aufl. Stand Frühjahr 2000, Stuttgart u.a.

Staub, Hermann: Staubs Kommentar zum Handelsgesetzbuch, 2. Band §§ 178-342, 12. und 13. Aufl. 1926 Berlin u.a.

Staudinger, Julius von: Kommentar zum Bürgerlichen Gesetzbuch mit Einführungsgesetz und Nebengesetzen, Berlin

Erstes Buch Allgemeiner Teil §§ 21-103, 13. Bearbeitung 1995;
Zweites Buch Recht der Schuldverhältnisse §§ 652-704, 13. Bearbeitung 1995

Steiger, Max: Corporate Governance durch institutionelle Investoren: Erfahrungen aus den USA, M&A 2002, 120ff.

Stein, Ursula: Der gesetzliche Vertreter eines abhängigen Unternehmens als leitender Angestellter im Aufsichtsrat der herrschenden Gesellschaft – zugleich ein Beitrag zum Verhältnis von § 100 AktG zu § 22 MitbestG, AG 1983, 49ff.

Steinbeck, Claudia: Überwachungspflicht und Einwirkungsmöglichkeiten des Aufsichtsrats in der Aktiengesellschaft, 1992 Berlin

Steindorff, Ernst: Der Wettbewerber als Minderheitsaktionär, Festschrift für Fritz Rittner (Hrsg.: Manfred Löwisch u.a.), 1991 München, Seite 675ff.

Steinhauer, Carsten: Der Börsenpreis als Bewertungsgrundlage für den Abfindungsanspruch von Aktionären – finanztheoretischer Hintergrund einer möglichen Trendwende in der gesellschaftsrechtlichen Praxis, AG 1999, 299ff.

Steinmann, Horst; **Klaus**, Hans: Zur Rolle des Aufsichtsrats als Kontrollorgan, AG 1987, 29ff.

Steinmeyer, Roland; **Häger**, Michael: WpÜG – Kommentar zum Wertpapiererwerbs- und Übernahmegesetz mit Erläuterungen zum Minderheitenausschluss nach §§ 327aff. AktG, 2002 Berlin

Stelkens, Paul; **Bonk**, Heinz Joachim; **Sachs**, Michael (Hrsg.): Verwaltungsverfahrensgesetz- Kommentar, 6. Aufl. 2001 München

Stier-Somlo: Die Reform des Aufsichtsraths der Aktiengesellschaft, ZHR 52 (1903), 21ff.

Stober, Rolf: Die privatrechtlich organisierte öffentliche Verwaltung- zur Problematik privatrechtlicher Gesellschaften und Beteiligung der öffentlichen Hand, NJW 1984, 449ff.

Stoffels, Markus: Grenzen der Informationsweitergabe durch den Vorstand einer Aktiengesellschaft im Rahmen einer „Due Dilligence", ZHR 165 (2001), 362ff.

Stoll, Jutta: Rechtliche Aspekte von „feindlichen" Übernahmen von Aktiengesellschaften, BB 1989, 301ff.

Strenger, Christian: Das deutsche Übernahmegesetz – Ausgewogenheit zwischen Unternehmens- und Anlegerinteressen als Pflichtprogramm, WM 2000, 952f.

Streyl, Annedore: Zur konzernrechtlichen Problematik von Vorstands-Doppelmandaten, 1992 Heidelberg

Sünner, Eckart: Zur Abwehr feindlicher Unternehmensübernahmen in Deutschland, Festschrift Karlheinz Quack (Hrsg.: Harm Peter Westermann u.a.), 1991 Berlin u.a., Seite 457ff.

Ders.: Effizienz von Unternehmensorganen als Grundsatz der Corporate Governance, AG 2000, 492ff.

Tegtmeier, Stefan: Die Vergütung von Vorstandsmitgliedern in Publikumsaktiengesellschaften, 1998 Frankfurt/Main u.a.

Teubner, Gunther: Unternehmensinteresse – das gesellschaftliche Interesse des Unternehmens „an sich"?, ZHR 149 (1985), 470ff.

Thaeter, Ralf: Zur Abwehr feindlicher Übernahmeversuche im Regierungsentwurf eines Gesetzes zur Regelung von öffentlichen Angeboten zum Erwerb von Wertpapieren und von Unternehmensübernahmen (WÜG-RegE), NZG 2001, 789ff.

Thaeter, Ralf; **Barth**, Daniel: Referentenentwurf eines Wertpapiererwerbs- und Übernahmegesetzes, NZG 2001, 545ff.

Than, Jürgen: Zwangsweises Ausscheiden von Minderheitsaktionären nach Übernahmeangebot? Festschrift für Carsten Peter Claussen (Hrsg. Klaus-Peter Martens u.a.) 1997 Köln u.a., Seite 405ff.

Theisen, Manuel Rene: Haftung und Haftungsrisiko des Aufsichtsrats – Theorie und Praxis, DBW 53 (1993), 295ff.

Thoma, Georg F.: Das Wertpapiererwerbs- und Übernahmegesetz im Überblick, NZG 2002, 105ff.

Thümmel, Roderich C.: Zu den Pflichten des Aufsichtsrats bei der Verfolgung von Haftungsansprüchen gegenüber dem Vorstand der AG – zugleich Besprechung der Entscheidung des BGH „ARAG/Garmenbeck", DB 1997, 1117ff.

Ders.: Persönliche Haftung von Managern und Aufsichtsräten, 2. Aufl. 1998 München

Ders.: Haftungsrisiken von Vorständen und Aufsichtsräten bei der Abwehr von Übernahmeversuchen, DB 2000, 461ff.

Tiedemann, Klaus: Untreue bei Interessenkonflikten – am Beispiel der Tätigkeit von Aufsichtsratsmitgliedern, Festschrift für Herbert Tröndle (Hrsg.: Hans-Heinrich Jescheck u.a.), 1989 Berlin u.a., Seite 319ff.

Timm, Wolfram: Wettbewerbsverbot und „Geschäftschancen" – Lehre im Recht der GmbH, GmbHR 1981, 177ff.

Ders.: Grundfragen des „qualifizierten" faktischen Konzerns im Aktienrecht – Bemerkungen zur „Banning"-Entscheidung des OLG Hamm vom 3.11.1986, NJW 1987, 977ff.

Tippach, Stefan U.: Das Insider-Handelsverbot und die besonderen Rechtspflichten der Banken, 1995 Köln

Trescher, Karl: Aufsichtsratshaftung zwischen Norm und Wirklichkeit, DB 1995, 661ff.

Triebel, Volker; **Hodgson**, Stephen; **Kellenter**, Wolfgang; **Müller**, Georg: Englisches Handels- und Wirtschaftsrecht, 2. Aufl. 1995 Heidelberg

Ulmer, Peter: Die Anpassung von AG-Satzungen an das Mitbestimmungsgesetz – eine Zwischenbilanz, ZHR 141 (1977), 490ff.

Ders.: Aktienrechtliche Beherrschung durch Leistungsaustauschbeziehungen?, ZGR 1978, 457ff.

Ders.: Aufsichtsratsmandat und Interessenkollision, NJW 1980, 1603ff.

Ders.: Stimmrechtsschranken für Aufsichtsratsmitglieder bei eigener Kandidatur zum Vorstand, NJW 1982, 2288ff.

Ders.: Zur Haftung der abordnenden Körperschaft nach § 31 BGB für Sorgfaltsverstöße des von ihr benannten Aufsichtsratsmitglieds, Festschrift für Walter Stimpel (Hrsg.: Marcus Lutter u.a.), 1985 Berlin u.a., Seite 705ff.

Ders.: Die Aktionärsklage als Instrument zur Kontrolle des Vorstands- und Aufsichtsratshandelns- vor dem Hintergrund der US-Erfahrungen mit der shareholders'derivative action, ZHR 163 (1999), 290ff.

Ders.: Der Deutsche Corporate Governance Kodex – ein neues Regulierungsinstrument für börsennotierte Aktiengesellschaften, ZHR 166 (2002), 150ff.

Vater, Hendrik: Die Abwehr feindlicher Übernahmen –ein Blick in das Instrumentarium des Giftschranks, M&A 2002, 9ff.

Vetter, Eberhard: Squeeze-out in Deutschland – Anmerkungen zum Diskussionsentwurf eines gesetzlichen Ausschlusses von Minderheitsaktionären, ZIP 2000, 1817ff.

Ders.: Squeeze-out nur durch Hauptversammlungsbeschluss?, DB 2001, 743ff.

Volhard, Rüdiger: „Siemens/Nold“: Die Quittung – zum Urteil des BGH vom 23.6.1997 betr. die Ermächtigung des Vorstands zur Kapitalerhöhung unter Ausschluss des Bezugsrechts, AG 1998, 397ff.

Voormann, Volker: Die Stellung des Beirats im Gesellschaftsrecht, 1981 Köln

Wackerbarth, Ulrich: Von golden shares und poison pills: Waffengleichheit bei internationalen Übernahmeangeboten, WM 2001, 1741ff.

Wäldle, Thomas: Die Anwendbarkeit des § 31 BGB und der Begriff des „gesetzlichen Vertreters“ im Rahmen konzernrechtlicher Haftungstatbestände des faktischen Konzerns, DB 1972, 2289ff.

Wagner, Jürgen: Aufsichtsgremien im Gesellschaftsrecht: unter Einbeziehung des Rechts in der Schweiz und in Lichtenstein und unter besonderer Berücksichtigung des Gesetzes zur Kontrolle und Transparenz im Unternehmensbereich (KonTraG), 1998 Stuttgart u.a.

Wagner, Oliver: Das neue Wertpapiererwerbs- und Übernahmegesetz (WpÜG), Die Bank 2002, 66ff.

Ders.: Harmonisierung des europäischen Übernahmerechts?, Die Bank 2004, 108ff.

Wais, Edgar: Gefahr von Interessenkollisionen bei gleichzeitiger Wahrnehmung eines öffentlichen Amts und eines Aufsichtsratsmandats? NJW 1982, 1263ff.

Waldeck, Werner Michael; **Süßmann**, Rainer: Die Anwendung des Wertpapier-Verkaufsprospektgesetzes, WM 1993, 361ff.

Wardenbach, Frank: Interessenkonflikte und mangelnde Sachkunde als Bestellungshindernisse zum Aufsichtsrat der AG, 1996 Köln

Ders.: Niederlegung des Aufsichtsratsmandats bei Interessenkollisionen – Entgegnung auf Singhof (AG 1998, 318ff.), AG 1999, 74ff.

Weber, Martin: Vormitgliedschaftliche Treuebindungen: Begründung, Reichweite und Vorauswirkung gesellschaftsrechtlicher Treuepflichten, 1999 München

Ders.: Der Eintritt des Aktienrechts in das Zeitalter der elektronischen Medien – Das NaStraG in seiner verabschiedeten Fassung, NZG 2001, 337ff.

Weedon, Lord Alexander of: Takeovers: The Regulatory Scene, J.B.L. 1990, 203ff.

Weinberg, M. A.; **Blank**, M. V.; **Rabinowitz**, Laurence: Weinberg and Blank on Take-overs and Mergers, Loseblattwerk von Rabinowitz, Stand: 2000, 5. Aufl. 1989 London

Weisgerber, Thomas: Der Übernahmekodex in der Praxis, ZHR 161 (1997), 421ff.

Weisner, Arnd: Verteidigungsmaßnahmen gegen unfreundliche Übernahmeversuche in den USA, Deutschland und nach europäischen Recht, 2000 Hamburg

Ders.: Abwehrmaßnahmen gegen feindliche Unternehmensübernahmen, ZRP 2000, 520ff.

Weisser, Johannes: Corporate opportunities –zum Schutz der Geschäftschancen des Unternehmens im deutschen und im US-amerikanischen Recht, 1991 Köln u.a.
(zitiert: *Weisser* „Corporate opportunities" Seite)

Weisser, Ralf D.: Feindliche Übernahmeangebote und Verhaltenspflichten der Leitungsorgane", 1994 Konstanz
(zitiert: *Weisser* „Feindliche Übernahmeangebote" Seite)

Wellkamp, Ludger: Die Gesellschafterklage im Spannungsfeld von Unternehmensführung und Mitgliedsrechten, DZWiR 1994, 221ff.

Ders.: Vorstand, Aufsichtsrat und Aktionär, 1998 Bonn

von Werder, Axel: Shareholder Value-Ansatz als (einzige) Richtschnur des Vorstandshandelns?, ZGR 1998, 69ff.

Werner, Horst S.: Der aktienrechtliche Abhängigkeitstatbestand, 1979 Göttingen
(zitiert: *Werner* „Abhängigkeitstatbestand" Seite)

Werner, Winfried: Aufsichtsratstätigkeit von Bankenvertretern, ZHR 145 (1981), 252ff.

Ders.: Bekanntmachung der Tagesordnung und bekanntmachungsfreie Anträge – ein Beitrag zur Auslegung des § 124 AktG, Festschrift für Hans-Joachim Fleck (Hrsg.: Reinhard Goerdeler u.a.), 1988 Berlin u.a., Seite 401ff.

Ders.: Probleme „feindlicher" Übernahmeangebote im Aktienrecht, 1989 Berlin u.a.
(zitiert: *Werner* „Feindliche Übernahmeangebote" Seite)

Westermann, Harm Peter: Banken als Kreditgeber und Gesellschafter, ZIP 1982, 379ff.

Ders.: Organzuständigkeit bei Bildung, Erweiterung und Umorganisation des Konzerns, ZGR 1984, 352ff.

Ders.: Das TBB-Urteil – ein Neuansatz bei der Haftung wegen qualifizierter faktischer Konzernierung?, ZIP 1993, 554ff.

Westhoff, Norbert: Bankenvertreter in den Beiräten mittelständischer Unternehmen, 1984 Bonn

Wiedemann, Gerhard (Hrsg.): Handbuch des Kartellrechts, 1999 München

Wiedemann, Herbert: Grundfragen der Unternehmensverfassung, ZGR 1975, 385ff.

Ders.: Gesellschaftsrecht – ein Lehrbuch des Unternehmens- und Verbandsrechts, Band I Grundlagen, 1980 München

Ders.: Organverantwortung und Gesellschafterklagen in der Aktiengesellschaft, 1989 Opladen

Wiese, Götz Tobias; **Demisch**, Dominik: Unternehmensführung bei feindlichen Übernahmeangeboten –eine Kritik des geplanten Übernahmerechts aus ökonomischer Sicht, DB 2001, 849ff.

Wilde, Christian: Informationsrechte und Informationspflichten im Gefüge der Gesellschaftsorgane, ZGR 1998, 423ff.

Wilhelm, Jan: Selbstwahl eines Aufsichtsratsmitglieds in den Vorstand, NJW 1983, 912ff.

Windbichler, Christine: Arbeitsrecht im Konzern, 1989 München

Winter, Martin; **Harbarth**, Stephan: Verhaltenspflichten von Vorstand und Aufsichtsrat der Zielgesellschaft bei feindlichen Übernahmeangeboten nach dem WpÜG, ZIP 2002, 1ff.

Wirth, Gerhard; **Weiler**, Lothar: Änderung des Übernahmekodex ab 1.1.1998: Das erweiterte Pflichtangebot, DB 1998, 117ff.

Witt, Carl-Heinz: Regelmäßige „Wasserstandsmeldungen" –unverzichtbarer Bestandteil eines künftigen Übernahmegesetzes, NZG 2000, 809ff.

Witte, Jürgen: Diskussionsentwurf zur Regelung von Unternehmensübernahmen: Abwehrmöglichkeiten des Vorstands der Zielgesellschaft, BB 2000, 2161ff.

Wolf, Martin: Konzerneingangsschutz bei Übernahmeangeboten – Neuere Entwicklungen zu Verteidigungsmaßnahmen im Spannungsfeld zum EU-Richtlinienvorschlag, AG 1998, 212ff.

Ders.: Corporate Governance –der Import angelsächsischer „Self-Regulation" im Widerstreit zum deutschen Parlamentsvorbehalt, ZRP 2002, 59f.

Zätsch, Jörg: Neue Medien im deutschen Aktienrecht: zum RefE des NaStraG, NZG 2000, 393ff.

Ziemons, Hildegard: Die Weitergabe von Unternehmensinterna an Dritte durch den Vorstand einer Aktiengesellschaft, AG 1999, 492ff.

Zinser, Alexander: Der geänderte Vorschlag einer Takeover-Richtlinie vom 10.11.1997, EWS 1999, 133ff.

Ders.: Übernahmeangebote (takeover bids) im englischen und deutschen Recht – eine rechtsvergleichende Untersuchung mit Blick auf eine künftige Regelung in Deutschland, 2000 Frankfurt/Main u.a.

Ders.: Der Entwurf eines Übernahmegesetzes, ZRP 2001, 363ff.

Ders.: Der Referentenentwurf eines „Gesetzes zur Regelung von öffentlichen Angeboten zum Erwerb von Wertpapieren und von Unternehmensübernahmen" vom 12.3.2001, NZG 2001, 391ff.

Ders.: Der britische City Code on Takeovers and Mergers in der Fassung vom 9.03.2001, RIW 2001, 481ff.

Ders.: Das neue Gesetz zur Regelung von öffentlichen Angeboten zum Erwerb von Wertpapieren und von Unternehmensübernahmen vom 1. Januar 2002, WM 2002, 15ff.

Zöllner, Wolfgang: Die Schranken mitgliedschaftlicher Stimmrechtsmacht bei den privatrechtlichen Personenverbänden, 1963 München u.a.

Ders.: Berichtspflicht beamteter Aufsichtsratsmitglieder aufgrund von § 55 BBG?, AG 1984, 147ff.

Ders.: Die sogenannten Gesellschafterklagen im Kapitalgesellschaftsrecht, ZGR 1988, 392ff.

Zöllner, Wolfgang; **Hanau**, Hans: Die verfassungsrechtlichen Grenzen der Beseitigung von Mehrstimmrechten bei Aktiengesellschaften, AG 1997, 206ff.

Zschocke, Christian: Europapolitische Mission: Das neue Wertpapiererwerbs- und Übernahmegesetz, DB 2002, 79ff.

Internetquellenverzeichnis

www.bmj.bund.de: Begründung des Regierungsentwurfs zu einem „Transparenz- und Publizitätsgesetzes" nebst Empfehlungen des Rechtsausschusses (Stand: 25.07.2002) (= ZIP 2001, 2192ff.)
(zitiert: Transparenz- und Publizitätsgesetz unter www.bmj.bund.de)

www.bundesfinanzministerium.de/fach/abteilungen/geldkred/wueg/wuegentw.pdf : „Begründung zum Regierungsentwurf" (Stand: 21.05.2001)
(zitiert: Begründung zum Regierungsentwurf Seite)

www.bnotk.de/BNOTKINT/2001/BNotK-Intern_2001_2_06.htm: Stellungnahme der Bundesnotarkammer zum Referentenentwurf (Stand: 7.02.2002)
(zitiert: *Stellungnahme der BNotK* unter www.bnotk.de)

www.corporate-governance-code.de: Corporate Governance Grundsätze der Kodexkommission Cromme vom 26.02.2002 (Stand: 25.07.2002) (= AG 2002, 236ff. = NZG 2002, 75ff. = ZIP 2002, 452ff.)
(zitiert: DCGK unter www.corporate-governance.de)

www.corporate-governance-code.de/ger/download/RedeDrCromme.pdf: Ausführungen von Dr. Gerhard Cromme –Vorsitzender der Regierungskommission Deutscher Corporate Governance Kodex - anlässlich der Veröffentlichung des Entwurfs Deutscher Corporate Governance Kodex am 18. Dezember 2001 in Düsseldorf (Stand: 16.07.2002)
(zitiert: *Cromme* unter www.corporate-governance-code.de Seite)

www.dgb.de/st.-uebernges.doc : Stellungnahme des Deutschen Gewerkschaftsbundes zu einem nationalen Übernahmegesetz vom 11.10.2000 (Stand: 21.05.2001)
(zitiert: *Stellungnahme des DGB* unter www.dgb.de)

www.europarl.eu.int : Bericht des Berichterstatters des Ausschusses für Recht und Binnenmarkt *Lehne* zur Dreizehnten EU-RL (Stand: 8.02.2002)
(zitiert: *Lehne* unter www.europarl.eu.int)

www.fsa.gov.uk/pubs/ukla/lr_comcode3.pdf: Combined Code of Best Practice (Stand: 5.08.2002)
(zitiert: Combined Code unter www.fsa.gov.uk)

www.gccg.de : German Code of Corporate Governance des Berliner Initiativkreises (Stand: 25.07.2002) (= DB 2000, 1573ff. = AG 2001, 6ff.)
(zitiert: *Berliner Initiativkreis* unter www.gccg.de)

www.jurawelt.de/aufsaetze/358 : Noack, Ulrich „Aktienrechtsreform: Die Internet-Hauptversammlung kommt" (Stand: 5.08.2002)
(zitiert: *Noack* „Aktienrechtsreform" unter www.jurawelt.de)

www.kodex.de : Übernahmekodex der Börsensachverständigenkommission in der Fassung vom 28.11.1997 (Stand: 25.07.2002)
(zitiert: *Übernahmekodex* unter www.kodex.de)

www.oecd.org/EN/document : OECD-Grundsätze zur Corporate Governance (Stand: 8.08.2002) (= AG 1999, 340ff.)
(zitiert: OECD-Grundsätze unter www.oecd.org)

www.rws-verlag.de/volltext : Stellungnahme des Bundesrates zum Regierungsentwurf vom 27.09.2001 (Stand: 13.12.2001) (= BR-Drucks. 574/01 = ZIP 2001, 1787)
(zitiert: *Stellungnahme des Bundesrates* unter www.rws-verlag.de)

www.rws-verlag.de/volltext : Beschluss des Bundestages mit den vom Finanzausschuss vorgenommenen Änderungen vom 15.11.2001 (Stand: 13.12.2001) (= BT-Drucks. 14/7477 = ZIP 2001, 2102ff.)
(zitiert: *Begründung des Finanzausschusses* unter www.rws-verlag.de)

www.rws-verlag.de/volltexte : LG Bielefeld Urteil v. 16. 11. 1999 -- 15 O 91/98 „*Balsam AG*“ mit Anm. *Westermann* (Stand: 08.04.2002) (= ZIP 2000, 20ff. mit Anm. *Westermann* = BB 1999, 2630ff. mit Anm. *Thümmel* = AG 2000, 136ff.)
(zitiert: LG Bielefeld unter www.rws-verlag.de)

www.rws-verlag.de/volltexte/wueg.htm : Stellungnahme des Handelsrechtsausschusses des Deutschen Anwaltsvereins e.V. vom April/September 2001 (Stand: 7.02.2002) (= NZG 2001, 420ff. = ZIP 2001, 1736ff.)
(zitiert: *Stellungnahme des DAV* unter www.rws-verlag.de)

www.rws-verlag.de/volltext-2002/02dav03.htm : Stellungnahme des Handelsrechtsausschusses des Deutschen Anwaltsvereins e.V. vom Januar 2002 (Stand: 05.04.2002)
(zitiert: *Stellungnahme des DAV* zum Corporate Governance Kodex unter www.rws-verlag.de zu Klausel)

www.sdk.org/sdkarchiv_99_38.html : Stellungnahme der Schutzgemeinschaft der Kleinaktionäre (SdK) vom Juni 1999: „Energie Baden-Württemberg: Die Konkurrenz sitzt im Aufsichtsrat“ (Stand: 5.08.2002)
(zitiert: *SdK* Stellungnahme unter www.sdk.org)

www.sec.gov/rules/final/33-8124.htm: Sarbanes-Oxley Act Zusammenfassung durch die Security Exchange Commission (Stand: 01.10.2002)
(zitiert: *Sarbanes-Oxley Act* unter www.sec.gov)

www.thetakeoverpanel.org.uk : City Code on Takeovers and Mergers – Text (Stand: 25.07.2002)

www.worldbank.org/html/fpd/privatesector/CG/CG-natlprinc.htm : „Core Principles and Best Practice“ der Weltbank International Corporate Governance (Stand: 5.08.2002)
(zitiert: *Weltbank Corporate Governance* unter www.worldbank.org)

Kolibri 360 GmbH
Ferdinand-Jühlke-Straße 7
99095 Erfurt, Deutschland
produktsicherheit@kolibri360.de

Druck:
CPI Druckdienstleistungen GmbH
im Auftrag der
Kolibri 360 GmbH
Ferdinand-Jühlke-Str. 7
99095 Erfurt